新 疆 生 产 建 设 兵 团

【第八师石河子市史志丛书】之六

一四一团志

（1997—2015）

第八师一四一团史志编纂委员会 编

中国农业出版社

图书在版编目（CIP）数据

一四一团志：1997—2015/第八师一四一团史志编纂委员会主编. —北京：中国农业出版社，2023.10
ISBN 978-7-109-31625-6

Ⅰ. ①一… Ⅱ.①第… Ⅲ. ①生产建设兵团－概况－新疆－1997-2015 Ⅳ. ①F324.1②F327.45

中国国家版本馆CIP数据核字（2023）第240155号

一四一团志（1997—2015）
YISIYI TUAN ZHI（1997—2015）

中国农业出版社出版
地址：北京市朝阳区麦子店街18号楼
邮编：100125
责任编辑：赵世元　　文字编辑：徐志平
版式设计：郭　华　　责任校对：吴丽婷
印刷：新疆华中图数字印务有限公司
版次：2024年8月第1版
印次：2024年8月北京第1次印刷
发行：新华书店北京发行所
开本：889mm×1194mm　1/16
印张：29　　插页：12
字数：732千字
定价：360.00元

《一四一团志（1997—2015）》史志编纂委员会
（2015年12月）

主　任：邢明亮　古广峰

副主任：汪德刚　牛正义　白新安　徐友成

委　员：高泽民　吴国兴　朱真性　孙祖光　孙玉英　马荣华　刘彦江　石　健　李云成
孟宪华　黄建新　杨秋燕　张　军

《一四一团志（1997—2015）》史志编纂委员会
（2021年12月）

主　任：邢文涛　李　强

副主任：孙自清　贺贤新　韩文琴　张　鑫

委　员：程　鹏　王　旭　师丽娟　张　浩　陈小梅

《一四一团志（1997—2015）》编辑人员

主　　编：陈楚新

档案资料：刘爱萍

照片提供：陈楚新　曾兴合

《一四一团志（1997—2015）》审定单位

第八师一四一团史志编纂委员会

兵团第八师石河子市史志

第八师一四一团地理位置图

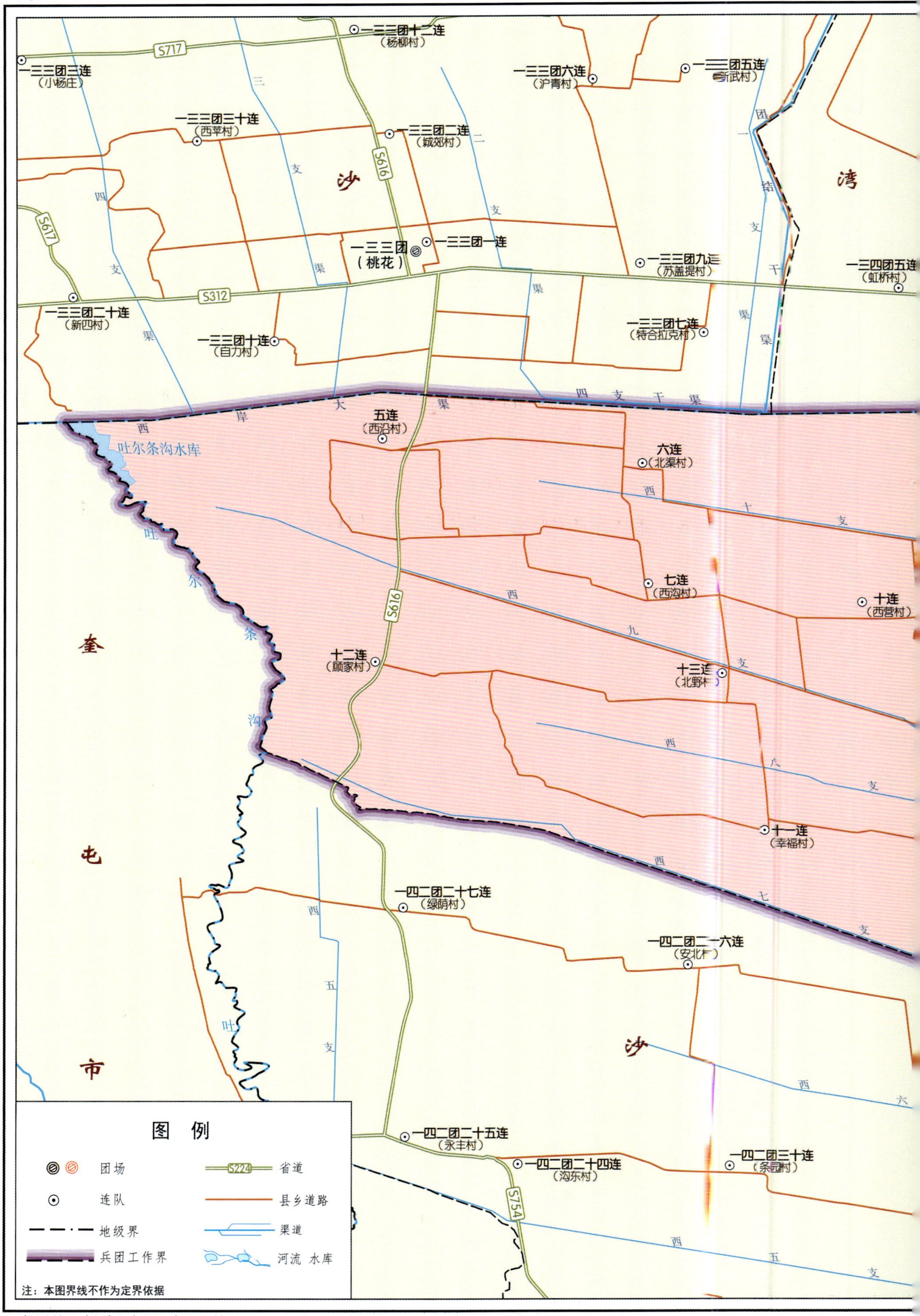

审图号：新兵S（2024）007号

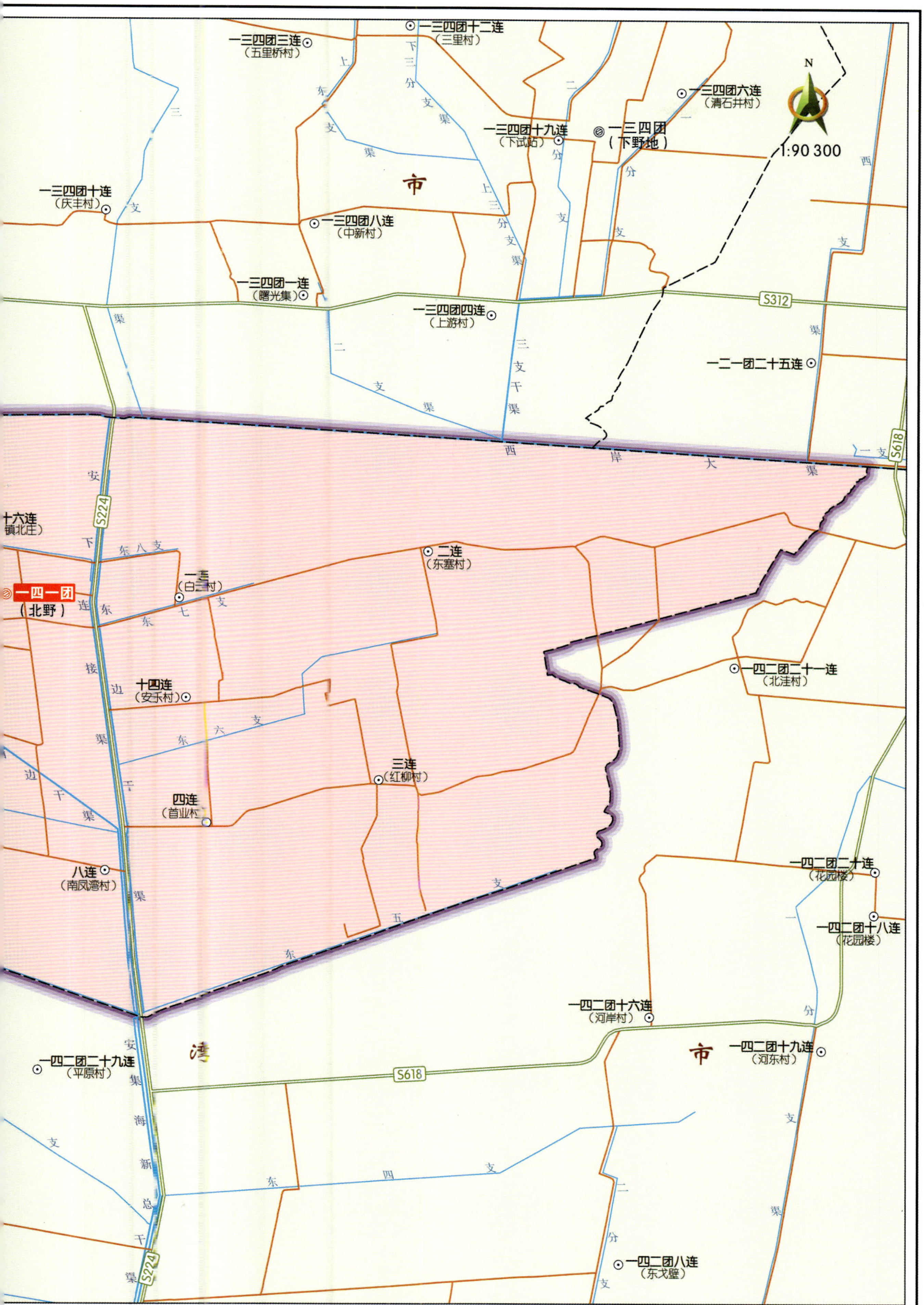

地图编制：新疆兵团勘测设计院集团股份有限公司　　地图审核：新疆生产建设兵团自然资源局

党建引领

1 2003 年 6 月 30 日，141 团召开纪念建党 82 周年大会。

2 2002 年 6 月，141 团召开庆祝中国共产党成立 81 周年大会

3 2004 年 2 月，141 团举办政工干部培训班。

4 2002 年 11 月，141 团举办学习贯彻党的十六大精神培训班。

5 2001 年 3 月，141 团召开“三个代表”教育学习动员大会。

经济建设

1 2004 年 9 月，一四一团 5 连的高产青贮玉米正在收割

2 2007 年 9 月，一四一团酿酒葡萄丰收

3 2008 年 10 月，一四一团 11 连职工王一地购买的采棉机在 5 号地作业

4 2005 年 6 月，一四一团在全团各单位推广节水滴灌技术，安装节水滴灌器材。

5 2006 年 5 月，一四一团 4 连棉田使用滴灌系统后，棉苗长势良好、苗齐苗壮。

1 2003 年 8 月 12 日，61 头北京安格斯肉牛落户一四一团现代化养牛场

2 2009 年，一四一团新建畜牧兽医工作站

3 2014 年 6 月 12 日，一四一团 2 连轩志信办起蓝狐狸养殖场，实现了团场连队居住区功能转型

4 2015 年 7 月，一四一团 7 连雍金山新建规模化养鸡场

5 2003年，一四一团规划20公顷工业园区

6 2005年5月，一四一团投资新建机采棉分厂

7 2006年6月，一四一团招商引资合建沪惠番茄酱厂

8 2014年，一四一团招商企业——东方生活广场

北野今昔

1 1996 年建成的一四一团机关办公楼

2 2003 年以前一四一团团部住宅小区

3 2003 年修建的一四一团 7 小区住宅楼

4 2006 年以前农行西一四一团 6 小区旧貌

5 2010 年以前一四一团工人文化宫

6 2010 年新建的一四一团职工文化活动中心

1 2014 年改建的一四一团四馆（团史馆、群众文化展示馆、科技馆、城镇规划建设馆）

2 2014 年改建的一四一团友谊路步行街

3 2014 年一四一团文化广播电视服务中心

4 2013 年 7 月，一四一团游园一角

5 2015 年一四一团休闲广场

6 2018 年一四一团 6 小区面貌

教育卫生

1 2003 年一四一团小学教学楼

2 2008 年 5 月 7 日，一四一团中学举办中学生运动会

3 2014 年新建的一四一团多功能幼儿园

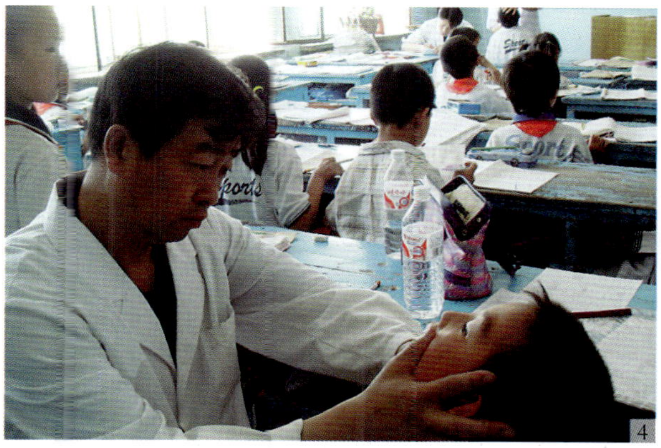

4 2007年，一四一团医院医务人员为学生检查牙病

5 2007年，一四一团农贸市场西门地方病防治宣传

6 2009年9月，一四一团职工医院

7 2014年7月，一四一团职工科技文明培训中心

表彰奖励

1 2001 年 8 月 15 日，一四一团档案员陈楚新（后排左八）代表石河子档案系统出席兵团表彰会

2 2008 年 3 月 16 日，一四一团表彰奖励行业标兵

3 2008 年 3 月 11 日，一四一团表彰奖励好婆婆、好媳妇

4 2013 年 8 月 30 日，一四一团场表彰奖励基层文化先进单位

5 2010 年 8 月 5 日，一四一团获兵团“法治团场”称号

1 2011 年 12 月 19 日，一四一团退休干部陈楚新（后排左二）出席师市史志系统先进代表表彰大会

2 2011 年 12 月 23 日，一四一团妇联主席王萍（前排右五）出席全国妇联“双先”表彰大会

3 2001 年 3 月，一四一团表彰“一流科室”“好公仆”

4 2007 年 3 月 18 日，一四一团表彰奖励劳动致富能手

5 2008 年 3 月 11 日，一四一团表彰优秀“十星级”文明户

6 2008 年 3 月 16 日，一四一团表彰奖励勤政廉洁好干部

社会民生

1 1997 年 7 月 20 日，一四一团举办第一届职工运动会

2 1998 年 7 月，一四一团举办第一届北野金秋广场文化暨第二届职工文体比赛活动

3 2013 年交付使用的北社区居民服务中心与 2014 年 6 月新建的一四一团老年活动中心

4 2012 年一四一团文化宫门前职工文体－拔河比赛

5 2013 年成立一四一团颐心园养老院

6

7

6 2010年2月26日，一四一团职工群众正月十五闹元宵活动

7 2015年新建的一四一团镇区南公园

8 2015年一四一团镇区农贸市场

9 2015年8月1日，一四一团举办庆“八一”女子排球比赛活动

8

9

志书评审

1 2017 年 9 月 28 日，一四一团召开《一四一团志（1997—2015）》初评会

2 2018 年，兵团党史专家王兴鹏（前排右二）、冀建民（前排右三）、程乐人（前排左二）、张福义、李君玉、李永宣、李涛、王建军与团领导合影留念

序言

一四一团史志编纂委员会

《一四一团志（1997—2015）》经历3个寒暑，三易其稿，方得始终。一四一团二轮修志是团场志鉴工作实现社会主义核心价值观，体现文化自信、社会价值和历史价值丰硕成果的具体途径，具有存史教化、资政育人的作用，值得庆贺。

1997—2015年，是一四一团场政治、社会、经济、文化各项事业发展较快的时期。19年来，一四一团场人秉承先辈艰苦创业、屯垦戍边的精神，满怀对党的忠诚和对祖国的热爱，与时俱进，开拓创新，艰苦奋斗，扎根边疆，无私奉献。在团场党委领导下，维护祖国统一，反对民族分裂，坚定不移地贯彻落实党中央关于兵团深化改革部署，按照自治区、兵团及八师石河子市党委工作要求，团场各项改革取得令人瞩目的业绩。2014年，在兵团争先进位活动中，一四一团场位居兵团57个2类团场第五名。2015年，一四一团实现广播电视节目综合人口覆盖率、有线电视入户率、基本医疗养老保险覆盖率、基本医疗保险覆盖率、失业保险覆盖率、工伤保险覆盖率、生育保险覆盖率7个100%，城镇居民人均可支配收入1.76万元，99.4%职工住进初具城镇规模的北野镇，圆了57年前第一代军垦人"楼上楼下，电灯、电话"的城市生活梦，展现了全团各族人民安居乐业、欣欣向荣的美好生活。

《一四一团志（1997—2015）》系统全面地记述自1997年1月至2015年12月一四一团社会、政治、经济、文化、人口、民族、风俗、教育、卫生、环境、物产、人物等情况，如实反映一四一团场建制沿革和各项事业的发展进程，为世人了解一四一团场的社情、地情、民情、物情提供丰富翔实的史料。《一四一团志（1997—2015）》是一四一团场"一方之全史"和"百科全书"，是进行社会主义教育、革命传统教育和民族团结教育的乡土教材。

弹指一挥间，1997—2015年，一四一团场经历了19年的改革风雨历程。过去的19年，是我们牢记使命、继承发扬"兵团精神""石河子精神""北野精神"、不断开拓进取的19年。

回顾19年的历史，我们感到一四一团场建设发展所取得的每一项成绩，体现了党中央、自治区、兵团、师市党委的正确领导和大力支持，凝聚着几代军垦人的心血和汗水。我们如果用“长足发展”“质的飞跃”似乎已不够形容这19年一四一团场经济改革、创新、发展的步伐，用“美满生活”“安居乐业”似乎也不能涵盖这19年里一四一团场社会和谐与人民生活的幸福指数。我们只能用瞬间定格历史的图片和朴素真实的文字，带领读者用心感悟这19年在一四一团场政治、经济、社会、文化等事业发生的一系列变化和发展。

盛世修志，志载盛世，《一四一团志（1997—2015）》的出版发行是社会主义先进文化的重要组织部分，是增强兵团文化软实力，培育和弘扬社会主义核心价值体系和核心价值观，建设中国特色社会主义文化强国的一部分，是基础性文化工程。团场的二轮志把几代军垦人的艰苦创业史、发展建设史，特别是将团场的巨大变化载入史册，有着“存史、资治、教化”的作用。《一四一团（1997—2015）》的出版发行，将对一四一团的政治稳定、经济腾飞、社会和谐发挥不可估量的作用。我们要以史为鉴，充分利用好这个成果，为一四一团场的经济建设和各项事业发展服务。

“以史为鉴，方知兴衰”。我们坚信，一四一团将在习近平新时代中国特色社会主义思想指引下，在兵师党委的大力支持和领导下，认真贯彻落实党的十九大和中央新疆工作座谈会精神，紧紧抓住西部大开发援建的历史机遇，万众一心，明确方向，迎接挑战。一四一团将不忘初心，继续踏着历史的节拍，合着时代的脉搏，一如既往，不辍攀登，上下探索，和谐发展，再创辉煌，一四一团的明天一定会更加美好。

二〇一七年十一月

凡　例

一、本志以马克思列宁主义、毛泽东思想、邓小平理论、“三个代表”重要思想、科学发展观、习近平新时代中国特色社会主义思想为指导，坚持辩证唯物主义和历史唯物主义的立场、观点、方法，全面、客观、系统地记述一四一团1997—2015年自然、经济、政治、文化和社会的发展状况，充分展示社会主义物质文明、精神文明、政治文明、社会文明和生态文明建设成果。发挥地方志书的“存史、育人、资政”功能，为发展、建设服务。

二、本志为1996年版《新疆生产建设兵团农八师一四一团志》之续志，记述时间范围为上限1997年、下限2015年。为保持某些事件的连续性和衔接前志、方便读者查阅有关资料，适当上溯下延。记述地域范围以2015年下限时一四一团行政区划为准。收录的图片、照片由一四一团各有关单位提供。

三、本志体例采用述、记、志、传、图、表、录等体裁，以专业志为主，图、照片、表穿插其间。文体采用语体文、记述体，分类归属，横排竖写，据事直书，述而不论。文风力求严谨、朴实、简洁、流畅。

四、本志按章、节、目排列。志首为编纂机构和编审人员名单、序、凡例、目录、概述、大事记，志中专业志按科学分类、兼顾社会分工实际安排。志末为附录、后记。

五、《一四一团志（1997—2015）》严格遵循“生不宣传”原则，“人物传”中只收入对团场历史发展有较大影响的去世人物；“人物简介”中收入在团场经济建设和社会进步中做出过突出贡献、且有一定影响力的人物；“人物表”中包括获师市以上（含师市级）先进个人称号者。

六、本志行文涉及组织机构、会议、文件、职官、地名等，按当时称谓记述，一般采用全称，使用简称在第一次使用全称时予以注明。

七、本志数字用法、标点符号使用均执行中华人民共和国国家质量监督检验检疫总局、中国国家标准化管理委员会2011年7月29日发布，2011年11月1日实施的《出版物上的数字用法》，以及2011年12月30日发布，2012年6月1日实施的《标点符号用法》。数字书写，表示数量的，保留小数点后2位数。统计表格中“空白”表示无此项统计，“—”表示有此项统计，但因各种原因暂缺此资料，“0”表示该项数据为零。

八、本志计量单位的使用执行国务院1984年2月27日颁布的《关于我国统一实行法定计量单位的命令》，以及国家技术监督局1993年12月27日发布的《国际单位制及其应用》等规定。计量单位统一使用中文，除涉及农业、林业方面特殊之处，仍用市制外，其他均使用法定计量单位。

九、本志采用资料以档案文书资料为主，辅以报刊、文件和调查核实的口碑资料，资料一般不再标明出处。所用数据以团场统计部门数据为准，统计部门缺项的，采用有关部门的数据。

十、本志单位名称，初记用全称，嗣后用简称。如新疆生产建设兵团，简称兵团；新疆维吾尔自治区，简称自治区；农八师石河子市，简称师市；农八师，简称师；一四一团，简称团或团场等。

目　录

概　述

新疆生产建设兵团第八师一四一团位于天山北麓中段，准噶尔盆地南缘，沙湾市安集海垦区最北端。全域面积20000.26公顷。2015年，团场总人口11908人，少数民族人口占全团总人口的0.008%。

一

一四一团地处北纬44°31′—44°58′，东经85°12′—85°31′。属中一新生界第四系的冲积平原，海拔高度370～398.4米。团场地处中纬度，位于中亚腹地，属于中温带大陆性干旱气候。冬冷夏热，春秋季短，昼夜温差大。年平均气温6.18℃，平均气温-16.8℃，年平均降水量182.1毫米。年平均日照为2670.3～2850.9小时，日照率平均为62.6%。团场属太阳辐射量大、辐射率高的地区。年蒸发量为1388.4～2001.2毫米。

团部驻地北野镇，位于天山北麓中段，准噶尔盆地南缘，巴音沟河流域最下游，沙湾市内。团场番号有过4次变更。最初为中国人民解放军新疆军区生产建设兵团农八师国营安集海第七农场（简称安七场）。1969年7兵团统一调整农场番号，安七场改称中国人民解放军新疆军区生产建设兵团农八师一四一团。1975年农八师随兵团撤销，成立石河子地区，一四一团归石河子地区农垦局领导，改称一四一团场。2012年12月，启用新疆生产建设兵团第八师一四一团。2015年，一四一团下辖16个农业生产连队。

二

1997—2015年，一四一团一手抓改革发展，一手抓团结稳定，团场经济建设和社会事业长足发展，城镇化、新型工业化、农业产业化建设迈出坚定步伐，为石河子的经济发展、政治稳定、民族团结作出贡献。

1997—2004年，团场抓住国家西部大开发的历史机遇，解放思想，招商引资，团场经济步入发展阶段。团党委提出每年新增棉花播种面积300公顷，再造北野辉煌，鼓励私人开荒收复弃耕地，增加农业总产值。团场根据兵团、农八师石河子市的指示精神，不断深化农业、林业、畜牧业、农机等改革，调动广大职工的生产积极性，团场经济社会步入快车道。2004年，农业总产值66493万元，同比增长32%。畜牧业生产年均存栏28840（头）只，同比增长44.46%。年产鲜奶3000吨；新植林带346.67公顷，退耕还林1000公顷，新种果林13.33公顷。

2005年11月，兵团“1+3”文件正式出台后，团场根据中央和兵团“多予、少取、放活”政策，进一步扩大职工经营自主权和基层民主，增强职工生产积极性，团场经济实现新的跨越。

2006—2009年，团场按照棉花种植业、果蔬园艺业、畜牧养殖业“三足鼎立”发展思路，制定“打精准牌、走特色路、建北野镇、富民强团”总体目标。围绕“以棉花为主业、大力发展畜牧业，做大做强林果业，开发建设种草业”的“一个中心”（围绕以经济建设富民强团这个中心），实施“五大战略”（建立优质棉种植体系、优质畜禽繁育体系，抓好高产棉区基地，奶牛、优质肉牛加工基地，果蔬园艺生产基地，实施发展棉花、科技兴团、人才强团、项目带动、结构调整、可持续发展）工作思路。在农业生产中推行精准选种子、播种、施肥、灌溉、田间动态和监测、收获“六大精准”种植技术，提高农业机械化使用效率和加强农业基础设施建设，增强抵御自然灾害的能力。

2010—2015年，一四一团场进入经济社会发展的“十二五”阶段。团党委坚持稳中求进、改革创新、提质增效、优化结构、促进增收的总基调，主动适应经济社会发展新常态，实施团场的经济结构调整，农业结构以立足“一主两翼”，加快农业结构调整步伐。以种植业为主，以畜牧业，林果业及设施农业为两翼，实现种植业、畜牧业、林果业及设施农业三足鼎立局面，从主要追求产量、数量增长向追求产品质量、效益并重转变。逐步退出亩*产350千克以下棉田，宜棉则棉、宜畜则畜、宜果则果。2015年，实现生产总值7.77亿元，增长16.4%。三次产业结构调整到56∶13.5∶30.5。完成固定资产投资2.97亿元，增长25.1%。实现利润3000万元，连队常住居民人均可支配收入1.8万元，增长20%。

三

农牧林果业不断优化。1997—2010年，一四一团场是一个农林牧副工综合的全民所有制国有农场，农业是团场经济的重要支柱，农业生产占国内生产总值80%以上。农业以种植棉花、粮食、玉米为主，套种小麦、黄豆、打瓜、甘草、辣椒等经济作物。在农业三产中确立以农业综合开发为龙头，以排水治碱、降低水位为中心，改造中、低产田为主攻方向，积极收复弃耕地的战略方针。1997—2015年，团场共投入农业综合开发资金7362.85万元，排碱渠167千米，新建防渗支、斗渠166千米，打机井15眼；改造中低产田1500公顷；收复弃耕地1380公顷。彻底改变耕地有机质。1999年前，以实行陆地种植为主。2000年后，推广地膜栽培，实施设施灌溉。2003年，推广“矮、密、早、膜、匀”栽培模式。2009年后，先后推广抗病虫害新陆早26和扩繁新品系710、冀958及杂交机采棉，实现棉花早、中、晚品种搭配种植，形成品种种植梯形结构，为棉花夺高产奠定基础。

2011—2015年，一四一团经济结构立足于“一主两翼”，以种植业为主，以畜牧业、林果业及设施农业为两翼，实现以棉花为主的种植业，向畜牧业，林果业及设施农业三足鼎立转

---

* 亩为非法定计量单位，1亩≈667平方米。

变，从主要追求产品产量、数量增长向追求产品质量、效益并重转变。逐步退出亩产350千克以下的棉田，实现籽棉总产3.9万吨，单产343千克；新增特色林果地66.67公顷；全年投入1219万元，新建8个养殖场，全年实现畜牧业产值2.46亿元，占大农业产值30%左右。畜牧业、林果园艺业占农业产值的比重为45%。

基础建设成效显著。1999年，根据兵团农牧团场危旧房改造有关文件，团场采取自建公助和安居工程两种形式，改善职工居住条件，团场职工逐渐告别“军营式”土木结构房屋。2009年后，根据国家有关保障性住房补贴政策，团场落实兵团党委和师市党委相关文件精神，“十二五”时期，投入1.7亿元，用于城镇基础设施建设。以保障性住房建设为抓手，加快居民小区建设，不断完善小区配套设施，99.4%职工住进楼房，98.3%人口在城镇聚集。实施团场老旧平房拆除、“六个基本”“七个一标准”等连贯行动，实施改造镇区小区基础设施配套工程、镇区道路工程、水源地改扩建工程、电缆入地工程、小区供暖改造与小区公厕室外供暖改造工程、草坪围栏工程等，镇区住户人均住房面积28平方米，低保无房困难家庭住房问题率先得到解决。城镇面貌彻底改变，构建半小时工作圈的城镇集居基本形态，城镇化率达72.5%。

截至2015年，团部北野镇建成“三纵四横一环绕”纵横主干街路7条。建有11918平方米的休闲广场、1万平方米的绿地，绿化率达40%，道路硬质化率达100%。镇内常住人口超过9000人。

招商引资加快新型工业化步伐。一四一团场发挥安下片区中心地理区位优势，以“参股、入股、不控股、能分红”原则进行招商引资，成立“招商办”，出台优惠政策。团场领导带领相关专业人员赴内地洽谈招商引资事宜，先后与疆内外16家企业洽谈，引来资金额8500万元。沪昌酱厂、博华生物等企业相继落地建厂投产。先后签订项目有：贵州茅台酒厂（集团）昌黎葡萄酿酒有限公司“酿酒葡萄发酵站”项目、河北宏润集团年产15万锭棉纺项目、天山制药集团甘草制药项目、天富集团2.5万千瓦热电联产项目、燕京啤酒啤酒花颗粒加工项目、新疆沙地葡萄酒项目等。2015年，新疆沙地葡萄酒项目落地石河子南山新区，一期投资7350万元，1万吨葡萄发酵站建成投产，生产葡萄原酒9200吨。当年，团场实现工业增加值1.05亿元，增长19.3%。

服务业进入快速发展。团场有省级公路安集海至下野地的干线S224“安下公路”和沙湾至钟家庄的“沙钟公路”，两条公路均由南向北贯穿全境。每天有直达乌鲁木齐市客运班车1辆，发往石河子市客运班车9辆，团内有出租车46辆。2015年，全团有车辆2989辆，其中汽车365辆。全年客流2890人，收入39940元。完成75千米通连公路的养护。

团场商服业以个体经营为主，以农贸市场为辅。2015年，城镇投资服务单位4家；从事商品零售、修理、食品加工等三产服务业833户，从业人数达1259人，全年消费品零售总额1.92亿元，增长20%。有中国农业银行、农村合作银行、国民村镇银行、邮政储蓄银行4家金融业企业。有电视差转台、调频立体声广播站、老年俱乐部等公共设施。商贸服务业招商引资的北野镇美食城、北野镇酒店、国民村镇银行、9小区及11小区综合服务楼、延新生态园等项目相继投入运营，服务产业比重较2010年提高14.5个百分点，服务业引领地位凸显。

四

社会事业蒸蒸日上。1997—2015年，团场相继投入教育事业资金1100余万元，改善办学条件，小学生人均建筑面积8.55平方米；中学生人均建筑面积9.27平方米；幼儿园达到二级幼儿园标准。小学生毕业率达100%，初中生毕业率达100%，中考上线率达73.4%，高考上线率达83.32%，其中重点本科上线率、二批次本科上线率均在地区12所团场高中排名第四。

团场优化卫生资源，改善医疗卫生条件，完善疾病预防、卫生监督和医疗救治体系。实施医疗保险、补充医疗保险和商业保险制度，启动家属儿童的医疗保险工作，团场人人享受医疗保障。团场每年为职工医院投资数百万元，增加基础医疗卫生设施建设，建立健全团连两级疾病预防控制体系，提高医疗服务水平，提高人民的健康水平。2015年，全团基本医疗养老保险覆盖率100%，基本医疗保险覆盖率100%，失业保险、工伤保险、生育保险覆盖率100%。

文化活动繁花似锦。团场每年举办"北野之春"职工文艺汇演，开展群众喜闻乐见的扭秧歌、拔河、长跑等文化活动。团场重视文化宣传作用，常年自办《北野新闻》《简报》，鼓励职工群众参与宣传，大力讴歌各行各业的先进人物，塑造北野人艰苦奋斗的形象。团场不断完善全年12个教育宣传主题月活动制度，每月为职工群众提供精神食粮，激励和坚定一四一团人发扬"北野精神"，奋起二次创业，率先在第八师实现小康社会的奋斗目标。

五

精神文明建设健康发展。一四一团按照兵团提出的"经济发展，生活富裕、场风文明，环境良好，管理民主"建设屯垦戍边新型团场要求，以广播电视媒体为主，强化网络建设，提升广播电视节目制作水平。每年对团广播电视事业投入80万元，改造安装闭路电视，全团15个单位相继安装有线电视，实现广播节目综合人口覆盖率100%；电视节目综合人口覆盖率100%，有线电视入户率100%；团场每年拿出50万元，开展群众性评选"十星级文明户"活动，促进场风、连风建设，树立正气，为职工群众提供稳定的社会环境。

基层民主与法治建设推进。1997—2015年，团场不断完善职工代表大会制度和运行机制，突出抓好"民主选举、民主决策、民主管理、民主监督"，提升团场职工代表大会的质量和水平，调动职工群众参与团、连事务管理的积极性，形成每年定期召开两次职工代表大会制度，坚持用制度管人管事，健全重大事项依法民主科学决策，进一步规范职工代表议事制度，充分发挥职工群众参与决策的积极性和主动性，创新政务、连务公开形式，对团、连涉及职工切身利益的重大事项，经职工代表大会审议通过，切实保障和落实职工选举、知情、管理、参与、监督五权；不断创新公开形式，在机关办公楼前和各连队设立政务公开栏，将团场"三公经费"、领导干部家庭收入报告、离任审计、民主评议、基层财务、土地承包、各种费用等能公开的全部公开，接受职工群众的监督。在连队，坚持年终兑现前团场结合职工账目实际，制定和发放知情卡，增加职工群众的知情权和连队政务透明度。围绕3个五年普法活动，开展《中华人民共和国宪法》《中华人民共和国行政许可法》《中华人民共和国劳动合同法》《中华人民共和国治安管理处罚法》《行政机关公务员处分条例》等宣传教育。开展以法治进连队、法治进学校、法治进企业、法治进单位、法治进社区、法治进机关“六进”为抓手的“民主法治团、民主法治连”创建活动。加强青少年普法活动是普法教育的重点，把“法治进学校”作为工作重心，选派专业人员担任中小学校法制副校长。干部职工普法率达100%。2015年，团场顺利通过兵团“法制团场”复查验收，十二连被兵团评为“全国民主法治示范连”，全团22个单位被团场评为“民主法治创建达标单位”。

党的建设不断加强。1997—2015年，团党委以班子建设为重点，以焕发党组织活力为目标，坚持开展创“五好”党支部和“两级联创”活动，把团场党组织建设成推动科学发展、带领职工群众致富、密切联系群众、维护社会稳定的领导核心。不断增强凝聚力和战斗力，实现基层党组织“三大工作目标”（职工收入不断提高、职工生活环境不断改善、职工文明素质不断提高）。加强干部队伍建设，切实抓好干部理论教育、知识教育、党性教育，坚持民主、公开、竞争、择优的干部选拔任用机制，健全干部教育培训、轮岗、交流、挂职锻炼机制，不断提高素质和能力。加强党员队伍建设。2000年，开展“三讲”教育。2001年，开展“三个代表”重要思想学习。2005年，开展“保持共产党员先进性教育”。2008年，开展“实践科学发展观教育活动”。2013年，开展“党的群众路线”教育。健全党员教育、管理、监督、服务长效机制，不断巩固活动教育成果，严格党内组织生活，扩大基层党内民主，保证党员按照党章规定履行义务、行使权利，在全团445名公职人员中，开展“思想道德、制度机制、岗位风险”排查工作，以“学习准则，严守纪律、廉洁从政”为主题，开展党风廉政教育月活动。建立健全一支在改革、发展中经得起困难和风险考验，在团场经济社会建设中发挥先锋模范作用的党员队伍。把党的基层组织建成屯垦戍边新型团场的组织者、推动者和实践者，成为团场发展经济的带头人、职工致富的领路人。19年中，团场先后被中共中央授予“全国先进基层党组织”，被中宣部、司法部授予“1996—2000年全国法治宣传先进单位”“全国农垦系统职工扶贫工作先进单位”；被自治区党委、兵团党委授予“先进基层党组织”“党风廉政建设先进单位”“社会治安综合治理先进单位”“民工管理先进团场”“法治团场”“精神文明建设先进单位”“创先争优先进基层党组织”等称号。

19年中，一四一团场经济建设和社会各项事业取得长足发展，得益于国家惠民政策；得益于兵团、第八师石河子市党委的坚强领导；得益于全团党员、干部和职工群众的辛勤劳动。团场在改革发展过程中遇到许多瓶颈，主要是农业基础设施依然脆弱，抵御自然灾害能力不强，工业规模小，生产能力得不到发展，主要局限于农产品初加工缺乏发展后劲；在城镇化建设方面还缺少规划及技术、资金的支持等。

在经济社会迈入充满希望与挑战的21世纪，一四一团在国家新一轮对口援疆和扶贫开发建设上，必将开启团场经济发展和长治久安的新纪元。兵、师党委提出两个“率先”、两个“力争”奋斗目标，为团场发展添无穷动力。团场第八次党员代表大会，为团场经济社会发展规划宏伟蓝图。

大 事 记

1997年

1月1日　团场党委决定,给在团场工作年满30年的大、中专毕业生提升一级工资。

1月16日　团场制订《一四一团在公民中开展法治宣传教育第三个五年规划》。

1月27日　团场制订《关于一四一团倡导文明,反对在婚丧嫁娶中大操大办,互相攀比,铺张浪费的规定》。

1月28日　团场87篇第三届思想政治工作研讨论文,分别被《中国档案报》《兵团党建》《石河子日报》刊用。

2月15日　师市党委决定,冯玉清任一四一团党委副书记、团长职务,原团党委书记、团长钱荣根调师市工作。

2月26日　团党委制订下发《关于一四一团深化经济体制改革,进一步开放搞活,加快由计划经济向市场经济转轨的实施细则》。

3月22日　团场决定在全团职工群众中开展"职业道德、社会公德、家庭美德教育月"活动。

3月28日　团场下发通报,三连在处理甜菜种时种子破碎40%,造成经济损失2880元。对责任人做出处理决定。

4月16日　兵团授予三连机务工人陈德新"兵团屯垦戍边"劳动奖章。

4月20日　团场停办奎屯金三角加油站。

4月23日　北野派出所开展清理整顿收缴民用爆炸物品工作,收缴火药500克,电雷管2只。

6月25日　团场举行"迎香港回归祖国"千人签名仪式。

6月30日　师市授予团水管所等8个基层单位"师市文明单位"称号。

7月1日　团决定开展"五无"信访(无集体上访,无越级上访,无信访积案,无重访,无恶性事件)活动。

7月16日　兵团专家组受国家卫生部委托,对一四一团医院进行等级评审。团医院被评定为"一级甲等医院"。

7月20日　团场举办第一届职工运动会。

8月26日　国家农垦部授予一四一团"兵团第三期国家农业综合开发先进团场",团长冯玉清获"国家农业综合开发先进工作者"荣誉,享受省部级劳动模范待遇。

8月30日　按师市教育局要求，团场撤高中办学点，将高中学生并入一三四团高中就读，离团就读高中生每月可享受50～100元生活补助。

9月10日　团场举办首届庆祝"教师节"活动。

9月11日　团加工厂获兵团棉麻公司"第五届银花杯"棉花加工竞赛先进单位奖。

10月17日　团加工厂被全国供销总社评为"工业'国家队'成员单位企业"，排名第19位。

10月　团统计科侯镇远获兵团"第一次全国基本单位普查先进个人"荣誉称号。

11月1日　团党委在职工中开展贯彻落实党的十五大精神和"解放思想，深化改革促进发展，实现经济增长大讨论"活动。

12月17日　团场被兵团科委授予"兵团棉花攻关活动达标高产团场"称号。

12月21日　团场被自治区纪委监察厅授予"自治区党风廉政建设先进集体"称号。

1998年

1月6日　团场被兵团授予"1995—1997年度思想政治工作优秀企业（单位）"称号。

2月7日　团场职工穆仁祥个人投资11万元，收购团加工厂猪场。

2月10日　自治区党委授予一四一团"自治区党员电化教育工作先进集体"称号。

2月17日　杨文博任一四一团党委常委、副团长。孙玉英任党委常委、副政委代工会主席。原工会主席孙祖光退休。

2月27日　团场成立以冯玉清为组长，李树华、周世清为副组长的一四一团小城镇和连队居民点规划建设管理领导小组。

2月　团场召开职工代表大会，号召职工群众将垦荒建场时期个人保存的书稿、信件、照片和工作、生活物品捐献给新建的团史馆。

3月4日　团党委决定十三连、砖厂为团场"深化农机转让试点单位"。

3月7日　政委刘书运、团长冯玉清在一四一团党委经济工作会议上各拿出5000元作为风险抵押金，激发全团职工承包土地积极性。

3月21日　团场组织医务人员深入17个基层单位，为885名已婚育龄妇女做妇科常规检查。

4月17日　团场连续两天遭遇6.4级大风，2000公顷农作物覆盖薄膜被大风卷走，损失近200万元。

4月18日　农八师副政委张祖树一行到一四一团查看风灾损失情况。

4月23日　凌晨5点，团场2天中量雨雪后，气温降到-4℃，出现霜冻，团场3333.33公顷棉花遭遇严重冻害。

4月　团场组织科韦天放获"自治区优秀党员电化教育工作者"荣誉称号。

5月28日　团场举办庆祝中国共产党成立77周年纪念活动暨召开第四届思想政治工作理论研讨会，其中1篇文章被评为兵团级优秀论文，2篇文章被评为师市级优秀论文，4篇文章入选兵团论文刊物。

5月30日　团党委决定将“团结进取，真抓实干，治水改土，科技兴团，争创一流，实现小康”的北野精神定为团歌，在全团范围内教唱。

6月13日　团党委书记刘书运与基层各单位党支部书记签订党风廉政建设责任书。

6月20日　团工会、宣传科牵头举办第一届北野金秋广场文化月暨第二届职工运动会活动。

7月6日　受卫生部委托，世界卫生组织、联合国儿童基金会、兵团专家组对一四一团医院进行评审。团医院被卫生部审定为“爱婴医院”。

7月21日　北野派出所开展“百日安全防范战役”。

7月26日　团场自筹资金200余万元，修建第1条团部至十一连的5000米通连柏油公路。

7月30日　团场举办建团40周年庆典活动。

8月22日　团召开第四次职工代表大会，孙玉英做工会工作报告，并当选团工会主席。

9月17日　团场召开职工代表大会，号召职工群众开展增产节约、增收节支的“双增双节”活动。

9月18日　团场出现重霜天气，3066.67公顷棉花受灾造成减产，比1997年少收1700吨籽棉。

9月20日　兵团“两基教育”验收组到一四一团检查验收。

9月29日　团加工厂职工“丰收锣鼓”节目获师市“金穗民俗文化节”演出第二名。

10月20日　团场决定为中华人民共和国成立前参加革命工作的遗孀每月提高400元、300元、200元生活补贴。

10月26日　团场规定，对在部队服役义务兵立一、二、三等功者给予奖励，并免除现役军人家属、烈属、因公牺牲军人家属及病故军人家属、伤残军人所承担的义务工。

10月　自治区授予团场“自治区‘三八’绿色工程先进单位”称号。

11月12日　兵团党委宣传部部长杨振华到一四一团检查基层廉政建设工作。

11月　中华全国总工会授予团工会“全国农林系统先进基层工会”称号。

12月18日　团场结合1988年房改作价住房权实际，制定《一四一团深化职工住房制度改革实施办法》。

12月20日　中国棉麻总局在一四一团加工厂召开棉花加工设备现场会。来自全国的260多名棉花设备专家参加现场会。

12月　根据兵团农机改革政策，团场决定将全团各单位的农机折价转让给职工个人经营。

1999年

1月10日　兵团党委办公厅授予一四一团“兵团信访先进集体”称号。

1月　自治区授予一四一团“自治区档案管理达标先进团场”称号。

2月9日 团党委决定撤销原种畜站建制，种畜站与园艺连合并。

2月 兵团授予一四一团“兵团农机新技术推广工作先进集体”称号。

3月23日 团场成立以团长冯玉清、政委刘书运为组长的“危旧住房改造建设领导小组”，办公室设在基建科，制订出3年内完成200户农牧工危旧住房改造实施计划。

3月26日 北野派出所在辖区开展“打击走私、盗窃、抢劫机动车犯罪”专项斗争。

4月30日 兵团党委选定一四一团为兵团农牧团场深入开展以“讲学习、讲政治、讲正气”为主要内容的党性教育活动试点单位。

4月 兵团授予一四一团政委刘书运“全心全意依靠职工办企业的十佳党政工领导”称号。

5月30日 成永涛任一四一团党委常委、副团长。

6月20日 师市档案局专家组一行到一四一团考核验收团档案达标升级工作。

6月29日 团场举办“北野金秋”文化广场系列活动，以庆祝兵团成立45周年、纪念“九·二五”起义50周年。

6月 兵团党委授予一四一团党委“优秀基层党组织”称号，政委刘书运被评为“兵团优秀党务工作者”。

8月2日 团场动员26个单位投入劳动力1.6万人次，出动车辆500余次，投入20万元物资，参加安集海水库抗洪抢险。

8月12日 按国务院《企业职工奖惩条例》有关规定，团场党委决定为全团2980名签订全员劳动合同在岗在册职工增加10%的工资。

8月13日 师市政委马荣、师长丁兴端到安集海二库工地，看望慰问参加安二水库抗洪抢险的一四一团场职工。

8月21日 一四一团场组织小学安塞腰鼓队、加工厂百人职工丰收锣鼓和老龄百人秧歌文体队参加师市举办首届“民俗文化节”活动。

9月1日 团场召开职工代表大会，表彰奖励在8月抗洪抢险工作中表现突出的一连张兴国等90名先进个人和抗洪先进集体。

9月16日 兵团副司令员朱鉴凡检查一四一团工作时，要求棉花加工传承“银花杯”质量，使优质棉花走向国际市场。

9月22日 师市在一四一团召开“棉花质量现场会”。副师长曹善民带领农八师各团主管工业的副团长和加工厂厂长参加现场会。

9月26日 北野派出所开展“追捕逃犯”专项斗争。

10月11日 团场召开第三届外来劳务工代表大会，给“拾花状元”王群先等10人各奖励返乡飞机票一张，600余名“拾花能手”得到返乡火车票。

10月20日 团场投资316万元，为农业连队新建198套住房，交付职工居住。

11月18日 团场在工人文化宫（大礼堂）举办“迎澳门回归”职工文艺汇演活动。

12月26日 一四一团被评为“师市人口与计划生育工作先进集体”。

12月 兵团授予一四一团“1999年棉花丰产攻关活动达标团场”“兵团科普工作先进单位”荣誉称号。

2000年

3月7日　团场批准撤销长期亏损无法经营的集体所有制福利厂，厂聘人员自谋职业。

3月9日　团场成立科技攻关“四田”（即领导指挥田、连领导示范田、科技人员试验田、承包户攻关田）领导小组，实施科技兴团攻关活动。

3月10日　团场撤销贸易公司（原商店）、汽车连2个单位的建制，成立团物业管理中心。

3月16日　团场成立畜牧业改制领导小组，对全团1.8万只公羊和棚舍进行评估后，整群作价转让给职工个人饲养。

3月20日　团场党委将民政科工作并入机要科。

3月24日　团场将畜牧兽医服务中心改为团畜牧兽医技术推广站（与机关脱离）。

4月1日　团场电管所被石河子天富电力公司收编，成立天富电力公司北野营业所。5名党员组织关系转入油灰厂党支部。

4月6日　团场决定在九连、十二连的66.67公顷地膜棉进行滴灌种植试验。

4月10日　经第四届职代会第二次联席会议审核通过，团场与长期擅自离岗的637名职工解除劳动合同。

4月12日　新疆农业科学院刘风林副院长带领兵团科协及农七师、八师、九师11名专家到一四一团复查验收兵团农业标准化团场工作。

5月5日　团场遭遇多年不遇特大沙尘暴，其中4个连队受重灾，经济损失1300余万元。

5月25日　师市党史工作会议在一四一团召开，八师副政委刘建新、石河子市人大常委会副主任王燕林、市政协副主席王绍清带领各团负责党史工作的领导出席会议。

6月26日　团场依照职工管理规定，对原办理“停薪留职”“挂名”“两不找”“上学”“借调”等人员给予清查核实，理清各单位职工人数。

6月30日　团场成立以政委刘书运、团长冯玉清为组长的团“三讲”领导小组。副政委高泽民任办公室主任，成员由组织科、宣传科、机要科人员组成，负责“三讲”教育试点工作。

7月5日　团场成立第五次全国人口普查领导小组及办事机构，统计科负责团辖区人口普查工作。

7月26日　北野派出所干警应邀参加北京影视有限公司22集电视连续剧《九七中国一号刑侦大案》拍摄。

8月21日　师市史志办主任王飞带领陆振欧、赵超和15个农牧团场、9家工矿企业的修志人员，对《一四一团志（1958—1996）》进行评审。

10月18日　兵团党委“三讲”领导小组组长、组织部部长华士飞到一四一团基层连队调研。

10月23日　团场成立以工会主席孙玉英为组长的“居民最低生活保障”领导小组，办公室设在机要科。

11月9日　自治区“三讲”教育领导小组成员李广宇、兵团“三讲”办公室副主任张贵良一行，到一四一团检查指导团“三讲”教育试点工作。

11月26日　团场“三讲”领导小组召开由60名离退休人员参加的座谈会，征求老同志对“三讲”教育活动的意见和建议。

12月1日　团场首次为20对青年举办“进入新世纪北野新乐章”集体婚礼。

12月3日　经团12月3日四届四次联席会议审查通过，依法对陈亮等264名长期擅自离岗职工除名。

12月　田发、邹多志2人主编的《一四一团志（1958—1996）》一书，由新疆人民出版社出版。

2001年

1月1日　团场规定：凡居住在团且年龄在18～35周岁的待业青年、大中专毕业生、退伍军人重新办理上岗手续，自愿到农业连队承包土地者（面积控制在1.33公顷），上岗前2年可不执行先交钱后种地。

1月15日　根据《动物防疫法》《生猪屠宰管理条例》规定，团场成立生猪屠宰点，实行统一屠宰和集中检疫。

2月13日　团场成立以团长冯玉清、政委刘书运为组长，副团长李树华为副组长的城镇开发建设领导小组，办公室设在土地科。

3月6日　十一连领导无视团林业管理规定，擅自同意职工砍伐35棵杨树用于扎顶棚，直接责任人受到100倍补栽树木处罚及通报处分。

3月26日　团场党委决定，将全团滴灌种植棉花面积扩大到533.33公顷。

4月1日　团场党委根据兵团党委通知精神，决定为基层单位职工划分“两用地”，不收任何费用，自由种植，长期固定不变。

4月5日　团场决定对15个农业连队实行会计委派制，委派会计不参加连队农业承包，工资由团核发。

4月8日　团场在加工厂棉花地进行精量播种试验，每0.067公顷棉田省种子4000克左右。

4月10日　团场制定教师购房补贴优惠政策：凡在团内任教5年以上10年以内的教师，可享受购房款总价10%的补贴；10年以上20年以内教师享受的15%补贴；20年以上30年以内教师享受20%的补贴；高中教师和任教30年以上教师享受25%的补贴。

4月12日　北野派出所开展以打击有组织的带黑社会性质的犯罪团伙、车匪路霸、流氓恶势力和追捕在逃犯为主要内容的严打整治斗争活动。

4月30日　凌晨5点左右，团场降雪，积雪厚度10厘米，1000公顷棉花遭受烂种重灾。

5月6日　团场投资6.2万元，在医院外（妇）科建立标准化计划生育服务站，其中兵团专款3万元，团自筹3.2万元。

5月7日 团场党委召开第一期“三个代表”重要思想学习教育动员大会,农八师副师长张祖树出席会议并讲话。

5月11日 团场遭受特大沙尘暴风袭击,全团1392.67公顷棉花受灾严重。

5月20日 中宣部、司法部授予一四一团场“1996—2000年度全国法治宣传教育先进单位”荣誉称号。

6月2日 兵团党委授予一四一团场“兵团先进基层党组织”荣誉称号。

6月8日 五连200公顷棉花遭受冰雹袭击,重灾面积达66.67公顷。

6月28日 团机关档案员陈楚新撰写的《我与档案为伍》,获中国档案报《在它的哺育下成长》征文二等奖。

7月1日 一四一团党委被中国共产党中央委员会组织部授予“全国先进基层党组织”,副政委高泽民赴北京参加颁奖大会。

7月5日 团场部分连队遭受狂风、暴雨、冰雹袭击,受灾面积2766.6公顷,重灾面积1520.27公顷。砖厂价值200万元土坯被雨水冲毁。

7月11日 十二连职工姚某擅自将加水管插入装有农药的喷雾罐内,农药被倒吸入自来水管线中,导致中毒事件发生。所幸未造成人畜死亡。

7月21日 团场防疫站焚烧价值1000多元的过期变质食品。

7月23日 郭振元任一四一团党委书记、政委,吴敏任党委副书记、团长,原团长冯玉清任调研员。

7月29日 团场遭受数十年不遇阴雨冻害,造成4200公顷棉花干枯落蕾死亡。

8月13日 团场成立种子管理站(副营级编制),隶属团生产科。

8月15日 兵团授予一四一团场“兵团档案管理工作先进集体”荣誉称号,陈楚新代表石河子档案系统出席兵团表彰大会。

8月17—19日 中共一四一团场党委召开第六次党员代表大会。

9月17日 兵团司令员张庆黎到团场察看棉花受灾情况。

9月27日 团场拨款800万元,购买8台大功率拖拉机。

10月 团场当年投资河水滴灌工程2800万元,在5333.33公顷播种地,挖滴灌引水管沟280千米。

10月 团机关档案员陈楚新获中国档案报举办的帮达杯《档案人风采》图片比赛二等奖。

11月6日 团场党委出台职工暖气费补贴优惠政策:双职工住楼房户暖气费全免(含退休工人每户90平方米内);单职工免50%。超过90平方米的费用自理,不足90平方米的不再倒补暖气费。

11月13日 兵团政委陈德敏检查指导团场灾后自救工作。

11月15日 师市“农业综合开发资金报账实施办法现场会”在团场召开,师二地综合开发办主任钱荣根及各团场分管领导和财会人员参加现场会。

12月7日 团场幼儿园从机关分离(连级编制),隶属团教育中心;电影队、招待所与机关分离,归物业中心管理;林业站、广播站与机关分离,分别成立林业工作站、广播电视站,经济独立核算；团委合并到党办，老龄办公室归属工会；撤销水管科、水管所编制，成立团水管站。

12月10日 团场撤销原基建队番号，更名十四连；撤销砖厂番号，更名十五连；撤销良种连番号，更名十六连；撤销园艺连番号，更名十七连；撤销水管所番号，更名十八连（水管站），改制单位仍属连级编制。

12月16日 暖风机厂厂长助理赵毅兵主持研制的ZZBM-1.1型多功能点播机，被兵团评为“优秀技术项目”。

2002年

2月21日 团场将油灰厂并入建安公司。

3月6日 团场党委给抗战时期参加革命人员在镇区分1套楼房居住，其产权归团，住户每月缴纳每平方米0.5元房租；免收冬季暖气费，其配偶是家属的可享受到身故，其他费用自理。

3月16日 加拿大籍外语教师艾伦、新西兰籍外语教师大卫，在石河子大学外事处负责人陪同下，到团场与师生进行外语授课交流。

3月23日 团场将园艺连划归林业站，驻石河子办事处与石河子工区合并；社保办公室与劳资科分离；社保办独立公办；畜牧中心业务从生产科分离，设畜牧科；党办与组织科分离，设党委办公室，团委与组织科合署办公；计生办纳入机关编制。

3月26日 一四一团获“兵团科普工作先进集体”荣誉称号。

4月5日 团场调整产业种植结构，打破农业单位棉花单一种植结构，增加番茄、线椒、小麦、油菜等作物的比例。

4月23日 中国科协“西部科普工程”项目验收组到一四一团，检查验收团“国家级科技立业示范园”工程项目。

4月24日 团场开展“向赵机农同志学习”活动。

5月10日 团场遭受持续6分钟的特大冰雹袭击，冰雹最大直径1.5厘米，受灾面积7333公顷。

6月6日 团场制定危房改造政策：危房户每户职工个人建房负担总造价50%，团补贴50%。困难职工可向建行申办小额贷款，贷款分2～5年连本带息还清。房款还清者，产权归己，房款没还清者，产权归团。

6月10日—7月30日 北野派出所开展以“反盗窃、破大案、追逃犯”为主题的专项斗争。

6月21日 团场成立党史编纂委员会，启动一四一团简史编纂工作。

6月25日 兵团组织部副部长周考斌到团场检查指导政务公开工作。

7月10日 暖风机厂研制的9ZF-40、9ZF-50、9ZF-60型号铡草粉碎机投入市场。

7月22日 团场党委将种子管理站更名为农业技术推广站，人员、编制不变。

7月25日　自治区组织部挂职巡视督导组组长汤云夫检查南疆岳普湖县在一四一团挂职少数民族干部学习、工作、生活情况。

8月6日—13日　团场连续遭受高温天气,最高温度超过40℃,全团1200公顷农作物因高温造成不同程度的死亡。

8月14日　师市联合调研组到一四一团场调研团推广高密度植棉、膜下滴灌技术和奶牛养殖基地建设工作。

8月30日　团场将24个连队卫生室合并成19个社区卫生服务站。团直9个卫生室合并成3个社区卫生服务站。

8月30日　甘肃省陇西县劳动局干部王自忠带领1000名劳务工,到一四一团支援秋收拾棉花。

9月17日　团场撤销机关管理科编制,原机关执行事务归机关党委办公室,机关干部工资发放及办公用品使用由团财务科管理。

9月18日　团场成立大宗物资采购领导小组,制定下发《一四一团大宗物资采购行为的规定》。

9月19日　团场党委将老龄办工作并入机要科,老干部待遇归入组织科。

9月25日　团场购进国外大马力机车11台、国产1204机车21台。

10月16日　石河子市民政局婚姻登记处处长张柏林带领部分团场婚姻登记员,到团场检查婚姻登记工作。

10月29日　团成立以工会主席孙玉英为组长的"经常性社会捐助站",捐助业务归民政科办理。

12月15日　李洁书任一四一团纪委书记,原纪委书记杜书画调离。

12月20日　团场党委进行第一届民主选举连长、副连长工作。

12月26日　团场投资300万元,在镇区修建封闭式"农贸市场"并交付使用。

12月28日　经团场职工代表会审核,依法对擅自长期离岗的163人解除劳动合同。

2003年

1月20日　兵团党委组织部授予一四一团"兵团南疆少数民族干部挂职培训工作先进集体"荣誉称号。

2月14日　凌晨1时32分,石河子南部山区发生地震,一四一团有较强震感,无人员和财产损失。

3月10日　团场党委决定审计科与政研室分离,设团审计科。

3月11日　机要科陈楚新撰写的通讯《把百姓冷暖挂心上》,被《人民日报》采用。

3月19日　中华全国供销合作总社棉麻局授予团加工厂"抓质量、创品牌先进棉花加工企业"荣誉称号。

3月20日　团场党委批准团物业管理工作中心,更名为城镇物业管理服务中心。

4月9日 团场成立以团长吴敏为组长的“职工小额贷款领导小组”，制定《一四一团农业承包户贷款管理办法》。

4月16日 兵团民政局授予一四一团“兵团最低生活保障工作先进单位”荣誉称号。

4月13日 团场党委在全团开展“两级党建联创”活动。

4月17日 团场成立以政委郭振元为组长的防治非典型病原体肺炎领导小组，成员由团医院、卫生防疫站、综治保卫部门组成，“防非”办公室设在医院。

4月25日 团场成立预防突发性公共卫生应急分队，在医院设“发热门诊”“发热留观隔离病房”，防治非典型病原体肺炎。

4月30日—5月5日 团场遭遇持续一周的低温，全团500公顷棉花烂种。

5月18日 政委郭振元带领3人，到江浙等地购回500只种湖羊，安放在一四一团湖羊基地繁育。

5月20日 团场党委把甘肃陇西招收的21名国民教育大中专毕业生，安排在基层连队锻炼。

5月29日 团场成立一四一团城镇监察中队。

6月8日 按师市党委《关于加快石河子社区建设的意见》统一部署，团党委决定成立社区建设领导小组，副团长朱真性兼任社管会书记，杨惠珍任常务副书记，启动团场的社区建设工作。

6月26日 团批准物业管理服务中心电影队解散，电影放映员在物业中心另行安排工作。

7月4日 团场成立牧业发展中心、加工厂、社区管委会3个营级党委（原老龄委2个党支部归社区党委）。

7月20日 石河子农业协会一四一团场分会成立，各农业单位职工可自愿报名参加。

7月25日 团场成立“三好”连队创建活动领导小组，主要开展“条田好、道路好、居民点好”创建活动。

7月26日 团场投资280万元，在原团种畜队旧址，新建面积967平方米的现代奶牛场发展养牛业。

8月25日 团场启动“中央专项”以工代赈50万元饮用水工程，解决5个偏远连队4000余名职工群众长期饮用高氟水问题。

8月28日 中华人民共和国财政部驻新疆专员李翠明、齐震，到团检查2000—2002年度团场农业综合开发项目及资金管理使用情况。

9月19日 团场出资引进61头加拿大“安格斯”肉牛养殖。

10月10日 团场为万名外来拾花民工购买集体返乡火车票。

11月10日 团场党委为2001年12月底前参加工作的在册在岗职工增加工资。团职工月总增资227704元，职均月增资103元。

11月19日 团场启动职工医疗保险统筹工作。

12月26日 团场医院被兵团劳动和社会保障局指定为城镇职工医疗保险定点医疗机构。

2003年　团场决定全面推广SC704玉米滴灌种植和杨树枝防治棉铃虫新技术。

2004年

2月16日　北野派出所被兵团公安局评为“档案工作目标管理一级单位”。

2月29日　团场党委决定投资2829万元，修建多功能灵堂等涉及民生的7项惠民工程。

3月3日　团场成立绿色蔬菜产业协会，团内种植陆地蔬菜和大棚蔬菜的职工，均可申请加入产业协会组织。

4月20日　兵团授予一四一团中学“兵团级绿色学校”荣誉称号。

4月24日　兵团副司令员胡兆璋，到团检查指导春耕春播工作。

同日　中国名牌与市场战略促进委员会，授予团加工厂“中国棉花市场十大知名品牌”称号。

5月10日　团场党委撤销十五连（原砖厂）番号，更名为蔬菜试验站。

5月20日　团场党委批准机要员参加中央机要局，在四川省成都市举办的全国机要密码系统培训班学习。

6月18日　兵团党委保留一四一团原有番号，一四一团并入一四二团，统称一四二中心团场，吴敏任一四二中心团党委副书记、团长。

6月　邢明亮任团场党委副书记、团长，原团长吴敏、副团长成永涛调一四二中心团场工作。

7月31日　团场组织各单位职工到石河子市，观看中央电视台“心连心”艺术团慰问演出。

8月7日　九连、十一连遭冰雹袭击，200公顷农作物受灾。

8月10日　团场老年大学成立，副政委、工会主席孙玉英任校长，退休干部吕炳辉任教导主任兼教师。大学开设太极拳、老年舞蹈、书法3个班。

9月20日　老年大学排练并演出北京新秧歌舞，获石河子市第二届老年节“北京新秧歌大赛”二等奖。

10月22日　团场筹资30万元，开通电视电话会议系统。

12月19日　团场召开第三届妇女代表大会。

12月21日　团场党委号召全团广大党员干部，开展向牛玉儒、艾买尔·依明学习活动。

2005年

1月13日　教育系统师生、医院职工，自发向印度洋海啸灾区开展献爱心捐款活动。

2月2日　团党委开展“保持共产党员先进性教育”学习活动，机关、老龄总支共116名共产党员和机关8名入党积极分子参加学习。

2月16日 团党委决定撤销林业站番号，恢复十七连编制。

3月20日 师市总工会授予团中心幼儿园“巾帼文明示范岗”荣誉称号。

4月26日 团场投入4.35万元，将少数民族挂职干部住房装修一新，配备全套生活用品和交通工具。

6月30日 十二连遭受冰雹袭击，220公顷棉花受灾严重。

7月16日 中心幼儿园被师市评为“二级幼儿园”。

7月7日—8月 团场发生建团以来特大棉铃虫害。各单位使用高效氯氰菊酯防治棉铃虫，却杀伤大量天敌，导致棉蚜泛滥成灾，造成棉花大面积减产。

9月18日 团场制定职工购买大马力农机具——双向犁补贴1万元，购买播种机补贴8000元的优惠补贴政策。

9月13日 河南省开封县劳动局副局长翟有谦带领慰问团到一四一团，看望慰问河南籍拾花季节工。

9月21日 兵团党委发文撤销一四二中心团建制，恢复一四一团原有建制，隶属八师党委领导。

10月5日 二连826.9吨棉花垛失火，损失棉花2吨，有关责任人受撤职处理。

10月6日 团场投资300万元，在新工业园区新建8000平方米的机采棉加工车间投入使用。

10月21日 团场为中小学特困生返还“两免一补”费用2.32万元。

10月25日 兵团司令员华士飞，到团场调研无公害大棚蔬菜种植工作。

11月15日 团场对建筑安装公司进行改制，人员分流、转岗到十连、十六连承包土地。

11月18日 团场对暖风机厂进行改制，以98万元价格转让给职工个人经营，原工人留用至退休。

11月25日 团场投资180万元新建一座多功能餐厅，建筑面积1500平方米，交付团小学使用。

12月15日 团场党委成立“保持共产党员先进性教育活动”领导小组，工会主席孙玉英任办公室主任。

12月21日 团场预备役官兵参加为期6天的全封闭式野外快速动员集结大练兵训练。

2005年 团场与新疆中国彩棉集团股份有限公司合作，引进彩色棉新品种在二连、五连、六连试种成功。

2006年

1月18日 石河子市群艺馆协办的“吴鲁闽剪纸艺术作品”展览，在一四一团工人文化宫展出。

1月26日 团场制定公房转让政策，以当年每平方米造价优惠80%，转让给职工个人。

1月28日 团场成立以朱真性为组长的一四一团门牌设置管理领导小组，门牌设置规划业务由民政科、基建科共同承担。

1月30日 团场召开第二批“保持共产党员先进性教育”活动动员大会，全团28个基层党组织及691名党员参加会议。

2月12日 团场制定奶牛转让政策：3月龄断奶母犊每头平均价为1000～1500元，个人先交500元，余额部分可以小额贷款。母牛每头价格5000～8000元，个人先交1000元，余额部分可以小额贷款。团与养殖户签订饲草用地、低于市场价供应棉壳、油渣等优惠协议。

2月15日 团场邀请石河子大学农学院教授，为团150名职工进行农科知识培训。

3月23日 团场用26%多福甲种衣剂和55% 3911（甲拌磷）进行棉花种子统一包衣。

3月26日 团场按照大棚总造价20%，将300座大棚全部作价转让给单位和个人，免收3年利费。

3月31日 团场开展以“知荣辱、树新风、促和谐”为主题的荣辱道德观实践活动。

3月 刘彦江任一四一团党委常委、副团长、人武部长。原人武部长万世宽调离。

4月20日 兵团授予一四一团小学“兵团绿色学校”荣誉称号。

5月16日 团场开展“建设屯垦戍边新型团场”大讨论活动。

5月27日 职工易洪源与团场签订为期6年的牛场产权转让合同，固定资产价值447万元，开启团公有制养牛向私人养殖转轨。

5月 石健任一四一团党委常委、副团长。马荣华任一四一团党委常委、副政委、工会主席，原副政委、工会主席孙玉英退休。

6月23日 石河子市商务局为一四一团10户私营商店，赠送全国“万村千乡”示范店牌匾。

6月 团场在各种植连队推广“频振式灯光杀虫”技术，这标志着一四一团防虫治虫由药物防治，向与生物防治结合转变。

7月12日—14日 中共一四一团第七次党员代表大会召开。

7月21日 一四一团场启动二代居民身份证换证工作。

7月30日 兵团授予一四一团加工厂“2005年度兵团棉花加工质量年活动先进单位”荣誉称号。

8月3日 石河子市人民医院组织8名医护人员到一四一团，义务为团职工群众检查身体。

8月29日 团场投资500万元，改造4个农业连队的12.5千米柏油路面，实现团部与连队柏油路贯通。

9月20日 十六连职工廖伟达自筹资金2.5万元，从内地引进7只鸵鸟养殖繁育成功。

9月29日 兵团政委聂卫国到团场检查基层小康连队建设工作。

10月22日 团场派民政工作人员参加民政部在海南举办的全国民政干部培训班学习。

11月19日 团场成立机构改革领导小组，落实兵团农牧团场机构精简实施方案。

11月22日 兵团政委聂卫国到团场检查设施农业及大棚反季蔬菜种植情况。

11月26日 北野镇区南北两个社区，设两个党支部。

11月27日 团场开始在春小麦收获后试种青贮玉米，采用滴灌栽培技术复播，每公顷最高单产突破2500吨。

11月28日 团场大面积采用宽膜栽培和膜上膜精量点播技术，每公顷棉花单产首次突破4500千克目标。

12月28日 石河子市副市长乐旸参加一四一团民兵阅兵式。

12月30日 2007年1月1日起，原机关26个科室合并为八大科室、4个部门，50岁以上机关干部本人自愿报告离岗休息。

2007年

1月20日 团场制定《落实农牧团场类似乡镇五统筹财政转移支付资金实施办法》。

1月27日 团场组织505名一线职工，参加2007年度师市职工中级农艺工技术培训。

2月28日 团场成立一四一团国防动员委员会。

3月2日 团场在农业科设林业站，农业科副科长兼站长，为林业站增加工作人员8人。

3月7日 团场撤销九连、十五连2个单位番号，九连并入五连，十五连更名为团果蔬公司。

3月9日 团场成立内保护卫大队，派出所所长、教导员兼内保护卫大队教导员、大队长。

3月20日 团场对驻石河子市西单贸易公司进行改制，盘资后由职工私人经营。

3月28日 十二连连长张军、承包户苟小静被师市评为首届“大丰收魅力人物”。

4月5日 工会成立困难职工帮扶领导小组。

4月6日 兵团党委办公厅为一四一团机要科陈楚新记三等功1次。

4月11日 自治区妇联党组书记王建玲，到一四一团检查《妇女儿童发展规划》实施情况。

4月21日—5月15日 团场连续遭受9场阴雨，最低温度5.1℃，低温造成大面积棉花枯死。

4月22日 团长邢明亮与德国巴特哈斯酒花集团绿宝公司代表费德瑞，签订啤酒花基地建设合同。

5月6日 团场成立土地开发清理清查领导小组，对近年来未经批准擅自滥开乱垦的各类土地，进行全面清理整顿。

5月19日 团场成立“中西部农村实践改造工程”领导小组，办公室设在教育中心。

6月8日 团场成立饮水安全工程建设管理处，办公室设在建商科。

6月10日 按兵团编办有关农牧团场事业单位规定，一四一团医院、卫生防疫站、中心小学、中学、畜牧兽医站，确认属团事业单位编制。

6月15日 中央“减负”检查组一行4人，到一四一团实地抽样检查团落实“减负”工作。

6月25日 兵团总工会经济部部长潘江林，到团检查自营经济发展工作。

6月26日 团场举办第九届“北野金秋”广场文化月活动。

6月　兵团副司令员胡兆璋到团场检查指导春播田管工作。

7月9日　甘肃省漳县何永成副县长带领考察团,到一四一团实地考察外来拾花工在团住宿、劳动情况。

7月11日　兵团在一四一团召开落实“国家购置农机具政策补贴”现场会,全兵团14个师的农机局领导和部分主管农机工作的副团长参加现场会。

7月16日　重庆市巫山、秀山2县6名县领导,到一四一团考察棉花生产及外来拾花工在团住宿、生活情况。

7月28日　石河子市副市长张琳娜一行6人,到一四一团对职工多种经营工作进行调研。

7月31日　师市在一四一团召开《建设屯垦戍边新型团场》有奖征文暨《一四一团简史》评审会,机要科陈楚新撰写的《完善“五促”机制,建设新型团场》论文获三等奖。

8月1日　团场党委投资152万元,在8小区新建776平方米兽医实验室。

8月7日　团场党委决定成立建团五十年庆典筹备领导小组,组织人员编撰回忆录、建团50周年画册、谱写《再创北野辉煌》《北野之歌》歌曲等庆典筹备工作。

8月16日　师长余继志到团场检查秋收工作及连队居民住宅建设工作。

9月15日　团场成立慈善分会,办公室设在社会事务管理科。

9月18日　重庆市铜梁县县长唐川、副县长陈益国一行9人,考察一四一团部分单位拾花工住所,并与团签订友好县团协议书。

9月29日　师市在一四一团场召开推广棉花加工“一试五定密码检验工作”现场会,各团场分管工业的负责人和加工厂领导及技术人员参加现场会。

9月30日　团场党委决定将职工、离退休人员每人158元/年冬炭费,调整为350元/年。

10月3日　宁夏回族自治区隆德县委书记周庆华带领7人慰问团,到一四一团看望慰问隆德县在团拾花的农民工。

10月8日　青海省海北州人大常委会副主任、总工会主席闫桂荣带领12人慰问团,到一四一团看望慰问在团参加拾棉花的海北州拾花农民工。

11月6日　团场在派出所成立交通管理中心。

11月17日　团场开展以“清洁家园、清洁田园”为主题的“两清”活动。

11月20日　一连退休老干部丁相臣,把50年代在部队发的军官服装、皮腰带等物品捐给团史馆。

11月　师长余继志到团场检查基层连队职工住宅建设工作。

12月16日　团场召开残疾人联合会大会,马荣华当选残联主席,胡爱泉当选为执行理事会理事长,唐茹、韩小玲当选为理事。

12月20日　团场投资13万元,对团气象站基础设施和卫星气象设备进行升级改造。

12月25日　团场对中学私设“小金库”,违反财务管理规定,坐支、套取团资金64.02万元违纪案件进行严肃处理。

2008年

3月3日—10月　北野派出所在辖区内组织开展“扫黄打非”“治爆缉枪”“盗窃破坏电力电信违法犯罪”专项行动。

3月8日　团场党委按扶贫帮困目标，举办首届“农业低产户”培训班。

3月17日　团场党委制定低收入“一镇两区（城镇、生活区、作业区）”住户补贴实施办法：以户50平方米为标准补贴2.5万元，其中国家补贴1.5万元，兵师补贴0.5万元，团补贴0.5万元等。

3月25日　团场党委在加工厂西侧投资1185万元，新建占地面积为844.68平方米集中供热站。

3月28日　团党委在全团党员干部中，部署学习实践科学发展观“四抓四看”主题教育活动。

4月2日　团场成立食品药品安全领导小组，办公室设在防疫站。

4月16日　兵团农八师批准《一四一团团部（北野镇）城镇总体规划（2008—2020）》。

4月17日　团场遭受狂风、沙尘暴和雨雪侵袭，全团6666.67公顷棉田受灾。

4月20日　兵团授予一四一团“屯垦戍边劳动奖”。

4月24日　团场举行首期350套廉租房（总建筑面积为2.7万平方米）开工剪彩仪式。

4月29日　团场举行与西部牧业合作养殖高产奶牛签约仪式。

5月10日　农八师师长余继志带领联合调查组，检查团场灾后春耕春播工作。

5月15日　团场号召职工群众为四川汶川地震灾区捐款活动，共捐款12230元。会后，团处级、科营级领导和党员每人分交1000元、500元、200元“特殊党费”，捐献给灾区。

5月26日　团场举办“红安格斯肉牛”基地建设招标会，石河子广联公司中标。

5月30日　兵团授予团场小学“兵团和谐校园”荣誉称号。

6月13日　团场组建奥运火炬传递安保护卫队，参加石河子市奥运火炬传递护卫工作。

7月23日　团场制定医疗改革按岗设编、超编人员提前退休办法。

7月25日　团场成立以团长邢明亮为组长的第二次全国经济普查领导小组，团机关干部张巍负责开展团第二次经济普查工作。

8月1日　陈楚新执笔主编的20万字《风雨北野50年》，由新疆科技出版社出版发行。

8月6日　一四一团场举办建团50周年庆典活动。

8月7日　兵团宣传部部长杨振华到团场参观农业设施和团史馆。

8月20日　石河子慈善总会实施“慈善医疗阳光救助工程”项目，为团医院购买1台飞利浦彩色多普勒超声诊断仪。

9月5日　团场715.33公顷退耕还林地，全部栽种枸杞等经济林。

9月8日　团场党委授予教师刘霞等3人为名师，授予曹莉等9人为团学科带头人。

9月28日　团场首次采用机械收获棉花1333.33公顷，为全程机械收摘棉花提供经验。

10月26日 团场全面启动第二次全国经济普查工作。

11月19日 团场成立团环境保护监管大队。

11月28日 团场启动居民基本医疗保险工作。

12月3日 团长邢明亮与上海加派机械科技有限公司代表签订合资新建番茄酱厂合同。

12月15日 团场党委按相关政策，为团年满80～89岁老人，每人每年发放高龄补贴600元；年满90～99岁老人，每年每人发放1200元；100岁以上老人，每年每人发放3600元。

12月20日 经师市推荐，兵团选定一四一团为"深入学习科学发展观"活动试点单位。

2009年

1月5日 团场党委举办"我为北野科学发展献一策"党员干部解放思想大讨论活动。

1月14日 师市残联为团场特困残疾人发放2006—2007年度危旧住房改造补助金。

1月30日 团场党委组织机关和基层党政干部代表到沙湾县（今沙湾市）观摩学习新农村建设和乡镇企业发展经验。

2月8日 团场党委制定《一四一团深化团场改革的十大措施》。

2月10日 团场开展创建学习型机关、学习型企业、学习型连队、学习型社区和学习型家庭活动。

2月16日 团场在14个农业单位举行第三届民主选举连长、副连长换届选举工作。

2月21日 团场党委投资400万元，在镇区文化路东新建一座多功能"职工文化活动中心"。

2月27日 团场党委批准团物业中心更名为团城镇管理中心，原物业管理工作职能不变。

3月1日 师市党委组织部副部长刘吉华带领选举指导组，到团场指导农业单位民主换届选举连长、副连长工作。

3月2日 团场党委成立北野农场经营投资公司，王浩兼任董事长，闫青松兼总经理。

3月5日 团场党委任命表现突出的26名大学生，到基层单位任科技副连长。

3月6日 兵团授予一四一团场"兵团精神文明团场"荣誉称号。

3月14日 团场召开第八次团员青年代表大会。

3月16日 团场党委在人武部设党支部，部长刘彦江任书记。

3月20日 团场成立奶牛协会。凡承认协会章程的牛场职工和养牛群众，可自愿报名加入协会。

3月27日 团场决定全团200公顷春小麦，实施节水滴灌技术。

3月28日 兵团政委聂卫国在八师师长王平海的陪同下，到团场检查开展学习实践科学发展观活动工作。

4月2日 团场批准工会在中国农业银行办理法人资格登记和开设工会经费结算专户。

4月10日 兵团副司令员孔星隆在师长王平海陪同下，检查一四一团春耕生产。

4月17日 兵团司法局检查组检查指导团，到团场基层连队检查“创建民主法制连”工作。

4月21日 团场在职工群众中，开展创建“和谐小康家庭”主题活动。

4月23日 团场成立连队经营体制改革试点工作领导小组，制定下发《一四一团连队经营体制改革试点工作实施意见》。

5月5日 团场党委召开第二轮修志工作动员大会，副政委汪德刚主持传达相关文件。

5月10日 团卫生防疫站与各片区负责人，签订甲型H1N1流感疫情防疫责任书。

5月15日 香港ESG环保控股集团主席脱瑞康，在石河子工商联常务副主席范长海陪同下，到团场对北野牛场使用BM益牛素效果进行回访。

5月20日 师市副政委李文毅、副师长谭建新，参加一四一团博华科技特色农产品深加工项目奠基剪彩活动。

5月22日 兵团职工减负办主任到团场检查团执行兵团减轻职工负担工作。

5月27日 兵团民政局局长刘钢，到团场检查民政资金使用管理工作。

6月5日 团场号召全团职工群众开展“从我做起为环境保护做贡献”世界第37个环境日主题教育活动。

6月16日 团场党委召开“创建兵团法治团场”启动大会。

6月20日 团场对辖区防风林、道路林、庄园林进行登记造册、建立林业资源档案。

6月25日 师市团场工业现场会在一四一团召开，师市分管工业领导带领各团主管工业副团长、工业科长参加会议。

6月30日 团场连续5天遭遇罕见的强高温天气，最高温度达43.8℃，突破历史极值。高温造成经济损失20余万元。

7月15日 兵团党委组织部副部长鲁旭平率领检查团，到团场检查基层党建和发展一线党员工作。

7月20日 团场投入2550万元，修筑“最后一千米”通营公路项目。

8月4日 八师王平海师长率师经营改革小组，到团场检查经营改革工作。

9月11日 兵团政委聂卫国到团场调研农业产业化、新型工业化工作。

9月15日 兵团副司令员胡兆章检查团场“三秋”及备耕工作。

9月16日 团场投资170万元，在15连(果蔬站)修建594.15平方米烤房和600吨容量冷藏保鲜库。

9月21日 团场党委“团债权债务清欠工作领导小组”，开展团债权债务清查追欠工作。

9月27日 一四二团团长陈旺带领农技人员，到一四一团参观考察团新植酿酒葡萄和棉花新品种管理工作。

9月28日 团场残疾军人张永贵经师市民政局推荐，代表兵团残疾军人，出席自治区组织的国庆活动。

9月29日 按兵师有关整合优化教育资源部署，团场党委决定撤销原中、小学编制，成立北野学校。

10月16日　师市联合安全检查组,检查团场“三秋”运输农用车辆安全工作。

10月24日　团场党委在农业连队、企业、社区、学校、医院中,开展第三批深入学习实践科学发展观活动。

10月27日　团纪委监察科牵头举办2009年团农产品公开拍卖会,20余家客商参与竞拍。

10月28日　团场党委表彰六连等4个征兵工作先进单位和11名征兵工作先进个人,并再次提高义务兵优待金标准。

11月1日　团场将畜牧兽医站(动物卫生监督所),纳入团场农业科研营级事业单位编制,经费列入团场财务预算。

11月12日　兵团远程教育安装组,为一四一团各单位安装兵团党员干部远程教育系统。

11月27日　兵团政委聂卫国检查团场现代农业设施大棚蔬菜种植工作。

12月1日　团场对“五大员”(卫生员、保管员、植保员、接水员、电管员)进行年终测评,对群众满意率不到30%以上的给予解聘处理。

12月30日　团场举办“迎新春”职工冬季长跑活动。

2009年　团场在农业连队试种200公顷“宁杞1号”枸杞新品试种成功。

2010年

1月3日　师市政府信息办公室主任王庆副带领技术服务组,为全团涉农信息员进行技术知识培训。

1月8日　团场举办“果蔬工高级技能培训班”和“干部综合素质培训班”。

1月15日　师市学习实践科学发展观督导组,检查督导团场学习实践科学发展观“回头看”工作。

1月17日　八师副政委李文毅参加团场部分连队党组织民主生活会。

2月5日　团场党委召开七届全委(扩大)会议。

2月8日　团场召开团党委常委会,通过《一四一团资金支付审批程序》,启动追查个别干部个人,长期占用团资金不交财务,违反财经纪律问题。

2月20日　团场规划出8个规模化养殖小区,5个标准化奶牛场,6个职工自养小区。养殖区可容纳1.9万头奶牛和生猪。

2月22日　团场遭受强降雪,积雪厚达60厘米,全团30座牲畜圈棚及配套设施倒塌、毁坏,造成直接经济损失761万元。

2月23日　团场党委为北野学校安装网络直播系统,全体师生享受到现代化卫星媒体教育。

2月24日　团场在职工群众中,深入开展“三观”“三德”弘扬文明新风教育活动。

3月10日 牛正义任一四一团副政委、纪委书记。原纪委书记汪德刚调离。

3月14日 团场将驻石河子办事处(重阳楼)转让给私人经营。

3月17日 兵团劳动局在一四一团举办2010年度农艺工高级技师培训班,全团128名农艺工参加培训。

3月23日 团场党委决定,马荣华副政委兼任团"国有资产经营投资公司董事长"。

3月25日 团场党委决定,从2010年5月1日起,免除残疾人承包土地义务。

4月7日 团场投资1000万元,对吐尔条沟(长20千米,深10米)、辖区东侧二道沟(长15千米,深3米)进行水土流失治理。

4月14日 在团挂职的9名南疆少数民族干部向青海省玉树县地震灾区捐款。

4月18日 兵团副司令员胡兆章到团场检查棉花管理工作。

4月20日 团场撤销供销科,农资经营移交石河子市西部物流公司。

5月3日 团场投资270万元,对9支送水渠道进行防渗改建。

5月8日 团场组织人力,在一连等3个单位原退耕还林地,补栽经济林幼树苗。

5月15日 六连职工吴天良自制出一套葡萄开沟器,可节约50%劳动力。

5月22日 兵团普法检查组检查考核团场创建"法治团场"工作。

6月8日 团场党委投入2983万元,改造镇区8号老小区,新建27618平方米保障性住房。

6月18日 团场老年福利院举行开业典礼。八师副师长孙长青等领导参加。

7月7日 石河子市政协主席吐尔逊别克、坎吉别克带领市政协委员视察一四一团非公有制经济。

7月13日 团场免费为居住在本团60岁以下2000名已婚妇女,进行健康体检。

7月16日 八师师长王平海到团场检查畜牧业发展工作。

7月19日 团场党委规定从2010年起,招录职工必须是高中以上学历青年。

7月28日 团场党委对从内地大中院校新录用的13名大中专毕业生,进行岗前业务培训。

8月1日 团场举办第12届金秋广场文化活动。

8月5日 兵团授予一四一团"法制团场"荣誉称号。

8月8日 团场在中小学校举办以"拒绝毒品、远离网吧、远离赌博"为主题的青少年演讲比赛。

8月11日 团场邀请石河子市党校副校长齐德江,为全团党员干部讲授"贯彻中央新疆工作座谈会议精神"专题课。

8月13日 石河子市豫剧团为一四一团职工群众演出豫剧《廉政之光》。

8月25日 团场投资176万元,将原封闭式农贸市场改造成水电暖气齐全的商铺。

9月27日 师市科协为六连、七连"农家书屋"赠送价值5000元的科技书籍。

9月29日 八师师长王平海率师秋收工作组,检查团场秋收及棉花加工工作。

10月18日 团场党委组织干部群众收看中国共产党第十七届五中全会视频报告会。

10月25日 团场领导与山东、福建的棉商企业签订《皮棉定向销售随行就市合同》。

10月30日　兵团农业局法规处处长郭忠宇率检查组，检查团场执行落实兵团“强农惠农资金”工作。

11月10日　团场组织70名普查员入户采集辖区居住人员信息，为换发第二代居民身份证做准备工作。

11月12日　中国儿童少年基金会和恒源祥集团，为一四一团20位“爱心母亲”赠送爱心毛线。

11月21日　团场投资176万元，新修五连、十二连、十三连总长7千米的4条大渠。

11月25日　团场党委决定在一连、十六连划出部分耕地，给非农业单位职工种植葡萄，用于解决非农单位职工收入偏低问题，增加职工收入。

11月30日　团场召开2010年农副产品拍卖会。

12月1日　八师副政委李文毅带领调研组，到团场调研政企分离及深化连队经营自主权工作。

12月6日　三连职工徐宏军在6.67公顷荒地上试种甘草成功，年纯收入达30万元。

12月21日　团场召开第四次妇女代表大会，王萍做妇女工作报告，大会选出新一届妇女执委会班子成员，王萍当选团妇联主席。

12月25日　团场根据农业单位冬季连队职工居住少、大部分在团镇居住的状况，将一连、六连、八连、十二连的办公室率先搬入北野镇区集中办公。

12月28日　团场召开职代会，党委将《一四一团经济和社会发展第十二个五年规划纲要》，提交职工代表大会讨论。

12月29日　团史志办完成49万字的《一四一团（1997—2008）图文资料汇编》，交付兵团出版社出版印刷。

12月30日　团场根据国家惠民政策规定，为职工购买的89辆微型客车、14辆货车、166辆摩托车，按补贴标准发放补贴款49.62万元。

2010年　兵团授予十二连“民主法制示范村”和“民主法制示范连”荣誉称号。

2010年　兵团授予北野学校“家庭教育工作先进集体”荣誉称号。

2011年

1月4日　师市党委组织部考核组到团场开展领导干部测评考核工作。

1月19日　兵团住房保障检查组到团场检查廉租房分配工作。

2月16日　石河子市广播电视局党委书记胡建壮、宣传部副部长严萍带领考核组，检查考核团场宣传思想文化工作。

2月20日　团场党委规定，农业单位职工土地承包定额（身份地）棉花、番茄、青贮、玉米、小麦面积为3公顷/人，承包酒花、葡萄面积为1.6公顷/人，非职工不划分定额地。

2月28日　自治区妇联授予马荣华“自治区巾帼建功活动先进个人”荣誉称号。

3月9日 团场开展廉政文化进机关、进企业、进学校、进社区、进连队、进家庭“六进”活动。

3月11日 南疆莎车县6名少数民族干部到团场进行“双语”学习挂职锻炼。

3月13日 师市纪委常委吕维民一行3人,到团场复审2011年案件质量和处分决定执行工作。

3月27日 团场召开六届七次职工代表大会。学习贯彻落实《新疆生产建设兵团团场章程》《一四一团职工管理细则》规定,审议通过《一四一团关于调整企业职工工资的方案(草案)》。

4月2日 师市“校安工程工作会议”在一四一团召开。副师长毋隽及各团主管学校副政委、学校校长、基建科科长参加会议。

4月20日 师市住房保障检查组到团场检查房屋拆迁及危旧房改造工作。

5月9日 团场成立交通管理中心。

5月26日 师市党委组织部派4人到团场指导换届选举工作。

5月28日 团场党委将加工厂、水管站、城管中心、农技站纯种植大棚的职工身份,划归蔬菜公司统一管理。

6月7日 团场党委决定原连队只作为生产作业点,除必要的生产生活设施外,一般不再进行建设性投资。

6月9日 石河子市人民广播电台副台长张宏斌到团场指导“兵团人军垦情”故事演讲比赛。

6月21日 师市党委组织部副部长吴平远到场团场检查指导党委选举换届工作。

6月24日 孟宪华任一四一团副政委、工会主席,原副政委、工会主席马荣华调一四四团工作。

6月25日 师市农业工作联合检查组到团场检查2010年退耕还林地和商品林基地建设工作。

6月26日 团场举办为期两天的“颂歌献给亲爱的党”职工红歌大合唱比赛。

7月4日 团场党委决定副团长石健兼任团国有资产投资公司董事长。

7月7日 石河子市副市长艾利,检查一四一团番茄酱厂污染治理工作。

7月16日—17日 中共一四一团第八次党员代表大会召开。

7月20日 师市林业现场观摩会在一四一团召开,农林牧局书记张智霖,带领各团主管林业副团长、林业站站长及林业承包户代表参加观摩会。

7月22日 团场成立妇女创业、就业、再就业小额担保贷款贴息领导小组,办公室设在团妇联。

8月5日 师市党委宣传部副部长一行4人检查一四一团思想政治工作。

8月11日 兵团在一四一团召开“药品安全示范团场”现场会,兵、师、团三级药检负责人参加现场会。

8月15日 兵团林业厅检查组检查一四一团森林资源清查数据工作。

8月19日　八师副师长母隽到团检查小城镇建设工作。

8月23日　兵团农业综合开发验收组，验收上年投资三连水渠防渗和新建农田防护林等工程。

9月3日　师市纪委、财政局联合检查组到团场检查公车清理工作。

9月15日　兵团国土资源土地整理中心主任马金玉，检查验收一四一团农田水利建设工程。

9月25日　团场投资1027万元，改造加工厂二车间加工生产线。

10月12日　兵团发改委联合检查组到团检查落实安置甘肃舟曲县灾民工作。

10月15日　八师保障性住房建设工作座谈会在一四一团召开。八师副师长衣庆泰带领各团主管住房建设领导参加座谈。

11月4日　兵团副政委、八师政委卢晓峰率师市有关部局和各团主要领导，参加一四一团"师市团场小城镇建设工作座谈会"。

11月9日　师市纪委书记田业平一行到团场检查考核落实"廉政建设"工作。

11月17日　师市农业联合检查组到团场检查验收林下养殖4405平方米养殖圈舍建设项目使用情况。

12月16日　经上级商务部门批准，一四一团每月"逢6日"为群众集市贸易日。

12月23日　王萍被评为全国妇联系统先进工作者，并出席北京全国妇联双先表彰大会。

2012年

1月11日　团场召开六届八次职工代表大会，评议团党委领导班子和领导干部。

1月14日　兵团住房保障验收组到团场检查验收团场廉租住房、危房改造工程工作。

2月21日　兵团农家书屋验收组到团场检查验收七连、十连新建的农家书屋

2月28日　团加工厂81名职工参加石河子科委举办的棉花加工高级工培训学习。

3月6日　全团27个基层单位开展"三学三比""巾帼建功"活动。

3月19日　团场防疫人员为15岁以下600余名学生，免费接种脊髓灰质炎疫苗。

3月28日　团场党委组织主要领导干部，收看"兵团党委农业现代化建设暨扶贫开发工作"电视电话会议实况。

4月12日　师长王平海检查指导团场葡萄管理工作。

4月20日　团场成立《一四一团年鉴》编纂委员会，陈楚新任主编，启动《一四一团年鉴》编辑工作。

4月27日　兵团副司令员孔星隆到团检查指导春耕工作。

5月7日　存放在团加工厂的皮棉因电线短路失火，有关责任人受到追责。

5月9日　团场遭遇强沙尘天气侵袭，数十座大棚顶膜被刮烂，造成近20万元损失。

5月　团场党委制订"333特色工程"、推动一四一团开展"热爱伟大祖国　建设美好家园"主题教育活动。

6月8日　团场干部学习李克强总理《在第三次全国对口支援新疆工作会议上的讲话》精神。

6月15日　兵团食品药品监督管理局在一四一团召开“国家药品安全示范团场”现场会，兵、师、团三级主管药监工作120名领导参加观摩会。

6月17日　团场东区二连、三连、四连、十四连遭受冰雹袭击，受灾面积1666.66公顷。

6月22日　兵团副政委、八师政委卢晓峰到团场检查冰雹灾情。

7月1日　十二连获“兵团创优争先先进基层党组织”荣誉称号。

7月11日　兵团团委副书记蒋欣到团场检查青年、少先队工作。

7月31日　慰问组到驻沙湾部队及北野监区武警六支队，开展“警民联欢”活动。

8月6日　兵团农业综合开发验收组到团场检查验收2011年农业综合开发改造工程项目。

8月15日　八师农牧团场城镇建设现场会在一四一团召开，副师长谭建新带领各团主管基建副团长、基建科长参加现场会。

8月21日　师长王平海到团场检查“三秋”及小城镇建设工作。

8月22日　国家建设保障住房处领导到团场专题调研廉租住房建设工作。

9月16日　兵团房屋拆迁检查组到团场检查房屋拆迁落实工作。

9月24日　石河子公路养护处，对一四一团内65千米公路交通安全标志、标牌进行检查登记。

9月27日　沙湾县党政干部考察团观摩考察一四一团场城镇建设规划。

10月3日　团场投资1亿元，在迎宾路西新建幼儿园、社区服务站。

10月20日　团场职工为外来拾花工捐送3600件毛衣、羽绒服等御寒衣物。

10月22日　团场正式启动妇女“两癌”（乳腺癌、宫颈癌）筛查工作，全团1200名妇女享受免费检查。

10月30日　团场党委为农业公司安装通信网络、远程教育和供暖、排水等设施。

11月8日　团史志办陈楚新主编的《一四一团年鉴（2012）创刊号》，由新疆出版社出版发行。

11月12日　白新安任一四一团副政委、纪委书记，黄建新任团人武部长。

12月18日　师市政研室主任徐群为团场党员干部做“党的十八大精神”解读专题辅导。

12月26日　师市药品监督管理局副局长到团检查考核“药品安全责任落实和两网建设”工作。

12月27日　团场举行仪式，欢送南疆第十四批和田地区少数民干部，完成挂职锻炼返乡。

12月30日　团场举办“职工冬季长跑比赛”，参加比赛职工130人。

2013年

1月7日　召开党委理论学习中心组会议，专题学习《深入学习贯彻党的十八大精神，在新的历史起点上开创政法工作新局面》专题视频。

1月24日　团场组织1450名职工，参加2013年高级农艺工、果树工技能等级培训考试。

2月1日　八师副师长郭长明到团检查辽宁阜新援建项目。

2月24日　团工会、政工办公室牵头举办“正月十五闹元宵”职工社火活动。

3月5日　团场2013年职代会第一次联席会决议通过，同意对严重违反劳动纪行为的6名职工依《中华人民共和国劳动法》有关规定解除劳动关系。

3月7日　召开党委理论学习中心组会议，学习《兵团深化团场改革试点近期工作安排》文件精神。

3月10日　一四一团被兵团党委选定为“兵团农牧团场深化团场改革试点单位”。

4月2日　召开党委理论学习中心组会议，学习习近平总书记在十八届中央纪律检查委员会第二次全体会议上的讲话。

4月23日　兵团副政委、师市党委书记卢晓峰赴一四一团检查膜上膜棉花、葡萄、大棚蔬菜种植工作。

5月21日　兵团党委组织部组织处处长艾蓉一行赴一四一团检查基层党员队伍建设工作。

5月22日　师市民政局拨付13万元，为团场40岁以上的320名低保人员免费体检。

6月24日　团场举办“庆祝中国共产党成立92周年”系列活动。

6月　杨秋燕任一四一团党委常委、副政委、工会主席；原副政委、工会主席孟宪华退休。

7月16日　团场举办2013年度夏季职工篮球、排球比赛。

8月1日　团场举办庆祝八一建军节职工篮球比赛。

8月8日　城镇服务中心为镇区3000户居民安装IC卡智能水表。

8月10日　兵团总农艺师陈谦一行检查团场葡萄基地建设、退耕还林工作。

8月20日　兵团党委组织部组织处处长艾蓉一行检查团场干部管理工作。

8月22日　师市总工会给一四一团镇区“军垦书屋”赠送图书2000册和2台电脑。

8月23日　团场党委组织机关副科级以上干部到奇台等农场学习。

9月10日　团场邀请下野地检察院魏新民，为全团党员干部做《防腐，也是一场人民战争》报告。

9月16日　北野镇区3000余户居民用上天然气。

10月1日　团场组织全团3738名职工开展“向国庆献礼”拾花劳动竞赛。

10月26日　团场在农贸集市举办以“阳光救助暖万家”为主题的社会救助宣传周活动。

11月1日　团场举行规模化奶牛养殖基地开工奠基典礼。

11月15日　团场印发《一四一团(2013—2015年)三年倍增计划实施方案》。

11月20日　师市党委宣传部部长何启万赴一四一团检查文化市场管理工作。

12月10日　团场召开第九次共青团代表大会。

12月17日　师市总工会副主席一行赴一四一团专项调研一连、二连肉牛、肉羊养殖场项目工作。

12月30日　古广峰任一四一团党委副书记、团长。

2014年

1月15日　团场举办"和谐小康家庭"职工趣味运动会。

1月26日　团场与辽宁省阜新市结为对口援建友好共建单位,辽宁援疆干部张万利任团场副团长,挂职期3年。

2月23日　团场党委召开党的群众路线教育实践活动动员大会。

2月26日　师市总工会授予团场工会"模范职工之家"荣誉称号,授予加工厂、十一连、十四连"先进工会"荣誉称号。

2月5日　八师副攻委、组织部部长方诗国,在兵团军垦博物馆为一四一团党员领导干部讲述具有兵团精神的"十个一"军垦故事。

2月20日　团场邀请石河子党校常务副校长李国仁,为全团党员干部做"党的群众路线教育实践活动内容"专题讲座。

2月27日　团场召开六届十三次职代会。

2月28日　白云村养殖专业合作社,被兵团总工会评定为"职工自主创业"示范项目。

4月1日　兵团第八督导组组长蒋建勋到团场检查督导党的群众路线教育实践活动。

4月14日　召开中心理论学习组会议,集体学习《习近平总书记在兰考讲话》精神。

4月25日　师市总工会授予团加工一分厂二车间为"工人先锋号"、机关为"五一文明岗"、北野学校中学部史地政组为"五一巾帼标兵岗"称号。

5月7日　团场党委组织联合综合执法人员开展道路交通安全专项整治活动。

5月23日　兵团副司令员于秀栋到团场检查连队功能区转型等工作。

6月16日　八师副师长杨青云带领各农牧团场团长、分管农业副团长、总畜牧师,到团场检查农牧业生产管理工作。

6月30日　团场中小学开展以"远离毒品、健康生活、拥抱美好人生"为主题的校园禁毒宣传活动。

7月7日　团场拆除20世纪70年代建的大礼堂、锅炉房、澡堂,在原址上新建军垦文化活动广场。

7月27日　团场邀请下野地检察院反贪局副局长,为党员干部上"远离职务犯罪"廉政课。

8月7日　八师副政委、组织部部长方诗国到团参加基层单位党支部专题民主生活会。

8月13日　兵团党委组织部副部长、社会保障局局长岳有堂一行到团检查人力资源和社会保障机构配备运行工作。

8月22日　按兵团党委公务员改革试点要求，团场撤销机关科室建制，成立二个局办；撤销原15个农业连队和农技推广站、水管站、城镇管理中心、畜牧中心建制（番号），成立北野农业公司、北野农场国有资产投资有限公司、北野城镇建设投资公司。

8月28日　团场成立以团长古广峰为组长的“一四一团土地定级与基准地价评估领导小组”，统一依法对团场土地进行评估。

8月29日　兵团组织部一处处长艾荣参加团场联系点十四连党支部民主生活会。

9月15日　团场将东区的原一、二连等连队居民，划入北野镇南社区；将西区原连队居民，划入北野镇北社区管理。

9月　居民许桂兰等8人，被师市评为“创建全国文明城市文明职工”。

10月6日　八师副师长杨青云一行检查团场三盈牛场建设情况。

10月28日　团场党委决定设立农业服务中心、文化广播电视服务中心、城镇管理中心3个党支部。

11月9日　召开中心理论组会议，专题学习《中共中央关于全面推进依法治国若干重大问题的决定》。

11月13日　兵团工会副主席陈超迪检查团场民主管理和女工工作。

11月27日　师市党委选定一四一团为“党的代表大会常任制”试点团场。

11月　团党委印发《一四一团一产调结构、转方式、促职工多元增收和三年倍增计划实施方案》。

12月3日　师市安监局检查组检查团场加工厂消防安全生产工作。

12月7日　兵团深化改革检查小组组长王显车检查团场机关机构改革、公务员纳编和4个事业单位机构设置工作。

12月24日　师市总工会副主席刘俊峰到团场检查“南凤苑职工自主创业示范”项目工作。

12月29日　退休干部陈楚新将自己拍摄和收藏的367张各历史时期照片，捐赠给团史馆。

12月　孙浩任一四一团党委常委、副团长。

2015年

1月14日　团场党委组织安排28个基层党组织进行换届选举工作。

2月8日　师市在一四一团召开2015年工业设备技改专题研讨会，师市工业局领导带领银力集团、一三六团、一三四团加工总厂10余名设备技改专家参加研讨会。

2月11日　师市党的十八大宣讲团成员为全团干部宣讲“党的十八届四中全会”精神。

2月2[illegible]日　团场投资6000余万元，建设镇区道路、客运站和供暖设施等项目。

2月25日　在兵团军垦博物馆刘宁协助下，一四一团团史馆面向全社会开放。

3月7日　兵团“访惠聚”第四督导组组长何元超到团场检查第二批“访惠聚”工作。

3月11日　兵团党委常委王世江到团场检查农田水利设施工作。

3月25日　十四连被八师石河子市命名为“信用连”。

3月31日　师市民政局局长王保兴一行到团场检查颐心养老院设施情况。

4月2日　师石市住建局实地勘察规划，把一四一团打造成宜居宜游团场。

4月11日　团场开展“小金库”专项治理工作。

4月16日　石河子市党校常务副校长李国仁到团场调研。

4月23日　兵团“访惠聚”第四督导组副组长李伟到团场检查指导第二批“访惠聚”工作。

4月24日　师市党委“团场党的代表大会常任制工作推进会”在一四一团召开，八师副政委、组织部部长方诗国、14个农牧团场党委书记、政委、分管党建工作的副政委、政工办公室主任及有关部门领导57人参会。

5月5日　兵团党委常委、宣传部部长郭永辉到团专题调研团场综合配套改革工作。

5月6日　一四二团党委书记任晖带领基层单位党组织书记，学习观摩一四一团党代会党代表常任制试点工作。

5月7日　石河子常务副市长侯国俊到团场专题调研第三产业发展工作。

5月12日　石河子市政协主席张秀勇、副主席魏乐强、秘书长牛新春到团场专题调研团场政协工作。

5月14日　八师副师长孙雷与辽宁对口援建经济合作办公室主任赵爱民，专题调研团场发展彩色苗木种植工作。

5月　团场党委无偿支援一三三团210万元基础设施建设。

6月1日　石河子市公路养护检查组到团场检查85千米通连公路安全标志牌设置工作。

6月15日　团场邀请北京兴城果树所教授魏长春，为团场果农现场传授黄沙油桃、葡萄栽培技术。

6月24日　兵团党委组织部党员远程教育中心主任万征到团场检查党员远程教育工作。

6月29日　市政协秘书长牛新春带领部分政协委员，看望慰问一四一团部分上海老知青、贫困户和老党员。

7月1日　一四一团招商引资大型商业综合体开工典礼。石河子常务副市长侯国俊等相关部门负责人出席典礼。

7月9日　兵团党委宣传部副部长杨武军赴一四一团检查团场文化活动中心电子阅览室、农家书屋、团史博物馆、社区文化室等文化设施。

7月14日　师市史志办主任李维建、副主任冀建民到团场检查督导二轮修志、年鉴编纂工作。

7月15日　八师副师长杨青云到团专题调研原连队居住区功能转型工作。

7月24日　团场邀请下野地检察院反贪局副局长，为党员干部讲授“如何预防渎职犯罪”专题廉政课。

7月26日　原师市老领导陆振欧到团为20余名老军垦讲述当年建设团场创业史。

8月5日　团场党委首次对新提拔的7名领导干部进行任前廉政集体谈话。

8月12日　八师住房建设局联合督导组到团场检查城镇化建设工作。

8月13日　兵团农业综合开发验收组到团场检查验收团场2014年农业综合开发高标准农田建设项目。

8月15日　一四一团干部代表学习团赴辽宁省阜新市观摩学习。

8月26日　北京方圆标志认证集团产品认证有限公司专家组，对一四一团“良好棉花（BIC）”项目各项指标进行评估和认证。

9月2日　张军任一四一团党委常委、副团长。李云成任北野农业公司总经理。

9月15日　兵团党委机要局局长弓建春赴一四一团检查团场落实中办16号文件和“十二五”规划专项工作。

9月16日　师市副政委、组织部部长方诗国到团场指导领导班子换届工作。

10月21日　石河子国民村镇银行北野镇支行开业揭牌。

10月28日　八师师长盛焉江到团场检查城镇化建设工作。

11月20日　团场职工篮球队获师市2015年“创卫杯”职工篮球比赛二等奖。

11月23日　团小学以947分通过师市德育示范学校复验。

11月25日　师市总工会、师团委、妇联有关领导，到团场调研职工自营经济、共青团少先队、妇联工作。

12月9日　师市党委组织部、人事局领导带领考评组到团场对团党委领导班子及成员进行考评。

12月23日　师市质量技术监督局领导带领检查组到团场检查食品药品安全工作。

第一章　建置区划

1958年5月，成立中国人民解放军新疆军区生产建设兵团农八师国营安集海第七农场。当年10月，成立安集海管理处，安七场归安集海管理处管辖。1965年3月，安集海管理处撤销，安七场仍归农八师管辖。1969年7月1日，兵团统一调整农场番号，安七场改称中国人民解放军新疆军区生产建设兵团农八师一四一团。1969年9月1日起，改用新番号。

1975年5月，农八师随兵团撤销，成立石河子地区，一四一团归石河子地区农垦局领导，改称一四一团场。

2012年12月，启用新疆生产建设兵团第八师一四一团。2015年，下辖16个农业生产连队。

第一节　位置　面积

一、位置

一四一团场位于天山北麓中段，准噶尔盆地南缘，巴音沟河流下游，沙湾市内。地理坐标介于东经85°12′—85°31′，北纬44°31′—44°58′。团场地处沙湾市安集海乡北端，属于新生界第四系的冲积平原，海拔高度370～398.4米，形状近似蝴蝶。东起巴音沟，西至吐尔条沟，南以安集海总干渠东五、西六支渠为界，北以西岸大渠为界。团域内有省级公路安集海至下野地干线S224“安下公路”和沙湾至钟家庄的“沙钟公路”，2条公路干线均由南向北横贯全境。由“安下公路”向南30千米是沙湾市安集海大桥，可进入“乌伊”“乌奎”公路。“乌伊”“乌奎”公路向东直通沙湾市至石河子市96千米，向西可到达奎屯、伊犁等市县，交通便利。

二、面积

一四一团场域形状近似为蝴蝶，东西最长为24千米，南北最宽12千米。据2014年国土资源核查：全域面积20000.26公顷，其中，耕地面积11128.93公顷，林地面积1345.73公顷，园林面积403.18公顷，草地面积6.93公顷，水利和水利设施用地1482.77公顷，其他用地448.01公顷（含全团居民点用地）。一四一团土壤类型以灰漠土为主，灰漠土耕地面积占团场耕地总面积63.9%，草甸土耕地面积占团场耕地总面积0.67%，其余耕地是盐碱地和沙质地，土地相对贫瘠。

第二节 建制沿革

1950年，中国人民解放军二十二兵团九军二十六师七十六团官兵，响应党中央毛泽东主席《关于军队参加生产建设工作的指示》，进驻克拉玛依小拐开荒造田建立国营农场。当年秋后，七十六团遵照新疆军区生产部命令，七十六团大部由小拐农场迁移至新疆沙湾县（今沙湾市）安集海乡一带开荒造田，建立新国营农场。

1954年10月7日，中国人民解放军新疆军区根据中央军委总参谋部8月6日电令，宣布撤销新疆军区生产管理部和二军、六军、五军、二十二兵团，将上述部队合并成立新疆军区生产建设兵团。原二十二兵团二十六师改为农业第八师（简称农八师），原七十六团改为二十二团，驻地是沙湾县安集海乡域。

1958年5月，农八师从师部和二十二团抽调1085人组建垦荒队，奔赴安集海乡北端开发新七农场，安七场归农八师领导。当年10月，成立安集海管理处，安七场归安集海管理处管辖。1965年3月，安集海管理处撤销，安七场仍归农八师管辖。1969年7月1日 兵团统一调整农场番号，安七场改称中国人民解放军新疆军区生产建设兵团农八师一四一团，从1969年9月1日起改用新番号。

1975年5月，农八师随兵团撤销，成立石河子地区，一四一团归石河子地区农垦局领导，改称一四一团场。

1982年12月，中央批准恢复新疆生产建设兵团，改称新疆生产建设兵团农八师石河子市一四一团。

2004年6月18日，兵团机构改革，一四一团并入一四二团，统称一四二中心团。

2005年9月21日，兵团恢复一四一团建制，一四一团仍归农八师石河子市管辖。

2012年12月，中央编制委员会决定对新疆兵团下属各师番号前去农业字，启用新疆生产建设兵团第八师一四一团至今。

第三节 团场连队（自然村）

一四一团场连队分布在巴音沟至吐尔条沟中间平坦土地上。1983年，按照民政部自治区统一部署，在全国进行地名普查，按照民政部门要求对全团场连队居住区地名进行普查，根据历史沿革和现实背景，对团部及其下属15个居住区予以镇、村命名。驻地分别命名为白云村、东寨村、红柳村、首业村、西沿村、北渠村、西沟村、南风湾村、劳武村、西营村、幸福村、顾家村、北野村、安乐村、镇北庄。2007年3月，团场撤销生产九连（劳武村），九连并入五连。

2014年，一四一团场成立“北野农业公司”，规划原15个农业连队（自然村）属北野农业公司管辖，连队驻地成为职工劳动的作业点。

一、一连

一连驻地为白云村。始建于1959年，始名为劳改三队。1961年更名为农七连。1969年定名为一连。一连土地面积1179.2公顷。连队位于团东区安下公路东侧，西至安下公路，东至东九支斗渠，北邻新安大渠，南与砖厂、十四连接壤。

2015年，一连有常住户81户，98%住户入驻北野镇区楼房，总人口270人，其中男性136人，女性134人。职工97人，党员24人，预备党员1人。连队设管理人员5人，指导员、连长各1人，副连长1人，会计1人，政工员1人。棉花种植面积366.7公顷，收获籽棉2076吨；酿酒葡萄种植面积100.9公顷，总产2526吨；番茄种植面积12.8公顷，总产1275吨；青贮种植面积11.5公顷，总产858吨；冬麦种植面积21.3公顷，总产91吨。完成团下达任务的97%。滴灌首部14部，机井9口。有采棉机2台，大中型拖拉机23台，小型拖拉机14台，基本满足单位农业生产需要。

二、二连

二连驻地为东寨村。始建于1962年，由原农八师二十二团水工队划拨集体迁入组建成农二连。1969年更名为二连。二连土地面积1567.5公顷。二连位于团场东北部，西至东九三斗渠，东至巴音沟河，南至九斗渠，北到西岸大渠（二连头道沟以东土地于1985年划归劳改支队）。

2015年，二连常住94户，98.9%的住户入驻北野镇楼房，总人口256人，其中男性130人，女性126人。职工108人，占总人口的42%，汉族93户，藏族1户。单位设管理人员6人，指导员、连长各1人，副连长2人，农业技术员1人，会计1人，政工员1人。当年，生产总产值2976万元；农业产值2346万元，比2014年农业产值增加31万元。种植业农业承包户79人，机务承包户8户。种植总面积667.8公顷，其中棉花种植面积564.33公顷，葡萄46.47公顷，番茄36.67公顷，小麦19.33公顷，油桃1公顷。籽棉交售2834吨，产值1925万元；葡萄交售775吨，产值221万元；番茄交售860吨，产值38.7万元；苜蓿与小麦套种，苜蓿交售61吨，产值9.5万元。是年，经营利润959万元，偿还2015年贷款后，账上盈利户为83户，盈利额为1074万元。

三、三连

三连驻地为红柳村。始建于1962年，由原农八师二十二团林业队划拨集体迁入组建成农三连，始称农业九连，1969年更名为三连。三连土地面积1455.2公顷。三连位于团场东南部，西至东一支三斗渠，东至巴音沟河，南至东五支渠，北到二连九斗渠。1985年，头道沟河以东土地划归劳改支队。

2015年，三连常住97户，99.8%的住户入驻北野镇区楼房，总人口259人，职工人数98人，其中男性职工55人，女性职工43人，外来务工人数28人。设管理人员6人，指导员、连长各1人，副连长2人，会计1人，政工员1人。当年，三连种植棉花617.27公顷，葡萄55.6公顷，番茄13.47公顷，青贮11.47公顷。收获籽棉3060吨，完成计划产量的103%，酿酒葡萄955吨，完成计划产量的95%。番茄1785吨，青贮1253吨。林业植树造林面积6公顷。畜牧业羊560只，收入20万元，奶牛260头，产奶量43万吨，收入64万元。职均收入6.5万元，人均收入3.5万元。购置汽车22辆，拖拉机35辆。

四、四连

四连驻地为首业村。始建于1958年,始称农四连,1967年更名为四连。四连土地面积1490.46公顷。四连位于团部偏东南8千米处,安下公路东侧,西至安下公路,东至东五支三斗与三连接壤。

2015年,四连常住户数76户,99.6%的住户入驻北野镇区楼房,总人口221人,其中男性121人,女性100人,连队无少数民族,有职工115人,其中男职工72人,女职工43人,外来务工人数23人。设管理人员6人,指导员、连长各1人,副连长2人,会计1人,综治主任兼工会主席1人。当年,连队种植面积788.23公顷,其中棉花673.3公顷,番茄41.6公顷,青贮32.5公顷,种植葡萄19.8公顷,小麦13.8公顷,农业总产值2629万元,比2014年减少7.9%。人均生产总值11.9万元,人均纯收入32000元、年均减少31.4%。籽棉单产362千克,籽棉总产3618吨;番茄单产6334千克,总产3956吨;青贮单产6280千克,总产3065吨;葡萄单产629千克,总产188吨。畜牧业牛年末存栏30头,羊当年产值88万元,年末存栏450只。油桃1公顷,造林6公顷。单位有大、中、小型拖拉机17台,配套农具71部。农用运输车14台。

五、五连

五连驻地为西沿村。始建于1959年,始称农二连。1962年更名为民兵二连。1967年更名为五连。五连土地面积1659.8公顷(含九连劳武村面积443.4公顷)。五连位于团部西北角,东与六连接壤,西到吐尔条沟,南与十二连为邻,北至西岸大渠。

2015年,五连常驻户120户,98%的住户入驻北野镇区楼房,总人口450人,在册职工425人,其中干部6人。设管理人员6人,指导员、连长各1人,副连长2人,会计1人,政工员1人。全连承包职工215人。当年,五连种植面积1093.9公顷,其中种植棉花926.7公顷,葡萄66.93公顷,番茄28.67公顷,青贮40公顷。棉花平均单产334千克,总产4646.1吨;葡萄平均单产200千克,番茄平均单产7吨,小麦单产497千克,青贮平均单产5.5吨,总产3300吨。全年共出栏肥猪1.2万头,产值1200多万元,出栏鸡2万多只,产值38万元,畜牧业产值1238多万元。全连承包职工收入达3万元以上的达100%。

六、六连

六连驻地为北渠村。始建于1958年,始称劳改三队。1959年更名为农三连。1967年成立民兵连。1969年更名为六连。六连土地面积1016.53公顷。六连位于团场西区,南至西十支渠,北到西岸大渠,东与良种连相接,西与五连为邻。

2015年,六连常住户110户,100%的住户入驻北野镇区楼房,总人口312人,在册职工113人,设管理人员6人,指导员、连长各1人,副连长2人,会计1人,政工员1人。是年,六连种植棉花458.53公顷,总产2405.8吨,产值1640万元;葡萄107.87公顷,总产1756.1吨,产值488.4万元;番茄20.87公顷,总产1811.8吨,产值81.53万元;青贮31.87公顷,总产2349.7吨,产值82.24万元;小麦5.33公顷,总产43.86吨,产值10.7万元。农业总产值2302.87万元。植树造林4.67公顷。畜牧业新建规模养殖场1个。职工自主创业典型示范户2户,连队为职工兑现1099万元。

七、七连

七连驻地为西沟村。始建于1958年底，始称劳改一队。1959年更名为农六连。1967年组建民兵一连、二连。1969年更名为七连。七连土地面积838.67公顷。七连位于团场西区，南自西九支渠，北到西十支渠，东至十三连到六连的南北公路，西与九连相邻。

2015年，七连常住户123户，98.6%的住户入驻北野镇区，总人口274人，其中男139人、女135人。在职职工115人。连队有汉族、藏族、土族、土家族。设管理人员6人，指导员、连长各1人，副连长兼工会主席2人，会计1人，技术员1人。当年，种植棉花423.87公顷，收获籽棉2269吨，平均单产357千克。种植葡萄65.4公顷，总产850吨，平均单产926千克，直播番茄4.33公顷，总产486.2吨。在发展畜牧业上鼓励连队职工改变思路，拓宽多元增收渠道。截至12月，养殖育肥牛60头，奶牛10头，羊350只，猪2000头，蛋鸡6000只，肉鸡500只，出售禽蛋30吨，牛奶20吨，总产值295万元。当年，七连新建35座冷棚，共15850平方米。从一五〇团引进冬枣3万余株，发展特色种植。

八、八连

八连驻地为南风湾村。始建于1959年，始称劳改五队。1964年更名为农十连。1967年改为三队。1969年更名为八连。八连土地面积1306公顷。八连位于团场南区安下公路西侧。东自安下公路，西至西七支渠三斗，南到西七支渠，北到西八支渠。

2015年，八连常住户98户，98.9%的住户入驻北野镇区楼房，常住人口168人，其中男性103人，女性65人。外来务工人员80人。在岗职工90人，设管理人员4人，指导员、连长各1人，副连长兼工会主席1人，会计1人。当年，种植棉花408.77公顷，总产量2460吨，葡萄52.8公顷，总产量713吨，其中红葡萄569吨，白葡萄144吨；番茄370.9公顷，总产量1456吨；小麦23.1公顷，总产量218吨；青贮49.07公顷，总产量2930吨。畜牧业猪年初数200头，年末存栏数1[illegible]7头；羊年初数870头，年末存栏1550数头；肉牛年初数16头，年末无存栏。畜牧业总产值485.2万元。林业面积233.33公顷。生产总值2469.0万元，比2014年增加3.6%。一线职工人均年收入64777元，与2014年职均收入持平。庭院经济人均净收入21433.8元，个体经营人均收入2768元。

九、九连

九连驻地为劳武村。位于团场西区，南自西九支渠，北至五连地界和十支渠相连，东与七连搭界，西与五连和吐尔条沟相接。距团部9千米，面积443.4公顷。九连组建于1959年，原为王连。1965年，与原二连合并为值班二连。1968年，重建为一队。1971年更名九连。1972年，更名为值班一连。1980年更名为九连。

2006年，九连人口267人，户数64户，职工69人，收获籽棉1794吨。2007年，全连耕地面积326.67公顷，居民全部合并到五连。

十、十连

十连驻地为西营村。始建于1966年10月，始称民兵一连。1967年更名为农六连。1969年更名为值班营（共3个连）。1970年收缩成值班三连。1980年更名为十连。

十连土地面积881.27公顷。1983年，全国地名普查时被民政部命名为西营村。十连位于团场西区，东至西九支渠二斗与团部相连，西到十三连至六连的南北公路，南自西九支渠，北到西十支渠。

2015年，十连常住户102户，100%的住户入住北野镇区，总人口421人，其中男性205人，女性216人。退休职工90人，家属106人，在岗职工102人。设管理人员6人，指导员、连长各1人，副连长2人，会计1人，政工员1人。当年，外来务工人员200人。种植棉花420.73公顷，主要品种为早45、早55，收获籽棉分别为2588.25吨、2231.969吨，完成生产任务的104%。番茄种植16.07公顷，收获番茄1401.33吨；青贮种植7.27公顷，收获青贮为614.78吨；种植葡萄87.57公顷，其中鲜食葡萄4.67公顷，收获葡萄1747.876吨，其中白葡萄354.435吨，红葡萄1393.441吨。是年，连造林面积3.2公顷，为确保林木存活率高，连队在林带安装2千米水管。连队实施连队居住区功能转型，为3名职工免费提供25间平房供发展养殖户使用，促进职工增收。在畜牧业发展上，连职工养羊2户，养鸡4户，养兔1户，同时鼓励职工利用冬闲外出务工增收。是年，连队职工年底兑现1000万元，职工人均收入4.5万元，庭院经济户均收入1500元，职工个人新购置小汽车3辆。

十一、十一连

十一连驻地为幸福村。始建于1958年，始称劳改二队。1965年更名为刑满二队。1967年更名为二队。1980年更名为十一连。土地面积1422.67公顷。1983年，全国地名普查时被民政部命名为幸福村。位于团场南区，东至西七支渠三斗，西到西七支渠六斗，南至西七支渠，北到西八支渠。

2015年，十一连常住户164户，98%的住户入驻北野镇，总人口418人，其中职工187人，农业承包户123户。主要种植作物有棉花、葡萄、番茄、小麦、青贮、苹果。设管理人员5人，指导员、连长各1人，副连长2人，会计1人。当年，连队种植棉花606.7公顷，收获籽棉3477吨；番茄种植面积41.2公顷，收获番茄4222吨，单产6.6吨，完成任务比率为1.015%；青贮种植面积111公顷，其中牛场种植面积91公顷，职工种植面积20公顷，收获青贮2203吨；葡萄种植面积127.2公顷，收获2957吨，完成任务比率为1.47%，其中白葡萄848.5吨，单产2.041吨，红葡萄2108.5吨，单产1413吨；新植苹果2.93公顷，冬小麦种植面积27.73公顷。是年，职均收入6.4万元。

十二、十二连

十二连驻地为顾家村。始建于1959年底，始称劳改六队。1962年建制撤销归劳改二队。1970年脱离二队成立刑满三队。1980年更名为十二连。十二连土地面积1862.87公顷。1983年，全国地名普查时被民政部命名为顾家村。十二连位于团场西南角，东自西七支渠六斗，西至吐尔条沟，南自西七支渠，北到西八支渠。

2015年，十二连常住133户，99.8%的住户入驻北野镇区。总人口424人，职工149人，承包户101户。设管理人员6人，指导员、连长各1人，副连长2人，会计1人，政工员1人。当年，十二连棉花种植706.67公顷，总产3144.94吨；葡萄种植89.4公顷，总产1036.21吨；番茄种植28.6公顷，总产2904.84吨；玉米种植39公顷，总产4455.21吨；小麦种植31.47公顷，总产398.39吨；青贮种植59.2公顷，总产4283吨；小麦种植73.4公顷，总产423吨，产值70万元。畜牧业养殖羊年初数843头、出栏数616头，年末存栏数900头；禽类年初数3850只、年末存栏2851只。是年，连队经营产值2877.52万元。

十三、一三连

十三连驻地为北野村。始建于1958年，始称劳改四队。1965年更名为刑满四队。1971年更名为四队。1980年更名为十三连。土地面积1151.13公顷。位于团场南区，东自老西八支渠二斗，西至顾家沟，南自老西八支渠，北到西九支渠。

2015年，十三连常住235户，98.9%的住户入驻北野镇，总人口656人。设管理人员6人，指导员、连长各1人，副连长2人，会计1人，政工员1人。是年，十三连棉花种植面积404.4公顷（扩繁品种“和信”168公顷），其中机采棉283.8公顷，手采棉120.6公顷。新植葡萄199公顷，种植苹果3.3公顷。连队棉花种植面积645.53公顷，总产2350吨，平均单产342千克。葡萄总产3500吨。番茄单产5100千克，总产2050吨，生产总值2500万元，比2014年增长5%。新增条田林6公顷，成活率100%。畜牧业羊700只，产值35万元，存栏数500只，猪1200头，产值140万元，存栏数800只。野鸡5500只，产值60万元，生产总值2500万元。职均收入6.2万元，人均收入2.1万元。

十四、十四连

十四连驻地为安乐村。始建于1974年4月，始称团基建队。1991年更名为十四连。十四连土地面积471.86公顷。连队位于一连、二连、三连、四连之间，西靠安下公路。

2015年，十四连常住户110户，96.7%的住户入驻北野镇区，总人口310人，其中男190人，女120人。连队职工104人（干部4人，后勤5人，机务8人，承包土地人员96人，首部服务人员11人），设管理人员7人，指导员、连长各1人，副连长2人，会计1人，农业技术员1人，政工员1人。是年，一四连按照团党委“稳粮、优棉、增果、增畜”发展思路，进一步完善连队经营体制措施，落实农业种植合同面积589公顷，其中棉花种植面积505公顷，总产2761.4吨，平均单产358千克，创产值1808万元，啤酒花种植面积6.1公顷，总产24.5吨，创产值11.34万元，番茄20公顷，总产2021吨，单产7吨，创产值94万元，葡萄产值90万元，青贮玉米创产值25万元，植树造林面积5.3公顷。连队兑现收入1600万元，农业一线职工人均收入98320元。职工拥有私家面包车16辆，小轿车8辆。连队拥有大型拖拉机15辆，中型拖拉机8辆，小型拖拉机38辆。

十五、十六连

十六连驻地为镇北主。始建于1959年，始称农一连。1963年更名为民兵一连。1966年更名为种子站。1971年更名良种连。2003年更名为十六连。十六连土地面积758.53公顷。连队位于团场北部，东自安下公路，西与六连接壤，南自西十支渠，北到西岸大渠。

2015年，十六连常住116户，90%的住户入驻北野镇区，总人口379人，职工95人，设管理人员4人，指导员、连长各1人，副连长兼治安主任1人，会计1人，后勤5人。是年，连队种植棉花62.56公顷，收获籽棉1476.003吨，产值1034.2万元；葡萄承包面积108.48公顷，收获葡萄1922吨，产值582.4万元；套种番茄102公顷，收获番茄925.3吨，产值41.64万元；种植青贮120公顷，收获青贮940.66吨，产值32.92万元。经济作物总收入（产值）1726.24万元，经营利润1223万元，盈利户78户，实际兑现额768万元。连队新植林2.7公顷，实际林业面积95.7公顷。连队实施职工多元增收和连队功能转型工作，年初奶牛存栏120头，产奶量140.4吨，年底出栏52头，总产值83万，羊出栏580只，产值58.6万元，鸡出栏1.2万只，产值60万元。连队有轮式大中型55马力*以上拖拉机36辆，犁地、平地、耙地配套农具6套。当年，连队为职工兑现768万元，职工人均收入8.08万元，人均收入2.02万元。职工有小轿车和面包车13辆。

十六、林果蔬管理中心(原十五连)

园艺连位于团镇区南，东靠安下公路，南邻八连，西至十连耕地。始建于1959年，始名为安七场园艺队(1971年更名为园艺连)。土地面积995.86公顷。连队以设施农业种植260座大棚蔬菜为主，兼育苗圃和种植部分啤酒花、葡萄、棉花等经济作物。2007年[illegible]月7日，团场将园艺连、种畜队、砖厂三个单位合并成十五连，后更名林果蔬中心，为独立生产经营单位，未编入农业作业区。2014年，单位新建10公顷高标准大棚。

2015年，林果蔬中心总人口127人，全部居住在北野镇区，林果蔬站职工54人，设管理人员5人，党支部书记、站长各1人，副站长1人，会计1人，政工员1人。是年，林果蔬中心种植大棚324座，其中暖棚244座，冷棚80座，有油桃大棚1座，葡萄大棚2座，樱桃大棚2座，草莓大棚4座。单位有道路林1公顷，条田林1.33公顷。啤酒花土地流转22.4公顷，与正源公司签订合同10年，新建高标准温室大棚18座，温室大棚种植葡萄采用无土栽培模式(温室大棚种植的蔬菜、西瓜成功使用熊峰授粉技术)。是年，林果蔬中心种植面积115.47公顷。其中啤酒花22.4公顷，苹果7.87公顷，酿酒葡萄16.7公顷，鲜食葡萄10.93公顷，自由种植57.6公顷。收获葡萄375.4吨，销售番茄1382吨。收获棉花208吨，大棚蔬菜及育苗总产值600万元(有油桃大棚2座，花卉、灌木20万株。80座育苗大棚，出售各种苗4000万株，产值400万元，秋季辣椒产量350吨，产值1000万元，其他蔬菜产量18吨，产值40万元)。植树造林面积2公顷，经济林0.2公顷。畜牧业养殖牛35头，产值19万元；羊398只，产值38万元；鸡5000只，产值20万元；猪400头，产值62万元。职工拥有小四轮拖拉机10辆、面包车4辆、轿车2辆、新旧摩托三轮20辆、两轮摩托车25辆。

第四节 驻团单位

一、北野地派出所

北野地派出所原名为一四一团政治处保卫科，成立于1958年。1980年8月归下野地公安分局，称北野地派出所，成为石河子公安局下野地垦区公安分局派出驻团单位。派出所一块牌子两套人马，受团党委和下野地垦区公安局双重领导。2000年，北野地派出所搬迁至北野镇区文化路西办公。主要负责团辖区社会治安管理、打击各种刑事犯罪活动和辖区居民户籍管理。

* 马力为非标准计量单位，1马力=735.5瓦。

2015年，北野地派出所设所长1人，教导员1人，片区民警3人，团配设内保大队有成员10人。

二、北野司法所

1980年，一四一团成立司法办公室。1986年更名为北野司法所。北野司法所隶属下野地垦区司法分局和团党委双重领导。司法所主要工作为代理民事诉讼、非诉讼法律事务，办理协议公证，提供法律援助，担任法律顾问，调解民事纠纷，代书，法律咨询，为团场审查修改合同、提供司法建议，办理司法确认，负责法规宣传教育。司法所设在团场机关办公大楼一楼东。所长1人，办事员2人。

2015年，司法所主要指导团场开展法治宣传教育及普法活动、民事调解、法律咨询、公证联络、法律服务。

三、一四一团社会保险劳动保障所

1999年1月，团场在劳动工资科设社会保险劳动保障统筹办公室，配2名专职科员负责社会保险统筹业务。2002年3月，由石河子劳动保障局收编，成为石河子劳动保障局派出驻团单位，并更名为一四一团社会保险劳动保障所。

2015年，一四一团社会保险劳动保障所搬迁至新建友谊路北、十字路转盘西南，设正副所长各1人，员工2人。负责征收各项社会保险费、支付各项社会保险金。当年，社会保险劳动保障所征收职工社会保险费3680.7万元。其中，养老保险费单位缴纳85.2万元，完成计划100%，个人缴纳634万元，完成计划100%。医疗保险费单位缴纳715万元，完成计划100%，个人缴纳158.7万元，完成计划100%。中华人民共和国成立前医疗保险费170万元，完成计划100%。失业保险费单位缴纳125.5万元，完成计划100%，个人缴纳46.3万元，完成计划100%。大额医疗保险费87.5万元，完成计划100%。工伤保险费118.9万元，完成计划100%。生育保险费39.6万元，完成计划100%。

四、一四一团国土资源分局

石河子一四一团国土资源分局设在北野镇区友谊路西，设局长1人，副局长1人，科员1人。负责团场基础设施建设用地报批、畜牧业养殖用地报批、土地变更、土地利用总体规划编修等业务。

2015年，协助团场申报高标准农田建设项目，完成农业综合开发高标准农田333公顷。水利措施：完成防渗渠6.52千米，渠系建筑物26座，滴灌改造333公顷。农业措施：完成改良土壤（秸秆还田）6.6公顷，新修田间道路9.66千米。林业措施：完成农田防护林6.6公顷，科技示范推广购买频振灯600台，技术培训200人次。完成总投资642.83万元，比计划投资减少7.17万元。

五、中国农业银行石河子兵团分行一四一团营业所

中国农业银行石河子兵团分行一四一团营业所设在友谊路西，面积562平方米。分理处设主任1人，员工4人。负责人民币存款、贷款结算业务及经人民银行批准开办的其他业务。

2005—2010年，居民储蓄余额由8000万元，增至2.08亿元。

六、中华联合财产保险股份有限公司石河子分公司一四一团支公司

1987年,一四一团场成立中华联合财产保险股份有限公司石河子分公司一四一团支公司,团抽调机关兽医站陈涛首任支公司负责人。公司设在机关办公楼,后搬迁至友谊路西,面积400平方米。保险公司业务涵盖非寿险业务的各个领域,包括机动车辆、企业财产、家庭财产、工程、船舶、货物运输、责任保险、农业保险及短期健康、意外保险,近期开展电话营销专用车险及商务旅行意外伤害、物流责任、资产监管、食品安全责任保险业务。

2015年,总经理1人,员工4人,担负团场种植业保险8959.78公顷。当年,理赔6719889.83元。

七、石河子邮政局北野(一四一团)邮政支局

石河子邮政局北野(一四一团)邮政支局设在北野镇区友谊路东,办公场所面积为432.22平方米。1958年秋,安集海管理处邮电支局在新建立的安七场设邮电代办所,后改名团邮电支局,归石河子邮电局管辖,负责团场的邮政、电讯业务。1998年,石河子邮政局北野(一四一团)邮政支局正式分为邮政支局和电讯局。邮政支局主营储蓄、汇兑函件、集邮、报刊、包裹、分销业务。

2015年,邮政支局局长1人,配备员工7人。发展储蓄、汇兑、理财等业务,增设日用百货、化肥农药(剧烈农药除外)供应等业务,邮政储蓄业务收入144万元。

八、中国电信北野营业厅

中国电信北野营业厅前身为一四一团邮电局,20世纪90年代从邮电局分离独立为电讯部门,归石河子中国电讯股份有限公司管辖。北野(一四一团)支局营业场所设在镇区友谊路东,面积103平方米。支局设局长1人,员工3人。主营通讯、网络、手机、固定电话、宽带网、代办开户、话费收缴等业务。

2015年,安装固定宽带电话2477台,手机用户211户,年收入100万元。

九、石河子天富农电有限责任公司一四一团供电营业所

石河子天富农电有限责任公司一四一团供电营业所位于北野镇迎宾路北侧北野商场西,建有650平方办公楼一栋。1981年4月,一四一团成立电管所。2000年3月,经上级部门批准,天富热电股份有限公司将一四一团电管所收编,7名退休党员职工编入团汁灰厂党支部,电管所其余人员迁入天富热电股份有限公司,团电管所更名为石河子天富热电股份有限公司一四一团供电营业所。2006年12月26日,更名为石河子天富农电有限责任公司一四一供电营业所。

2015年,供电营业所设所长1人,副所长1人,业务员2人。营业服务范围有电力供应销售、供电管理、线路维修安装、配电设备、房屋租赁。2015年末,供电所全年为团辖区供电4572.55万千瓦·时,同2001年相比增长485.87%,其中,农业用电2768万千瓦·时,工业用电1112.69万千瓦·时,居民用电355.12万千瓦·时,商业用电52.35万千瓦·时,其他用电284.39万千瓦·时。

十、新疆石河子农村合作银行北野分理处

2013年9月,新疆石河子农村合作银行北野分理处成立,办公场所在北野镇3号小区31

栋1号(原北野商场)。主任1人,员工4人。经中国银行业监督机构批准的业务,主要有吸收公众存款,发放短期、中期和长期贷款,办理国内结算、票据承兑与贴现,代理发行、兑付、承销政府债券,从事同业拆借、办理银行卡业务、代理收付款项。

2015年,发放贷款1400余户,贷款金额约8500万元。

十一、石河子国民村镇银行北野支行

2015年10月21日,经上级批准,石河子国民村镇银行在一四一团开设北野支行,银行总融资1亿9千万元。行长1人,员工7人。主要有吸收公众存款,发放短期、中期和长期贷款,办理国内结算、票据承兑与贴现、代理发行、兑付、承销政府债券,从事同业拆借、办理银行卡业务、代理收付款项业务,为团场经济发展注入新的活力。

第二章 自然环境

一四一团所在地气候属于暖温带大陆性干旱气候。冬季严寒低温,持续时间长;夏季炎热干燥,昼夜温差大,光照充足,热量丰富,无霜期较长,降水量小,蒸发强烈;春秋两季较短,光热资源丰富。

团场开垦种植50余年,原有的自然水沟、沼泽干涸,草林面积逐渐缩小。有耕地11128.93公顷,林地1345.73公顷,草地6.93公顷。有库容量为8000万立方米的安集海水资源。1989年起,团场开始开挖排碱渠,地下水从排碱渠中流出,有水处苇子等植物繁茂生长,无水源处耐旱耐寒植物普遍退减,乔木、灌木、杂草剩余不多,林草中栖身的动物自然繁衍,但动植物的种类逐年减少,有的动物已不多见,成片的耐寒耐旱植物也在锐减。团场无矿产资源。

第一节 地质 地貌

一、地质

一四一团场土地属于中一新生第四系冲积平原的冲积湖积地层。团部以东主要为黏土、亚黏土。由于地貌岩性有所不同,团部以西,主要是黄灰、淡黄、黄棕色黏土及亚黏土,个别地方有黄沙。地表有盐霜和碱霜,30厘米左右以下有灰色、黄色、棕色的黏土或亚黏土,含盐碱,下挖1~2米,土质硬度增加,土壤中出现盐碱块,小者直径1~2厘米,大者3~4厘米。个别地方出现河层,颜色为黄色或浅黄色,土层纹理清晰,一般为50~80厘米的厚度。

新生界全新统冲积层,土地表面主要为沙层或亚黏土层,沙层多在地表分布。低洼处形成沼泽地带,因为常年积水或潮湿有利于植物生长,冲积物较多,腐殖质丰富,有利于树木杂草丛生和动物的繁衍生息。土质主要是含腐殖质的亚黏土、亚砂土,地势不同,土层的分布也不同。

二、地貌

团场土地由巴音沟河、吐尔条沟冲积平原形成,海拔高度370~389.4米。地势由东南向西北稍微倾斜,平均坡降2.3%。团场东西部各有两条沟,东部是头道沟和二道沟,西部是顾家沟和土尔条沟。全团正中部较高,东西部较低,安集海主干渠从正中由南向北贯穿团场,灌溉着团场土地。

团场位于天山北麓安集海北部,属于冲积平原地带,东部是巴音沟河河床,现已断流,南段变为干沟,有红柳、芨芨草生长,高低不平且已沙化。北段被西岸大渠截断,有积水,成为湿地，杂草丛生，有野胡杨林生长。中部为平原，是团场主要耕作区，由原来的丛生荒原，开垦成平坦耕地。西部有顾家沟和吐尔条沟。吐尔条沟在团场域内，最宽70~80米，深约十几米，沟壁陡峭，陡壁上有天然水洞，洞内栖息着野禽。沟底平坦，中间有常年小股流水，是一四二团排下来的碱水。沟两边长满梧桐、红柳、芦苇、水草等，西北部有小片沙丘。

第二节 气候 物候

一、气候特征

（一）春季

团场所处区域，每年春季时间很短，约50天。一般为农历的立春前后化冻，气温0~20℃。冰雪融化后草木始萌芽，农田耕种、植树造林、牲畜转场要在短时间内完成。"春雨贵如油"，春季降水量占全年的30%，春季年均降雨天数11天。常出现倒春寒和霜冻、风灾，不仅使棉花播种延期，还会造成烂种、烂根或者冻死棉花幼苗等灾害，在较短有效期内，重播增加职工生产成本，影响棉花稳产、高产。

（二）夏季

团场夏季时间较长，始于小满，止于白露，约128天，其特征是白昼时间长，最长日可达十七八个小时，且昼夜温差大，夏季天气酷热，气温在20℃以上，常发生冰雹、干热风等灾害，给农业生产造成较大损失。

（三）秋季

团场秋季一般在白露至冬至，约为28天。气温0~20℃，秋季降水量占全年降水量的21%，天气干旱，有利于"三秋"工作。秋季的主要灾害是早霜。

（四）冬季

从立冬到次年春分为团场冬季，约122天，最长可达145天。其特征是夜长昼短，飞雪扬扬，寒风凛冽，气温在0℃以下，稳定积雪118天。瑞雪兆丰年，若冬季积雪多、开春融化早，则预示着这一年为丰收年。

二、气温

团场地处中纬度，位于中亚腹地，属于中温带大陆性干旱气候。冬冷夏热，春秋季短，昼夜温差大，日照时间长，热量丰富，各季气候变化大。1997—2015年，年平均气温为7.75℃，最高是2015年7月（27.2℃），最低是2011年1月（-24.9℃）。1月为全年最冷月，7月为全年最热月（平均气温25.9℃）。团场气候特点是春季气候多变幻，夏季干热而少雨，秋季常有阴雨天，冬季漫长冰雪寒。历年4—9月平均气温≥10℃，活动积温为1893℃，作物生长期平均≥10℃的积累温度为3338.9~4243.4℃，年平均3850.2℃。年稳定积温最高为1997年4243.4℃，最低为2013年3338.9℃。适合于棉花、甜菜、玉米、西瓜等作物的生长。气温日较差一般为10℃，最大20℃，有利于各种作物营养、糖类、淀粉等物质的积累和质量提高。

1997—2015年一四一团各月平均气温统计见表2-1。

表2-1 1997—2015年一四一团各月平均气温统计

单位：℃

年份	1月	2月	3月	4月	5月	6月	7月	8月	9月	10月	11月	12月
1997	−16.0	−15.6	−2.0	12.0	20.9	25.1	25.4	24.0	16.8	9.3	−0.9	−15.0
1998	−12.6	−11.0	1.9	13.4	22.3	24.7	27.2	23.6	15.5	10.3	1.2	1.1
1999	−13.5	−10.3	3.0	14.9	19.2	23.3	25.6	23.1	17.6	11.1	−1.6	−12.8
2000	−14.7	−14.9	−7.0	9.2	19.2	25.0	25.5	23.8	18.5	10.4	1.2	−12.4
2001	−22.9	−10.0	−6.0	15.2	19.7	25.9	25.8	24.1	18.3	10.2	1.1	−11.0
2002	−20.8	−14.5	0.3	15.9	21.5	26.3	26.4	24.1	18.5	9.0	−4.9	−18.1
2003	−16.0	−15.6	−2.0	12.0	20.9	25.1	25.4	24.0	16.8	9.3	−0.9	−15.0
2004	−12.6	−11.0	1.9	13.4	22.3	24.7	27.2	23.6	15.5	10.3	1.2	1.1
2005	−13.5	−10.3	3.0	14.9	19.2	23.3	25.6	23.1	17.6	11.1	−1.6	−12.8
2006	−14.7	−14.9	−7.0	9.2	19.2	25.0	25.5	23.8	18.5	10.4	1.2	−12.4
2007	−21.9	−10.0	−6.0	15.2	19.7	25.9	25.8	24.1	18.3	10.2	1.1	−11.0
2008	−20.8	−14.5	0.3	15.9	21.5	26.3	26.4	24.1	18.5	9.0	−4.9	−18.1
2009	−13.5	−10.3	3.0	14.9	19.2	23.3	25.2	23.1	17.6	11.1	−1.6	−12.8
2010	−14.7	−14.9	−7.0	9.2	19.2	25.0	25.5	23.8	18.5	10.4	1.2	−12.4
2011	−24.9	−10.0	−6.0	15.2	19.7	25.9	25.8	24.1	18.3	10.2	1.1	−11.0
2012	−20.8	−14.5	0.3	15.9	21.5	26.3	25.4	24.1	18.5	9.0	−4.9	−18.1
2013	−16.7	−14.1	5.2	14.2	19.4	23.5	25.1	23.5	17.9	10.9	−0.7	−7.6
2014	−16.0	−15.6	−2.0	12.0	20.9	25.1	25.4	24.0	16.8	9.3	−0.9	−15.0
2015	−12.6	−11.0	1.9	13.4	22.3	24.7	27.2	23.6	15.5	10.3	1.2	1.1

1997—2015年一四一团各类温度指标统计见表2-2。

表2-2 1997—2015年一四一团各类温度指标统计

年份	年平均气温（℃）	年较差（℃）	绝对最高气温		绝对最低气温		≥10℃的积温（℃）
			气温值（℃）	出现日期（日/月）	气温值（℃）	出现日期（日/月）	
1997	77	40.6	40.3	4/9	−31.5	23/1	4243.4
1998	75	44.8	38.0	10/7，8/9	−34.7	20/1	3667.3
1999	7.6	43.5	37.3	8/6	−33.3	9/1	3806.6
2000	7.1	44.9	39.3	8/7	−33.8	5/1	3962.2
2001	7.6	39.8	37.8	2/6，20/6	−36.0	8/1	3866.9
2002	7.7	38.9	39.7	12/8	−31.9	24/12	3776.4
2003	6.3	39.0	37.3	18/6	−34.1	26/1	3602.5

（续）

年份	年平均气温（℃）	年较差（℃）	绝对最高气温		绝对最低气温		≥10℃的积温（℃）
			气温值（℃）	出现日期（日/月）	气温值（℃）	出现日期（日/月）	
2004	7.7	43.0	41.0	14/7	−32.8	4/2	3787.1
2005	7.0	45.5	40.3	10/7	−36.2	28/1	3837.3
2006	8.1	44.5	39.6	31/7	−35.5	7/1	3841.2
2007	7.4	40.6	39.2	11/8	−31.6	28/12	3639.1
2008	7.7	46.6	41.0	2/8	−34.4	21/1	3898.1
2009	8.3	40.6	37.36	11/8	−27.6	26/12	4121.3
2010	7.1	44.8	38.9	9/6	−37.4	21/1	3344.2
2011	7.4	43.5	40.4	13/7	−37.4	9/1	4597.7
2012	7.5	44.9	38.3	23/7	−34.1	23/1	4139.3
2013	8.4	39.8	36.3	10/6	−29.4	19/2	3338.9
2014	7.0	39.9	39.4	15/6	28.6	9/1	3957.9
2015	7.7	40.0	39.9	14/8	29.8	13/4	3725.9

三、降水

降水主要来源是雨、雪、冰雹。

1997—2015年，团场历年降水量为115.4～271.6毫米，年平均182.1毫米。4—10月作物生长期，降水量为135.9毫米，占全年降水量的74.63%，降水期主要集中在春、秋两季。降水量最多的年份为2004年，为920毫米。降水量最少的年份是2000年，为122.8毫米。

历年平均降雪初期在11月8日。降雪最早在1997年10月4日，最晚在2003年11月25日。稳定积雪历年平均在12月5日，最早在11月7日，最晚在12月23日。历年积雪厚度平均为22.47厘米，最大积雪厚度是2004年的30厘米。最小积雪厚度为2006年的16厘米。

融雪完毕一般在3月9日至4月12日。冬季稳定积雪日数为116天，最长可达151天。历年平均蒸发量1717.9毫米，为降水量的9.71倍。平均相对湿度为64.3%，12月最高，为81.92%；5月最低，为47.03%。

四、风、日照

（一）风

团场地处准噶尔盆地南缘，晚春、夏季和秋季多风。1997—2015年，大风多在4—10月发生，最多的年份是2001年和2002年，均为21次。大风对农作物的种植危害性大，连续的春风使未播土地跑墒，造成干旱，春播早期造成幼苗刮死，作物生长中晚期将高秆作物刮倒，使成熟的小麦落粒，将棉花吹落影响等级，刮倒树木，影响交通。夏季干热风一般发生在5—8月，给农业生产造成灾害，影响作物授粉、灌浆而使其减产，甚至造成作物缺水旱死。1997—2015年，发生夏季干热风195次，最多的年份是2001年，达29次。

（二）日照

1997—2015年，年平均日照2253.6小时。日照最长年为2008年和2015年（均为2550.0小时），最短年为2001年和2011年（均为2093.6小时）。日照率平均为62.6%。月日照最大值为9月，达73.6%，最小值为12月，为42%。

一四一团日照平均时数全年分布情况见表2-3。

表2-3 **一四一团日照平均时数全年分布情况**

月份	时长（小时）	占全年的百分率（%）
1—3月	544.7	19.1
4—6月	866.5	30.4
7—9月	925.2	32.5
10—12月	514.5	18

在农作物生长期4—10月，日照时长为2028.2小时，占全年总日照时数的71.4%。全年平均每天日照7.81小时，4—10月平均每天日照9.48小时。

团场属太阳辐射量大、辐射率高的地区，全地区太阳辐射总量为97.89千卡*/平方厘米。生理辐射总量为47千卡/平方厘米，日平均值为220卡/平方厘米。作物生长期生理辐射值以7月为最高，月总量为8.3千卡/平方厘米。2013年8月，一四一团气象站观测发布5—8月≥10℃的积温为2814.9℃，比2012年减少207.9℃，比历年减少131.1℃。2013年5—8月≥15℃积温为2801.3℃，比2012年减少207.7℃，比历年减少104.3℃。

1997—2015年一四一团各月日照时数统计见表2-4。

表2-4 **1997—2015年一四一团各月日照时数统计** 单位：小时

年份	1月	2月	3月	4月	5月	6月	7月	8月	9月	10月	11月	12月
1997	103.5	128.1	124.8	269.5	250.3	271.1	293.0	273.5	251.7	254.8	150.5	95.8
1998	104.1	127.2	125.7	208.8	255.4	262.3	283.6	273.8	240.3	248.4	126.6	61.3
1999	126.2	132.8	122.8	223.8	259.0	248.4	275.1	281.0	230.3	162.0	[illegible]6.8	79.9
2000	112.9	158.9	221.5	274.9	254.7	245.7	255.5	262.7	223.9	132.6	[illegible]6.9	65.4
2001	75.3	106.0	212.8	176.4	286.2	242.4	202.0	218.9	221.6	161.9	125.5	64.6
2002	84.4	112.5	163.4	151.4	287.3	160.6	236.9	267.5	293.3	208.3	121.9	71.5
2003	112.8	74.9	177.9	215.2	238.3	178.0	231.4	321.7	251.4	228.7	100.4	128.0
2004	989.8	80.6	102.3	192.0	274.6	319.7	287.9	289.9	255.0	225.1	[illegible]7.9	58.3
2005	43.2	84.7	169.3	239.7	238.2	278.1	270.0	227.6	240.1	195.5	[illegible]6.1	136.5
2006	84.5	47.8	164.1	225.8	267.8	302.6	268.2	263.9	255.9	193.8	[illegible]7.9	27.6

* 卡为非标准计量单位，1卡＝4.1859焦耳。

（续）

年份	1月	2月	3月	4月	5月	6月	7月	8月	9月	10月	11月	12月
2007	86.9	95.6	223.6	265.6	276.9	311.4	290.1	322.3	285.4	235.9	175	74.7
2008	74.0	98.6	233.6	220.1	323.9	294.2	314.5	291.5	233.2	210.7	87.5	53.6
2009	21.8	106.4	259.6	290.1	314.0	324.7	342.1	319.3	256.6	260.3	85.3	92.6
2010	92.5	212.5	198.1	284.5	331.8	304.2	301.8	292.5	262.7	209.5	157.7	125.2
2011	127.9	71.8	230.9	287.5	300.3	300.2	349.7	283.8	298.2	232.8	99.1	30.9
2012	102.2	134.9	210.1	309.0	349.5	312.5	319.2	339.5	279.2	249.9	136.6	51.8
2013	48.9	112.1	220.6	266.7	336.1	306.1	320.5	293.9	286.3	254.8	100.8	54.9
2014	36.0	108.0	221.3	256.4	333.6	333.4	319.5	318.8	259.3	216.8	147.1	58.9
2015	86.5	155.0	202.1	251.4	287.4	285.6	340.8	264.8	253.0	—	—	—

五、霜期、冻期

团场的无霜期较短，年平均为165天。早霜出现最早的是1998年9月7日，最晚的是2007年10月27日，初霜最早的为2008年3月28日，最晚的为2003年5月3日。霜期年变化量为167～217天。最长的为2003年217天，最短为2009年167天，霜期早晚与长短，直接影响种植业生产作物的成熟度与收获。霜冻危害主要是晚霜。西北冷空气入侵形成晚霜。4—5月正值棉花、甜菜、瓜菜等作物幼苗生长期，如遇霜冻、冷害，将会造成大面积幼苗冻死，补种造成农业种植成本加大，作物减产。对于霜冻一般采取人工适时熏烟、覆盖等办法来预防。

1997—2015年一四一团历年霜期、冰冻期统计见表2-5。

表2-5　1997—2015年一四一团历年霜期、冰冻期统计

年度	霜期			冰冻期（日/月）			
	初霜（日/月）	终霜（日/月）	无霜日（天）	结冻（日/月）	封冻（日/月）	解冻（日/月）	最大冰层厚度（厘米）
1997—1998	26/10	23/4	148	—	—	—	—
1998—1999	18/9	25/4	180	—	—	—	—
1999—2000	23/10	13/4	167	—	—	—	91
2000—2001	28/9	12/4	162	—	—	—	82
2001—2002	22/9	15/4	155	—	—	—	91
2002—2003	18/9	19/4	158	—	—	—	85
2003—2004	25/9	3/5	148	—	—	—	88
2004—2005	29/9	13/4	181	—	—	—	88
2005—2006	12/10	14/4	195	—	—	—	97

(续)

年度	霜期			冰冻期(日/月)			
	初霜(日/月)	终霜(日/月)	无霜日(天)	结冻(日/月)	封冻(日/月)	解冻(日/月)	最大冰层厚度(厘米)
2006—2007	27/10	3/4	174	—	—	—	91
2007—2008	25/9	22/4	177	—	—	—	127
2008—2009	17/10	28/3	156	—	—	—	106
2009—2010	15/10	21/4	198	25/10	170	12/1	97
2010—2011	22/10	30/3	189	1/11	151	30/3	89
2011—2012	20/10	31/3	162	1/11	151	30/3	89
2012—2013	21/10	23/4	162	1/11	151	30/3	89
2013—2014	23/9	25/4	215	11/10	194	25/4	84
2014—2015	22/9	24/4	216	1/11	151	30/3	89

注:部分资料缺失。

六、物候

(一)植物物候

一四一团场最早发芽的植物是新疆杨,发芽萌动期大致为4月10日。其次是柳树、沙枣、红柳、苹果。开花盛期依次出现植物是新疆杨、苹果、李子、红枣、沙枣。落叶期较晚植物是苹果树,其落叶期为11月8日左右,其次是沙枣,其落叶期为12月6日左右。

(二)动物物候

自然物候动物包括燕子、水鸭、大雁等。布谷鸟是本地越冬鸟类。燕子始见于4月24日,绝见于10月底。水鸭始见于4月10日,绝见于10月底。大雁始见于3月2日,绝见于11月中旬。布谷鸟始见于2月4日,绝见于12月上旬。

第三节　土　壤

一、主要土壤

1998年石河子勘察设计院土壤复查资料表明,团场土壤是由天山融化雪水形成巨大洪流将沿途的细沙、黏土等母质,顺着玛纳斯河、巴音沟河冲积沉淀而成。又由于大陆性干旱气候的影响,自然植被稀疏,有机物质积累较少,矿化强烈,在荒漠化较强的条件下,长年累月逐渐形成两种主要的土质类。

(一)灰漠土

灰漠土面积占团场总面积的63.9%,达12966.6公顷。灰漠土分布很广,成为团场主要种植土类。土壤表层有1厘米的硬皮,下挖40厘米以下黏土层出现,再下挖沙土层出现,并含有大量碱斑。团场土壤易生长大量的灌木丛林和各种草类。

经过50多年的开垦种植，土地皮层硬度减轻，经过拉沙施肥改良，耕种土层硬度减轻，结构由块状变成小粒状，透水性能增加。地面趋于平坦，有利于作物生长。经长期灌溉种植，地下水位上升，使地下碱盐泛出，造成土壤盐渍化、碱化。其中轻盐化灌耕灰漠土所占面积最大，遍布11个连队，有7333.33公顷。该土剖面中下部有不等量盐晶、盐斑，养分差异较大。地下水位高度在1.72～2.30米。其次是典型盐土，剖面以壤质为主，表面盐分聚积较多，多为蓬松层，以下盐晶由多逐渐变少，全团典型盐土面积为6463.33公顷，占总面积的31.12%。再其次是全壤耕灰漠土，其剖面壤质，耕层粒块状，多孔，透风透气，保水分，肥力强，全团全壤耕灰漠土面积为4029.6公顷，占总面积的19.40%。中盐化灌耕灰漠土、强盐化灌耕灰漠土的面积约占13.88%。

（二）草甸土

主要分布在团场东部干沟内及十三连东部、十一连东北部少量地区，面积达139.4公顷，占总面积的0.67%。主要的碱化和中盐化草甸土，生长芦苇最多，也生长碱蓬、甘草、黄花苗、芨芨草等。水位一般在2米以上，水质呈碱性。

土质从剖面上面看以壤土为主，也带沙质，为粒状或块状结构，有利于通气透水、保水保肥，适于耕种。经开发种植，土壤慢慢盐化或碱化，种植时需进行改良，要压碱或洗碱。

二、土壤质地和结构

团场耕地土层以轻壤土为主，在耕作性能和生产性能方面较好，且宜种范围较广。沙质土壤比例小，分布零星。重壤土质主要分布在安下公路以东的5个连队，耕种结构为粒块状和碎块状，其次为块状，通气性能较好。土壤色泽以黄棕色和灰棕色为主。垦区土壤以中壤和轻壤土为主，其面积占总面积70%。

三、土壤肥力

团场土壤比较贫瘠，耕作性能不良。出现只种不养、不倒茬及不根据土地含肥种类特点，只用化肥等现象，总肥力呈下降趋势，普遍缺少有机质和氮磷肥。据1997年土壤普查资料表明，全团土地肥力普遍较低，有机质含量少，缺氮少磷，尤其是碱解氮、速效磷很缺。钾的含量丰富。对10420.86公顷土地的0～20厘米土层肥力化验结果表明，有机质含量平均为1.01%，有机质含量在2%以上的仅有16.93公顷，占测定面积的0.16%，平均含全氮0.055%，全磷0.061%，碱解氮含量50.05mg/kg，最高达78.3mg/kg。

四、土壤盐分

全团土地含盐分较多，盐化严重，盐化土地面积达12474.2公顷，占总面积的60.06%。耕地盐化面积6321.26公顷，占耕地面积一半左右。强盐化面积占较大比例，直接影响农业的发展。根据1998年土壤普查数据核实，旱地总面积13257.33公顷，均分布在平坦地面上，被规划为面积不等的长方形条田。对于重碱盐地块实行高埂小畦灌水压碱，进行改良，使土地变为弱盐性，适于耕种。

1998年一四一团耕地土壤肥力情况见表2-6。

表2-6　1998年一四一团耕地土壤肥力情况

全国级	地区级	有机质		全氮		碱解氮		速效磷		速效钾	
		面积(公顷)	含量(%)	面积(公顷)	含量(%)	面积(公顷)	含量(%)	面积(公顷)	含量(%)	面积(公顷)	含量(%)
1	—	—	—	—	—	22.53	0.2	77.12	0.7	103[illegible]	99.5
2	—	—	—	—	—	156.6	1.5	252.2	2.4	48	0.5
3	高	16.93	0.2	40.2	0.3	318.3	3	1354.2	12.9	—	—
4	中	5146	49.4	584.2	5.6	2168	20.8	7052.8	67.1	—	—
5	低	5059	48.6	5378	51.6	6434	61.8	1474.2	14.2	—	—
6	—	197.4	1.8	4417	42.5	1321	12.7	222.33	2.1	—	—

1998年一四一团土壤质地分布见表2-7。

表2-7　1998年一四一团土壤质地分布

土壤种类	面积(公顷)	占总面积比例(%)
沙壤	869.06	4.28
轻壤	5632.84	27.77
中壤	7867.99	38.79
重壤	2408.98	11.88
黏土	2557.78	12.61
干沟	305.13	1.50
非农用地	640.34	3.16
合计	20282.12	100.00

1998年一四一团土种性状调查见表2-8。

表2-8　1998年一四一团土种性状调查

土种名称	分布单位	剖面特征	土壤质地	地下水位高度(米)
表沙灌耕灰漠土	一连、六连、七连、八连、十连、十一连、十二连、十三连、良种连	表层或至60厘米以上为沙壤,腰部轻壤或沙壤,底部为壤土	沙壤/壤质土	1.24 ~ 1.64
腰沙灌耕灰漠土	五连	表层中壤,腰部为沙壤,底部为重壤	中壤/沙壤	—
全壤灌耕灰漠土	全团除四连、良种连外均有分布	剖面壤质,耕层粒块状,多孔通风,透气保水肥能力强	中壤/轻重壤	1.06 ~ 21.4
全壤灌耕灰漠土	二连、四连	剖面黏质土,板结紧实,耕作困难	黏土/黏土	—

（续）

土种名称	分布单位	剖面特征	土壤质地	地下水位高度（米）
表黏灌耕灰漠土	六连、十一连	表层重壤紧实，难耕作，以下质地不一	重壤/中壤	—
腰板灌耕灰漠土	三连	表层中壤，腰部分层片状隔水层	中壤/轻壤	—
底黏灌耕灰漠土	三连	土表层为中壤，以下为重壤，耕层肥力较高	中壤/重壤	—
轻盐化灌耕灰漠土	一连、二连、四连、五连、八连、九连、十连、十一连、十二连、十三连、良种连	剖面中下部有不等量盐晶盐斑，养分差异较大	—	1.72～2.3，其余在3米以下
中盐化灌耕灰漠土	全团均有分布	表层以重中壤为主，以下多为壤质，剖面中有较多的盐晶，地表见点片盐斑	—	1.55～3.04
强盐化灌耕灰漠土	—	表层以中轻壤为主，地表见较多盐斑，剖面中盐晶较多	—	—
普通盐化灰漠土	除团部东部及北部外均有分布	地表见点片盐斑，表层有蜂窝状结皮或盐土混合蓬松层，以下含有不等量盐晶石膏	—	—
灰板土	十一连、十三连	土表层为浅灰色重壤土，犁底层不明显	—	—
中盐化灌耕草甸灰漠土	三连	剖面质地重板结，肥力较好	中壤/黏土壤	1.34
典型盐土	—	剖面以壤质为主，表层盐分聚集较多，多蓬松层，以下盐晶由多逐渐减少	—	—
苏打盐土	二连以东		沙壤/轻壤	

第四节 自然资源

一、水资源

（一）地表水

一四一团场开垦前有3条河流经过团场，第一条是巴音沟河，第二条是吐尔条沟，第三条是顾家沟（吐尔条沟、顾家沟已干涸）。河流沿途树木茂盛，杂草丛生。建场后灌溉用水，主要依靠天山积雪融化后，汇入巴音沟河再注入安集海水库引水总干渠供水，由水利部门按计划分配给团场，再通过支渠、斗渠输送到农田。

1.巴音沟河 巴音沟河是安集海唯一的河流，发源于天山北麓依林哈比尕尔山（又名图鲁山），由山上积雪融化之水汇流成河，流经喇嘛庙峡口、二道沟、黑山头，穿过乌伊公路大桥进入灌区，全长110千米。从河水发源地到安集海大桥87千米，年流量3亿立方米。除沿途灌溉外，剩余水由引水渠注入安集海水库，用于安下垦区团场农业灌溉用水。

巴音沟河二道沟至黑山头段，西岸为砾石河床，被河水冲入下游，河道淤积严重，每年进入引水渠的沙石近100万立方米。安集海水库60年来堆积沙石4000万立方米，占水库容量55%。渠首工程建成后，每年动员人力进行1～2次的大清淤。黑山头以下20千米的河床被沙石覆盖，故渗漏严重，汛期渗漏达35%～45%，枯水期达70%～80%。洪水期与枯水期水流量相差悬殊。每年均为2.99亿立方米，最高年份1962年，流量为3.99亿立方米，最低年份是1983年，流量仅为2.34亿立方米，枯水期的1月平均流量为1.68立方米/秒。1974年1月，平均流量为0.95立方米/秒。1974年12月16日，流量仅为0.2立方米/秒。汛期7月平均流量为34.18立方米/秒。1974年7月，平均流量为47.5立方米/秒。1998年7月15日，洪峰时流量高达150.8立方米/秒。因上游河水被安集海水库截流，现在巴音沟河在团场境内只是一条干枯河道。

2.安集海水库　安集海水库位于乌鲁木齐至伊宁公路北侧，巴音沟河与金沟河冲积扇之间的低洼处，系平原水库。水库于1959年建成，设计容量5000万立方米，实际库容不到4000万立方米，不能满足农业生产需要。1984年秋，开始修建安集海第二水库，由农八师劳改一支队负责施工，于1995年建成，库容量为8000万立方米（设计容量）。

（二）地下水

由于巴音沟河上游河水渗漏严重，形成地下河床，加之上游坡降大，土层较薄，机械组织较粗，而团场北部的土层厚，质地较细，地下水到此地带受阻减速，在洪水期造成回旋，形成地下水蓄积带，承压水储量较丰富，可钻井水灌溉土地。

二、动物资源

（一）兽类

野兔、狐狸、黄鼠狼、野猫、田鼠、旱獭等。

（二）禽类

画眉、杜鹃、鸢、猫头鹰、鹞、戴胜、布谷鸟、喜鹊、啄木鸟、斑鸠、雁、燕子、夜莺、苇莺、野鸭、麻雀、乌鸦、百灵、蝙蝠、相思鸟、野鸽子等。

（三）两栖类

青蛙、蟾蜍等。

（四）爬行类

蛇。

（五）鱼类

鲫鱼、鲤鱼、白条、鲢鱼、花鲢、泥鳅等。

（六）昆虫类

蝴蝶、蜜蜂、蜻蜓、蟋蟀、蚕、蜗牛、蚯蚓、壁虎、螳螂、蚂蚁、臭虫、蚱蜢、萤火虫、跳蚤、蚊子、苍蝇、牛虻、蜣螂等。

（七）害虫（鼠）

水老鼠、地老鼠、螟蛾、夜盗蛾、稻飞虱、蚜虫、黏虫、叶蝉、盲蝽象、棉蓟马、金龟子、红蜘蛛、食心虫、双斑萤叶甲、蝗虫、蝼蛄、跳甲、金钟虫、介壳虫、棉铃虫、象鼻虫等。

(八)益虫

主要为七星瓢虫、赤眼蜂。

(九)其他

蚯蚓、螺等。

三、植物资源

(一)乔木类

杨树、榆树、柳树、胡杨树、沙枣树、白蜡树、桑树等。

(二)灌木类

红柳、梭梭、铃铛刺、琵琶柴等。

(三)杂草类

芦苇、稗草、甘草、苦豆子、骆驼刺、骆驼蓬、碱蒿、胖姑娘、灰灰条、苋菜、野苜蓿、狗尾草、狼尾草、车前子、蒲公英、猪殃殃、野西瓜、贝母、芨芨草、结缕草、莜麦、蟋蟀草、蓟草、菟丝子、马齿菜、早熟禾、曼陀罗、牵牛、蓖麻、白三叶、藜、蓼、苍耳、鸭跖草、节节草、荠菜、野燕麦、苣菜、三棱草、天旋花、毒麦、野蒜等。

(四)菌藻类

蘑菇、野生苔藓等。

第五节 自然灾害

团场的自然灾害主要有霜冻、雹灾、雪灾、风灾、沙尘暴等灾害。1997—2015年,受各种灾害影响,团场受灾面积13178.6公顷,年均549.1公顷。受灾面积占播种面积的7.5%。在各种自然灾害中,霜冻与雹灾给农业造成的损失最大。

一、霜冻、雹灾、雪灾

(一)霜冻

团场一年中,霜期占6个多月,无霜期只占5个多月,农作物的生长期较短。为提高农作物产量,职工常常在三月底、四月初播种,结果往往遭到霜冻灾害侵袭。1997—2015年,团场每年均遭受霜冻灾害,最重的年份是1998年,当年9月18日发生重霜,比往年提前20天下重霜,全团3066.67公顷棉花受灾,因灾害造成棉花减产,籽棉总产比1997年少收1700吨。

霜冻的危害主要是晚霜危害,春季西北方向冷空气入侵,4—5月正值棉花、甜菜、瓜菜等作物幼苗生长,霜冻会将大片幼苗冻死,造成春季农作物缺苗。进行补种会造成农业种植成本加大,容易形成经济亏损。20世纪90年代前,一般防治方法是靠人工烟熏、覆盖杂草等方法来预防,费时费力,效果不明显。20世纪90年代后,各种农作物使用地膜,根据天气预报适时播种,避免部分霜冻灾害。

2001年4月7日,团场连续两天遭受5.5～6.8级大风、霜冻灾害,团场666.67公顷棉花遭受重灾。

2002年5月23日凌晨5点，团场辖区气温降到-4℃，出现霜冻，全团3333.33公顷棉花遭遇严重冻害。2001年4月7日，团场连续两天遭受5.5～6.8级大风、霜冻灾害，全团666.67公顷棉花遭受重灾。

（二）雹灾

团场雹灾一般发生在每年的6—8月，5月也有发生，次数较少，危害较轻。雹灾一般从西北方向袭来，呈条状分布，发生时狂风大作，电闪雷鸣。基本每年均遭受轻重不一的冰雹灾害。2001年，是团辖区雹灾最多的一年。当年6月8日，五连遭受冰雹袭击，受灾面积66.6公顷。当年7月5日，全团再次遭受灾害，遭受狂风、暴雨、冰雹袭击，受灾面积27[illegible]6.6公顷，重灾面积1520.27公顷，砖厂价值200万元的土坯被雨水冲坏。

2002年5月10日20点30分，团场遭受连续6分钟的特大狂风冰雹袭击，冰雹最大直径为1.5厘米，受灾面积达7333公顷。

（三）雪灾

1998年4月21日，团场辖区连续两天下中量雨夹雪。2010年2月22日，团辖区遭受强降雪，积雪厚度达60厘米，全团30座牲畜圈棚及配套设施倒塌、毁坏，压死猪、牛、羊数头（只），直接经济损失761万元。

二、风灾、沙尘暴

团场大风多发生在3—10月，最多的年份是1997年和2015年，共47次。大风的危害性很大，春季造成未播土地跑墒，无法适时播种，更严重的是，把已播种的地膜刮得到处都是，田间地头挂满树梢，幼苗冻死，造成生产资料浪费，生产成本增加。夏季的大风直接危害成熟的小麦，造成麦粒脱落，麦秆倒伏。高秆作物倒伏，刮倒树木。秋季的大风，影响棉花质量，使棉花脱落，也影响放牧和车辆的安全行驶。

干热风一般发生在5—8月。干热风可造成作物受灾，影响庄稼授粉，灌浆不良，使禾苗缺水枯死，小麦减产，影响棉花生长，造成作物减产。1998年4月17日，团场遭遇连续两天6.4级大风，2000公顷棉田地膜被大风卷走，造成经济损失近2000万元。2000年5月5日，团场发生多年不遇的特大沙尘暴，受灾面积312公顷，作物死亡面积76公顷，受灾最严重的单位为五连、九连、十连、十二连。直接经济损失约1300万元。

2001年5月11日，团辖区遭受八级沙尘暴风袭击，团1392.67公顷棉花受灾。

2015年5月16日，团场遭遇强沙尘天气侵袭，风沙袭来能见度不足百米，风力达8级以上，强沙尘天气持续1个半小时。

第六节　环境保护

一四一团场距离沙湾县（今沙湾市）、石河子市60～96千米，废气、废水危害较轻。废物以家庭塑料食品袋、农用地膜为主，它们不能及时被清除，危害最大，是危害团场耕地、种植结构、住宅区环境的主要危害物。

一、环保制度与宣传

1997—2015年，团场先后制定《一四一团回收残膜保护耕地措施》《一四一团回收残膜、清除土壤污染实施办法》《一四一团耕地谁污染、谁治理具体措施》等一系列措施、办法。团场每年定期在职工群众中举办以"环境与健康"为主题的宣传讲座相关知识培训。同时，发挥各单位的宣传栏、板报，团场广播电视等媒体作用，采取职工群众和学生喜闻乐见、通俗易懂的形式，普及环境与健康知识。团场环境保护工作主要由团场爱国卫生委员会（简称爱卫会）承担。

2010年，团场成立环境保护领导小组，党委书记、政委任组长，分管农业副团长任副组长，办公室设在疾病预防中心（防疫站）。成员包括卫生防疫站、政工办、经济发展局、工会等负责人，协助团场爱卫会开展各项活动和环境保护、监测工作。基层单位（连队）设有环保领导小组，组长由连队指导员担任。单位政工员或卫生员任副组长，负责落实环境保护、监测业务。工作主要有治理碱害、白色污染（农用地膜）以及垃圾清理、爱国卫生。当年起，环境保护和爱国卫生一起被列入精神文明创建活动考核范围，团场环境保护有章可循，保证团场每年春季、秋季坚持开展清洁田园、美化环境的回收残膜、回收白色垃圾活动。

2013年，团党委贯彻师市"政府组织、地方负责、部门协调、群众动手、科学治理、社会监督、分类指导"环保卫生方针，提出建设"绿色环保团场，文明生态北野"工作目标，团场环境保护领导小组与基层签订环境保护责任书，开展3月15日—4月15日"白色污染集中整治月"活动。团场文化广播电视服务中心专门设立环境保护专栏，重点宣传环境保护典型事例、典型人物，对环境保护差的单位或个人给予曝光。举办环境保护学习培训班，通过培训学习提高全民环保意识。投入数百万元购置环卫车3辆，在居民住宅小区购置果皮箱50个、垃圾桶50个，修建封闭式垃圾收集箱20个，初步实现"绿色环保团场，文明生态北野"工作目标。

2015年4月，爱委会对北野镇区和基层连队进行抽查，抽查结果显示职工群众健康知晓率达到98.5%，行为形成率达到96%。

二、碱害治理

1997年，团场盐碱侵害严重，造成大多数房倒屋塌，职工生活受到严重影响，引起兵团党委和相关部门重视。全团99%土地属盐碱地，碱害制约团场人生存、生活、农业可持续发展。在兵团党委、师市党委支持帮助下，历届党委科学规划，确定目标，开挖排碱沟（渠）治理碱害。1997—2014年，团场挖渠共投入资金7362.85万元，共挖排碱渠190.63千米，改造中低产田11公顷。承包户自筹资金打井30眼，砌防渗渠道86.81千米，实施滴灌近1733.3公顷，完成水工建筑物219座。

2015年，十二连建设项目取得国家农业综合开发批准。团场完成农业综合开发高标准农田333.33公顷，其中水利措施完成防渗渠6.52千米、渠系建筑物26座、滴灌改造333.33公顷，农业措施完成改良土壤（秸秆还田）333.33公顷、新修田间道路9.66千米，林业措施完成农田防护林6.67公顷。团场铺设斗渠防渗17.197千米，排渠清淤18.12千米，新挖斗排7.09千米，新挖农排26.7千米。

团场每年开挖排碱渠，坚持排碱渠淤泥清理疏通碱水，可降低碱害威胁，改善职工居住环境，改良农田土质条件。在碱害严重地方开展打井抽水、压碱、洗碱、修建防渗渠道和坚持植树造林等治理碱害的措施，摸索出根治碱害治理的经验。

三、治理白色污染

1997年，团场开始在九连试验种植地膜棉花，全场逐年扩大地膜棉种植面积，地膜棉的种植、单产、总产不断提高。但长期使用地膜对耕地造成白色污染，土壤的结构状况发生变化，对农业可持续发展有较大影响。面对这种白色污染的影响，团领导深入基层连队开展一个多月的调研，整理出治理白色污染的思路提交党委会研究讨论。治理白色污染方案在党委会形成决议，达成共识。

2010年4月，一四一团2000余人奔赴田间，历时8天，全团连队职工捡拾残膜土地近1000公顷，捡拾残膜1000余吨。此后，团场党委将每年4月第一周定为“清洁田园周”。2011年，将“清洁田园周”改为“环境保护周”。

2014年，暖风机厂技术人员历时4年，研制出搂膜机投放农业生产连队。搂膜机每天搂膜10公顷，解放人工捡拾残膜，搂膜效率达80%～92%。

2015年，团场出资补助鼓励农机户从新疆农机械制造有限公司购进搂膜机20台。搂膜机的普遍推广使用，减轻了职工的劳动强度，提高了回收残膜效率，减少了土壤白色污染。

四、治理垃圾

1997—2010年，团场镇区和连队均没有建立固定的垃圾场地。镇区生活垃圾及基建渣土随意倒放，由运垃圾的车辆拉到离团部远一点的旧渠沟、沼泽或盐碱地里倒放。垃圾、渣土无序乱倒乱放，为镇区、连队环境治理埋下隐患。

2010年，团场制定《一四一团垃圾、废土倾倒制度》，十二连承包户杨彩云自费将连队住宅区垃圾场的垃圾运走，填平出近1.5公顷复耕地，在填平的垃圾场种上小麦，当年新种小麦亩收获500余千克。建场修建安下渠时期，在渠的东侧挖出一条4米多深、2000余米长的沟，每年开春渗出深近一米深的水。水沟长年积水，四周长满苇子等杂草，蚊蝇肆虐。

2011年，团场党委通过勘查、调研，决定把安下灌渠这条影响环境的深沟填平、换土后栽种成防风林。2015年，这条废沟已填平并开始种植树木。

2014—2015年，团场对北野镇区投入600余万元的环境卫生设施资金，购置环卫车3辆，果皮箱50个，垃圾桶50个，封闭式垃圾收集箱20个。镇区内的生活垃圾实行定点设置垃圾箱，定期拉运填埋，将污水排放由明排改为暗排，建晒场式污水处理站一座，再投资2100万元，新建处理规模为2100立方米/日的污水处理厂1座，铺设排水管网17571米，解决镇区人口集中区原管线负担过重、排污量增大而排污没出处堵塞问题。镇区的万元GDP能耗年降5%，主要污染物年减排2%。镇区绿化率达40%。

五、环境监测

2010年以来，团场落实环保监管责任制，定期和不定期派出环保执法人员检查各单位环保分片包干、责任到人落实情况。农业承包户按规定保质保量回收薄膜，团场组织人员逐块条田检查，对检查合格、优秀单位给予表扬、奖励，对一些不达标单位给予黄牌警告，限期整改到位。

第三章　人口与计划生育

一四一团是一个以汉族人口为主的全民所有制国营农业团场。1997年开始，团场对移民进行核对登记落户，凡是在团场承包土地3年以上男性年龄不超40岁、女性不超35岁的自流人员均可以办理落户手续，而且团场给落户人员提供砖混结构住宅。这些人口约占全团总人口的32%。

2006年，师市收回团场审批落户权力，不允许团场随意给外来人口落户，规定凡不具备初、高中以上文化程度人员不予落户。2006—2015年，团场人口相对稳定，无明显变化，保持在1.2万人左右。

第一节　人　口

一、人口总量

1997年，团场总人口12690人。

2006年，团场总人口11538人。

2009年，团场总人口12257人。

2011年，团场总人口12474人。

2015年，团场总人口11908人（常住户籍人口9540人）。

二、人口分布

团场人口分布在团部北野镇社区和15个农业连队，团部镇区人口主要从事工副业生产、卫生、教育、商贸服务业。

2015年，南社区常住户3032户，总人口5352人，流动人口332人。北社区常住户4300户，总人口4560人，流动人298人，2个社区共有居住人口10542人。

2013年一四一团场连队人口统计见表3-1。

表3-1　2013年一四一团场连队人口统计

连队名称	距团部距离（千米）	总户数（户）	连队居民点居住人口（人）
一连	2.31	95	223
二连	6.51	115	295
三连	9.16	103	267
四连	6.12	124	327
五连	9.23	244	640

（续）

连队名称	距团部距离（千米）	总户数（户）	连队居民点居住人口（人）
六连	5.29	114	316
七连	6	120	332
八连	5.08	70	198
十连	1.13	164	345
十一连	8.38	164	426
十二连	10.88	129	306
十三连	5.58	195	494
十四连	3.91	132	307
十五连	18	143	315
十六连	1.35	115	339
合计	—	2027	5130

2013年一四一团场连队人口年龄结构统计见表3-2。

表3-2　2013年一四一团场连队人口年龄结构统计　　单位：人

连队名称	连队居民点现状居住人口	未成年人口	中、青年人口	老年人口
一连	223	32	140	5[illegible]
二连	295	44	195	5[illegible]
三连	267	38	178	5[illegible]
四连	327	43	215	6[illegible]
五连	640	91	422	12[illegible]
六连	316	44	208	6[illegible]
七连	332	46	220	6[illegible]
八连	198	27	131	4[illegible]
十连	345	48	221	7[illegible]
十一连	426	64	290	7[illegible]
十二连	306	46	208	5[illegible]
十三连	494	69	327	9[illegible]
十四连	307	43	203	6[illegible]
十五连	315	44	210	6[illegible]
十六连	339	48	227	6[illegible]
合计	5130	727	3395	10[illegible]8

注：调查中将连队人口分为三个等级：①不足18周岁九年义务教育、学龄前儿童为未成年人口；②男性年满60周岁，女性年满50周岁的退休职工为老年人口；③年龄满18周岁，尚未达到退休年龄的为中、青年人口。

2013年一四一团场连队中、青年劳动力组成统计见表3-3。

表3-3 2013年一四一团场连队中、青年劳动力组成统计 单位:人

连队名称	青壮年劳动力	连部管理及技术人员	从事畜牧养殖等其他劳动力	农作物生产实际作业人数
一连	144	5	2	137
二连	195	7	6	182
三连	178	6		172
四连	215	8	5	202
五连	423	15		408
六连	208	9	2	197
七连	220	8	10	202
八连	131	5	3	123
十连	221	6	4	211
十一连	290	7	15	268
十二连	208	7		201
十三连	327	6	12	309
十四连	203	7	3	193
十五连	210	7	8	195
十六连	217	8	6	203
合计	3395	112	76	3203

第二节 人口变动

一、自然变动

1997年,出生人口117人,出生率为9.22‰,死亡53人。1999年,团总人口13100人,当年,出生人口102人,出生率7.79‰,死亡42人。2002年,团总人口12296人,当年,出生人口72人,出生率5.86‰,死亡82人。

2006年,团总人口11538人。当年,出生人口54人,出生率4.68‰。2009年,团总人口12257人,当年,出生人口45人,出生率3.67‰。

2011年,团总人口12474人(其中居住半年以上的流动人口700人,季节工4867人)。当年,全团共出生人口34人,其中流动人口符合政策生育4人,出生率2.73‰。死亡55人。团场人口自然变动不大。

2015年,常住人口出生52人,死亡63人,人口自然增长率-2.72‰。

二、机械变动

团场人口机械变动主要以迁出迁入变动为主，迁出人口多数为考入外地大中专院校的学生和极少数调动人口。

1997年，迁出329人，迁入211人。1999年，迁入河南移民、外来务工人员及其子女。招聘来团工作内地大中专学生。

2001年，迁出180人，迁入360人。2003年，迁出212人，迁入407人。2005年，迁出222人，迁入267人。2007年，迁出269人，迁入257人。

2015年，一四一团辖区常住户口为9465人，同比2014年常住户口数减少75人。迁入172人（省内迁入26人，省外迁入145人，市内迁入1人），迁出236人（迁往省内57人，迁往省外49人，迁往市内130人）。当年，北野镇区设2个社区，共居住人口10542人，居住人口增长203.86%。

第三节 人口结构

一、年龄结构

1997年，团场总人口14442人，0～14岁1435人，15～59岁12009人，60岁以上9[illegible]8人。

2015年，团场0～17岁1346人，占总人口的11.49%；18～34岁2178人，占总人口的18.57%；35～59岁4491人，占总人口的38.30%；60岁以上3611人，占总人口的30.79[illegible]%。

二、性别结构

2015年，团场男性人口占总人口的51.39%，女性占总人口的48.61%。其中团场[illegible]岁人口男性12人、女性21人，性别比例为57.14%；6岁人口男性26人、女性22人，性别比例为118.18%；10岁人口男性16人、女性35人，性别比例为45.71%；20岁人口男性65人、女性129人，性别比例为50.39%；30岁人口男性86人、女性102人，性别比例为84.31%；40岁人口男性38人、女性47人，性别比例为80.85%；50岁人口男性97人、女性187人，性别比例为51.87%；60岁人口男性56人、女性64人，性别比例为87.50%；70岁人口男性46人、女性53人，性别比例为86.79%。团场人口出生性别比一直保持在正常值范围内，总体持平。人口年龄结构呈“金字塔”状。

三、文化结构

1997年，团场幼儿教育开设19个班，学前班16个班，入园幼儿510人，学前班23[illegible]人。小学招生255人，毕业104人，总计1134人。中学318人。高中113人，高中毕业56人，被全国大中院校录取37人，高中升学率66.07%。

2015年，团场文盲与半文盲411人、学龄前儿童361人，小学生2624人，初中生[illegible]404人，高中生1249人，中专生525人，大专生1126人，大学生208人，硕士生6人。在职在岗党政干部273人中，研究生学历7人，大学本科学历77人，大专学历152人，高、中专学历37人。教育系列专业，在岗在职教师中有大学本科学历49人，大专学历58人，高级教师41人，一级教师31人、二级教师21人。卫生系列专业，有人员83人，其中大学本科学历15人，中专以上学历68人。

第四节 计划生育

一、机构队伍

1997—2001年，一四一团场成立以团长、政委为组长的计划生育工作领导小组，在团场卫生中心设计生办公室。2002年，计生办更名为人口和计划生育办公室，纳入机关科室管理，设办公室主任1人，干事1人。2007年1月，机关机构改革，人口和计划生育办公室隶属社政管理科，设副主任1人，干事1人。2014年，团场公务员编制机构改革后，计生办职能纳入团社会事务局，设计生干事1人，负责团场人口计生管理工作。团直单位和连队设37个计划生育领导小组，基层连队设37个计划生育指导工作服务室。

根据生育政策有关法令法规，团场成立计划生育协会，会长由分管业务的副政委担任，基层设计划生育分会37个，计划生育专兼职干部65人，全团发展计划生育协会会员2980人。

二、宣传教育

1997年起，团场计划生育宣传教育工作主要针对新职工采取宣传措施，倡导新型生育文化的理念，利用广播、电视、板报、学习园地、横幅、发放宣传单大造气氛，利用纪念日、广场文化活动，编排群众喜闻乐见的计划生育文艺节目参加演出，出动宣传车深入到田间地头，向职工群众和拾花工进行宣传，开展全员培训。团场利用“科技之冬”活动，每年安排基层计划生育干部7～15天的计划生育干部培训班，学习计划生育有关法律法规、政策，提高基层计划生育干部知识水平，坚持每年与宣传员签订人口计生业务指标责任书，坚持宣传员月例会制度和改革旧台账制度，推行使用新的《计划生育综合服务手册》，实现群众计划生育参学率80%以上，知识知晓率达90%以上。组织计生干部外出学习参观和培训，提高计生人员政策法规能力。

1997—2015年，团场文化广播电视站在农闲时或在计划生育宣传活动期间宣传相关知识。开办《人口之窗》栏目，播放《新生儿筛查》《近亲结婚的危害》《胎教与优生》等知识，团场对个人在媒体平台刊发相关文章每采用一篇配套奖励如下：《石河子日报》、石河子电视台每篇奖励100元，石河子电台每篇奖励50元，网站每篇奖励10元。

2013年，团场计生委开展《魅力北野幸福人家》故事征文活动，收集征文23篇、新闻23条、图片25幅、视频故事短片一部，短片获师市展播评比二等奖，“5·29”协会日开展计生知识谜语竞猜，板报展23块，中学生计生手抄报展18卷，发宣传品500多份，悬挂横幅一条，深入开展“五送”大走访活动，走访居民900余户，发宣传单2300余张、一卡通730份。开展全员人口信息数据质量核查，共补漏311人，删除43人，更正信息859条，全员人口信息录入率88.74%，准确率91.03%，为计生宣传员建立微机室，添置电脑8台。

三、计生管理

（一）目标管理

2002年12月5日，根据《中华人民共和国人口与计划生育法》主要精神和授权，团场对计划生育做出具体规定：团场机关企事业单位职工晚婚的除国家规定的婚假外，增加婚假20天。女职工晚育的除国家规定的产假外，增加产假30天，给予男方护理假15天。婚假、产假、护理假期间，男女双方工资、奖金照发。

2007年，无业人员与职工享受同等待遇，可每月享受领取独生子女费。夫妻自愿终身只生育一个子女或终身只收养一个子女不再生育的，在子女满16周岁前可以申请领取《计划生育父母光荣证》。城镇居民和连队职工同等享受自治区有关奖励政策。独生子女父母奖励金发放从独生子女10岁延长到14周岁，奖励金从每月5元提高到每月10元，夫妇退休后各加发5%的退休金，一方退休一方享受，双方退休都享受。从2003年5月执行。凡自愿申请参加"少生快富"工程、符合条件的对象，每对夫妇一次性奖励不少于3000元奖励。

2009—2015年，团场制定《人口与计划生育目标管理责任制》。在团场党委每年召开的政工会议上，计生协会与各基层单位签订"十二五"时期人口与计划生育目标管理责任书，内容主要包括保证完成指标、具体业务指标及奖罚办法。

（二）工作管理

团场在婚姻登记上严格执行《新婚姻法》规定：男22周岁，女20周岁，方能领取结婚证。进入21世纪以来，人们的婚姻观念发生变化，早婚现象越来越少，到婚龄的男女青年推迟结婚成家越来越多，移风易俗，婚事新办，反对大操大办。

育龄青年晚婚晚育普遍增多，晚婚晚育成为人口下降的部分因素。团场采取晚育等四条措施，确保人口平衡发展。建立团、连两级计划生育目标管理监督制约机制，严格进行目标监控考核。

2013年，团场为婚前健康检查和孕前检查批复资金3.6万，接受免费孕前优生健康检查35对夫妻，免费婚前检查30对夫妻，为男女性生殖健康检查投入约24万元，女性免费生殖健康检查425人，其中流动人员78人，男性免费生殖健康检查710人。坚持每月一次的计划生育例会，互通情况，及时交流，随时掌握全团计生情况，发现问题，及时解决。全程跟踪服务。计生办和妇幼保健站一直做好全程跟踪服务，全程掌握孕妇情况，切实做好产前、产中、产后的服务工作。新生婴儿出生42天后，妇幼保健站对产妇和婴儿做全面检查，以保障产妇和婴儿的健康。对0～6岁幼儿进行定期接种疫苗、服糖丸、定期检查身体等，确保幼儿健康成长。团场每年拨款10万元，确保计生经费投入到位，用于发放独生子女费、独生子女保健费、独生子女奖励金、计生干部和工作人员岗位津贴、责任制兑现等。

截至2015年，一四一团场先后被兵团、师市评为"优质服务先进团场"和"婚育新风进万家先进团场"，2012年，计生办乔小丽获师市"人口和计划生育先进个人"表彰奖励。

（三）流动人口管理

团场建立流动人口育龄人员在优生优育、生殖健康等方面制订计划生育需求调查与服务登记制度，建立健全各种台账，实行全员信息管理和计划生育工作手册制。开展每月随访，对孕产期妇女进行全程监控，随访率98%。

每年3—4月，团场计划生育专职服务人员，为有妇科病的贫困妇女进行免费治疗。计划生育服务群众满意率90%以上，知情选择率达92%以上，服务落实率100%。

2014年，团场流入育龄妇女154人，查证验证建档100%，两人持有《婚育证明》，办居住证30人，发督办单152份。流动人口信息平台反馈信息252人，接收反馈率100%，流出育龄妇女372人，办理《婚育证明》372份，流动人口一孩、二孩、特批存根分类装订，生育证发放表和出生登记表准确率100%。

1997—2008年一四一团场结婚情况见表3-4。

表3-4　1997—2008年一四一团场结婚情况

年份	晚婚			领证	
	结婚人数(人)	晚婚人数(人)	晚婚率(%)	独生子女领证人数(人)	领证率(%)
1997	68	52	76.47	942	37.33
1998	63	51	80.95	990	34.58
1999	59	53	89.8	936	34.9
2000	45	40	88.89	683	37.61
2001	40	28	70	751	36.45
2002	44	30	68.18	999	46.42
2003	41	30	73.17	1033	46.58
2004	13	11	84.61	1071	48.15
2005	12	12	100	1072	53.06
2006	23	18	78.26	1052	47.47
2007	27	19	70.37	1294	50.25
2008	41	29	70.73	1139	45.01
2009	45	40	88.89	683	37.61
2010	40	28	70	751	36.45
2011	44	30	68.18	999	46.42
2012	41	30	73.17	1033	46.58
2013	13	11	84.61	1071	48.15
2014	12	12	100	1072	53.06
2015	23	18	78.26	1052	47.47

第四章 城镇建设与管理

1997年前，团场职工住房大多数是20世纪70—80年代建造的兵营式土木结构平房，房屋低矮、光线差、面积小，年久失修，有的成了危房。团部只有南北2条主干道是水泥路面，团部到连队均为砂石戈壁料路面和自然形成的土路。

1998年后，随着兵团危旧房改造政策出台，职工自建房积极性高涨，职工居住条件得以改善。

2005年，团场抓住国家西部大开发历史机遇，争取国家项目资金加速团场城镇建设步伐，职工住房，镇区、连队道路，居住环境等均有较大改观，团场面貌焕然一新。

2013年，团场基本完成保障性住房建设和销售，基本解决低收入家庭住房，全团98.3%人口居住在团部新建楼房，居住环境明显改善。随着城镇化进程加快，团场同时抓好危旧住房拆除、撤连并居和连队居住区功能转型工作，加快城镇基础设施、公共服务设施配套建设，基本形成楼群耸立、万亩良田、树绿花美、道路宽敞、留有军垦记忆、拥有现代气息、生态环境良好的小城镇。

“十二五”时期，团场投入1.7亿元用以保障性住房建设和城镇基础设施建设，加快居民小区建设，不断完善小区基础配套设施建设，99.4%职工住进楼房，98.3%人口在城镇聚集，城镇化率达72.5%，居民生活环境、生活方式、生活理念均有较大改变。

2015年，团部北野镇建成集政治、经济、文化、商业、金融、服务为一体的现代化城镇。

第一节 城乡规划

2000年前，一四一团城乡规划一直沿袭1958年建场时期规划，团部住房建设均按单位划分住宅区。房屋建设随意性强，有独栋，有联排，有公建出租房，这种住房是由团场或单位建筑的住房，入住人员每月按平方交纳租金，产权属于团场。职工自建住房，是指团场支持和鼓励经济条件好的职工在团统一规划区域内，本着“谁投资，谁受益”的原则，按统一规划设计标准，独资或联户合作投资建设的住房。危旧改造房，是指1999年根据兵团、师市下发《关于农牧团场连队危旧房改造》文件和国家建设部《关于安居工程》有关政策，除工、交、建、商等团直属企业单位，连队职工可在本连队规划区内自建住房，划拨0.067公顷宅基地，团场优惠提供3万块红砖自建房屋，产权归个人所有。团场计划在3号小区建设2栋四层住宅楼，按建筑成本价出售给职工，以此让利于职工，激发职工购买楼房的积极性。

2000年后，根据国务院关于《村庄和集镇规划建设管理条例》和兵团《农牧团场小城镇建设及连队居民点规划建设管理实施细则》《关于在农牧团场开展建设小康连队活动的决定》文件精神，团场按照“科学规划、合理布局、因地制宜、量力而行、全面推进”规划，在充分尊重团场现状基础上，统筹安排各项基本建设，合理调整和扩充城镇组成要素，适应城镇发展渐进过程，为城镇建设投资提供依据。制定出符合新型城镇化要求的《一四一团（北野镇）城镇总体规划》《农八师一四一团（北野镇）环境规划》实施细则，按需求功能，重新规划出工业园区、教育学区、商业区、居民住宅区。

上述规划补充北野镇区旅游建设规划和环境保护等内容，做到充分利用小城镇现状条件，新旧结合，远近结合，科学完成城镇内部用地。充分利用现有各项基础设施，少占耕地，按集中紧凑原则发展。为优化团产业结构服务，团场为第二产业和第三产业发展留有充分的余地。镇区的道路建设规划为“三纵三横”布局，规划后主要街路总长度11.2千米。北野镇（团部）建设围绕“1条商业街、1个综合市场、1个农贸市场、1个酒店宾馆、1个仓储物流点、1个星级农家乐、1个广场公园”标准，规划为“一心”“四轴”“四区”布局模式，把城镇划分为居住区、文教区、商贸、公建区和新型工业区。“一心”，即以现有团部办公楼、连队办公区为行政办公区作为城镇中心。“四轴”，即沿文化路、交通路展开城镇行政管理、文教、商业、公共服务空间多功能两轴，沿友谊路两侧形成商业发展轴，沿迎宾路两侧形成生态防护绿轴。“四区”，即沿行政中心辐射团部四区，即居住区、文教区、商贸服建区和工业区。完善北野镇供暖、排水、道路、燃气、环卫五项专项规划。规划镇区街道全部安装路灯，文化路十字路口安有交通信号灯。规划突出屯垦戍边新型团场建设与城镇化发展相结合，引导连队人口和二、三产业向城镇集中，连队居民原则上搬至团部居住，提升团镇区辐射引领和服务功能，把北野镇打造成“亮化、美化、净化，适宜人居、适宜创业”的新兴城镇。

“十二五”时期，团场党委根据全团人口集聚团部实际，加快城镇基础设施、公共服务设施配套建设投资，投入1.7亿元，完善小区配套设施，老友谊路改造为现代化步行商业街，沿街居民楼一层设置160套商铺门面房，繁荣城镇。按照城镇建设规划与土地利用总体规划相结合，与控制性详细规划相结合，在原有镇区规划基础上，抓紧对城镇总体规划和各类专项规划，严格按照规划实施城镇建设和管理，保证规划的严肃性和延续性。重新编修镇区规划的制定，新规划出7.79千米街（路），13个居民住宅小区，文化路以东为学区，文化路东北角空地为新工业区。投入1000万元，在工业园区之间新建滨湖公园，将原老礼堂改建为团史馆、军垦文化广场，填平原砖厂所挖的土坑，新建生态南公园1处。

第二节 城镇建设

1997—2015年，团投入小城镇建设资金2.3亿元，实施“一条商业街、一个综合商场、一个农贸市场、一个星级酒店宾馆、一个广场公园、一个博物馆、一批好的城镇产业”建设和拆除镇区老旧平房等措施行动，进行城镇居民小区配套基础设施建设。

一、团部镇区建设

1997年前，团部镇区建筑楼房不多，分别是1996年新建的团党政办公楼（五层楼），1970

年初建筑的大礼堂前厅(二层楼),20世纪80年代建的中学教学楼、试验楼、综合加工厂二层办公楼和修配厂2处高厂房。1997年,团部北野镇工业有粮油加工、农机修配、针织、油漆等6家工厂,北野镇初步形成城镇规模。房屋面积1132万平方米(住宅面积6.06万平方米),道路总长5.25千米(沥青路面3.15千米),路灯30盏,商业网点76个(国营17个)。1998年,由职工集资在镇区3号小区建成1栋5层住宅楼。

1999—2015年,历届团党委利用小城镇现状条件,新旧结合,远近结合,完成城镇内部用地。利用现有各项基础设施,少占耕地,集中发展指导思想,在尊重城镇现状基础上,统筹安排各项近期建设,合理调整和扩充城镇组成要素,适应城镇发展渐进过程。按照高起点规划、高标准建设、量力而行、分步实施原则投入镇区建设。北野镇区建设分为危旧房和道路建设改造、城镇基础设施和公共服务功能建设、镇区公共绿化和民生工程建设3个部分。

2015年,团部(镇区)住宅面积达267016.67平方米,住宅面积比1997年增长235.88%。镇区入驻有农业银行、农村合作银行、国民村镇银行、邮政储蓄、中华财产保险5家金融机构。有电讯、移动、联通、网络通信机构,有非农经营性单位3个,工业企业13家。

(一)镇区危旧房和建设

1997—2008年,团场投入小城镇建设资金6000万元,其中,投资18万元,浇灌广场混凝土地坪;投资24万元,架设友谊路高杆灯;投资81万元,扩建团部友谊路和新建通往十一连沥青路和新建客运站;投资608万元,将4~5小区危旧房改建成7栋住宅楼。

2001—2008年,新建镇区四小区2号、3号、4号、5号、7号、8号居民楼,九小区1号、2号、3号居民楼,七小区8号、9号、10号、11号居民楼,六小区4号、5号、6号居民楼,三小区4号居民楼,以及中心农贸市场、友谊路两侧商贸楼、团中综合教学楼、客运站、十连办公楼等共4.2万平方米,198户职工搬进镇区新建楼房,改造危旧住房15158平方米。修建1.6万平方米中心幼儿园、3栋中小学教学楼、学生住宅楼、中学透景钢网墙及医院门诊楼。投资160万元,完成镇区离退休人员危房改造53户4240平方米。投资180万元,完成15个农业连队有线电视改造工作,实现广播、电视、电话连连通、户户通。

2011—2014年,团投资修建镇区六小区一期5栋共16920.4平方米保障性住房。投资2588万元,建设六小区二期9栋共20624平方米保障性住房,八小区14栋共28613.12平方米保障性住房。投资490.6万元,完成农房改造。团场投资1916万元(其中辽宁援建单位阜新市捐资1000万元),修建镇区十号小区5栋共11778.37平方米保障性住房。投资201万元,修建1145.44平方米基层干部周转宿舍楼。投资640.02万元,续建十号小区4栋共8815.08平方米保障性住房。投资116.4万元,续建1399.1平方米教师周转房工程。

2014年,1月,辽宁援疆资金1000万元,建设项目为十一小区及七小区配套基础设施。

2015年,团投资新建团部6.6千米道路建设项目、1000平方米客运站项目、改造水源地项目。当年,按团人口聚集北野镇规划,全团有98%职工住进镇区居民楼房,团城镇化率达72.5%。团党委将镇区建设成一个“聚集产业、聚集人口、传播文明、引领发展”和适合市场经济发展与综合承载能力的新型现代小镇。

1997—2015年一四一团场城乡建筑工程统计见表4-1。

表4-1　1997—2015年一四一团场城乡建筑工程统计

年份	建筑工程名称	建筑面积（平方米）
1997	党政服务楼、石河子办事处(重阳楼)等	2354
1998	团客运站、4小区1号楼职工住宅楼	12393
1999	团小学教学楼	3116
2000	四小区2号楼	3114.2
2001	四小区17号楼、八小区1号楼、团中心幼儿园、小学学生宿舍楼	6918.78
2002	七小区1号楼、中心农贸市场、友谊路两侧商贸楼	7767.51
2003	团中学生宿舍楼、医院门诊楼、五连办公室、四小区3号楼、派出所办公楼	8236.55
2004	锅炉房、保险楼、六小区1号楼，以及三连、七连、九连办公室	6683.48
2005	团小学多功能食堂、六小区2号楼	4940
2006	国学综合教学楼、客运站、十连办公室	2947.69
2007	七小区2号楼、六小区3号楼	7425.9
2008	九小区1号、2号、3号楼，七小区8号、9号、10号、11号楼，六小区4号、5号、6号楼，四小区4号楼，中心锅炉房	41864.6
2009	七小区4号楼～7号楼、12号楼～14号楼，以及职工文化活动中心、中学学生食堂、浴室、医院综合楼改造	30508.4
2010	保障性住房354套	27811.01
2011	六小区一期5栋、二期9栋，八小区14栋	66157.12
2012	十小区4栋、教师周转房	10145.38
2013	十小区4栋住宅楼、教师周转宿舍续建、新建十小区5栋住宅楼、基层干部周转宿舍、中心幼儿园、老年活动中心	23138.59
2014	投资71.8万元修建综合加工厂民工公寓，投资166.88万元用于加工厂技改工程	砼坪494.47
2015	投资36万元新建镇区公厕1座，投资2300万元修建镇区6.6千米道路，投入资金245万元新建1000平方米的客运站，投资163万元完成水源地改造，投入1000万元新建滨湖公园，投入资金73万元对镇区供暖、供水、排水设施进行改造	客运站1000
总计		267016.67

（二）城镇基础设施建设

1997—2009年，团投入资金6000万元，修建出镇区纵横主干6条街道，在主干道东规划出一条文化路。文化路东为教育区（中、小学校）。随着发展，团部划分为13个居民住宅小区,并逐年对镇区投入资金进行基础设施建设。1997年起,团场在居民区修筑铺设下水管网,各条街路两边栽种大叶榆和苹果树等风景林木,商业区和职工住宅区安放垃圾箱(桶),保证商业区和居民区环境卫生。街道两侧安装路灯120余盏。1999年,团场撤除原商店和商店办公室,在旧址上新建一栋二层楼广播站,楼北新建一处3000余平方米“三元”广场,广场内修筑凉亭、雕塑和散步道。2000—2008年,团场将团部办公楼以东家属区危房拆除,投资修建喷泉、花池和椅子,11918平方米“休闲音乐广场”,镇区职工群众有休闲、散步、娱乐场地。同时,团场投资修建1万余平方米绿地,团部绿化率达40%,街道(路)面硬质化达100%。投资35万元,新装人民路、光明路和文化路等街路200余盏路灯,实现主要道路亮化规划,修建排水工程3295米。投资25万元,修建文化宫门前活动广场,增添灯光球场和各种健身器材。团投资建2台10吨供热锅炉,满足镇区集中供热需求。

2009—2013年,团场投资22万元,修建镇区和小区道路。投资169万元,对老农贸市场进行改造。投资145万元,改造供暖管线。投资300万元,修建建筑面积2781平方米的钢网结构封闭式农贸市场。投资150万元,兴建小学食堂,改善700名小学生就餐环境。投资30万元,修建多功能灵堂和悼念厅。

对4957平方米农贸市场进行改造,水、电、暖三通能够入驻50家商铺,在居民区沿街设计建设商业门面房317套。投资427.35万元,修建3888.5平方米标准农机具库。投资174.4万元,新建老年文化教育活动中心1006.85平方米。投资80万元,新建359平方米医疗辅助用房。投资26.2万元,用于农技推广站办公室外墙外保温建设项目。

2014—2015年,团场按“小而精、富而美”城镇化建设目标,投资1.04亿元。其中,投资600万元,完成天然气入户续建工程;投资315万元,完成城镇排水续建工程。建成主题文化公园,团史“四馆”等公共文化设施,实施镇区绿化、亮化、美化工程及商业街工程、电缆入地工程、公共租赁住房等“十大工程”,进一步完善镇区的公共设施配套,基本完成危旧平房拆除、撤连并居和连队居住区功能转型工作。其中完成援疆项目投资1100万元的3、8、10小区道路、绿化、亮化、美化。增设垃圾桶、桌椅、健身器材。投资407.7万元,完成镇区文化工程。投资71万元,完成水塔、招待所、团史四馆、博华、广电塔亮化。投资63.5万元,完成镇区10栋楼体亮化。投资25.4万元,完成150盏中国结及灯笼安装工程。投资158万元,安装迎宾路、交通路、步行街路灯221盏。投资40万元,完成迎宾路大门建设亮化。投资50万元,新建水源地人饮井一口,解决高峰期供水不足问题。团场投资523.7万元,把原友谊路改造为商业步行街,投资6000余万元,完善镇区6.6千米道路建设等基础设施建设项目,新建1000平方米客运站,完成水源地改造,实现天然气入户率100%。

二、城镇配套建设

(一)供水

20世纪80年代初,在石河子卫生防疫站协助下,对团场本地水质、土壤、食物进行有关理化分析,确认少年儿童“黄牙”,成年人腰肌、四肢疼痛是由氟中毒造成。团场将团直属单位集中化学降氟和家庭饮用水清洁化,并关闭所有地下自来井水,在一四二团水源地打井引入符合卫生标准的生活水到团,使团场人畜用上无氟自来水。

1997年，团供水采用压力供水方式，有水塔1座，水井2眼，泵房120平方米，清水池200立方米，供水管线总长59.2千米，受益户普及率100%。

2006年，团投资94万元，新建自来水输水管道75千米，实现东西区自来水联网，解决西区5个单位职工群众吃水难问题。

2013年，团投资490.57万元，完成镇区友谊路东西两侧给水管网、阀门井改造。

（二）排水

2014年前，团部镇区排水采用不完全分流制，雨、雪水就近自然排入边沟、边渠。团无污水处理厂，生活污水和工业废水分别排入城镇污水管道，汇集到污水沉淀池内经沉淀，排放到西自然沟。2014年，团新建污水处理厂1座，铺设排水管网17571米，投资30万元，对镇区排水管线、检查井进行清理疏通，解决镇区居民集中排污的问题。

（三）供热

2006年前，镇区由大礼堂侧两个锅炉供热。当年，团自筹资金，在加工厂北新建一处锅炉房，供热面积1.2万平方米，1200户居民受益。

2014年，新建1240平方米锅炉房1座，购置2台14毫瓦高温热水锅炉及鼓引风机等配套设备，铺设DN200～DN400供热管网2×2375米，为镇区单位、居民改善镇区供暖条件。是年，团投资132.29万元，完成7小区、9小区室外供暖管线改造；投资99万元，完成镇区供水管网热平衡改造，改善供热不均衡的问题，新建换热站4座，检查井6座。

截至2015年，北野镇区建筑总面积约32.6万平方米，其中住宅楼面积22.7万平方米，教育、卫生等公共建筑及平房面积8.1万平方米，集中供热面积约30万平方米，占集中供热面积92.02%。

（四）燃气

2003年前，北野镇居民生活燃料主要是独山子液化气或南山煤、树枝等。2003年，团投资在安下公路进团路口新建一处燃气站，开发天然气入户工程，将燃气引入居民家，一四一团居民结束数十年靠液化气、煤、树枝杂材的生活历史。

2013年起，根据职工搬入镇区楼房居住状况，团燃气站加大镇区入户管道建设，镇区居民用上方便、便宜、干净的燃气，燃气入户率98%。

三、道路、广场、园林建设

“十二五”时期，团党委根据97.3%人口集聚团部居住现状，严格按照规划实施城镇建设和管理，将小城镇建设规划与土地利用总体规划相结合，在原有镇区基础上抓紧对城镇总体规划和各类专项规划，切实保证规划的严肃性和延续性，重新编修镇区规划，规划文化路以东为学区，文化路东北角空地为新工业区，投入1000万元，在工业园区之间新建滨湖公园，原老礼堂改建为团史馆、军垦文化广场。同时，加快城镇基础设施、公共服务设施配套建设的投资，投入1.7亿元，完善小区配套设施，将友谊路改造为现代化的步行商业街，沿街居民楼设置160套商铺门面房繁荣城镇，在步行街南端招商引进一家集购物、餐饮、娱乐、住宿为一体的东方便民购物中心。2015年，城镇面貌彻底改变，构建城镇基本形态，城镇化率达72.5%。

（一）镇区主要道路建设

进入北野镇区主要公路东有安下线，西有沙钟线，主要道路有振兴路、人民路、迎宾路、交通路、文化路、光明路、友谊路、建设路、市场路、镇南北路、无名路、建设南路，镇区街路总长8550米，占地面积73176平方米。2013年，打通市场路，对现状道路路面进行修复，增加非机动车道及绿化带。

2014年一四一团镇区道路里程面积统计见表4-2。

表4-2 2014年一四一团镇区道路里程面积统计

道路	路段起点	路段终点	路面面层类型	道路里程（米）	路面宽度（米）	面积（平方米）
振兴路	文化路	修配厂门口	沥青表处	500.00	6.0	3000
人民路	文化路	建设路	沥青表处	500.00	6.0	3000
迎宾路	安下路	学校十字路口	沥青表处	1100.00	10.0	11000
交通路	迎宾路路口	镇南线路接口	沥青表处	500.00	12.0	6000
文化路	万宝小转盘	镇沙线路接口	沥青表处	1200.00	12.0	14400
光明路	胜利路口	加工厂老厂门口	沥青表处	1200.00	6.0	7200
步行街	医院门口	高杆灯转盘	大理石	800.00	10.8	8640
友谊路	高杆灯转盘	招待所门口	沥青表处	120.00	10.8	1296
建设路	六小区	修配厂门口	沥青表处	800.00	8.0	6400
市场路	市场门口	镇南线路接口	沥青表处	160.00	8.0	1280
镇南北路	万宝小转盘	15连烤房	沥青表处	600.00	8.0	4800
无名路	胜利路口	15连大棚	沥青表处	800.00	5.0	4000
建设南路	六小区出口	胜利路接口	沥青表处	270.00	8.0	2160

（二）新文化广场

新文化广场坐落于北野镇文化路东9小区职工活动中心西，建设面积16570平方米，是集休闲、健身、文化、娱乐、园林为一体的综合性绿化工程，格调典雅。

（三）老文化广场

老文化广场坐落于原工人文化宫（大礼堂）南，新培训中心没建成之前是团文化广场活动功能区，建设面积1.1万平方米，原是团大型集会活动场所，是集居民休闲、观赏、娱乐、健身等功能为一体场所。建有灯光篮球场、每年“五一”“七一”“八一”“十一”庆典活动在广场举行，曾举办过建团40、50周年庆典活动和数届北野广场文化活动和篮球比赛活动。每年正月十五举办“闹元宵”、灯谜等活动和户外电影放映。广场突出军垦特色，体现人与自然和谐统一。

（四）园林绿化建设

1997—2015年，团场种植适合团场栽种的大叶榆、冬青等风景树造林绿化，植树1000余株，新建绿地400平方米，绿地面积超过1万平方米，投资111.62万元，完成镇区文化路人行道的绿化，交通路、光明路的扩建与延伸，以及新栽风景林4条。投资377.27万元，建设8小区北段（3号～17号楼）道路、绿化；投资193.24万元，建设4小区道路、绿化带，完成1万余平方米绿地，绿化面积42%。在团部北侧修建北公园，对工业厂房进行隔离，改善团部环境，满足居住区环境改善的需求。修建购物、休闲娱乐一条街，实施绿化、道路、休闲娱乐文化主题广场建设，使北野镇区地面有草坪，花坛有鲜花，空间有绿树。在镇区新建休闲广场，新增小区绿化地、公共绿地及防护林，绿化覆盖率39.8%。

第三节 城镇管理

一、物业管理

2000年前，团场镇区的物业管理由团直各单位负责，主要是道路养护、打扫镇区卫生。2000年春，由贸易公司与汽车连联合，成立物业管理中心，任命原团贸易公司书记任物业管理中心书记，原汽车连连长任物业管理中心主任。物业管理中心下设供水站、供热站、绿化站、环卫站、道路维修站5站，配管理人员6人，员工65人。

2001年12月7日，机关机构改革，机关招待所和电影队从机关编制分出，归物业管理中心管理。团场重视物业管理设备建设，加大投资力度，购置垃圾清运车、自动升降机，修建水冲式厕所、旱厕，配备生活垃圾箱、果皮垃圾箱。以治理脏、乱、差为重点，以绿化、美化、净化为突破口，层层把关，行行归口。环境卫生由爱卫会、物业中心、社区管理。绿化及文化休闲广场、公共场所管理由物业中心、社区负责。卫生管理费由物业中心统一征收。电费、水费分别交电管所、物业中心。马路摊点、门头不规整、广告牌不规范等问题得到治理。

2003年3月，团场物业管理中心更名为城镇管理服务中心。城镇管理服务中心以创建文明城镇、园林城镇、卫生城镇为抓手，以科学发展观为统领，坚持以人为本、构建和谐社会管理服务理念，担负全镇区物业管理工作。制定“四定一降”（定经济指标、定利费指标、定成本控制指标、定工资基数、降低成本费用）和责任到人、定额管理、量化考核制度及措施，争取收入分配实行效益优先，兼顾公平，以岗定责，个人收入与行业经营效益挂钩、奖罚分明激励机制。

2014年8月，团党委按兵团农牧团场公务员改革试点要求，城管中心改为城镇建设投资公司。设党支部和监事会。公司从原客运站二楼搬迁至原中心幼儿园办公，有员工68人。是年，公司按团场要求完成以下工作：镇区6千米绿化管网铺设，单位仓库搬迁，6小区、10小区绿化，镇区迎宾大道的清理，镇区12千米排污管道打压、清洗，一四二团水源地2眼新井打井和栽种，镇区主题文化广场6000株蓝蝴蝶、金娃娃、月季、金叶木等花卉及小区2000棵绿化树木种植，绿化环卫站职工对75千米团通连公路进行养护。

截至2015年，北野镇区街（路）发展到五纵四横，各项设施不断完善，供暖面积达28万平方米，镇区内24小时自来水集中带压供水，居民住宅实现集中排污率达99%，城管中心负责镇区及全团82千米道路清雪及维修任务。管理花坛、草坪达20万平方米，绿化率达40%。招待服务业被师市授予“巾帼文明岗”称号，镇区居住环境和生态环境逐步实现绿化、美化、硬化、亮化、净化。

二、城建监察

团场按上级统一要求，成立团城建监察执法机构。设立城建监察中队，配置执法人员3人，具体负责团城建监察执法工作。团城建监察中队以《城建监察规定》《行政处罚法》《城市规划法》《城市绿化条例》《城市市容和环境卫生管理条例》《行政诉讼法》《国家赔偿法》等相关法律法规为依据，制定《团直冬季除雪管理规定》《城镇规划区建筑工程施工管理规定》等管理规定。城管监察从制度建设入手，逐步推进城建监察执法工作的法治化、规范化、专业化运行。城管监察主要对镇区内占用、挖掘城镇道路、桥涵、排水设施等违法行为进行监察，对损坏镇区环境卫生设施、影响镇容镇貌环境卫生等方面的违法、违章行为进行监察，负责对损坏城镇绿地、花草、树木、园林绿化设施及乱砍树木等方面的违法、违章行为进行监察。城管监察中队建立内部沟通联系制度，定期对工作当中遇到的热点、难点问题进行研究讨论。开通监督举报电话，建立举报受理、处理制度，保证违法违章事件早发现，早查处。

第四节　连队（村）建设

一、危旧房改造

1999年，团党委根据兵团党委《关于在农牧团场建设小康连队活动的决定》精神，按“人均砖木结构或砖混结构住房建筑面积达到15～20平方米，比重达到80%，连队居民点统一规划，无危房”等十项要求，筹集资金2000余万元，分批启动危旧住房改造工程。以“先危房，后旧房，先申请，后核实，先公示，后确认，先交款，后建房”步骤，遵循“职工自愿，立足现实，着眼未来，相对集中，合理布局，方便生活和先规划后建设”原则，有序推进小康连队建设。首先做到对危旧住房改造选用地实行行政规划，规划选址考虑生产和发展需要，考虑公用设施和环境建设配套原则。凡是在连队建房的危旧住房改造户，改造与划分“自用地”相结合，达到“两地合一”，以利于职工发展庭院经济。参加危旧住房改造的住户，住房面积可自主选择。

危旧住房改造优惠范围：凡是居住在团农业连队危旧住房中的在职在岗职工、离退休人员以及在团承包土地3年以上的落户民工，均可享受危旧住房改造的优惠政策。危旧住房改造与小康连队和小城镇建设同时进行。职工危旧住房改造的建房资金由职工个人出资和兵师团补贴两部分构成，改造户用50%房款购100%产权。建房资金按照团、连1∶1配套资金比例出资，加大对小康连队建设支持力度。

截至2006年，团场投入资金进行小康连队建设、危旧房改造，其中兵团补贴3649554.4元，师市补贴3649554.4元，团连补贴14025187.58元，个人出资22016683.25元，完成危旧住房改造1103户，总面积75398.26平方米，90%以上职工告别多年危旧房。

二、小康房建设

1999年起，团场在规划旧房改造建设的同时，确立每年改造、建设2～3个农业连队建设目标，按照农八师"十一五"规划提出的条田林网化、道路硬质化、住房整齐化"好条田、好道路、好居民点"三好标准，以拆旧房、建院、搭棚等难点问题为突破口，团党委制定符合团场实际的"一个好办公室、好活动室、好卫生室、好民工大院、好机务库区、好居民区、好道路和好林带"小康连队建设方案。坚持接房高度与正房一致、屋面与正房一致、外墙与正房一致的"三一致"和"五统一"（统一院落、统一建房、统一大门、统一建棚、统一建户厕所），分批在五连、三连、七连、九连、十连修建5个连队办公室，改建职工院落1236套，新建砖院墙4689米，瓦门楼367座，改建连队文化室、图书阅览室、卫生室1360平方米，修筑团部通往连队柏油路19千米，完成连队亮化、美化、绿化工程，修建篮球场、凉亭、绿地和休闲广场18900平方米，配置健身器材40套，安装城市路灯30套，并新建连队生态林、绿化林。

2012年，八连、十一连、十二连、十三连通过兵团"三好连队"验收，挂牌为兵团级"三好连队"。"三好连队"是环境优美、基础设施配套、道路通畅、生活便捷的新型小康连队。

2013年，按照国务院颁布的《村庄和集镇规划建设管理条例》和兵师有关职工聚集城镇统一部署，团场党委做出决定：1999年以前原连队仍有的310套危旧住房必须全部拆除，原则上团场不再为基层连队投入基本建设资金。极个别连队需要保留的砖房都要进行转换，经过科学规划适当投入。今后，基层连队规划成团场农业产业功能区和作业区，建设资金主要集中用于投入小城镇基础建设、发展。

第五章　交通　邮电　信息化

一四一团场区域内主要干线公路有省级公路9.6千米、沙钟公路9.4千米。

2015年,全团公路通车里程总计148.056千米。其中,县乡道24.541千米,占总里程的16.58%。通连公路68.737千米,占总里程的46.43%。等级公路54.778千米,占总里程的36.99%。省道至团部公路规则为双行一级路,团部至连队公路网络规划为三级道路。团内便利的交通道路为团场经济社会发展、招商引资创造条件。

第一节　交通运输

一、通团公路

(一)省道安下公路

起点为沙湾市安集海大桥(乌鲁木齐至伊犁公路段),途经沙湾市安集海乡、农八师一四二团、一四一团,终点为奎屯至下野地公路丁字路口相接处,全长39千米。始建于20世纪50年代,1983年,自治区交通厅将其列为省级干线。

(二)沙钟公路(县道沙湾至钟家庄公路)

沙钟公路团内起点自安下公路交叉口通团八连、十一连、十二连至五连西岸大渠,穿越一三三团到钟家庄,团内全长2千米,路基宽9米,路面宽5米,为次高级沥青路面。团安下公路段、沙钟公路段由上级派出专职养路人员养护。

2015年,全团场县乡道24.541千米,占总里程的16.58%。

二、通连公路

一四一团场通连公路以团部为中心,辐射14个农业连队,总长为85.7千米,油路通达率92.86%。原有团部至十一连通连公路9.5千米。

1998年,修筑团部至三连公路12.6千米。

2003—2005年,修筑团部至二连公路6.2千米。

2006年,修筑十三连至十二连公路5.2千米。

2007年,修筑八连至十连公路5.3千米,总投资2667.35万元,其中国家投资996.3万元,师团投资1671.05万元。

2008年,修筑团部至五连、团部至六连公路。

2015年,团场通连公路68.737千米,占总里程的46.43%。等级公路54.778千米,占总里程的36.99%。

三、团部(北野镇区)街路

2011年,团部(镇区)街路建设采取“三纵三横”布局,主要道路长8.85千米。其中,迎宾路1.1千米、文化路0.5千米、人民路0.5千米、建设路1.2千米、交通路0.5千米,由团场城建公司(物业中心)养护。友谊路是1958年建团修筑的一条直通司令部大道,其他道路是20世纪90年代修筑的,随着团场经济发展开发小城镇建设修筑,路面路基拓宽加高、硬质化。

2014年,团场把原友谊路拓宽铺设成800米商业步行街。

2015年,团场投资在文化路、迎宾路中段两侧铺设花砖人行道。

2014年一四一团场(北野镇)街路见表5-1。

表5-1　2014年一四一团场(北野镇)街路

街路名称	路段起点	路段终点	路面类型	里程(米)	路面宽(米)	面积(平方米)	修建年份
振兴路	文化路	修配厂门口	沥青	500.00	6.0	3000	2000
人民路	文化路	建设路	沥青	500.00	6.0	3000	2000
迎宾路	安下路	学校十字路口	沥青	1100.00	10.0	11000	2013
交通路	迎宾路路口	镇南线路接口	沥青	500.00	12.0	6000	2013
文化路	万宝小转盘	镇沙线路接口	沥青	1200.00	12.0	14400	2011
光明路	胜利路口	加工厂老厂门口	沥青	1200.00	6.0	7200	2014
步行街	医院门口	高杆灯转盘	大理石	800.00	10.8	8640	2012
友谊路	高杆灯转盘	招待所门口	沥青	120.00	10.8	1296	2012
建设路	六小区	修配厂门口	沥青	800.00	8.0	6400	2013
市场路	市场门口	镇南线路接口	沥青	160.00	8.0	1280	2014
镇南北路	万宝小转盘	15连烤房	沥青	600.00	8.0	4800	2014
无名路	胜利路口	15连大棚	沥青	800.00	5.0	4000	2014
建设南路	六小区出口	胜利路接口	沥青	270.00	8.0	2160	2014

四、道路养护

1997—1999年,团场养路队有20人,业务上隶属农八师石河子市交通局管理,行政隶属一四一团汽车连,所需要资金由团自筹解决,道工按每千米0.7人配备,养护县级道路2千米,乡级公路70千米,养护公路的好路率达98%。

2000年后,汽车连撤销,团场养路队归团物业中心管理。

2015年,由城镇管理中心、绿化环卫站负责全团场通连公路和镇区街路养护工作。是年,完成75千米通连公路的养护工作。

五、公路运输

(一)运输工具

1997—2000年,团场有大型客车1辆,中型客车9辆,运输卡车40辆,中、小型面包车60辆,从事客运与货运,从业人数22人。

2006年后,随着加工厂、番茄酱厂、番茄粉厂、塑料制品企业等工业企业产品不断增多,运输业兴旺起来,政府对购买车辆进行政策性补贴,职工购买大型运输车辆积极性高涨。

2013年,团场交通道路状况全面改善,通往连队的道路全部铺柏油路面。运输车辆主要有大型汽车7辆、中型汽车19辆,车辆从业人数22人。

2015年,团场拥有客运汽车10辆。

(二)公路客运

1997年,团场旅客周转量8万人次,客运周转量778万人次。1998年,团场旅客周转量11万人次,客运周转量800万人次。1999年,团场旅客周转量10.5万人次,客运周转量763人次。2000年,团场旅客周转量10万人次,客运周转量782万人次。

2001年,团场旅客周转量突破20万人次,比上一年增加一倍,客运周转量1431万人次。2002年,团场旅客周转量14万人次,客运周转量1049万人次。2003年,团场旅客周转量14万人次,客运周转量869万人次。2004年,团场旅客周转量22万人次,客运周转量803万人次。

2005年,团场旅客周转量18万人次,比2000年增长80%,客运周转量1006万人次,比2000年增长28.64%。

2012年,团场客运站日客流110人次,高峰期日客流量在150人次。客运站客运代理费2.9万元。

2013年,团场客运站日客流130人次,高峰期日客流量在150人次。客运站客运代理费3万元。

2015年,团场客运站有客运车辆10辆,月载客量2607人次,收益43920元/年,交通全年无安全事故发生。

(三)公路货运

1997—2000年,团场货运量达1.53万吨,运输纯收入105万元。

2001年,团场货运量53万吨,货运周转量1435万吨千米。

2005年,团场货运量15万吨,货运周转量790万吨千米,货运量比2001年增长-71.7%,货运周转量增长44.9%。

2012年,团场运输业年产值90.5万元。

2014年,运输业个体户发展到197户,比2013年增加87户。运输业个体经营总产出5168万元,增长80.2%,增加值1197万元,增长80.27%。

六、运输管理

1997—2000年,按照兵团"国退民进"政策,汽车连撤销,成立物业中心。各种汽车由驾驶员买断自营,人员归属物业中心管理,驾驶员个人到社保所缴纳养老保险、到税务局纳税。

2000年7月，按上级交通管理部门要求，团场成立北野镇交通管理中队，人员由基建科、机务科、安全办组成。主要负责纠正道路交通违章、交通事故处理、驾驶员安全教育，各种机动车驾驶员培训和车辆挂牌落户等工作。

2006年后，随着加工厂、番茄酱厂、番茄粉厂、塑料制品企业等工业企业产品不断增多，运输业兴旺起来，政府对购买车辆进行政策性补贴下，职工购买大型运输车辆增多。

2011年，团场运输业由团场城管中心管理。

2013年，团场交通道路状况全面改善，通往连队的道路全部铺柏油路面。运输车辆主要有大型汽车7辆、中型汽车19辆，车辆从业人数22人，团场专门设客运站，客运在城镇管理中心。是年，团场日客流量在130人次，高峰期日客流量在150人次。年产值在90.5万元（当年价），客运站客运代理费3万元。

2014年，运输业个体户发展到197户，比2013年增加87户。运输业个体经营总产出5168万元，增长80.2%，增加值1197万元，增长80.27%。

2015年，团场交通运输全年无安全事故发生，客运车辆10辆，月载客量2607人次，收入43920元/年。当年，团场根据小城镇的发展，决定在文化路南万宝路口东侧新建大型客运站，为居民出行提供便捷服务。

二、交通安全

团场坚持按《中华人民共和国交通法》和有关规定每月底对驾驶员进行安全教育培训工作，组织驾驶人员知识法规考试。

1997—2015年，团场无发生安全事故，完成85千米通连公路的养护，每年均通过石河子市路政检查考核。

2004年前，团场乡道和省道上发生的交通事故由下野地交通大队处理，境内道路上发生的交通事故由中队处理。自2004年5月1日，《中华人民共和国交通法》颁布实施后，团场境内道路上发生的交通事故全部由交警大队处理，中队则对轻微、一般没有人员伤亡的交通事故进行调解，调解无效的由交警大队处理。

第二节　邮　　政

一、内部通讯

1997年前，团场通信由团邮电局架设电话线与连队联系。团邮电局后分为邮政（储蓄）、光纤电讯两个部门，办公和家庭电话归电讯管理。

2010年12月，团场内部通信与电子政务分离。内部通信主要负责农八师石河子市明码电报的接收和发送。电子政务由机要员兼任，机要员同时还负责视频接收和管理等工作。

二、电信

1997年，团场与石河子邮电局签订建设一四一团程控电话协议书，协议规定，由团场一次性投入30万元,用于购买程控电话设备,给团场安装100部电话不收取初装费。当年9月,石河子至团场光纤连接,全团场有程控电话560户。

2006年底,中国电信在团场设立小灵通发射基站。

2008年9月,团场领导、机关科室领导、连队领导统一使用小灵通电话,小灵通电话每月缴纳60元,可以使用600元的通信费用。

2009年,中国联通133号码移交中国电信以后,团、连干部使用小灵通用户直接将小灵通置换为手机,手机包月费为70元,可以接打电话700分钟,全团有265名用户使用此套餐。

2015年,团场电信设负责人1人,员工3人,负责全团2477户固定电话互联网业务,年营业额100万元。

三、移动、联通

2001年秋,石河子中国移动、联通通信公司相继在一四一团设立发射基站,移动、联通手机通信作为一种时尚开始在团场兴起。

2015年,移动、联通在团部设立网点,以销售手机为主,兼负责全团移动、联通用户入户、话费收缴业务。

四、办公系统信息化建设

(一)信息产业计算机

1997年,团场机要科、组织科、财务科、统计科等科室部门,配置惠普计算机办公。

2004年,团场中学、小学建立计算机教育网络室,购置电脑34台,坚持每周对学生进行计算机专业知识培训。

2015年底,全团共有计算机1589台,其中,团场机关共有计算机56台,基本做到人手1台计算机。

(二)互联网

2005年,中国电信公司在团场机关部分科室,进行互联网试点接连使用。团场与中国电信公司签订宽带接入合同,并安装路由器和交换机。从此,团场机关发往师市机关各部门的材料,均可以通过互联网发送电子文档。

2015年,全团有互联网用户2980户,职工除在互联网上观看新闻、电视剧、游戏、听音乐、查阅资料外,还通过互联网购置日常生活用品、电子产品及推销农副产品。

(三)政务网

2007年9月,按照《关于加快建设师市党政机关部门和企事业单位网站的通知》,师市信息中心根据建站单位提供的资料,完成一四一团场网站建设,接连开始运行。团场网站的建设,结束了师市部门及团场没有网站的历史,为师市实现政务公开、对外宣传、为民服务、和谐发展起到作用。

团场政务网站设首页、概述、政务新闻、产业经济、政策法规、政务公开、办事指南、事业单位、领导讲话等栏目。由党办、团办负责网站栏目的更新和管理。

五、无纸化办公与视频会议

（一）无纸化办公

团场无纸化办公是在团政务网站的基础上建立起来的。

2012年，为节约办公费用，农八师石河子市推进无纸化办公进程。首先对原有的系统进行完善，其次组织团办公室人员，到农八师石河子市进行办公自动化培训。是年10月1日，根据农八师石河子市党办通知精神，从10月9日起，所有上传师市领导、师机关各部门的材料一律通过农八师电子政务平台发送，同时，师市机关各部门到团场各类通知除密级文件外，一律通过师市电子政务平台发送到团场。12月，兵团信息服务中心为团场配发电子政务外网一期工程设备，配发设备产权归兵团信息服务中心所有，属于兵团信息服务中心固定资产，团场只拥有使用权。

（二）视频会议

2004年10月，根据农八师石河子市信息化领导小组办公室通知精神，团场成立信息化工作领导小组。当年，团场向师信息化领导小组办公室支付30万元，用于视频会议设备购置。师市信息化办公室，给团场配置光纤接收机4英寸*背投电视和摄像头，外接互联网由电信公司接连。团场电视电话会在机关办公楼三楼开通。

2010年6月，农八师石河子市机要局，给团场重新配置摄像头和光纤接收机，视频效果明显改善。

2011—2015年，中央、自治区、兵团、师市召开的视频会议可以直接传输到团场。

---

* 英寸为非法定计量单位，1英寸＝2.54厘米。——编者注

第六章 水利 电力

一四一团场农业用水主要依靠安集海二水库，再经往北30余千米的安集海干渠流入一四一团场域。春旱夏丰，水量季节性不平衡，丰水年才能保持水土平衡，枯水期常出现季节性缺水。

1997年，团场重视对水利工程建筑物建设，修筑团场灌区6条支渠，将水引入16个农业连队的斗、农渠，渠道总长716千米，其中干渠17千米，支渠78千米，斗渠157千米，农渠463千米，渠道各类建筑物516座，水利设施基本配套。1999年开始，团场对全团水利灌溉干渠、支渠、斗渠、农渠四级渠道采用塑料膜和水泥板铺设防渗渠改建、扩建，提高水的利用率。

至2015年，全团新建改建渠系建筑物16座，经过修建与更新，斗渠以上闸门基本配套，均为钢筋混凝土永久性建筑。修建砼双防"安下"联结渠5.6千米，翻建砼双防支渠、斗渠25.9千米，新建农渠43千米，挖排碱渠200.07千米，打机井45眼，新修建水工建筑物46座，水泥板防渗渠占团场渠道的57%，塑料膜防渗渠占43%。

1981年1月，国家电网通过一四一团场地段，团场经向上级申请，建起一处35千伏变电站，结束建团23年无电历史。

第一节 水 利

一、水利工程

团场水利渠道输水能力为每秒7～7.5立方米。

1997—2015年，团场年引水150～170天，引水量6557万立方米左右，渠道利用率92%，利用系数保持在85.91%。因上游河水水量逐年减少，年实际引水量只有3812万立方米左右。为弥补河水枯水期供水不足，从1999年起，团场自筹资金打机井52眼，灌溉井28眼，排水井7眼，排灌井13眼，扬水站两座（报废一座）。2008年，团场54眼机井降至28眼，年提水415万立方米。在上级水利部门支持下，团场对报废机井进行更新，由水管所统一管理，合理调配在各支渠附近凿抗旱井，做到所有机井能够正常提水，对水量不足机井进行更换水泵，合理利用一切水资源确保农业丰收。

2009—2015年，全团机井达64眼（含人饮用），提取井水520万立方米，井水灌溉面积约120.12公顷。

二、水利分布与设施

（一）灌区分布

团场水利灌溉区分布在16个农业生产单位（连）1.1万公顷可耕土地上，建团场规划总干渠设在安下公路边自南朝北走向。水利灌区分为东、西灌区。东灌区修筑有东五、六、七、八支渠，灌溉单位为一、二、三、四、十四连，西灌区修有西七、八、九、十支渠，灌溉单位为五、六、七、八、十、十一、十二、十三、十五、十六连，全团水利灌溉支渠全长为54.05千米。

1997—2015年，团场支渠年均引水量为1.22万立方米左右。

（二）水利渠道设施

1997年，团场灌区通过6条支渠水引入16个农业连队的斗渠、农渠浇灌作物，渠道总长716千米，其中干渠17千米，支渠78千米，斗渠157千米，农渠463千米，渠道各类建筑物516座，形成网格式水利设施，为农牧业生产提供用水保障。

1998年，团场开展对总干渠引水与支渠放水流量进行调查对比，发现716千米渠道渗漏严重超出标准，因渠道渗漏造成渠水损失，部分农作物浇不上水干旱死亡。团场开始加大水利防渗抗旱设施资金投入，对全团水利灌溉干渠、支渠、斗渠、农渠四级渠道，采用塑料膜和水泥板铺设防渗渠。改建、扩建干渠、支渠、斗渠、农渠四级渠道715千米，其中干渠17千米（防渗17千米），支渠78千米（防渗78千米），斗渠157千米（防渗157千米，斗渠防渗能力提高40%左右），农渠463千米。维修渠道类建筑物516座。

2010年始，团场利用农业综合开发资金，新建衬砌渠道11千米，挖排渠5千米，疏浚排渠5千米，修建防渗1055千米，新建、改建渠系建筑物16座，疏浚排渠12千米，节水滴灌300公顷。在二连、十连、十六连改造滴灌系统首部13个，渠道防渗7.46千米，开挖疏浚排渠20千米，新修建水工建筑物46座，解决全团渠道渗漏问题。

2011年，团场在主干渠六支渠供水渠口，建造一座能沉沙80万立方米沉沙池。通过修建渠道防渗和沉沙池，每年可节约水数百立方米，解决困扰建团57年来渠道渗漏、洪水期灌溉水中沙多、水的利用率不高的难题。

2015年，全团水泥板防渗渠占团场渠道57%，塑料膜防渗渠占43%，斗渠防渗能力提高40%左右，渠水利用率随之提高。当年，团场投资280万元，完成533.3公顷高标准农田建设和西七支渠改建工程及全团198个沉沙池改造工程。

三、节水灌溉

一四一团场年均用水量为4000万～5000万立方米。2000年以前，农作物基本沿袭大水漫灌法，农作物用水粗放管理，旱涝不均，水的浪费造成农业成本增加，节水灌溉成为农业灌溉发展方向，是中心工作。1999年春，根据师市党委"节水、扩灌、增产、增效、改善生态环境"农业发展思路，团场在生产九连、十二连的66.7公顷耕地进行种植地膜膜下滴灌棉花试验。年底，全团收获棉花2425.3吨，单产达3636.2千克。滴灌系统按需按量供水，避免深层渗漏和地表流失，平均亩灌溉定额230～280立方米，节水率30%，比常规灌溉每亩节水100～150立方米，节省土地。大田膜下滴灌采用管道输水，农渠、毛渠、埂子均可省去，滴灌条田机耕作业少，机械伤苗少，可达到满快满苗，一般可增加土地利用率5%～7%，降低生产成本。对水费、机力费、人工费、化肥费、农药费等5项费用进行调查和对比，大田膜下滴灌比常规灌每亩可减少成本开支80～100元，抑制杂草再生利用残膜回收，节省劳动力；用工少，劳动强度低，灌溉定额大幅度提高，增产增效明显，每亩成本由350元降至230元；每公顷单产籽棉达到6750千克以上，比以往常规灌产量翻一番。膜下滴灌植棉解决杂草与作物争光争水的问题，使用的滴灌作物苗齐苗壮，单产翻番。九连、十二连滴灌种植成功后，团确立“依靠节水、品种改良、扩大规模、主攻单产、增加总量”思路，团场逐年把陆地棉改种地膜滴灌棉。制定扩大规模，以滴灌为突破口，实施农业由“传统农业向现代农业转变，由粗放型农业向集约型农业转变”。

2000年，团场成立以团长为组长的滴灌节水领导小组，各项目单位建立以连长为组长的灌溉工作管理小组，并由一名副连长专门负责节水滴灌，团场自下而上建立滴灌工作管理系统，开展农业种植节水滴灌应用大面积推广。

2001年，团场向国家农业综合开发办公室申请“滴灌技术应用”立项，建立河水、井水滴灌系统22个，控制面积1000公顷。2004年底，团场累计建设滴灌系统160个（其中井水滴灌8个，河水滴灌132个），累计控制面积5632.73公顷。

2007年，团场拨水利立项资金，修建河水滴灌系统169个，控制面积7421.13公顷，井水滴灌系统24个，控制面积554.86公顷。2009年底，全团9333.3公顷耕地全部实行滴灌灌溉。一四一团成为兵团最早使用滴灌技术应用团场。

2015年，全团滴灌首部普及到198个，滴灌面积8313公顷，其中棉花6333公顷，小麦400公顷，青贮1067公顷，番茄333公顷。育苗移栽面积213.3公顷。棉花全面实行一膜三带的种植模式后，滴水出苗时间比2012年缩短了10天，棉花滴水出苗的定额为每亩54立方米，比2012年每亩降低40立方米，切实提高滴水出苗阶段水的利用率。农业灌溉用水也比2012年少用450万立方米。滴灌普及率达100%。

1997—2015年一四一团场引水灌溉情况调查见表6-1。

表6-1　1997—2015年一四一团场引水灌溉情况调查

年份	面积（公顷）	场口引水总量			利用系数（%）	灌溉定额（公顷）	机井（眼）	井灌面积（公顷）
		合计（万立方米）	其中					
			河水（万立方米）	井水（万立方米）				
1997	10.17	4292	4022	270	91.3	260	41	0.8
1998	11.85	4078	3860	218	92	269	45	0.8
1999	10.1	4866	4566	300	92	284	45	0.8
2000	12.72	5020	4631	389	92.3	295	45	1.5
2001	10.55	4813	4503	310	81.9	374	54	1.5
2002	14.23	5261.6	4943.1	318.5	92.8	362	35	1.5
2003	14.41	5097.7	4797.1	300.6	92.5	327	24	1.5
2004	14.4	4774.2	4505.2	269	91.8	291	24	1.2
2005	14.42	5529	5154	375	93	321	28	1
2006	14.43	5621	5200	421	93.4	326	28	0.8
2007	14.42	6034	5594	440	85.2	356	28	0.8

（续）

年份	面积（公顷）	场口引水总量			利用系数（%）	灌溉定额（公顷）	机井（眼）	井灌面积（公顷）
		合计（万立方米）	其中					
			河水（万立方米）	井水（万立方米）				
2008	15.76	5190	4775	415	92	303	28	0.8
2009	16.38	4927	4567	360	87.05	262	28	0.8
2010	16.35	5660	5233	427	91.67	317	28	0.8
2011	16.35	6557	5101	456	90.98	365	28	0.8
2012	16.35	6484	6063	421	90.60	359	28	0.8
2013	16.35	5453	4953	500	90.34	301	28	0.8
2014	16.65	5705	5185	520	85.91	294	28	0.8
2015	16.65	6329	5857	472	86.55	329	28	0.8

四、防洪抗旱

一四一团场地处安集海灌区末端，建团数十年没发生过洪灾。团场历届党委把防洪抗灾作为水利工作的一项重要内容。团场成立防洪抗灾工作领导小组，团长、政委任组长，分管水利工作的副团长任副组长，成员来自组织科、宣传科（后为政工办）、水管科（水管站）、基建科、农业科、供销科、财务科、工会等部门。防洪办公室设在水管站，指定历任站长任办公室主任。

1997—2015年，团场按师市抗洪指挥部要求，拨出20万元作为防洪储备金，做好防洪组织人员落实，指定民兵应急连为防洪抗旱主要人力储备，落实抗洪物资（麻袋、铁丝）存放在团总库，留有足够防洪抗旱款项在团财务账上专款专用。

1999年8月2日，安集海水库因连降大雨，发生特大洪水。团场党委根据师市抗洪指挥部下达的支援安集海水库抗洪抢险命令，成立以团长、政委为组长，分管农业副团长、武装部长为副组长，水管、农机、基建、工会等部门领导为成员的一四一团防洪抗灾领导小组。8月2日，领导小组召开防洪抗灾会议6次，研究和部署全团防洪抗灾任务和措施，制订详细的防洪预案，加强对防洪人力、财力协调和领导工作。1999年8月3日，师市防洪指挥部同意安集海水库泄洪，团场防洪抗旱领导小组接到上级支援二库大坝命令，3个小时内组织基层26个单位5000余人，运送抗洪抢险的麻袋、铁丝等物资到安集海水库，参加水库大坝加固抢险。从8月3日起，团场机关、医院抗洪抢险队赶到与142团接壤的东五支口，筑坝拦截从安集海泄洪来的洪水，把泄洪水引入排碱渠，各农业单位安排足够的劳动力和物资进行排水抗洪抢险保农作物。

此次抗洪抢险，全团共出动劳动力1.6万人次，车辆500余辆次，捐送物资价值23.6万元，支援安集海水库抗洪抢险，团场安排5000人进行排水减灾，使4500公顷农作物免受洪水侵害。8月13日，八师石河子市政委马荣、师长丁兴端带领师市抗洪抢险慰问团到安集海二库工地，看望奋战在水库西泄洪干渠的一四一团场抗洪职工。

五、水利管理

（一）管理机构

团场水利机构成立于1958年10月，始名农八师安七场配水站。1961年2月，安七场配水站更名为水管所。1962年，水管所行政级别升为水管科，科长为正营级。

1997—2001年，团场设水管科和水管所。2001年12月，团场撤销水管科、水管所番号，更名为水管站。水管站设有用水办公室、滴灌办公室、综合治理办公室和政工办公室，设配水点18个，负责全团场农作物配水工作。各农业连队设有水利灌溉工作管理小组，连长任组长，副连长任副组长，负责本单位灌溉等工作，团、连有水利管理系统网络。在此期间，水管所干部由团场党委聘用，配置干部9人。全团有配水员36人，滴灌技术人员4人，大棚种植人员10人，林业管理人员2人，后勤人员4人。

2001年12月，配水职工实行"点长选点员、末位淘汰"竞岗制，并实行百分制量化考核工资。

2009年起，职工实行"点长选点员、末位淘汰竞岗制"，由团场核定职工工资基数，实行百分之百量化考核制工资。

2014年，团场将水管所纯从事大棚蔬菜种植的10名职工，统一划归果蔬公司管理。

2015年，水管站设置配水点14个，有职工42人，其中干部9人、职工33人，内设滴灌办和用水办，滴灌办有滴灌技术人员6人，用水办有配水员23人。

1997—2015年一四一团场水利领导干部名录见表6-2。

表6-2 1997—2015年一四一团场水利领导干部名录

单位	姓名	性别	职务	任职时间	备注
水管站	刘施民	男	书记	1997.01—2001.12	兼站长
	范惠娟	女	书记	2001.12—2002.12	兼站长
	李云成	男	书记	2002.12—2008.02	农业科长（兼）
	荣友新	男	站长	2002.12—2015.12	—
	贺新立	男	书记	2008.02—2009.02	—
	窦进安	男	副站长	2001.12—2009.12	—
	刘慧	男	副站长	2006.03—2015.12	—
	杨敏	女	书记	2006.03—2008.02	—
	齐乃成	男	书记	2009.02—2010.02	—
	周中华	男	书记	2011.03—2015.12	兼站长

（二）管理制度

1997—2015年，团场按《中华人民共和国水法》和兵团、师水利工作规定，制定出《一四一团农业用水分配方案》《一四一团农业用水实施办法》《一四一团水管站年度岗位责任制》《一四一团水管站渠长百分制管理办法》《一四一团水管站配水员百分制管理办法》《一四一团水管站职工双文明考核办法》《一四一团水管站职工工资分配方案》、一四一团安全生产责任书等管理制度，落实“一个基本形式，六项配套”制度，落实民主议事会制度，组织召开民主管理制度会议，明确各岗人员管理职责，实现以制度促进水资源管理公平公正。

2002—2015年，水管站继续完善岗位责任制，坚持“有德有才提拔重用，有德无才培养使用，无德有才限制使用，无德无才坚决不用”的用人原则。制定配水员廉洁自律十项规定：遵守各项规章制度，树立崇高的职业道德和为农业服务的思想。公正量水、配水，不以任何理由和借口向所在单位承包户索要钱、财、物，严禁多引少记、少引多记等以权谋私、以水徇私的行为发生。不允许在其服务范围内种地、经营与营利有关的一切活动，更不能坐地分钱、分物。不为在其范围内承包土地的亲朋好友提供用水方便，不徇私舞弊。各配水点允许在配水点附近种三分菜地，不得以任何理由扩大面积种植棉花等经济作物。不准在用户处吃、拿、卡、要。如深入田间检查工作确需吃饭者，不允许特殊招待，更不允许喝酒，饭后应照价付款。不准接受用户馈赠的钱、物。热心为农业、为用户排忧解难，虚心接受用户的监督。遵纪守法，与用户团结协作，讲文明，讲礼貌，讲道德，说话和气，礼貌待人。提高服务质量，树立全心全意为用户服务的思想，坚决杜绝一切有悖于职业道德的行为。每年由各连队对配水人员评分考核，加大对配水人员脱岗等重大违纪行为的处罚力度，一经发现，给予停工处理。

2015年，在全团水利渠道设置配水点14个，团场总的灌溉面积为11100公顷，其中河水灌溉10567公顷，井水（地下水）灌溉533公顷，总用水量6329万立方米。

（三）水费缴纳

建团初期，团场农业用水不交钱，1960年开始收取少量的水费，配水站成为以水养水的独立核算经营的经济实体。

1997年4月15日，团场做出开展“以农业综合开发为龙头，治水改土为中心，低产田区域治理为主，适度开荒收复弃耕地”的决定。团场原有种植计划基本被打乱，垦荒面积的增加，使农业用水量严重超出团原用水计划，造成在枯水期争水局面。团场根据农八师农林牧局和水利局规定，结合团场实际，确保计划内种植面积稳定性，确保合理有序用水，制定灌溉计划内用水和计划外用水收费标准：计划内用水0.15元/立方米，计划外用水0.25元/立方米，地下水不收水费，只收电费，每度电收费0.39元。计划内外用水价格制定后，遏制了个别乱开荒乱种植现象。

（四）节水宣传与工程管理

1997年起，每年3月，团场农业科组织开展“世界水日”“中国水周”宣传。同时进行《中华人民共和国水法》宣传。组织人员上街发放“节水、合理利用水”宣传单，宣传车深入连队、田间地头，提醒职工群众要节约用水，树立全社会的节水意识，使干部职工关心水资源的开发利用，提高保护和节约用水意识。通过对《中华人民共和国水法》的宣传，让职工群众认识到依法用水的重要性，达到节约用水、减少水资源浪费的目的。

2000年起，排水渠全部进行属地管理，管理权交给连队，排水渠在本单位属地的由本单位管理。主要负责排水渠里杂草的清理和清淤工作，确保排渠排水畅通。保证排渠畅通无阻，将水利设施管理纳入配水员考核工作中，定期组织人员进行检查考核，对水利设施维护不到位的扣分。

2009—2015年，团场根据师市分配给团场农作物的总水量，制定出各种农作物的标准用水量，超额用水的按加价收水费，棉花每公顷用水量控制在4500立方米，小麦每公顷用水量控制在3600立方米，其他作物每公顷用水量控制在7500～9000立方米。科学管理、标准化用水，依照严格合理的管水制度，可使农作物每公顷用水量减少10%左右。

至2015年，灌区斗门以上灌排建筑物配套率达97%，完好率达96%。

第二节 电　　力

一、发电

1958年春，垦荒官兵用马灯或自制煤油灯照明开启开荒建七场的生产生活史。团场电力工作起源于1960年，团场根据各单位生产、生活发展需要，同意有条件的单位购买柴油机动力发电解决办公照明。在团部司令部正北、加工厂西侧建筑动力房1间，购置55马力柴油机1台（动力发电），每晚7点开始动力发电，解决场部办公生活照明用电。后来，用木桩架设通往家属区的电线，家属区才有电灯照明。动力房所发电量有限，每晚零点动力房停止发电，所有供电停止。动力班隶属机关管理科。

二、供电

1981年1月，国家电网通过一四一团场地段，团场向上级申请建电站，经上级批准在安下公路西、西十支渠南（现镇区建设路）建起一处35千伏变电站，团场结束建团23年无电可用的历史。

（一）电力机构

1997年，一四一团设团电管所机构，康明忠任所长，杨志亚任指导员，赵建先任副所长，配置会计、统计人员和外线工共计9人。

2000年4月，根据国务院“两改一统价”政策，一四一团电管所无偿划归新疆天富热电股份有限公司，更名为一四一团供电营业所，成为石河子天富热电股份公司驻团单位。

2015年，供电营业所有领导3人，业务干部2人，员工8人，聘用电工4人。

（二）电力设施

一四一团供电营业所办公室设在镇区9小区、文化路南十字西处，35千伏变电站建在安下公路西，团域十支渠南200米处，有出线柜5条。其中，11号柜为团直线，3号柜为1连线，12号柜为12连线。一四一团供电营业所归天富电力后，在镇区迎宾路北、原北野雨场西，建起一栋2862.09平方米办公、住宅综合楼，管理连队198个滴灌、64眼机井变压及用电量。

（三）年度用电量

2011年，一四一团供电营业所供电量3670万千瓦时，售电量3576万千瓦时。

2012年，一四一团供电营业所供电量4378万千瓦时，售电量4208万千瓦时。

2013年，一四一团供电营业所供电量3814万千瓦时，售电量3670万千瓦时。

2014年，团场投资734.2万元，完成镇区电缆入地工程，供电居民受益率100%。是年，团供电营业所供电量4605万千瓦时，售电量4453万千瓦时。

2015年，一四一团供电营业所担负着一四一团农业、工业及生活供电需求。截至2015年底，全区辖区有10千伏供电线路269千米，变压器617台，装机容量达50422千伏安。其中生活区31台，家庭农场和团场农灌井586台。滴灌装置538套，商业用电户数399户，年度用电量4396万千瓦时。

第七章　中共一四一团组织

1997年，一四一团党委下辖基层5个党委，44个党支部，党员846人。2000年，在团场党委班子及全团党员、干部中开展“三讲”“三个代表”“保持共产党员先进性”“实践科学发展观”教育活动，提高党委班子成员和党员干部思想素质，增强各级班子战斗力、凝聚力，为团场经济社会快速、健康发展提供组织保证。

2004—2008年，团场增加基层营级党委1个，党支部55个，党员894人。2009—2013年，基层5个党委改为5个党总支，下设34个党支部，党员886人。

2015年，团场党委根据经济社会建设需要，改设1个基层营级党委、10个党总支、37个党支部，党员总数758人，其中，男党员584人，女党员174人，全团党员占全团总人口0.74%，党员总数比1997年增长0.04%。

第一节　组织机构

一、中共一四一团委员会

1997年，一四一团设党委书记1人、副书记1人、常委8人。

1998年3月，团党委常委吴国兴、孙祖光退休。增补常委杨文博、孙玉英。

2000年3月，团场党委书记刘书运调农二师工作，副书记冯玉清兼任党委书记。当年7月，郭振元调任党委书记，吴敏调任党委副书记。

2001年3月，常委杨文博调离。当年8月17日—19日，中共一四一团第六次党员代表大会召开，选举产生第六届团党委委员会委员19人、常委7人，郭振元为团场党委书记，吴敏为团场党委副书记。

2002年12月，常委杜书画调离，增补常委李洁书。

2003年3月，常委高泽民退休。12月，党委书记郭振元、常委李洁书调离，王惠林调任党委书记，增补常委汪德刚。

2004年6月，副书记吴敏、常委成永涛调一四二中心团场任职，增补副书记邢明亮。2005年6月，常委李树华退休。

2006年3月，增补常委刘彦江。当年5月，增补常委石健、马荣华。当年7月12日—13日，中共一四一团场第七次党员代表大会召开，选举产生第七届党委委员21人，王惠林为团场党委书记，邢明亮为团场党委副书记。2007年12月，常委朱真性退休。

2009年2月，党委书记王惠林调离。当年8月，增补常委张瑾。12月，党委副书记邢明亮工作调离。

2010年1月，增补常委李云成。当年3月，增补常委牛正义。

2011年5月，常委张瑾调离。当年6月，常委马荣华调一四四团任职。7月，增补常委孟宪华。7月16日—17日，中共一四一团场第八次党员代表大会召开，选举产生出第八届党委委员21人、常委7人。

2012年10月，常委牛正义调师市信访局。当年11月，常委刘彦江调一五〇团，增补常委白新安、黄建新。

2013年3月，常委孟宪华退休，6月增补常委刘晓晶、7月增补常委杨秋燕。当年12月，古广峰任副书记。2014年1月，增补常委张万利。

2015年1月，增补常委孙浩。当年8月，增补常委张军。

1997—2015年一四一团党委书记、副书记见表7-1。

表7-1 1997—2015年一四一团党委书记、副书记

党内职务	姓名	性别	族别	籍贯	出生年月	文化程度	参加工作时间	入党时间	任职时间
书记	钱荣根	男	汉族	江苏沙洲	1941.11	本科	1963.09	1979.04	1997.01—1997.02
书记	刘书运	男	汉族	河南虞城	1954.04	大专	1971.05	1975.07	1997.02—2001.02
书记	郭振元	男	汉族	河南永城	1950.01	中专	1969.02	1976.06	2001.06—2003.10
书记	王惠林	男	汉族	河南内乡	1963.05	本科	1983.07	1986.12	2003.10—2009.02
副书记	汪玉清	男	汉族	上海	1942.12	大专	1959.01	1983.09	1997.02—2001.07
副书记	吴敏	男	汉族	河南新蔡	1958.08	本科	1976.09	1978.10	2001.07—2004.06
副书记	孙明亮	男	汉族	河南淮阳	1957.08	本科	1976.12	1975.12	2004.06—2009.12
副书记	赵军*	男	汉族	湖北松滋	1964.12	本科	1980.09	1990.06	2009.12—2013.12
副书记	古广峰	男	汉族	广东梅县	1964.02	大专	1981.09	1987.07	2013.12—2015.12

1997—2015年一四一团党委常委见表7-2。

表7-2 1997—2015年一四一团党委常委

党内职务	姓名	性别	族别	籍贯	出生年月	文化程度	参加工作时间	入党时间	任职时间
常委	孙祖光	女	汉族	四川梁平	1943.06	中专	1963.08	1972.06	1997.01—1998.03
常委	吴国兴	男	汉族	江苏沙洲	1940.03	大专	1960.03	1968.04	1997.01—1998.03
常委	高泽民	男	汉族	甘肃古浪	1943.10	大专	1961.03	1982.09	1997.01—2003.04
常委	李树华	男	汉族	江苏邳州	1945.08	初中	1963.01	1981.11	1997.01—2005.06
常委	朱真性	男	汉族	河南淮阳	1947.11	大专	1964.04	1976.07	1997.01—2007.12

* 2023年8月20日，经师市党委批准，决定给予赵军开除党籍、开除公职处分，将其涉嫌犯罪问题移送检察机关依法审查起诉。

（续）

党内职务	姓名	性别	族别	籍贯	出生年月	文化程度	参加工作时间	入党时间	任职时间
常委	杜书画	男	汉族	四川南充	1954.10	大专	1971.04	1979.12	1997.01—2002.12
常委	曾建勇	男	汉族	兵团挂职	1958.09	本科	1976.08	1980.04	1997.05—1999.05
常委	赵军	男	汉族	湖北松滋	1964.12	大专	1980.09	1990.06	1997.05—2009.12
常委	杨文博	男	汉族	河南平玉	1964.12	大专	1982.08	1990.07	1998.03—2001.03
常委	孙玉英	女	汉族	江苏涟水	1954.08	高中	1974.12	1976.10	1998.03—2007.01
常委	成永涛	男	汉族	四川	1956.05	本科	1975.09	1986.11	1999.05—2004.06
常委	李洁书	男	汉族	甘肃酒泉	1963.02	大专	1980.04	1994.11	2002.12—2003.11
常委	万世宽	男	汉族	河南平玉	1962.09	大专	1979.09	1985.06	2003.06—2006.05
常委	汪德刚	男	汉族	四川南部	1957.08	大专	1974.10	1988.01	2003.12—2010.03
常委	刘彦江	男	汉族	甘肃临洮	1958.06	本科	1976.09	1989.10	2006.03—2012.11
常委	石健	男	汉族	四川南充	1970.11	本科	1993.10	1997.11	2006.05—2014.12
常委	马荣华	女	汉族	山东乳山	1966.03	本科	1985.08	1998.04	2006.05—2011.06
常委	张瑾	女	汉族	四川	1976.05	本科	1995.07	1997.03	2009.08—2011.05
常委	李云成	男	汉族	陕西安康	1963.08	本科	1983.04	1994.07	2010.01—2014.12
常委	牛正义	男	汉族	河南淅川	1973.10	本科	1995.06	1995.03	2010.03—2012.10
常委	孟宪华	女	汉族	河南南阳	1960.01	本科	1977.08	1988.04	2011.07—2013.03
常委	白新安	男	汉族	河南邓州	1965.06	本科	1981.12	2002.03	2012.11—2015.12
常委	黄建新	男	汉族	四川泸州	1965.07	大专	1982.05	1985.07	2012.11—2015.12
常委	刘晓晶	女	汉族	山东乳山	1982.05	本科	2006.07	2003.05	2013.06—2015.06
常委	杨秋燕	女	汉族	河南新乡	1968.06	在职研究生	1989.03	1993.08	2013.07—2015.12
常委	张万利	男	汉族	辽宁彰武	1971.05	本科	1993.08	1995.06	2014.01—2015.12
常委	孙浩	男	汉族	山东商河	1976.07	本科	1995.07	1997.05	2015.01—2015.12
常委	张军	男	汉族	安徽	1965.05	在职研究生	1983.03	1997.07	2015.08—2015.12

二、党委工作部门

1997—2001年，团场党委工作部门设政治处、党委办公室、宣传科（广播站）、组织科（机要科）、纪委监察办、信访办、综治办。

2002年3月，根据师编办发《关于加大机构改革力度，切实减轻职工负担》的通知精神，团党委按上级编制规定，撤销政治处，党办与组织科分离，党委办公室独设，设主任1人，老龄办撤销，老干部待遇归组织科，老龄工作归机要民政科，对外仍称老龄办，广播站与机关分离，广播电视站经济独立核算，团委与组织科合署办公。业务职能主要有组织人事、党务、机构编制、机要、保密、档案管理、老干部、共青团、职改、统战、宗教、侨务、事业单位工资管理等，人员编制3人，其中正职领导1人、副职领导1人、科员1人。宣传科，业务职能有宣传、新闻报道、精神文明建设，人员编制2人，其中正职领导1人、科员1人。纪委监察办公室，业务职能有党的纪律、行政监察、廉政纠风，人员编制2人，纪委副书记1人、科员1人。党委对机关工作人员职数实行自然增减规定办法，即退休1人，补充1人，人员一直控制在编制范围内。

2006年12月，团场根据师机构精简文件进行改革，成立以下几个办公室（科）：纪律检查办（纪委监察、信访合并，主要职能是纪检、监察、信访）、党（团）办公室（机要科合并入党委办公室，机要科的民政业务、婚姻登记、老龄业务合并入劳资科，主要职能是文秘、机要、保密、档案、史志、机关管理）、政工办公室（组织科、宣传科、团委合并，主要职能是机构编制、组织人事、职称、宣传、文化、广电、统战民族宗教事务、精神文明建设、团委等工作）、政法办公室（挂社会治安综合治理委员会牌子，主要职能是负责社会治安综合治理及驻团场各政治机构的协调，承担防范和处理邪教问题等工作）。

2014年8月26日，按兵团党委有关农牧团场机构改革试点要求，团场党委决定将原有科办职能重新调整归类，党委工作部门有纪委监察局、党政办公室、政工办、政法办公室。

1997—2006年一四一团党委工作部门领导见表7-3。

表7-3 1997—2006年一四一团党委工作部门领导

科室	姓名	性别	族别	籍贯	出生时间	职务	任职时间
政治处	孙玉英	女	汉族	江苏	1954.08	主任	1997.01—1998.03
党委办公室	韦天放	男	壮族	广西	1950.05	主任	1997.02—1998.01
	郭耀峰	男	汉族	甘肃	1970.02	主任	2000.04—2002.03
	谢培源	男	汉族	江苏	1952.01	主任	2002.03—2006.12
组织科	孙玉英	女	汉族	江苏	1954.08	科长（兼）	1997.02—1998.02
	韦天放	男	壮族	广西	1950.05	科长（兼）	1997.02—1998.01
	郭耀峰	男	汉族	甘肃	1970.02	科长	2000.04—2004.12
	孙继鸿	男	汉族	河南	1967.05	科长	2002.03—2006.12
	杨惠珍	女	汉族	贵州	1962.10	副科长	2001.12—2003.08
机要科	孙玉英	女	汉族	江苏	1954.08	科长（兼）	1997.01—1998.02
	闫明德	男	汉族	河南	1956.07	副科长	1997.05—1998.01
	陈楚新	男	汉族	广东	1952.08	科长	1998.01—2006.12
	刘爱萍	女	汉族	甘肃	1966.02	副科长	2002.12—2006.12
宣传科（广播电视站）	樊新华	男	汉族	山西	1958.11	科长	1997.01—2000.04
	谢培源	男	汉族	江苏	1952.01	科长兼站长	1997.01—2002.03
	王厚卓	男	汉族	山东	1938.06	第二科长兼站长	1997.01—1998.07

（续）

科室	姓名	性别	族别	籍贯	出生时间	职务	任职时间
宣传科（广播电视站）	王安河	男	汉族	河南	1963.01	科长兼站长	1998.02—2006.02
	白新安	男	汉族	河南	1965.06	科长兼站长	2006.02—2011.11
	曾兴合	男	汉族	四川	1965.04	科长	2002.03—2008.07
	徐建江	男	汉族	四川	1963.11	副科长兼站长	2006.03—2006.12
纪委监察科	宋再厚	男	汉族	安徽	1940.05	科长	1997.01—2000.06
	吴天云	男	汉族	甘肃	1965.02	副书记兼主任	1997.02—2004.12
	樊新华	男	汉族	山西	1958.11	科长	2000.04—2006.12
	王安河	男	汉族	河南	1963.01	纪监信访主任	1997.02—2006.12
信访办	赵新林	男	汉族	甘肃	1964.05	副科长	2002.03—2006.12
综治办	徐义林	男	汉族	江苏	1940.07	主任	1997.01—2000.05
	何生林	男	汉族	四川	1950.09	副主任	1997.01—2000.09
	李斌	男	汉族	甘肃	1972.01	司法所兼主任	2000.09—2006.10
	孟新河	男	汉族	河南	1957.09	司法所兼主任	2006.10—2006.12

2006—2015年一四一团机构改革党委工作部门领导见表7-4。

表7-4　**2006—2015年一四一团机构改革党委工作部门领导**

科室	姓名	性别	族别	籍贯	出生时间	职务	任职时间
党政办公室	白新安	男	汉族	河南	1965.06	主任	2006.12—2009.01
	孙继鸿	男	汉族	河南	1967.05	主任、秘书	2009.01—2010.01
	王安河	男	汉族	河南	1963.01	主任、秘书	2010.03—2015.12
	刘爱萍	女	汉族	甘肃	1966.02	副主任	2006.12—2015.12
政工办（广播电视站）	孙继鸿	男	汉族	河南	1967.05	主任	2006.12—2009.01
	白新安	男	汉族	河南	1965.06	主任	2009.01—2012.11
	曾兴合	男	汉族	四川	1963.04	副主任	2006.12—2008.07
	徐建江	男	汉族	四川	1963.11	副主任兼站长	2006.12—2010.03
	王兵	男	汉族	河南	1963.06	副主任	2008.01—2010.06
	王毅	男	汉族	甘肃	1965.11	副主任兼站长	2010.03—2013.12
	刘红霞	女	汉族	重庆	1979.08	副主任	2013.12—2014.01
	杨崇林	男	汉族	河南	1968.12	副站长	2014.01—2015.12
纪监办局	樊新华	男	汉族	山西	1958.11	副书记兼科长	2006.12—2015.12
	王安河	男	汉族	河南	1963.01	科长、信访办主任	2006.12—2010.03

（续）

科室	姓名	性别	族别	籍贯	出生时间	职务	任职时间
纪监办局	赵伟	男	汉族	吉林	1973.04	副局长	2014.01—2015.12
	赵新林	男	汉族	甘肃	1964.05	副科长	2007.12—2014.08
政法办	赵理书	男	汉族	甘肃	1964.05	派出所所长兼主任	2006.12—2014.08
	赵新林	男	汉族	甘肃	1964.05	副科长	2006.12—2007.12
	孙继鸿	男	汉族	河南	1967.05	主任	2014.08—2015.12
	徐建江	男	汉族	四川	1963.11	副主任	2010.03—2015.12

第二节　党员代表大会

一、第六次党员代表大会

2001年8月17日—19日，中共一四一团第六次党员代表大会召开，出席代表102人，列席代表10人，特邀代表15人。郭振元做《振奋精神 真抓实干 开创团场经济和社会事业快速发展的新局面》党委工作报告。杜书画做《中共一四一团纪律检查委员会工作报告》，吴敏致闭幕词。大会审议通过中共一四一团场第五届委员会工作报告和纪律检查委员会工作报告。

会议选举产生中共一四一团第六届委员会，委员吴敏、杜书画、朱真性、李树华、郭振元、孙玉英（女）、成永涛、万世宽、郭耀峰、肖代秀（女）、杨文博、袁辉、胡爱泉、李云成、谢培源、代新保、荣有新、胡盏泽18人，常委郭振元、吴敏、杜书画、朱真性、李树华、孙玉英（女）、成永涛、万世宽8人，书记郭振元，副书记吴敏。选举产生中共一四一团场纪律检查委员会，委员杜书画、樊新华、吴天云、杨静（女）、赵新林、梁留虎、毕建成、白世经、吕桂霞（女）9人，书记杜书画，副书记吴天云。选出郭振元、吴敏、杜书画、朱真性、肖代秀（女）5人，代表参加农八师石河子市第五次党代会。

二、第七次党员代表大会

2006年7月12日—13日，中共一四一团第七次党员代表大会召开，出席代表99人，列席代表14人，特邀代表11人。王惠林代表上届党委做《加强党的建设夯实发展基础为建设屯垦戍边新型团场而努力奋斗》党委工作报告。纪委书记汪德刚代表上届纪委做《认真履行职责 深入开展党风廉政建设工作 为促进一四一团经济社会全面发展提供保证》纪委工作报告，邢明亮致闭幕词。大会听取和审议中共一四一团场第六届委员会工作报告，听取和审议中共一四一团场纪律检查委员会工作报告，选举产生中共一四一团第七届委员会和纪律检查委员会，选举产生出席师市第六次党代会代表。大会审议通过中共一四一团场第六届委员会工作报告和纪律检查委员会工作报告，选举产生中共一四一团场第七届委员会，委员王惠林、邢明亮、汪德刚、马荣华（女）、石健、孙继鸿、刘彦江、白新安、代新保、吕春、李云成、周滨、袁辉、田根章、胡爱泉、王振新、罗江、徐明、王红政（女）、杨敏（女）20人，常委王惠林、邢明亮、汪德刚、马荣华（女）、刘彦江、石健6人，书记王惠林，副书记邢明亮。选举产生中共一四一团场纪律检查委员会，委员汪德刚、王浩、王安河、邵元庆、赵新林、樊新华、梁留虎、褚作辉、王丽莉（女）9人，书记汪德刚，副书记樊新华、梁留虎。选出王惠林、邢明亮、汪德刚、田根章、任国会（女）5人，代表出席师市第六次党代会。

三、第八次党员代表大会

2011年7月16日—17日，中共一四一团第八次代表大会召开，出席代表105名，列席代表20人，特邀代表42人。牛正义做《注重惩防并举、坚持全面从严治党，深入推进党风廉政建设和反腐败工作》纪委工作报告。大会议程听取和审议中共一四一团场第七届委员会工作报告，听取和审议中共一四一团场第七届纪律检查委员会工作报告，选举产生中共一四一团场第八届委员会，选举产生中共一四一团纪律检查委员会，选举出6人，参加出席八师石河子市第七次党代会代表。

大会审议通过中共一四一团场第七届委员会工作报告和纪律检查委员会工作报告。大会产生中共一四一团场第八届委员会，委员王浩、王安河、王振新、牛正义、石健、白新安、代新保、刘彦江、孙继鸿、李云成、宋惠琴（女）、张军、周滨、孟宪华、荣友新、胡爱泉、徐明、褚作辉、谭峰，常委刘彦江、孟宪华（女）、石健、牛正义、李云成。选举产生中共一四一团纪律检查委员会，委员王丽莉、牛正义、刘俊杰、杨惠珍（女）、张勇、罗江、苗建军、赵伟、赵新林、徐建海、樊新华11人，书记牛正义，副书记樊新华。

第三节　纪检　监察

一、机构设置

1997—2015年，杜书画、李洁书、汪德刚、牛正义、白新安5人，先后担任中共一四一团纪委监察委员会书记职务，纪检委下设纪委监察科，设纪委副书记兼监察科长1人，配有工作人员3人，其中信访主任1人，专职纪检员2人。

2001年8月17日—19日，中共一四一团第六次党员代表大会召开，选举产生新一届纪律监察委员会，选出纪律监察委员会委员杜书画、樊新华、吴天云、杨静（女）、赵新林、梁留虎、毕建成、白世经、吕桂霞（女）9人，杜书画当选为团场纪委书记，吴天云当选为团场纪委副书记。

2006年7月12日—13日，中共一四一团第七次党员代表大会召开，选举产生团场纪律监察委员会委员汪德刚、王浩、王安河、邵元庆、赵新林、樊新华、梁留虎、褚作辉、王丽莉（女）9人，汪德刚当选为团场纪委书记，樊新华、梁留虎当选为团场纪委副书记。

2011年7月16日—17日，中共一四一团场第八次党员代表大会召开，选举产生中共一四一团纪律监察委员会委员牛正义、樊新华、杨惠珍（女）、赵新林、张勇、赵伟、苗建军、刘俊杰、徐建海、王丽莉（女）、罗江11人，牛正义当选为纪委书记，樊新华当选为纪委副书记。

1997—2015年一四一团历任纪委书记见表7-5。

表7-5 1997—2015年一四一团历任纪委书记

姓名	职务	性别	族别	籍贯	出生年月	文化程度	参加工作时间	入党年月	任职起始日期
杜书画	书记	男	汉族	四川南充	1954.01	大专	1971.04	1979.12	1997.01—2002.12
李洁书	书记	男	汉族	甘肃酒泉	1963.02	大专	1980.04	1994.11	2002.12—2003.12
汪德刚	书记	男	汉族	四川南部	1956.08	大专	1974.01	1988.07	2003.12—2010.03
牛正义	副书记	男	汉族	河南淅川	1973.10	大学	1995.06	1995.03	2010.03—2012.11
白新安	书记	男	汉族	河南邓州	1965.06	大学	1981.12	2002.03	2012.11—2015.12

二、党风廉政建设

1997年5月1日，团场纪委组织召开纪委全委扩大会议，提出1997年党风廉政建设和纠风工作主要目标，继续狠刹公款吃、喝、玩、乐不正之风，提倡移风易俗，反对婚丧、嫁娶大操大办，减轻农工不合理负担，清理预算外资金和"小金库"。各级党政"一把手"正人先正己，为下属和基层做表率。对领导干部约法三章：管好自己，做好表率，不利用职权牟取私利，管好亲属子女，禁止打着领导的旗号办私事、捞好处，管好下级工作人员，不搞吃拿卡要，多为群众办实事。

1998年始，团场纪委下发《关于进一步规范领导干部从政行为，加强领导干部廉洁自律工作的六条规定》，实行干部廉洁自律"六不"（不承包土地，不以地谋私，不与民争利；不为配偶、子女和其他亲属承包土地、经商等提供便利条件；不用公款、公物为自己或子女建私房；不利用本人及家庭成员婚丧嫁娶大操大办，借机敛财；不参加对执行公务有影响的宴请；不参与赌博和其他违法违纪活动）承诺。

1999—2015年，团场纪委相继制定下发《一四一团党委班子成员党风廉政建设责任分解办法》《一四一团机关科室及基层单位党风廉政建设责任分解办法》《一四一团关于实行党风廉政建设实施办法》《一四一团领导干部清正廉洁"十要十不要"》《领导干部诫勉谈话制度》《党风廉政建设责任制实施目标量化考核办法》《重大事项报告制度》《领导干部廉洁从政若干规定》《领导干部请销假制度》等规章制度。坚持完善职工代表大会制，推进决策科学化、民主化。完善职工代表大会制度和运行机制，突出抓好"民主选举、民主决策、民主管理、民主监督"，提升团场职代会质量和水平，调动职工群众参与团、连事务管理积极性，形成每年定期召开两次职工代表大会制度。坚持用制度管人管事，健全重大事项依法民主科学决策，进一步规范职工代表议事制度，充分发挥职工群众参与决策的积极性和主动性。

2009—2015年，团场党委以落实党风廉政建设责任制为主线，加强惩防体系建设。深入贯彻落实党风廉政建设责任制，强化领导干部责任意识。抓住关键环节，加大教育与预防工作，强化领导干部廉洁自律意识。纪委、妇联组织召开团领导和家属、机关科室、基层主要单位领导参加的领导干部"家庭助廉"教育活动座谈会。加大宣传教育力度，把《廉政准则》作为学习教育主要内容，推进公职人员岗位防范机制，增强反腐倡廉教育针对性和有效性。在全团445名公职人员中开展"思想道德、制度机制、岗位风险"排查工作。以"学习准则、严守纪律、廉洁从政"为主题，开展党风廉政教育月活动，团场多次被师市纪委授予"党风廉政教育先进单位"。

2015年，坚持党委中心理论组学习制度，重点学习《中国共产党纪律处分条例》《中国共产党党员领导干部廉洁从政若干准则》，全年组织学习24次，学习出勤率100%。有关党风廉政建设的内容学习6次，党委中心组成员平均写读书笔记2万余字，写调研报告25篇。

三、纠风工作

1997—2015年，团场纪委监察科坚持执纪为民，切实维护人民群众利益。坚持实事求是原则，"群众反映什么问题就调查什么问题，存在什么问题就解决什么问题"。团场纪委共立案53件（异地办案20件），结案53件，给予党纪政纪处分57人。其中，开除党籍18人，撤销党内职务2人，党内严重警告6人，行政开除8人，行政撤职13人，记大过7人，移送司法机关7人。收缴违纪款676.9万元，教育、挽救了党员干部，为团场挽回经济损失163.1万元。

2006年，团场牛场发生一起违纪违法案件，团场党委明确指示：查办案件，要做到证据确凿，不放过任何违纪违法人员，做到发现一个，调查一个，查证一个，处理一个。涉案人员深知倒卖后备母牛和贪污受贿情节一旦被查实，必将受到党纪国法的处理。他们抱着侥幸心理，拒不交代。纪委工作人员采取盯住重点人物、重点情节，广泛收集证据，从外围突破的办法，走访牛场职工进行调查，掌握大量第一手资料。到乌鲁木齐、昌吉、奎屯、沙湾等地对牛场场长受贿事实进行取证调查，找到行贿人员，核实贪污、受贿金额，将犯罪嫌疑人移送司法机关。当年，共受理信访举报案件6件，立案8件，结案8件，给予党纪政纪处分8人（其中正营职2人），移交司法机关4人，收缴违纪款35.7万元，共为团场挽回经济损失超过138万元。师市纪委为一四一团场纪委监察科记集体三等功一次。

第四节　组织工作

一、党员队伍

1997年，一四一团场基层党委5个，党支部44个，党员846人，发展新党员22人。

2010年，团场5个基层党委改为5个党总支，基层党支部50个，党员784人，其中男党员628人，女党员156人，民族党员4人，当年发展19人。

2013年，团场基层党总支5个，基层党支部34个，党员总数886人，其中女党员213人，占党员总数的24%，少数民族党员22人，占党员总数的2%。是年，发展新党员19人，其中发展女党员10人，占发展新党员人数的53%。

2015年，团场设基层党委1个，党总支10个，党支部37个，党员895人，其中男党员675人，女党员220人，当年，发展新党员19人。

二、党员结构

(一)性别结构

1997年,团场男党员694人,女党员152人,女党员占党员总数的17.96%。

2002年,团场男党员685人,女党员155人,女党员占党员总数的18.45%。

2007年,团场男党员706人,女党员164人,女党员占党员总数的18.85%。

2012年,团场男党员694人,女党员178人,女党员占党员总数的20.41%。

2015年,团场男党员713人,女党员201人,女党员占党员总数的21.99%。

(二)文化结构

2011年,团场党员中,大学以上65人,大学专科201人,中专65人,高中385人,初中857人。

2012年,团场党员中,大学以上74人,大学专科205人,中专66人,高中384人,初中872人。

2013年,团场党员中,大学以上77人,大学专科204人,中专70人,高中389人,初中882人。

2014年,团场党员中,大学以上87人,大学专科216人,中专69人,高中390人,初中904人。

2015年,团场党员中,大学以上86人,大学专科215人,中专78人,高中396人,初中914人。

(三)年龄结构

2011年,团场党员中,35岁以下68人;36~45岁265人;46~54岁171人;55~60岁353人,退休党员298人。

2012年,团场党员中,35岁以下64人;36~45岁252人;46~54岁191人;55~60岁365人,退休党员313人。

2013年,团场党员中,35岁以下159人;36~45岁346人;46~54岁248人;55~59岁80人;60岁及以上53人。

2014年,团场党员中,35岁以下58人;36~45岁224人;46~54岁255人;55~60岁81人,退休党员316人。

2015年,团场党员中,35岁以下57人;36~45岁206人;46~54岁277人;55~60岁78人,退休党员352人。

1997—2015年一四一团场党员基本情况结构统计见表7-6。

表7-6 1997—2015年一四一团场党员基本情况结构统计

年份	党员总数(人)	性别		少数民族(人)	发展党员(人)	党员占全团人数比例(%)
		男	女			
1997	846	694	152	6	34	7.05
1998	836	684	152	6	38	6.97
1999	825	672	153	6	37	6.88

（续）

年份	党员总数（人）	性别		少数民族（人）	发展党员（人）	党员占全团人数比例（%）
		男	女			
2000	813	659	154	6	26	6.78
2001	841	687	154	6	28	7.01
2002	840	685	155	6	32	7.00
2003	842	685	157	6	20	7.02
2004	803	643	160	6	24	6.69
2005	823	663	160	6	20	6.86
2006	849	687	162	6	26	7.08
2007	870	706	164	6	21	7.25
2008	894	729	165	6	24	7.45
2009	894	729	165	6	24	7.45
2010	894	729	165	6	24	7.45
2011	857	686	171	6	23	6.86
2012	872	694	178	5	14	7.08
2013	882	694	188	5	17	7.25
2014	904	703	201	5	19	7.45
2015	914	713	201	5	19	7.45

三、基层党组织建设

（一）制度建设

1997—2015年，团场历届党委重视党组织制度建设工作，不断制定完善党组织工作制度，先后制定出《一四一团党组织“三会一课”制度》《一四一团党组织民主生活会制度》《一四一团党组织“创先争优”制度》《一四一团民主评议制度》《一四一团党员联系群众制度》《一四一团党风廉政建设制度》《一四一团党建工作目标管理制度》等制度。

（二）组织活动

1997—2015年，团场党委实行党员领导干部挂钩包连（单位）蹲点，服务农业一线职工机制，在党员干部中推行“问题在一线发现，办法在一线产生，经验在一线总结，作风在一线转变，困难在一线解决”一线工作法和“五坚持”（坚持团党委建立党员教育、党内生活常态机制；坚持“七一”党建生日庆祝活动，党委统一组织党员上党课、重温入党誓词；坚持党委理论学习中心组每月学习一次；坚持党委和各基层支部“三会一课”制度，开好党员领导干部民主生活会；坚持表彰先进基层党组织和优秀党员活动，向社会传播正能量）。“五坚持”进一步促进各级党组织班子建设，充分发挥基层党组织战斗堡垒和党员先锋模范作用。团党委在党建工作中，为发挥党员先锋模范作用，广泛开展“标准化党支部达标升级”“百名党员扶贫帮困”“团连党建两级联创”“基层组织建设示范年活动”“一月一主题，一月一学习，一月一活动”等一系列党员主题活动。

19年间，团场党委先后被中组部授予“先进基层党组织”，中宣部、司法部授予“全国普及法律知识先进集体”称号，被全国农林工会和水利总工会授予“全国扶贫单位先进集体”称号。多次被兵、自治区、师党委授予“党风廉洁建设先进集体”“思想政治工作先进企业”“精神文明建设先进单位”“兵团法治建设团场”等荣誉称号。

四、干部队伍建设

（一）干部结构

1. 文化结构　1997年，全团干部总数643人，大学文化183人，高中文化217人，初中文化243人。2000年，团场干部总数633人，大学文化204人，高中文化255人，初中文化174人。2005年，团场干部总数521人，大学文化239人，高中文化226人，初中文化56人。2010年，团场干部244人，大学文化123人，高中文化12人，初中文化8人。2015年，团场干部总数259人，大学文化218人，高中文化8人，初中文化1人。

2. 政治结构　1997年，团场干部中，中共党员243人，共青团员23人，其他377人。2000年，团场干部中，中共党员240人，共青团员25人，其他368人。2005年，团场干部中，中共党员269人，共青团员27人，其他225人。2010年，团场干部中，中共党员184人，共青团员1人，其他59人。2015年，团场干部中，中共党员227人，共青团员2人，其他30人。

3. 年龄结构　1997年，团场干部中，35岁以下146人，36~45岁344人，46~54岁152人，55~60岁1人。2000年，团场干部中，35岁以下131人，36~45岁329人，46~54岁170人，55~60岁3人。2005年，团场干部中，35岁以下106人，36~45岁286人，46~54岁125人，55~60岁4人。2010年，团场干部中，35岁以下46人，36~45岁116人，46~54岁78人，55~60岁4人。2015年，团场干部中，35岁以下50人，36~45岁70人，46~54岁119人，55~60岁20人。

1997—2015年一四一团场干部结构见表7-7。

表7-7　1997—2015年一四一团场干部结构　单位：人

年份	总数	女	少数民族	文化程度			政治面貌			年龄结构			
				大学	高中	初中	中共党员	共青团员	其他	35岁以下	36~45岁	46~54岁	55~60岁
1997	643	0	0	183	217	243	243	23	377	146	344	152	1
1998	631	0	0	190	234	207	239	23	369	141	339	149	2
1999	642	0	0	197	249	196	221	22	399	136	334	171	1
2000	633	0	0	204	255	174	240	25	368	131	329	170	3
2001	621	0	0	211	263	147	238	23	360	126	324	166	5
2002	605	0	0	218	263	124	237	27	341	121	319	158	7
2003	573	0	0	225	246	102	236	25	312	116	314	141	2
2004	553	0	0	232	238	83	268	27	258	111	309	132	1
2005	521	0	0	239	226	56	269	27	225	106	286	125	4
2006	498	0	0	246	219	33	276	29	193	101	263	132	2

(续)

年份	总数	女	少数民族	文化程度			政治面貌			年龄结构			
				大学	高中	初中	中共党员	共青团员	其他	35岁以下	36～45岁	46～54岁	55～60岁
2007	473	0	0	253	194	26	287	26	160	96	240	1[illegible]6	1
2008	444	0	0	273	151	20	286	27	131	91	218	1[illegible]4	1
2009	231	69	2	108	13	3	184	1	46	51	131	8[illegible]	7
2010	244	76	2	123	12	8	184	1	59	46	116	[illegible]8	4
2011	249	78	2	132	11	10	199	2	48	42	129	[illegible]5	3
2012	414	194	1	281	7	6	261	5	148	79	178	1[illegible]3	14
2013	240	76	1	161	25	4	217	3	20	38	126	[illegible]2	4
2014	255	142	2	69	7	1	226	9	20	49	46	1[illegible]1	19
2015	259	79	1	218	8	1	227	2	30	50	70	1[illegible]9	20

(二)干部管理

1.干部任免　团级、副团级干部由师市任免,科(营)、连级干部由团场任免,业务干部由团委派。干部任免采取连队选举、党委委派、民主推荐、任前公示、党委决定几种方法,把干部任免纳入动态化管理,多数采取聘用制,对个别因工作需要或犯有严重错误的干部,党委随时予以调整或罢免、撤职处理。

按照党管干部原则,在党委领导下,由组织(政工)部门具体管理,包括对干部的教育、监督、评议、审查、考核、干部职数编制、干部调动等。干部提拔、调动由党委集体讨论决定,组织(政工)部门履行任免手续。团党委注重党要管党、全面从严治党,就是把党风廉政建设作为重点突破口,破解干部重提拔使用、轻教育管理问题,着力构建不敢腐、不能腐、不想腐机制。打造学习型、服务型、创新型干部队伍,改进群众工作,把基层党建工作抓细、抓实,切实加强基层党组织建设。

2.民主评议　民主评议领导干部是组织部门、纪检监察部门和工会每年必须做的工作,实行半年检查考核,年终全面考核和民主评议。民主评议是由各级领导干部在职工大会进行德、勤、绩、廉述职,职工对领导干部的述职报告,按优秀、称职、基本称职、不称职等级进行无记名投票测评。评议结果纳入干部个人档案,作为各级党委任用干部的重要依据。

3.选拔任用　团在选拔任用干部中坚持客观、公正原则,把干部的思想政治素质、作风建设、领导能力、业务素质、创新意识、创新能力和廉洁自律作为选拔依据。把思想政治素质好、科学文化水平高、组织领导能力强、政绩突出、群众公认的年轻干部选拔进各级领导班子。同时,做好任前公示工作,设立举报电话和举报信箱,接受社会各界监督。

2010年起,一四一团场党委严格按照师市干部选拔任用工作程序及《八师石河子市干部选拔任用工作流程图》进行。做到"坚持原则不动摇,执行标准不走样,履行程序不变通,遵守纪律不放松,违反纪律必追究"。认真落实群众对干部选拔任用工作的知情权、参与权和监督权，严格执行工作程序。党委讨论干部任免事项时，坚持“集体领导、民主推荐、个别酝酿、会议决定”原则。决定任免干部，坚持做到“四不上会”（没有经过民主推荐的不上会，未经考察的拟任人选不上会，没有征求纪委监察局意见的不上会，群众举报问题未经调查核实的不上会），严格干部任前谈话制度，由纪委监察局领导和指定团领导分别对使用的干部进行廉政谈话和任前谈话。坚持党管干部原则，树立正确选人用人导向。始终坚持德才兼备、以德为先的用人标准，坚持“群众公认、注重实绩”，团党委推行提任干部党委全委会无记名票决制，平级调整干部党委常委会无记名票决制。

4.干部培训　干部培训分为团内培训和团外培训2种。为尽快改变干部素质与团经济和社会发展不相适应现状，团党委围绕跨越式发展和长治久安两大主题，每年投入100多万元培训资金，采取“走出去、坐下来、贴上去”方式，对在岗干部进行培训教育。每年冬季，团党委利用“科技之冬”培训，对全团副连级以上干部进行集中培训。培训学习主要内容是马列主义、毛泽东思想、邓小平理论、“三个代表”重要思想及科学发展观理论，“党的群众路线教育实践活动”“法律教育”“勤政廉洁教育”“电子技术教育”“新闻写作”“干部主题班”和财会、农技、种植、养殖、行政管理等课程内容。团外培训主要是选派干部参加师市、兵团及自治区专业对口的大专院校（如兵团党校、师市党校、石河子大学等）进行培训。团处级后备干部由师市统一组织举办中青班集中培训，在石河子党校和上海闵行区党校进行为期3～6个月脱产学习。行政管理干部和团处级党政领导干部培训，由师市党委组织部统一安排，不定期到兵团党校、中央党校和国家行政管理学院等大专院校进行为期20～30天脱产学习培训。有组织地到沿海开放城市参观考察，开阔视野、解放思想。通过各级各类多种形式的培训学习，使干部思想解放、视野开阔、知识增强、观念更新。

1997—2015年，团场副科级以上干部赴区外学习培训300人次；挂职干部培训按自治区党委、兵团党委统一部署。从1999年起，一四一团接收少数民族干部到团挂职锻炼。团场为少数民族挂职干部配备专业教师、理论教员和专业知识教员。除日常学习外，进行双挂职，即机关科室任一职、农业单位或其他单位任一职。在挂职期间做到理论与实际、基层与机关工作相结合，着力培养少数民族干部的理论水平和实践能力，提高他们的综合素质。挂职干部由组织（政工）科统一管理。

5.干部监督　2000年3月31日，团场党委根据《党政领导干部选拔任用工作暂行条例》有关规定，成立以政委、团长为组长的“干部任前公示工作领导小组”。干部任前公示推动团干部人事制度的改革，增强职工群众对选拔任用干部的监督，把群众真正信任的优秀干部选拔到各级领导岗位上来。

2001—2010年，团场健全三个体系，确保党内外监督一刻不停，党内监督聚合力。充分发挥干部监督联席会议作用，加强与组织部门及人事、审计、信访、司法等部门的沟通和合作，建立科学管用的干部监督管理机制，进一步增强干部监督合力。突出三个重点，确保监督对象一个不漏。对即将离任的团领导和各单位“一把手”进行经济责任离任审计，及时指出存在问题，明确整改措施，并将审计结果作为干部考核和选拔任用的重要依据之一。对团部署的重点项目、重点工程开展每年督查2次，围绕重点建设项目和大额资金的使用，对领导干部权力运行过程进行全程监督。在重点时间实行专项监督。每逢春节、端午、中秋等节日，利用政务平台向全团科级以上干部发送廉政短信。把握三个时段，确保监督过程不放松，坚持事前教育不放松。

2011—2015年，团场每年通过廉政党课、专题讲座、签订廉政承诺书等形式，有针对性开展警示教育，引导广大党员干部筑牢拒腐防变思想防线。坚持事中监督不落空。把领导干部执行上下班、请销假、个人重大事项报告等情况，作为干部综合评价、考核、考察重要内容和依据，督促干部时常"照镜子、正衣冠、洗洗澡、治治病"。坚持事后查处不手软，在监督中对发现的苗头性、倾向性问题早发现、早提醒、早纠正，同时，团党委扎实做好选拔干部公示工作，设立举报电话和举报信箱，接受社会各界监督。

6.职称评聘　1997年以来，团场在组织科设专人负责各类干部职称评聘工作，成立农业、农机、畜牧兽医、工程、工业与交通运输业、教育、卫生、经济、会计9个初、中级职称评定委员会，对初、中级职称进行初评，然后报师市终评。高级职称评定，报师市进行初评，由兵团终评。1997年，凡参加评职称的干部，必须参加师市、兵团举办的继续再教育培训班，经过考试合格后，才能参加职称评定。评初级职称的不需要发表论文，评中级职称的必须在地级市以上报刊上发表论文2篇，评高级职称的必须在省级以上报刊上发表论文2篇。参加职称评定的人员必须具有大中专文凭，未获得大中专文凭的人员不能评职称。

至2015年，团场被兵团评定为高级职称的有9人，被师市评定为中级职称的有325人，初级职称的有679人。

7.干部末位淘汰制　2000年3月20日，团场本着实事求是、群众路线、注重实绩、公道正派的原则制定下发《一四一团关于对基层单位干部实行末位淘汰制的通知》。团场成立干部考核领导小组，政委、团长任组长，成员为团副职领导干部，办公室设在组织科，成员由党办、组织科、机要科、宣传科负责人兼任。下设精神文明建设考核领导小组、物质文明建设考核小组、综合考核小组、会计工作考核小组、技术员工作考核小组、医护人员工作考核小组、教师工作考核领导小组。

根据团精神文明建设考核办法，对考核分数在75分以下单位负责精神文明建设的主要领导实行末位淘汰，物质文明建设按照团生产经营管理办法，对80分以下单位负责物质文明建设的主要领导进行末位淘汰，对综合考核分数在75分以下且末位的单位主要领导淘汰，对综合考核倒数第二名的单位黄牌警告，单位主要领导享受副职待遇1年，对综合考核倒数第三名的单位黄牌警告，单位主要领导享受半年副职领导待遇，连续2年黄牌警告的单位主要领导淘汰。凡棉花籽棉单产低于250千克的单位主要领导淘汰。团场生产大检查黄牌警告单位主要领导上台讲清楚原因，认清不足，汲取教训，迎头赶上。生产大检查连续3次黄牌警告的单位主要领导淘汰。业务人员对会计工作考核、技术员工作考核、卫生员工作考核、医护人员工作考核和教师工作考核，凡考核分数在75分以下且末位者淘汰，75分以下倒数第二名、第三名试用1年，试用期间不享受知识分子待遇补贴，连续2年倒数第二、第三名的淘汰。当年，全团有5名干部末位淘汰。

2001年1月26日，根据中共中央《党政领导干部选拔任用工作暂行条例》《农八师石河子市干部管理暂行规定》精神，一四一团对干部管理暂行办法进行重新修订。修订内容主要有：新提拔的干部一律实行试用制，试用期为1年。对试用干部原则上1年考核2次，年中进行定性考核，年底进行定性、定量考核。考核内容有思想政治素质、组织领导能力、工作作风、工作实绩、廉洁自律。新提拔的干部要实行任前公示制，公示的内容包括姓名、性别、政治面貌、年龄、学历、籍贯、简历、现任职务及主要业绩等基本情况。机关科室的主要领导，一般在机关内部和基层单位的主要领导中公示，基层单位的主要领导，一般在本单位和过去曾经工作过的单位公示，公示期限为15天。公示期限到后，由组织、纪检等部门搜集、归纳、整理各方面反映的情况，党委根据公示后的反映和调查核实情况，正式决定公示干部是否提拔任用。

2003年6月，团场党委对《一四一团干部管理办法》进行修订。除继续保留干部管理必须坚持的原则、领导干部应具备的基本条件，担任领导职务具备资格、选拔任用干部遵循的基本程序，增加关于干部及其家属承包土地、果园、购买拖拉机的规定。要求干部及其家属承包土地必须以个人真实姓名造册和上报，必须在年初把个人承包土地面积、等级、任务指标及缴费情况报审计部门和纪委，并在本单位同其他职工一样上墙公布，必须服务单位领导的统一安排，严格执行"五统一"，必须经审计部门审计后方可以兑现。

2015年，全团通过等级评定，评定优秀干部86人，评定称职干部196人，评定基本称职干部11人。

五、老干部工作

（一）组织机构

1997年，团场成立老干部工作领导小组，组长刘书运。老干部工作原由组织科专人负责，后归老龄办公室专人负责。同时，团场成立关心下一代健康成长工作委员会（以下简称关工委），分管老干部工作的副职领导担任委员会主任，从老干部中选拔1名热心支持下一代成长的老同志担任常务副主任，老龄办主任任副主任。关工委成员由团场离退休老干部、老党员组成，关工委每年不定期与学校、社区等部门联合开展关爱工作。

2001年后，由于团场领导调动，老干部工作领导小组成员变动频繁。先后由郭振元、王惠林担任组长。2003年，老龄办主任退休，老干部工作并入政工办。

（二）政治待遇

根据国家相关规定，团场认真落实老干部所享受的各种待遇。给离休老干部每人每年免费订阅1份《老年康乐报》《兵团日报》《石河子日报》。从2005年开始，离休干部每人每年订阅1份《生活晚报》。

1997—2015年，团场经常组织离休老干部参加团内政治学习、农业生产观摩，落实各项知识分子政策，离退休干部政策。同时，组织离退休干部参加团内力所能及的体育锻炼、强身健体、劳动（如植树造林、看家护院、拾棉花等劳动）。

2003年前，每2年组织部分离退休干部前往乌鲁木齐或内地旅游、疗养，经常组织离退休干部到团场内进行参观，让老干部了解团场生产情况，每当举行重大节日庆祝活动时，邀请离退休干部回团场参加活动。

（三）生活待遇

2003年，将收入低的离退休干部及其遗孀，纳入居民最低生活保障，解决困难老人及其遗孀的燃眉之急。是年，团场筹集资金，为7名1938年参加革命的离退休干部购买7套楼房居住，并免去楼房暖气费用。

2010年，对久病卧床、生活不能自理的离退休干部做好登记工作，及时申请每人每年500元以下的补助款项。按照相关文件精神，每年提前预支老干部的医疗周转金，切实解决老干部实际困难。督促团场社保所及时发放离退休干部的工资，本地区和易地安置人员每月全数发放，及时报销医疗费用。建立老干部信访接待制度，解决老干部遇到的困难。探望住院的离退休干部并送去慰问品，办理病故老干部的丧事，处理离退休人员急需解决的问题。团场党委逢年过节登门慰问离退休干部，对易地安置的离退休干部邮寄慰问信、慰问金进行慰问。为年满65周岁以上的离退休干部办理老年优待证、公交卡。

第五节 宣传工作

团场的宣传工作由党委宣传科负责。1997年，宣传科有工作人员3人。1997—2006年，樊新华、谢培源、王厚卓、王安河先后任科长，曾兴河、徐建江、王兵任先后任副科长。2007—2015年，宣传科纳入政工办，孙继鸿、白新安、王毅先后任主任，曾兴合、徐建江、王兵先后任副主任，负责全团宣传思想工作。

一、宣传教育

（一）中心理论组学习

1997—2015年，团场党委宣传科、政工办每年制定党委中心理论组学习计划，严格按照计划组织实施。参加党委中心理论组学习的主要是党委班子成员、党委委员、纪委委员、机关科室的主要领导。中心理论组学习一般由党委书记、副书记组织学习，宣传科或政工办人员做好会议记录。团场党委理论中心理论组每年集中学习12次，即每月1次。主要围绕党中央、兵团党委、师市党委的重大决策或会议精神开展学习，包括中央代表大会和年度中央全会、中央经济工作会议精神、中央领导人在重要会议上讲话、兵团党委召开的党代会、党委扩大会议、兵团领导重要讲话、兵团经济工作会议、师市党委扩大会议精神及师市领导重要讲话等内容。学习形式以集中学习为主，自学为辅。在集中学习前3天，团场宣传科、政工办制定详细的学习内容、讨论提纲，让团领导、科室领导提前做好发言准备，并将发言提纲做好保存以备师市宣传部门检查。

通过党委理论中心理论组的学习，提高团场领导干部的政治理论素质和政策水平，坚定社会主义、共产主义信念，增强党性观念，提高马克思主义立场、观点、方法分析和解决实际问题的能力，增强工作的原则性、系统性、预见性和创造性，促进领导班子思想作风建设，为团场的改革与发展奠定思想理论基础。

（二）业余党校

1997年，团场成立业余党校，校长刘书运，副校长高泽民，主任由宣传科长担任。业余党校培训内容主要是马列主义、毛泽东思想，以及党的路线、方针、政策和《中国共产党章程》等内容。培训一般在农闲的1月和8月进行。业余党校设在招待所二楼会议室，有课桌、椅子等配套设施50张（条）。

二、思想教育

1997年开始，党委宣传科对全团党员、干部和职工群众的思想教育主要有3种形式。

（一）日常教育

1997—2015年，每年3月，重点抓《公民道德实施纲领》教育。每年5月，主要抓民族团结教育。7月，抓党的辉煌成就教育。每年10月，重点抓爱国主义、集体主义、社会主义教育。"三秋"季节，主要抓棉花质量管理、安全生产教育。宣传形式有广播、电视、黑板报、标语、横幅等 通过以月促年教育，提高全团党员干部和职工的思想道德素质。

（二）重点教育

宣传部门围绕党委阶段重点工作，有针对性地组织机关宣讲团赴基层单位面对面对干部和职工群众进行教育。

2009年8月，团场党委安排成立由副政委、武装部部长、纪委书记等3名团领导为组长的宣传教育队伍。分成3个组，分别带领党办、政工办、综治办、纪委、广播宣传等部门的领导，分赴全团各基层单位开展"讲事实真相、讲民族团结、讲政策法规"三讲宣传教育。

（三）理论研究

1997—2015年，团场思想政治工作坚持以邓小平理论、"三个代表"重要思想、科学发展观和习近平社会主义新时代思想为指导，成立职工思想政治工作研究会。每年开展理论研讨，探索新形势下做好职工思想政治工作的新途径、新方法。基层单位建立健全以指导员、政工员、治安员、调解员为骨干的思想政治网络。1997年1月28日，团场召开第三届思想政治工作理论研讨会，发表论文87篇。1998年5月26日，团场召开第四届思想政治工作理论研讨会，发表论文84篇，参加兵团系统论文评选，4篇被评为兵团级优秀论文，2篇被评为师市级优秀论文。1999年，征集论文70篇，对外交流论文10篇，其中1篇被中央级刊物《思想政治工作研究》刊用，4篇被评为兵团、师市优秀论文。机要科陈楚新撰写的"完善'五促'机制，建设新型团场"论文获三等奖。在实践中探索，团场总结研究出"形象工程""鱼水工程""民心工程""阳光工程""职工素质工程"思想政治工作，以群众性精神文明创建活动为载体，全面推进思想政治工作，促进团场各项事业的全面发展。

1998年1月6日，团场被兵团评为1995—1997年度思想政治工作优秀企业（单位）。

三、新闻宣传

1997—2006年，根据兵团党委批转兵团党委宣传部《关于加强和改进兵团新闻宣传工作管理的意见》通知精神，团场制定《一四一团关于加强和改进团场新闻宣传工作管理暂行办法》。规定团场通讯员的新闻稿件凡被师市以上报刊采用的，除采用单位发放的稿费外，年终团场再发放1份稿酬。凡超过团场规定的刊稿数量者，团场另设特殊新闻奖，在职务上给予晋升。团场多次邀请兵团、师市新闻单位记者到团举办新闻写作培训班，兵团记者协会主席祝谦、兵团摄影协会主席刘跃等，为全团70名基层通讯员讲授新闻写作知识、新闻摄影技巧、专业培训和双稿酬制度，激发专、兼职通讯员撰稿积极性。团场新闻报道被多家新闻媒体采用。

四、对外宣传

何继昌、王厚卓、谢培源、王安河、樊新华、曾兴河、王兵、王毅等人撰写的新闻报道，被

《石河子日报》《兵团日报》《新疆科技报》《新疆日报》《兵团工运》等报刊刊用。机要科陈楚新撰写的报道《干部交流提高素质促进改革》《强化干部监督管理 杜绝干部违法行为》，被《新疆人才报》1997年7月11日头版刊用。《真查摆、深刻剖析、边学边改》被《兵团日报》2000年12月1日刊用。《三十年婆媳情》被《兵团日报》2002年8月14日刊用。

1997—2015年，一四一团外发稿件7975份。其中，国家级采用67篇，省级采用831篇，地市级采用2053篇，共刊用稿件7969篇。机关干部陈楚新撰写的《把百姓冷暖挂心上》被《人民日报》2004年3月11日刊用。

第六节 时政教育

一、“三讲”教育

2000年，根据中共中央关于在县级以上党政领导班子、领导干部中深入开展以“讲学习、讲政治、讲正气”为主要内容的党性、党风教育的指示精神，兵团党委决定在174个农牧团场中挑选两个“三讲”教育试点的团场，一四一团场被兵团党委选定为“三讲”教育试点团场。

团党委高度重视“三讲”教育试点工作，连续召开3次党委常委会会议，领会试点工作的重要性，专门研究有关试点工作措施，制定《一四一团党委关于在领导班子、领导干部中开展“三讲”教育的实施意见》。成立以党委书记、政委刘书运，党委副书记、团长冯玉清为组长的“三讲”教育领导小组及“三讲”教育办公室。制定各项工作制度，保证“三讲”教育试点工作有序、顺利进行。

2000年10月29日，团场党委成员、兵团赴试点团场巡视组成员、机关全体党员干部、副团职以上离退休老干部以及企事业单位主要领导共128人参加“三讲”动员大会。政委、党委书记刘书运在大会做动员部署，要求以“三讲”重要思想为指导，结合本团实际认真做好“七查七摆”（查思想信念，摆围绕中心、服务大局的问题；查能否坚持民主集中制原则，摆坚持民主集中制方面存在问题；查宗旨意识、群众观念，摆维护群众利益方面存在问题；查党风廉政建设，摆廉洁勤政方面存在问题；查找推动团场经济持续、快速发展新的增长点，摆如何带领职工脱贫致富的问题；查如何减轻职工负担，摆增加职工收入方面问题；查基层党组织建设，摆对干部管理和教育问题）。

兵团赴一四一团“三讲”教育巡视组副组长周考斌提出以下要求：提高认识，把整风精神贯穿“三讲”教育始终；依靠群众，发扬民主，解决好团党委领导班子、领导干部在党性党风方面存在的突出问题；坚持“三讲”教育和当前工作两手抓、两不误、两促进；认真履行好巡视组职责，尽心尽力帮助一四一团场抓好“三讲”教育。

团场“三讲”教育进行2次全封闭式学习，学习主要课程有《中共中央〔1998〕17号文件》、毛泽东《整顿党的作风》《改造我们的学习》《为人民服务》《纪念白求恩》《反对自由主义》，邓小平《建设有中国特色的社会主义》《解放思想，实事求是，团结一致向前看》《坚持四项基本原则》《保持艰苦奋斗的优良传统》，江泽民《领导干部一定要讲政治》《三个代表论述》《中共中央十五届五中全会决议》。学习期间每个领导干部撰写不少于8000字4篇专题学习心得，达不到学习时间，完不成学习任务的要补课。在“三讲”教育中，参加教育的全体人员通读中央规定的“三讲”教育文章48篇，精读重点文章10篇，组织党员干部及其家属观看反腐倡廉题材的《生死抉择》。在学习和自查、自纠基础上，团党委组织4个调研组，由常委带队驻连入户，开展“进万家门，知百家情，排百家忧，解百家难”活动。共召开各类座谈会32次，走访职工145户，慰问贫困职工68户。对群众反映比较集中的农贸市场脏、乱、差，出租车停放在公路、人行道上，职工购买大型农机具缺资金，以及职工“减负”等问题进行重点调研，制定出《一四一团党委“三讲”教育整改方案》。领导干部有政治意识、大局意识、核心意识、看齐意识，改变“门难进，脸难看，话难听，事难办”现象。看书学习的多了，打麻将的少了，讲团结的多了，犯自由主义的少了，关心群众生活的多了，损害群众利益的少了。兵团党委常委、组织部部长、“三讲”教育领导小组组长华士飞，到一四一团场检查“三讲”教育情况时指出：“一四一团场党委要把‘三讲’教育工作稳扎稳打，认真总结出好的经验，为兵团在170多个团场全面推开‘三讲’教育总结出好的做法”。

一四一团场“三讲”教育试点历时39天，全团34个基层单位和30个机关科室干部参加“三讲”教育。主要做法分4个阶段：1.思想发动、学习提高阶段。2.自我剖析、听取意见阶段。3.交流思想、开展批评阶段。4.认真整改、巩固成果阶段。取得经验是正确导向，强化理论学习，为“三讲”教育打好坚实的思想基础。开门搞“三讲”，重在发动群众，形成浓郁的学习教育氛围。认真抓好团场“三讲”教育中的正面教育。边整边改，注重实效，在“三讲”教育中体现党的整风精神。学习联系实际，“三讲”教育与生产工作两不误。

二、“三个代表”重要思想教育

2001年5月，按照中央、兵团、师市党委关于“三个代表”重要思想学习教育的安排，团场根据行业特点分两期开展“三个代表”（中国共产党要始终代表中国先进生产力的发展要求，代表中国先进文化的前进方向，代表中国最广大人民的根本利益）教育活动。团场党委成立“三个代表”重要思想学习教育活动领导小组，组长由党委兼书记、团长冯玉清担任，副组长由副政委朱真性、纪委书记杜书画、工会主席孙玉英3人担任，办公室由原“三讲”办原班人马，继续负责“三个代表”学习教育办公室全部事务。第一期学习教育对象是团机关、团直工交建商等单位全体干部，时间为5月6日—7月5日，为期60天，学习教育分3个阶段。

2001年5月7日，全团194名干部参加团党委召开的“三个代表”重要思想学习教育动员大会，师市党委常委、副师长张祖树出席大会并做指导讲话。

第一期学习教育活动学习毛泽东、邓小平的相关著作及《中国共产党章程》《中共中央关于农业农村若干重大问题决定》等教材。采用自学与辅导相结合，以多种形式提高学习效果，每人写出8000字的读书笔记和心得。学后认真检查对照，广泛征求意见。干部驻连入户，对特困户必访，对矛盾多、问题多、意见大的农户必访，对离退休干部、职工必访。与职工群众“同吃、同住、同劳动”，深入了解民情，为民排忧解困。做到学习教育、生产经营两手抓、两不误、两促进，实现学习教育的预期效果。机关干部全心全意为基层职工群众服务的责任感和紧迫感增强，针对职工群众最关心的团场发展和治穷致富问题，制定整改措施，做到责任到人，提高办事效率。机关各部门深入基层为职工送“明白卡”，办身份证，深入承包户地头调查中耕、追肥、浇水、防治病虫害情况，及时为承包户联系劳动力、排忧解难。

"三个代表"学习回访复查工作从2001年9月1日开始，2001年9月20日结束，为期20天。坚持标准，保证质量，结合实际，注重实效，认真完成回访复查工作。

第二期学习教育对象是14个农业连队及园艺连、良种连、团中学、小学、医院、工程连、驻石河子工区共21个单位的党支部领导班子成员、连队行政与业务干部，时间为2001年11月19日—2002年1月7日，学习培训内容与第一期大致相同，分三个阶段进行。教育、卫生、农业单位的党员干部参加教育学习活动。教育单位重点进行"教书育人"，提高教学质量，培养全面发展接班人的学习，医疗卫生单位着重进行提高医疗水平、服务人民群众的学习，农业单位着力进行干部与团党委步调一致，使职工增收，单位增效的学习。基层连队的30名连长、指导员分两批到师市党校集中培训学习，每期7天。其余118名干部在团业余党校集中培训7天。师市党校、团业余党校教师分别辅导学习4篇文献。

"三代办"制定学习考勤制度，强调学习的"五结合"(将学习与解决个人思想工作作风问题相结合，将学习与解决实际问题、抓好各自的工作相结合，将学习和自觉实践"三个代表"、促进团场两个文明发展相结合，将学习与总结、学习先进典型相结合，将学习与读原著相结合)。培训学习结束，每个干部均撰写1万字的读书笔记和3000字心得体会。经考核，干部读书笔记和心得体会优良率达85%，平均考试成绩为99.3分，达到预期效果。

团党委结合整改提高内容，传达兵团陈德敏政委、张庆黎司令员在兵团处级干部大会的讲话。结合兵团领导讲话，制定"六结合"整改措施。即学习"三个代表"重要思想与落实兵团关于深化农牧团场改革的"1+3"文件相结合、同深化内部改革相结合；同调整产业结构相结合；同当前的土地承包长期固定、"两用地划分、利费指标一定5年不变"相结合；同特色种植、养殖及冬季养殖发展畜牧业相结合；同让利于民、致富职工群众相结合。做出让利于民的决定，把投入3000多万元的5333.33公顷滴灌产权进行转让，其中地下主管道投入的1800多万元全部让利于民，团场不再收费。将团场投入1200多万元的机井滴灌辅助设备产权，按50%的比例转让给职工，如果职工一次性交款再让利10%。将全团林木产权转让给职工。其中，成年林按50%的产权归团场，50%的产权归个人，新植林产权全部归个人。将林业站、广播站、招待所、幼儿园、电影队、保卫科等部门、行业从机关机构中剥离分流，剥离分流后的机构(人员)实行经济独立核算，自负盈亏，以往吃机关大锅饭问题得到解决。精减基层连队非生产人员，干部定编、定岗：小单位3人，大单位5人，其他人员实行岗位补贴制。限定连队管理费上调率，小型单位上调率不超过团下达利费指标的40%，中型单位不超过35%，大型单位不超过30%。机关分流精减勤杂管理人员28人，基层连队共精简干部48人，杂勤服务人员43人，减少连管费63.24万元。平均0.067公顷地减少利费50元，为职工减负奠定基础。

三、保持共产党员先进性教育

2005年1月29日，一四一团场保持共产党员先进性教育活动开始，历时一年。教育活动参加的单位有团机关、16个农业连队、团企事业单位、团企服务单位和2个社区共24个基层党组织，党员832人。在师市督导组的精心指导下，成立以政委、团长为组长，副政委、副团长、人武部长为副组长，政工办、纪委、机要、团委、工会等部门负责人为委员的教育活动领导小组。孙玉英兼办公室主任。办公室分设秘书组、宣传组、资料组，制定《加强自身建设八项制度》（即学习、工作、调查研究、请示报告、舆论宣传信息、文件流转归档、保密、廉洁自律制度）和工作职责。

2005年2月3日，第一批保持共产党员先进性教育活动在机关启动，教育对象为团供销科、老龄总支，共116名共产党员及机关8名入党积极分子。

2006年1月，第二批保持共产党员先进性教育活动在基层党委、党支部启动。教育对象为28个基层党组织，691名党员。保持共产党员先进性教育活动分三个阶段进行。第一阶段，思想发动，学习培训（30天）。第二阶段，党性分析，民主评议（30天）。第三阶段，教育转化，整改提高（30天）。采取先上后下、依次铺开、分段进行的办法，分两批进行，每批安排3个月左右。团教育活动领导小组建立5个督导组。党委和支部书记作为教育活动的第一责任人和具体责任人，亲自抓，负总责，一级抓一级、一级带一级、层层抓落实。办公室建立"双找"制度，与没能够参加教育活动的28名流动党员联系，通过多种渠道多种形式给他们补课，做到一个不少、一个不漏。

在师团党委直接领导和部署下，教育活动从人人制订方案、精心准备、适时推开、严格程序、扎实工作到大胆探索开展，自始至终结合团场实际，稳扎稳打，取得一定成效：团场领导在集中培训学习中率先垂范，亲自备课，每个领导授课2个课时，并做到不请假、不陪客、不会客、不请人代笔。每个党员做到边学边对照检查自己在理想信念、宗旨意识、思想和工作作风等方面存在的差距和不足，做到"七结合"（把保持党员先进性同转变作风相结合、同服务群众相结合、同实现2005年奋斗目标相结合、同创建学习型机关相结合、同北野精神相结合、同发挥机关作用增效提速相结合、同党风廉政教育相结合）。集中培训学习阶段，每个党员撰写有针对性专题读书笔记和心得5篇，每篇字数在12000字以上。创建"五讲"（专家讲理论、领导讲形势、前辈讲历史、能人讲经济、先进人物讲事迹）、"五簿"（学习科目登记簿、集中培训登记簿、课题讨论意见簿、心得体会交流簿、知识测试成绩簿），教育氛围形式多样。开展"四个一"（策划一次主题活动，组织一次专题报告活动，搞一次"百人评议千人问卷"调研活动，开展一次正反面典型教育）活动。在保持共产党员先进性教育活动期间，举办广播电视专题宣传，办《保持共产党员先进性教育简报》38期。发扬民主，广泛征求意见，找准问题，提高教育实效。按照"上请、下求、内听、外访"要求，发放征求意见表1600余份，征得各种意见、建议1480条（其中对领导班子的意见、建议223条，对领导干部的意见、建议148条，对党员的意见、建议1073条），梳理、整理成对领导班子意见2条、建议53条，对领导干部个人意见、建议48条。结合保持共产党员先进性教育活动，团党委开展以《我为党旗添光彩》《重温入党誓词》《进万家门、解万家难、暖万家心》为主题的党员志愿者实践活动。发动全体党员广泛参与实践活动，团场拿出8万元，为508位特困人员、伤残军人、老劳模排忧解困送温暖，帮助15名贫困家庭的辍学孩子重返学校。机关驻连督导员和连队干部各拿出1000元，帮助困难职工承包土地。十一连党员干部和驻连督导员，为癌症患者捐款4210元，为困难职工捐款2600元。在"春节"送温暖活动中，全团党员干部共捐资28817.5元。全体党员素质明显提高，普遍受到一次深刻的马克思主义理论教育。改变过去对党员行为标准模糊化认识。密切干群关系、党群关系。进一步增强党支部凝聚力、战斗力和创造力。团实现教育活动、生产经营“两不误、两促进”。

四、“四抓四看”活动

2008年3月28日,一四一团场党委按照兵团、师市党委提出的“四抓四看”主题教育活动的安排部署,成立“四抓四看”主题教育活动领导小组及办公室,制定《一四一团深入学习实践科学发展观,认真开展“四抓四看”主题教育活动实施方案》。“四抓四看”主题教育活动学习内容为《为人民服务》《中国共产党章程》《中共十七大报告》《科学发展观》《兵团历史、现状和前景》《团场基本经营制度》《新疆生产建设兵团连队党支部工作条例》《兵团党委(扩大)会议精神》《师市党委(扩大)会议精神》。结合实际首抓宗旨教育,看各项惠民政策措施是否落到实处。抓能力建设,看各级领导干部促进发展和解决实际问题的能力是否提高。抓政治纪律,看各级党组织和领导干部是否做到政令畅通、令行禁止。抓基层组织,看基层党组织的凝聚力、战斗力是否增强。按团党委要求,学习结束后每人写出3000字心得体会。2008年6月10日,团党委召开“四抓四看”主题教育活动动员大会,团场领导和全团40个基层党组织的书记、行政领导、机关各科室负责人120余人参加。团党委书记、政委做《深入学习实践科学发展观、认真开展“四抓四看”主题教育活动》动员讲话。6月13日、20日、25日,“四抓四看”主题教育活动第一阶段专门聘请石河子党校谢志晖、齐德江、李国仁三名高级讲师,为全团867名党员干部讲述《兵团的历史与现状》《改革开放30年》《科学发展观》。主题教育活动期间,全团25个基层单位共张贴标语、横幅100多条,出黑板报40期,办学习园地25个,营造良好的宣传、学习、教育氛围。团组成两个“四抓四看”主题实践教育活动督导组,下基层督导检查4次,督导整改问题6条。各督导组还通过调研总结,及时推广先进经验,注重发现和宣传典型,坚持以点带面,用典型指导、推动工作,将“四抓四看”主题教育活动深入开展。

围绕“四抓四看”这一主线,对照领导干部年初承诺、党员岗位承诺情况,以开展党员技术练兵、岗位比武、党员挂牌上岗、组建党员突击队等多种形式,推动“党员形象在岗位”活动深入开展。强化党员干部的意识,提升党员的素质,密切党群关系,促进党员作用的充分发挥。与当时的田管工作结合,做到“两促进、两不误”。基层党员、干部深入田间地头,向农业一线的党员和职工宣传“四抓四看”教育活动的重要意义、基本原则和基本要求,虚心征求职工群众的意见、建议,了解职工群众生产、生活中的困难,为职工解难题、办实事,自觉接受职工群众的监督。认真开展好庆祝中国共产党建党87周年活动,进一步深化“四抓四看”主题教育实践活动,鼓舞士气,促进下阶段工作。2008年7月1日上午,团党委召开庆祝建党87周年暨“双先”表彰会。党委书记、政委就“四抓四看”第一阶段教育实践活动进行总结。对第一阶段活动中涌现出来的先进基层党组织、优秀共产党员的先进事迹,以报告会形式向全团党员干部进行广泛宣传。各基层党组织结合“四抓四看”活动和“讲党性、重品行、做表率”树党员干部新形象要求,抓好党员干部的学习教育,落实好党员干部扶贫帮困制度、“党员领岗定责”“我为党旗添光彩”等系列活动,把学习教育实践活动进一步引向深入。

团党委本着“该有的环节一个都不能少,该走的步骤一个都不能缺,该履行的程序一个都不能乱”的要求,严格按照标准,严格履行程序,制定下发深入调查、查找差距阶段工作安排。为确保开展谈心活动针对性、真实性，对谈心人数、质量提出要求，并购买谈心记录本867册，做到每名党员干部人手一册。班子成员之间、班子成员与分管部门负责人之间、委员与委员之间、书记与党员之间、党员与党员之间、党员与群众之间、党员与服务对象之间分别采取一对一谈心、多人互相谈心、集体集中谈心的方式，广泛开展谈心活动。广大党员相互征求意见，查找问题不足，沟通思想，增进团结，基本找出找准在管理水平、服务质量、工作效率等方面的主要问题。

各基层党组织响应团党委的号召，结合单位实际，扎实开展"党员奉献日""党员献爱心""党员领岗定责"等活动。基层党员、干部深入田间地头，全体机关党员干部与基层30余个低收入户结成"一助一"帮扶对子，对他们在农业生产的各个环节进行全程指导，帮资金、帮劳动力、帮技术。北社区组织党员义务劳动，修剪树木80多棵。加工厂投资近10万元，在新厂区新建自行车棚、通上自来水，在通往家属区道路旁装路灯，解决困扰职工群众的停车难、饮水难、行路难问题。二连把党员岗位责任同"联系点"结合起来，建立以10名党员为中心的"联系点"，每一名党员联系5～10名职工群众。10个"联系点"共为职工群众办实事、好事48件。十连党支部把"解民忧、办实事"作为工作重点任务，真心实意解决职工群众的实际困难。职工群众反映连队9号地渠道长，需及时改造。连党支部立即组织全体党员干部进行抢修和改造，确保正常供水。

五、科学发展观教育

2008年10月20日，按照兵团党委统一部署，一四一团场党委成立"实践科学发展观教育活动"领导小组，政委、团长任组长，副政委任副组长，办公室设在政工办。党委班子和机关各部门共86名党员干部参加学习实践科学发展观活动，分三个阶段进行。

2008年10月20日—2009年1月20日，为第一阶段——学习调研阶段。2009年1月20日—4月20日，为第二阶段——分析剖析阶段。2009年4月20日—7月20日，为第三阶段——整改落实阶段。学习调研阶段，以学习党委中心理论组为核心，团领导为重点，各支部、各科室为辐射面，三级联动，采取集中与分散相结合、走出去与请进来相结合、普遍通读与专题辅导相结合，以及开展座谈交流，撰写读书笔记、体会、文章等多种形式，认真学习指定篇目和教材。为保证集中学习不少于5天，团领导和全体机关干部坚持每日上午办公，下午学习，晚上讨论，持续10天，对因病、出差缺课人员进行专人补课，保证人人完成74个学时。团党委给每人购买一本20万字《科学发展观》培训教材，要求全体参学人员带着激情、带着问题、带着课题，反复精读，深入思考，并采取随机抽题、现场问答、上下点评、闭卷考试、成绩公示等方式，使大家达到前三章要点基本背诵、后七章内容一节不漏程度。其间集体学习19次，分组讨论9次，专题发言6次，开展专题报告会4场，开展专家讲座15学时。用开设"我为北野科学发展献一策"论坛、开播中层以上领导干部电视"访谈录"，以及干部"谈"、领导"点"、党员"想"、群众"听"等方式，掀起解放思想大讨论热潮。分析剖析阶段采取"内查外调"方式，"内查"摸清情况、找准问题。团党委拟定"激发职工创业激情的途径和方法""基本经营制度有关政策研究"及如何调整结构、招商引资、发展工业等8个调研课题，由8名团领导率领分管部门干部分片深入26个基层单位，以召开座谈会、发放问卷、走访群众、实地查看、查阅资料、对照有关理论和政策等方式，虚心听取各方面意见，发放问卷3800

余份,收回3300余份,召开座谈会30场,问卷发放覆盖全团30%以上职工群众和全体党员干部。8个调研组完成8个课题,政工办将征求到的意见、建议归纳整理成77个方面的问题,为分析检查提供依据。团领导先后带领机关副科级以上干部赴石总场、奇台农场,借鉴深化团场改革、调整产业结构、兴办团场工业、推广高新技术、实施特色养殖等方面的好经验,到沙湾县观摩新农村建设、基层党建、招商引资、农业基地建设和乡镇企业发展,使大家看到差距、启迪思路,提高对兵地融合、优势互补、科学发展的认识,形成"远学奇台总场,近学石总场"共识。通过调查研究,找准制约团场发展七大突出问题和团党委班子自身存在的四个方面的突出问题,为团党委分析检查报告和制订整改方案奠定基础。整改落实阶段边学边改,不断解决问题。在活动设计上突出实践特色,按照兵、师党委要求,结合团场实际,制订《一四一团"强素质、谋发展、促和谐、实现小康建功业"主题实践活动实施方案》,对如何高举一面旗帜、突出一个主题、围绕一个总要求、明确三个着力点做细化分解。在学习调研和分析检查中突出实践特色,学以致用,引导党员干部联系实际、深入思考,着重解决思想认识、宗旨意识、工作作风、能力素质、发展思路上的突出问题,围绕制约团场科学发展的突出问题,摸情况、找原因、拟对策。在整改落实上党员干部抓紧解决事关群众切身利益、当前能够解决的突出问题112件次,办好事16件。对需要在今后一段时期逐步解决的突出问题制订出切实可行的整改方案,明确措施,落实责任,限时整改,针对以前的体制、机制缺陷陆续修订制度,出台新的政策,按照"三个必须"(必须扭转棉花一枝独秀的局面,大力发展特色种植,建设优质棉基地、啤酒花基地、酿酒葡萄基地、枸杞基地、番茄加工基地、生猪基地,以抵御风险,开辟职工增收新渠道;必须扭转二产短腿的局面,大力发展棉花深加工项目,引进龙头企业,延长葡萄、枸杞、番茄产业链;必须扭转对职工考核奖励单一的局面,由单一产量指标变为经济社会综合指标,鼓励职工自主创新、大胆创业)发展思路,对2009年深化改革、放活连队、调整结构、招商引资等工作做出计划部署,确定团场到2012年的发展规划和率先在八师实现小康团场的目标体系。

办公室抽调专人组成宣传组,编写试点工作简报,制作广电节目,编发简报11期,制作"领导访谈"电视节目30期,悬挂横幅、张贴标语86条,播发新闻报道上百篇,在兵团电视台、石河子电视台、《兵团日报》《兵团建设》《石河子日报》刊播37篇,起到上通下达、横向交流、指导工作的复合作用,营造良好的社会氛围。试点活动解决存在的突出问题有:初步解决党员干部服务意识、大局意识不强,僵化、保守、满足现状等一些"不适应、不符合"思想观念问题。进一步加大团场基本经营制度的落实力度,解决经营方式陈旧的问题。采取调整结构、增加订单、减少开支、降低成本"四大措施",解决"增收难"问题。以招商引资为突破口,以政策优惠、基地吸引、多方联系为手段,引进番茄酱和葡萄汁加工合作项目,解决团工业短腿问题。抢抓政策机遇,完善医疗设施,健全防病体系,扩大医保、低保和救助、帮扶工作面,增加住房建设,改善城镇管理,顺利实施以1200万元集中供热工程、700万元饮水改造工程、650万元通营公路工程等为代表的"十大民心工程",进一步解决群众关心切身利益问题。

六、党的群众路线教育实践活动

2013年6月18日,按照中共中央《关于开展党的群众路线教育实践活动》的统一部署,一四一团场党的群众路线教育实践活动启动，全团44个基层党组织接受党的群众路线教育实践活动。第一批活动于2013年6月18日启动。第一环节：学习教育、听取意见。第二环节：查摆问题、开展批评。第三环节：整改落实、建章立制。贯彻落实中央八项规定，围绕保持和发展党的先进性和纯洁性，按照“照镜子、正衣冠、洗洗澡、治治病”总要求，自上而下在全团党员领导干部中深入进行活动。

第二批活动于2014年1月开始进行，于2014年10月结束。第二批教育实践活动坚持主题不变、劲头不换。一四一团场党委结合实际，先后召开2次党委常委会，制定《一四一团党的群众路线教育实践活动实施意见》《一四一团党的群众路线教育实践活动领导小组办公室工作规则》《一四一团党的群众路线教育实践活动领导小组及其成员名单和职责》《一四一团党的群众路线教育实践活动学习要点》《一四一团党的群众路线教育实践活动一百问》，按照《一四一团党的群众路线教育实践活动实施意见》，团教育实践活动分3个层次展开，针对不同层次提出教育实践活动的要求，避免出现“一锅煮”“一刀切”现象。按照“六个不少”（规定学习书目一个不少，自选内容一个不少，集中学习一次不少，基层调研一回不少，征求意见一次不少，学习笔记一篇不少）要求，团党委书记、副书记带头，党委班子其他成员依次领学，利用5个晚上观看《焦裕禄》《生死牛玉儒》等8部影片。将专题讨论与专题讲座相结合。组织老军垦上党课活动，讲传统、忆历史，对全团367名党员干部进行“团结进取、真抓实干、治水改土、科技兴团、争创一流、实现小康”北野精神再教育。邀请石河子党校专家进行“群众路线教育专题讲座”。将理论学习与应知应会相结合。对各级党员干部进行理论知识测试，提高党员干部对教育实践活动相关内容的认识。将学习教育与现场教学相结合。采取现场教学的方式，组织党员干部到军垦博物馆现场教学。将学习讨论与实际工作相结合。党委中心组集中学习6次，召开座谈会5次，进行专题讨论6次，进一步增强宗旨意识和群众观点，增强教育实践活动的积极性和主动性。团场在广播电视媒体开设《党员干部话群众路线育实践活动》《我们眼中的群众路线教育实践活动》等电视专栏，分时段滚动播放“十个一”军垦故事专题片和“十加五”乡土经典故事，将“十个一”活动光碟分发至基层党组织，组织职工群众观看并接受教育。广播电视、电子滚动屏等媒体刊发、播放各类信息338条，在全团营造浓厚活动氛围。“五到五听”（到一线岗位，听基层职工心声；到分管行业，听部门情况反映；到退休党支部，听老同志建言献策；到社区组织，听辖区居民意见；到两新组织，听企业员工意见），把“面对面”与“背靠背”结合起来，把“个别听”和“集体谈”结合起来，把“走进职工听”与“组织群众评”结合起来，个别谈话436人，召开座谈交流会55次，发放征求意见表2500余份，设立意见箱8处。机关党总支采取团领导对科室，科室对科室，科室内部互相提意见，班子之间互相提意见建议方式，谈心谈话84人次。学校党组织把征求意见的对象拓宽到学生家长和学校义务监督员，医院党组织深入病房主动征求患者及其家属的意见、建议。深入查找“四风”方面存在的突出问题，为进一步找准问题和边查边整提供依据。组织举办各类培训班4次，培训教育实践活动领导小组成员及基层党组织书记、政工员56人次。各单位聘请党员、职工代表组成64名义务监督员，全程参加和监督教育实践活动。团场督导组成员下基层督导工作23次，修改完善党组织的《实施办法》《动员讲话》《对照检查材料》《整改方案》等122次，参加动员会、座谈会24次，参加专题组织生活会43次。

团场党委把征求到的349个问题，归纳为六类78个问题和19条建议，分解到分管领导和责任部门（单位）限期整改，做到现在能整改的立即整改，重点问题制定整改措施，明确整改时限，整改1件，勾销1件，解决问题47个，机关腾退办公用房93平方米，压缩“三公经费”91万元，减少发文9份，封存公车1辆。重点回应和解决职工群众反映的葡萄种植收购问题，城镇管理与服务问题，镇区基础建设排水、供暖设施不到位问题，房屋拆建及保障性住房建设等问题，解决好“最后一公里，最远一家人”的问题。调整葡萄种植相关政策，将葡萄以2元/千克作为计算收取利费依据，产量以每亩地150～300千克为准，葡萄地长期待摊费用的摊销年限，由3年改为5年，每年按20%摊销长期待摊费用，白葡萄每亩按利费的70%补贴，红葡萄每亩按利费的50%补贴，年初计划共补贴476.87万元，基础或种植效益较差的地块退出葡萄种植，改种其他作物。

党的群众路线教育实践活动取得重要阶段性成果，促使党员、干部得到党性锻炼，刹住“四风”蔓延势头，带动社会风气整体好转，贯彻群众路线的长效机制和刚性约束初步形成。

第七节 保　　密

一、机构

1997年3月1日，团场成立机要科，营级编制，组织科长孙玉英兼任机要科长，与组织科合署办公。是年12月，团党委选拔1名副科长，增加1名专职机要员。

1999年春，机要科与组织科分离，组织科长不再兼任机要科长，成为团机关独立科室。

2006年12月，机构改革，机要科并入团办公室兼管团场信息。至2008年，团场有专兼职保密干部3人，基层兼职保密员28人。信访并入纪检监察后成为独立工作部门，设主任1人。

二、保密制度

1997—2010年，机要、保密主要规章制度有《传真电报使用管理规定》《机要工作守则》《办报人员岗位责任制》《机要人员保密守则》《密码保密规定》《密码第一责任人制度》《密码管理条例》《机要泄密报告制度》《机要应急预案》《密码电报销毁规定》《计算机管理及文印人员保密制度》《机要计算机通信邮件系统及网络使用管理规定》。

2011年，团场综合档案室根据上级规定，补充《企业职工档案管理工作规定》《一四一团连队立卷归档制度》《一四一团连队档案保管利用制度》《连队档案工作人员岗位职责》《一四一团档案销毁制度》。

三、主要工作

1997—2015年，机要科被师市评为“机要工作先进单位”“三五保密法宣传教育先进单位”“机要密码工作先进单位”“保密先进单位”“干部档案管理先进单位”“自治区档案管理二级达标单位”，被团党委授予机关“一流科室”称号，其中1人荣立兵团密码机要工作“三等功”、兵团“档案管理先进工作者”，3人多次被师市授予“机要、保密工作先进工作者”称号。

1997—2015年,团场保密委不定期地举办涉密人员《保密法》知识培训学习班,进行保密法测试、《泄密案例》警示教育活动,与团广播电视站开办《保密法》宣传专题教育。3年一次定时与基层涉密单位、部门签订保密责任书。利用团场、连队会议宣传《保密知识》,举办《保密法》板报12期。做到宣传教育与防范措施并举,提高全民保密意识,为团场经济建设和社会发展保驾护航。

2007年后,机要保密兼负团机关办公信息网络化服务。

2013年,团场强化保密工作领导责任制,利用机关学习日,组织机关干部学习保密法律法规和上级下发的保密文件以及泄密事件通报,强化干部的保密意识和责任意识。利用机关学习日组织机关干部学习《中华人民共和国保守国家秘密法》,组织基层单位政工员学习《中华人民共和国保守国家秘密法》。利用广播、电视等形式开展保密法规宣传教育活动,保密宣传教育成为常态化。2014年,上级为团机要配备加密、传输等现代化硬件设备。

截至2015年,团场未发生泄密事件,连续多次受到上级表彰。

第八节　党史工作

一、党史编纂

1998年,团场没有专职党史工作部门,党史工作由党务干事兼任。根据农八师石河子市党史研究室《关于史志工作规划》精神,团场于1996年3月成立一四一团场史志编纂委员会,团长钱荣根、政委刘书运任编纂委员会主任,副政委高泽民任副主任,设史志办公室,何继昌任办公室主任,韦天放兼任副主任,聘请中学语文教师田发、邹多志为《中国共产党一四一团场组织史资料》总编,拟定一四一团党史编写人员、部门等。在编辑陈楚新、万世宽、刘爱萍等人的共同努力下,经过半年的征集、调查、整理、编纂成25章67节123万字的《中国共产党一四一团场组织史资料》。

1998年7月,在原有资料基础上,主编邹多志、田发完成《中共一四一团场组织史资料》编纂工作。当年11月,该书由新疆人民出版社出版发行,作为团场发展史献给一四一团建团40周年。

二、团史馆建设

1998年3月,为庆祝建团40周年,开展了一系列活动。团成立以政委刘书运、团长冯玉清任组长、副政委高泽民任副组长的一四一团团史陈列馆建设领导小组,办公室设在党委办公室。具体工作由党办主任谢培源负责协调,组织实施。党委下发《关于收集建团以来文物的通知》,发动全团各单位群众收集有关建团以来老军垦书信及生产、生活中使用过的老物件,收集物品由单位文教部门及工会主席具体负责登记、上报。经过2个月的宣传、动员,共收集1958—1998年的有关开垦、建设团场老军垦使用过的马灯、坎土曼、军服、军功章等实物275件,陈列在机关办公二楼建起的第一处一四一团史展馆,成为北野精神的红色教育基地。

2008年2月,团场党委决定在8月举办建团50周年庆典活动,成立以政委王惠林、团长邢明亮任组长，副政委朱真性、纪委书记杜书画任副组长的庆典筹备领导小组，领导小组办公室设在政工办，曾兴合、王兵具体负责庆典活动事宜。团场党委再次发文征集老照片、信件、老物件、资料，在原北野商场新建团史馆。团史扩大馆面积，丰富军垦实物。

2014年，团场把1971年修建的年久失修、有安全隐患的大礼堂撤除，聘请兵团博物馆刘宁按照兵团博物馆的设计模式，将前厅2层楼改建成一四一团科技、文化、城建、场史内容的四馆合一的团史展馆。团场综合档案室提供出1958年手工绘制的《国营安集海第三、六、七农场土地规划总平面图》、油印件《干部任免》《党委会议记录》《气象资料》等补充资料。兵团军垦博物馆专家把翻拍的"第一份"原始档案，收入兵团军垦博物馆陈列。第3次重建团史馆，新增添107件建团以来的文物、史料和现代化模型，团史馆内容更加丰富、生动、直观。广播电视文化服务中心派出专人负责接待团内外参观人员，团史展馆成为团场爱国主义、屯垦戍边红色教育基地。

2015年，接待一五〇团党史馆一行4人学习参观一四一团团史、群众文化、科技及城镇建设规划"四馆合一"建设经验。是年，接待退休定居上海、武汉、天津的回团知青，追忆支边劳动那段难忘的时光，传承兵团精神，通过今昔对比团场变化，颂扬兵团人艰苦创业、不怕吃苦、艰苦奋斗、开拓进取的精神。团史馆共接待疆内外各界人士、中小学生参观者1000多人次。

第九节　统战工作

一、组织机构

1997—2006年，团场宗教统战工作由团组织科管理，设1名干事兼职。2006年12月，兵团机关机构改革，组织科工作并入新成立的政工办。

2015年，团场宗教统战工作归政工办管理，基层连队宗教统战工作由16个连队指导员负责，政工员协助开展业务。

二、民族工作

1997年5月7日，团场召开第十五个民族团结教育月动员大会，来自基层单位党支部书记、职工代表165人参加大会。团党委书记刘书运做动员报告，总结团场开展民族团结的经验和不足，对团场广泛开展民族团结教育月活动提出四点要求：充分认识民族团结重要性和长期性；切实抓好民族团结的思想教育，认真做好增强民族团结的各项工作；宣传、学习民族团结先进典型，努力营造民族团结的氛围；旗帜鲜明反对民族分裂和非法宗教活动。副政委高泽民就民族团结教育、精神文明建设及稳定工作做专题发言。

2002年5月18日，团场召开第二十次民族团结进步表彰大会，来自基层单位党支部书记、政工员及机关69人参加会议。团长吴敏主持，副政委朱真性宣读农八师石河子市宣传部贺信，党委书记郭振元做题为《与时俱进，开拓创新，把我团民族团结进步事业推向一个新阶段》讲话。团纪委书记杜书画宣读《关于表彰民族团结先进集体和先进个人的通报》，先进个人代表杨春华介绍民族团结经验，副政委孙玉英宣读倡议书。会议表彰奖励先进集体6个、民族团结模范2人、先进个人18人。

2010年5月,是自治区第二十八个民族团结教育月。团场党委下发《关于做好第二十八民族团结教育月的通知》,要求各单位在学习教育月中,突出“抓学习、求团结、树典型、结对子、思稳定、求发展”主题。用生动的先进典型引路,通过组织学习模范事迹,形成学习先进、崇尚先进、见贤思齐良好风气。抓好《中华人民共和国宪法》学习贯彻,进一步提高全团各族干部法律意识和法治观念,增强民族大团结。广泛开展“四个高度认同”和“讲事实真相,讲民族团结、执法律政策”宣传教育。继续巩固和发展意识形态领域反分裂斗争再教育成果。把民族团结教育与实施“得民心工程”相结合,与为各族群众办实事、办好事相结合,在办实事中贯穿思想教育,通过解决实际问题,引导群众提高思想认识。采取多种形式和方法加大宣传力度,吸引干部群众广泛参与,寓民族团结教育于生动活泼、丰富多彩活动中,同时不断探索和创新,增强宣传教育的针对性、吸引力和感染力。

三、宗教工作

1997—2015年,团场坚决执行党的宗教政策,保护合法、打击非法,按照属地管理原则,加强民族宗教政策宣传,团场建立民族宗教工作团、连两级责任制,建立起层层落实工作格局。对连队、社区的民族宗教加强监督指导,贯彻“条块结合,以块为主”工作理念,形成“上下联动,整体推进”工作格局,在实践中进行摸索,建立起各项工作机制,把此项内容作为年终考评单位领导干部的重要依据之一。

第八章　行　政

1997—2015年,一四一团按照兵团编委的统一要求实行团、连级两级管理,1997年下辖基层单位28个,其中农业连队17个,非农单位和驻石河子单位11个,基层单位设连长、指导员、副连长、副指导员、厂长、书记、会计、统计、出纳、保管员。机关按照职能划分为25个科室不等,设科长、副科长、科员职务。

2006年12月,团场根据师文件精神,进行机构改革合并科室编制,核定科室人员职数,定编定岗。

2014年8月26日,按照兵团党委有关农牧团场公务员改革试点要求,行政部门编为3个局,办公室2个,中心3个,基层连队15个,无专设营级编制,基层干部设营职待遇。

第一节　行政机构

1997—2011年,团场全称为新疆生产建设兵团农八师一四一团。2012年12月,改称新疆生产建设兵团第八师一四一团。团场行政领导设团长、政委、副团长、副政委、总畜牧师、总农艺师、调研员。

一、团行政领导

1997年,团场设行政领导9人,政委刘书运,副政委高泽民、曾建勇,团长钱荣录(1997年2月调出)、冯玉清(1997年2月任),副团长吴国兴、李树华、朱真性,工会主席孙祖光。

1998年2月,增补副团长杨文博、团工会主席孙玉英(女)。1999年3月,增补副团长成永涛。是年5月,曾建勇挂职3年结束回兵团。

2001年6月,郭振元任政委,吴敏任团长,冯玉清任调研员。

2003年12月,王惠林任政委,吴敏任团长。

2004年6月,邢明亮任团长,王惠林任政委。2006年3月,刘彦江任副团长、人武部长,石健任副团长。6月,马荣华(女)任副政委、工会主席,朱真性、孙玉英任调研员。

2009年8月,张谨任挂职副政委。12月,赵军任团长。2010年1月,李云成任副团长。2011年6月,孟宪华任副政委、工会主席,张谨挂职满。

2012年10月,白新安任副政委、纪委书记。当年12月,黄建新任团人武部长。2013年3月,杨秋燕(女)任副政委、工会主席,孟宪华任调研员。当年12月,古广峰任团长,刘晓晶(女)任挂职副政委。

2014年1月,张万利任副团长(辽宁挂职干部)。

2015年1月,孙浩任副团长。当年5月,刘晓晶挂职期满回师市。8月,张军任副团长。

1997—2015年一四一团场历任政委、团长见表8-1。

表8-1　**1997—2015年一四一团场历任政委、团长**

职务	姓名	性别	族别	籍贯	出生年月	文化程度	参加工作时间	入党时间	任职时间
政委	刘书运	男	汉族	河南虞城	1954.04	大学	1971.05	1975.07	1997.01—2001.02
政委	郭振元	男	汉族	河南永城	1950.01	大学	1969.02	1976.06	2001.06—2003.10
政委	王惠林	男	汉族	河南内乡	1963.05	大学	1983.07	1986.12	2003.12—2009.02
团长	钱荣根	男	汉族	江苏沙洲	1941.09	大学	1963.09	1974.04	1997.01—1997.02
团长	冯玉清	男	汉族	上海市	1942.12	大专	1959.01	1983.09	1997.02—2001.06
团长	吴敏	男	汉族	河南新蔡	1958.08	大学	1976.09	1978.10	2001.06—2004.06
团长	邢明亮	男	汉族	河南淮阳	1957.08	大学	1976.12	1975.12	2004.06—2009.12
团长	赵军	男	汉族	湖北松滋	1964.12	大学	1980.09	1990.06	2009.12—2013.12
团长	古广峰	男	汉族	广东梅州	1964.02	大学	1981.09	1987.07	2013.12—2015.12

1997—2015年一四一团历任副政委、副团长见表8-2。

表8-2　**1997—2015年一四一团历任副政委、副团长**

职务	姓名	性别	族别	籍贯	出生年月	文化程度	参加工作时间	入党时间	任职时间
副政委	高泽民	男	汉族	甘肃古浪	1943.10	大专	1961.03	1982.09	1997.01—2003.04
副政委	孙玉英	女	汉族	江苏涟水	1954.08	高中	1974.12	1976.10	1998.02—2007.01
副政委	汪德刚	男	汉族	四川南部	1957.08	大专	1974.10	1988.01	2003.12—2010.03
副政委	马荣华	女	汉族	山东乳山	1966.03	本科	1985.08	1998.04	2006.05—2011.06
副政委	牛正义	男	汉族	河南淅川	1973.10	本科	1995.06	1995.03	2010.03—2012.10
副政委	孟宪华	女	汉族	河南南阳	1960.01	本科	1977.08	1988.04	2011.07—2013.03
副政委	白新安	男	汉族	河南邓州	1965.06	本科	1981.12	2002.03	2012.11—2015.12
副政委	杨秋燕	女	汉族	河南新乡	1968.06	在职研究生	1989.03	1993.08	2013.07—2015.12
副团长	吴国兴	男	汉族	江苏沙洲	1940.03	大专	1960.03	1968.04	1997.01—1999.03
副团长	李树华	男	汉族	江苏邳县	1945.08	初中	1963.01	1981.11	1997.01—2005.06
副团长	朱真性	男	汉族	河南淮阳	1947.11	大专	1964.04	1976.07	1997.01—2007.12
副团长	赵军	男	汉族	湖北松滋	1964.12	大专	1980.09	1990.06	1997.05—2009.12
副团长	杨文博	男	汉族	河南平玉	1964.12	大专	1982.08	1990.07	1998.02—2001.03
副团长	成永涛	男	汉族	四川	1956.05	大学	1975.09	1986.11	1999.05—2004.06

（续）

职务	姓名	性别	族别	籍贯	出生年月	文化程度	参加工作时间	入党时间	任职时间
副团长	刘彦江	男	汉族	甘肃临洮	1958.06	大学	1976.09	1989.10	2006.03—2012.11
副团长	石健	男	汉族	四川南充	1970.11	大学	1993.10	1997.11	2006.05—2014.12
副团长	李云成	男	汉族	陕西安康	1963.08	大学	1983.04	1994.07	2010.01—2014.12
副团长	孙浩	男	汉族	山东商河	1976.07	大学	1995.07	1997.05	2015.01—2015.12
副团长	张军	男	汉族	安徽	1965.05	在职研究生	1983.03	1997.07	2015.08—2015.12
副团长	张万利	男	汉族	辽宁	1971.05	大学	1993.08	1995.06	2014.01—2015.12
总畜牧师	徐明	男	汉族	河南太康	1960.05	大学	1977.08	1989.01	2003.06—2014.03
总农艺师	徐东升	男	汉族	江苏盐城	1968.01	大专	1989.04	1998.12	2014.12—2015.12

1997—2015年一四一团场历任挂职领导见表8-3。

表8-3　**1997—2015年一四一团场历任挂职领导**

原单位	职务	姓名	性别	族别	出生年月	文化程度	参加工作时间	入党时间	任职时间
兵团	副政委	曾建勇	男	汉族	1958.09	大学	1976.08	1980.04	1997.03—1999.05
师市	副政委	张瑾	女	汉族	1976.05	大学	1995.07	1997.03	2009.03—2011.05
师市	副政委	刘晓晶	女	汉族	1982.05	大学	2006.07	2003.05	2013.05—2015.06

二、行政工作部门

1997年，行政科室有农业科、畜牧科、机务科、工业科、基建科、科技办、开发办、土地科、计财科、统计科、审计科、政研室、劳资科、统筹办、民政科、老龄办、史志办、管理科、水管科、卫生科、“三电办”“三好办”。

2000年3月，农业科与畜牧科合并成立农牧科，民政科合并入机要科。

2001年12月，林业站与机关分离，成立林业工作站，经济独立核算，老龄办归团工会，撤销水管科编制，成立水管站。

2002年3月，统筹办与劳资科分离，成立社保办，畜牧从农业科分离，设畜牧科，计生办纳入机关编制。同年9月，机关管理科撤销，原机关小车队、机关招待等业务归团党委办公室，机关资金、工资等业务归团计财科，审计科与政研室分离。8月，成立社区管理委员会。

2006年12月，团场根据师文件精神，进行机构改革，行政科室设发展改革经营管理科、社政管理科、农业科、工交建商科。其中发展改革经营管理科保留计财科牌子、农业综合开发办、政研室合并，主要职能是财务、计划、发展规划、农发、统计（非公有经济）、审计（国资）等工作；社政管理科（劳资科、计生办、社建办合并），主要职能是负责劳动人事、民政、老龄、残联、计生等工作；农业科（农业科、林业站合并），主要职能是负责农林业生产、农机、水利、科技等工作；工交建商科（工业科、基建科合并），主要职能是负责工业、基建、城建规划、商贸服务业、房产管理等工作。设立畜牧技术推广站（畜牧中心与兽医站合并，不占机关编制）。

2014年8月26日，按兵团党委有关农牧团场公务员改革试点要求，团党委决定将行政部门编为经济发展局（原农业科、发改委经营科、工交建商科）、财政（财务）局（原财务科）、社会事务局（原社政科），机构改革时间上限统一为2014年1月起算。

1997—2006年一四一团场机关行政科室负责人见表8-4。

表8-4 1997—2006年一四一团场机关行政科室负责人

部门	姓名	性别	族别	籍贯	出生年月	职务	任职时间
生产科（农业科）	任廿维	男	汉族	四川	1939.01	科长	1997.01—1999.01
	杨文博	男	汉族	河南	1964.12	科长	1997.02—1998.03
	李云成	男	汉族	陕西	1963.04	科长	1998.12—2007.07
	桑有龙	男	汉族	安徽	1969.09	副科长	2002.12—2006.12
	徐东升	男	汉族	江苏	1968.01	副科长	2001.12—2006.12
科技办	徐利元	男	汉族	湖南	1940.06	科长	1997.01—2000.07
机务科	田昌福	男	汉族	甘肃	1940.04	科长	1997.01—2000.06
	周滨	男	汉族	甘肃	1962.05	科长	1999.01—2006.12
	朱海江	男	汉族	河南	1961.10	副科长	2000.04—2006.12
畜牧科（畜牧兽医站）	侯立金	男	汉族	山东	1937.09	科长	1997.01—1997.09
	张乐礼	男	汉族	河南	1939.06	科长	1997.01—1999.07
	黄胜利	男	汉族	武汉	1947.03	副科长	1999.01—2004.03
	冯传军	男	汉族	山东	1955.09	科长	2002.03—2003.08
	冯传军	男	汉族	山东	1955.09	书记	2003.08—2004.03
	侯卫东	男	汉族	山东	1968.01	副站长	2003.08—2006.12
工业科	刘壁堂	男	汉族	甘肃	1938.02	科长	1997.01—1998.02
	李承华	男	汉族	四川	1957.04	科长	1998.02—2006.12
	王克银	男	汉族	甘肃	1957.01	科长	1998.02—2006.12
基建科	李国良	男	汉族	四川	1942.02	科长	1997.01—2002.02
	李正	男	汉族	甘肃	1947.09	科长	1998.02—2006.02
	袁辉	男	汉族	四川	1961.01	兼科长	2006.03—2006.12
	卢平	男	汉族	安徽	1968.01	副科长	2006.03—2006.12
	张和平	男	汉族	陕西	1959.09	副科长	2002.12—2006.12
农业开发办	陈跃威	男	汉族	武汉	1941.06	主任	1997.01—2001.12
	李树占	男	汉族	江苏	1944.04	副主任	1997.01—2000.02

（续）

部门	姓名	性别	族别	籍贯	出生年月	职务	任职时间
农业开发办	何新龙	男	汉族	甘肃	1960.12	副主任	1997.02—2005.03
	郭本军	男	汉族	河南	1965.12	副主任	2001.12—2006.12
计财科	周世清	男	汉族	四川	1943.09	科长	1997.01—2003.09
	何振华	男	汉族	浙江	1937.10	科长	1997.01—1997.09
	陆惠琴	女	汉族	上海	1948.11	副科长	1997.01—1997.12
	梁留虎	男	汉族	河南	1956.11	第二科长	1998.02—2003.11
	张金莲	女	汉族	山东	1952.07	副科长	1999.01—2002.02
	马荣华	女	汉族	山东	1966.03	科长	2002.02—2006.06
	周贤德	男	汉族	江苏	1953.12	电算	2002.11—2004.12
	张勇	男	汉族	安徽	1969.04	副科长	2006.03—2006.12
	常军	男	汉族	安徽	1972.02	副科长	2006.03—2006.12
统计科	侯镇远	男	汉族	河南	1938.02	科长	1997.01—1998.02
	张巍	女	汉族	湖北	1965.05	科长	2006.03—2006.12
审计科	周世清	男	汉族	四川	1943.09	科长	1997.01—1997.05
	何克银	男	汉族	四川	1952.05	科长	1999.01—2000.10
	杨静	女	汉族	贵州	1959.03	科长	2001.02—2005.05
	张金莲	女	汉族	山东	1952.02	副科长	2002.02—2003.03
	梁留虎	男	汉族	河南	1956.11	科长	2006.03—2006.12
政研室	何克银	男	汉族	四川	1952.05	主任	1997.05—2000.10
	王浩	男	汉族	河南	1958.01	主任	2000.10—2006.12
	张金莲	女	汉族	山东	1952.02	副主任	2003.03—2007.08
劳资科（统筹办）	赵志友	男	汉族	安德	1939.01	科长	1997.01—1999.01
	胡爱泉	男	汉族	河南	1961.06	科长	1996.01—2006.12
	唐茹	女	汉族	河南	1964.01	副科长	2003.12—2006.12
	汪传德	男	汉族	安徽	1953.07	主任	1999.01—2002.03
综治办	徐义林	男	汉族	江苏	1940.04	主任	1997.01—2000.05
	何生林	男	汉族	四川	1953.09	副主任	1997.01—2000.04
	李斌	男	汉族	甘肃	1967.11	主任	2000.09—2005.12
民政科	曹玉瑛	男	汉族	安徽	1940.04	科长	1997.01—2000.05
	陈楚新	男	汉族	广东	1952.08	兼科长	2000.03—2006.12
老龄办	孙春环	女	汉族	河南	1948.05	主任	1997.02—2003.05
	陈楚新	男	汉族	广东	1952.08	总支书	2003.03—2006.03
史志	赵津生	男	汉族	吉林	1944.11	主任	2002.03—2003.11

（续）

部门	姓名	性别	族别	籍贯	出生年月	职务	任职时间
管理科	冯传金	男	汉族	河南	1940.04	协理员	1997.01—2000.04
	万世宽	男	汉族	河南	1962.09	协理员	2000.04—2006.06
	赵津生	男	汉族	吉林	1944.11	科长	1997.01—2002.03
	马荣华	女	汉族	山东	1966.03	副科长	2001.12—2002.02

2007年改革后一四一团场行政机关科办负责人见表8-5。

表8-5 2007年改革后一四一团场行政机关科办负责人

部门	姓名	性别	族别	籍贯	出生时间	职务	任职时间
发展改革经营管科	王浩	男	汉族	河南	1958.01	主任	2007.01—2014.01
	郭本军	男	汉族	河南	1962.09	副主任	2007.01—2014.01
	张勇	男	汉族	安徽	1969.04	科长	2007.01—2014.01
	张巍	女	汉族	湖北	1965.05	副科长	2007.01—2014.01
	常军	男	汉族	安徽	1972.02	副科长	2006.12—2013.03
社政科	胡爱泉	男	汉族	河南	1961.06	科长	1996.12—2014.01
	唐茹	女	汉族	河南	1964.01	副科长	2006.01—2014.01
	雷淑霞	女	汉族	河南	1962.11	副科长	2006.12—2010.03
	何新龙	男	汉族	陕西	1960.07	副主任	2010.03—2012.12
农业科 （林业站）	李云成	男	汉族	陕西	1963.04	科长	2007.01—2010.03
	徐东升	男	汉族	江苏	1968.01	站长	2007.13—2014.12
	桑有龙	男	汉族	安徽	1969.09	科长	2007.01—2014.01
	朱海江	男	汉族	河南	1961.10	副科长	2006.12—2008.12
工商建交科	唐滨	男	汉族	甘肃	1962.05	科长	2006.12—2010.03
	卢平	男	汉族	安徽	1968.01	科长	2007.01—2014.01
	王忠	男	汉族	江苏	1971.03	科长	2010.03—2011.03
工会	杨惠珍	女	汉族	贵州	1962.10	主任	2006.15—2014.01
	闫青松	男	汉族	河南	1970.08	主任	2007.12—2010.03
	王萍	女	汉族	安徽	1963.09	妇女主任	2006.12—2014.01
招商办	闫青松	男	汉族	河南	1970.08	主任	2010.03—2014.08
	王冰	男	汉族	河南	1968.11	副主任	2010.03—2011.03
内保大队	曹勇	男	汉族	安徽	1971.01	副大队长	2007.03—2014.01

2014年一四一团场机关局办负责人见表8-6。

表8-6 2014年一四一团场机关局办负责人

部门	姓名	性别	族别	籍贯	出生时间	职务	任职时间
经济发展局	闫青松	男	汉族	河南	1970.08	局长	2014.01—2015.12
	卢平	男	汉族	安徽	1968.01	副局长	2014.01—2015.12
	郭本军	男	汉族	河南	1962.09	副局长	2014.01—2015.12
财政财务局	张勇	男	汉族	安徽	1969.04	局长	2014.01—2015.12
	张巍	女	汉族	湖北	1965.05	副局长	2014.01—2015.12
社会事务局	胡爱泉	男	汉族	河南	1961.06	局长	2014.01—2015.12
	唐茹	女	汉族	河南	1964.01	副局长	2014.01—2015.12

三、基层行政

(一)团直属、事业单位

1997年,团场无独立设营,营(科)级单位有教育中心、卫生科(卫生中心)、供销科、水管科、林业站、“三好”办、“三电”办、植保站、牧业发展中心、加工厂、修配厂、克拉玛依工区、社管会。“三电”办随着电管所被石河子天富电力公司收编后取消,畜牧发展中心改为畜牧技术推广站。设主任、教导员、副主任、协理员、厂长、指导员(书记)、副厂长、副指导员(书记),业务配会计、统计、出纳、保管、材料员。

1997—2015年一四一团场非农行政领导见表8-7。

表8-7 1997—2015年一四一团场非农行政领导

科室	姓名	性别	族别	籍贯	出生时间	职务	任职时间
供销科	王鑫	男	汉族	河南	1938.11	科长	1997.01—1998.11
	钱兴保	男	汉族	江苏	1949.03	科长	1998.11—2007.12
	毕建成	男	汉族	山东	1947.11	书记	1997.01—2009.01
	刘长运	男	汉族	河南	1946.05	副科长	1997.01—1998.02
	张进喜	男	汉族	河南	1954.11	副科长	1998.02—2009.12
	殷万荣	男	汉族	甘肃	1948.12	副科长	1997.01—2003.12
	蒋仕华	男	汉族	四川	1967.12	科长	2006.12—2010.10
	王忠	男	汉族	江苏	1971.03	书记	2009.01—2010.10
水管科(站)	刘施民	男	汉族	江苏	1942.02	科长	1997.01—2001.12
	范惠娟	女	汉族	上海	1948.05	站长	2001.12—2002.12
	李云成	男	汉族	陕西	1963.08	兼书记	2001.12—2008.02
	荣友新	男	汉族	河南	1962.12	站长	2002.12—2015.12

（续）

科室	姓名	性别	族别	籍贯	出生时间	职务	任职时间
水管科(站)	贺新立	男	汉族	陕西	1952.07	书记	2008.02—2009.02
	窦进安	男	汉族	河南	1956.02	副站长	2001.12—2009.12
	刘慧	男	汉族	河南	1961.10	副站长	2006.03—2015.12
	汤敏	女	汉族	四川	1955.02	书记	2006.03—2008.02
	齐乃成	男	汉族	河南	1956.07	书记	2008.02—2010.02
	周中华	男	汉族	江苏	1958.04	书记	2011.03—2015.12
"三电"办(电管所)	康明忠	男	汉族	江苏	1059.10	主任	1998.02—2000.04
	杨志亚	男	汉族	上海	1940.01	书记	1997.01—2000.01
	赵建先	男	汉族	甘肃	1959.11	副所长	1998.02—2000.04
"三好"办	李正	男	汉族	甘肃	1947.09	主任	2006.02—2006.12
	何新龙	男	汉族	陕西	1960.07	副主任	2006.02—2006.11
	黄志斌	男	汉族	江苏	1968.11	副主任	2006.03—2006.12
林业站	张庆基	男	汉族	甘肃	1941.11	站长	1998.02—2002.08
	张延才	男	汉族	甘肃	1954.09	站长	2001.12—2004.03
	冯传军	男	汉族	山东	1955.09	站长	2004.03—2005.02
	杨占平	男	汉族	四川	1962.03	书记	2002.03—2005.02
	赵子定	男	汉族	四川	1956.12	书记	2005.02—2006.07
农技推广站(种子站)	殷万荣	男	汉族	甘肃	1948.12	站长	2001.08—2006.12
	任其进	男	汉族	河南	1962.09	书记兼	2001.08—2005.05
	苗建军	男	汉族	山东	1967.03	书记	2003.12—2006.03
	贺新立	男	汉族	陕西	1952.09	书记	2006.02—2008.02
	姚文华	女	汉族	上海	1970.10	副站长	2006.03—2015.12
牧业发展中心(兽医站)	徐明	男	汉族	河南	1960.05	兼主任	2003.08—2006.12
	马文忠	男	汉族	甘肃	1968.06	副主任	2003.08—2008.12
	侯卫东	男	汉族	山东	1968.01	站长	2000.04—2015.12
卫生中心	邵元庆	男	汉族	河南	1962.12	主任	1992.02—2008.12
	代新保	男	汉族	甘肃	1962.11	主任	1997.01-2006.12
防疫站	邵元庆	男	汉族	河南	1962.12	站长	1992.02—2008.12
	崔玉新	男	汉族	河南	1963.03	站长	1997.04-2006.12
计生办	邵元庆	男	汉族	河南	1962.12	主任	1992.02—2008.12
	雷淑霞	女	汉族	河南	1962.11	主任	2001.12-2006.12

2014年8月一四一团场成立三大公司人员见表8-8。

表8-8 2014年8月一四一团场成立三大公司人员

单位名称	职务	姓名	任职时间	职务	姓名	任职时间
农业公司	团党委常委、公司党委书记、董事长	李云成	2014.08	副总经理兼畜牧工作站站长	侯卫东	2014.08
	总经理兼物资技术站党支部书记、站长	苗建军	2014.08	人力资源部(党群部)	马引兄	2014.08
	党委副书记、监事会主席	赵国梁	2014.08	人力资源部(党群部)	房丽	2014.08
	副总经理	荣友新	2014.08	人力资源部(党群部)	薛玉英	2014.08
	副总经理、生产技术部部长	刘俊杰	2014.08	人力资源部(党群部)	刘宗霞	2014.08
	副总经理	田根章	2014.08			
国有资产投资公司	董事长、党支部书记、总经理	张蜀江	2015.01	工作人员	马荣芝	2014.08
	工作人员	员利萍	2014.08			
城镇投资有限公司	董事长兼总经理	蒋仕华	2014.08	综合部工作人员	高波	2014.08
	党支部书记	徐建海	2014.08	综合部工作人员	杨利军	2014.08
	副总经理兼综合部部长	付能贵	2014.08	供水站站长	李明启	2014.08
	财务部工作人员	孟燕	2014.08	供热站站长	唐明忠	2014.08

(二)农业连队

1997年,团场设28个基层单位,其中农业连队17个,即一连、二连、三连、四连、五连、六连、七连、八连、九连、十连、十一连、十二连、十三连、良种连、园艺连、基建队、种畜队,另有水管所、电管所、汽车连、砖厂、油灰厂、建安公司、贸易公司、驻石商店、驻石办事处、福利厂、兽医站(连级行政机构中设有营级连长、指导员)。设连长、指导员、副连长、副指导员、会计、统计、出纳。1999年2月,种畜队并入园艺连。

2000年3月,撤销福利厂、贸易公司、汽车连,成立物业管理中心,畜牧兽医服务中心与机关脱离改为畜牧兽医技术推广站。

2001年12月,基建队改为十四连,砖厂改十五连,良种连改为十六连,园艺连改为十七连,水管所改为十八连(后撤销)。

2002年1月,油灰厂并入建安公司,园艺连编入林业站。2004年5月,砖厂并入林业站。2005年2月,撤销林业站。

2007年3月,九连合并入五连,十五连改为果蔬站。

2014年8月,果蔬站改为林果蔬公司(团林果蔬中心)。

1997—2015年一四一团场农业连队连长、指导员见表8-9。

表8-9 1997—2015年一四一团场农业连队连长、指导员

单位	姓名	职务	任职时间	姓名	政工	任职时间
一连	张兴国	连长	1997.02—2001.01	李正义	指导员	1997.01—1997.12
	[illegible]平	连长	2001.01—2002.05	诸作辉	指导员	1997.12—2003.12
	彭开道	连长	2002.05—2007.03	侯卫民	指导员	2003.12—2005.12
	侯卫民	连长	2005.12—2015.12	徐创胜	指导员	2005.12—2010.02
	—	—	—	王志成	指导员	2010.02—2011.03
	—	—	—	李江平	指导员	2011.03—2015.12
二连	蒋王才	连长	1997.01—2001.02	徐志良	指导员(代)	1997.01—2000.12
	朱元年	连长	2001.02—2005.10	张益平	指导员	2000.03—2001.12
	付能贵	连长	2005.10—2013.03	陶惠银	指导员	2001.12—2005.10
	段建疆	连长	2013.03—2015.12	谭峰	指导员	2005.10—2009.01
	—	—	—	任乐友	指导员	2009.01—2011.03
	—	—	—	刘新城	指导员	2011.03—2014.03
	—	—	—	陈文武	指导员	2014.03—2015.12
三连	华荣	连长	1997.01—2003.12	华荣	指导员(兼)	1997.01—1997.12
	涂[illegible]旬	连长	2003.12—2006.03	王立民	指导员	1997.12—2000.03
	刘[illegible]城	连长	2006.03—2009.01	彭开道	指导员	2000.03—2002.05
	刘巍	连长	2009.01—2015.12	闫青松	指导员	2002.05—2002.12
	—	—	—	王金峰	指导员	2002.12—2005.02
	—	—	—	李扣民	副指导员	2005.02—2005.12
	—	—	—	刘巍	指导员	2005.12—2009.01
	—	—	—	骆泽辉	指导员	2009.01—2009.10
	—	—	—	肖虎强	指导员	2009.10—2011.03
	—	—	—	王秀梅	指导员	2011.03—2015.12
四连	马文琦	连长	1997.12—2001.06	王立民	指导员	2000.03—2001.06
	吴仁彪	第二连长	1999.01—2003.12	孙志强	指导员	2001.06—2003.12
	杨杰康	连长	2001.06—2005.12	赵国梁	指导员	2003.12—2005.12
	姜桂军	连长	2005.12—2015.12	李扣民	代指导员	2005.12—2008.12
	—	—	—	刘新城	指导员	2009.01—2011.03
	—	—	—	陶惠银	指导员	2011.03—2015.12
五连	张延才	连长	1997.01—2001.02	高祥尔	指导员	1997.01—1997.02
	唐开玥	第二连长	1997.01—1997.02	闫青松	指导员	1997.02—2001.12

（续）

单位	姓名	职务	任职时间	姓名	政工	任职时间
五连	苗建军	连长	2001.02—2003.12	张益平	指导员	2001.12—2002.07
	李扣民	连长	2003.12—2005.02	周建强	指导员	2002.08—2005.12
	王金峰	连长书记	2005.02—2005.12	王志成	指导员	2005.12—2007.03
	杨镇泽	第二连长	2011.03—2012.03	王海忠	指导员	2007.03—2009.01
	彭开道	连长书记	2005.12—2015.08	童树军	指导员	2009.01—2015.12
六连	姜必成	连长	1997.01—1997.05	姜必成	指导员（兼）	1997.01—1997.12
	陈平智	连长	1997.05—2003.05	文有礼	第二指导	1997.05—2001.02
	金排勇	连长	2003.05—2005.12	许昌福	指导员	2001.02—2002.11
	蒋庆文	书记连长	2005.12—2011.03	王志成	指导员	2002.12—2007.03
	王金峰	连长	2011.03—2014.04	王金峰	指导员	2005.12—2011.03
	胡建军	连长	2014.04—2015.12	胡建军	指导员	2011.03—2014.04
	—	—	—	刘辉	指导员	2014.04—2015.12
七连	张跃山	连长	1997.01—1999.03	郭耀峰	指导员	1997.01—1998.02
	魏清明	连长	1999.03—2001.12	陈和民	指导员	1998.02—2001.02
	蒋庆文	连长	2001.12—2005.12	王金峰	指导员	2001.02—2002.12
	杨杰康	连长	2005.12—2007.03	侯卫民	指导员	2002.12—2003.12
	胡建军	连长	2007.03—2011.03	王光荣	指导员	2003.12—2007.03
	徐创胜	连长	2011.03—2015.12	王志成	指导员	2007.03—2010.02
	—	—	—	徐创胜	指导员	2010.02—2011.03
	—	—	—	张建国	指导员	2011.03—2015.12
八连	李扣民	连长	1997.01—2003.12	秦长军	指导员	1997.02—2000.03
	王斌	连长	2003.12—2005.03	赵平	指导员	2000.02—2005.02
	赵平	连长	2005.02—2009.03	孙志强	指导员	2005.02—2010.02
	周中华	连长	2009.01—2011.03	魏清明	指导员	2010.02—2015.12
	蒋庆文	连长	2011.03—2015.12	—	—	—
九连	张军	连长	1997.01—2001.12	胡盛泽	指导员	1997.01—2002.12
	赵子定	连长	2001.12—2005.03	周宁	指导员	2002.12—2003.12
	齐乃成	连长	2005.02—2007.03	王海忠	指导员	2003.12—2006.06
十连	王庆武	连长	1997.01—1997.12	范福清	指导员	1997.01—1997.02
	王光荣	连长	1997.12—2001.02	鲁瑞华	指导员	1997.02—2001.02

（续）

单位	姓名	职务	任职时间	姓名	政工	任职时间
十连	王平安	连长	2001.02—2002.05	王光荣	指导员	2001.02—2003.12
	王海忠	连长	2002.05—2003.12	段建疆	指导员	2003.12—2005.03
	扈宁	连长	2003.12—2005.02	周宁	指导员	2005.02—2008.02
	段建疆	连长	2005.02—2008.02	许万志	指导员	2008.02—2009.01
	李文强	连长	2008.02—2009.03	段建疆	指导员	2010.02—2014.03
	许万志	连长	2009.03—2010.02	陈婧	指导员	2014.03—2015.12
	赵平	连长	2010.02—2015.12	—	—	—
十一连	李云成	连长	1997.02—1998.01	杨化奇	指导员	1997.02—2003.12
	刘俊杰	连长	1998.01—2009.10	诸作辉	指导员	2003.12—2013.04
	骆泽辉	第二连长	2009.10—2010.03	肖虎强	指导员	2013.04—2015.12
	王振新	连长	2013.04—2015.12	—	—	—
十二连	赵子定	连长	1997.01—2001.12	杨占平	指导员	1997.02—2001.02
	杨杰康	第二连长	1999.01—2005.12	闫青松	指导员	2001.02—2002.05
	张军	连长	2005.12—2011.03	王振新	书记指导员	2005.12—2013.04
	陆明	连长	2011.03—2015.12	褚作辉	指导员	2013.04—2015.12
十三连	陈帮泉	连长	1997.01—2003.08	钱兴保	指导员	1997.01—1998.11
	蒋士华	连长	2003.08—2007.03	蒋庆文	指导员	1998.11—2001.12
	齐乃成	连长	2007.03—2008.02	魏清明	指导员	2001.12—2009.10
	赵平	连长	2008.02—2009.10	王红政	指导员	2009.10—2015.12
	刘俊杰	连长	2009.10—2014.08	—	—	—
	杨卫军	连长	2014.08—2015.12	—	—	—
十四连	周忠华	连长	1997.01—2009.01	孙志强	副指导员	1997.01—2001.06
	谭峰	连长	2009.01—2015.12	张改民	指导员	2001.06—2003.12
	—	—	—	郭志军	指导员	2003.12—2006.01
	—	—	—	张建国	指导员	2009.01—2011.03
	—	—	—	陈婧	指导员	2011.03—2014.04
	—	—	—	李伟	指导员	2014.04—2015.12
果蔬站	黄胜利	兼种畜站长	1997.01—1999.02	侯仕鉴	书记	1997.02—1999.02
	曲新荣	园艺连长	1997.01—1999.02	范福清	指导员	1997.02—2001.02
	张庆基	站长	1999.03—2001.02	杨占平	指导员	2001.02—2005.02

（续）

单位	姓名	职务	任职时间	姓名	政工	任职时间
果蔬站	张延才	站长	2001.02—2004.03	赵子定	书记	2005.02—2006.07
	冯传军	17连长	2004.03—2006.01	黄志华	书记	2006.01—2008.03
	张静	经理	2006.01—2008.03	周宁	书记	2008.02—2009.01
	赵洪刚	经理	2009.01—2015.12	张静	书记	2009.01—2015.12
十六连	黄志斌	连长	1997.01—2003.12	王平安	指导员	1997.01—2001.02
	孙志强	连长	2003.12—2005.03	贾平原	指导员	2001.02—2002.11
	许万志	连长	2005.02—2008.02	王红政	指导员	2002.12—2009.12
	张伟	连长	2009.02—2015.12	马引兄	指导员	2009.12—2014.08
	—	—	—	李永强	指导员	2014.08—2015.12

注：2007年3月，团撤销九连建制，九连并入生产五连。

第二节　重大施政

一、“两自一包”

1997年，团场种植业职工全面实施“两自一包”政策，即生产、生活资料自理，包上缴合同内规定的利费指标和计划产品数量，除粮食、棉花、油料和甜菜四大作物按团场指令性计划种植和产品统购统销外，其他作物均由职工自由种植和自主经营，形成统分结合双层经营体制。大宗农产品收入分配按“三兼顾”（国家、集体、个人）原则执行，承包职工以产品形式上缴税收和利费，交够国家和企业的，剩下均为自己的。当年，种植业总产值7[illegible]14万元，比1996年增加91%。1997年后，“两自一包”政策逐步被租赁承包政策所代替。

二、风险抵押

1998年3月，团场制定实施干部承包风险抵押政策。该政策规定团、连从业务人员到领导干部，每人在与上级签订承包合同时，必须同时交清3000元至1万元不等的风险保证金，以资作押，年终连队盈利风险保证金按5%利息退回，连队亏损，按亏损比例从风险金中扣除。风险抵押实施后增强基层干部风险意识和工作责任心，干群关系进一步加强。此后，连队亏损现象逐渐减少，绝大部分基层干部风险抵押金都能如数拿回，大部分单位干部因业绩较好，根据考核按比例拿到奖金。风险抵押带来责任心、高效益，干部与农工心往一处想，劲往一处使，汗往一处流，团场农业生产连年夺得大丰收。农工年收入5000～50000元，甚至达到数10万元，干部绩效奖励达3万～10万元。

三、租赁承包

1998年，团场为减轻经济压力，增强经济活力，适应市场经济变化，在总结多年实施“两自一包”政策经验基础上，推出租赁承包政策。租赁承包，实质上是“三费自理”，在此前生产资料费用和生活资料费用自理基础上，增加一项土地利费自理(即先缴清所承包土地利费之后再种地)。实行租赁承包后，承包职工完全做到自主计划、自主经营、自我发展、自负盈亏。职工成为土地主人，什么作物挣钱，市场前景好，就种植什么作物，完全将职工推入市场。当年，团选择靠近团部的十五连试点，效果良好，次年扩大范围。承包与“五统一”(统一耕作、统一播种、统一浇水、统一治虫、统一收获)和包交产品挂钩，使租赁承包政策得到完善。

2009年，团新一届党委在充分调研基础上，倾听职工群众意见，对租赁承包政策不断完善。采取对土地利费降低50%、免除困难职工倒挂账、对困难职工实行小额贷款、贴近市场价格收购农产品、开展清洁田园活动等措施，使租赁承包更完善，完全落到实处。

四、内引外联

1997年，团场为贯彻落实师市下达的“九五”计划(国家第九个五年计划)期间，完成1000公顷土地开发任务，由于职工手里没钱，对开发性土地的管理缺乏经验，开发土地无人问津。面对开发土地的巨大压力，团出台“3年不收土地利费”等优惠政策，吸引能人、有经济实力人员到团场开发土地，实施内引外联，通过媒体发布招商广告等形式，开启团场土地开发新模式。

1999年，团允许职工私人建立开发性家庭农场，当年收复荒地300公顷。

五、政务公开

1997年，改革开放和社会主义市场经济发展带来利益主体和利益需求的多样化，使人民内部的利益关系不可避免出现一些问题和矛盾。党委制定“六公开三上墙”制度，在全团公布于众。在做好宣传教育的同时，团纪委深入实际对涉及职工利益问题，不论职务大小，发现问题一查到底。查处10多起涉及承包土地方面案件。这一举措受到兵团纪委的肯定，称之为是构建建立健全社会利益表达机制的有效做法，将这一做法推广至全兵团。

2001年，团场又制定财务管理“三公开一报告”制度、报账员制度及新的审核制度。“三公开一报告”即公开单位的生产费用支出，公开单位的经营收入，公开单位的经营盈亏情况，每半年向职代会报告1次。公开形式：一是设立团、连(厂、公司)公开栏，对职工群众关注的重大决策进行张榜公开；二是定期召开职代会，对团、连(厂、公司)重大行政决策由职代会审议通过后予以公开；三是一年召开两次“议政会”，对团场的生产经营管理和职工生活福利、招待费使用等情况进行公开；四是通过新闻媒体公开。

公开程序即对团场和各基层单位所有需要公开的内容及项目进行整理，列出清单，然后对整理结果进行汇总审核，最后由政务公开领导小组审核后，请相关部门对照清单全面进行公布。

公开内容：一是年度生产经营情况和财务收支情况；二是单位农机具、滴灌首部、水井等拍卖、转让或租赁情况；三是义务工的使用情况；四是扶贫、救济、救灾款物的发放情况；五是计划生育的指标分配情况；六是农业单位的土地面积、土地等级、收费标准、成本费用、上交产品、年终分配兑现等“六公开三上墙”情况；七是单位招待费用、集体福利费用以及公摊费用等明细情况；八是连队干部及杂勤人员的考绩及工资奖金分配情况；九是连队干部亲属承包土地费用的收支情况；十是除承包利费外的各类集资、收费和罚款情况；十一是其他需要公开情况。

2008年后,团扩大政务公开范围,大到团改革方案、重大决策、土地承包方案、生产成本费用支出等,小到领导干部家庭收支、干部奖金发放、电费收缴、职工义务工核算。连务公开时对“十星级文明户”评选等,以及干部任前谈话、机关“三公经费”全部张榜公布、公示,接受群众监督。

六、民主管理

扩大职工群众的选举权、知情权、参与权和监督权,推进基层民主政治建设进程,切实维护好职工的合法权益。团工会坚持和完善“一个基本形式,六项配套制度”、职工代表大会(即“职代会”)制度,团场每年至少召开两次职代会,连队决定重大事项必须定期或不定期召开职工大会或职代会;六项配套制度即职工代表议事会、“议政日”制度政务公开制度,民主评议、选举领导干部制度,业务招待费及公摊费用情况向职代会报告制度,平等协商签订集体合同制度,团领导接待群众“来访日”制度。

基层民主议事会制度和团、连两级职工代表“议政日”制度,为职工群众落实“四权”提供保障。单位的重大决策和关系职工民生的重大问题交职工审议,按照基层党支部民主决策的“一、二、四、六、三”制度和议事会章程,让职工自己评说,团场上情下达,下情上送,上下通气,调动职工群众参与团连事务管理的积极性,解决问题,化解矛盾,为团场改革和发展注入新的活力。民主议事会制度、“议政日”制度成为职工群众参政议政民主管理的一项重要内容。

七、选举人大代表、推荐政协委员

一四一团参与石河子市和沙湾县地方人大选举。

(一)选举石河子市人民代表大会代表

1983年4月15日,团场按照《中华人民共和国宪法》《中国人民政治协商会议章程》、地方组织法的有关规定和《石河子市第一届人大代表的实施方案》规定,第一次选举出石河子市人大、政协委员。人大、政协委员选举工作分为五个阶段进行。第一阶段为宣传动员阶段,团场召开选举工作预备会,举办基层单位选举工作骨干培训班,选举工作领导小组名单、人口摸底、汇总,上报单位。第二阶段为选民登记阶段。第三阶段为分配代表名额、提名、酝酿、协商,确定人大代表候选人阶段。第四阶段为选民投票选举阶段。第五阶段为选举出参加石河子市人民代表大会和政协委员的最后阶段。

首次选举是按照石河子市人大筹建办分配团代表名额7人,其中,在性别构成中,男性5人,女性2人;在民族构成中,汉族6人,少数民族1人;在政治情况中,非党员1人,党员6人;在组成情况中,基层职工6人,干部1人。全团拟预选第一届人大代表7人,划分团直、机关,基层连队,两个选区总人口11476人,有汉族选民11368人,少数民族选民108人。大专文化以下6人,大专文化以上1人,党员6人,干部2人。选举领导小组推荐33人,经过酝酿、讨论、协商确定正式代表7人。其中,机关干部1人,基层连队华荣、王素芳等6人出席第一次石河子市人民代表大会和第一届政协会议。

团场的人大代表产生后,深入基层调研,虚心听取选民意见和建议,严格履行参政、议政职能,向人大常务委员会提交团场交通、子女上学等6条议案得到落实。此后,团场每5年按石河子市人大选举分配的名额，经过规范程序选出代表出席参加人大、政协会议。

1997年2月16日，政委刘书运、团长冯玉清带领代表出席石河子市第六届人大、政协代表大会。

2002年2月8日，政委郭振元、团长吴敏带领代表出席石河子市第七届人大、政协委员会议。

2007年1月8日，政委王惠林、团长邢明亮带领代表出席石河子市第八届人大、政协行员会议。

（二）沙湾县人民代表大会代表

1997年12月，孙玉英被选为出席沙湾县第12届人大代表。

2003年1月，孙玉英被沙湾县选为第13届人大代表，参加沙湾人大会议。

第三节 机关政务

一、机关管理

1997年，团场机关管理干部按照国有企业职工档案工资标准发放工资，办公费用定额拨款（按年初预算数）加强管理，降低非生产性开支，费用超支不补。组织人事部门按照企业干部管理办法，由组织科统一考核管理，机关干部对上做好团场领导的参谋和助手，及时完成团场领导交办的各项任务，发现工作中好的工作经验善于总结，做好调研，为领导决策提供准确、真实、可靠的第一手资料。在工作中发现问题及时汇报，及时解决，不能解决的向有关部门和相关领导汇报并提出解决问题的方案。常年下基层参加劳动，为基层单位和职工做好服务工作，与职工群众打成一片。年终考核只作为评等、评优，选拔干部的依据。随着团场经济效益的逐年好转，职工收入的不断增加，团场党委根据每年团场经济状况，年底一次性发放不等金额的奖金，作为对机关干部的物质奖励。

二、绩效考核

2012年，师市绩效办开始对团场领导班子及机关科室工作进行绩效考核，与团场领导班子绩效工资挂钩，团场成立绩效办（依托党办、政研室）。团绩效办根据师绩效办公室下达的一级目标（团场），围绕团场党委重大决策、重要工作任务推进落实绩效管理的各项考核工作；紧密结合团场重点任务规范分解、制定的二级目标（科室）、三级目标（个人）。二级目标和三级目标对应贯通，三级目标（个人）任务责任到人、明确量化；有针对性地对工作纪律执行、工作作风进行明察暗访，同时落实问题整改工作；业务台账齐全、信息资料逐步规范。团场根据师市团场绩效办印发的《团场绩效管理实施细则》结合实际制定《绩效管理考评办法及实施方案》，建立健全绩效管理一系列相关制度，并按制度、规定开展绩效管理工作。团场党委为加强对绩效管理工作的领导，成立绩效考核领导小组，政委、团长为组长，分管机关领导为副组长，其余团领导组成绩效考核管理领导小组，绩效管理工作分别设在办公室、政研室（发改科）、机关党总支等科室，设专人负责团场机关绩效管理工作，加大了绩效管理工作的力度，确保了绩效管理工作组织到位、人员到位，确保了绩效管理工作的有序运转。

根据团场党委会确定的年度经济和社会发展等重要指标,及时下发《团场重点工作及责任分工的通知》《二、三级绩效考评工作方案》。团场绩效办按照一级绩效目标的考核要求,依据“任务到岗、责任到人,措施到位、时间到天”的原则,完成年度各科室二级、三级目标的制定和确定工作。通过二、三级绩效目标的分解和对接,一级保一级的绩效目标管理过程,确保二、三级所有考核指标全部分解到位,落实到个人,保证团场年度各项重点工作目标任务的完成。

团场建立重点工作周报送制度,将重点工作完成情况纳入机关绩效考核,制定和下发《关于加强重点工作完成情况信息报送的通知》,对重点工作信息报送情况采取十分制,对排名靠前的予以通报表扬,对信息工作重视不够、工作完成不力、排名靠后的单位予以通报批评,对连续3个月未按规定完成信息报送任务的,由团纪委监察局约谈。在加强重点工作信息报送的基础上,由党政办牵头,对照团九届四次全会精神责任分解方案,重点督查具体工作的完成情况,促进各项目标任务的落实。

各科室对各项指标完成情况进行自评,并形成自评报告报送绩效办。绩效办按照绩效指标考评周期,对被考评科室绩效指标执行情况进行评分,每季度通报被考评单位绩效管理工作开展情况及扣分情况。绩效办对被考评科室绩效计划执行情况进行半年检查,将检查情况报领导小组绩效办。绩效办对被考评科室年度绩效计划执行情况、全年绩效指标完成情况进行考评和成绩汇总。被考评科室年度内有以下情形的,由绩效办报领导小组审定,年度绩效考评结果不得确定为“一等”:被上级党委、人民政府通报批评的;凡在信访、综合治理、安全生产、计划生育等方面出现“一票否决”的;科室干部出现违法、违纪问题,被司法部门或上级纪委查处和处理的。绩效结果作为干部选拔任用的重要依据,作为干部定等、评先评优的重要依据,作为问责的依据,作为发放绩效奖励金的主要依据。

第四节　信　　访

一、信访制度

1997—2009年,一四一团场制定《一四一团信访管理若干规定》,落实党政领导“一把手”负总责、分管领导具体抓和班子成员落实“一岗双责”,不断完善和创新体制机制。坚持团职领导每月一次信访接待日制度,公开信访电子邮箱和电话,实行团场领导分别负责2~3个基层单位、机关职能科室负责人和科级干部挂钩联系点工作制度,坚持开展每月不少于2次的矛盾纠纷排查化解制度,对突出问题落实“五包”责任制,增强领导干部接访、下访和参与化解社会矛盾。团场实行主要领导班子成员亲自包案制度,解决5起信访件,使信访人息诉“案结事了”。在落实用群众工作统揽信访工作的同时,加大对信访稳定工作责任追究和考核办法。

二、信访案件

1997—2009年,团场设立信访联席办组织机构,政委、团长任组长,成员由副政委、副团长担任，下设联席办公室，办公室成员由党办、纪委监察科、政工办、政法办、发改科、社政科、农业科、工交建商科、工会妇联、人武部、团委、北野派出所、司法所及各单位书记组成。副政委、纪委书记担任办公召集人。各级领导重视信访工作，使信访工作化解社会矛盾、理顺群众情绪、解决实际问题的质量和效率提高，一些关系全局需要综合治理的信访热点问题得到解决和缓解，减少越级上访、集体上访事件发生。

2010—2015年，团场推进领导干部"接访、下访、化解"工作。团场党委书记每季度到所挂钩的单位联系点进行一次工作汇报会，机关32名科室责任人分别与生活、生产困难职工结为帮困联系户，从生活上给予关心和扶持，生产上给予帮助。2010年，信访人次同期相比下降，受理来信来访3件，领导干部接访数34件次，来信来访件次同比2009年减少8件次，来访人次减少27人次，已办结48件。

第五节 档案 史志

一、档案

1997—2015年，档案室为各行业和个人提供服务查阅档案14000余人次。档案人员能够及时为职工提供承包土地合同查阅及工作年限、参保时间等档案查询服务，为团场编史修志提供400余人次的档案资料。

（一）档案管理

1997年前，团场档案管理工作归组织科管理，由1名从事机要、保密工作的人员兼任，主要管理文书、干部人事档案。职工人事档案由劳动工资科管理；会计档案由财务科管理。

1997年2月，团场成立综合档案室，其他科室部门档案统一归综合档案室管理，综合档案室与机要科合署办公，有2名机要员兼档案员。

1997—2010年，团场档案主要规章制度有《一四一团档案管理制度汇编》《一四一团档案岗位职责》《一四一团档案保密制度》《一四一团档案查、借阅、利用制度》《一四一团档案法宣传教育规划》。

1998年3月，团场机要科增添1名机要员，档案室有兼职档案员3人。

2013年，组织机关干部学习档案法知识，将档案法纳入机关法治学习内容，利用机关学习日组织机关干部学习《中华人民共和国档案法》。组织基层单位政工员学习《中华人民共和国档案法》。

（二）档案升级达标

1998年5月，为贯彻落实《中华人民共和国档案法》《自治区档案法实施办法》政策，团场成立档案达标升级领导小组，副政委高泽民任组长，党办主任任副组长，成员由机要科档案员担任。开展团场综合档案整理达标工作，为保障达标工作顺利开展，团场为档案室配备电脑、打印机，购买五联10列6层50节档案柜。3名兼职档案员在确保机要传真工作外，经过1年归档、编目、上架，整理出文书、科技档案9641份、人事档案5980份，照片档案1056份，城建科技底图238张。撰写编研资料20卷，撰写20余万字《一四一团组织沿革》《大事记》

《一四一团历任领导基本情况》《一四一团历任档案员专题资料》《档案利用效果实例》等文书及人事、科技、基建档案。

1999年5月,师市档案局负责人马力带领档案整理评审专家组一行到一四一团,按自治区档案管理标准进行逐项逐条评审,经过严格审核,评定一四一团档案为自治区档案目标管理二级标准,一四一团成为农八师18个农牧团场唯一档案达标单位。

2013年,按师市档案局要求,团按规定把320卷文书档案移交到师市档案馆 团场实存综合档案1.1万余卷。

2015年,综合档案室档案库房91.54平方米,基本设施有铁皮档案柜、计算机、分散式空调。

(三)连队建档

2011年,团场党委决定在全团各农业连队成立档案管理工作领导小组,设立兼职档案员,制定出《连队立卷归档制度》《连队档案保管利用制度》《连队档案工作人员岗位职责》《档案销毁制度》等规章制度。是年5—8月,在团档案工作人员指导、协助下,各连队兼职档案员克服困难,对2010年文书档案进行收集、整理、分类、编号、编制卷内目录、组册、装订、归档,启动建立连队各类档案归档整理工作。是年10月,完成连队立卷工作,成为全师最早实现连队建立档案的单位。

二、地方志

(一)第一轮志

1984年2月,《一四一团场志》编纂工作由宣传科负责,韦天放专职编纂《一四一团场志》。1987年,因各种原因编纂工作停滞,仅留下资料卡片及14万余字的初稿。1996年3月,修志工作重新启动,成立一四一团史志编纂委员会,团长钱荣根、政委刘书运任编纂委员会主任,副政委高泽民任副主任,设史志办公室,何继昌任办公室主任,韦天放兼任副主任,田发、邹多志负责编纂。

2000年4月,第一轮《一四一团场志》初稿完成,主编高泽民,副主编田发、邹多志。其上限起自1958年5月1日,下限止于1996年12月。全书共27章138节68万字。书中涉及的地名、部队番号、机构名称均使用当时称谓,资料来源于档案、报刊及经过核实的口碑、调查资料。

《一四一团场志》完稿后,由师市党史办主任王飞组织复审并联系出版事宜。2000年12月,由新疆人民出版社出版发行。

2007年,团场按师市史志办《关于拟定〈简史〉要求》,党办组织人员完成《一四一团场简史》一书的出版发行。

(二)第二轮志

2009年5月,一四一团场二轮修志工作正式启动。团场聘请机关内退干部陈楚新负责编纂第二轮修志。2010年4月,工作人员完成280千字的《一四一团资料汇编》和《一四一团图片资料》。

2015年,团场史志办在做好每年向师市党史办公室上报年鉴资料工作的同时,进行二轮志撰稿工作,收集1958—2015年1000余条历史大事记,以内部资料印刷成册。

三、年鉴

2012年4月，师市史志办根据兵团要求，农牧团场每年将团场政治、经济、文化、社会发展的各类资料汇集编纂团场年鉴，上报师市史志办统一编纂《石河子年鉴》。按照师市史志办统一规定的提供年鉴编纂资料要求，团场指定专人负责年鉴编纂工作。编纂年鉴内容与志书要求不同，年鉴分为特载、概况、大事记、政治、法治、人民团体、农业、工交建商、经济综合管理、科教文卫、社会事务、连队驻团单位和附录13个部类。

2012—2015年，团场共完成5部年鉴编纂工作，为团场政治、经济、文化建设等方面存史资政提供宝贵的史料。

第九章 群众团体

1971年9月11日,共青团一四一团委员会成立,青年工作有了独立的部门专人负责此项工作,开展青年工作。1976年11月15日,一四一团妇女联合会成立,产生妇女联合会委员会,设专职妇联主任。1984年9月8日,召开第一次职工代表大会,选举产生工会委员会,设专职工会主席。1994年12月4日,团场召开首届残疾人代表大会,选举产生残疾人理事会。群众团体能够围绕团场经济社会发展的需要,在不同岗位开展各自不同的工作。

第一节 工 会

一、组织机构

1997年,孙祖光任团工会主席。

1998年2月,师市党委批准孙祖光光荣退休,任命孙玉英接任代工会主席。

1999年8月22日,团场召开第四次工会全体代表大会,选举产生新一届工会委员会,孙玉英当选主席,谢培源、樊新华为副主席。2001年10月,王萍任女工主任。

2003年8月15日,团场召开第五次工会代表大会,选举产生新一届工会委员会,孙玉英当选主席,白新安当选副主席。当年,基层工会委员会成员29个,设专(兼)职工会主席29人,全团有工会会员2938人,占职工总数94.41%。

2004年,增补陈帮泉为副主席。

2006年5月,师市党委批准孙玉英提前退休,任命马荣华接任代主席,杨惠珍接任代副主席。

2011年6月,马荣华调任一四四团团长,师市党委任命孟宪华接任代主席,杨惠珍接任代副主席。

2013年3月,师市党委批准孟宪华退休,任命杨秋燕接任代主席,杨惠珍接任代副主席。

2015年底,全团27个基层单位设有专兼职工会主席27人;全团有工会会员2453人,占职工总数100%,全团发展农民工入会3674人。当年,团场工会被兵团工会评为"帮扶工作先进集体"。

1997—2015年,一四一团工会主席、副主席任职情况见表9-1。

表9-1　1997—2015年一四一团工会主席、副主席任职情况

职务	姓名	性别	族别	籍贯	任职时间
主席	孙祖光	女	汉族	四川梁平	1997.01—1998.02
	孙玉英	女	汉族	江苏涟水	1998.02—1999.08（代主席）
					1999.08—2006.05
	马荣华	女	汉族	山东乳山	2003.06—2011.06
	孟宪华	女	汉族	河南南阳	2011.06—2013.03
	杨秋燕	女	汉族	河南新乡	2013.03—2015.12
副主席	谢培源	男	汉族	河南	1999.08—2003.08
	樊新华	男	汉族	山西	1999.08—2003.08
	白新安	男	汉族	河南	2003.08—2006.02
	陈帮泉	男	汉族	重庆	2004.02—2004.06
	杨惠珍	女	汉族	贵州	2006.05—2015.12

二、职工代表大会

团场职工代表大会一般每年召开2次，特殊情况下召开3次。每次召开是依照《中国工会章程》规定，按职工总数相对5%比例，选出大会代表。代表是按党政干部代表、工会干部代表、工人代表、专业技术人员代表、妇女代表、少数民族代表、45岁以下代表、大专文化以上代表各占代表总数的比例分配出席代表人数。

1998年8月22日，团场召开第四次职工、工会会员代表大会，286名职工代表出席大会，孙玉英做工会工作报告，大会选举孙玉英为团工会主席，吴天云为副主席。

1999年8月12日，团召开职工代表大会，宣布给全团2980名签订全员劳动合同的在岗在册企业职工，增加10%工资补贴。当年8月22日，团场召开第四次工会会员代表大会，团长冯玉清致开幕词，副政委高泽民致闭幕词，党委常委、副政委、工会代主席孙玉英做题为《团结动员全团职工群众为实现一四一团场“九五”计划和跨世纪宏伟目标而努力奋斗》工作报告。大会选举产生团工会委员韦天放、孙玉英、王萍、胡爱泉、梁留虎、姚美珍、吴天云、谢培源、樊新华、余志强、曾兴华、黄志华、田根章、晋清贵、肖盛康15人。常委孙玉英、谢培源、樊新华、韦天放、吴天云、梁留虎、曾兴华7人，孙玉英当选为工会主席；谢培源、樊新华为副主席；选出工会经费审查委员会委员于树忠、何克银、宋再厚3人，主任何克银。设4个专门工作小组：生产经营工作组、民主管理工作组、社会福利工作组、民主评议干部工作组。

2003年8月15日，团场召开第五次职工代表大会，团长吴敏致开幕词，政委郭振元致闭幕词，原工会主席孙玉英做题为《深入贯彻“十六代”精神，依法履行维护职能，为实现团场宏伟目标而努力奋斗》工作报告。大会选举产生第五届工会委员会，委员王萍、白新安、孙玉英、刘新成、李云成、肖盛康、吴天云、余志强、陈楚新、赵军、胡爱泉、柳德让、徐建海、郭耀峰、梁留虎15人，常委孙玉英、白新安、王萍、吴天云、胡爱泉、郭耀峰、梁留虎7人，孙玉英当

选工会主席，白新安当选工会副主席。选举王萍为女工主任，女工委委员会委员王萍、杨桂兰、杨惠珍、肖盛康、孟新玉、陶会银、雷淑霞7人。第五届工会经费审查委员会委员卢军、赵新林2人，主任王浩。设4个专门工作小组：提案审查组、生产经营组、规章制度组、评议监督组。

2006年5月，师市党委任命马荣华任工会代主席，杨惠珍任工会代副主席。此后，团场再没召开过代表大会。

2015年3月31日，团场在工人文化宫召开六届十五次职工代表大会，全团147名职工代表参加会议，会议由工会主席杨秋燕主持。团长古广峰做职代会工作报告，财政（财务）局局长张勇做2014年财务决算和2015年财务预算报告，经济发展局王浩就生产责任制问题进行说明，社会事业发展局局长胡爱泉做2015年职工调资报告说明。

三、主要工作活动

（一）经费管理

1997年开始，团场行政每年按每个工会会员60元收取工会经费，收到的19.56万元划拨给团场工会在团财务科开设的账户统一管理，工会经费实行专款专用。工会经费主要月于开展各种文体活动、劳动竞赛和困难职工特殊补助等，经费使用情况有明细账目，每年由团场经费审查委员会审核后，在召开工会代表大会时，向大会报告并提请代表审议。代表在审议过程中，对经费使用有疑义的，可要求重新审核，直到满意为止。团场财务部门将5%福利费全部划拨到工会账上，设应付福利费、应付工资、内部往来等科目，团场审计部门对福利经费进行审计。此项费用主要用于工会工作人员、连队保育员的工资、奖金、死亡职工的丧葬费，革命烈士家属、离退休职工遗孀抚恤、困难职工家庭、孤寡、孤儿抚养费、慰问费。团场每年拨付福利费100万元左右，每年开支30万～45万元，年末各项费用16万～28万元。

2000年，新颁发的工会财务制度出台，工会财务有新的科目。主要科目由团场财务部门每年决算之前，按全团职工工资总额2%提取经费划到工会账户。年末，工会对各项费用收、支情况进行一次年终决算，对第二年工会收支情况做预算，报上级工会审核，团场经费审查委员会对工会一年经费收、支情况进行审计。工会2%经费主要用于工会业务、工会专项活动、事业活动、劳动竞赛、职工文化活动、专项会议、慰问招待等各项活动的开支。收入主要来源于团场2%工会经费，基层自创经费，会员缴纳会费等。同时，每年各基层单位通过不同渠道、不同方式创收经费，作为单位专项经费，逢年过节为职工办福利，基层每年创收经费10万～12万元。创收经费用于开展各项活动。

2009年4月2日，团场批准工会在银行办理法人资格登记和开设工会经费核算专户，此后，工会经费直接在银行专户结算业务。

2015年，团场划拨工会经费48万元，总支出41万元，年末除应付上级经费外，结余7万元。

（二）民主管理

1997—2015年，团场工会坚持和完善“一个基本形式，六项配套制度”（职工代表大会制度，职工代表议事会、“议政日”制度，政务公开制度，民主评议、选举领导干部制度，业务招待费及公摊费用情况向职代会报告制度，平等协商签订集体合同制度，团场领导接待群众“来访日”制度）。民主管理工作深入人心，职工民主参与、民主管理、民主监督得以发挥。

各基层工会逐级召开职代会，共商团场及本单位发展大计。职工民主管理，依法维权，参与意识和合作意识增强。团场和职工之间的权、责、利更加明确。基层民主议事会制度和团场、连队两级职工代表"议政日"制度，为职工群众落实"四权"提供保障。单位的重大决策和关系职工民生的重大问题交职工审议，按照基层党支部民主决策"一、二、四、六、三"制度和议事会章程，让职工自己去评说，团场上情下达，下情上报，上下通气，调动职工群众参与团连事务管理积极性，解决问题，化解矛盾，为团场改革和发展注入新的活力。民主议事会制度、"议政日"制度成为职工群众参政议政民主管理的一项重要内容。

（三）民主评议干部

1997—2015年，团场每年年底均按照师市党委组织部《关于民主评议领导班子、领导干部》有关文件精神，召开职代会，严格程序进行民主评议。团（处）级领导班子和领导干部认真述职述廉，自觉接受群众监督、评议。述职、述廉要实事求是，紧密联系思想、工作实际和年初确定的工作目标。重点是政治表现、工作完成情况、存在的突出问题和整改措施。团（处）级后备干部考核推荐工作与年度考核同步进行，团党委严格按照《农八师石河子市后备干部队伍建设实施办法》要求，根据民主推荐，初步确定人选，进行公示。根据公示情况集体研究，按现领导班子正职1∶2、副职1∶1比例确定上报人选。

（四）劳动竞赛

2000—2015年，团场工会结合工作实际，团结动员广大职工，把全面落实科学发展观，构建社会主义和谐社会"当好主力军，建功'十一五'和谐奔小康"主题竞赛活动不断深化，促进团场经济发展。在农业单位组织开展形式多样、各具特色的劳动竞赛。春耕春播、田管及"三秋"等劳动竞赛，团场每年拿出60余万元，分别对竞赛中涌现的先进单位、优胜机车组、最佳播种手、精品条田、拾花状元、拾花能手进行表彰奖励。"三秋"期间开展"比进度、比质量、比管理、比安全、比生活保障、比宣传"六比竞赛，"向国庆节献礼""拾花精英"竞赛，各连队内部及劳务工按地域进行劳动竞赛。

（五）技术比武

1997—2015年，根据各行业工作特点，团场工会在学校、医院、工交建商等非农单位，从提高职工的专业知识水平和技术技能着手，广泛开展技能培训、岗位练兵、技术比武、节能降耗、安全生产等活动。如团医院在医护人员中开展"三基知识比赛"和操作能手技术比武活动；在加工企业开展消防演练、"设备大修"棉加工等比武活动，加工厂在节能减排活动中，仅吨耗电和吨耗材两项就为团场节约资金55万元，小技改8项发明产生效益12.1万元；建筑业在农民工中开展"安康杯"砌墙大比武等竞赛活动，石河子安厦建筑安装工程全年举办砌墙、抹灰、装修等劳动竞赛6次，张仁奇本人荣获兵团重点工程项目建设劳动竞赛优秀建设者称号。

（六）庭院经济

1997年，团场党委根据师市《关于农八师石河子市加快发展庭院经济暂行规定》《关于切实解决职工发展庭院经济"两用地"的意见》精神，成立庭院经济工作领导小组，出台《一四一团发展庭院经济暂行办法》，当年给农业连队职工划分自用地自由种植，支持职工庭院经济发展，促进职工尽快致富奔小康。

2003年，团场工会根据实际制定下发《关于印发2003年庭院经济发展计划表的通知》《一四一团2003年职工庭院经济考核办法（草案）》，将此工作列入精神文明及经济指标一并考核。各单位庭院经济发展情况和完成情况指标情况，半年进行一次检查，上半年考核占40%，下半年考核占60%，年终考核90分以上视为完成任务，团场奖励单位庭院经济领导小组1000元奖金。对庭院经济发展落后单位，每减1分，两位主要领导各罚100元，工会主席罚50元。团场根据实际，先后出台一系列优惠政策：凡私人养羊10只或牛1头的，团场划拨饲草地0.033公顷，牛羊增加1倍，饲草地增加1倍，不封顶；私人养羊50只以上、牛10头以上的养畜大户，团场一次性无息垫支建造60平方米暖棚圈舍，并低价供应棉籽壳等饲草饲料；团场建立“党委牵头，党政工共同负责”职工自营经济指标考核责任制，形成党政干部同奖同罚激励机制，自营经济发展呈现好势头，农产品产值和效益提高，职工增收致富。

2008年，团场职工自营经济总产值达6329.3万元。扶持自营经济自主创业示范户，组织开展养殖示范户现场学习交流观摩会2次。团自营经济自主创业典型示范户32户。其中，辛福兰荣获2014年度兵团自主创业典型示范户；桑乃兵荣获2014—2015年度兵团职工自主创业典型示范户。

2015年12月，全团共有自主创业示范户32户，师市示范户16户。其中，养牛专业户4户；养猪大户2户；养兔专业户2户，年出栏兔子近万只；养鸡专业户3户；养羊专业户3户；大棚种植专业户1户；汽车维修专业户2户，女职工占半数。充分发挥26家专业合作社作用，走市场化、专业化、特色化之路，发展多种经营。团场投入2000万元，在6个单位开展连队居住区功能转型工作，通过改造建设养殖场、开办农家乐、投建保鲜库、农机修造等方式实现多元增收，职工人均多元增收5000元，收入增长20%以上。

（七）职工文化

1997年起，团场工会采取农忙阶段开展小型文化活动，农闲阶段组织大型文化活动的办法，每年举办一次“迎新春”体育活动、职工文艺节目汇演和“北野金秋”广场文化月活动。“北野金秋”广场文化月活动成为团场“品牌”活动，得到师市相关部局领导和周边团场的肯定，在社会上产生良好声誉。

2005年起，团场、连队两级不断加大文化设施建设。团“工人文化宫”施工兴建，各连队建起综合文化活动室。团工会在镇区2个社区和4个基层连队安装室外健身器材，职工业余生活有场地，内容丰富多彩。

2006—2008年，团场连续3年被师市总工会授予“迎新春”职工文化活动优秀组织称号；连续7年被评为师市“百日广场”文化活动竞赛先进单位。

2015年，团工会开展系列文体活动。当年1月，团工会在老年活动中心（北社区）举办职工扑克、象棋、跳棋比赛；在农业公司活动大厅举办乒乓球、羽毛球比赛。2月10—13日，教育系统、南社区、北社区联合举办一台春节晚会；农业公司举办专场晚会。机关、医院、综合执法大队、国有资产投资公司、北野城镇建设投资公司、农业综合服务中心、核算中心、文化广播电视服务中心（文化宫）进行联合演出及优秀节目汇演、团拜会及颁奖晚会。同时，举办迎新年职工冬季长跑、扑克、象棋、跳棋、羽毛球、乒乓球等比赛。迎新春职工自娱自乐专场文艺汇演4场，职工排球、篮球比赛历时20天。由团工会牵头组队参加的师市“创卫杯”

篮球比赛荣获二等奖，通过系列活动的开展，活跃职工文体活动，繁荣团场职工群众文化生活。

（八）"送温暖"与扶贫帮困

1997—2015年，团场工会以职工贴心人、送温暖为载体，为困难职工办实事、办好事、解难事。每年在"两节"（元旦、春节）期间，筹措20余万元资金在全团范围开展以"送温暖、促和谐"为主题的"进百家门、知百家情、解百家忧、暖百家心"送温暖活动。团领导带队，机关各部门分组走访慰问各单位劳模、军烈属、困难职工、特困党员、离退休职工、残疾人、低保户等群体，每年为200多个家庭送去党组织的温暖和问候。

2007年4月，团场工会成立"困难职工帮扶站"，按照帮扶要求开展工作。建立贫困职工档案507户，对贫困职工实行动态管理，深入困难职工家庭走访调查、核实贫困状况，了解贫困原因，共同制订脱贫方案。是年，对6名确实在生产、生活、就医等方面无法承担相关费用的家庭实行贫困救助，为十连特困退休职工杨某某家庭实施医疗救助，民政部门为其瘫痪在床的一双儿女送去轮椅，办理低保。

2015年，团场发放优抚对象补助金和慰问金76.22万元，发放低保、医疗、救灾等社会救助金324万元。工、青、妇组织发挥桥梁纽带作用，申请贴息贷款305万元，发放各类救助资金30多万元。团场工会被兵团工会评为"帮扶工作先进集体"。

第二节 共青团

一、组织机构

共青团一四一团委员会下辖团总支1个，基层单位团支部15个。全团有适龄青年517人，共青团员177人，团员人数占全团青年人数的34.2%。

2001年12月，团党委把共青团团委合并到党委办公室，团委副书记任党委办公室副主任。2002年3月，组织科与党办分离，团工委归组织科。

2007年1月，团机构改革，组织科、宣传科、团委合并成立政工办，团委与政工办合署办公。

2015年，团委下辖基层团委数2个，基层团工委数2个，团支部数14个，青年工作站15个，团员127人。书记杨镇泽，兼职副书记杨璐茜（女）。团35周岁以下青少年356人，其中团员57人，少先队员35人。

1997—2015年共青团一四一团委员会书记、副书记见表9-2。

表9-2 1997—2015年共青团一四一团委员会书记、副书记

职务	姓名	性别	族别	籍贯	任职时间
书记	孙继鸿	男	汉族	河南	2003.12—2005.03（代书记）
	刘红霞	女	汉族	四川	2009.03—2013.12
	杨镇泽	男	汉族	陕西	2013.12—2015.12

（续）

职务	姓名	性别	族别	籍贯	任职时间
副书记	孙继鸿	男	汉族	河南	1997.03—2003.12（代副书记）
	徐 凤	女	汉族	甘肃	2005.03—2008.02（代副书记）
	王 兵	男	汉族	河南	2008.03—2008.12（代副书记）

2005—2015年共青团一四一团场组织情况见表9-3。

表9-3　2005—2015年共青团一四一团场组织情况

年份	青年数（人）	团员数（人）	团支部数（个）	当年发展团员数（人）	当年团员入党数（人）
2005	749	324	17	0	[illegible]
2006	658	289	22	128	[illegible]
2007	528	257	21	169	[illegible]
2008	517	177	18	100	[illegible]
2009	508	171	20	90	[illegible]
2010	490	160	19	89	[illegible]
2011	495	145	18	76	[illegible]
2012	470	138	16	72	[illegible]
2013	463	125	15	61	[illegible]
2014	450	118	13	53	[illegible]
2015	432	104	13	44	[illegible]

注：1997—2004年无法查到资料。

二、团代会

2009年3月14日，共青团一四一团召开第五次代表大会，团委副书记王兵作《立足新起点，创造新业绩，团结带领团员青年为建设屯垦戍边新型团场再立新功》工作报告。大会选举产生第五届团委委员会，刘红霞当选书记。团委下辖团总支1个，基层单位团支部5个，有17个青年工作站。全团适龄青年467人，共青团员77名，团员占全团青年数1[illegible].48%。

2013年12月，共青团一四一团召开第六次代表大会，团委书记刘红霞做团委第五次工作报告。完成团委换届，选举产生共青团第六届委员会，杨镇泽当选为团委书记。

三、主要工作活动

（一）教育与实践活动

1997—2000年，团委围绕“两个文明”建设发展，号召团员、青年在各自岗位上开展“新长征突击手”“学雷锋树新风”“五讲、四美、三热爱”等活动。进入21世纪以来，团场基层单位青年较少，团的工作和活动主要在中、小学青少年中开展。

2000年4月9日，团委号召全团青年、团员开展以“科学技术是第一生产力”为主题的科学实践活动，青年以棉花栽培管理和新技术推广示范为攻关目标，投身团场各项事业建设，做科技示范带头人。

2001年4月2日，团委将“合格团支部百分考评”活动与青科协活动相结合。是年7月，团中学团委开展“爱心献社会，关心献给他人”青年志愿者奉献日和18岁成人礼仪式等系列活动，陶冶学生情操，提高青少年社会公德意识。

2008年，团委在开展“共青书屋”活动中，十一连团支部、十二连团支部被兵团团委授予“共青书屋”称号，团委被授予“红旗团委”称号。是年，一四一团十二连青年许万志，参加全国百名劳务工评选活动，被共青团中央等5部委授予“优秀青年”称号，被师市授予“十佳青年”称号。

2009年，团委先后组织60名青年、团员，开展以“弘扬五四精神投身跨越式发展”为主题的“迎五四、增活力”活动。是年，团委重点开展“我与团场共奋进青春建功促发展”主题系列活动、暑期老少共建活动、“青年突击队”“青年安全机车示范岗”等系列活动。

2011年5月4日，团委组织博华、医院、大学生基地团员32人，开展“抗灾自救夺丰收”志愿者服务活动，帮助八连职工沈杰铺膜1.6公顷。是年6月28日，团委组织100名团员青年参加师“百日广场”红歌大合唱比赛，获得三等奖。是年9月，组织60名大学生开展“我为团场‘十二五’发展建言献策”活动，共收到127条建议意见，营造“团场是我家，发展靠大家”氛围。

2012年5月3日，团委在中学三楼会议室举行庆祝共青团建团90周年“弘扬兵团精神、谱写青春赞歌”诗朗诵比赛活动。5月4日，在文化宫举办大学生联谊舞会。6月4日，团员青年参与为八师石河子市希望工程1元捐微公益捐款活动，共捐款1369.9元。

2015年，团场团工委组织团员青年参加第十五个百日广场文化、大学生篮球赛活动。

（二）少先队活动

1997—2015年，一四一团工委对少先队教育主要放在爱国主义教育方面，小学大队部以日常行为规范、教育为基础，以民族传统节日和重大纪念日为契机，开展爱国主义教育、弘扬民族精神教育和开展社会实践活动。培养青少年学生热爱党、热爱祖国和遵纪守法、奋发向上的优良品质。在团委指导下，少先队重点抓组织建设和阵地建设。少先队建队率100%，入队率96%，大中队辅导员配备率100%。在少先队员劳动实践教育活动中，主要开展“五自”“五小”教育活动、环保教育活动、民族团结教育活动、文明伴我同行教育活动、弘扬和培育民族精神教育活动、国防教育活动等。各中队成立雏鹰假日小队，节假日为孤寡老人献爱心，为社区做好事，为镇区公共场所及林带捡拾白色垃圾，清洁卫生，参加团场公益活动，在小学生作文比赛、地区助推火箭模型、绘画比赛、“中国移动杯”征文等各类活动中，148名少先队员获得自治区、兵团、师市不同等级奖励，在德智体美劳方面都得到提高。

2012年10月11日，组织团员参加师市团委召开“红领巾心向党——感受你的爱”主题队会，庆祝中国少年先锋队成立63周年，小学少先队大队辅导员刘雯箐被评为八师石河子市“十佳少先队辅导员”。

2015年，共青团配合学校开展《未成年人思想道德建设纲要》学习教育活动，把《未成年人思想道德建设纲要》纳入课堂教学，举办法治讲座，进行交通法规宣传，同时与团场有关部门不定期开展对网吧的监督管理，为青少年提供绿色环境。

1997—2015年一四一团场小学少先队情况见表9-4。

表9-4　1997—2015年一四一团场小学少先队情况

年份	中队数（个）	少先队员数（人）	中队辅导员数（人）	校外辅导员数（人）
1997	28	905	28	2
1998	29	1134	29	2
1999	30	1425	30	2
2000	30	1476	30	2
2001	30	1475	30	2
2002	30	1433	30	2
2003	29	1295	29	2
2004	28	1195	28	2
2005	28	1124	28	2
2006	27	1014	27	2
2007	24	948	24	2
2008	22	832	22	2
2009	14	806	14	2
2010	12	752	12	2
2011	15	619	15	2
2012	14	542	14	1
2013	13	501	13	1
2014	11	436	11	1
2015	11	409	11	1

第三节　妇女联合会

一、组织机构

1997年，团场妇联组织和工会女工组织属两块牌子一套班子，女工部主要负责妇女工作。

2004年12月19日，团工会主席孙玉英分管妇女工作，团召开妇女第三届代表大会，王萍当选妇联主席。

2006年，工会主席孙玉英退休，马荣华接任分管妇联工作。

2010年12月22日，团召开妇女第四次代表大会，选举产生新一届执行委员会，王萍当选为妇联主席，刘红霞当选副主席。

2011年6月，马荣华调一四四团，孟宪华分管妇联工作，是年，团场有女职工1553人，农业一线承包女职工1813人。下辖27个基层单位均成立妇委会或女职工委员会。

2013年3月，孟宪华任调研员。是年7月，杨秋燕接任工会主席分管妇女工作。是年，团有25个基层妇委会（女职工委员会）；全团妇女5723人，女职工1553人，农业一线承包工人1818人，女承包户850余户。

2015年，团有基层妇代会（女工委员会）25个；女职工1141人，女职工占职工总数的46.23%。

一四一团场第四届妇联执委人见表9-5。

表9-5　**一四一团场第四届妇联执委人**

职务	姓名	工作单位	学历	行政职务	政治面貌	职称
主席	王萍	团妇联	大专	妇联主席	党员	高级政工师
副主席	刘红霞	团委	大专	团委书记	党员	政工师
执委	杨惠珍	团工会	大学	工会副主席	党员	高级政工师
执委	王红政	13连	中专	党支部书记	党员	政工师
执委	王丽华	12连	中专	兼妇会主任	党员	高级农艺师
执委	王丽莉	北野学校	本科	校长	党员	小教高级
执委	唐茹	社政科	大学	社政副科长	党员	政工师
执委	陶惠银	4连	大专	指导员	党员	助理农艺师
执委	黄志华	南社区	中专	主任	党员	助理政工师
执委	刘巧云	团医院	大学	妇科外科主任	党员	主治医师
执委	赵霞	加工厂	大学	会计	党员	助会计师

二、妇女代表大会

2004年12月19日，团召开妇女第三次代表大会，按上级有关规定比例选出各行业妇女代表96名出席大会。党委常委、副政委、工会主席孙玉英做《明确任务，抖擞精神，为实现团场的宏伟目标而努力奋斗》工作报告。大会选举产生第三届妇女联合会执委会委员马荣华、王萍、刘巧云、任国夫、沈爱红、杨桂兰、杨惠珍、陶惠银、雷淑霞9人，王萍当选妇联主席。

2010年12月22日，团妇联召开妇女第四次代表大会，按全团妇女总数比例选出全团各行业95名妇女代表出席代表大会，王萍做《以团场"十二五"规划为目标，团结带领全团广大妇女为我团实现跨越式发展和长治久安而努力奋斗》工作报告，选出妇联执委会委员王萍、王红政、王丽华、王丽莉、刘巧云、刘红霞、杨惠珍、赵霞、唐茹、陶惠银、黄志华11人，王萍当选妇联主席，刘红霞当选副主席。

三、主要工作活动

（一）自身建设

1997年至2004年12月，妇女工作一直由工会女工部负责，妇女工作与团工会工作统一部署、统一执行、统一考核。妇女工作始终做到“三个结合”。通过“三个结合”，赋予“巾帼建功”活动新内涵，妇女工作突出抓好“一手抓维权，一手抓发展”，不断深化“三学三比”“巾帼建功”“五好文明家庭”三大主体活动，带领全团各行各业妇女为团经济社会发展做出应有贡献，发挥妇女在各条战线半边天作用。

2010—2015年，团妇联为加强基层妇女组织的自身建设，不断提高妇女干部队伍思想政治理论水平和整体素质，除以会代训外，每年坚持举办一期基层单位女工主任、女工代表培训班，培训内容涉及面广，知识性强。培训使妇女干部政治理论素质进一步得到提高，思想觉悟进一步加强。与工会、政工等部门联合开展“职工百分制目标考核”“十星级”文明户评比、“五好文明家庭”和平安家庭创建等活动，把“和谐小康家庭”创评活动与党建、双文明同考核、同检查，推动团“创建活动”深入发展。团场培养各行业女能手示范户87个，科技致富带头人5个；建立示范户、种植大户、养殖大户档案98份，提供农业推广站等10个岗位。2011年，王萍被全国妇联评为“全国优秀妇女工作者”。是年11月22日，王萍到北京参加全国妇联表彰大会。

（二）宣传教育

2010—2015年，团妇联深入开展“弘扬兵团精神，建设美好家园”和“四有”“四自”精神教育，引导广大女职工自觉做深化改革、科学发展、民族团结、社会稳定的促进者和实践者。开展“四德”教育宣传月、“安全周”宣传日等活动，宣传周期间为居民发放妇女创业、就业、妇女小额担保贷款宣传册200余份，发放预防、制止家庭暴力宣传册100余份，各类宣传画100余份，宣传条幅2幅。同时还举办安全知识竞赛，全团27个基层单位全部组队参赛。组织开展以“感谢党的恩情，弘扬兵团精神，热爱伟大祖国，建设美好家园”为主题系列庆祝活动。在每年“两节”期间，组织开展丰富多彩的“迎新年”系列文化活动，元旦首先组织开展女子拔河比赛、女子长跑和棋类比赛等文体活动；春节前夕，组织开展“迎新年”职工文艺节目汇演。

2012年2月，团妇联选派女职工许桂兰、胡静、王丽华、王新华4人，参加“兵团职工致富带头人培训班”学习。组织开展热爱伟大祖国、建设美好家园红歌大合唱比赛，全团22个代表队2100余人参加比赛。注重对少年儿童工作的领导，完善学校、家庭、社会三结合教育网络，每年举办中学、小学、幼儿园家长学校培训各一期。

（三）维权工作

2010—2015年，团妇联加大法律法规宣传力度，依法维护妇女儿童的合法权益。团女工委把维护妇女合法权益同“六五”普法教育相结合，不断提高广大妇女学法、知法、懂法、守法、用法意识。在团场举办的居民普法培训班上，邀请市法院王炫法官专题讲解《新婚姻法》。认真贯彻落实“两法两纲”“一规定”，把妇女维权工作落到实处。做好妇女群众来信来访工作，团妇联工作人员对前来咨询有关法律知识或寻求法律保护的妇女儿童问题做到有访必问，有问必答，做到件件有落实，事事有回音。如十三连、南社区等单位退休女职工因子女赡养问题上访。接访后团妇联协调司法所，会同所在单位走访当事人，了解事件实情，化解矛盾，使老人的合法权益得到维护。在世界人口日和计生协会日期间，与民政、计生办联合开展计划生育政策宣传指导活动，签订《女职工权益保护专项集体合同》。基层单位严格遵守女职工“四期”保护有关政策，根据《女职工劳动保护特别规定》，不定期对基层单位女职工合法权益执行情况进行检查考核，女职工生育保险待遇全部办理，不存在待遇拖欠问题。通过坚持举办“三八”维权周和“12·4”法治宣传日活动，提高广大妇女依法维护自己合法权益的能力。

（四）关爱妇女儿童

2007年，师市总工会、妇联启动“金秋助学”和春暖助学，一四一团共有155名贫困职工家庭子女得到“金秋助学”资助和春暖助学资助，金额达34.67万元。开展心贴心、面对面、下基层结对活动，全团27个基层单位127名成员与240名贫困职工建立联系卡制度，每月定期开展回访活动。建立留守妇女、儿童档案220份，为14名应届高考贫困家庭职工子女办理3.9万元“金秋助学”和春暖助学救助。

根据兵团、师市妇联要求，团妇联协助团医院，对全团妇女免费进行“两癌”筛查及妇女病普查，全团普查妇女1821人，完成年度任务100%，普查出“两癌”患者20人，使患病妇女得到及时救治。

2015年，团妇联为贫困单亲母亲建立档案29人。当年，共有15名贫困单亲母亲受到兵师妇联救助，救助金额为每人1000元。建立“两癌”患病妇女档案24人，共有10名患乳腺癌和宫颈癌妇女受到兵师妇联救助，救助金额为9万元。组织各单位开展“同在蓝天下，携手共成长”“大手拉小手，关注流动儿童在行动”活动，建立流动儿童档案30份，留守儿童档案11份，贫困儿童档案21份。团妇联为儿童赠送价值1500余元的图书，南社区残疾人何凤凤为10名特困儿童赠送亲手缝制的布鞋10双。

（五）创业增收

2013年，团妇联扶持职工发展养殖业，依托妇女小额担保贷款和大学生创业再就业政策，为18户职工家庭办理妇女小额贴息担保贷款90万元。当年，全团扶持养牛专业户6户，其中一户为师市级示范基地；扶持养猪专业户7户，其中一户是养殖协会会员，年出栏肥猪近万头；扶持养兔专业户3个，年出栏兔子近万只；扶持养鸡专业户5户。

2015年，团妇联依托妇女小额贴息担保贷款和大学生创业再就业政策，围绕团场多元增收做文章，为29户创业女职工家庭办理小额贴息担保贷款145万元，为女职工自主创业成就梦想注入活力。是年，团场自主创业示范户32户，师市示范户16户，其中养牛专业户4户，养猪专户2户，养兔专业户2户（年出栏兔近万只），养鸡专业户3户，汽车维修专业户2户，养羊专业户3户，大棚种植户1户。

第四节　残疾人联合会

一、组织机构

2000年前,一四一团残疾人联合会(简称残联)工作归民政科管理。

2000年3月20日,负责残联工作的民政科科长曹玉瑛退休,残联工作并入机要科。为摸清全团残疾人底数,民政科根据办理过第一代残疾证人数基础,进行为期一个月的调查摸底,查实全团办理第一代残疾证人员368人,占全团人口的0.35%,其中肢体残疾人171人,视力残疾人45人,智力残疾人42人,听力语言残疾人18人,精神残疾人60人,多重残疾人6人。

2001年5月,按师市残联统一部署,团残联为367名残疾人更换第二代新残疾证,为156户经济困难家庭申请城镇居民最低生活保障,为34名残疾人申请轮椅。

2006年12月,民政科残联业务交社政科办理。

2007年,团有持第二代残疾证人员338人,占全团人口的0.03%,其中肢体残疾人171人,视力残疾人45人,智力残疾人40人,听力语言残疾人18人,精神残疾人60人,多重残疾人4人。

二、残联大会

(一)第一次残联大会

1994年12月4日,一四一团召开首届残疾人代表大会,出席代表46人,大会审议通过残疾人章程,选举产生残疾人理事12人,民政科科长曹玉瑛任残疾人联合会理事长,残联具体事务归团民政科管理。

(二)第二次残联大会

2007年12月16日,一四一团召开残疾人联合会换届选举大会,选出执行理事人员,副政委、工会主席马荣华当选为残联主席,胡爱泉当选为执行理事会理事长。团残联办公室设在社政科(后改为社会事务局),工作人员田志文办理具体业务。

三、主要工作活动

(一)宣传工作

2012年,团场残联在"爱耳日""爱眼日""全国助残日"活动中广泛宣传,注重实效,悬挂大型横幅4幅,出展黑板报20余块,设置咨询点3个,通过电视宣传3周,在第二十二次全国助残日前夕,举办"保障残疾人权益,共建和谐社会"残疾人用具发放仪式。充分利用各种宣传媒体,加大法治宣传力度,基本形成法治宣传"电台有声,荧屏有影,报刊有文"立体宣传格局。

(二)扶贫工作

1997—2015年,一四一团残联主要围绕扶贫、就业、康复、宣传、信访等方面开展工作。残联探索各种扶贫到户方式,深入调查了解残疾人贫困情况,摸清扶持对象,落实"应保尽保"政策,使全团145户特困低收入残疾人家庭纳入社会保障体系,保障残疾人基本生活。

在元旦、春节、助残日期间，团场党委重视做好送温暖活动，全年共组织走访慰问各类残疾人200余户，发放面粉、清油、大米及日常生活用品价值2万余元。团残联动员社会各界，参与残疾人扶贫帮困工作，倡导残疾人自强不息、身残志坚精神，开展形式多样“帮、包、带、扶”活动，全团145名残疾人得到长期帮扶。团场党委争取到上级资金20万元，为团场40名贫困残疾人争取危房改造资金，采取层层分解办法，集中规划，严格标准，统一施工，为无房、危房残疾人家庭解决住房困难问题。争取资金发展特殊教育，在中小学摸底调查，为贫困、残疾、智障学生争取彩票助学公益金1500元。

2012年8月，团场为1名幼儿申报贫困家庭儿童弱视治疗救助项目，送其赴北京接受专家治疗。

2015年，团场残联为残疾人办理实施复明手术1人；为1名残疾人安装假肢；为1名残疾人安装助听器，免费为3名残疾人发放轮椅；为贫困精神病患者提供免费服药21人，药物总价值共1.47万元。为143名残疾人申请最低生活保障金。为17名重度残疾人申请居家托养补助1.7万元。申请精神病患者住院补助4人，补助金1.6万元。为9人申请残疾人机动车补贴，补贴金额0.23万元；残疾学生义务教育助学11人，救助金额0.35万元。为残疾大学生1人申请救助金，金额0.4万元。春节期间，发放慰问金和慰问品，金额3.5万元。

（三）残疾人就业

一四一团场残联以实际行动认真贯彻落实《残疾人就业条例》，采取扶持和保护措施，规范残疾人就业服务体系，形成残疾人就业多渠道、多层次、多形式，实现新突破。认真贯彻执行《中华人民共和国残疾人保障法》《残疾人就业条例》《新疆维吾尔自治区残疾人就业保障金征收管理暂行办法》，依法全面推进残疾人按比例就业，依托团场现有企业（如面粉厂、酱厂、加工厂等）安排适当岗位就业。拓宽社会就业渠道，以集中就业、残联推荐等形式，先后安排30余名残疾人到本团企业工作，实现30名残疾人稳定集中就业。认真组织开展残疾人职业技能、实用技术培训。围绕种植、养殖、农副产品加工、电子商务、平面广告设计等实用技术培训残疾人就业。依托师市职业技术学院，组织2名残疾人参加各类职业技能培训，残疾人培训学费、吃住全免。

（四）残疾人康复

团场残联重视加强残疾人康复服务工作，进一步提高残疾人参与社会生活能力，完善残疾人用品、用具供应服务体系，做好残疾人需求用品调查、产品介绍、配套服务工作。全团筛查听力障碍患者8人；为盲人残疾人验配了收音机8部；发放轮椅3辆；为4人安装修配假肢，其中安装大腿假肢2条，胳膊2只；为贫困的白内障患者排忧解难，筛查白内障患者12人，在“白内障复明行动”中，为11人实施免费手术，发放残疾预防知识宣传单200份。

第十章 政 法

1997—2015年,团场先后被兵团授予“民主法治团场”;十二连被兵团评为“民主法治示范村”“兵团民主法制示范连”;团场被师市评为“社会治安综合治理”先进团场、“维稳先进单位”。

2011年,一四一团被师市综治委评为“综合治理先进单位”“安全生产监管系统先进单位”等。

第一节 社会治安综合治理

一、组织机构

(一)综合治理委员会

1997年,团场综合治理委员会为适应社会发展需要,根据兵、师党委安排部署,成立一四一团社会治安综合治理领导小组,下设综治办公室(分法治宣传组、治安保卫组、人民协调组)。是年,团场综合治理委员会主任由政委刘书运、团长冯玉清担任。副主任由综治办、司法办、派出所负责人担任。

2001年,政委刘书运工作调动,政委郭振元、团长吴敏任主任,副主任由人武部部长、司法办负责人担任。

2004年,政委王惠林、团长邢明亮任主任,副主任由人武部部长、司法负责人担任。

2007年4月,为贯彻落实农八师石河子市党委《关于在团场成立党委政法委员会的决定》文件精神,成立团场党委政法委员会,书记由党委常委、副政委、纪委书记担任,副书记由综治办主任、司法所、派出所负责人兼任,负责团场的社会治安综合治理、司法宣传、公安保卫工作。

2012年,按照兵团、师市党委加强和创新社会管理的有关通知精神,团场党委将一四一团社会治安综合治理委员会更名为一四一团社会管理综合治理委员会,由党政一把手担任综治委主任。

2014年,团长古广峰任主任,副主任由人武部部长、纪委书记担任。

2015年,团社会管理综合治理委员会负责团场综合治理工作的组织管理、工作安排,业务指导。全团成立社会治安、社会管理专项工作组13个。

(二)综治办(政法办)

1997年,团成立综治办,徐义林任办公室主任,何生林任副主任。成员由司法、派出所、组织科、劳资科等部门组成。基层各单位成立综合治理领导小组,组长由党支部书记兼任,配备16名综治主任（享受副连级待遇），综治成员46人，治保会16个。

2000—2006年12月，司法所主任李斌、孟新河担任办公室主任。

2006年12月，团场机关机构改革中撤销综治办，成立政法办公室，配正副主任各1人，干事1人，负责团场政法工作。

2011年，团场政法办有工作人员3人，设正副主任各1人，工作员1人。成立团场综合治理工作中心和29个基层综治工作站，综治工作中心设有接待室。镇区设两个社区警务室，配备民警、协警和联防队员。团设执法大队（原名内护卫大队）和连队治安联防队机构。27个基层单位划分为4个联户联防片区。

二、综合治理

1997—2015年，团场综合治理在团党委领导下，贯彻执行师市综合治理委员会有关规定，先后出台《一四一团社会综合管理实施办法》《一四一团社区社会综合管理实施办法》《一四一团镇区社会综合管理实施办法》3个配套文件及《一四一团场社会治安综合治理考评奖惩实施细则》。团场综治委与连队主要领导签订责任书，落实责任人。建立《定量定级考核制度》《奖罚制度》《协调制度》，动员和组织全社会、全体公民共同参与。坚持贯彻落实“谁主管，谁负责”原则，坚持“打防并举，标本兼治，重在治本”方针，在全团范围内实行社会治安综合治理“目标化管理”。综治工作统揽全团社会治安综合治理及驻团各机构的协调工作。主要包括辖区治安、社会矛盾调解、司法、信访、保卫、派出所、安置帮教、法治宣传、专项治理、平安建设，与各基层单位签订综合治理责任书，开展以“平安家庭”“平安校园”“平安团场”“平安建设”等活动。运用政治、经济、行政、法律和宣传教育多种手段整治社会治安，预防打击犯罪，保持良好的社会治安环境。实行“一票否决”制，凡综合治理工作考核不达标者，不得参与本年度各种先进评选，并将综合治理工作与年终效益工资挂钩，按政工检查考核内容要求扣除相应的工资。

2000年，团场修订《一四一团综合治理考核管理办法》，综治委深入开展平安团场创建工作，加快“安防工程”建设。按照联户、联防的要求，基层单位干部牵头，分片包干，日夜巡查，逐级负责联户联防体系进一步完善，确保辖区一方平安。同时，团社会综合治理以“三项行动”“安全生产月”“安全文化六进”为契机，深入开展“安全生产年”“安全生产示范单位创建”活动。开展安全隐患排查治理活动，加强团场的综合治理宣传教育和安全监督管理，使干部、职工群众的社会综合治理、安全意识进一步增强，社会治安形势呈现好局面。是年，综治委分别在春节期间、两会期间、十一国庆期间，开展矛盾纠纷排查4次，排查调处矛盾纠纷7件。

2009年，团场修订《一四一团综合治理考核管理办法》，深入开展平安团场创建工作，加快“安防工程”建设。为全团职工群众印发法治宣传材料2.6万份，举办法制培训班6场，到基层上法制课56场（次）。当年，团综治委做好“大走访”开门评警活动和首届“中国-亚欧博览会”保卫工作。开展“打击黄、赌、毒”社会丑恶现象专项活动，开展“清网行动”“社会治安清理整治”“加强学校和幼儿园内部安全整治”等专项行动。对多名重点人员、重点对象调查，及时将可能危害社会治安的人员纳入工作视线，落实管、控、帮、教措施。

2011年，团场关工委组织16名老干部对青少年开展助帮、助教活动。老干部与他们结对子，老少谈心，老干部讲团场创业史、发展史、个人成长史，预防在校青少年违法犯罪。

2013年，团场综治委协调安全办、农业科、供应科对17家经营有危化品、易燃易爆品经销店，16个基层农药库房及个体农资经销商进行全面安全检查，对集中存放的农药进行登记和清理，严格危化品领用、发放、保管制度。安全办、工交建商科、供应科对安顺液化气站、供应科农资库房、加工厂青贮车间的安全防护措施、应急救援预案、安全操作等流程情况进行全面检查。团食品安全领导小组会同下野地食品检验检疫站，对团镇区食品生产销售情况逐户调查和审核。狠抓危险化学品和燃气加油站（库）安全专项治理工作。通过逐户摸排，登记造册，建立台账，摸清经营单位网点情况，发现事故隐患37条，督促整改37条。农业科对农业单位机务库区安全生产隐患整改情况进行检查督导，对5处用电安全隐患提出整改意见。工交建商科排查治理危旧住房安全隐患43处，及时上报处理。是年9月1日，团场综治委安全办牵头，成立由12人组成的联合执法大队，针对消防、道路交通、农机等违章违法行为进行查处。安全办派出2人自10月19日—11月29日24小时驻加工厂进行安全监管，发现隐患及时整改，对违章违规单位和人员进行批评、教育和经济处罚。

2015年，团场综治委开展创建活动，期间悬挂横幅20余幅，张贴标语50张，宣传展板24块，参与“凯风网”法治知识竞赛人数1350人，参与覆盖面达95%，及格率100%。同时发挥“联户防范”组织优势，开展“联片帮带”活动。2015年6月，团全面开展“安全生产月”活动。其间先后制作主题横幅40余幅，悬挂于团部镇区各主要交通要道和机关办公楼显著位置，开展“安全六进”，用群众喜闻乐见的方式，面向社会、面向基层、面向群众，深入宣传“安全第一、预防为主、综合治理”方针。深入宣传党和国家关于安全生产的一系列方针政策、重要部署及法律法规，在全团范围内营造“安全生产，关爱生命，关注安全”氛围。深入基层开展“平安连队（社区）”“平安家庭”“平安医院”“平安文化市场”“平安边界”创建工作，按照创建“和谐团场、平安社区”基本要求，创新联户联防形式，加强农贸市场、住宅、楼院区群防群治工作。

第二节　公　　安

一、机构

1997—2015年，北野地派出所设在一四一团团部（北野镇）。派出所受团党委和下野地垦区公安局双重领导，具体业务由下野地垦区公安局指挥部署，团场内保护卫队设在派出所，一块牌子两班人马。

2002年11月6日，团场资助北野地派出所在镇区文化路新建660平方米办公楼投入使用。

2011年，北野地派出所设主管领导3人，所长赵理书，教导员吕志新，副所长何绍彪（主管各类刑事治安案件的侦破工作），内保护卫队成员10人。

2015年，北野地派出所所长为李江，教导员为吕志新，副所长为王乐，综合执法副大队长为曹勇。团场选派政治素质好、年富力强的复员军人组成内保干事，配合派出所值班、刑检、警卫和内勤工作。同时，团场设专职治安主任，组织基层治安巡逻队。

二、社会治安

1997—2015年，派出所主要工作是维护社会治安，打击刑事犯罪，开展集中整治活动，加强流动人口服务管理，做好对未成年子女教育、管理和服务工作，预防和减少青少年违法犯罪。北野地派出所、内保护卫队执行落实一四一团制定的《治安保卫岗位责任制》《治安保卫工作管理条例》等规定，强化一四一团的社会治安管理。派出所、内保护卫队主要是抓好辖区的查处刑事案件，打击刑事犯罪、小偷小摸，扫黄打非等工作，维护辖区社会治安，确保团场社会稳定。

1997年1月24日，四连发生15只羊中毒死亡案，在上级公安部门协助下，嫌疑人李某被抓获归案。

1998年7月21日，开展“百日安全防范”专项活动，侦破2起刑事案件。

2003年3月9日，派出所破获团十连农资库房1.8万元物品被盗案，抓获犯罪嫌疑人王某等5人。

2008年9月14日，破获暂住人员姚某诈骗居民黄某等人4.93万元诈骗案。

三、户政管理

（一）常住人口管理

1997—2015年，团场根据《新疆兵团流动人口和出租房屋管理服务工作办法》，实行人口月报制度，采用人口迁入、迁出、出生、死亡4项登记办法，做到对团场的流动人口情况及时向团场主要领导汇报，将流动人口管理纳入综合治理考核指标。随着计算机信息技术的应用和发展，常住人口管理工作进一步完善，加强身份证管理，完善各种登记制度，及时实现网络数字传输，较好实现为居民服务。

根据国务院批准的公安部《全国换发第二代居民身份证工作方案》部署，团场跟随全国换发第二代居民身份证工作步伐。至2008年，为全团场各族居民办理第二代身份证9912份。

2015年，完成常住总人口10253人，出生人口53人（出生率5.36‰），死亡70人（死亡率7.07‰）登记录入管理任务。

（二）暂住人口管理

1997年起，到团场经商、打工、探亲、旅游人数逐年增多。按兵团《暂住人口管理实施办法》，暂住人员一律凭签证输入3个月以上的暂住证。

1999年后，团派出所内保大队配合劳动部门，对各连队来团参加拾花人员逐个造册，统一照相，统一管理，掌握暂住人员基本情况。

2012年，团场完成登记暂住人员1004人，为913人办理暂住证，登记季节拾花工4000余人。

2015年，根据兵团、师市政法工作会议《关于加强流动人口服务管理》的部署要求及《关于做好师市推行流动人口居住证制度的通知》精神，团场在流动人口管理工作上本着“公平善待、合理引导、完善管理、重在服务”原则，探索“以证管人，以房管人，以业管人”服务新模式，依法规范对流动人口、季节工有序管理，狠抓社区“三无”人员和流动人口管理，做到把“三无”人员和流动人口管到人、理到户，使社区管理不留空白，不留死角。强化社区综治、安全、公安、司法、内保“一抓双挂”工作机制，上门入户为812人办理流动人口居住证，登记外来暂住人员1648人，登记季节拾花工5758人。

（三）农转非管理

2004年，根据上级《团场的职工及其直系亲属全部转为城市户口》通知精神，团场组织各单位统计人员调查摸底，填写农转非人员花名册。

2005年3月，全团11607名职工及家属陆续转为城镇户口。

第三节 司　　法

一、组织机构

一四一团场司法所是团场党委与下野地垦区司法局双重领导的驻团单位，司法所设在团场机关办公一楼，设主任1人，司法员1人。主要业务为法治宣传教育、开展普法活动、人民调解、法律咨询、法律援助、法律服务。

2015年3月，对团场、连队两级人民调解委员会进行整顿，整顿调解组织24个，整顿后全团有调解员84人，其中干部调解员28人，群众调解员56人。

二、法治宣传

1997—2015年，一四一团场法治宣传教育主要围绕团场经济发展大局，宣传法律知识，加强对重点普法对象的法治学习教育，开展“民主法治连”创建活动。党委中心理论学习组每年至少安排2次法律知识学习。规划安排团场“三五”“四五”“五五”“六五”普法宣传教育。

（一）“三五”普法

1997年，“三五”普法期间，团场对外来务工人员进行法治宣传5场次，受教育人员2800余人次，团场信息办在团场网站上设立普法宣传专栏，定期更新网站内容。在团广播电视站开辟法治栏目，定期向职工群众开展法治宣传。9月，组织开展“敬老月”宣传活动，宣传《老年人权益保障法》，受教育700余人次。组织开展庆祝自治区成立60周年以及纪念抗战胜利70周年专题普法宣传活动，发放宣传资料1800余份，受教育职工群众达3000余人。

（二）“四五”普法

2001年为准备启动阶段，2002—2004年为全面实施阶段，2005年为总结验收阶段。与“三五”普法相比，“四五”普法的着眼点由提高公民法律意识向增强公民法律素质转变。

（三）“五五”普法

2006—2010年，为“五五”普法时期，团场宣传的主要内容是《中华人民共和国宪法》《中华人民共和国婚姻法》《中华人民共和国行政许可法》《中华人民共和国劳动合同法》《中华人民共和国治安管理处罚法》《中华人民共和国道路交通安全法》《中华人民共和国妇女权益保障法》《中华人民共和国物权法》《行政机关公务员处分条例》等。宣传的主要形式是以“法治六进”为抓手，即法治进连队、法治进学校、法治进企业、法治进单位、法治进社区、法治进机关。

（四）“六五”普法

2011年，团场启动“六五”普法年，综治委在总结“五五普法”依法治理工作基础上，按照中央、兵团、师市党委要求，制定“六五”普法依法治理规划，深化“法治六进”主题活动。重点到基层连队宣传《中华人民共和国宪法》《社会主义法治理念》《中华人民共和国民法典》《中华人民共和国劳动合同法》《中华人民共和国人民调解法》《中华人民共和国侵权责任法》《兵团章程》《自治区法治宣传条例》等法律法规，抓好领导干部、职工普法培训和考试，综治委以推进“法治进连”为重点，开展“民主法治连（社区、单位）”，对达标命名的师级、团级“民主法治单位”进行抽查复检，对不合格的单位限期整改或取消命名。推进“法治进学校”活动开展，落实学校法治教育“四有”工作措施和“法制副校长”工作，完善学校、家庭、社会“三位一体”，为中小学购买35集预防未成年人违法犯罪的纪录片《与法同行》光盘，组织学校全体师生观看。每年5月，开展新疆民族团结教育月活动。司法所加强对职工群众宗教政策法规的宣传教育，进一步增强各族群众的民族团结意识。司法所联合计生办、妇联、医院等部门在集市开展“普法活动进集市”宣传活动。活动现场发放宣传资料800余份，受教育群众1500余人。每年6月，协助团安全办开展“强化红线意识、促进安全生产”宣传咨询活动，受教育1100余人次。每年7—8月，为让学生们暑期有地方去，有事情做，开放社区书屋和活动室，开展包括“暑期我爱阅读”“我是团场小环卫”和青少年法律知识讲座等活动。

2015年，在第105个“三八”国际妇女节来临之际，司法所联合团妇联，利用职工冬季培训契机，组织开展“三八”妇女维权周法治宣传活动，团场成立普法讲师团，制订巡回宣讲计划，普法讲师团深入基层宣讲50余场次，受教育职工群众达万人次。在全团范围内开展内容丰富、形式多样的“宪法法律宣传月”和法律援助宣传活动。活动期间全团各单位共悬挂标语横幅24幅，张贴宣传标语200余张，制作宣传专栏24块，发放宣传资料1800余份，受教育职工群众达3000余人。

（五）“12.4”全国法治宣传日

2001年12月4日，是第一届全国法治宣传日（简称“12.4”法治宣传日）。团场利用广播、电视开办法律知识宣传周活动，并由团领导在电视上做“弘扬法治精神，推动依法治团”专题报告。团部及基层单位都悬挂横幅，张贴宣传标语，出板报，散发法治宣传单，进行法律知识竞赛等。每年利用“12.4”法治宣传日，对全团干部进行法律考试，考试成绩归入本人档案。青少年是普法教育的重点，司法所把“法治进学校”作为工作重心，选派专业人员担任中小学校法制副校长。

2011年，团场落实普法“九个一工程”，将普法经费纳入财政预算，投资4000元购买法律书籍，满足职工群众的学法需求，促进团开展系列阶段性宣传活动，团在基层单位建立永久性法治宣传橱窗、版面，每年更新橱窗1期，使干部、职工群众随时可以看到更新的法律知识和依法治理工作进展。开展丰富多彩的“12.4”系列宣传教育活动；对全团干部进行冬季普法教育活动。每年团党委在党委中心理论组至少组织4次带头学法、用法、依法管理，进行法规法律学习，组织2次领导干部法律知识考试，加强干部的法律知识培训。在学校开展法治教育专题讲座5次，组织学生参加暑期青少年法治教育活动。对学校中小学生进行寒假法纪安全教育，增强学生自我防范意识和自我保护能力。开展为期两个月的送法进连队、进社区、进单位活动。送法进连队（单位）18场次，受教育职工群众2000余人。团场继续深化团“民主法治连（单位）”“法治团”创建活动，开展“民主法治单位”“法治团场”创建活动，达标率为100%。

2015年，团场有23个单位申报民主法治单位，其中1个单位被兵团命名为民主法治示范连；23个单位全部被师市普法依法治师市领导小组办公室命名为“民主法治示范单位”，达标率达100%，团场被司法部、中宣部授予“三五普法”先进单位。团场通过兵团“法治团场”复查验收。

三、人民调解

1997—2015年，全团建立“三级”调解网络，开展人民调解工作。共调解各类纠纷1278件，调解率、调处率都达100%，调解成功1248件，成功率97.65%。其中，2000年，团场人民调解委员会共排查调处各类矛盾纠纷169件，调解率、调处率100%，调解成功率达9[illegible]%；团调解委会调解案件104件（口头调解95件、组卷9件），基层调解委员会调解65件（组建调解卷37件，口头调解28件）。

四、法律咨询

1997—2015年，团场司法所为企业法人、公民提供无偿法律咨询2340人次，代写各种法律文书161件，代理各种案件168件，代理非诉讼案件127件。

2015年，团司法所代理民事诉讼5件；非诉讼法律事务2件，办理协议见证16件；办理法律援助8件；担任法律顾问1家；调解民事纠纷29件；代书16件；法律咨询108人次；为团场审查修改合同3份，提法律建议5条，办理司法确认5件，为当事人避免或挽回经济损失30余万元。

第十一章　人民武装

团场党委认真贯彻执行党中央、中央军委和上级关于国防后备力量建设一系列指示要求；把职工军事训练纳入国防教育及各级党委、支部的议事日程和经济发展的总体规划。以狠抓军事训练作为提高干部职工军政素质、戍边能力和强化“兵”意识的重要手段。每年利用2—3月“科技之冬”活动，举办为期15～20日的军事训练。开展《中华人民共和国国防法》《中华人民共和国国防动员法》《中华人民共和国兵役法》《征兵工作条例》等国防法规的宣传；利用团史馆等红色教育资源，做好兵团精神、北野精神教育；人武部每年在学校开展国防和学生军训活动等，使兵团精神、北野精神和戍边意识在一四一团代代承传，兵团准军事实体的丰富内涵在团场得以体现。1997—2015年，团场送出的新兵无一退兵，为部队输送合格的人才，多次受到上级有关部门表彰。

第一节　组织机构

1997—2003年，一四一团场按上级统一部署，成立团场武装委员会和团场人民武装部（简称人武部）。党委书记、政委兼任武委会主任、部长。人武部设副部长1人和参谋1人，管理日常工作。

2003年6月，团场人武部升格副团级，政委不再兼任部长，人武部部长纳入团党委常委，任党委常委、专职部长，设置人武部副部长（正营级），参谋一人，专职警若干。

2007年2月，按上级统一部署，成立“一四一团国防动员委员会”“人工防雹减灾领导小组”及人工影响天气办公室（简称“人影办”）。“人影办”主要担负团人工防雹减灾工作。

2009年3月16日，团人武部单独建立党支部，刘彦江任党支部书记。是年，成立团民兵应急分队。

2014年8月，兵团在一四一团进行农牧团场机构改革，机关工作人员公务员纳编改革试点，团人武部不占机关编制。

1997—2015年一四一团人武部长、副部长任职情况见表11-1。

表11-1　1997—2015年一四一团人武部长、副部长任职情况

职务	姓名	性别	族别	籍贯	任职时间
部长	刘书运	男	汉族	河南虞城	1997.01—2001.02
	郭振元	男	汉族	河南永城	2001.06—2002.10

（续）

职务	姓名	性别	族别	籍贯	任职时间
部长	万世宽	男	汉族	河南	2003.06—2006.03
	刘彦江	男	汉族	甘肃临洮	2006.03—2012.11
	黄建新	男	汉族	四川泸州	2012.11—2015.12
副部长	胡爱泉	男	汉族	河南	1997.01—2002.10
	王河山	男	汉族	河南	2003.06—2015.12

第二节　兵　　役

团场征兵工作，始终以农八师石河子市人武部关于征兵工作的一系列指示和要求为依据，以保证新兵质量为核心，突出“体检、政审、定兵”3个环节，做到入伍新兵“政治、身体、文化、年龄”合格。在宣传上采取悬挂横幅、制作电视专题片、张贴标语、制作征兵宣传车等方式，深入全团进行《中华人民共和国国防法》《中华人民共和国兵役法》《中华人民共和国国防教育法》《征兵工作条例》等法律法规的宣传。在政审过程中，坚持“四级联审”制度，确保入伍新兵思想纯洁，实现“不发生1个退兵，不发生1起违纪问题，完成任务好、新兵质量高、征兵风气正”目标，坚持为部队输送高素质的合格兵员。

1997—2015年，团场每年回到团场的退伍军人已得到妥善安置。

1999年1月起，团场党委3次做出在部队服役义务兵，荣立一、二、三等功者，分别给1000、800、500元奖励；免去现役军人家属、烈属、因公牺牲军人家属及病故军人家属、伤残军人所承担的义务工决定。2008年6月，团做出为3名零就业涉核人员提供护绿公益岗位，争取上级补贴，每人每月1100元决定。是年，团场全面落实新的优待抚恤政策，给烈属、残疾军人、参战人员、涉核人员、军属按时足额发放各项资金。

2009年，团场人武部坚决执行国务院、中央军委征兵命令，抓好征兵工作。重点把握“四个环节”“三个杜绝、一个减少”，确保新兵在政治上、体格上绝对合格。

2011年，团场武装部根据师市武装部《关于切实做好2011年度兵役登记工作的通知》精神，结合团场实际情况，人武部制订出具体的兵役登记工作计划，把征兵宣传教育工作作为一个重点环节来抓，利用宣传媒体宣传征兵工作的有关政策、法规，使全团广大职工群众人人了解征兵的有关政策、法规。在团党委重视、支持和基层征兵工作人员努力下，完成征兵任务。是年1月30日，师市人武部部长徐彦信，到一四一团进行预征人员家访。

2013年，团人武部兵役登记工作从8月20日开始至9月30日结束，人武部抽出20天到26个基层单位，对照单位提供的花名册逐一核查，切实掌握全团17～22岁适龄人员，为部队输送优质兵员无一退兵，受到师市表彰。

2015年，团场人武部按上级人武部《关于切实做好兵役登记工作的通知》精神，结合一四一团实际情况，制定出具体的兵役登记工作计划。团场征兵工作人员落实基层推荐、三级（师、团、连）政审、区域联审和交叉互审工作制度，采取内查外调、走访家庭等形式。体检采取团场医院初检与师医院集中体检相结合的办法，对团场初检合格青年再集中到师医院进行二次体检，提高兵员身体素质。

第十二章　经济综述

1997年，兵团在农牧团场推行以理顺政府与市场关系和明晰产权制度为主要内容的经营体制改革。1998年后，进一步深化团场经营体制改革，逐步改变经济管理模式，采取多种形式的承包经济责任制，打破团场全民所有制一统天下的局面。

2001年，兵团制定出台《关于深化农牧团场改革的意见（试行）》1个主件3个配套文件（即“1+3”文件）。团场在抓好经济体制改革的同时，推进其他各项配套改革措施，促进团场政治、经济、社会各项事业的全面发展。

2006年，兵团在农牧团场推行以贯彻落实团场基本经营体制改革为主要内容的改革。2007年底，兵团出台《关于进一步深化团场财务体制改革加强预算管理的意见》等文件，对团场改革发展提出明确的要求和任务。

2015年，根据兵团农牧团场机构改革，团场转变企业职能，加强服务意识。团场经营管理是根据党和国家、兵团、师市的政策法规，结合团场实际情况开展工作。随着国家经营政策的不断完善，团场党委和各部门运用经济规律管理经济，加强资金管理和成本核算，加快资金周转，固定资产增值，使团场经济效益逐年递增。

第一节　经济总量

1997年，团场完成国民生产总产值10950万元，比上年增加2865万元，增长35.4%；完成生产总值8006万元，比上年增加907万元，增长12.8%；其中一产增加值5928万元，增加1733万元，增长41.3%；二产增加值1248万元，减少48万元，降低3.7%；三产增加值830万元，减少778万元，降低48.4%。

2002年，团场完成国民生产总产值10512万元，比上年增加5966万元，增长131.2%；完成生产总值8508万元，比上年增加3865万元，增长83.2%；其中一产增加值5176万元，增加3364万元，增长185.7%；二产增加值1603万元，增加31万元，增长2%；三产增加值1729万元，增加470万元，增长37.3%。

2007年，团场完成国民生产总产值29805万元，比2006年增加4082万元，增长15.9%；完成生产总值18732万元，比上年增加2096万元，增长12.6%；其中一产增加值14783万元，增加2024万元，增长15.9%；二产增加值1380万元，增加87万元，增长6.7%；三产增加值2569万元，减少15万元。

2012年，团场遭遇特大旱灾和多次冰雹灾害，团场党委采取应对措施，保持经济稳步发展。完成国内生产总值4.4亿元，比上年增长5.8%。其中一产增加值2.83亿元，增长4%；二产增加值7843万元，增长4.6%，其中工业增加值3343万元，降低10.2 %，建筑业增加值4500万元，增长18.9 %；三产增加值7887万元，增长14.3 %。人均生产总值45450万元，完成固定资产投资1.67亿元，增长0.4%，实现利润2160万元，职均收入5.78万元，增长10%，农牧工家庭人均纯收入1.28万元。

2015年，团场完成国内生产总值7.41亿元，增长13.3%，其中一产增加值4.02亿元，增长5.9%；二产增加值1.05亿元，增长14.1%，其中工业增加值4871万元，增长11.3%，建筑业增加值5616万元，增长27.1%；三产增加值2.34亿元，增长42.9%。人均生产总值8.47万元，完成固定资产投资2.97亿元，增长25.1%。实现利润3000万元，连队常住居民人均可支配收入1.8万元，增长20%。

第二节　经济结构

一、产业结构

团场的产业结构沿袭兵团农牧团场模式多年，团场生产以农为主，农、工、交、建、商相结合发展道路。改革开放前，团场第一、二、三产业发展很不平衡，一产农业和二产工业发展较快，团场党委全面贯彻落实中共十五大至十八大会议精神，围绕兵团、师市党委提出的以经济建设中心，深化经济体制改革，进一步开放搞活决议。团场党委顺应市场经济发展、变化，对经济结构做出相应调整，将单一的计划经济与多成分的市场经济接轨。

1997—2000年，一四一团场经济结构进入比较合理的时期。1997年，播种面积5520公顷，其中小麦733.33公顷，玉米266.67公顷，棉花4120公顷，甜菜400公顷。团三次产业结构为74∶15.6∶10.4。1997—2000年，团场实现国内生产总值39527万元。其中农业总产值26627万元。支柱产业棉花生产在经历大风、干旱、冰雪、霜冻等一系列自然灾害后，连续4年夺得丰收。共生产皮棉28940吨。牧业生产有一定发展，肉类总产量31580吨。羊毛产量2630吨。1997—2000年，林业生产共植树120.44万株，成活率85%，为实现农田林网化打下基础。工交建商业发展加快，国有企业改革步伐加快，效益明显增加，实现二、三产业总产值12900万元。其中，工业总产值4375万元，建筑业总产值3025万元，职工自营经济总产值1119.55万元。到2000年，全团工商建企业全部实现盈利。全团职均收入5775元。1998年，三次产业结构为68.6∶17.8∶13.6。1999年，团场三次产业结构为67.8∶19.5∶12.7。2000年，团场三次产业结构为68∶20.3∶11.7。

2001—2005年，团场农业中的种植业新技术得到大面积推广应用，支柱产业棉花生产经历各种自然灾害，连续5年夺得丰收，总产皮棉97873吨。畜牧业生产有较大发展，年存栏畜28840头（只），果蔬林业有长足发展，新植林带346.67公顷，退耕还林1000公顷，新建温室大棚264座，新种果木13.33公顷。工交建商改制步伐加快，多种经济成分并存，推进二、三产业发展，5年总产值15996万元。团场实现国内生产总值50439万元，职工自营经济总产值为4186.28万元。2001年，团场三次产业结构为39∶33.9∶27.1。2002年，团场三次产业结构为60.8∶18.8∶20.4。2003年，团场三次产业结构为73∶11∶16。2004年，团场三次产业结构为71.2∶11.5∶17.3。2005年，团场三次产业结构为74.4∶9.2∶16.4。

2006—2010年，团场经济结构进一步优化，三次产业经济结构由2005年74∶9∶17，调整到70∶14∶16。种植业、畜牧业、果蔬园艺业产值由83∶13∶4，调整到76∶10∶14。工业增加值3231万元。第三产业较快发展，总产值9171万元，全社会消费品零售额6500万元。农业结构以打造优质棉花、酿酒葡萄、加工番茄、啤酒花、枸杞和生猪养殖“六大基地”为突破口，调整结构，不断开拓职工增收渠道。到2010年，团场种植农作物8666.67公顷，其中棉花6266.67公顷，酿酒葡萄1533.3公顷，番茄333.33公顷，酒花133.33公顷，总产1350吨。畜牧存栏1.76万头，肉类总产2192吨，牛奶7600吨，种植青贮466.67公顷，总产3.5万吨，苜蓿180公顷，总产2295吨。这期间，团场加大招商引资工作力度，主要领导多次带领相关人员赴内地招商，洽谈、落实项目，为团场工业发展奠定良好基础。到2010年，团场工业13家，其中招商引资企业10家，5年累计实现工业总产值2.27亿元，增加值8189万元，三产增加值6000万元，比2009年增长21%。职均收入由2006年2.8万元，增加到6.8万元，增长142.86%，年均增长12.57%。2006年，三次产业结构为77∶7.8∶15.2。2007年，三次产业结构为79∶7.4∶13.6。2008年，三次产业结构为72.3∶8.3∶19.4。2009年，三次产业结构为67.2∶14.5∶18.3。2010年，三次产业结构为74∶9∶17。

2011—2015年，团场以建立健全具有兵团团场特点、规范有序、富有效率的管理体制和运行机制为目标，不断深化团场改革。职工土地承包长期固定，生产资料全费自理，身份地、经营地、自用地“三地”全面落实，按照师市党委的有关政策，理顺企业和职工利益关系，明确职工自身受益部分费用标准，职工定额承包面积除自身受益外，实现“零负担”。推进团场、连队经营管理体制改革，围绕“生产经营自主，五保三费自缴，连队经费自理，干部薪酬自挣，社会事务自管”目标。探索团场、连队由生产管理型向经营管理服务型转变，职工由生产主体向生产经营主体转变，创新连队领导班子“有心干事、有钱办事、有权管事”经营管理体制和职工参与市场经营的长效机制。深化农资营销管理体制改革，团场退出农资经营领域，发挥西部农资主渠道作用，建立师团监管调控、市场化运作、职工自主选择农资营销管理机制，加大对农资市场监管和农资打假力度，农资营销管理体制改革取得突破进展。进一步深化棉花购销管理体制改革，按照“合同约定、保底收购、贴近市场、预付定金、依法规范”要求，规范团场、加工厂、棉花承包职工之间的购销行为，维护棉农利益和市场秩序。贯彻落实师市党委“谁种谁有，砍伐自由”政策，林权制度改革不断深化，1000公顷退耕还林地全部落实到个人。

“十二五”期间，团场产业结构立足于“一主两翼”，以畜牧业为主，林果业和设施农业为两翼，实现以棉花为主的种植业，向畜牧业、林果业和设施农业三足鼎立转变，从主要追求产量增长向追求数量、质量、效益并重转变。逐步退出亩产300千克以下的棉田，实现籽棉总产3.9万吨，单产343千克，新增特色林果66.67公顷，全年投入1219万元新建8个养殖场，实现畜牧业产值2.46亿元，占大农业产值30%左右。2015年，团场实现国内生产总值7.77亿元，年均增长15.7%，是2010年的2.07倍。其中，职工自营经济13170.12万元，畜牧业、林果园艺业均占农业产值比重45%。2011年，三次产业结构为68.6∶13.9∶17.5。2012年，三次产业结构为64.3∶17.8∶17.9。2013年，三次产业结构为62∶19∶19。2014年，三次产业结构为

65.3∶14.1∶20.6。2015年，三次产业结构为56∶13.5∶30.5。总产值比2014年增长28.7%。

二、投资结构

1997—2015年，团场投资结构单一，基本为国有投资。随着团场改革开放的深入，投资结构发生明显的变化，私人投资、集资热不断升温。2010年后，团场党委提出打造半小时工作生活圈发展思路，鼓励连队居民向镇区集中，享受城镇化发展成果，原来连队的居民点作为承包职工作业点。连队职工生产到作业点工作，居住生活在镇区规划以来，为职工群众提供投身于二、三产业创业发展平台。团场投资主要在农业综合开发治水改土、农牧业、工业技术改造方面，私人投资主要在运输、餐饮、商贸服务业方面。

（一）农业综合开发投资

农业综合开发主要是由国家财政、团场投资和部分家庭农场主开发。

1997—2000年，团场投入农业综合开发资金3031万元，改造中低产田2666.67公顷，修建砼防渗渠97.78千米，挖排碱渠97.78千米，工程性平地1653.33公顷，收复弃耕地566.67公顷。

2001—2006年，团场农业综合开发共投入资金1534万元。收复弃耕地666.67公顷，改造中低产田4000公顷，修建砼防渗渠48.2千米，挖排碱渠80.67千米，修建沉沙净水池93座，滴灌首部141个。

2007—2015年，团场农业综合开发有中央财政资金1695万元，团自筹资金658万元。农业新增耕地1333.3公顷，新增节水滴灌面积1766.6公顷，改造中低产田1766.6公顷，挖排碱渠20千米，修防渗渠道48千米，修筑田间砂石路面30千米，退耕还林工程改造1000公顷，植树造林299公顷，加强环境保护力度，狠抓清洁田园工作，治理白色污染，确保农业可持续发展。家庭农场私人投资共计768万元。

（二）畜牧业发展投资

畜牧业发展投资主要有团财政投资和职工私人投资两个部分。

2001—2008年，团场投资4860万元，在原畜牧队旧址上建起现代化奶牛场和种羊繁殖场，引进荷斯坦奶牛1118头，安格斯肉牛61头，湖羊5000只，山东多胎体系小尾寒羊近5000只，阿尔泰大尾羊6664只。先后引入澳大利亚良种奶牛481头。2008年，澳大利亚良种奶牛发展到2200头，安格斯肉牛发展到194头，新西兰荷斯坦奶牛405头。十一连、十二连牛场存栏413头，十二连牛场存栏460头。澳大利亚荷斯坦奶牛248头，养殖在七连牛场，发展到存栏435头。

2011—2015年，团场投入340万元资金，专项用于支持推动畜牧业快速发展，通过以奖代补、贴息贷款方式给予政策支持，对新建标准化规模养殖场基础设施建设、配套机械设备购置、外购能繁母畜等贷款给予贴息。全年共投入资金1219万元，新建养殖场8个，实现畜牧业产值2.46亿元，占大农业产值30%左右。2014年，团场与西部牧业合作，采用西部牧业入股30%，团场入股20%，团场职工入股50%的方式，新建一个股份制奶牛养殖场，新增奶牛0.1万头。

2015年，团场采用同样的方式，在二连东沟再建一个0.1万头肉牛母牛和0.05万头奶牛股份制养殖场。是年，采用同样方式在西牧一场扩建0.1万头奶牛养殖场，在六连旧房拆迁地建0.1万头肉牛母牛繁殖场，在一连、七连各建一个年出栏300头肉牛养殖场。采取能人牵头、连队参股、职工入股经营模式。对转制牛场尚未还清团场欠款的，尽快制订方案，实施债转股。

（三）林果业投资

2009—2015年，团场发展酿酒葡萄产业，在原机关果园菜地上新建温室大棚264座，投资1800万元发展设施农业，面积达43.33公顷。通过寻找订单，设施农业总产值达3000万元。采用黄沙种植、无土栽培、水肥一体化、立体模式等新技术，设施农业逐步向高效、特色方向发展，增加职工收入。团场投入2000万元，对6个单位实行连队居住区功能转型，通过建设养殖场、开办农家乐、投建保鲜库、农机修造等途径实现多元增收，职工人均多元增收5000元，增长20%以上。

（四）工业投资

2012年，一四一团有工业企业15家，其中团场国有工业企业1家（加工厂），规模以上工业企业2家（新疆沪惠农业科技有限公司，石河子博华北野生物科技有限公司），规模以下工业企业12家（暖风机厂、石河子市北野镇爱民塑料制品厂、石河子北野镇富利塑料加工厂、石河子北野镇众联鑫苯板厂、石河子北野镇鑫磊空心砖厂、大同油脂厂、石河子北野驿丰制品厂、石河子宏图建材有限公司、北野农场砖厂、苇板厂、石河子市天余塑料制品厂、木器加工厂）。三产投资比例为39.9∶14.1∶46。

2013年，团场与王朝、茅台酒厂等知名葡萄酒生产企业洽谈，建设酿酒葡萄发酵站事宜，团场参股10%（600万元）入股沙地葡萄酒项目。当年，一期建成2万吨葡萄原酒生产项目和酒庄的规划、基础工作。二期（2014—2015年），建成年产1000吨葡萄酒庄及加工3000吨葡萄酒生产项目。项目一期1万吨发酵、储酒工程，办公楼及配套设施已建成，9月投入运行，共收购酿酒葡萄1.2万吨以上，生产葡萄原酒7000吨。

2014年5月，团场投资600余万元，对团加工厂设备设施进行改造；投资3500万元，对原有生产线进行工艺改造，加大考核力度，提高产品质量，缩短加工进度。皮棉3级以上品级达94.3%。

（五）二、三产业投资

2014年，是团场私人投资运输、商贸服务业最多的年份，其中投资运输业8户，私人投资1200万元，购买8辆汽车加入运输业。团场运输业个体经营总产出5168万元，增长80.2%；增加值1197万元，增长80.27%。

2014年，团场三产服务业从业户663户，较2013年增加137户，从业人数达1[illegible]20人。团场第三产业总产出24865万元，增长50.28%；增加值16577.4万元，增长64.9%。批发零售业总产出3341万元，增长60.16%，增加值3231.3万元，增长71.97%，物业增加值2488.8万元，增长31.34%。投资商贸服务业有：段和平合资3360万元，在镇区新建总建筑面积4[illegible]00平方米便民购物中心，项目建设为四层建筑，一层为综合购物区，二层为KTV和大众歌舞厅，三层为餐饮区，四层为宾馆，为一个集购物、娱乐、餐饮、住宿为一体的综合服务场所。该项目一、二层已于2014年2月投入营业。是年，私人投资300余万元，在一四一团八连建设集特色养殖、旅游垂钓、餐饮为一体的综合性服务场所“南风苑农家乐”，该项目于2014年7月投入运营。私人投资300余万元，在一四一团医院以西，开发建设总占地面积9.3公顷“树人农科生态葡园项目”，其中冷库440平方米。团场集资800余万元，总建筑面积1590平方米，建设北野美食城项目，建成后引进各地特色美食。

（六）长期股权投资

2006—2010年，团场累计长期股权投资9223万元，其中沪惠公司投资980万元，博华公司投资60万元，宏图建材投资600万元，爱民资料厂投资32万元，兵团新建农业公司投资641万元，合作银行投资450万元。

2015年，新增石河子三盈牧业投资4200万元，新疆西部物流投资60万元，石河子宾馆年度欠款转增投资200万元，天信小额贷款有限公司投资2000万元。

第三节　经济体制改革

1998—2015年，根据兵团党委2004年11月出台《兵团关于团场改革的意见》及2006年出台的《兵团关于进一步完善“1+3”文件若干政策的补充意见》和师市党委一系列有关经济体制改革指示精神，团场党委先后制定出台4个“五年规划纲要”和一系列文件。

一、团场经济体制改革

1997年起，根据团场第五次党代会提出的治水改土、科技兴团等26字方针，调整所有制结构，制定一系列深化改革的政策措施，在不断完善家庭联产承包责任制的基础上，实行承包职工生产资料费用和生活费用“两费自理”承包经营政策，彻底改变长期以来“团场出钱，职工种地，职工负盈不负亏”局面。农业生产经营的风险承担主体由团场转变为职工，职工种地需要承担经营风险。团场逐步加大“两费自理”力度，向租赁承包方向发展。此项改革取消团场职工的等级工资制，建立职工个人社会保障账号，个人、单位按比例交纳社会保障金，彻底打破职工吃团场“大锅饭”传统管理体制。畜牧、农机、运输根据市场经济发展需要，相继实行所有权、经营权转让改制。出台鼓励个人水土开发、打井、创办家庭农场优惠政策，规定个人投资打井开荒或收复弃耕地20公顷者，5年内不收土地承包利费，第6～8年利费参照连队土地承包类别标准减半收缴，第9年起纳入连队耕地种植计划，按熟地标准收费，个人投资耕地打井承包20公顷者，每0.067公顷每年减交利费100元。井报废后用连队的水浇灌，即按连队同类土地向团场交纳利费。

2002年，团场按《一四一团土地长期固定实施细则》《一四一团“两用地”固定实施细则》，对农业生产经营进行全方位深层次改革，坚持对农业“三固定、三放开、二确保”原则，即土地承包长期固定、“两用地”长期固定、利费指标5年固定。是年，全团土地固定户数1109户，固定面积6133.33公顷，《土地承包经营使用证》发证率100%。为基层连队1278户划分“两用地”165.73公顷，户均分到0.13公顷“两用地”。同时给职工转让滴灌设施183个，机井23眼。在交清利费和两费自理基础上，作物种植品种、种类放开、生产资料放开、产品销售放开，确保职工货币收入逐年提高，确保团场经济实力逐年增强。

2003年，团场根据制定《关于一四一团加快畜牧业发展的决定》，成立3个股份制奶牛场,对七连牛场、十一连牛场、十二连牛场、北野牛场、安格斯肉牛场、十四连羊场,以及二连猪场、六连猪场、十三连猪场实施经营权转让改革。对畜牧业经营权转让改革,盘活团场资金,理顺经营关系,收回团对畜牧投资款3000多万元,并为团场畜牧业发展提供平台。是年,团畜禽年末存栏率比2002年增长1.7%。团场党委按兵团党委精简机构部署,实施小并大单位改革,先后撤销油灰厂、种畜队、生产九连、砖厂、林业站等单位编制,将撤并的九连并入五连,油灰厂并入建安公司,砖厂转让给私人承包经营。

2005年,团场根据《一四一团蔬菜大棚产权转让办法》,将全团264座蔬菜大棚转让给职工个人承包种植经营。团场规定承包蔬菜温室大棚的职工3年不收大棚土地利费,同时为承包职工承担企业五项统筹费70.2万元。

2006年起,团场党委进一步完善"土地承包经营,产权明晰到户,产品订单收购,农资集中采购"等农牧团场基本经营制度,以建立健全具有兵团团场特点、规范富有效率的管理体制和运行机制为目标,不断深化改革。对种植业实行结构调整,新增酒花140公顷,新增葡萄233.33公顷。团场实施"还利于民、还田于民"减负政策,生产资料的购进价与承包职工领用结算价(仅尿素一项的购进价为1.88元,结算价为1.80元),全团价差补贴约30.[illegible]万元。

2006—2007年,团场为职工减免及补贴共1396万元。2008年,团场为职工减免及补贴1169万元。连续减负减免及补贴总额达3041万元,其中减负(利费)476万元。减负政策的实施,使职工群众得到减负政策实惠。在做好职工减负工作的同时,对机关、学校、医院实行纳编分流,做好开源节流工作,对全团财务实行预算管理、会计委派制管理和报账制管理。同时,团场党委按照师市党委有关政策,为承包职工落实好"三地"(身份地、经营地、自用地),理顺企业和职工利益关系,明确职工自身受益部分的费用标准,职工定额承包地面积除自身受益部分外实现"零负担"。同时,推进团、连队经营管理体制改革,围绕"生产经营自主,五保三费自缴,连队经费自理,干部薪酬自挣,社会事务自管"目标,探索团、连由生产管理型向经营管理服务型转变,职工由生产主体向生产经营主体转变,创新连队领导班子"有心干事、有钱办事、有权管事"经营管理体制和职工参与市场经营的长效机制。

2014年,团场党委将分散在水管所等团直单位承包蔬菜大棚职工进行归编,由林果蔬中心统一管理。落实林权改革,贯彻落实师市党委"谁种谁有、砍伐自由"林权政策,团场1000公顷退耕还林地全部落实到个人,其他承包林木职工团场全部为其颁发国家林业部门的林权证,为林业发展提供政策保障。

二、企事业经济体制改革

(一)工交建商改革

2000年3月,按照上级《关于加强国有工、交、建、商改革和发展的意见》和团场2+5文件精神,团场党委决定团贸易公司(商业)与交通运输业的汽车连同时撤销建制,合并为一四一团物业中心,负责镇区环境卫生、绿化、供暖、供水等管理。两个单位职工除自愿承包经营的留下承包经营,不愿承包经营的职工转岗到农业连队承包土地,愿意自谋职业的职工,保留职工身份,自愿到社保所交纳个人养老统筹等费用。

2004年,根据兵、师有关改革文件精神,团场将原料缺乏、产品销售不畅的暖风机厂以总价值98万元(分两年交清,当年交财务科49万元)转让个人经营,其职工除留下人员外,转岗承包土地或自谋职业。企业面向社会服务，费用自理，自主经营、自我发展、自我积累、自负盈亏，成为团场第一个改国有企业为民营企业的单位。

2005年，按照上级企业经济体制改革精神，团场制定出台《一四一团工商建行业生产经营责任制管理办法》，对工商建行业单位实行独立经营、独立核算，“两包一挂”（包交上缴利润、基金、管理费，包固定资产和生产设施的保值、增值、超利分成，亏损自负；单位干部工资与单位经济效益挂钩）、“三率目标”（产销率必须达到99%，货款回收率团内达100%，团外达98%，各项费用降低实现率5%）综合考核经营管理责任制。团场对工商建行业单位实行“两委一聘”（委派书记，委派会计，聘任厂长、经理），干部实行定岗定编，交纳大额风险抵押金制。年终全面完成团场下达的生产财务指标后，团场将全额返还风险抵押金。工商建行业单位实行利润分解，各单位按干部工人档案工资足额收取养老、医疗、教育、工伤、生育基金及管理费等。工商建行业单位严格实行报账制，接受团场财务科监管。严格执行收支两条线，对特殊事项和不可预见费用的开支，应先请示团长，待审批后方可执行。杜绝暗箱操作，私设小金库等违反财经纪律行为发生。同时，对所有收支项目进行政务公开，上墙公布，接受广大干部群众监督。

2005—2006年，团场国有企业除加工厂外，对暖风机厂、石河子工区、建安公司、西单贸易公司、新华书店等单位实施企业合并、买断经营、租赁经营的改制改革。团场将砖厂与建安公司合并，后改制给个人承包经营。团场将两个建筑公司经营体制改制给私人经营，因企业建筑施工资质不够标准，只能挂靠石河子市安厦、广联建筑安装有限公司，为三级资质企业。上述团场企业改制改革的职工，除企业留用外，其余职工选择转岗承包土地者，安排在团直附近农业单位参加土地或其他承包，愿意自谋职业职工自谋职业，自行到社保所交纳养老统筹金。

2006年，根据市场经济发展，团场进一步实施对其他经济领域的改革，撤销团供销科（公司），退出农资领域，发挥西部农资主渠道作用，农资营销管理体制改革取得突破性进展。进一步深化棉花购销管理体制改革，按照“合同约定、保底收购、贴近市场、预付定金、依法规范”要求，规范团、加工厂、棉花承包户职工之间的购销行为，维护棉农的利益和市场秩序。

截至2015年，团场企业全部实施经济体制改革，团场只保留加工厂一家国有加工企业。团场对企业实行一厂一策、一厂多策和股份制改革，改革效果更为明显，当年实现改制后工交建商企业无一亏损，二、三产业总产值比上一年增长28.7%。

（二）机关、事业单位人事制度改革

2003—2006年，团场进行两次机构精简改革。

2003年，团场对下属事业单位学校、医疗卫生单位全面推行人事制度改革，干部竞争上岗，医生、护士实行聘用制，凡年龄距国家法定退休年龄差5年、身体有病不能坚持工作的，自愿申请内退，团场按其档案工资60%～70%发放基本工资，到国家法定退休年龄时办理退休手续。医院、防疫站、基层卫生室采取自主经营，自负盈亏，职工工资70%由团核发，自挣30%工资。全团实施精减非生产人员，团场机关分流、内退人员60人，占原机关编制的1/2。非农单位实行定岗定编，减少非生产人员114人，基层单位连管费下降12个百分点。

2006年12月，按兵团党委机构改革要求，团机关由原来的28个科室，整编为二大科室，50岁以上工龄满30年的干部进行一刀切内退，内退干部只发100%基本档案工资，无其他福利待遇。机关、事业单位严格实行定编定员定岗，鼓励分流人员自主创业，通过分流减少1/4原财政供养负担。在做好机关精简改革的同时，加强财务预算管理改革，严格落实“一总两分”财务管理体制，减少团场贷款，切实降低财务费用。组建团国有资产经营公司，团场国有企业改制工作全面完成。

第四节　对口支援

2014年1月26日，新疆生产建设兵团第八师一四一团与辽宁省阜新市结为对口援建友好共建单位。是年3月，辽宁援疆干部张万利任团场副团长，挂职期3年。辽宁援疆团场资金1000万元，建设十一小区及七小区配套基础设施项目。

截至2015年，一四一团对口援建保障性住房6号、8号、10号小区配套基础设施建设项目，总投资1058.84万元，其中对口援建资金1000万元，团场自筹58.84万元。建设内容有新建小区道路2251.8米，其中6号小区859.4米，8号小区1005.4米，10号小区387米。安装太阳能路灯60盏，其中6号小区25盏、8号小区20盏、10号小区15盏。新建小区绿化面积92417.02平方米，其中6号小区绿化面积36110.86平方米，水体面积1998.36平方米，8号小区绿化面积40925.84平方米，10号小区绿化面积15380.32平方米，配套建设绿化供水系统17421.84米。

第五节　招商引资

2005年，按兵团、师市党委有关招商引资政策，团场成立招商引资领导小组，政委王惠林、团长邢明亮任组长，分管工业副团长石健任副组长，成立专门招商引资办公室，闫青松任主任。

团场充分发挥团“六大基地”资源优势和安下片区中心的区位优势，先后制定《一四一团关于招商引资优惠实施办法》《一四一团关于大力推进发展第三产业实施意见》等招商引资文件，为团场发展三产提供政策支撑。同时将二、三产业结构由2009年的14.5∶18.3，调整为9∶17，加大招商引资力度，吸引内地客商在团投资建设龙头企业。

2006年起，团长、政委和分管工业领导多次带领相关人员赴内地招商，进一步加大招商引资工作力度，先后与16家企业商谈，洽谈项目12个，落实项目3个。主要有与贵州茅台酒厂（集团）昌黎葡萄酿酒有限公司洽谈的酿酒葡萄发酵站项目，与河北宏润集团洽谈的年产15万锭棉纺项目，与天山制药集团洽谈的甘草制药项目，与天富集团洽谈的2.5万千瓦热电联产项目，与燕京啤酒洽谈的啤酒花颗粒加工项目。实现团工交建商产业化发展的新突破。

截至2010年，团场工业企业发展到13家，其中招商引资企业10家，引进资金7.168万元。是年，团场三产业实现6000万元，比2009年增长21%。其中，餐饮业增加值357万元，增长18.6%；交通运输业468万元，增长31.5%；居民服务业270万元，增长18.4%；批发零售业142万元，增长6.8%。三次产业结构由76.7∶7.8∶15.5，调整到67.2∶14.5∶18.3。职均收入由2006年2.8万元，增加到6.8万元，增长142.86%，年均增长40.47%。

2012年，团场工业企业年完成工业总产值13944万元，工业增加值3326万元，上缴税收259万元，实现利润878万元。

2015年，团场招商引资工业企业发展到17家，其中团国有工业企业1家，为加工厂，年创产值786万元，规模以上工业企业2家，为新疆沪惠农业科技有限公司，年创产值3493万元（私营企业）；石河子博华北野生物科技有限公司，年创产值2730万元（私营企业）。规模以下工业企业14家，分别为暖风机厂、石河子市北野镇爱民塑料制品厂、石河子北野镇富利塑料加工厂、石河子北野镇众联鑫苇板厂、石河子北野镇鑫磊空心砖厂、大同油脂厂、石河子北野驿丰制品厂、石河子宏图建材有限公司、石河子华军毛发制品有限公司、北野农场砖厂、苇板厂、石河子市天余塑料制品厂、木器加工厂、2连粉条厂。团场工业主要产品产量，有场上作业机械140台，塑料制品1045吨，棉短绒1500吨，食用油800吨，番茄酱5886吨，番茄粉860吨，空心砖1330万块，红砖760万块，苇板330吨，预制构件1.3万立方米，苇板7万平方米，托盘8千个，商混4万立方米。

第六节 庭院经济

1997年，团场党委根据师市《关于农八师石河子市加快发展庭院经济暂行规定》《关于切实解决职工发展庭院经济“两用地”的意见》精神，建立由“党委牵头，党政工共同负责”职工自营经济指标考核责任制，形成党政干部同奖同罚激励机制，出台《一四一团发展庭院经济暂行办法》，给农业连队职工划分小菜地共133公顷，户均分到0.13公顷“两用地”。同时，给职工转让原公有拖拉机1879台（架），滴灌设施183个，机井23眼，支持职工庭院经济。是年，全团庭院经济总产值984万元，总收入462万元，其中种植业自用地133公顷，总产值144万元，畜牧业存栏8357头，总产值131万元，户均收入2650.69元。

2001年后，畜牧养殖产权转让，将澳大利亚良种奶牛2200头、安格斯肉牛194头，新西兰荷斯坦奶牛405头，以及十一连、十二连牛场存栏413头，十二连牛场存栏460头，澳大利亚荷斯坦奶牛248头，七连牛场435头全部作价转入私营经营。将新建温室大棚264座，全团新增大马力机车12台、中马力机车16台、农机具350台（部），小四轮拖拉机近200台由个人租赁承包或作价全部转让给私人自营。

2003年，团场工会根据实际制定下发《关于印发2003年庭院经济发展计划表的通知》《一四一团2003年职工庭院经济考核办法（草案）》，将此工作列入精神文明及经济指标考核。对各单位庭院经济发展情况和完成情况指标考核每半年检查1次，上半年占40%，下半年占60%，年终90分以上视为完成任务，团场奖励单位庭院经济领导小组1000元。对庭院经济发展落后单位，每减1分罚2位主要领导各100元，工会主席罚50元。团场根据实际，出台一系列优惠政策：凡私人养羊10只或牛1头的，团场划拨饲草地0.033公顷，牛羊增加1倍，饲草地增加1倍，不封顶；私人养羊50只以上、牛10头以上养畜大户，团场一次性无息垫支建造60平方米暖棚圈舍，低价供应优抚棉籽壳等。

2008年，团场职工自营经济总收入6329万元，其中种植业收入2259万元，畜牧业收入2504万元。

2013年，团场庭院经济收入总产值3229.32万元，总收入2994.13万元，其中种植业产值划分自用地197.4公顷，产值316.48万元，畜牧存栏28369头，产值1053.42万元，户均收入2832.56元。

2014—2015年，团场宣传树立和扶持自营经济自主创业示范户，组织开展养殖示范户现场学习交流观摩会2次。选树团自营经济自主创业典型示范户32户，其中，辛福兰荣获2014年度兵团自主创业典型示范户，桑乃兵荣获2014—2015年度兵团职工自主创业典型示范户。

2015年12月，全团庭院经济有新进展，除职工自用地经济收入外，多元增收、连队功能转型带动自营经济迅速发展。畜牧业发展更快，共有自主创业示范户32户，师市示范户16户，其中养牛专业户4户，养猪大户2户，养兔专业户2个（年出栏兔子近万只），养鸡专业户3户，汽车维修专业户2户，养羊专业户3户，大棚种植户1户。团场促进农业结构调整和发展方式转变，发挥26家合作社作用，走智能化、专业化、特色化之路，发展多种经营。投入2000万元，对6个单位实行连队居住区功能转型，通过建设养殖场、开办农家乐、投建保鲜库、农机修造等方式实现多元增收，职工庭院（自营）经济人均多元增收5000元，增长20%以上。

第七节　农业综合开发

1988年，团场实施农业综合开发，制定出四期农业综合开发工程规划。第一、二期为1988—1993年；第三期为1994—1996年；第四期为1997—1999年。第四期农业综合开发，团场共投入开发资金692.38万元，其中财政资金210.8万元，配套资金113.5万元，自筹资金367.4万元。收复弃耕地1200公顷，挖排碱渠62.1千米，初砌渠道34.7千米，修建水工建筑物23座，改良土壤1013.33公顷，修机耕路38千米，营造防护林11.87公顷。至2006年，团场四期工程共挖排碱渠200.07千米，打机井45眼，成立团场土壤化验室，建立地下水监测网，收复弃耕地2046.67公顷，改造中低产田3466.67公顷，改造条田8066.67公顷，修建砼双防“安下”联结渠5.6千米，翻建砼双防支渠、斗渠25.9千米，新建农渠43千米。经过一系列农业综合开发，逐步改善团场农田生态环境，提高土地利用率，为团场增强发展后劲和自我发展能力，使农业走向可持续发展的良性循环生态之路。

一、组织机构

1997—2006年，团场成立以团长为组长，主管农业副团长为副组长的农业综合开发领导小组，成员单位有财务科、生产科、基建科、政研室、水管站、林业站等部门。该农业综合开发办公室(简称开发办),配主任、副主任各1人,负责全团农业综合开发规划、农田水利工程调整、畜牧、林业及学校、医院社会发展项目的申报和实施,各农业连队成立以连长为组长的领导小组,单位会计配合连长负责协助单位开发项目的申报工作。

2006年12月,团场机构改革,农业综合开发办与团财务、政研室合并,成立发展改革经营管理科,没专职负责农业综合开发业务人员。

2014年8月,团场被兵团党委确定为兵团农牧团场机构改革试点单位,团场按兵团机关编办定编定岗统一要求,将发展改革经营科、农业科、工交建商科合并统称为经济发展局,设正副局长各1名,副局长负责团场农业综合开发工作。

二、综合规划

团场经过4期农业综合开发,地下盐碱水退回原有的位置,白盐碱土壤再显灰漠土。2000年始,团场制定《因地制宜、统筹规划,依靠科技、注重实效,规模开发、择优立项》《以改造中低产田为重点,集中连片治理,注重生态环境建设,大力推广和应用先进科学技术》,着力推进农业和农村经济结构的战略性调整规划。根据各单位土地变化状况,团场每年规划土地综合治理工程项目。期间,团场对农业生产基础性投入7662万元,农业生产设施性投入3666万元。通过土地综合治理,团场加快农业结构调整步伐,决定退出亩产350千克以下的棉田,做到宜棉则棉、宜畜则畜、宜果则果。实现以棉花为主的种植业,向畜牧业、林果业和设施农业三足鼎立转变,从追求产量增长向数量、质量、效益并重转变。团场规划"以植树造林,防风固沙,挖排治碱,渠道防渗,控制灌水量,降低水位,压种绿肥,改土培肥,测土施肥,改造开发林,路、渠、水、电配套"实行规划一片,开发一片,绿化一片,治理一片。

2011年,团场确立两个治理项目:土地治理项目和酿酒葡萄种植基地产业化经营项目。六连实施土地治理项目,治理面积466.67公顷,总投资637万元。其中,中央财政资金420万元,团场自筹资金217万元。实施渠道防渗8千米,新建改建渠系建筑物16座,疏浚排渠12千米,节水滴灌300公顷,改良土壤(油渣还田)300公顷,改造农田机耕道路11千米,营造农田防护林5.67公顷,技术培训200人次,示范推广1000公顷,增加农田林网防护面积66.67公顷。

十三连实施酿酒葡萄种植基地产业化项目,葡萄种植面积66.67公顷,总投资423.02万元。其中,中央财政资金104万元,团场自筹资金319.02万元。实施建筑沉沙池及管理房各2座,4千米砂石路及66.67公顷葡萄架杆安装。机电设备及安装工程:2台Q=187立方米/小时离心泵、2台45千瓦启动箱、2台63千伏安变压器、2台200立方米离心+砂石+网式过滤器。农业措施:耕翻平地及施油渣、化肥、农家肥66.67公顷。

2012年,团场在十一连确立土地治理中低产田改造项目,总投资489.27万元。其中,中央财政资金325万元,团场自筹164.27万元。改造中低产田333.3公顷,衬砌防渗渠2.55千米,渠系建筑物2座,节水滴灌333.33公顷,7个首部系统改造,修机耕道路19.8千米,新栽农田防护林6.66公顷,技术培训200人次。

2013年,团场在十六连、十连两个单位确立改造中低产田项目,总投资847.5万元。其中,中央财政资金565万元,兵团及团场配套资金282.5万元,实施中低产田改造533.3公顷,改造治理灌溉面积533.3公顷,新栽农田林网防护面积66.6公顷,改造滴灌系统首部7个,渠道防渗2.37千米，完成水工建筑物12座，开挖疏浚排渠20千米，新修机耕路35千米，改良土壤油渣还田266.6公顷，技术培训400人次，购置智能型虫情测报灯2套，频振式杀虫灯850套。

2014年，团场在二连确立农业综合开发项目，总投资585万元。其中，中央财政资金450万元，团场投入配套资金135万元。农田渠道防渗5.09千米，水工建筑物22座，改造滴灌系统首部6个，改良土壤秸秆还田75.07公顷，营造防护林1.5公顷，改造农田田间道路10.5千米和路涵3座。技术培训200人次，购置果园迷雾机10台。

2015年，团场在十二连确立农业综合开发项目，总投资650万元。其中，中央财政资金500万元，团场配套资金150万元。渠道防渗6.52千米，水工建筑物26座，改造滴灌系统首部6个，改良土壤秸秆还田333.3公顷，营造防护林6.66公顷，改造农田田间道路9.66千米，技术培训200人次，购置频振灯600台。是年，团场共收获籽棉3.9万吨，加工出皮棉1.71万吨。经过产业结构调整，团场畜牧业、果蔬园艺业产值占农业产值比重48%，农业结构进一步优化，全程机械化达90%以上。

三、项目资金管理

（一）项目管理

1997—2015年，团农业综合开发领导小组在上报计划项目的选定上，充分结合本团实际，以壮大团场经济、增加职工收入为目标，制订具体实施计划及方案。工程采取项目招投标制、项目法人制、工程监理制和项目公示制。建立健全制度，降低工程造价，避免暗箱操作，保证质量，降低成本管理。项目立项必须制定项目库、编制项目建议书和可行性研究报告等项目规范的程序，经反复论证上报项目。开发办负责项目工程全过程实施、检查监督和验收。在每年农业综合开发项目竣工后，均组织有关部门联合验收组对工程各个环节实施质量监督，凡工程质量不合标准的，勒令停工、返工，确保工程质量。团联合项目竣工验收后，申请兵团或师市有关部门联合检查验收。农业综合开发产业化经营财政补助66.66公顷酿酒葡萄种植基地建设项目，通过查看各项工程记录和实地察看，项目达到预定要求，产业化经营财政补贴合理到位。

2014年9月，兵、师两级农业综合开发专家组到一四一团，检查验收团333.3公顷高标准农田项目。对高标准农田建设项目做出验收：实施后通过采取培肥地力、滴灌首部改造、渠道防渗、农田防护林建设及农工技术培训等各项改造治理措施，项目区综合生产能力得到提高。改造后棉田平均0.06公顷籽棉，可由改造前350千克增加到400千克，增产50千克，总增产籽棉250吨，籽棉单价按近3年平均价0.75万元/吨计算，合计新增产值187.5万元。滴灌工程实施后减轻劳动强度，降低管理成本，同时减少对土地盐渍化危害，可提高作物单产，斗渠防渗改建后渠道水利用系数由0.8提高到0.92，输水能力得到提高，输水量增大，灌溉保证率得到提高。渠道防渗每年可节约水量20万立方米，节约水量可改善部分灌溉面积，可用于生态环境保护与建设。通过论证，该建设项目区地下水位的下降，可减少潜水无效蒸发，提高地下水资源利用率，项目区主要公路及田间道路两旁栽种林带，二连北面有2块退耕还林地760公顷。在项目区营造人工防护林，防护林覆盖率占耕地面积8%，对环境改善具有不可替代的作用。不断得到开发治理的农业生态系统，生物量有所提高，促进植物群落和动物群落在当地生长，使生态系统趋向良性发展。

（二）资金运作

1997年始，团场制定出《一四一团关于农业综合开发项目会计核算办法》。

团农业开发资金的使用管理，实行专人管理，专账核算，专款专用。团财务每年按团农业综合开发项目工程单项工程，专户立账，认真做好农业综合开发资金预算，提交团党委及职代会研究审核。单项工程有预算、有决算，根据工程施工进度及时拨付项目资金，使施工单位按计划顺利完成开发任务。使用开发资金的同时，及时还贷，从不拖欠，保证开发资金的使用效率，把有限的开发资金用在刀刃上。团财务财政局在实际执行中，严格按照预算执行，不随意调整预算。确因特殊情况，需经团党委会研究决定并上报师市财务局批准后追加预算，确保团各项综合开发资金合理使用，全部用在项目上。预算部门每月及时向师市、向团党委上报预算执行情况，定期向职工代表大会汇报年度预算开支情况。

（三）项目完成

1997—2008年，完成全团场中低产田改造5333.3公顷项目。其中，挖排碱渠152.32千米，衬砌渠道86.81千米，实施滴灌面积1733.3公顷。水工建筑物86座，其中大型沉沙池4座；修建机耕路63.12千米。营造农田防护林工程83.33公顷，技术培训1.106万人。

2009年，完成五连、十三连实施200公顷中低产田改造项目。其中，新建衬砌渠道6千米，新建改建渠系建筑物16座，疏浚排渠5千米，改良土壤200公顷，营造防护林6.67公顷，技术培训500人次，购置袖筒式喷雾机8台。

2010年，完成三连实施农业综合开发中低产田改造项目500公顷。其中，新建衬砌渠道5千米，新建改建渠系建筑物12座，疏浚排渠5千米，改造滴灌面积500公顷，改良土壤500公顷，营造防护林6.67公顷，技术培训500人次，购置气吸式精量播种机15台。

2011年，完成十三连66.67公顷酿酒葡萄建设项目，建设内容有建筑工程：沉沙池及管理房各2座，4千米砂石路及66.67公顷葡萄架杆安装。机电设备及安装工程：2台Q=187立方米/小时离心泵、2台45千瓦启动箱、2台63千伏安变压器、2台200立方米离心+砂石+网式过滤器。农业措施：耕翻平地及施油渣、化肥、农家肥66.67公顷。

2012年，完成十一连水利渠道防渗工程2.55千米，节水滴灌333.33公顷，渠系建筑物2座，新修农田机耕道19.8千米，林业营造防护林6.66公顷，科技培训计划200人次。

2013年，完成十连、十六连滴灌系统首部改造7个，渠道防渗2.37千米，水工建筑物12座，开挖疏浚排渠20千米，新修机耕路35千米，改良土壤油渣还田266.67公顷，营造防护林6.66公顷，购置智能型虫情测报灯2套、频振式杀虫灯850套。

2014年，完成二连农田渠道防渗5.09千米，水工建筑物22座，改造滴灌系统首部6个，改良土壤秸秆还田75.07公顷，营造防护林1.5公顷，改造农田田间道路10.5千米和路涵3座，技术培训200人次，购置果园迷雾机10台。

2015年，完成十二连渠道防渗6.52千米，水工建筑物26座，改造滴灌系统首部6个，改良土壤秸秆还田333.33公顷，营造防护林6.66公顷，改造农田田间道路9.66千米，技术培训200人次，购置频振灯600台。

四、土地治理项目

1997—2015年,团场农业开发土地治理完全按照上级投资和团场投资计划项目执行。

2008年,国家投资2262万元土地治理项目,建设规模1472.71公顷,新增耕地面积489.3公顷。主要完成的项目:土地平整完成270.65公顷;农田水利工程斗渠防渗17.19千米,排碱渠清淤18.12千米,新挖斗渠7.09千米,新挖农排渠26.7千米,安装滴灌系统29套,完成水工建筑物219座。道路新建田间砂石路24.53千米,改建生产路29.88千米。农田防护林工程,完成农田防护林45公顷,植树16.83万株。输电线路工程,新建10千伏输电线路12.34千米。

五、以工代赈项目

1997—2008年一四一团场以工代赈项目见表12-1。1997—2008年,以工代赈项目总投资1858.57万元。其中,中央专项资金849万元,师筹300万元,团自筹859.87万元。完成主要工程:渠道防渗24.9千米,挖排碱渠7.7千米,修建柏油路4千米,新建滴灌800公顷,打井13眼(包括8眼排水浅井),修建校舍4800平方米,医院购置血球分析仪1台、全能麻醉机1台,新置非线性编辑机1台、硬盘播出机1台。

表12-1 1997—2008年一四一团场以工代赈项目

年份	项目名称	建设规模	总投资(万元)	中央专项(万元)	师筹(万元)	团场自筹(万元)
1997	东边干渠(千米)	7.5	250	100	150	—
1998	改建东七支渠(千米)	3.5	97.29	50	—	47.29
1998	改建东八支渠(千米)	3.6	105.56	50	—	55.56
2000	东五支南排洪渠(千米)	7.7	48	30	—	18
2000	新建小学宿舍楼(平方米)	800	56	30	—	26
2000	新建七连至九连柏油路(千米)	4	100	27	—	73
2001	西边干渠(千米)	3.8	60	40	—	20
2001	东六支渠延伸(千米)	2	25	20	—	5
2001	打井,10千伏高压线路	打井4眼,架设10千伏高压线路6千米	90	60	—	30
2001	团小学校舍(平方米)	1500	100	45	—	55
2002	新建滴灌(平方米)	500	260	84	—	176
2002	新建中学宿舍楼(平方米)	2500	190	20	—	170
2002	新置B超机(台)	1	22	11	—	11
2003	新建滴灌(千米)	333.3	165.76	116	—	49.76
2003	改水工程(千米)	东西联网管线5.6/30泵房1座,打井1眼	74.26	50	—	24.26

续表

年份	项目名称	建设规模	总投资（万元）	中央专项（万元）	师筹（万元）	团场自筹（万元）
2003	医院血球分析仪及全能麻醉机（台）	各1台	30	21	—	9
2005	新建小学语言教学设备（台）	—	25	15	—	10
2008	斗渠防渗工程（千米）	4.5	110	50	—	60
2008	团部排水浅井（眼）	8	35	20	—	15
2008	新置非线性编辑机硬盘播出机（台）	1台	15	10	—	5
	合计		1858.87	849	300	859.87

六、扶贫项目

1997—1999年，扶贫项目总投资272.22万元，其中中央专项资金210万元，完成主要工程为：渠道防渗25.95千米，挖排碱渠4.4千米。滴灌工程总投资4000万元，团场自筹资金3400万元。国家专项资金220万元投入建设安格斯肉牛场一座。1997—1999年一四一团场扶贫项目见表12—2。

表12-2　1997—1999年一四一团场扶贫项目

年份	项目名称	建设规模（千米）	总投资（万元）	中央专项资金（万元）	团场自筹（万元）
1997	老干渠扩建	5.6	29.74	20	9.74
1997	东五支四斗	5.5	54.75	40	14.75
1997	四连斗农排渠	4.4	10.53	10	0.53
1998	东六支渠	3	30	20	10
1998	西八支渠	3.45	50	40	10
1998	西八支六斗	1.9	20	10	10
1999	西十支末端	1.3	15.85	15	0.85
1999	新九支（7～9）斗	3.3	38.76	35	3.76
1999	新九支老八斗	1.9	22.59	20	2.59
	合计	—	272.22	210	62.22

七、家庭农场

1997年以前，团场没有开发性家庭农场，只实行家庭联产承包办法。1997年后，团场根据发展实际统一制定开发性家庭农场相关的政策，鼓励承包职工以各种形式开荒和收复弃耕地。规定凡和团场签订开荒地合同，并达到一定规模和自行解决水源的，暂不收土地利费，大宗产品按团场统管规定必须交团场。

开垦办理家庭农场程序：由个人写出开荒收（扩）弃耕地申请，报单位审批；将单位审批后的报告交团场开发办，由开发办做出开荒收弃土地规划图；将上述报告和规划图交政研室后，签订水土开发合同并备案；新开荒或收（扩）弃耕地的一切费用自理；凡由单位开荒或收（扩）弃耕地，均由生产科、开发办等科室组织检查验收，合格后签订种植合同。职工投资开发荒地、弃耕地面积近1666.66公顷。

2000年后，受地下水减少及兵团相关要求，不再批准开发性家庭农场，全团再无新的开发性家庭农场。

第十三章　种植业

一四一团是个以农业种植业为主业的国营农牧团场。1997年以前，团场主要种植小麦、玉米、棉花和甜菜等经济作物。1997年后，因甜菜市场不景气，停止种植甜菜，改种加工番茄、葡萄等经济作物，同时不断调整种植结构，使种植作物适应市场需求，增加职工收入。农业新技术推广应用扩大，精量播种，适时灌溉，推广宽膜种植，合理运用水肥土壤，因地制宜调整作物结构，引进优良高产新品种，坚持"目标管理、阶段推进、强技强管、注重效益"十六字方针，全面推广应用种子、播种、灌溉、施肥、生态监测、收获六大精准技术。

2009年起，团场全面推进"六大精准"农业技术，建立新品种良种繁育基地2000公顷，推广种植优良品种100%，对种子选种、包衣100%，实施精量播种技术100%，推广膜下滴灌技术100%，播种前机械回收残膜100%。小麦单产由1997年每公顷2728千克，提高到2015年每公顷5614千克，增长105.8%，棉花单产由1997年每公顷1357千克，提高到2015年3891千克，增长186.7%。

第一节　作物种类

1997—2007年，一四一团场种植结构单一，作物种类以棉花、甜菜、小麦、玉米为主。1999年，因石河子八一糖厂转产，团最后一年种植甜菜410公顷，收获甜菜18724吨，从此，甜菜作物退出团种植业。

2008年，团场种植结构调整，种植粮食作物小麦218.33公顷，种植经济作物棉花8194.86公顷，啤酒花148.26公顷，鲜食葡萄65.33公顷，酿酒葡萄170.6公顷，大棚蔬菜170公顷。套种苜蓿、油葵或油菜100公顷左右。种植结构由83∶13∶4的比例调整为74∶9∶17。

2009—2014年，团场基本解决过去的单一化种植模式，建设优质棉花、酿酒葡萄、番茄加工、啤酒花、枸杞和生猪养殖"六大基地"。

一、粮食作物

（一）小麦

1997年，团场小麦种植733.33公顷，小麦单产为227千克/亩。

2003年，团场小麦种植面积330公顷，其中冬小麦种植面积10公顷，为历年最低。小麦总产量1500吨，单产6044千克/公顷。

2008年，团场种植结构调整，小麦种植面积218.33公顷。

2009—2014年，团场小麦种植面积平均保持在400公顷左右，小麦采用3.6米播幅，24行条播机条播，一幅五管滴灌带配置方式。

2015年，团场小麦种植202公顷（其中冬麦153公顷），小麦单产每公顷6436千克，总产1300吨。

（二）玉米

1997年，团场种植玉米266.67公顷，玉米单产347千克/亩。

2001年，团场玉米种植面积130公顷，为历年最低。

2008年，团场种植结构调整，玉米（含青贮玉米）种植面积400公顷。

2009—2014年，团场青贮玉米种植面积1067公顷，青贮单产86550千克/公顷，总产24902吨。

2015年，团场玉米（含青贮玉米）种植面积470公顷，青贮单产78270千克/公顷，总产36828吨。

二、经济作物

（一）棉花

1997年，团场提出"增棉、稳甜、减粮"目标，棉花种植面积4320公顷，收获皮棉4860吨。

1999年，棉花种植面积扩大到5666公顷，其中宽膜植棉面积5060公顷，占植棉总面积98%。收获皮棉7235吨，亩产皮棉由72千克提高到95.8千克，每亩增加23.8千克。

2009—2014年，团场棉花种植面积平均为6033公顷，机采面积达5180.3公顷，实现棉花采收全程机械化。籽棉单产每公顷5646.6千克，总产38397吨。

2015年，团场棉花种植面积7570公顷，棉花籽棉单产5138.5千克/公顷，总产38897吨（净重）。当年，按照师市《棉花全程质量控制办法》《良好棉花》生产要求，从种植、采收、加工三个方面加强管理，强化各项技术的实效性和到位率。继续开展高产创建活动，推广使用优质、高产，适宜机采的早45、早55等优良品种，落实人工粒选，全面采用一膜三带节水灌溉方式，正确摆放毛管位置和滴头方向，全面使用0.01毫米厚膜，同时强化机械捡拾残膜工作，减少白色污染，人工及时打顶，减少化学免打顶面积。落实二次脱叶剂喷施工作，使机采棉含杂率明显低于往年，严格落实机采棉"十不采"的技术要求，加强"五统一"管理，推进各个阶段的生产工作，棉花质量较往年有较大提高。

（二）番茄

2002年，团场番茄种植面积245公顷，总产10956吨，单产44718.4千克/公顷。

2009—2014年，团场番茄种植面积平均358公顷，番茄单产135吨/公顷，总产35098吨。

2015年，团场番茄种植289.9公顷，番茄总产30788吨（净重），单产103吨/公顷。

（三）啤酒花

1997—2006年，团场啤酒花种植面积平均为22.8公顷。2002年，总产45吨，为此10年间产量最低。2006年，总产97吨，为此10年间产量最高。

2007年，团场啤酒花种植面积提高到70公顷，总产91吨。

2008—2010年，团场啤酒花种植面积为历史最高阶段，其中2008年面积达148公顷，为历年最高，总产283吨。

2014—2015年，团场啤酒花种植面积均降至20公顷，为历年最低，总产分别为14.2吨、20.2吨。

（四）其他经济作物

1997年，团场甜菜种植面积463.3公顷，总产191吨，单产412.2千克。

2009—2014年，团场平均酿酒葡萄种植面积1094.8公顷，总产4.5211万吨。

2015年，团场新增6公顷高标准特色种植设施农业，使设施农业达到10.51公顷，新增经济作物15公顷。播、种、收全程机械化率达到90%以上。逐步退出0.66公顷单产350千克以下棉田 宜棉则棉、宜畜则畜、宜果则果。

1997—2015年一四一团场经济作物栽种见表13-1。

表13-1　1997—2015年一四一团场经济作物栽种

年份	经济作物													
	棉花			甜菜			番茄			啤酒花		酿酒葡萄		
	面积（公顷）	单产（千克/公顷）	总产（吨）	面积（公顷）	单产（千克/公顷）	总产（吨）	面积（公顷）	单产（千克/公顷）	总产（吨）	面积（公顷）	总产（吨）	面积（公顷）	单产（千克/公顷）	总产（吨）
1997	4320	3283.6	14185	463.3	412.2	191	—	—	—	22.8	59	—	—	—
1998	5596	3277.5	18341	494	441.2	218	—	—	—	22.8	61	—	—	—
1999	5666	3245.5	18389	410	456.09	187	—	—	—	22.8	54	—	—	—
2000	5880	3175.2	18670	—	—	—	—	—	—	22.8	58	—	—	—
2001	6637	1391.6	9237	—	—	—	—	—	—	22.8	54	—	—	—
2002	5314	3636.2	19324	—	—	—	245	44718.4	10956	22.8	45	—	—	—
2003	6782	3037.2	20597	—	—	—	—	—	—	22.8	63	—	—	—
2004	6288	3494.7	21976	—	—	—	—	—	—	22.8	55	—	—	—
2005	6687	4112.7	27500	—	—	—	—	—	—	22.8	78	—	—	—
2006	7540	4837	36471	—	—	—	—	—	—	22.8	97	80	—	—
2007	7653	4613.2	35306	—	—	—	—	—	—	70	91	210.9	—	—
2008	8160	5309.2	43323	—	—	—	—	—	—	148	283	225.3	2690.1	606
2009	7240	4670.3	33813	—	—	—	667.8	100747	67279	129	238	490.9	4935.5	2423
2010	7473	4306	32180	—	—	—	377.7	85372	32248	125	105	900.4	3961.6	3567
2011	7620	4771	36355	—	—	—	417.3	84507	35262	62.5	50.4	1444.1	5646.6	8154
2013	6880	4761.8	32761	—	—	—	320.0	109681	35098	40.1	22.4	2015.7	7868.6	15861
2014	6984	5634.1	39350	—	—	—	363.9	86757	31574	20	14.2	1717.7	8852.4	15206
2015	7570	5138.5	38897	—	—	—	298.9	103015	30788	20	20.2	1132.1	18469.8	20909

第二节 耕作与作物栽培

一、耕作

1997—2001年,团场耕作技术沿袭兵团旧模式,犁地主要靠东方红链轨车,播种用德28和54式轮式拖拉机。为保证耕作质量,团场先后制定各个时期《农机管理工作实施细则》。为确保耕作质量,各农业连队由农机副连长、技术员、会计、承包户代表组成的耕作监督小组,负责本单位耕作质量验收。

2002年后,团场不断落实国家农机购置补贴政策,给团场农机工人注入资金支持,加快农机具更新换代,如大马力机车、新机具、进口机具、先进机具。

至2015年,团场拥有100马力以上拖拉机88台,55~100马力拖拉机260台,55马力以下拖拉机224台。采棉机达33台,青贮收割机1台,机械精量棉花播种机128台,番茄半精量播种机8台,秸秆粉碎还田机82台,小麦播种机8台,青贮播种机5台,大中型喷雾机93台,园林用迷雾式喷雾机21台,联合整地机60台,液压翻转犁62台,大型拖车180辆。

(一)犁地

犁地需适时和及时,土壤过干或过湿作业,均会造成土块颗粒大小不均,降低质量并增加作业,增加成本。团场为合理利用土地,不浪费土地,犁地到头到边,不漏耕、不重耕,具体标准为秋耕深度27厘米以上,春耕深度25厘米;犁到头,犁到边,三铧犁地边留45厘米;翻垡良好、地表平整,无漏耕;开闭垄无垄台、垄沟,处理闭垄先外后内,处理地边先内后外。进一步落实农机标准化要求,确保机械作业质量达到耕作技术要求。因季节不同犁地分为春耕、伏耕和秋耕。春耕一般指上年未秋耕的土地进行春耕。伏耕在夏收作物收获后进行,深度一般为20~25厘米。伏耕晒垡促进土壤熟化,提高肥力,消灭杂草。伏耕进行得越早,效果越好。秋耕在秋收作物收获后进行,标准深度一般为25~30厘米。秋耕疏松土壤,容纳秋冬较多雨、雪,消灭杂草和病虫害。秋耕一般与灌溉相结合,即先秋灌后耕翻,或先耕翻后秋、冬灌。

(二)耙地中耕

农事中耙地主要是把犁过的地进行碎土和松土,使土壤上虚下实,地表平整,土块碎细,破除土壤板结,起保墒和消灭杂草作用,有利于种子发芽和幼苗出土。中耕是指作物生长期间进行表土耕作措施,中耕一般掌握深度为10~18厘米,要求不错行,不漏耕,到头到边,不压苗、不伤苗、不铲苗、不伤根,使地表土松(无结块)、碎(无大块土疙瘩),起到疏松表土、破除板结、蓄水保墒、提高地温、增强土壤通透性、保苗早发的作用。大田中耕作业常与间苗、培土、封洞、施肥和灌溉作业配合进行。

(三)拉沙改土清洁田园

拉沙改土是团场冬季备耕一项重要工作,起到改良土壤、提高地力、破除中层板结、疏松土壤的作用,有利于提高作物产量。随着地膜覆盖技术推广应用,白色污染成为人为破坏生态环境问题。拾残膜和回收滴灌带成为农场入秋后备耕工作重要环节,把残膜和滴灌带拾干净回收再生利用使田园清洁，消除污染，为下一年再生产做好准备。

2015年，团场全面使用0.01毫米的厚膜，同时强化机械搂拾残膜工作，以减少白色污染。

二、栽培

（一）棉花

1997—2001年，团场采用0.3%的3911乳油加0.3%敌克松可湿性粉剂拌种。

2001—2003年，使用6%的3911乳油加200F卫福拌种。

2004—2015年，开始使用6%～8%的3911乳油加2%的福多甲拌种。

（二）小麦

2004—2015年，团场小麦栽培，主要采用0.2%拌种霜加植物生长调节剂或磷酸二氢钾拌种。

（三）玉米

2004—2015年，团场玉米栽培，采用福多甲种衣剂和磷酸二氢钾拌种。

三、播种

20世纪90年代末开始，团场棉花种植大面积推广宽膜覆盖播种技术，从一膜4行膜上（或膜下）点播，发展到一膜6行或8行精量点播。亩保苗由以前的1.5万株，增加到1.8万～2万株，实行矮、密、早栽培模式。一般在3月底4月初试播，4月10日—25日天气稳定后，集中大量播种、滴水、出苗，4月底基本结束。

四、田间管理

（一）放苗、封洞、定苗

2005年后，团场基本采用膜上点播，5月15日定苗工作全面结束，保证一穴一株，棉花亩保苗数为0.8万～1.6万株，玉米亩保苗株数为4500～6000株。

（二）中耕

1997—2004年，团场各种大秋作物基本都中耕3遍，头水前中耕2次，头水后中耕1次，一是为灭草，二是为便于开沟追肥。

2004—2015年，团场普及化学除草。春、秋季播种前，实施土地封闭，同带喷雾器喷洒二甲戊灵或氟乐灵，灭草效果好，基本不再进行人工除草。

（三）打顶

1997—2001年，团场各农业连队中耕采取人工中耕和机械中耕两种，人工中耕和机械中耕的目的是松土灭草，促进作物生长发育。土壤施肥主要靠的是化肥和作物秸秆进行培肥地力，同时压种绿肥，拉运厩肥，撒施油渣。

2002—2015年，基本靠秸秆还田和化肥培肥地力，化肥施入有两种方式：一种方式是在犁地前将磷肥和少量的氮肥施入土壤；另一种方式是在作物的生育期分1~2次追施氮肥和磷肥，全生育期总肥量在50千克左右，大面积采用滴灌技术栽培后，棉花在浇水时分6～8次追施尿素35～40千克和磷酸钾铵12～15千克。在滴灌中滴施液氨，效果较好，但因不好操作始终未大面积使用这一技术。

2005年前，打顶时间基本从7月5日开始，7月20日结束。2005年后，打顶尖时间基本从6月25日开始,7月10日基本结束,打顶较往年提前10~15天,产量明显提高。

五、灌溉

2002年前,主要以旱地水浇为主。2002年后,大面积从旱地水浇转变为节水滴灌种植,除棉花大部分采用滴灌种植外,其他小面积作物仍然采用水浇。

2005年后,进行大面积滴灌系统改造。2008年,各种作物基本都采用滴灌模式,推广干播湿出苗。滴灌技术可以人为控制滴水、出苗的时间,做到霜前播种,霜后出苗,减少气候对播种的影响,真正做到满块满苗滴灌出苗比抢墒播种出苗率提高10~20个百分点。

2006—2015年,从一膜4行膜上(或膜下)点播,发展到一膜6行或8行精量点播;棉花滴水出苗定额为54立方米/亩,以提高滴水出苗阶段水的利用率。

六、草田轮作

1997—2015年,团场虽然承包到户,土地分散,但仍采取措施,推行草田轮作制。其间,由于苜蓿种植面积被大量压缩,将过去以苜蓿轮作模式改为以绿肥作物轮作模式。轮作顺序为绿肥作物-小麦-玉米-棉花-甜菜-油料-酱番茄。倒茬期绿肥作物1年,小麦3年,玉米1年,棉花3年,甜菜1年,油料作物1年,酱番茄2年,年轮作面积1000~2000公顷。

团场党委动员职工使用以低秆作物为主的白菜、红萝卜、青萝卜、大葱、红薯、马铃薯、花生等小经济作物和西瓜等瓜类作物进行间作、混作,年播种面积150公顷。

第三节　种子　肥料

一、种子

1997—2009年,团场棉花引进品种主要为军棉1号(69-1、85-174、822、新陆早7号)。2001年8月,种子站站长苗建军牵头,副站长部玉江具体负责在六连6号地繁育石杂1号,经调查繁育新品纯度达80%,因此未进行大面积推广。

1998年起,经过缩行增株,半精量、精量播种以及滴灌设施技术的大面积应用,棉花生产连年增收。

2010—2015年,团场棉花良种培育与新品种引进日益增加,且大面积推广应用。团场棉花种植品种有早26、710、703、293、602、958、标杂等,这些品种具有高品质、高产量、抗病虫害等特点,成为团场棉花主栽品种。经过多年品种示范、筛选到大面积推广应用,新品种为团场棉花大面积丰产丰收奠定良种基础,发挥增产作用。棉花生产通过多次新品种更新换代,六大精准技术以及"矮、密、早、膜、匀"技术应用与推广,棉花单产、总产逐年大幅提升。

(一)小麦

小麦是团场主要粮食作物,有数十年栽培史。在品种特性上分冬季品种和春季品种两大类。团场大多数年份以种植冬小麦为主,在水情较好年份种植一定面积的春小麦,小麦品种有新春2号、6号等。青贮主要是天山红和新饲10号。团场每年划出2000公顷土地,作为当年的新品种繁育基地。

1997—2015年,团场小麦品种主要有新春2号、新春6号;冬麦有奎冬3号、奎冬4号、新冬17号、新春18号、新春41号。

(二)玉米

玉米栽培分为正播和复播2种方式。正播玉米采用宽窄行地膜覆盖,春季播种中晚熟品种。复播玉米采用小麦收获后,应用玉米早熟品种进行复播的种植方式。

1997—2015年,团场玉米品种有Sc704,青贮品种有天山红、天山白、新饲玉10号、新饲玉11号、新饲玉12号、新饲玉19号。

(三)棉花

1997—2015年,团场坚持不断引进和选育作物新品系(种),提高棉花产量、品质、抗病性,增加职工收入,促进种植业发展。19年间,先后引进、选育各种农作物新品系12个,其中引进品系10个,选育品系8个。团良种繁育主要有抗病性好的棉花品种新陆早26号、703、标杂A1、918、902。

1997—2015年一四一团场棉花品种见表13-2。

表13-2 1997—2015年一四一团场棉花品种

年度	主要品种	次要品种
1997	新陆早1号(69-1)	822
1998	新陆早1号(69-1)	822
1999	822	822
2000	822	新岳1号、中42
2001	石选87、早10、早11、早7、中36	早4、系5、辽12、系7、中27
2002	早9、石选87、系9	中36、早12
2003	早9、石选87、系9	早12、炮台、6524、98-2、天河21
2004	早9、早12、炮台	石选87、98-2
2005	早9、早12、新陆早13、炮台	早24
2006	早23、早24、新陆早26、297-5、炮台	早33、301、18-3、西部3、15号
2007	早2433、K8、标杂293、602、704	早25、37、03-2、02-6、701、中26、
2008	早26、710、703、293、602、958	早33、35、149-2、18-3、早39、03-2、
2009	新陆早26、958、703	中36、902、标杂、918、1303
2010	新陆早26、703、标杂A人	早42、1303、918、902、W-14
2011	新陆早26、703	标杂、早42、710、918、902
2012	新陆早26、703、早45、918、902	早50、合信
2013	早50	918、902、合信
2014	早50	早60、早59、早62、惠远11号
2015	早45、早59、中50	早50、合信11号

二、肥料

(一)化肥

团场化肥按品种分为氮类、磷类、钾类、复合型类、微量元素类。氮类化肥主要是尿素,磷类化肥主要有过磷酸钙,钾类化肥主要有硫酸钾、氯化钾,复合型类化肥主要有磷酸一胺、磷酸二胺、磷酸二氢钾等系列化肥。微量元素类化肥主要有硼砂、速乐硼、硫酸锌等叶面喷施肥料。

20世纪90年代中后期,随着栽培技术不断更新,棉花化肥用量和化肥结构随之发生变化。棉花化肥总用量由20世纪90年代初期每公顷675千克,提高到20世纪90年代中期每公顷825千克。

1998—2001年,团场化肥用量每公顷达1050千克,化肥结构发生变化,在多年只施氮、磷肥基础上,每公顷增施钾肥225千克。

2001年,随着大面积推广棉花节水设施灌溉,化肥用量随着棉花产量的提高而增加,滴灌棉田化肥每公顷1275千克。

2006年后,随着棉花高产新品种的引进,化肥用量达到历史最高点,滴灌棉田全程施肥每公顷1575千克。叶面施肥料主要是磷酸二氢钾,棉花生育期使用磷酸二氢钾次数3~4次,使用量每公顷6.75千克。

小麦作物化肥用量在20世纪90年代,始终保持在每公顷600~650千克,200[illegible]年后,化肥用量有大幅度提高,每公顷化肥用量达825千克左右。

玉米作物在常规种植情况下,化肥用量一般在每公顷900千克左右,随着高产品种的引进和地膜栽培、设施滴灌技术的配套使用,化肥用量每公顷达1050千克左右。

果树主要在施农家肥为主的基础上施用化肥,配少量的氮磷复合肥和钾肥,每公顷的化肥用量约为375千克。

(二)农家肥

团场农家肥具有有机质含量高,氮、磷、钾含量齐全,肥效持续时间长,改善土壤结构,无公害的特点。团场每年农家肥施用总量大约在3.96万吨,施肥面积1522公顷。大田施肥方法均采用人工均匀撒施,后进行全耕层深施。农家肥广泛应用于各种农作物,大田农作物主要以棉花为主,其次是果树和蔬菜作物,棉田施用农家肥一般根据地块地表肥力,采用轮换交替施用方法,每公顷施肥量为18000~22500千克,果树采用春秋两季应用腐熟的农家肥进行根部深施,每株施肥量为50~80千克,每公顷用量18750~30000千克。

(三)绿肥

绿肥种类主要有复播玉米、复播油葵和苜蓿3种。绿肥具有生物学产量高、有机质含量丰富的特点,对改善土壤结构、提高土壤基础肥力有重要作用,是多年以来培肥地力的主要作物。

1997年以前,由于水情形势好,团场每年绿肥复播面积168~200公顷。1997年后,随着棉花种植面积的扩大,水土不平衡,水情不断严峻,绿肥种植面积逐年缩小。

2000—2015年,全团绿肥复播180公顷左右。

1.绿肥栽培　在次年冬小麦收获后，种植绿肥作物，及时灌好底墒水，适墒整地后，用常规机力播种复播早熟玉米品种，适播期在6月25日前后，每公顷播种量52.5千克，生育期追肥尿素每公顷225～300千克。复播油葵、苜蓿播种期同复播玉米一致，生育期追肥尿素每公顷150～225千克。

2.绿肥翻压　复播玉米最佳翻压期在雄穗干枯期，复播油葵、苜蓿最佳翻压期在田间开花达85%以上时，此时是绿肥作物生物学产量最高时期。翻压绿肥要保证翻压深度达28厘米以上，做到翻压严实，作物掩埋严密不外露，翻压前每公顷施磷肥225千克，尿素150千克，与绿肥作物同时翻压，结合冬灌可加速绿肥腐烂，提高肥效。

1997—2015年一四一团场棉花化肥用量见表13-3。

表13-3　1997—2015年一四一团场棉花化肥用量

年份	面积（公顷）	尿素（千克/公顷）	磷酸二胺（千克/公顷）	重过磷酸钙（千克/公顷）	滴灌专用肥（千克/公顷）	专用复合肥（千克/公顷）	磷酸二氢钾（千克/公顷）	磷酸钾铵（千克/公顷）	液肥（千克/公顷）	液氨（千克/公顷）	油渣（千克/公顷）
1997	43[illegible]0	36	27	—	—	—	—	—	—	—	33.4
1998	5556	30	12	—	—	—	—	—	—	—	29.7
1999	5666	25	7	—	—	—	—	—	—	—	45.5
2000	5850	29	16	—	—	—	—	—	—	—	18.8
2001	6637	30	15	—	—	—	—	—	—	—	—
2002	5314	—	—	—	15	35	—	—	—	—	—
2003	6782	15	—	—	—	35	—	—	—	—	—
2004	6288	37	12	—	—	—	—	—	10	—	—
2005	6687	37	—	15	—	—	5	—	10	—	—
2006	7540	43	—	15	—	—	5	—	—	3	—
2007	7653	52	—	10	—	—	10	—	—	3	—
2008	8167	46	12	—	—	—	5	—	—	3	—
2009	7240	48	12	—	—	—	—	12	—	—	—
2010	7437	50	12	—	—	—	—	15	—	—	—
2011	7620	46	12	—	—	—	—	15	—	—	—
2012	6940	48	12	—	—	—	—	15	—	—	—
2013	688[illegible]	48	12	—	—	—	—	15	—	—	—
2014	6984	52	—	12	—	—	—	15	—	—	—
2015	7570	52	—	12	—	—	—	15	—	—	—

注：此表数据由团生产科提供，部分数据缺失。

1997—2015年一四一团场压种绿肥验收见表13-4。

表13-4 1997—2015年一四一团场压种绿肥验收 单位：公顷

年份	压种绿肥		
	春播绿肥	夏播绿肥	合计面积
1997	201.73	450.06	651.79
1998	159.93	53.33	213.26
1999	455.8	311.33	767.13
2000	425.6	311.33	736.93
2010	201.73	450.06	651.79
2011	159.93	53.33	213.26
2012	455.8	311.33	766.93
2013	425.6	311.33	736.93
2014	1255.1	1156.2	2411.3
2015	1255.1	1156.2	2411.3

注：此表数据由团生产科提供。

三、精准农业

团场农业生产一贯坚持"目标管理、阶段推进、强技强管、注重效益"十六字方针，全面推广应用种子、播种、灌溉、施肥、生态监测、收获六大精准技术。2009年始，团场全面推进六大精准农业技术，建立新品种良种繁育基地2000公顷，推广种植优良品种100%，对种子选种、包衣100%，实施精量播种技术100%，推广膜下滴灌技术100%，播种前机械回收残膜100%。

（一）精准种子技术

1997—2008年，团场棉花主要推广新品种有新陆早12号、早9号、早13号、早24号、早26号、早28号、早33号，它们的优点是高产、抗枯、耐黄。春麦有新春2号、6号，冬冬3号、4号，食用玉米有SC704品种，饲用玉米有新饲玉10号、11号等。所用作物种子进行种衣剂包衣处理。在包衣前都进行重力选、风选，必要的还使用色选，保证种子品质。

（二）精准播种技术

1997年，团场开始推广精准播种技术：一是玉米最先使用100%的精量播种技术；二是棉花采用精量播种技术。精准播种技术一年可为每0.067公顷棉花省种子4千克左右，玉米省种子2～3千克。采用精准播种技术使出苗相对较匀，减少人工定苗程序，降低人工作业成本。

（三）精准灌溉技术

2000年开始，团场在九连、十二连进行精准灌溉技术示范。团场位于安集海灌溉区下游，水情不稳，水质较差。水量较大时，团场渠道载水量受限，无法承受，用不了；水量较小时，农作物用水无法保障，不够用，部分承包户未能按照滴灌技术要求去操作，低压运行严重，造成部分棉田灌溉旱涝不均。针对受旱问题，团场加大高压运行管理力度，同时在4个支渠口建造大型沉沙池和首部沉淀池，对设计不合理首部和地面管进行改造。到2008年，使用精准高压滴灌技术棉花比大浇地棉花平均0.067公顷增产58千克，增幅在25.2%，青贮玉米产量翻一番，小麦增产超过100千克。

(四)精准施肥技术

1998—2015年，团场对所有耕地土壤肥力(N、P、K等大量元素)进行一次大规模普查，依据普查结果，团场与石河子农技站土肥研究所和正义化肥厂进行配方施肥，通过此措施，协调土壤养分供需平衡，基本满足作物生长发育的需肥要求。

2012年，团场大秋作物秋耕前，全部进行秸秆还田和100%全层施肥，每亩施肥量22千克(其中三料12千克，尿素10千克)，棉花生育期追肥按照两头轻、中间重原则，随水滴施尿素共37～41千克，60%含量磷酸钾铵12～15千克。

(五)精准生态监测技术

2015年前，团场精准生态监测技术没有使用，主要靠人为调查观测。2015年，团场引进精准生态监测技术，为农业夺高产、保护生态环境稳产提供高科技信息。

(六)精准收获技术

2005年前，团场种植的小麦、苜蓿、青贮均采用机械收获。2005年，小麦、苜蓿均采用打包拉运，实现全程机械化收获。

2008年前，棉花收获主要采用人工收获。2008年，首次采用机械收获，面积1333.33公顷，人工拾花劳动强度明显减轻，拾花成本降低，采收及时，综合效益较为显著。

2015年，团场农业结构进一步优化，机械播、种、收全程机械化达98%。

第四节 病虫害防治

一、机构

1997—2005年，团场设植保测报站机构，有技术员4人，由农业科领导。

2005年，团场机构改革，撤销植保站，其工作人员归种子公司管理。

2006年3月，团场重新组建测报站，其业务由农业科领导，测报技术人员仍在种子公司，测报站负责病虫害发生发展防治情况调查与预测。

二、病、虫、草害

(一)病害

1. 棉花病害　包括枯萎病、黄萎病。1999年，枯萎病发生达到危害高峰期，严重时连片面积超过2.6公顷。2001年，通过棉花品种调整、作物轮作倒茬，枯萎病得到控制。

2. 小麦病害　包括小麦铁锈病、黑穗病和腐病。这些病害会使小麦死亡倒伏，严重影响小麦生长和产量。

（二）虫害

团场棉花虫害有棉叶螨、红蜘蛛、棉蚜、棉铃虫、盲蝽象、蓟马、地老虎、双斑叶甲等。其中，红蜘蛛对棉花危害最大，发生在夏季的干旱季节，天气越热，红蜘蛛生长得越快，其抗药性能力很强，一般农药很难治好。红蜘蛛可顺风也可随人或其他动物传播，红蜘蛛使棉叶首先呈红色后慢慢干枯、落叶，使棉花最后死亡。棉蚜和棉铃虫对棉花生长也有较大的危害作用，此2种害虫对其他作物也具有较严重的危害性。

小麦虫害有皮蓟马、麦二叉蚜。

玉米虫害有棉叶螨、玉米螟、地老虎等。

瓜果类虫害有苹果食心虫、蓟马、红蜘蛛等。

（三）草害

团场草害主要有芦苇、稗草、田旋花、龙葵、灰藜、刺儿菜。

1997—2015年，团场采取多种措施，消灭地头地边杂草，林带树木上悬挂诱蚜虫黄纸板，各单位派专人监测虫情，发现情况立即采取相应措施灭虫。2015年，基本用频振灯生物防治，很少用化学药剂防治，越冬前通过焚烧地头地边秸秆消灭寄生虫卵。

三、病、虫、草害防治

（一）传统防治

传统防治即采取伏耕灭茬、秋季茬灌、清洁田园、铲埂除蛹、中耕除草、引进抗病抗虫新品种、合理施肥、轮作倒茬等办法。传统防治简便易行，成本低，不污染环境，保护天敌。1997—2015年，团场一直采取传统防治方法作为病、虫害主要防治措施之一。

（二）物理防治

物理防治即利用光热和诱补方法防治病、虫害。1997年以来，每年利用杨柳枝把诱杀棉铃虫，年诱杀越冬代、第一代、第二代成虫40万只以上，每年晒棉种500吨，预防烂种、烂根病。

2006年起，团场陆续购置频振式杀虫灯，放在农作物种植地头地边诱杀成虫，年杀虫6万多只。

（三）生物防治

生物防治即以虫治虫，以菌治虫。团利用七星瓢虫、横纹蓟马、赤眼蜂、姬蜂、草蛉、蜘蛛、螳螂、捕食螨等，捕食棉铃虫等害虫。在利用自然天敌的基础上，选择生物制剂防治，双管齐下防治病虫害。此种方法节约防治成本，可减缓棉铃虫产生抗性速度，为以后棉铃虫防治赢得时间和机会。

（四）化学防治

1997—2015年，随着改革开放深入和科技迅速发展，农药不断更新换代，新品种多为高效、低毒、便捷、低残留制剂。

1.棉叶螨的防治　主要采用20%三氯杀螨醇（800～1000倍）、50%阿波罗（3000～5000倍）、20%四螨嗪（1500～2500倍）、5%尼索朗（1500倍）、5%噻螨酮（1500倍）、73%克螨特（2000～2500倍）、50%奥美特等，进行人工点片喷雾或采用机车改装托板式喷雾器防治。机车防治方法既及时又减轻劳动量，可提高防治效果。

2.蚜虫防治　防治蚜虫使用35%赛丹(属有机氯类),效果非常显著,同时对天敌的杀伤较小。用啶虫脒类药剂,防效显著,持效期长,但对天敌的杀伤较赛丹大。

3.棉铃虫防治　主要采取在棉铃虫羽化高峰期采用频振灯、性诱剂、杨柳枝把进行诱杀防治。药剂防治主要有15%安达(18~20克/0.067公顷)、35%赛丹、威克达、甲维盐等药剂。

4.其他虫害防治　基本采用35%赛丹或啶虫脒类药剂。地老虎防治主要采用春季播后及时摆放糖浆盘和频振灯进行诱杀防治,效果较显著。

5.玉米病虫害防治　玉米螟以前主要通过呋喃丹药剂灌心防治(1千克/亩,掺2倍细沙)。2015年,基本靠频振灯,不用化学药剂防治,越冬代通过焚烧秸秆消灭。

6.小麦病虫害防治　主要通过药剂拌种,在田管期间基本不用药。专性杀虫剂的选择:一是杀虫效果好,持效期长;二是对环境污染小,对天敌的杀伤小;三是易操作且成本低廉。

(五)杂草化学防治

一是播种前喷洒除草剂,就是在作物播种前对土壤进行药物混土处理,这种方法对禾本科杂草有特效,对部分阔叶杂草也有一定的作用。在棉田主要使用48%氟乐灵、33%施田补、33%除草通、90%禾耐斯、72%杜尔。以上药剂以禾耐斯的杀草活性最高,但其对作物安全性差,在2000年使用一年,再未使用。杜尔主要在甜菜、番茄、辣椒上使用。二是茎叶除草剂,主要有10%草甘膦(涂抹或喷雾防治芦苇等恶性杂草)、二甲四氯(防治田旋花、灰藜等阔叶草),这些药物在喷洒使用时需小心谨慎,对棉花易产生药害,一般不提倡大面积使用,喹禾灵、盖草对防除稗草有特效。

第十四章　畜牧业

1997年，团场畜牧业养殖方式分为公有养殖和私人养殖2种。

1998年后，团场将公有畜群所有羊只折价卖给职工个人，根据养畜量无偿划分饲草地、平价供应棉籽壳等优惠政策，鼓励私人发展养殖业，以公养为主，小家散养为辅，一家养只羊，吃饭不发愁，一家养头牛，日子红火火，号召职工“赶着牛羊奔小康”，调动职工、牧工养殖生产积极性。

2015年，随着产业化结构调整，全社会对发展畜牧业的支持和认同，畜牧业的发展向着产业化、集约化、规模化、专业化、高品质、高质量发展，团场畜牧业有长足发展。是年末，团场生猪存栏54350头、奶牛存栏6630头、羊存栏12340只、家禽存栏65880只。

第一节　家畜　家禽

1997—2015年，随着逐年引进新品种，团场畜禽品种更新换代，原长白猪、土黄牛、细毛羊等大牲畜品种逐步得到改良优化。

一、家畜

（一）猪

1.品种　团场建团以来就有喂养猪的历史。改革开放前，全团大部分单位设有养猪班（猪场），连队食堂有猪圈喂猪。猪的价值不仅是连队不可缺少的经济成分，更重要的是解决人们日常生活食肉问题。喂养猪品种有长白猪和本地土种猪，也有人喂养过野猪。2015年，各猪场喂养杂交猪比较多，喂养形式有小家圈养、单位圈养。猪的品种主要有夏洛莱、大约克夏、杜洛克，它们占猪品种95%以上。猪良种化饲养达100%。

2.存栏、产量　1997年，团场猪肉产量488吨，年末生猪存栏3700头。

1998年，随畜禽产权转让，团场将各连队公养的猪场全部转让给职工私人喂养，收回团场投入养猪业的国有资产。

2000年，团场猪的养殖达到高峰，产肉620吨，全社会年末存栏6600头。随着市场价格因素的制约，养猪生产逐渐呈下滑趋势。

2006年，团场猪养殖达到历史最低点，生猪存栏1800头，产肉340吨。

2008年，团场农业生产受国际金融危机影响，畜牧业出现以养猪业为突破口的产业结构调整，再次提升养猪业为主导地位。当年，团场生猪存栏3300头，产猪肉304吨。

2009年后，养猪业逐年走向专业化、规模化、现代化圈养。

2011年，团场制定以养猪业为突破口的产业结构调整，各单位利用辐射周边团场地缘优势，投资新建2100平方米猪舍4栋的股份制企业佳和牧业万头猪场生猪繁殖基地，鼓励连队职工群众私人建圈舍养殖，利用退耕还林地建立养殖小区。养猪业再次占据牲畜养殖主导地位，得到全面的发展。当年，出栏生猪18600头，较上年增长12%，产猪肉1395吨，增长20.2%，实现产值6417万元。年末生猪存栏9600头，增长12.9%。

2013年，出栏生猪27248头，产值3950.96万元，年末存栏10545头。是年，抓住辽宁辉山集团对口支援项目机遇，外找商机，与南京雨润肉食品加工厂合作，扩大生猪养殖。团场按基层连队居住区功能转型规划，将转型土地转化成畜禽养殖基地，扶植职工成立以农业市场为主体经营体制的专业养殖合作社20个（其中奶牛养殖合作社2个、肉牛养殖合作社6个，肉羊养殖合作社7个，生猪养殖合作社3个，肉兔养殖合作社1个，禽类养殖合作社1个）。从国有集体饲养转型到专业化、规模化的养猪产业化轨道。

2015年，团场生猪出栏115000头、产肉7537.5吨，年末生猪存栏54350头。是年，完成对全团18户480头母猪的补贴4.8万元。

（二）牛

1.品种　团场牛的主要品种为荷斯坦杂交牛及西门塔尔杂交牛，西门塔尔杂交牛占40%，荷斯坦杂交牛占60%，本地黄牛退出养殖市场。主要品种为荷斯坦（黑白花）、西门塔尔。

2.存栏、产量　1997年，团场养牛业品种单一，数量少，养殖户少，连队草场逐年缩小，草料严重不足，同时牛奶销路不畅，单位和职工小家放养和圈养，养牛业发展一直比较保守、缓慢。是年，全团牛存栏总数200头，主要品种是繁殖的澳大利亚荷斯坦奶牛和少数的新疆本地杂交黑白花、黄牛。

2003年，兵团倡导职工发展畜牧业，扶持发展奶牛养殖业，团场贯彻落实兵、师发展畜牧业有关精神，调整产业结构，投资280万元，在原种畜队旧址上新建面积967平方米第一个北野奶牛养殖场。第二年在十一连等连队建起现代化、规模化奶牛养殖场。引进澳大利亚荷斯坦黑白花奶牛481头、北京安格斯肉牛61头、新西兰荷斯坦奶牛405头、澳大利亚荷斯坦奶牛248头。北野奶牛养殖场是股份合作制牛场，全团干部、业务人员带头入股，职工自愿入股集资。至2008年，发展到2200头。其中，安格斯肉牛发展到194头；新西兰荷斯坦奶牛发展到405头。十一连、十二连牛场存栏413头，十二连牛场存栏460头。澳大利亚荷斯坦奶牛248头，养殖在七连牛场，发展到存栏435头。良种奶牛的引进与繁殖，为团场奶牛业发展奠定基础。

2015年，团场出栏育肥牛2600头，产牛奶30200吨，年末奶牛存栏6630头。种植青贮玉米557.89公顷，收集青贮42504.26吨，各牛场还收集苜蓿5776.57吨，为奶牛越冬准备充足的草和料，并为10个奶牛养殖场办理《动物防疫条件合格证》。

（三）羊

1.品种　团场羊的品种主要有绵羊和山羊。绵羊品种有麦盖提大尾羊、本地杂交绵羊及小尾巴寒羊，占90%以上，绵羊的良种化饲养率达95%以上；山羊品种主要有本地山羊和少量波尔山羊品种，占70%以上。

2.存栏、产量　1997年，全民养羊占全团羊存栏总数的56.03%，私人养羊占43.97%。

1998年前,团场一直对养羊业比较重视,团场种畜队专门负责种羊改良繁育,全团大小16个农业连队都有1~2群羊。由于种植业广泛使用除草剂,地头地边自然草场逐年缩小,加之饲养管理上多采用“放牧+补料”方式粗放型饲养,养殖成本增加,产品质量下降,公养羊出现亏损,养羊业勉强维持羊的养殖。

1999年,羊的市场价格一直不景气,根据兵团改革精神,团场将全团集体饲养1.5万只羊群,折价转让给职工个人喂养,明晰产权关系,盘活国有资产。

2000年,随着兵团农业产业结构调整,团场加大畜牧业产业比重,羊外销量达到高峰。是年12月底,羊的价格开始上扬,全团养羊1.75万只,除留下生产的母羊外,其余全部销售,收益颇丰,一只多胎母羊可卖到1500~1800元。群众顺口溜说“养羊就是万元户”。这一年是团场养羊业打基础、上台阶、快发展的一年。

2003年6月—2007年上半年,为保护生态环境,有序放牧,牛、羊的饲养,要求圈养,羊的市场价格下降,即以“规模化、全舍饲”为主,对于饲养方式的改变,一些饲养户一时无法适应,无形中加大养殖成本的投入,加之市场萧条,成品羊肉价格急剧下滑,羊价跌至最低年份,一只大肥羊才卖150~200元,养羊无效益,甚至亏本,大多数养殖户不再饲养。养羊业处于萧条、低谷状态。此后,团场受羊养殖市场萧条等多种因素制约,团场党委为保证养殖业健康、有序、可持续发展,提出“巩固发展养羊业,重点发展养牛业、稳定发展养猪业”畜牧业发展思路。团场投资购买回山东多胎体系的小尾寒羊近5000只、湖羊1813只、阿尔泰大尾羊6664只,鼓励、扶持职工发展养殖业,增加职工收入。

2007年下半年,羊的市场价格开始上扬,每只羊可卖到600元。2008年,一只怀胎母羊可卖到1200元。当年,团场职工剪羊毛18吨、产羊肉165吨,养羊业恢复“元气”。虽然养羊市场价格回升,但羊不允许放养,圈养没有充足饲料且价格高,私养羊发展仍然缓慢。

2011年起,团场养羊出现前所未有的好前景,共出栏羊2025只,产肉40.5吨,年末存栏3045只。2013年,团场养羊业更进一步,出栏羊7715只,产值617.2万元,产羊毛10.2吨,创产值18万元。

2015年,团场为提升畜牧业在农业产值中的比重,再次决定发展养羊业。利用原有圈舍,对个别圈舍进行更新改造,先后在八连投资300万元,新建占地2.33公顷羊圈1座,成立首个专业养羊合作社,采取圈养和育肥相结合方式,形成短期育肥繁育格局。当年,出栏羊21000只,产肉350.2吨,产羊毛20吨,实现羊产值1751万元,年末羊存栏12340只

(四)马、驴

1998年,团场个别职工家庭喂养少量马和驴。

1. 马　马主要品种为伊犁马及其杂交品种。1997—2000年,团场有马2匹。2015年团场有马43匹。

2. 驴　驴主要品种为新疆驴和少量关中驴及其杂交品种。1997—2000年,团场有驴5头。2001—2003年,驴减少至2头。2015年团场有驴6头。

(五)其他动物

1. 马鹿　1997年前,原二队(十一连)有职工私自喂养马鹿。因喂养成本高、无销路,后来已无人饲养马鹿。

2.狗 狗主要是由羊群饲养户和职工家庭喂养。狗主要是起看护羊群、看护庭院的作用。1998年后，团兴起饲养宠物狗趋势，全团居民家庭养各种宠物狗1412只。

3.兔 1997—2013年，兔子一直是团职工家庭喂养的肉食动物，主要是家庭零星饲养，没有形成产业无市场。

2014年，六连职工投资新建兔场，喂养长毛兔和肉兔，经过几年发展改名为一四一团玉树源专业合作社，其喂养兔子进入市场，销路好，收益可观，发展成规模养殖。

4.狐狸 2014年前，团无人规模化家庭喂养狐狸。在团场优惠养殖政策吸引下，2014年奎屯养猪户轩志信根据市场狐狸皮需求量大、价格高的行情，卖掉自己经营多年的养猪场，投资100余万元，在团二连建起蓝狐养殖场。

2015年，狐狸养殖场养殖蓝狐2000余只，狐狸投入市场后受到商贩青睐，年产值超过100万元。

二、家禽

（一）鸡

团场鸡的品种主要有山黄鸡、芦花鸡、伊莎褐、杂交鸡。鸡主要以小家散养为主，生产出的鸡肉、鸡蛋基本在团内销售，满足居民肉食。

1998年，团场鸡存栏12913只，产鸡蛋156吨、鸡肉16吨。2000年，团场鸡存栏16200只，产鸡蛋159吨、鸡肉36吨。进入“十一五”期间，出现从事养鸡生产的专业户，市场有专业宰杀、“倒鸡”个体商贩，市场流通活跃。

2008年，团场全社会养鸡6000只，产鸡蛋165吨，进入团内外市场流通。

2010年，团场从以家庭养鸡向专业化、规模化养鸡方向发展，四连、五连、六连养鸡业形成一定规模，成为供给团内外商品鸡蛋基地。

2015年，全团有专业养鸡场7个，年出栏成品鸡121421只、产肉202000吨，产蛋464.6吨，产值2090.7万元。当年5月，团大漠胡杨合作社养殖1万余只土鸡走俏乌鲁木齐等地市场，合作社与乌鲁木齐客商签订长期供货合同。

（二）鸭、鹅

1997—2013年，团场喂养鸭、鹅，以家庭饲养为主，为自养自食，没有形成商品。2014—2015年，团场投资扶持十二连职工建鸭场、鹅场，发展专业喂养鸭、鹅。养殖场喂养的鸭、鹅上市后受到市民的青睐。职工群众看到养殖鸭、鹅市场行情较好，纷纷养殖起鸭、鹅。十二连鸭场改名为顾家沟专业合作社，饲养鸭子走向专业化、规模化养殖。专业合作社喂养的鸭、鹅在市场上供不应求。

2015年，团场共出售鸭、鹅1000只，产肉2.3吨，产鸭蛋、鹅蛋50吨。鸭、鹅养殖为养殖户带来较好的经济效益。

（三）鸽子、鸵鸟

鸽子是一四一团职工群众喜爱的一种动物，职工群众在养殖鸽子上只是家庭散养，发展缓慢，没形成专业规模化养殖。

1997年，十六连职工廖伟达自筹资金2.5万元，从内地引进7只鸵鸟养殖繁育，由于多种原因鸵鸟养殖繁育没有坚持发展下来。

三、渔业养殖

团场的渔业因辖区内水面积极少一直未形成养殖规模。20世纪50年代，团场东、西自然沟有小白条鱼，为自然繁殖。1969年，二队（现十一连）在顾家沟修建有7公顷水面的鱼池放养鲢鱼、鲤鱼苗。1970年，二连在东沟建20公顷水面的鱼池。1971年，团场在西戈壁吐尔条沟修建26.67公顷水面鱼池，所建鱼池一直没成产业。

1983年，二连职工刘恩锡在西岸大渠边建成一个5.33公顷水面鱼池，并承包投放鱼苗2.3万尾。

2003年，团场加工厂从内地引进冷水系的虹鳟鱼在巴音山养殖。由于气候条件不适合虹鳟鱼生长，加上单位离鱼池路途远，难饲养、无效益而放弃养殖。

2014年，石河子客商李伟良在团招商引资优惠政策吸引下，投资100余万元，在二连建淡水养殖基地。2015年，李伟良扩大再生产，投资150余万元，把原20公顷养殖水面扩大到53.3公顷，年产鱼达320吨。

四、品种改良

2011年，随着养牛业发展，牲畜品种主要以牛、羊为主。奶牛性控冻精繁殖技术成为畜牧兽医主攻的课题。团场兽医站坚持使用奶牛性控冻精繁殖技术进行繁殖扩群。年内购买性控冻精400枚，另有上年度库存的100枚，合计500枚。每枚98元，直接惠及养殖户7万余元。年内已完成配性控冻精奶牛298头（青年牛269头、成母牛29头），冻精用量377枚（青年牛342枚、成母牛35枚），平均每配一头使用细管1.26支，应定胎272头，受孕数178头，整体受孕率65.44%（青年牛243头，受孕数159头，受孕率65.43%，成母牛29头，受孕数19头，受孕率65.52%）。产犊384头，其中公犊35头、母犊349头，母犊率90.89%。此项新技术的实施给牛场带来了收益，迅速提升了母牛犊比例，为奶牛扩繁的发展奠定了基础。

2003—2008年，团场先后引入澳大利亚良种奶牛481头，通过品种改良繁殖已发展到2200头。安格斯肉牛61头，发展到存栏194头。新西兰荷斯坦奶牛405头。澳大利亚荷斯坦奶牛248头，养殖在七连牛场，已发展到存栏435头。良种奶牛的引进与繁殖，为团场奶牛业发展奠定了基础，肉羊改良以小尾寒羊和湖羊杂交为主，实现多胎繁殖，全团已基本实现自繁自养。

五、畜牧生产

1997年，团场生产肉类488吨，牛奶149吨，羊毛44吨，禽蛋122吨，水产品3吨。

1998年，团场公有畜禽作价转让给职工饲养。肉类总产605吨，牛奶248吨，羊毛53吨，禽蛋156吨，水产2吨，大畜存栏400头，猪存栏6400头，存栏14900只。

1999年，肉类总产773吨，牛奶219吨，禽蛋172吨，大畜存栏300头，猪存栏6000头，羊存栏15000只。

2000年，团场畜禽养殖发展到27500头（只）。

2013年，团场出栏畜3.03万头。肉类总产2175吨。奶类总产1.05万吨。2013年末，牲畜存栏2.14万头。

2015年，团场投入340万元资金专项用于支持推动畜牧业快速发展，通过以奖代补、贴息贷款的方式给予政策支持，对新建标准化规模养殖场基础设施建设、配套机械设备购置、外购能繁母畜等贷款给予贴息。全年共投入资金1219万元，新建8个养殖场。是年，生产畜产品总肉类9215.8吨，牛奶30200吨，鸡蛋210吨，羊毛20吨，畜牧业产值33928.45万元。三次产业结构由“十一五”末69.9∶14.1∶16调整到56∶13.5∶30.5。畜牧养殖业占大农业产值30%左右。

第二节　饲草　饲料

一、饲草

1997—2015年，团场牲畜饲草主要有野生草、种植饲草等。

（一）野生草

主要有芦苇、稗子草、灰灰条、牵牛花等。

（二）种植饲草

主要有苜蓿、青贮饲料。苜蓿是养殖业中的主要饲草。

1998年，全团种植苜蓿257公顷，苜蓿干草单产达4.54吨/公顷，总产达1167吨。2000—2002年，因种植棉花的效益高于种植苜蓿，苜蓿种植大面积削减。由于种植技术提高，苜蓿单产明显提高。2000年、2001年、2002年分别种植60公顷、50公顷、40公顷苜蓿，单产分别为18.45吨/公顷、18.1吨/公顷、19.98吨/公顷，总产分别达1107吨、905吨、799吨。

2003年前，苜蓿主要用于养猪、养羊。随着以养牛业为主导的畜牧产业发展，种植饲草广泛用于养牛。2003年后，根据养殖业发展，团场增加苜蓿种植面积，确保单产、总产稳定，满足团场畜牧业发展需求。

2003—2005年，团场分别种植苜蓿230公顷、270公顷、160公顷，单产分别为11.06吨/公顷、8.89吨/公顷、17.14吨/公顷，总产分别达2544吨、2400吨、2742吨。团场一直保持苜蓿种植原有的面积，收获苜蓿年保持在3000吨，苜蓿大面积种植为养牛业发展奠定基础。

青贮玉米是羊、牛的主要粗饲料。2003年，团场大规模引入奶牛养殖，为确保饲养所需，团场开始种植产量高、饲草代替性好、耐贮存、经济实惠的青贮玉米。

2006年，团场种植青贮玉米320公顷，收获玉米秆2.16万吨。2008年，种植青贮玉米480公顷，单产82.5吨/公顷，总产39600吨，满足日益发展壮大的奶牛生产饲草需要。

2011—2015年，团场每年种植青贮平均超过90公顷，共收获饲草90352.5吨，能够满足畜群的需要。1997—2015年，团场保持收集麦草1541吨左右，弥补苜蓿饲草不足。

二、饲料

牲畜饲料主要是饲料玉米、棉籽粕、棉壳。

（一）玉米

1998年，团场种植饲料玉米267公顷，单产6.48吨/公顷，总产1730吨。

2003年前，饲料玉米主要用于单位承包户的养猪生产。2003年后，奶牛养殖规模扩大，饲喂玉米占饲料主要部分。

2003年，团场种植饲料玉米530公顷，单产6.04吨/公顷，总产3201吨。是年起，每年种植青贮玉米71.62公顷以上，每年收获青贮玉米24902吨左右。

（二）棉籽粕

棉籽粕是加工厂压榨棉花后的副产品，是牛、羊、猪的主要蛋白添加饲料，团场每年拿出1200吨用于畜牧业生产需要。

（三）棉籽壳

棉籽壳是牛、羊的主要粗饲料。团场每年拿出2300吨用于畜牧业生产需要。

1997—2015年一四一团场饲草饲料统计见表14-1。

表14-1 1997—2015年一四一团场饲草饲料统计

年份	面积（公顷）	苜蓿		杂草	饲料玉米			青贮玉米		
		面积（公顷）	总产（吨/公顷）	总量（吨）	面积（公顷）	单产（吨/公顷）	总产（吨）	面积（公顷）	单产（吨/公顷）	总产（吨）
1997	524	257	1166	1200	210	5.19	1090	—	—	—
1998	524	257	1167	1300	267	6.48	1730	—	—	—
1999	312	102	1290.1	1380	210	5.19	1090	—	—	—
2000	327	60	1107	1076	267	6.74	1800	—	—	—
2001	180	50	905	1310	130	5.62	730	—	—	—
2002	550	40	799	1329	310	7.48	2319	200	40	8000
2003	960	230	2544	1315	530	6.04	3201	200	16.3	3260
2004	1100	270	2400	1500	530	3.78	2003	300	4.25	1275
2005	340	160	2742	1892	267	6.74	1800	180	42.22	7600
2006	612.5	250	3290.6	550	130	5.62	731	320	67.5	21600
2007	587	267	1800	800	310	7.48	2319	320	67.5	21600
2008	571.8	91.8	1290	3220	530	6.04	3201	480	82.5	39600
2009	376	101	895	1200	530	3.78	2003	266	3.6	957.6
2010	335	116	1265	540	267	6.74	1800	219	4.64	15160
2011	438.3	83.3	562	890	130	5.62	731	355	3.06	16314
2012	474	67	820	1290	310	7.48	2319	407	5.08	31001
2013	346	28	536	1650	530	6.04	3201	318	5.22	24902
2014	540	32	384	1541	530	3.78	2000	508	5.63	42934
2015	705	147	5776.5	2146	530	3.78	2000	558	5.08	42504

第三节　疫病防治

一、主要疫病

1997—2015年，团场畜禽疫病有畜禽传染病、羊病、猪病、禽病、畜禽寄生虫病等。

（一）畜禽传染病

畜禽传染病有共患病、布鲁菌病、结核病、口蹄疫。羊病有羊快疫、羔羊痢疾、肺炎、羊传染性脓疱、链球菌病。猪病有猪瘟、猪丹毒、猪气喘病、仔猪黄、白痢。禽病有鸡新城疫、鸡白痢、鸡传染性喉气管炎、鸡马立克病。

（二）畜禽寄生虫病

羊有羊绦虫病、羊多头蚴病、羊棘球蚴病、羊疥癣。牛有焦虫病。鸡有球虫病、绦虫病。

（三）其他病

1. 普通病　消化道疾病、呼吸道疾病、四肢病、产科病。

2. 中毒病　有机磷中毒，药物中毒。

3. 代谢病　维生素B组缺乏症。

二、防治

畜禽养殖疫病防治团场贯彻“预防为主、防重于治”工作方针，团场畜禽养殖中出现的疾病，团兽医部门均可治愈。1997—2015年，团场未发生重大疾病畜禽养殖业的传染和蔓延。

1997年，畜牧兽医站有牛、羊、猪、鸡防疫类疫苗15种，检疫类项目6种，驱虫类项目3种。对各种畜禽免疫109457头份、检疫13972头份、驱虫54782头份，各类畜禽发病3460头（只）。其中牛发病9头，发病率10.4%，死亡率3.4%，治愈率96.6%；羊发病1120只，发病率8.1%，死亡率7.4%，治愈率92.6%；猪发病381头，发病率8.7%，死亡率7.1%，治愈率92.9%；鸡发病1950只，发病率10.5%，死亡率11.5%，治愈率88.5%。

2001年，团场为各种畜禽免疫1130855头份，检疫9746头份，驱虫56050头份。1997—2008年，各类畜禽发病3926头（只）。其中牛发病18头，发病率12.6%，死亡率4.8%，治愈率95.2%；羊发病904只，发病率9.5%，死亡率8.4%，治愈率91.6%；猪发病513头，发病率9.1%，死亡率7%，治愈率93%；鸡发病2491只，发病率10.4%，死亡率12.9%，治愈率87.1%。

2008年，团场畜牧防疫站为各种畜禽免疫96314头份，检疫4474头份，驱虫24734头份。各类畜禽发病1724头（只）。其中牛发病194头，发病率10.1%，死亡率8.3%，治愈率91.7%；羊发病19只，发病率9.5%，死亡率7.4%，治愈率92.6%；猪发病397头，发病率8.6%，死亡率8.1%，治愈率91.9%；鸡发病1114只，发病率8%，死亡率15.4%，治愈率84.6%。团场畜禽防治工作达到国家疫病防治、稳定控制标准。

2011年，团场兽医站开展各类检疫、监测6项，累计12216头（只）。其中牛结核检疫5327头，牛布鲁菌病检疫5327头，均无阳性牛；羊布鲁菌病检疫822只，阳性羊为0；猪布鲁菌病检疫20头，阳性猪为0。口蹄疫监测牛100头，羊80只，猪40头。禽流感、鸡新城疫监测500只。兽医站累计检疫（验）胴体9603头（只），重172.2吨，其中牛胴体18头，重2.7吨，羊胴体21只，重0.5吨，猪胴体2112头，重169吨，检疫鸡7452只。活畜检疫10253头（只），其中猪675头，牛147头，羊215只，鸡9216只。

2013年，团场兽医防疫站对牛、羊、猪、禽等进行16种疫（菌）苗的免疫注射，总计247145头（只）次。其中，口蹄疫猪17261头次，完成师下达任务的107.2%；牛8370头次，完成师下达任务的123%；羊7980只次，完成师下达任务的101%；禽流感免疫71000只次，完成师下达任务的185.3%；鸡新城疫免疫71000只次，完成师下达任务的185.3%；猪瘟免疫17261头次，完成师下达任务的107.2%；猪蓝耳病免疫17403头次，完成师下达任务的108%；其他疫病免疫36870头（只）次。

2015年，团场兽医站对牛、羊、猪、禽等进行16种疫（菌）苗免疫注射，总计408302头（只）次。其中，口蹄疫猪40103头次，牛12971头次，羊20690只次，禽流感免疫8万只次，新城疫免疫8万只次，猪蓝耳病免疫40103头次，其他疫病免疫94332头（只）次。开展各类检疫、监测6项，累计22929头（只），其中牛结核检疫9043头，牛布鲁菌病检疫9043头，羊布鲁菌病检疫4423只，阳性率均为0，猪布鲁菌病检疫30头，阳性猪为0。口蹄疫监测牛150头，羊50只，猪40头。禽流感、鸡新城疫监测150只。

1997—2015年，团场投入资金加大物理防治工作，新建圈舍基础项目工程14栋，面积达37570平方米，新建250立方米病死畜无害化处理池7个，清理排粪沟2千米。续建圈舍8栋，面积5260平方米。

第四节　经营管理

一、机构队伍

（一）管理机构

1997年，团场设1名副团长主管畜牧工作，下设畜牧科和兽医站，负责全团畜牧生产管理和畜禽防疫检验工作。

2002年3月，畜牧科并入农业科。2003年8月，团成立畜牧发展中心，畜牧兽医站归畜牧发展中心管理，总畜牧师任主任，设副主任和兽医站长，全面负责团场畜牧发展、畜禽防疫等工作。

2007年1月，团场机构改革，畜牧中心与兽医站合并，成立畜牧技术推广站，不占机关编制，后改为畜牧兽医工作站。

2009年11月1日，团场根据师市编委统一部署，畜牧兽医工作站（动物卫生监督所）为营级事业单位编制。

2012年，团场畜牧兽医站承担国家动物电子标识试点工作。

1997—2015年一四一团场从事畜牧兽医工作人员见表14-2。

表14-2 1997—2015年一四一团场从事畜牧兽医工作人员

单位	姓名	性别	民族	职务	技术职称		时间
畜牧科	侯立金	男	汉族	畜牧科长	高级畜牧师	高级	1997.01—1998.07
	张乐礼	男	汉族	畜牧科长	高级畜牧师	高级	1997.01—1999.04
	黄胜利	男	汉族	畜牧科长	畜牧师	中级	2000.07—2003.08
	冯传军	男	汉族	畜牧科长	政工师	中级	2002.12—2003.08
	马文忠	男	汉族	副科长	助畜师	初级	2003.06—2007.01
兽医站	姜必成	男	汉族	副科长	助理农艺师	初级	1997.02—2000.02
	黄胜利	男	汉族	站长	畜牧技术员	初级	1997.01—1999.12
	侯卫东	男	汉族	副站长	畜牧师	中级	2001.01—2003.08
	侯卫东	男	汉族	站长	畜牧师	中级	2000.01—2013.12
	陈必富	男	汉族	技术员	技术员	初级	1997.01—1999.12
	夏平	男	汉族	兽医	技术员	初级	1997.01—1998.12
	田福宏	男	汉族	兽医	技术员	初级	2000.01—2003.06
	张延景	男	汉族	兽医	技术员	初级	2000.01—2013.12
	江武鹏	男	汉族	兽医	技术员	初级	2001.01—2013.12
	李淑涛	男	汉族	技术员	技术员	初级	2001.01—2013
畜牧中心	徐明	男	汉族	兼主任	高级畜牧师	高级	2007.01—2014
	马文忠	男	汉族	主任	畜牧师	中级	2007.01—2014.07
	黄胜利	男	汉族	主任	畜牧师	中级	2007.01—2008
	严志江	男	汉族	兽医	—	中级	2007.01—2014.07
	白刚	男	汉族	兽医	—	—	2007.01—2014.07
	何志龙	男	汉族	兽医	—	—	2007.01—2014.07
	范永军	男	汉族	兽医	—	—	2007.01—2014.07
	姚柏林	男	汉族	兽医	—	—	2007.01—2014.07
	程太星	男	汉族	兽医	—	—	2007.01—2014.07
畜牧兽医工作站	王海忠	男	汉族	党支部书记	农艺师	初级	2014.08—2015.12
	侯卫东	男	汉族	站长	畜牧师	高级	2014.08—2015.12
	马文忠	男	汉族	副站长	畜牧师	中级	2014.08—2015.12
	严志江	男	汉族	兽医	技术员	初级	2014.08—2015.12
	江武鹏	男	汉族	兽医	技术员	初级	2014.08—2015.12

（续）

单位	姓名	性别	民族	职务	技术职称		时间
畜牧兽医工作站	张延景	男	汉族	兽医	技术员	初级	2014.08—2015.12
	白刚	男	汉族	兽医	—	—	2014.08—2015.12
	何志龙	男	汉族	兽医	—	—	2014.08—2015.12
	姚柏林	男	汉族	兽医	—	—	2014.08—2015.12
	程太星	男	汉族	兽医	—	—	2014.08—2015.12
	熊银疆	男	汉族	兽医	—	—	2014.08—2015.12
	谢慧	女	汉族	政工员	—	—	2014.08—2015.12

（二）技术队伍

1997年，团场有畜牧兽医专业技术人员7人，其中，本科毕业生2人，大专生5人；高级畜牧师2人，中级畜牧师2人，初级畜牧师1人，畜牧技术员2人。2003年，团场聘有畜牧技术人员12人。2004年8月，团场从甘肃农业大学和陕西杨陵大学引进5名畜牧专业毕业生，分到兽医站和牛场担任技术员。2015年，团场有畜牧兽医专业技术人员9人，其中大学本科毕业生7人，大专生2人；高级畜牧师2人，初级畜牧师7人。

1997—2015年一四一团场从事畜牧技术专业人才统计见表14-3。

表14-3 1997—2015年一四一团场从事畜牧技术专业人才统计 单位：人

年份	高级畜牧师		中级畜牧师		初级畜牧师		畜牧技术员		合计
	男	女	男	女	男	女	男	女	
1997	2	—	2	—	1	—	1	1	7
1998	2	—	2	—	1	—	1	1	7
1999	1		2	—	1	—	1	1	6
2000	0		3	—	1	—	0	1	5
2001	0	—	3	—	2	—	1	—	6
2002	0	—	4	—	2	—	1	—	7
2003	2	—	2	—	7	—	1	—	12
2004	1	—	3	—	7	—	1	—	12
2005	2	—	1	—	7	—	1	—	11
2006	2	—	1	—	5	—	1	—	9
2007	2	—	1	—	6	—	1	—	10
2008	2	—	0	—	5	—	0	—	7
2009	2	—	0	—	4	—	4	—	10
2010	2	—	0	—	4	—	4	—	10

（续）

年份	高级畜牧师		中级畜牧师		初级畜牧师		畜牧技术员		合计
	男	女	男	女	男	女	男	女	
2011	2	—	0	—	5	—	2	—	9
2012	2	—	0	—	7	—	0	—	9
2013	2	—	0	—	7	—	0	—	9
2014	2	—	0	—	7	—	0	—	9
2015	2	—	0	—	7	—	0	—	9

注：此表由畜牧科提供，部分资料缺失。

二、畜牧管理

1999年前，团场畜牧业由单位管理。畜牧产权转让后，对畜牧业的管理主要以养殖专业合作社自主管理，自我发展。2014年，团场有养殖专业合作社20个。

（一）饲养管理

1998年，针对草料缺乏，公有羊群管理不善，多数年份亏损的现实，团场根据兵团、师市改革精神，将全团全民经营的羊群全部作价转让给私人，产权归牧工私人所有，团场不再养羊，并制定出养羊7条优惠政策：育肥羊每只价格120～130元，母羊每只价格为200～230元，其他母羊每只价格为150～170元，小羊每只50元左右，1～3月龄羔羊每只50～120元，个人首付20%，剩余部分实行小额贷款。凡一次性交清羊款的每只优惠定价的10%。羊场圈舍基本建设及设备3年不收折旧，但必须保持完好。凡购买200只以上的饲养大户，交清个人五大统筹，可保留职工身份，但必须签订《养殖合同》。凡购买羊200只以上的饲养大户，可免1人的义务工，每只羊划饲草地0.03公顷，每只收取利费100～150元，先交利费后种地，并且生产费用自理。荒地、弃耕地按0.5～0.8亩/只，8年内免收利费，生产资料自理。一只羊以优惠市场价10%的价格，一年供给棉壳200千克、油渣36千克。当年，团场购买回阿尔泰大尾羊及部分山羊2700只，年内免收，生产资料自理。同时，团扩大青贮饲料饲草种植面积，为养殖业提供足够草料。

2002年9月10日，澳大利亚养牛专家，在八师石河子市畜牧局领导陪同下，到一四一团实地鉴定指导团场奶牛养殖技术。经过上级鉴定，北野牛场成为石河子垦区学生奶源供应基地。

2005年，成立以团长、政委为组长“奶牛产权转让工作领导小组”，制定《一四一团奶牛产权转让实施办法》，规定每户饲养生产母牛1～2头，育肥牛5头以上，贷款还清后产权归个人，有生产母牛在80头以上单位，挤奶站由西部牧业、团、个人投资统一建设，实行有偿服务。职工易洪源带头与团签订牛场转让承包合同，七连牛场、十一连牛场、十二连牛场和北野牛场1000余头奶牛，全部实现产权置换转让给私人，收回牛场转让金1749.4万元。奶牛转让为团场职工发展多元经济注入活力。

2010年，团场新一届党委抓住兵团“稳粮、精棉、强畜、扩林果业”经营思路，制定《一四一团关于大力推进发展养殖业实施意见》，为养殖业发展提供政策保证。不断加大以养羊业、投资新建面积2000平方米羊舍3栋，羊发展到7980只。提出牛羊并重、奶肉并举，因地制宜发展猪、禽和特色养殖的比重。为确保所转让的国有资产增值，团场制定“八统一”（统一规划设计“牛舍”，统一无害化处理，统一饲养标准，统一良种繁育，统一防疫检疫，统一开展产地认定和产品质量认定，统一产品销售，统一技术服务）管理规定，调整科学养牛技术：进一步细化泌乳牛分群工作，严格将高产牛、中产牛、低产牛区分开，单独圈养、单独管理，按产奶量的高、低进行科学、标准的日量供给，以满足自身生理、营养需求，达到高产牛决不“亏口”，低产牛决不“富有”调剂水平。通过上述两项技术调整，团场日产奶量由原来5400千克，提高到调整后5800千克，使团场养牛业步入良性循环轨道。

2013年，团场党委提出“多元投资、扩大规模、提高总量、提升效益、促进增收”目标，以混合制经济模式发展畜牧业。决定在“十二五”发展规划中，加大养殖业专项资金支持养牛业发展。

截至2015年，团场先后投资2000万元，新建团与西部牧业“三盈公司”奶牛场1座，占地3.5万平方米，团场投入340万元资金专项，用于支持推动畜牧业快速发展。对新建标准化规模养殖场基础设施建设、配套机械设备购置、外购能繁母畜等贷款，给予贴息政策鼓励养牛业。

2014年一四一团场职工注册养殖专业合作社统计见表14-4。

表14-4　2014年一四一团场职工注册养殖专业合作社统计

单位	职工专业合作社名称	注册时间	养殖类型	理事长
一连	石河子市白云村养殖专业合作社	2013.12.03	肉牛	李江平
二连	石河子市东寨欣盛养殖专业合作社	2014.02.19	肉牛	吴卫民
二连	石河子市文博养殖专业合作社	2013.06	肉羊	段建疆
三连	石河子市大漠肥羊养殖专业合作社	2014.03.20	肉羊	李绍庆
四连	石河子市首业创收养殖专业合作社	2014.04	育肥牛	刘巍
五连	石河子市梦镇西圆养殖专业合作社	2014.04.03	生猪	姜贵军
六连	石河子市玉树源养殖专业合作社	2014.03.20	肉兔	彭开道
七连	石河子市乐牧园养殖专业合作社	2014.03.14	肉牛	王金峰
八连	石河子市南风苑养殖专业合作社	2014.04.09	肉羊	徐创胜
八连	石河子市凯嘉美养殖专业合作社	2014.03.20	肉牛	蒋庆文
十连	石河子市西营村养殖专业合作社	2014.03.05	禽类	张江
十一连	石河子市众志创惠养殖专业合作社	2014.03.04	生猪	赵平
十二连	石河子市顾家村一号养殖专业合作社	2014.03.20	育肥羊	王振新
十二连	石河子市顾家村二号养殖专业合作社	2014.03.20	育肥羊	顾学全
十二连	石河子市顾家村养殖专业合作社	2014.06	育肥羊	陈明
十三连	石河子市祥和瑞养殖专业合作社	2014.03.20	生猪	秦刚

续表

单位	职工专业合作社名称	注册时间	养殖类型	理事长
十四连	石河子市业鑫旺养殖专业合作社	2014.03.18	肉牛	刘俊杰
十六连	石河子市顺达开泰养殖专业合作社	2014.03.20	肉羊	赵洪刚
团场	石河子市畜欣旺养殖专业合作社	2014.05	奶牛	周滨
团场	石河子市华瑞玉洁养殖专业合作社	2014.05.27	奶牛	邹建华

(二)动物检疫监测

2002年,根据兵团、师市动物防疫检疫检测要求,团场在兽医站建立生猪统一宰杀场,对流入市场各类动物肉制品,按《中华人民共和国食品安全法》严格进行检测检验。

2015年,团场开展各类检疫、监测6项,其中有牛结核检疫、牛布鲁菌病检疫、猪布鲁菌病检疫和口蹄疫监测工作。对全团10个挤奶厅、12次对学生奶基地抽取奶样送师站及自治区检测,未发现异常。对瘦肉精三项检测累计抽查300头肥猪,未发现异常,确保肉、奶类食品安全。

第十五章　林业　园艺业

1999年前，团场林果业发展比较缓慢。1999年后，团场党委把植树造林、建立绿色长廊列入团“九五”至“十二五”发展规划，作为长期持久战略部署。

2015年，团场依照兵团林业普查要求，对全团林业进行普查。团场有林业用地2165.498公顷，其中林地357.8公顷，人工造林地1457.46公顷，国家特别规定灌木林295.71公顷，其他林地39307公顷，疏林地3.66公顷，四旁树总株数3418万株，林木总蓄积38582.609立方米。随着植树造林不断上档次、上水平，团场逐步实现“春有绿、夏有花、秋有果、冬有青”植树造林新格局，团场荣获师市“退耕还林工程改造建设先进团场”。

第一节　林　　业

一、林业资源

（一）主要树种

1997—2005年，团场林木资源主要有乔木类和灌木类2种。

乔木类有杨树、柳树（白柳、垂柳、毛柳）、胡杨、沙枣、白蜡、海棠、榆树（钻天榆、倒垂榆）。2005年前后，团林业站先后从外地引进乔木品种，有加拿大杨、新疆杨、桑树、箭杆杨、北京杨、胡杨、青杨、馒头柳、馒头榆、红叶海棠、黄叶海棠、樟子松、大叶白蜡、小叶白蜡、大叶海棠、垂榆、圆冠榆、大叶榆、夏橡、皂角、白桦、银杏、枫杨、核桃球、火炬等30余树种

灌木类有红柳、梭梭、铃铛刺、枇杷柴等。2005年前后，引进灌木有刺梅、榆叶梅、枸杞、蔷薇、啤酒花、葡萄、大红枣。

（二）果木

1997—2004年，团场水果种植面积较少，个别连队安排种植0.7～1公顷的果园。果园种植有少数苹果、李子、桃子、本地葡萄等。水果只是作为本地自用，未形成产业。加上职工不懂管理技术，致使果木种植发展缓慢。

2005年，团场根据师产业调整计划，制定优惠扶持家庭庭院经济发展政策，引进陕西杨凌矮化苹果，引进灰枣、骏枣品种，引进无核白鸡心、无核紫、克瑞森等鲜食葡萄种植，全团各单位种植葡萄187公顷，年产量达4000吨。

2011年，随兵团棉花市场放开后，团场党委调整种植业结构，抓住师市加快城镇化建设步伐和下野地建市机遇，发挥地处中心区域优势，调整林果业比重，实现人均林地0.133公顷。

2015年，团场设施农业向特色种植发展，投资1800万元发展设施农业，面积达到43.3公

顷。设施农业总产值达3000万元。采用黄沙种植、无土栽培、水肥一体化、立体模式等新技术，设施农业逐步向高效、特色方向发展。是年，引进种植多品种常规苗木和彩色苗木，新增特色林果66.67公顷。其中，鲜食葡萄50公顷，苹果等特色林果33.33公顷。新增特色苗木6.67公顷，常规造林100公顷。

二、植树造林

（一）育苗

1997年前，全团各农业连队均有苗圃地，从事杨树、榆树、沙枣等耐盐碱树木育苗，各单位苗圃地分散，不便统一管理，育苗质量良莠不齐，各单位繁育的树苗基本上能够满足本单位绿化用。在此期间，团场出现七连植树育林模范李明锁，退休后无偿为团场连队繁育树苗数十万株。

1997年，团场撤销各连苗圃地，育苗工作放在林业站中心苗圃地。林业站办理《林木种子苗木生产经营许可证》，成为团唯一可以生产林木种子苗木单位。林业站苗圃地由林业站直接管理，保持有4～6名育苗技术工人，由1名技术员负责技术指导。苗圃面积约26.67公顷，主要培育箭杆杨、胡杨、新疆榆、沙枣、大叶白蜡等常规造林树种苗木。林业专科大学毕业生技术员张元和，在林业站苗圃地进行育苗试验，经过反复试验，耐盐碱胡杨苗培育成功。其育苗成功方法是：选用透水性良好的沙壤地，晚秋整地作为小畦平床，进行冬灌或茬灌，冬、秋播种均可以。冬播宜在初冬土壤封冻第一场雪后播种，播种后不用覆沙，春播宜在早春土壤开化之前，最好是雪没融化时播种，播种后覆盖沙0.5～1.0厘米。每0.067公顷用种子4千克，采用单行式条播，行距40厘米。大面积可采用老式施肥播种机。早春墒情好、升温快，有利于出苗。整个生长季节须灌水，茬灌时浇起苗水。8月须喷药防白粉病。

随着团场小城镇建设和小康连队绿化建设步伐加快，林业站及时调整育苗品种方向，先后从外地引进速生、耐旱、观赏性好的大叶白蜡、小叶白蜡、樟子松、大叶海棠、馒头榆、馒头柳、垂榆、圆冠榆、大叶榆、夏橡、皂角、白桦、银杏、枫杨、核桃球、火炬树和嫁接榆、榆叶梅、丁香等风景树。

2003—2004年，林业站在26.67公顷苗木基地育苗30余种（观赏性较好的林木树种），外销苗木500万株，年创产值100万元。

（二）防风固沙基干林建设

1997—2000年，团场没有开展正规的防风固沙林建设项目。2001年，团场开始规划辖区内防风固沙林工程。当年，营造防沙基干林57千米，总面积170.53公顷。防风固沙林项目工程主要分布在团西侧的吐尔条沟、团北侧的西岸大渠沿线及东五支渠沿中沿线。其中，在团场西侧吐尔条沟建成防护林62.53公顷，全长12.5千米，西九支中西段全长19.8千米，东五支到西岸大渠全长15.9千米，

西岸大渠沿线全长9.9千米。造林工作采用50米林带模式、12米宽林带模式、15米宽林带模式。防风固沙基干林项目建成后，团新增林地166.67公顷，防沙基干林建设项目总投资125万元。其中，申请国家专项投资100万元，占总投资80%，团自筹资金25万元，占总投资20%。

（三）重点防护林

2006年，团申请66.67公顷重点防护林项目，建设地点为沙钟线沿线防护林，全长8.59千米，13.54公顷；安下路沿线四连路口到西岸大渠防护林，全长8.7千米，16.2公顷；团通连公路八连至十一连防护林6.74公顷，全长4.25千米；团通连公路一连至四连防护林30.74公顷，全长12.2千米；九支沿线，九支至九支二斗防护林13.93公顷，全长2.8千米。

1997—2015年一四一团场植树造林面积统计见表15-1。

表15-1 1997—2015年一四一团场植树造林面积统计 单位：公顷

年份	防护林	灌木林	三滩林（退耕还林）	经济林	苗圃
1997	42.26	156.4	—	—	25.33
1998	50.6	141.46	—	—	30.2
1999	84.2	37.66	—	0.86	31
2000	93.86	—	26.66	0	36.4
2001	87.93	—	26.66	0	35.33
2002	176.8	—	—	65.33	79.66
2003	84.33	—	—	—	108.8
2004	65.74	—	—	—	50.8
2005	38.13	—	—	8.66	42.66
2006	33.8	—	—	67.4	36
2007	48.47	—	—	169.86	21.33
2008	51.2	—	—	—	12
2009	33.33	—	866.6	1.33	33.33
2010	43.8	—	360	173.33	43.8
2011	68.53	—	100	86.06	—
2012	99.07	—	233.33	61	—
2013	120.7	—	200	1724	—
2014	16.2	—	7.5	6.01	22.68
2015	102.53	—	1000	110.54	84

注：此表由林业站提供，部分资料缺失。

（四）退耕还林

2002年9月，按照国家出台的退耕还林（草）政策，除种植防风林外，团场先后筹资90余万元，实施退耕还林1000公顷。将一连、二连、三连、四连、五连及八连盐碱较重的低产田，确定为退耕还林地。树种主要有红柳（占80%）、紫穗槐（占7%）、沙枣（占10%）、枸杞（占3%）。完成国家级项目300.01公顷退耕还林还草工程，做到有资料、有图片、有小结、有报表、有碑牌、有承包合同、有管理制度、有地理位置图。

2009年，团场实施“两沿”(沿路进场主干公路，沿风沙一线)工程，退耕还林135公顷，其中常规林43.8公顷；退耕还林改造866.6公顷，其中改种枸杞173.33公顷，补栽退耕还林360公顷。

2012年，团场新植防护林219.4公顷，防护用材林152.8公顷，退耕还林1000公顷。团场制定植树造林优惠政策，在土地长期承包固定基础上，稳步推进“林随地走”经营模式，加快团场林权制度改革步伐。新种植防护林30.03公顷，所有生态林全部落实到个人，由职工承包。

2015年，团场栽植防护林800公顷，三滩林0.053公顷，灌木林333.33公顷，经济林312.13公顷，退耕还林1000公顷。

2002—2003年一四一团场退耕还林承包见表15-2。

表15-2 2002—2003年一四一团场退耕还林承包

单位	地点	面积(公顷)	承包人
一连	12号地	688	徐有贵
	13号地	450	郑朝龙
	9号地	640	—
	9号地	650	刘宇航
二连	3号地	493	侯尚慧
	6号地	304	肖毅
	11号地	189	李绍庆
	14号地	436	员莉萍
	上15号地	195	白文键
	15、16号地	498	鲁新华
三连	1号地	328	刘伟
	2-1号地	539	马军
	2-1号地	539	杜整风
		465	刘新花
八连	7支1号地	440	荣蓉
	7支3号地	350	容飞
	7支7-1号地	419	任其跃
	7支6-1号地	600	侯同锁
	7支6-2号地	400	尚拥军
		1260	将国斌

（续）

单位	地点	面积（公顷）	承包人
四连加工厂	南半边	400	夏[illegible]薇
	南半边	200	刘[illegible]琴
	南半边	200	刘[illegible]利
	北半边	550	刘[illegible]利
	北半边	300	陈[illegible]礼
五连	西1号地	430	周[illegible]荣
	西2号地	577	王[illegible]国
	西3号地	600	王[illegible]华
	西4号地	585	潭[illegible]群
四连	下5号地	366	刘[illegible]海
十六连		923	陆[illegible]

三、林下经济

2011年，团场党委根据林业资源特点，做到“近期得利，长期得林，以短养长、长短协调发展”良性循环。合理规划利用林下资源，制定植树造林优惠政策和在土地长期承包固定基础上，稳步推进“林随地走”经营模式，发展林下经济。团场抽调人员对全团林地进行全面的调查，按自然规律，新制定出适宜发展养殖的林地，规划出畜、禽圈舍发展养殖畜、禽增加收入致富。是年，团争取退耕还林补助资金82.56万元，退耕还林林下圈舍补助资金129.99万元。在团场政策扶持下，职工在承包林地新建圈舍8栋，面积4460平方米，饲养各种畜、禽17500头（只），规划出适宜种植农作物的林地种植农作物。是年，职工在林下种植棉花、打瓜、牧草等作物256公顷，共创产值900万元。当年11月17日，农八师、石河子市农业局、水利局、财政局、发改委联合林下资源检查组到一四一团，现场验收林下养殖4405平方米养殖圈舍建设工程。

2014年，根据师市发展林下经济政策精神制定相应措施，团投资新建设林下养殖圈舍26栋，面积17792.5平方米。养殖牛35头，羊2154只，鸡13500只，鹅10300只，兔3000余只。林下种养模式开创增收的新思路、新渠道，实现“近期得利，长期得林，以短养长，长短协调发展”目标。

第二节 园艺业

一、西瓜

20世纪中期，一四一团曾繁育过小籽西瓜，无叉瓜在下野地片区小有盛名，每个农业连队都安排有2～10公顷地种西瓜，西瓜成为连队经济收入一部分。后来引进下野地黑籽瓜、“炮台红”等其他西瓜品种，小籽西瓜失传。

1997—2015年，土地承包到个人后，各连队不统一安排西瓜种植，只是职工两用地或少数人种植“炮台红”西瓜，供团场群众消费，部分外销乌鲁木齐市、克拉玛依市、石河子市。

二、葡萄

2011年，团场发展种植及管理鲜食、酿酒葡萄产业的重任由林业站负责落实，林业站制定出葡萄发展、管理规划提交到团场党委。团场党委同意把发展种植酿酒葡萄作为团场经济结构调整一项重要工作，抓新植葡萄建园基础工作，抓好多年生葡萄技术管理工作，在多年生葡萄中推广近33.33公顷的V形架技术。根据生产情况加大新技术、新机械的推广力度，先后推广机械埋藤机、施肥开沟机、旋耕机和打药机。通过新技术的推广应用，提高葡萄的品质，降低劳动成本。为保持葡萄的品质，提高效益，每年专门聘请技术顾问作指导，利用农闲时间，对果农进行培训，使果农基本掌握种植管理技术。与国内葡萄酒业大集团合作，投资建设酿酒葡萄发酵站和酒庄项目，建立长期、稳定的供销关系，形成基地、加工、市场三位一体葡萄产业。

2011年，团场将150.15公顷中低产棉田退出种植，用于发展林果、饲草、设施农业和特色种植，抓好480.48公顷酿酒葡萄标准化管理。葡萄种植面积发展到700余公顷，新植546.67公顷，葡萄成活率平均为85%，葡萄长势、各项管理到位，年总产8154吨，平均单产1.036吨，创总产值3232.18万元，比2010年增加1889.1万元，平均产值4132元，最高产值8500元，红色品种平均糖度23.52度，白色品种平均糖度20.5度，优质原料产品占总量85%以上。

2015年，团场葡萄种植面积1506.67公顷，葡萄总产达21691吨，其中白葡萄4480吨，红葡萄17211吨，完成任务121.6%，平均单产1322千克/公顷，比2014年增长97.3%。建成“5000元产值”高效园。

三、蔬菜品种及栽培技术

（一）蔬菜品种

一四一团大棚蔬菜种植品种有辣椒、番茄、黄瓜、西葫芦、茄子等，其中以辣椒、番茄为主。

（二）育苗方式

团场育苗方式有一级育苗和二级育苗2种。一级育苗即将催过芽的种子直接播入营养袋中，二级育苗即将催过芽的种子播种到育苗盘中，待出苗后发育到2～3片真叶时分至营养袋中。

（三）技术措施

重施有机肥，为确保蔬菜品质和质量，种植地每亩施猪牛羊圈肥10吨以上。减少化肥用量，降低生产成本。温汤浸种技术，即用55℃温水浸种25分钟，减少病毒的发生。地膜覆盖技术，可增温、保墒、除草，起到促进蔬菜生长发育、减少病害的作用。滴灌技术，可起到节约用水，灌水均匀，土壤疏松，保证蔬菜正常生长的作用。起垄栽培技术，可提高地温，增强土壤透气性，容易控制土壤湿度，从而使蔬菜早发育。保花保果技术，即利用番茄灵、防落素、坐果灵等保花保果药物点花、蘸花，促进保花保果，提高产量。病虫害综合防治技术，如棚室消毒、定植前用硫黄粉熏棚，杀灭病原菌。土壤消毒，定植前起垄时用多菌灵、百菌清等杀菌剂喷洒栽培床，消灭病菌等。至2015年，病害几乎未见，虫害也较少发生。

四、无公害绿色蔬菜基地建设

一四一团无公害绿色蔬菜基地建在交通便利，适合蔬菜流通和交易的十五连。地理位置距北疆铁路、312国道、乌奎高速公路30千米，北临一三四、一三三等团及克拉玛依市，西临独山子、奎屯市。气候属北疆寒温带荒漠-半荒漠气候区，是典型的内陆大陆性气候，具有昼夜温差大、光照充足的特点，年均日照2850.9小时。土壤质地疏松，有机质含量高，光照充足，无霜期较长，地下水资源较丰富，境内及周边无大型工厂，无“三废”污染。

2004年4月，团无公害蔬菜生产基地开工建设，温室建造技术从山东省寿光市引进，由团场统一投资，统一规划设计，统一建设。当年末，共建成塑料薄膜节能日光温室264座，总占地面积40公顷。日光温室大棚分别分布在加工厂、物业中心、水管站、中学、小学、医院、暖风机厂、原十五连、原十七连、原建安公司等单位，建成后由各单位职工承包经营。2014年，原各单位种植蔬菜职工归团林果蔬中心统一管理。

五、日光温室大棚及季节蔬菜

一四一团日光温室大棚均采用高后墙、短后坡、半地下式（自然地面下挖30～40厘米）、塑料薄膜覆盖日光温室棚。根据地形，棚长60～100米。跨度为8.5米，脊高3～3.5米，墙体底宽2.8米，上口宽1.6米，高2～2.5米。人工配备夯机干打垒1～1.5米墙体，后用机械覆土达到设计厚度。先用挖掘机、推土机、压路机等机械筑墙，再进行人工修整。

棚架大都采用琴弦式棚架，有5种类型：竹砼型，即水泥立柱与大竹竿、钢丝、小竹竿等材料配合；氯化镁复合材料型，即水泥立柱与氯化镁复合材料、钢丝配合；半钢架型，即立柱、钢架、钢丝、小竹竿配合；无机复合材料型，即无机复合材料通过模具成型，先用混凝土固定在后墙和棚前地面上，后用钢丝拉紧固定；全钢架型，即每隔80厘米设一个钢架，用混凝土固定在后墙和棚前地面上，横向用钢管焊接固定。后坡大都采取用塑料厚膜包裹苇把子或苇板，平铺于后屋面上，再铺上60厘米厚的土。棚顶主要由棚膜、草帘、防雨雪膜组成。棚膜主要采用聚氯乙烯无滴膜和聚乙烯无滴膜。草帘长度10米，厚度3厘米。种植季节蔬菜主要有辣椒、番茄、黄瓜、西葫芦、茄子等，其中以辣椒、番茄为主种植部分果实类蔬菜。

一四一团“绿珠”无公害蔬菜生产示范基地，实行统一规划、统一品种布局、统一技术操作规程、统一供应生产资料、统一检测、统一包装销售、分户经营“六统一分”经营管理模式。团场蔬菜试验站对基地蔬菜生产进行全程监控。新建现代化大棚13.3公顷，设施农业规模达53.3公顷，用于种植鲜食水果和反季节蔬菜20公顷。为确保基地生产蔬菜达到无公害标准，基地采用日光节能温室技术，测土平衡施肥技术，无公害蔬菜生产技术，工厂化育苗技术，滴灌技术，病虫害综合防治技术，无公害产品检测技术，无公害蔬菜储藏技术，无公害蔬菜包装技术，引进新、优、特品种10项技术。基地配备土壤监测中心、技术服务中心、无公害蔬菜检测中心、工厂化育苗中心、产品储藏中心、产品包装销售中心。

2015年，团设施农业向特色种植产品发展，投资1800万元发展设施农业，新建标准大棚，提高投入产出效益。采用黄沙种植、无土栽培、水肥一体化、立体模式等新技术，设施农业逐步向高效、特色方向发展。

第三节 林果业管理

一、管理机构

一四一团历届党委重视园林工作，有一名党委常委、副团长分管园林业工作，下设林业站，林业站隶属团机关管理。

1998年2月，团场在原园艺连新建林业站，纳入团场机关管理。林业站设站长、书记各1人，技术员2人，会计、出纳各1人，32名林业工人。林业工人主要负责全团护林管理及苗圃地种植。各连队设2～6人的林管班负责本单位的林木管理、苗圃育种工作。

2001年2月，林业站从机关分离，实行"独立核算，自主经营，自我发展，差额补贴，超利分成"的管理模式。林业站定编28人，其中干部6人，工人22人。

林业未承包到个人之前，各单位均有专业护林人员，根据连队管理面积多少配备1～10名的林管班，负责本单位林木管理。团场林业产权改制后，林业产权转让给个人，由个人对林业管理进行监管，各单位的林管班自然撤销，每个单位设1～2名护林员。

2005年2月，林业站并入十七连，后更名为十五连、果蔬站。

2006年12月，团场机构改革，精减人员，林业站撤销，林业工作归农业科管理，由林业科设1名副科长负责全团场林木管理、指导绿化建设等工作。

2014年1月，团场林业科长徐东升提升为总农艺师，林业工作归团场林果蔬站管理，林业干事侯勇负责林业工作，设有专职林业技术员和林管员。

1997—2015年一四一团场从事林业工作领导见表15-3。

表15-3 1997—2015年一四一团场从事林业工作领导

姓名	性别	族别	籍贯	出生时间	职务	任职时间
张庆基	男	汉族	甘肃	1941.11	站长	1998.02—2002.08
张延才	男	汉族	甘肃	1954.09	站长	2002.12—2004.03
冯传军	男	汉族	山东	1955.09	站长	2004.03—2005.02
杨占平	男	汉族	四川	1956.01	书记	2002.03—2005.02
赵子定	男	汉族	四川	1956.12	书记	2005.02—2006.07
徐东升	男	汉族	江苏	1968.01	副科长	2006.12—2014.12

二、林产权改革

2004年，随着林业产权改革和小城镇建设步伐加快，根据《中共中央、国务院关于加快林业改革步伐的决定》政策，团场出台《一四一团林业产权制度改革实施办法》，将所有林木实行产权，作价转让给职工个人经营管理，调动职工群众植树造林积极性。是年，更新改造

120公顷，树木成活长势良好。剩余880公顷全部承包到户，团场涌现出林业种植户29户。承包户自筹资金打井30眼，建河水首部1个，全部铺设节水灌溉地下管道，节水灌溉技术在林业生产中得到推广运用，直接投资1500万元，实现经济和生态双赢，职工收入增加，生态环境改善。

2009年，团场根据林权制度改革工作精神，本着“多予、少取、放活、让利于民’和“平等、公开、自愿、互利”原则，制定谁种树、谁所有、谁投资、谁受益的林权改革措施。

三、病虫害防治

（一）林木病虫害

团场害虫主要有卷叶蛾、介壳虫、红蜘蛛，林木病害有锈病、枯萎病等。

2000年起，本地区林木主要病害为杨腐烂、杨锈病、葡萄霜霉病和葡萄白粉病，主要害虫是春尺蠖、杨柳毒蛾、杨叶甲、天牛、吉丁虫、介壳虫、食心虫、食叶螨、蝗虫、榆钱螟等。这些害虫繁衍快，蔓延迅速，很难控制。每年3月中下旬，团场农业科安排各单位，对全团榆树进行早春绑膜刷白（石灰）阻杀。4月上中旬，采取高压喷枪药剂防治，效果十分显著，基本上控制虫害。每年3月底4月初或10月中旬，用石灰等刷白树木，防治效果明显。春尺蠖危害基本上得到遏制，防治率90%以上。针对生态沙枣跳甲危害，团场采取每年春季用机车机力进行喷药防治，防治效果理想。

（二）经济林病虫害及防治

团场经济林主要指酿酒葡萄、鲜食葡萄、各类果树。葡萄在本区内主要病虫害有霜霉病、白粉病、毛毡病等。防治原则以预防为主，防治结合，重在环保，生防为主。

2009—2015年，团场重视经济林防治，为提高果品食用安全性，提高“绿色果品”质量，团场主要采取生物防治为主，化学防治为辅的防治理念。在生产过程中，严格控制有毒化学药剂使用量和类别，对国家规定不能使用的农药坚决不用，对能使用的农药不超标，提倡使用生物农药。加强田间管理，合理密植，科学施肥，改善架面通风透光条件，增强树势。根据各种病虫害的发生规律，采用化学药剂防治。防治时注意质量，严格操作规程，做到喷药均匀细致，重喷叶背，做到枝枝不漏，且各种药剂交替使用，连续防治2～5次。按照国家食品安全要求，使用国家规定范围内的农药和肥料，进行病虫害防治。团场每年冬季举办“科技之冬”活动，开设关于正确使用农药方面的知识培训。团场农业科为职工进行林木、葡萄栽培、管理及病虫害防治等内容课程。

四、采伐管理

1997年，根据《中华人民共和国森林法》和林业管理有关规定，团场制定《关于一四一团限额采伐更新林木的有关规定》，确保团场树木采伐作业合理、有序性和安全性，减少森林采伐对环境造成不良影响，保持团场林业可持续发展。团场制定对防护林、片林管理定额为2.66～3.33公顷，免收管理费、资金占用费。3年给予护林员政策性补助，第1年50元/亩，第2年40元/亩，第3年及以上40元/亩。林间套种作业列入承包户核算，盈亏按一定比例分成，分成部分纳入育林基金。成林管理定额为4～6.66公顷，定额不够的可兼职其他工作补贴收入，单独核算。对园林管理实行定额上缴、超收全留、减收不补的管理定额责任制。管理人员工资由团场按定额管理人数核发。

1997—2015年，团场每年按照国家有关林木管理政策，对一些达到成材年龄的用材林及一些枯枝朽木的林带进行采伐更新，采伐方式主要根据更新林带的实际情况而定，采取皆伐、间伐等。采伐前必须先由更新单位向团林业站书面提出采伐申请，团林业站复核后上报师农林牧局，由师林业科颁发采伐证后才能进行采伐。

五、林业执法

2001年，为加强林木管理工作，保证林木成活，团制定《一四一团林业生态建设"一票否决"制考核实施细则》，规定林业生态建设实行百分考核制。凡未完成林业生态建设、严重破坏林业生态建设者或林业生态建设考核达不到规定分数者，团场对单位和领导个人的荣誉称号实行一票否决。定期组织人员组成检查组现场检查考核，考核分数纳入连队领导和业务干部年薪考核内容，每低1分，扣罚年薪10%，从年薪中扣除，年终兑现。考核排名前3名分别给予奖励3000元、2000元、1000元。对考核排名最后一、二、三名的单位，除全团通报批评外，给予1000～3000元处罚，单位领导、业务干部年薪进行下调。

2007—2008年，五连、十连、十一连发生毁林事件，团场根据《中华人民共和国森林法》和团场林业管理有关规定，对毁林人给予10倍罚款和补栽100倍树木处罚。

2007—2015年，根据兵团、师市相关文件精神，依法管理林木，加大林业执法工作力度，重视对林木种苗执法及管理，贯彻落实《中华人民共和国种子法》，严格执行"两证一签"制度。苗木出苗前，必须由林业管理部门检验，合格后方可销售，苗木出圃合格率达90%。团建立健全林业资源管理体系，加大林业重大案件查处力度，根据兵团、师市部署，开展打击破坏林地和野生动物资源违法犯罪活动，严禁乱砍滥伐。加强对胡杨、红柳、梭梭林管护工作，定期组织人员进行检查巡视，发现有毁林现象立即制止，按有关文件要求，进行批评教育，情节严重的进行经济处罚，并责令限期恢复原有林木。

第十六章 农业机械

1997年，团场农业机械由机务科具体负责农机作业的计划安排、质量标准规范、标准系数的制定。1999年，一四一团场进行农机改革，随着团场农业生产现代化的不断推进和农业机械化进程加快，大量现代化农业机械得到推广应用，传统农机具从农业生产使用中退出。

2015年，团场推广应用精准农业技术，农机具科技含量随着农业生产的需要不断提高，老式传统农机具不能适应产业化、集约化、规模化、现代化农业生产需求，逐渐被科技含量高、作业质量好、生产效率高的农机新产品所替代，团场农业机械化及其自动化使用范围达90%以上。

1997—2015年，团场连续多次被农八师石河子市安监局评为“安全生产监管系统先进集体”“劳动安全和保护先进团场”“劳动安全达标单位”。

第一节 农机具

一、农机总动力

1997年末，团场农机总动力为7770万千瓦。大中型拖拉机101台，小型拖拉机59台，配套农具347台(架)。1999年，团场总动力7775万千瓦。

2000年，团场机械总动力6911万千瓦。

2008年，团场机械总动力增至11144万千瓦。

2015年，团场农机总动力15144万千瓦，为历年最高。团场拥有大中小型拖拉机实际在册台数567台。其中，100马力以上的拖拉机80台，55～100马力的有257台，55马力以下的有232台，采棉机36台，青储收割机3台，机械精量棉花播种机123台，番茄半精量播种机8台，秸秆粉碎还田机82台，小麦播种机8台，青储播种机5台，大中型喷雾机96台，园林用迷雾式喷雾机21台，联合整地机60台，液压翻转犁62台，大型拖车180辆，其他中小型拖拉机配套农具搂膜机、埋藤机、犁、中耕机、撒肥机、平土耙、开沟犁、封土机、深松犁、重制平地机、激光平地机共530余台。

二、农机具更新

1997年，团场深入落实农机改革政策，激发农机工作人员活力，农机事业发展较快，全团逐年对老式链轨拖拉机进行淘汰，引进国外新型大马力拖拉机。

1999年，团场机务科牵头与农八师物资公司签订购买农机具协议。所购买农机具主要有河南洛阳拖拉机厂生产的东方红1204型、802型、70型拖拉机，牵引五铧犁、32片轻耙、刮土镇压器。做到淘汰一辆增加一辆，全团农机具保持在原有数量。

2001年，随着农业种植面积扩大，精准农业不断引入，对农机具的性能、科技含量有新的要求。当年始，先后购进迪尔7810型大马力拖拉机6台，以及维美德8950型、纽荷兰140型、约翰迪尔1204型、6000型、654型大马力拖拉机26台，福田824型拖拉机2台，农业机车共432辆。团场机械总动力达1.3万千瓦（包括社会车辆）。

2010年，国家对购买农机具职工进行补贴。团场职工新购进大型拖拉机15台，中型拖拉机32台，葡萄埋藤机9台，各种大小农具60台（架）。15嘴点播器改装为16嘴的点播器40台，点播器改装后，每0.67公顷可提高棉花播种量1000株，提高棉花单产。

2011年，团场新购入大型机车12台，中型拖拉机56台，各种大小型农具80余台（架），同时引进葡萄施肥机10台，葡萄埋藤机11台，机械式精量播种机23台，进口犁9架，其他常规犁14架。购进联合整地机8台，立杆式搂膜机49台，葡萄地用喷雾机20台，葡萄地用埋藤机18台，棉花打垛机12台，棉花运垛机16台。

2015年，新购买拖拉机17台。其中，200马力以上的拖拉机有6台，55～90马力的拖拉机11台；购买机具75台（架），北斗导航系统31套，灌溉用过滤器12套，进口犁4架，播种机11台。团场拥有迪尔-7810型、纽荷兰-TM-165GAJF等大中型机车及小型拖拉机567台。其中，100马力以上的拖拉机80台，55～100马力的有257台，55马力以下的有232台；注册登记采棉机36台，青储收割机3台，机械精量棉花播种机123台，番茄半精量播种机8台，秸秆粉碎还田机82台，小麦播种机8台，青储播种机5台，大中型喷雾机96台，园林用迷雾式喷雾机21台，联合整地机60台，液压翻转犁62台。农机具新度系数达80%以上。

第二节 农机作业

团场农机作业项目有犁地作业、平地作业、喷洒除草剂、耙地作业、播种作业、中耕作业、植保作业、收获作业、打秆作业、全层施肥。

一、犁地

深耕28～30厘米，耕作一致，地表平整，覆盖严密，翻垡良好，无立垡、回垡、地面残茬，杂草覆盖率在90%以上，到头到边到角，地头地边整齐，少重耕，不漏耕。

二、整地

整地六字标准：齐、平、松、碎、净、墒。要求地面平整，无明显的土包和沟坑，不漏平，不漏耙，耙后上虚下实。地表平整，达到待播状态。

三、播种

（一）棉花

棉花采用2膜12行气吸式精量棉花播种机，全部膜上点播和膜上膜点播技术，一膜两管。采用机采棉模式，即10+66+10+66+10+66，0.067公顷理论保苗株数18900株，播种要求播行端直、膜面平整、覆盖良好、膜边压实、到头到边，空穴率不大于2%。

(二)玉米

玉米、青储采用开沟器为滑刀式气吸精量播种机播种,播种模式为60+60+60+60,全部采用节水滴灌技术。

(三)小麦

2008年,团场小麦播种开始采用节水滴灌技术,3.6米播幅,0.067公顷保苗60万株左右。

(四)番茄

番茄播种采用4膜8行机械半精量播种机,播种模式为70+70+70+70,0.067公顷保苗3700株。

四、化控、治虫

全面采用机械喷雾作业。耙地前根据不同作物喷施一遍除草剂。机动喷雾器标准药箱、管路不漏液体、管路连接安装可靠,喷杆架摆动不宜过大。扇形喷头等间距间隔30厘米或40厘米,喷头距地表不大于40厘米,整机工作幅宽不大于10米(双缸隔膜泵)。耙地前根据不同作物喷施一遍除草剂,出苗进行第一次化控,苗期二次,打顶后再一次,适时进行化控,防止棉花疯长,增加果枝数量,提高棉花产量。作业质量标准要求雾化良好,施药均匀,水量标准。根据棉花不同时期的要求,喷雾方式有常规喷雾、倒挂喷头喷雾、送风喷雾、拖带(爬犁子)喷雾等,做到不重不漏,喷洒均匀。机械化控、治虫减轻人工施药的劳动强度,安全、高效、准确、及时。

五、农机作业收费

1997年,农机体制改革前,团场制定标准亩耗油量在0.62千克,标准亩成本在4.38元。

2000年2月,为使农机作业逐步走向制度化、规范化,团场制定15条《一四一团农机管理工作实施细则》,其中,农机管理必须坚持“八统一,两不准”(统一折合系数,标准亩收费标准签字、收费;统一作业质量标准和作业质量验收标准;统一推广农机新技术;统一年终结算付款;统一农机标准化管理,油材员要搞好内业建设;统一安全管理措施;统一征收农机服务费、技术改造费和奖励基金;统一上报统计报表,报表及时、全面、正确。不经过连队同意,机车不准外出服务、出售或再转让)。在不误农时、保证机耕作业前提下,连队不准雇用外单位机车作业,保证本连队机组的工作量,统一规定机械作业收费标准,每个标准亩5.60元,链轨车每个标准亩6元,轮式车每个标准亩5.2元。作业折合系数除个别调整外,仍按1999年度折合系数标准执行。根据作业模式调整作业折合系数:宽膜条播系数1.8;宽膜点播系数2;膜18行铺膜播种2.2;施油渣系数0.4;滴灌铺膜播种系数2.4;刨式平地机平地0.6;刨式平地机工程性平地0.8;棉花揭膜后头遍中耕0.7,深度14~16厘米。

2015年,团场完成农机作业量194.7万个标亩。

第三节 农机维修与补贴

一、保养维修

1997—2008年,团场规定各单位的拖拉机大修必须在团内修造厂由专业修理人员统一进行,其他保养及小修由机组懂技术人员自己负责修理,必须保证修理质量,保养维修费用统一由团财务结算。团场机务科组织人员按照师市“农机管理八个标准化”标准,定期对各连队机务排机车修理、机具库棚等进行检查,奖优罚劣。

农机产权转让后,团场不再规定统一的农机保养维修点,农机保养维修机车组自己选择,可到团修配厂保养维修,也可以自己保养维修。团场只是加强督促对私车公管及农机具保养维修管理制度。每年在开春、入冬及农闲期间,团场农机监理站组织检查,对连队机车的保养维修、农具检修、机务区、车库、农具库棚进行数次大检查,对未按规定时间完成保养维修农机限期整改,未按要求维修保养,未达作业标准的车辆,取消作业资格或进行经济处罚,确保机车的完好率和安全性能。

2014年,团场针对城镇化建设和农机发展需要,争取国家项目资金400万元,自筹300万元,新建40064.93平方米标准农机库区。其中,拖拉机房12801.78平方米,农机具机库2379.48平方米,采棉机机棚1059.7平方米,大马力机棚2666.88平方米,维修车间500平方米,培训中心200平方米,维修场地2082.6平方米,停车场地3913.12平方米。集中停放机务库区正式投入使用后,团统一制定各项操作规范和收费标准,目的是集保养、保管、维修、停放、清洗、技改、标准化管理于一体。在库区面积有限的情况下,先将大中型机具停放入库,老旧机务区夏季作为临时停放维修点,使用结束后再集中停放库区。

二、农机补贴

农机改制后,团场根据国家购买农机具补贴政策制定各项补贴政策,鼓励农机户更新农机具。2010年起,团场为农机户购买新农机具发放13288.1万元补贴资金。补贴程序由购买者打报告,经单位领导签字同意,然后报团场农业科同意并在网上公示,购买后将购买发票全部在农机监理部门报户,取得行驶证可进入补贴程序补贴。

2013年,团场新购买拖拉机67台(220马力的拖拉机2台,180马力的拖拉机3台,160马力的拖拉机9台,45~90马力的拖拉机53台),机械式精量播种机23台,进口犁9架,联合整地机8台 葡萄地用喷雾机20台,葡萄地用埋藤机18台,棉花打垛机12台,棉花运垛机16台。

2015年,团场农机户新购买拖拉机25台(200马力5台,45~90马力20台),进口犁9架,联合整地机13台。当年,团场发放农机具购置补贴资金233.67万元,承包户自筹资金1182.85万元。

第四节 农机管理与服务

一、管理机构

1997—2015年，农机管理业务由机务科负责，机务科设农机安全监理站，实行两块牌子，一套人马，机务科朱海江副科长兼专职农机监理员。1998年1月，机务科监理员赵君平被兵团评为“优秀农机安全监理员”。

1997—2006年，团场机务科（农机监理站）负责全团农机工作的管理、检查、指导，设科长、副科长和农机监理员。配置农机管理人员19人（其中连队16人），全团有354名人员从事农机工作，其中，有持证上岗人员231人。高级职称2人，中级职称160人。农业单位一至十六连设专职机务副连长、油材料员，负责连队农机工作。

2007年1月，团按兵团精简机构要求，撤销机务科编制，机务科与生产科合并为农业科，农业科内设2名专职副科长，负责农机管理农机监理工作，16个农业连队设兼职农机副连长，负责连队农机管理、安全生产工作。

2014年，按照兵团农牧团场公务员纳编机构改革试点要求，团场撤销农业科机构编制，农业科与工交建商科合并，更名为一四一团经济发展局，内设专职农机监理干部2人，负责团场农机管理，配合石河子农机监理所做好农机监理、审核工作，团场农业连队仍配农机副连长（兼农机安全员），负责本单位农机管理、安全工作。

2015年，团场设农机管理人员18人（其中连队专兼职15人），从事农机人员336人。农机队伍中有高级工程师1人，中级专业职称2人，技术员6人，中级技工60人，初级技工100人。

二、农机标准化管理

1997—2015年，团场为提高农机工人操作农业机械的技术水平，预防和减少农机事故的发生，准确掌握团场农业机械的拥有情况和农机驾驶人员的持证情况，团场农机管理站根据师市农机局有关文件精神，提前安排部署年度农机具检查和农机驾驶员的审验工作。

2000年起，每年5月，团场组织安全科、内保大队、农业科共同组成联合检查组，对田间作业时的农机安全作业质量、道路安全等进行检查，规范车辆准运制，在拉运棉花和番茄运输时，实行保证金制度，拉运机车需交2000元保证金，由机务部门负责对拉运机车进行资格认定，符合要求的车辆发放准运证。对全团范围内所有农用机车、配套机具和驾驶（操作）人员进行普查，普查到连不漏户，户不漏机，逐台清查，登记造册。在检查审验中，着重抓好统一认识、统筹安排，责任到人、程序规范，优化服务、严格把关。做好及时办理新购车辆的落户、登记、挂牌工作。19年中，团场新购车辆落户率达100%。

2005年起，团场机务科与各农业单位签订《一四一团农机安全责任书》，连队机务副连长（农机安全员）与各机组签订“机组安全管理目标责任书”。“三秋”拉运棉花期间，成立机械作业质量检查组，分组对各单位作业质量进行不间断检查。对机车进行车况和安全检查并记录，坚决制止无证驾驶、黑车作业。在拉运车辆拖斗前后张贴反光膜，减少农机事故的发生概率。针对团场新从事机务工作多数是机务人员的下一代或承包大户，对修理、维修、农具调整、调试技术匮乏，农具调试、作业行走基本不懂的现状，团场农机技术培训基地在每年的“科技之冬”培训上，专设培训内容为农机安全、作业质量标准及维修、农具调整、调试技术等，使新老农机人员农机操作技术不断充实、更新、提高，为安全生产、高效作业打下基础。

2010年起，团场机务科、农机监理站在劳动安全和劳动保护方面，坚持“安全第一、预防为主、综合治理”措施，树立以人为本、安全发展理念。强化企业安全生产主体责任，职工劳动安全、消防及劳动保护做到八落实：进一步完善安全生产监督工作机制；加强对重点单位行业的安全监管，以治理隐患、解决突出问题为着力点，深化重点行业生产领域的安全专项整治；加强辖区道路交通安全管理，落实“五整顿”“三加强”交通安全治理活动；强化农机人员车辆的安全管理，继续深入开展“平安农机”创建活动；扎实推进构筑社会消防安全“防火墙”工作；建立完善宣传教育培训体系；扎实推动安全达标创建活动，建立“四文明”自我约束长效机制；严格落实安全生产目标考核管理，坚持“一票否决”制，切实做到安全生产警钟长鸣。

团场每年分2个阶段进行安全检查。第一阶段为每年的3月1日—25日（春耕春播前），对所有参加春耕春播生产农用机车进行全方位安全检查，检查合格机车发放检验合格证，并准许作业。第二阶段为每年8月至年底，对全团场参加三秋拉花机车进行安检，每年进行安检、年审1次。农机具转让后团场实行私车公管，针对转让后可能出现的问题，团场制定《一四一团农机管理办法》。

截至2015年底，全团没有发生一起重大农机安全生产事故。

三、农机监理

2000年，在农机安全监理工作中，坚持“预防为主，安全第一”原则，开展“安全日”“安全月”“百日无事故”“平安农机”等活动，利用广播、电视、宣传单、黑板报、宣传车等工具，宣传政策、法规、安全生产等，检查机务工作时检查农机安全工作，消除安全隐患，杜绝和减少农机事故发生。

2007—2015年，团场农机监理方面主要是农机人员、车辆监理，每年制定“一四一团关于‘三秋’期间拖拉机运输车辆安全管理规定”。规定所有在本团场范围内进行农产品（番茄、棉花）运输的拖拉机必须是“三证”（驾驶证、行驶证、准运证）齐全，对所有拉运车辆经检验合格并交相应拉运保证金，取得“一四一团农产品准运证”后，方可参加运输作业（番茄、棉花）。为保证团加工厂棉花加工安全，规定各种汽车、农用运输车不允许进行棉花运输作业。各单位拉运棉花车辆必须在拖车醒目位置用红色油漆进行喷号，标明单位、编号（无编号车辆禁止进入加工厂）。拉运拖拉机必须有防火罩、灭火器，油底有兜布（禁止用塑料袋），拖车上有盖布，且不能遮挡反光膜、单位编号。对拉运时挂双挂、不按规定张贴反光膜的车辆罚款600元以遏制违规违章频次，杜绝农机事故发生。

2011年，团场配合师农机监理站，审验小四轮拖拉机252台（14.7千瓦以下），大中型拖拉机282台（14.7千瓦以上）。此后，团场安全监理站每年按时对全团528台拖拉机、600名持照人员的农机进行年度检审工作。随着农机监理工作的不断完善，团场对职工安全生产教育的不断加强，职工安全生产意识不断提高，事故发生减少。

第十七章　工业　建筑业

1997年，一四一团场工、交、建、商、服务业基础相对薄弱，设备落后，效益低下，全团场有加工厂、暖风机厂、建筑安装公司、砖厂、油灰厂、汽车连、商店等国有企业，规模不大，三级产业结构为74∶15.6∶10.4。

2002年始，按照上级《关于加强国有公、交、建、商改革和发展的意见》和团场2-5文件精神，对所属企业进行改制，团场只保留加工厂，其他工业、建筑等企业，通过资产作价产权先后转让、租赁给职工私人经营，盘活国有资产。对保留的加工厂生产技术进行改造，提高市场竞争力。到"十二五"末，团场三级产业结构由"十一五"末69.9∶14.1∶16，调整到56∶13.5∶30.5，二产占总产的14%，三产占总产的30.5%，团场三级产业结构基本达到相应的优化比例。

第一节　机构队伍

一、机构

2006年前，一四一团场设工商科、基建科两个科室，各科设有正副科长各1人，负责团场的工业、建筑、交通运输和商业服务业、安全生产管理工作。

2006年12月，团场机构改革，撤销工商科、基建科编制，成立工交建商科，设正、副科长各1人，副主任科员2人，工业方面包含技术设备、生产能力、固定资产投资、更新改造。交通方面包含道路设计、修建、改造、交通运输工具管理、境内交通事故调解。建筑方面包含勘察设计、建筑施工、镇区建设、房产管理。商贸服务方面包含物资供应、农产品销售、商饮服务。在四大门类中，工交建商科重点抓工业和建筑业（含房产档案管理、房产证发放等业务），客运、镇区物业由团场物业中心负责。

2014年8月，团场作为兵团团场机构改革，公务员纳编试点团场，将工交建商科与农业科、发展改革经营管理科合并，成立团场发展改革局，设正、副局长各1人，主任科员2人，负责全团场工商建交4门14类业务，以及农业、农机、政研和土地综合治理等工作。

二、队伍

团场工业队伍主要指从事工副业的综合加工厂、暖风机厂和砖厂。

1997—2015年，李承华、田根章先后任加工厂厂长、书记职务。

1997—2005年，王克仁、谢建民先后任暖风机厂厂长，改制前有技术工59人，职工60人。

1997—2006年，荣友新、郭志军、黄志斌先后任砖厂厂长。改制前有技术工17[illegible]人，职工

201人。

2002年，加工厂有职工207人，工程技术人员30人，一线车间技术工人180人。

2013年，加工厂有职工193人，特种操作人员21人，拥有高、中等棉花加工专业上岗证技术人员150人。

2015年，综合加工厂发展到2个分厂，职工183人，有特种操作人员21人，高、中等棉花加工专业上岗证技术人员150人，从事一线车间技术工人180人。

第二节 工业结构与效益

1997年，团场工业主要有加工厂、暖风机厂、砖厂、油灰厂、水泥预制厂和小作坊。

2005年，油灰厂、砖厂先后与建安公司合并，由个人承包经营，暖风机厂成为团场第一个改国营企业为民营企业单位。改制后，团场国营工业企业仅剩加工厂1家，个体工业企业4家，个体加工户16户。

一、产品、产值、产量

1997—2008年，团场工业产品主要是加工生产皮棉、短绒、面粉、清油，各种类型的宽膜半精量播种机、打瓜取籽机、多功能揉草机，以及红砖、建筑用油灰、苯板、农用塑料薄膜、滴灌带及附件等。小作坊加工产品主要是豆腐、面条、馍、饼干等居民副食品。

2008年，团场生产皮棉110540吨，食用油23654吨，加工面粉5012吨，薄膜1307吨。总产值为17011.5万元，实现增加值7498.5万元（现行价）。

2008—2010年，团场原国有工业企业改制后，国有企业只保留加工厂1家。2年来，团场加大对加工厂资金投入，进行设备更新和技术改造。团场利用上级扶持政策，建设2条全疆一流的机采棉、皮辊棉加工生产线。新技改加工设备性能良好，技术先进，每年均提前完成皮棉加工任务，且质量达标，被国家有关部门认定为“出口免检产品”。工业总产值和增加值比2009年增长34%。制造产品主要包括各种类型宽膜半精量播种机、打瓜取籽机、多功能揉草机，以及皮棉、短绒、面粉、清油、红砖、塑料薄膜、滴灌带及附件、苯板等，有些产品外销克拉玛依、奎屯、沙湾、石河子等县市。

2011—2015年，团场党委以提质增效为目标，加大对国资工业加工厂投资改造升级，投资3300余万元，对棉花加工厂设备进行改造。将原来老旧5571生产线，改造成技术先进的128生产线，将98生产线和新改造的128生产线整合在一个大车间，同时将原5571生产线的剥绒车间与98生产线的剥绒车间合并。改造后，轧花工段和剥绒工段分离，在管理上更避免工段间相互牵制，加工进度提升。

2011年，团场工业主要产品为作业机械100台，塑料制品1260吨，棉短绒1616吨，食用油620吨，番茄酱6987吨，番茄粉780吨，空心砖1360万块，红砖1010万块，苯板480吨，预制构件11590平方米，毛发制品33吨，苇板7万平方米，托盘1万个。当年，石河子市宏图建材有限公司投产，生产商品混凝土2万立方米，完成工业总产值800万元，实现工业增加值178

万元。石河子市华军毛发制品有限公司投产，当年生产毛发制品33吨，企业完成工业总产值14412万元，销售产值12265万元，工业增加值3724万元。

2013—2014年，团场工副业产品主要为农机具160台，塑料制品1090吨，棉短绒955吨，番茄粉1102吨，番茄酱5100吨，葡萄原酒6500吨，空心砖1335万块，红砖760万块，苯板330吨，预制构件1万立方米，商业混凝土4万立方米，招商引资工业新疆沙地葡萄酒二期投资1500万元，新增发酵、储酒能力5000吨，生产原酒1万吨。根据工业品市场价格情况，团场工业企业完成工业总产值20233万元，工业增加值4989.5万元。

2015年，团场工业经济运行良好，主要工业产品有农机具、地膜、滴灌带、苯板、番茄酱、番茄粉、红砖、商品混凝土、棉油、短绒等，产量较2014年有所提高。当年，团场投资3300余万元，对棉花加工厂设备、设施进行改造。加工期55天，共加工皮棉16407吨，日均298吨。日均产量较2014年增加86吨，两个番茄制品企业应对国际市场竞争，在抓潜力、保品质、拓市场方面做努力。3个建材加工企业抓住小城镇建设机遇，加快生产，各企业产量均比往年有所增加。当年，团场小工业企业，凭着经营灵活，把握市场导向，扩大生产规模，产品产量和产值均较2014年有所提高。按市场当年价格计算，工业总产值21329万元，工业增加值4872万元。

团场工副业生产虽然有较快发展，但因企业数量有限，规模不大，产品单一，未能进入师市7个工业园区行列。

2011年一四一团场加工业单位统计见表17-1。

表17-1 **2011年一四一团场加工业单位统计**

企业名	建厂年份	占地面积（公顷）	固定资产（万元）	年产值（万元）
一四一团加工厂	1959	20	7630	786
一四一团暖风机厂	1959	1.67	65	150
石河子北野农场砖厂	1985	13.3	130	505
石河子天雨塑料制品厂	2003	—	—	276
石河子北野镇众联鑫苯板厂	2007	0.06	60	700
石河子北野镇金水塑料制品厂	2006	—	—	367
沪惠农业科技有限公司	2006	6.67	4000	3493
博华生物科技有限公司	2006	3.33	4807	2730
宏图建材有限公司	2006	1	1349	800
华军毛发制品有限公司	2006	0.06	0.8	1203
富利塑料加工厂	2007	0.13	100	450
大同油脂厂	2007	2	380	320
爱民塑料制品厂	2007	0.2	80	650

（续）

企业名	建厂年份	占地面积（公顷）	固定资产（万元）	年产值（万元）
生产二连粉条厂	2007	0.05	40	20
天余塑料加工厂	2010	0.16	146	200
木器厂	2010	0.13	7	120
鑫磊空心砖厂	2010	16.67	65	720
泽丰水泥制品厂	2010	0.8	70	185
苇板厂	2010	0.06	16	120

1997—2015年一四一团场工副业总产值、销售产值、增加值见表17-2。

表17-2　**1997—2015年一四一团场工副业总产值、销售产值、增加值**　单位：万元

年份	产值	销售产值	增加值	年份	产值	销售产值	增加值
1997	883.4	727.2	247.3	2007	781	781	710.2
1998	944	943.2	267.1	2008	1034	1034	760.2
1999	2099.5	2143.1	587.7	2009	21167.88	23334.2	1654.7
2000	1916.1	1842.9	930	2010	33960.56	39153.17	2179.6
2001	1908.4	1804.3	586	2011	28657.51	28908.43	3724
2002	1926.4	2805.8	915	2012	31044.47	38050	3326
2003	1068.7	943.9	550	2013	26287	32379	4989.5
2004	2331	2105.6	582.8	2014	30671.44	19375.6	4375
2005	1107	863	662	2015	295502	21584.15	4872
2006	1012	887	700.2				

二、主要工业企业

（一）综合加工厂

一四一团综合加工厂始建于1959年8月，始名为副业加工队，厂区占地面积20万平方米，固定资产6800元。

1997年，加工厂有职工267人，工程技术人员36人，从事一线车间技术工人180人。加工厂设轧花车间、榨油、酱油、醋、酒、豆腐、饼干生产工房。主要加工生产棉花、面粉、酱油、醋、酒、豆制品、饼干等食品。改革开放后各种加工食品流入市场，原有农副产品由于工艺、技术、加工量受限，全部停止生产，只剩下轧花、榨油加工产品。

2002年，加工厂改变多年单一经营的生产模式，走种、养、加多种生产经营之路。集资7

万余元，购买羊111只，完成退耕还林146.67公顷，承包土地134.47公顷，当年收回棉花519吨，收获青贮饲料260吨，收获小麦316吨。完成1300吨小麦和319吨油菜籽的入库工作，在师市工业局设备检修验收工作中，加工厂获得全师第一名，被授予设备大修红旗单位。

2007年，团场开展“工业企业利润同比增长10%，工业经济效益综合指数提高10%，万元工业增加值综合耗能同比下降4%，全员劳动生产率同比提高5%，单位产品成本同比降低5%，产成品资金占用下降5%”工业企业管理年活动。加工厂调整结构，建起温室大棚26座。对轧花一车间5571轧花机的喂花装置进行技改，安装先进的变频调速装置。对轧花二车间烘干设备更换技改，配套安装清花机、配棉绞笼、轧花机前箱。技改烘干设备，使籽棉含水严重超标明显降低，含杂明显减少，皮棉疵点大幅下降，加工速度提高。对粮油车间溶剂泵、储料箱、盐析罐、蒸煮罐进行技改，杜绝溶剂“跑、冒、滴、漏”现象。推广籽棉收购“一试五定”工作，被自治区工商行政管理局评为“AA级诚信企业”。

2008年，团场加大对加工厂投入技术改造，采用浸出YJCP450平转浸出器、Y[illegible]T1805蒸烘机、冷凝器滤油机、长管蒸发器、汽提塔等新工艺设备。炼油设备有碱反应罐、脱皂机、水洗罐、脱水机、脱溶塔等。锅炉设备主要有SZL10-125-AH锅炉及配套设置。对轧花一车间5571轧花机喂花装置进行技改，安装先进的变频调速装置。对粮油车间溶剂泵、储料箱、盐析罐、蒸煮罐进行技改。设备的改装，新技术的推广应用，提升了企业产品质量、提高了工作效率。

1997—2015年，综合加工厂被中华全国供销合作总社棉麻局授予“抓质量、创品牌先进棉花加工企业”，被兵团、师市授予“优秀基层党组织”等荣誉。

1997—2015年一四一团场加工厂产品产量见表17-3。

表17-3 **1997—2015年一四一团场加工厂产品产量** 单位:吨

年份	面粉	皮棉	短绒	毛油
1997	811	5926	1213	875
1998	1041	7340	1340	917
1999	1110	7234	1643	[illegible]512
2000	530	7028	1310	[illegible]422
2001	578	3303	793	739
2002	339	6859	1073	475
2003	290	8200	1102	576
2004	313	8033	1284	433
2005	—	10158	1248	[illegible]882
2006	—	15146	2178	[illegible]681
2007	—	13054	1588	[illegible]060
2008	—	17659	1484	[illegible]150

（续）

年份	面粉	皮棉	短绒	清油
2009	—	14573.5	1487.6	871.7
2010	—	13446.7	1441.6	482
2011	—	15530	1616.2	360
2012	—	15860	1512.2	178.3
2013	—	14900	965	—
2014	—	16799.3	1983	—
2015	—	16430.5	1778.5	—

（二）暖风机厂

暖风机厂原名为修配厂，是一个从拖拉机修理、保养到生产农用小型机械、客运汽车暖风机的团场企业。

20世纪90年代起，为改善机械修理设备老化、精准度低、修理改造范围窄的问题，团场购置铣床、翻砂炉、摇臂钻等设备。当年，有职工90余人，厂房为砖混结构。主要承担全团各连队修理拖拉机农机具工作，根据生产需要，制造镰刀、坎土墁、锄头、铁铲等小农机件。随着承包责任制落实到个人，连队进行维修保养，修配厂维修工作量减少，转产生产高效余热采暖机（曾获国家交通部科技进步三等奖），研制开发2BM-12多功能播种机、STK-480型油葵脱粒机、9QF-45（50）型饲料粉碎机、9DQF-45（50）揉草粉碎机、铁牛-55消声器和水焊合件、6DQJ-30打瓜取籽机、SJY-4.5玉米脱粒机、小麦脱粒揉草机、3W-5.4小型喷雾机、3膜12行棉花播种机、2膜8行播种机、小四轮中耕机等机械。

1997—2005年，暖风机厂主要制造生产小型铡草机、打瓜取籽机、小麦脱粒机、小四轮播种机、机采棉的配套拖斗等小农机械，年产值200万元。

2004年，团场根据兵、师有关改革文件精神，将暖风机厂以总价值98万元（分两年交清，当年交财务科49万元）转让个人经营，成为团场第一个改国有企业为民营企业的单位。改制后修配厂留下60名年富力强的技术工人，职工到年龄者退休，其余人员团场分配到农业单位承包土地，留厂职工实行计件制。

2009年，暖风机厂由于产品销路问题，将16名职工交团场转岗，只留10名职工继续经营。团场生产的红砖、水泥预制品、油灰等产品规模不大，主要满足团场基本建设需求，并销往周边的克拉玛依、奎屯、沙湾等地。

第三节 建筑业

一、施工队伍

1997—2005年，团场基本农田水利建设、住房建设全部由建安公司（原工程连）建筑工程队组织实施，团场规定基建单位实行集体和个人承包责任制，基建工程单位实行独立核算，自负盈亏经济责任制，班组实行工程承包或包缴利润经济责任制，驻石河子二区（原克工区）克拉玛依市和石河子市承揽建筑工程。公司有管理、施工技术人员60人、职工238人。施工设备有挖掘机、装载机、搅拌机、塔吊、汽车、刮路机、压路机等72台（架）。建筑业年均产值400万～600万元，利润80万～120万元。

2000年，团场加大危旧房改造力度，建筑公司将一部分建房任务发包给个体施工队，当年由江苏、四川3个施工队挂靠建筑公司管理。

2002年，团场对建筑公司实行改制，团场将公司的国有资产进行作价评估，转卖给公司项目经理，改国营为民营，对改制后的项目经理实行竞聘上岗。项目经理和职工集资入股。改制后，管理干部由24人减少到12人，减幅50%，工人由原来的238人增至302人。所有建筑工程均由团基建科按工程图纸设计要求，依照石河子地区设计单位估价表及基础定额，实行"三类二案加图纸"预算方法，进行预算造价，造价确定后，由团按照招投标的规程进行投标。中标后，再由建筑公司向项目经理进行招投标，各项目经理之间实行"分灶吃饭"，分开记账。项目内部职工均实行计件工资制，按劳取酬。是年，全团建筑施工面积为住宅26213平方米，办公用房600平方米，商业用房2098平方米，建筑业产值2012万元。

2005年11月，团场建安公司、石河子工区两支建筑单位先后改制，富余人员分流、转岗到农业连队参加土地承包，国有资产折价转让给私人经营，成为民营建筑企业。改制后两个建筑公司资质不够，分别挂靠石河子安厦、广联建筑安装有限公司，为三级资质企业。

2008年，基建队改为十四连，主要以从事种植业为主，偶尔维修一些连队农田水利设施。

二、建筑施工

（一）楼馆建筑

1997—2015年，团场建筑安装公司（工程连）先后承建的建筑物有连队、团部职工住宅房、露天电影院、中心小学、中学教学楼、团招待所、职工医院楼、北野商场、十一连、十三连办公楼、中学实验楼、小学综合楼、机关办公楼、职工文化活动中心、加工厂面粉楼、机采棉车间、镇区住宅楼、新建职工医院培训楼，浇灌广场混凝土地坪、架设友谊路高杆灯，新建团驻石河子办事处（重阳楼），扩建镇区友谊路和新建十一连沥青路、机关办公楼绿地和新建客运站，危旧房改造15158平方米，连队建筑面积达30751平方米，建筑业完成引资900万元，完成建筑面积1590平方米的东方便民购物中心和美食城项目；引资500万元，建筑面积

1200平方米的北野镇酒店项目，设计为三层，一层餐饮，二层娱乐，三层宾馆。团场建筑业产值5616万元。

（二）农用水利建筑

1997—2008年，团场农田水利建筑由基建队负责施工建设，主要修筑全团场水利灌溉干渠、支渠、斗渠建设。其中，对全团农业单位农四级渠道716千米采用塑料膜和水泥板铺设防渗渠，水泥板防渗渠占团场渠道的57%，塑料膜防渗渠占43%，斗渠157千米，防渗151千米，斗渠防渗能力提高40%左右。全团农业单位的渠道修建有各类建筑物516座。

2015年，在总干渠多个支渠各修筑大型沉淀池，渠水利用率随之提高。

1997—2015年一四一团场建筑工程项目见表17-4。

表17-4　1997—2015年一四一团场建筑工程项目

年份	建筑工程名称	建筑面积（平方米）
1997	党政服务楼、石河子办事处（重阳楼）等	2354
1998	团客运站	2393
1999	团小学教学楼	3116
2000	四小区1号楼	3114.2
2001	四小区2号楼、八小区1号、团中心幼儿园、小学学生宿舍楼	6918.78
2002	七小区1号楼中心农贸市场、友谊路两侧商贸楼	7767.51
2003	团中学生宿舍楼、医院门诊楼、五连办公室、四小区3号楼、派出所办公楼	8236.55
2004	锅炉房、土地、保险楼、六小区1号楼，三、七、九连办公室	6683.48
2005	团小学多功能食堂、六小区2号楼	4940
2006	国学综合教学楼、客运站、十连办公室	2947.69
2007	七小区2号楼、六小区3号楼	7425.9
2008	九小区1、2、3号楼，七小区8、9、10、11号楼，六小区4、5、6号楼，四小区4号楼，中心锅炉房	41864.6
2009	7小区4～7号楼、12～14号楼，职工文化活动中心，中学学生食堂、浴室、医院综合楼改造	30508.4
2010	保障性住房354套	27811.01
2011	六小区一期5栋、二期9栋，八小区14栋	66157.12
2012	十小区4栋、教师周转房	10145.38
2013	十小区4栋住宅楼、教师周转宿舍续建，新建十小区5栋住宅楼及基层干部周转宿舍	23138.59

（续）

年份	建筑工程名称	建筑面积（平方米）
2014	投资71.8万元修建综合加工厂民工公寓，投资166.88万元加工厂技改工程	砼平494.47
2015	投资36万元，新建镇区公厕1座；投入资金2300万元，修建镇区6.6千米道路；投资245万元，新建1000平方米的客运站；投入资金163万元，完成水源地改造；投入1000万元，新建滨湖公园；投资73万元，对镇区供暖、供水、排水设施进行改造	客运站1000平方米

三、城建监察

2014年，根据上级统一部署，团场成立城建监察执法中队，配有执法人员3人。执法人员全部具有大专以上文化，负责团辖区内城建监察执法工作。

团场城建监察工作开展以《城建监察规定》《中华人民共和国行政处罚法》《中华人民共和国城市规划法》《城市绿化条例》《城市市容和环境卫生管理条例》《中华人民共和国行政诉讼法》《中华人民共和国国家赔偿法》等相关法律法规为依据，负责对辖区内的建设用地和建设行为进行监察，对占用、挖掘城镇道路、桥涵、排水设施等违法行为进行监察，负责对损坏环境卫生设施、影响镇容镇貌环境卫生等方面的违法、违章行为进行监察，负责对损坏城镇绿地、花草、树木、园林绿化设施及乱砍树木等方面的违法、违章行为进行执法监察。

第十八章　商贸　服务业

1997年，团场商业总产值323万元。2010年，团场商业交易额2300万元。2015年，团场充分发挥"六大基地"资源优势和安下片区中心地理区位优势，成立"招商办"，制定出台《一四一团关于大力推进招商引资的实施意见》。在优惠政策吸引下，先后有沪惠酱厂、博华生物、新疆沙地葡萄酒有限公司等企业相继到团场投资建厂。随着改革开放的不断深入，个体商业、服务业蓬勃发展，以餐饮、粮油、日用百货、五金交电、药品、旅馆、运输、服装为代表的个体服务业，成为团场经济的重要补充，拉动团场经济增长。是年，商业服务业总产值24865万元，增长50.28%。

第一节　商　　贸

一、销售部门

（一）供销公司（科）

1997—2012年，团场设供销科（公司），主要经营拖拉机配件、汽车配件、轴承、化工材料、油料、化肥、农药、农膜、滴灌带、煤炭、水泥等生产运输资料商品。销售额2387万元，当年利润107万元。

2012年，按师市相关政策，团场供销科改制转让给西部物业经营，工作人员该退休的退休，没到退休年龄的自谋职业或安排转岗。

（二）北野贸易公司

20世纪90年代初，团场商店与劳动服务公司（后改为团知青商店）合并，更名为团贸易公司。1997年，团场有国营商业网点26个，从业人员208人，拥有固定资产220万元，流动资产190万元，团部商业房屋面积达730平方米，仓储面积300平方米。社会总产值最高时达323万元，其中商业、饮食服务业营业额229万元，占70.4%。商业改制前，受市场多元经济冲击，国营商业进货渠道单一，商品积压，经营方式死板，经营连年亏损。最后商店化整为零，承包柜台给个人自主经营，自负盈亏，每人每年上缴管理费、柜台费700元，保持职工身份。改制后，全部民营柜台货物全部转售给个人，不愿购买货物的自谋职业，团场保持职工身份，自己交社保，到退休年龄的办理退休手续，公司原经理调新成立的物业中心任职。

二、农贸市场

2002年，团场投资337.1万元，在农贸市场原址新建一座2787.06平方米钢网架结构农贸市场，将团部镇区的零星散户集中在此，改善购物环境，提升商业品质，中心农贸市场解决近百名从事商贸服务业人员就业。

2010年，团场再投资120万元，在农贸市场南建设21间448平方米商铺，凉棚440平方米及砼地坪1409平方米，建沿街商业门面房317套，为职工发展商服业提供平台。团场为繁荣市场，争取上级有关部门批准，将每周六设为集市日，吸引乌鲁木齐等疆内100余家经营户到团场逢集日摆摊。逢年过节集市贸易活跃，在集市出售生活用品、农副产品、畜产品以及从内地购进的土特产品和海鲜产品，年交易额2300万元左右。

2015年，团场商业服务业产业户663户，较2014年增加137户，从业人数达1020人。商服总值24865万元（增长50.28%），增加值16577.4万元（增长64.9%），批发零售业总值3341万元（增长60.16%），增加值3231.3万元（增长71.97%），物业增加值2488.8万元（增长131.34%）。

三、市场管理

1999年起，市场管理归团物业中心管理，2名专职管理员和清洁人员负责市场的安全保卫和农贸市场垃圾清理和拉运工作。团场为适应社会主义市场经济和现代企业管理制度要求，按照兵团“1+8”文件及师市“1+9”文件精神，制定《一四一团工商建行业生产经营责任制管理办法》。对工商建行业单位实行“独立经营、独立核算，两包一挂、三率目标”综合考核的经营管理责任制。“两包一挂”即包交上缴利润、基金、管理费，包固定资产和生产设施的保值、增值、超利分成，亏损自负，单位干部工资与单位经济效益挂钩。三率目标即产销率必须达到99%；货款回收率团内达100%，团外达98%；各项费用降低实现率5%。团对工交建商行业单位实行“两委一聘”（委派书记，委派会计，聘任厂长、经理），干部实行定岗定编，大额风险抵押金制。年终全面完成团下达生产财务指标后，团场将全额返还风险抵押金。工交建商行业单位实行利润分解，各单位按干部、工人档案工资足额收取养老、医疗、教育基金及管理费等。工交建商行业单位严格实行报账制，接受团场财务科监管。严格执行收支两条线，对特殊事项和不可预见项目的开支，应先请示团长，待审批后方执行。坚决杜绝暗箱操作、私设小金库等违反财经纪律行为发生。同时，对所有收支项目进行政务公开，上墙公布，接受广大干部群众的监督。

2013年，团场成立商务行政执法组织机构，团长、政委任执法组长，成员由工交建商科（经济发展局）、畜牧兽医站、城管中心及综治保卫等部门负责人组成。每逢集市日、节假日，城镇综合执法大队执法队员到镇区巡逻执法，规范团定点屠宰和酒类市场，查处、打击假冒伪劣商品、农用物资。执法队员不定期抽查镇区各商家，对违法违纪商户限期整改，情节严重者取缔其营业执照。

第二节　服务业

一、国营商业网点

1997—2002年，团场商贸服务业主要分营利性服务和非营利性服务，原则上机关食堂、招待所、各单位职工食堂属非营利性单位。商服业主要有贸易公司（原名北野商场）、劳动服务公司、供销科、招待所、招待食堂、新华书店、团部（镇区）商业网点、加工厂商店、供销科油粮店、机关小食堂、澡堂、汽车连饭店和基层各单位商店(代销店)。基层商店(代销店)商品全部由团贸易公司统一采购、进货、定价销售,职工实行档案工资。

1997年,全团个体工商户132户,从业202人。饮食服务业76户,从业105人,营业额219万元。经营项目多元化,商贸饮食业总产值323万元。

2015年,随着团场城镇化建设步伐的加快和市场不断活跃,团场第三产业的范围也不断扩展,除传统服务业和商业经营活动外,交通物流、房地产开发、旅游资源开发、信息服务、民营培训、健身娱乐等产业迅速发展起来。

2015年底,团场第三产业增加值突破2.1亿元,在团场经济总量中所占比重达到27.2%,较2014年提升3个百分点。

1997年一四一团场各连队国营商业网点见表18-1。

表18-1 1997年一四一团场各连队国营商业网点

单位	商业网点(个)	单位	商业网点(个)	单位	商业网点(个)
一连	1	六连	1	十二连	1
二连	1	七连	1	十三连	1
三连	1	八连	1	十四连	1
四连	1	十连	1	团部	16
五连	1	十一连	1		

二、饮食服务业

2002年前,团场饮食服务业较少,除团部有汽车连的金鸡饭店,其他驻团单位均有职工食堂,主要饮食服务业只有招待所、机关食堂,2个部门行政隶属团机关管理科,服务费用实报实销,招待所设所长1人,招待员和食堂管理员若干,按档案工资发放。营业收入归机关管理科,年营业额最多20余万元。

2002年,机构改革后,招待所划入物业中心管理,定营业额20万元/年,招待员按700元/月发放工资,超营业额部分按奖金发放。招待食堂财务实行承包,人工工资、房租、水、电、采暖费自理。

2007年,团场有住宿餐饮业65家。2010年,团场餐饮业增加值357万元,增长18.6%。

2015年,团场有服务业经营户440户,从业人员1020人。通过资本结构多元化,提高非公有制经济在团场经济总量中的比重,同时提高职工经营收入和团场的综合效益。

第十九章　经营管理

“九五”时期，团场投入大量资金进行土地整理、收复弃耕地、中低产田改造，耕地面积扩增至7000公顷。因棉花市场行情低落，加之自然灾害频繁，团场综合效益仍旧低迷。因职工收入低，劳动力随意流动性大。

“十五”期间，团场继续加大土地开垦和中低产田改造，全团耕地逐年增多。加上棉花市场行情逐步回暖，职工收入明显增加，职工队伍相对稳定。

“十一五”期间，团场经济快速发展。这一时期生产力发展水平得到很大提高。农业新增耕地1333.33公顷，新增节水滴灌面积1766.67公顷，改造中低产田1766.67公顷，挖排碱渠20千米，修防渗渠道48千米，修筑田间沙石路面30千米，退耕还林工程改造1000公顷，植树造林299公顷。

第一节　计划管理

1997—2015年，团场科学编制国民经济、社会发展年度计划和固定资产投资项目计划。团场生产、财务计划分年度计划和长远计划。年度计划是根据师市办公室每年年初下达的《农八师石河子市国民经济与社会发展计划》，主要包括国民经济和社会发展计划、农业经济计划，其中包括农业生产总值、农业增加值、粮食面积、棉花面积、畜牧存栏、肉类产量、造林面积等。团场将任务分解到农业连队、园林、畜牧等相对应的，确保师市下达总任务能完成的单位。

一、计划执行

（一）“九五”主要计划

1997—2000年，全团累计实现生产总值39527万元，农业总产值26627万元，总产皮棉28940吨，职均年收入5775元，牧业生产肉类总产31580吨，林业生产植树120.44万株，成活率达85%以上，工业总产值增长3.72%。收复弃耕地566.67公顷，改造中低产田2666.67公顷，修建砼防渗渠97.78千米，挖排碱渠97.78千米，工程性平地1653.33公顷，完成“九五”计划各项目标。

（二）“十五”计划

2001—2005年，全团实现国内生产总值50439万元，实现农业总产值66493万元。支柱产业棉花生产战胜各种自然灾害，连续夺得丰收，总产皮棉97873吨，5年职均年收入12718元。畜牧业生产得到较大发展，年均存栏28840头（只）。农业综合开发取得较大进展，5年共投入开发资金1534万元，比上个5年总投入的1394万元增长10%。农业机械化程度普遍提高。5年新增大马力机车12台，中马力机车16台，农机具350台(部)，承包户新增小四轮拖拉机200台。工交建商业改制步伐加快，多种经济成分推进发展。二、三产业总产值15996万元，比上个5年增长19.35%。5年中非公有制经济占整个经济总量的11%。5年中，共投资9510万元，修路17.5千米，铺设供水管线11.6千米，排水管线4.5千米，新建住宅楼5栋(11600平方米)。危旧房改造723栋(49640平方米)。团场镇区面貌发生根本的变化，773户居民喜迁新居。全团基本建设和固定资产共投资21835万元，比上个5年增加15387万元，增长238.6%，农田水利建设投资1000万元，年均增长8%。2005年末，团场农业机械拥有量为1.8万千瓦。实现经济增长8%的发展速度，全面完成"十五"期间提出各项目标。

(三)"十一五"规划

2006—2010年，超额完成团场制定的经济社会"十一五"规划目标。国内生产总值为3.75亿元。其中一产增加值为2.62亿元；二产增加值为5295万元；三产增加值为6000万元。人均生产总值3.41万元。基础设施不断完善，累计全社会固定资产投资4.01亿元，其中，农业生产基础性投入7662万元，农业生产性投入3666万元，工业生产性投入7190万元，城镇及连队建设性投入1.38亿元，公共及社会事业性投入3479万元。农业新增耕地1333.33公顷，新增节水滴灌面积1766.67公顷，改造中低产田1766.67公顷，挖排渠20千米，修防渗渠道48千米，修筑田间砂石路面30千米，退耕还林工程改造1000公顷，植树造林299公顷。

(四)"十二五"计划

2010—2015年，团场实现生产总值年均增长14.6%。5年来，团场立足"一主两翼"，加快农业结构调整步伐，实现以棉花为主的种植业，向畜牧业、林果业和设施农业三足鼎立转变。农业基础不断完善，畜牧业、果蔬园艺业产值占农业产值比重48%，农业产业结构进一步优化，全程机械化率达到90%以上。农业新增耕地1333.33公顷，新增节水滴灌面积1766.67公顷，改造中低产田1766.67公顷，挖排渠20千米，修防渗渠道48千米，田间砂石路30千米。退耕还林工程改造1000公顷，植树造林299公顷。5年来，团场工业总量明显扩大，工业增加值年均增长8.9%，2015年达4900万元。团场投资3500万元，对原有棉花生产线进行工艺改造，降低能耗，缩短工期，提高产品质量。做精番茄加工产业。根据市场情况适度扩大新疆沪惠农业科技有限公司番茄酱项目的生产能力。做精石河子红业北野生物科技有限公司的番茄粉和番茄红素产品，创出品牌，做出特色。做大做强葡萄产业。围绕师市打造红酒之都契机，发挥安下中心区域优势，与国内葡萄酒业大集团合作，建立长期、稳定的供销关系，形成基地、加工、市场三位一体的葡萄产业。5年来，团场产业结构不断优化，产业布局更加合理，就业容量显著增加。2015年末，第三产业实现增加值2.34亿元，年均增长31.3%。城镇化的快速发展，带动第三产业发展。团场推进城镇化建设，全团99.7%居民已经搬到镇区居住，推动团场商业发展。服务业基础日趋完善，促进第三产业发展。农贸市场总面积达6042平方米。

2015年，团场生产总值达到7.41亿元，较2010年约翻1番。人均生产总值年均增长19.4%，2015年达8.07万元，社会消费品零售总额年均增长29.2%，2015年达2.34亿元。

一四一团场"十二五"规划主要指标预计实现情况见表19-1。

表19-1 一四一团场"十二五"规划主要指标预计实现情况

指标名称	2010年	2015年规划目标	2015年实现情况	年均增长(%)	预期年均增长(%)
团场生产总值(亿元)	3.75	7	7.41	14.6	13.3
第一产业(亿元)	2.62	3.85	4.02	8.9	7.8
第二产业(亿元)	0.53	1.75	1.05	14.7	27
工业(亿元)	0.32	1.4	0.49	8.9	34
建筑业(亿元)	0.21	0.35	0.56	21.7	11.1
第三产业(亿元)	0.6	1.4	2.34	31.3	18.5
三级产业结构	69.9∶14.1∶16	55∶25∶20	54.3∶14.2∶31.5	—	—
人均生产总值(万元)	3.33	5.93	8.07	19.4	12.1
全社会固定资产投资额(亿元)	1.09	5.5	10.48	22.1	6.4
社会消费品零售总额(万元)	6500	3000	23400	29.2	—
城镇化率(%)	44.2	80	99.7	17.7	—
非农产业从业人员比重(%)	44.1	65	87.7	14.7	—
九年义务教育巩固率(%)	98	100	99	0.2	—
城镇新增就业人数(人)	250	500	505	101	—
城镇保障性安居工程建设(套)	1628	4600	3030	13.2	—
城镇参加基本养老保险人数(人)	2925	3000	2460	3.4	—
基本医疗保险覆盖率(%)	100	100	100	0	—
城镇常住居民人均可支配收入(元)	2319	3000	26510	98	—
连队常住居民人均可支配收入(元)	9041	16148	32000	14.8	—
耕地保有量(公顷)	16640	20000	15430	3.7	—
农业灌溉用水有效利用系数	0.65	0.8	0.71	1.8	—

二、年度计划执行

(一)年度计划

团场常规计划分生产、财务、物资供应、供水、工业、基建、运输等方面。根据师市每年计划工作会议精神和新下达次年工农业生产的产量、产值、财务计划指标,团场每年末召开由机关各科室、部分连领导参加的计划工作会议,按各农业单位土地等级类别,生产条件优劣等因素,定出四大作物种植面积、产量计划和财务计划。包括全团场总指标和分解到各基层单位的指标。根据生产、财务计划制订物资供应、供水、基本建设计划,及时下达基层单位具体执行。农业生产计划由于受天气、水情、市场因素制约,年度计划出台后还要制订补充计划,进行相应调整。

(二)阶段计划与季节计划

1.阶段计划　团场根据师市下达的任务指标制订年度计划及各阶段计划。种植业有春耕春播、夏收田管、"三秋"(秋收、秋种、秋耕)工作,冬季备耕等阶段计划,养殖业有繁育、配种、存栏、剪毛等阶段计划。非农单位也根据团场总计划将分解计划落实到各单位,确保上缴财务指标完成。团场计划部门编制后下达基层，基层单位据此做出本单位的阶段计划。

2.季节计划　农业连队根据团场下达的阶段性生产计划，制订季节生产计划，经职工大会通过后，报团场作为领导了解生产动态及调控工作的依据。内容包括日程进度、作业项目、投入劳动力、机力作业，以及水、肥料需求量及其余缺。

三、农业连队

1997年，团场对连队承包经营进行量化管理。下达农业生产任务主要有生产指标，包括棉花面积、粮食面积、复播及绿肥计划和人工平地面积等。棉花以计划任务为准，不足面积按计划面积收取承包利费，超计划面积不再收取承包利费。财务上交指标主要是将全团16个农业连队按土地、交通、环境及前3年的生产水平，将土地划分为3类10等，分别确定上交土地承包利费标准和数额。连队每公顷上交标准为600～1275元，平均每公顷1035元。控制职工挂账指标，要求连队年终不发生职工经营性挂账，当年发生职工挂账的，一类连队干部按挂账总额扣罚20%，二类连队扣罚15%，三类连队扣罚10%。职工收入指标，全团16个连队职工收入在3800～5600元，平均纯收入人均5000元。年底根据超差部分奖罚连队干部。全团干部工资分配除医院、学校外，一律实行年薪工资加绩效考核办法。农业连队干部工资按连队规模分类，确定年薪工资标准。棉花面积在200公顷以上为一类连队，正职领导年薪为8400元，计划棉花面积在166.7公顷为二类连队，正职领导年薪为7200元，计划棉花面积在133.3公顷及其以下连队为三类，正职年薪6000元。绩效考核以团场下达的计划籽棉总产任务为准，对完成和超额完成计划总产任务的，按每千克0.05元奖励连队干部，超计划任务部分，每千克籽棉奖励连队干部0.10元，完不成计划总产的，每少1千克籽棉，扣罚连队干部工资0.10元，最多扣罚年薪30%。

根据师市下达生产财务指标，团场在分解任务的同时，为防止收入差距过大，对职工收入进行调节，制定“以丰补歉”资金，调节职工收入，确保因各种原因造成产量低、收入低的职工有一定收入。

2006年，团场决定对盈利在1.2万元以上的农业连队承包职工，提取农业承包职工“以丰补歉”资金，对亏损和不足1.2万元的农业承包职工，不提取“以丰补歉”资金。团核算中心建立农业承包职工个人“以丰补歉”明细账和团配套资金明细账。

四、团直属单位

团场对园林、畜牧、水管、农机、加工单位管理，采取一个单位一个政策，量化考核，主要是依据团场生产经营管理责任制，下达年度经营指标。

1997—2015年，经营责任书为一年一签。如水管所，团场对水管所年度计划，主要包括计划内用水的价格、超计划用水价格、制造费开支限额、基本年薪标准、机井管理费收取价格、日常公用开支定额。林业、畜牧、农机、加工厂，均同样制定财务收支、制造费用限额、干部年薪标准、效益结余情况等，对结余部分按比例提奖，作为干部奖励工资，其余上交团场。

19年间，团场执行国家经济计划，集中统一经营，实行统分结合双层经营体制经济管理模式。团场实行指令性计划与指导计划相结合方针，不断调整产业结构、种植结构，发展新型农业，开展多种经营，计划管理工作不断得到改进和加强，每年各项计划都能完成，部分年份超额完成。

第二节 财务管理

一、管理机构

1997—2001年,团场设计财科,设副总会计师、科长、副科长、财务会计、成本会计、出纳各1人。2002年,兵团、农八师实行核算管理,团场计财科设总预算会计、部门预算会计,负责全团的财务管理,基层单位设会计、出纳各1人。2004年,按兵团、农八师规定,农业连队账务纳入计财科,连队单位只设报账会计,部分单位设出纳,全团财会人员工资由团场财务科统一发放。

2007年1月,团场计财科与政研等科室部门合并为发展改革经营管理科,后分财务科。

2014年,兵团农牧团场机构改革,按照政府管理职能设置科室。2015年,团场设财政(财务)局,配局长、副局长各1人,负责财务、统计业务。全团有财务人员28人,其中会计师3人,助理会计师15人,会计员2人,实习会计8人,在岗会计统计人员中有大专以上学历26人,有中专学历2人。

二、财务制度改革

(一)财务制度

1997年,团场为适应社会主义市场经济发展需要,严格规范财务管理,以《中华人民共和国会计法》规范财务行为,使财务管理和会计核算更好依法反映、监督、控制团场的经济活动。依据国家财经方针、政策和“两则”“两制”有关规定,结合团场具体情况,制定《一四一团财务管理办法》《一四一团预算管理办法》《一四一团财务管理实施细则》。规定团场财务科为团长负责制领导下的计划财务管理机构,统管全团财务管理和会计核算,负责下达年度生产财务计划指标,组织团场年度生产财务计划指标,组织团年度生产财务决算,分配并平衡全团资金,核定资金和费用定额,对团场所有单位和部门的一切财务收支,行使检查、监督、控制权,对全团正常生产、生活等经济活动起保证和协调作用,各单位实行统一管理、分户核算、集中结算、分灶吃饭、统分结合的管理制度,各单位所需资金由团场统一平衡,分别核定划拨,实现有偿占用,对当年新占用的团资金收取资金占用费,按银行同期贷款利率计算,各单位在团场计财科的指导下,认真填报各项计划,合理使用各项资金,按规定上缴利、费、税,定期报送各类会计报表,各辅助生产单位的物资供应部门在做好生产资料、产品购销服务的同时,一切经济活动必须遵守国家财经方针、政策、法令、财务制度,严格履行各类经济合同,经销团场的材料、产品、劳务、价格均按上级规定执行。不准随意提价和压价,团属各事业单位的业务经费实行定项限额包干使用制度,由团场分别核定经费、开支指标,超支不补,结余留用,各连队对承包户实行财务管理,办理内外结账业务,收购、保管、销售承包户按规定给连队的产品,征收利费、各项基金、税金,组织劳动报酬的分配。《一四一团财务管理实施细则》沿用到银行改革贷款到户。

2006年后,依照《中华人民共和国会计法》《兵团团场章程》《兵团农牧团场生产经营预算管理(暂行)办法》等文件精神,结合团实际,先后制定出《一四一团生产经营财务管理制度》《一四一团预算财务管理制度》《一四一团农户小额贷款管理办法》《一四一团果蔬种植核算办法》《一四一团畜牧养殖核算办法》《一四一团会计行业百分制考核办法》《一四一团农产品兑现管理办法》《一四一团资金支付审批程序》《一四一团落实农牧团场类似乡镇五统筹财政转移支付资金实施办法》《一四一团农业生产承包经营责任制实施办法》及《考核细则》，对农业产业结构调整中的“三地”（定额地、经营地、自用地）划分与“两费”（生产资料费、生活费）分离，职工自身受益“五保三费”总额收缴。对非农单位管理及考核《一四一团大棚种植归口管理实施办法》《团直单位酿酒葡萄种植经营管理的指导意见》《城管中心经营管理实施办法》《一四一团首季开门红实施方案》《一四一团2013—2015年三年倍增计划》《一四一团职工多元增收三年攻坚计划》《一四一团落实争先进位整改方案》《一四一团深化团场改革试点工作实施方案》《一四一团2013年上半年经济运行分析报告》《关于规范基层单位罚没收入的规定》《一四一团农产品兑现管理办法》及团场啤酒花、加工番茄等会计核算办法等财务管理措施、办法，为团场经济管理提供规范、科学、合理的财务管理依据。

（二）预算管理

1997—2002年，团属各单位实行独立核算。从2002年开始会计集中核算，成立团场核算中心，农业连队实行报账制，各农业单位账合并到团场财务科账进行核算，连队等基层单位发生的经济业务，集中在团场核算中心统一核算。基层报账单位不再独立进行会计核算，也不独立计算盈亏和编制会计报表，只设置与会计电算化相适应的各种辅助账，以满足财务公开及职工查账的需要。

1999年，根据财政部《农业企业财务制度》《农八师农牧团场财务管理办法》的规定，团场对所属各生产经营单位实行“计划管理、单位核算、定额上缴、超支计奖”财务管理办法。

2001年，兵团党委决定在全兵团范围内实行财务改革，重点是改变长期以来单一的农垦企业财务管理模式，建立既符合社会主义市场经济规律要求和国家财政体制改革方向，又与兵团党政军企特殊组织管理职能相适应的兵团财务预算管理体制。团场主要管理模式：建立总预算管理框架、实行以部门预算管理为重点支出改革、逐步建立和规范团场公共预算与企业预算管理制度。以预算管理为核心的团场财务管理格局已初步形成。按兵团有关规定，团长是团场的法定代表人，对全团的财务管理工作全面负责。全团的财务支出实行一支笔审批。总会计师在团长领导下，协助团长搞好全团的财务管理、会计核算、组织和调度资金，负责团场内部的财务管理和会计核算。团场财务实行一总二分的财务核算体系，分别对团场的总预算、生产经营和公共预算收支情况组织核算，并负责编制日常和年终的财务报表。实行报账制的基层单位，不再进行财务收支和盈亏的核算，只负责承包户收支和团属国有资产的管理与核算。连队经费实行预算管理。基层单位委派会计由财务科直接领导，工资由团场直接发放。

2003年，全团基层单位会计的使用实行委派制，在16个连队试行“连账团管”的报账制度。根据《农八师石河子市行政机关、事业单位统一采购管理实施办法》《农八师石河子市统一采购资金管理实施办法》《农八师石河子市统一采购运行规程暂行办法》，团场对全团各行政事业单位的货物采购进行规范管理，将全团非经营性资金的货物采购逐步纳入师统一采购、核算。

三、预算资金与物资管理

(一)资金管理

1997—2015年,依据会计制度规定,团场制定现金管理办法。规定现金使用范围只限于工资、补贴和补助费、奖金、劳务费、离退休金、差旅费、医疗费、抚恤金、备用金、职工临时借款、公杂费等。基层单位设出纳专职管理,建立“现金日记账”,由出纳或记账员逐日逐笔按顺序登记,每日结出余额,核对库存,按月结账,核对总账。

团场资金统一由财务科管理,坚持收支两条线原则。具体措施为团场在一家银行开立基本账户,各基层单位均不得在银行开户。基层单位的所有收入全额上缴团场财务入账,需要支付的款项报团长或主管财务的领导批准后到财务科支取。团场财务科设置出纳人员1名,负责管理现金和支票等支付凭证。

(二)物资管理

2003年,团场机构精简后,各基层单位核算由团委派的报账会计负责。财务设置总预算,下设公共预算中心和生产财务核算中心,总预算财务关系隶属于农八师财务局。

团场专项资金有集体转业补助、离退休人员补助、计生费、人武经费、医院建设、防风治沙、水土保持、小水利建设、土地整理、公益林、退耕还林、三好连队建设、小康村建设、城镇建设、道路建设、农业良种补贴、小麦补贴、畜牧、科技、民政社会救助等专项资金,实行专款专用管理制度。

2007年前,基层单位库存现金限额为150元。2008年后,为500~1000元。超过库存限额的必须当日交银行,凭交款单据入账。不得以白条、票据抵顶库存,不得设置“小金库”,不准套取现金,更不准公款私存。财务科每年逐个单位检查,年末所有基层单位的现金都必须交财务科,年终基层单位现金零库存管理。

2010年以前,团场物资统一由供销科采供,实行农资“一票到户”制。团场制定《一四一团物资管理制度》,规范物资的采购、保管及出入库等相关手续。农用物资的发放上,按承包户领用的物资数量、价格公开上墙,接受广大干部职工的监督,做到公开、透明。2010年10月,按八师石河子市要求,团场供销物资统一移交给西部物流公司经营,结束原团场独家经营模式。团场生产的棉花、棉籽、短绒棉等仍由团场统一管理招标经销。

第三节 统计 审计

一、统计

(一)机构

1997—2003年,团场设置统计科,侯镇远、张魏先后担任科长。2003年后,根据兵团精简机构原则,团场统计岗位放入财务科,设专职统计负责全团的三大类(第一产业包括农业、畜牧业、林业,第二产业包括工业和建筑业。工业包括植物油加工、面粉加工、轧花。第三产业包括商业、交通运输、教育等行业)

2005年,团场由会计兼统计,团直单位设出纳兼统计。

2007年1月，团机关设综合统计1人，主要负责农业、建筑业、固定资产投资、社会、交通运输、核算、能源消耗、商业、统计教育等专业的统计工作，统计报表大部分采用全面调查的方式。基层各单位不设专职统计，快报由兼职的财务会计人员负责统计种类上报工作。

(二)统计制度

1997—2015年，统计工作在团场党委和上级专业部门领导下，贯彻落实《关于印发师市统计基层基础工作考核办法》通知，结合实际制定《一四一团统计管理办法》《统计报表管理制度》《统计资料管理制度》《计算机使用与管理制度》《统计上岗培训制度》《统计例会制度》《统计报表审核报送制度》。通过建章立制，以改革创新为动力夯实统计基础，贯彻兵团统计工作制度，严格统计报表、统计资料管理，严格统计指标的解释、计算方法、填表方法、报送程序。严格统计纪律，制止滥发报表，反对虚报、瞒报，力求统计工作制度化。

1.综合年、季报表　1997—2015年，团场执行的是自治区统计部门和兵团计划部门制发的各种报表，包括农业、工业、交通运输、商业、建筑、生产经营情况及人口、各项社会事业状况等动态的统计月、季、年报。按照定期综合统计制度的规定，除上述内容外，增加经济体制改革措施共9类54张表，分月、季、年度汇总上报农八师及兵团统计局。

2.连队快报和定期报表　1997—2015年，各农事季节，农业连队统计员每日向团统计部门报告前一天或当天作业进度、劳动力及机械使用等情况。定期报表即月、季、半年、年度报表。有单项报表和综合报表之分，单项报表内容为畜牧、农机、灌溉用水情况，综合报表内容为生产综合情况等。按期报送团统计室。

(三)统计专项调查

1997—2015年，团场组织参加了第五次全国人口普查、第六次全国人口普查、第一次全国农业普查、第二次全国农业普查、第一次全国经济普查、第二次全国经济普查、全国1%人口抽样调查等大型国家级调查、兵团组织的劳务工调查、汽车调查、执法满意度调查等，还参加了师市组织的各项调查工作。

1.第六次全国人口普查　2010年，团场成立以统计科为主，派出所、司法、计生等部门组织的第六次人口普查办公室，办公室设在统计科。人普办落实《全国经济普查条例》，围绕普查数据质量这个中心，抓好普查基础、普查队伍、划区绘图、普查宣传、上门清查、入户登记、数据汇总、质量核查、编码等主要环节工作，完成对全团居住人口13863人(含外来劳务工)、外出人口4139人的信息普查。

2.全国农业普查　1997—2010年，一四一团历经2次全国农业普查。1997年，全国开展第一次农业普查。2006年，全国开展第二次农业普查。

2008年，团场统计科获自治区第二次全国农业普查自治区级先进集体。张巍获自治区第二次全国农业普查先进个人。

3.全国经济普查　2003年，全国开展第一次经济普查。2008年，全国开展第二次经济普查。2008年7月25日，团场成立以团长邢明亮为组长的第二次全国经济普查领导小组，团机关干部张巍负责开展团第二次经济普查工作。是年10月26日，团场全面启动第二次全国经济普查工作。

2005年11月20日全国开展1%人口抽样调查，一四一团1%人口抽样调查办公室对十六连1%人口进行抽样调查。此次调查对象238人,其中户口在本乡镇街道调查时住在本户的为225人,户口在本乡镇街道外出半年以上(外出人口)有13人,户口在外乡镇街道离开户口登记地半年以上(外来人口)19人,出生人口0人,死亡人口0人。

二、审计

(一)机构

一四一团场按上级编委要求,设置团场审计科。

1997年5月前,周世清任审计科长。

1997年6月—2000年10月,何克银任科长。

2000年4月—2005年5月,杨静任科长。

(二)审计工作

2005年5月,根据农八师编委办公室《关于组建农牧团场审计机构的通知》精神,团审计科由八师石河子市审计局统一收编,审计工作归师市审计局统一负责,每年师市审计局派出人员到团场进行经济工作审计,审计结果进行公布并反馈给团场。

2005年6月—2006年12月,张金莲、梁留虎负责内部审计工作。

2007年后,团场审计工作由团场财务派人协助师市审计局全权审计。

第四节 国有资产管理

一、机构

2009年7月11日,团场注册成立北野农场投资有限公司,注册资本1000万元,为有限责任公司(法人独资),有成员14人,其中,干部2人,职工12人。公司一般经营项目(国家法律、法规有专项审批的项目除外),有农林牧业、生产制造业、建筑业、交通运输业、食品制造业、商业投资。

二、管理

2006年1月1日起,将团场公益林纳入中央森林生态效益补偿范围。每年每公顷按15元给予补偿,补助连队卫生室、活动室建设经费25万元,补助中小学教育经费320万元,下拨“十大明星工程”赠送电视机专项资金、团场卫生人员工资补助金、补助农业事业单位离退休费(用于离休人员医疗费、退职人员生活费、冬季取暖等补助)。

2014年,公司收入(分红款、租金、资产转让款)424.41万元。公司对外投资434.21万元。截至当年12月31日,公司对外总投资730.92万元,公司资产总额1249.85万元。

2014—2015年,团场落实惠农补贴政策,购买55~90马力的拖拉机17台,北斗导航系统31套,进口犁4架,播种机11台,购买机具数量75台,北斗导航系统31套,进口犁4架,播种机11台,对农机购置补贴资金733.67万元。

第五节　国土资源管理

一、管理机构

1997年，根据师市土地管理局下发的文件精神，经师市党委组织部、劳动人事局批准，一四一团土地管理由过去的团场管理，划归师市土地管理局管理，成立新疆生产建设兵团农八师土地管理局一四一团分局，营级建制，事业编制，定编3人，属农八师土地管理局垂直管理。

2007年，师党办下发文件，原新疆生产建设兵团农八师土地管理局一四一团分局，更名为农八师国土资源局一四一团分局，事业编制，隶属农八师国土资源局，统管一四一团范围内的国土资源、矿产、测绘管理工作。

二、土地利用

1997年，团场拥有耕地0.9万公顷，种植面积0.81万公顷，种植经济作物0.8万公顷，粮食作物0.02万公顷，其他作物0.08万公顷。

1999年，经国土资源部门确权后，团场土地总面积20000.26公顷。其中，耕地面积11128.93公顷，林地面积1345.73公顷，园林面积403.18公顷，草地面积6.93公顷，水利设施地1482.77公顷，交通用地465.99公顷，居民点用地721.15公顷，其他用地448.01公顷。

2014年，团场村庄用地471.94公顷，沟渠用地1476.53公顷。

2014年一四一团场连队及沟渠用地见表19-2。

表19-2　2014年一四一团场连队及沟渠用地

名称	村庄用地（公顷）	沟渠用地（公顷）
全团	471.94	1476.53
一连	40.70	106.06
二连	34.18	90.11
三连	47.92	103.08
四连	20.96	110.74
五连	30.05	60.39
六连	20.41	97.75
七连	49.08	60.50
八连	16.72	166.98
九连	16.05	14.40
十连	30.73	54.53
十一连	17.21	132.96
十二连	30.44	56.43
十三连	37.54	79.53
十四连	38.00	59.95

（续）

名称	村庄用地（公顷）	沟渠用地（公顷）
十六连	24.33	80.74
团直	3.44	66.53
北野监狱	14.18	135.85

三、耕地保护

1997—2015年，为抓好耕地保护工作，成立以团长为组长、主管国土资源管理工作的副团长为副组长、各相关科室负责人为成员的耕地保护领导小组、土地执法模范团场及耕地保护工作领导小组，并按照职责进行分工，确保责任到位，做到一把手负总责，分管领导具体抓，相关部门协调配合抓工作机制。成立有计划、有检查、有总结的耕地保护领导小组，把各项措施落实到每一块耕地。每年3月、5月、6月进行多种形式宣传教育，利用“6.25”土地宣传日，开展坚守耕地红线的基本国策教育，营造耕地保护氛围。每年秋翻时，团场领导及国土资源管理部门、农业生产部门负责人下连队进行到边到头检查，掌握耕地第一手资料，进行定期检查通报情况。每年8月、9月，对全团耕地进行复核，核实耕地面积，及时汇总耕地数据，进行阶段性总结，用耕地保护制度管理团场的每一寸耕地。

2004年前，开发的土地以1996年各单位的土地利用现状图，与2004年单位更新调查时的土地利用现状图相对照，清理、清查结果处理如下：土地开发地块的土地权属于周边团场及地方人民政府的，由开发单位和个人负责恢复植被或者植树造林，交付周边团场及地方管理；土地开发地块在勘界确定的土地权属界限内，符合土地利用总体规划确定用途的，按照有关规定补办土地开发审批手续。

对未经批准擅自变更开发位置扩大开发范围者，按照《新疆维吾尔自治区实施〈中华人民共和国土地管理法〉办法》《关于印发兵团国有荒地开发审批管理规定的通知》等有关规定予以处罚。

2007年5月6日，根据《中华人民共和国土地管理法》和师市土地利用总体规划要求，团成立一四一团土地开发清查工作领导小组，成员由国土资源分局、监察科、发展改革经营管理科、农业科组成。制定《关于对一四一团范围内未经批准土地开发行为进行清理、清查的通知》文件。清理、清查范围是：未经批准，在团场土地权属范围及有争议以内的由单位和个人开发地块，虽然经本单位批准，但实际是在团场土地权属范围外的，或擅自变更开发位置或者扩大开发范围、用途的地块。

2008年，团场与基层单位签订一四一团耕地及基本农田保护责任目标责任书，对保护耕地、培肥地力出台优惠政策，工程性平地按工程量团场核销50%，追施油渣按市场价优惠50%，拉运厩肥每亩施肥量2000千克的返还20元，按覆盖面积残膜回收85%每亩奖励12元，制定基本农田保护片83个，保护面积达80244公顷，保护率为88.7%。团场耕地保护计划得以实现，土地利用总体规划得以执行。

四、土地法治宣传

1997—2015年，结合团场历次的普法教育活动，在全团范围内宣传“十分珍惜、合理利用土地和切实保护耕地”基本国策及国土资源法律、法规和政策，增强广大干部群众保护耕地的法律意识。结合“土地执法模范团场”创建活动和耕地保护工作创建活动，开展经常性的检查评比活动。利用广播、电视、专栏、黑板报等宣传形式，进行基本国策的宣传教育，内容有《中华人民共和国土地管理法》《基本农田保护责任制度》《耕地保护制度》《土地保养制度》《耕地环保制度》《耕地占补平衡制度》等。在宣传教育的同时，层层签订保护耕地目标责任书，坚决履行团场与基层单位的签约，依法严格管理和保护耕地。继续开展土地执法“三无”活动，加强规范化管理，坚决依法批地，对违法违规行为予以坚决打击和制止。

2007年7月2日，根据师市认真贯彻《国务院关于开展第二次全国土地调查的通知》精神，成立以团长、副团长为正副组长的第二次全国土地调查领导小组，成员单位有工商建交科、发展改革经营管理科、国土资源分局。开展一四一团第二次土地调查活动，开展全国“土地日”及《土地执法模范团场》等宣传活动制定《一四一团耕地储备库管理办法》。

五、土地调查

1997—2015年，团场配合国土资源分局，完成第二次土地调查。严格按照“基本农田面积不减少，质量不下降，用途不改变”的要求，对15块基本农田标志牌进行维修，明确基本农田保护范围。团场制定《基本农田保护责任制度》，确保基本农田保护真正落到实处，加大执法监察力度，坚持“预防为主，经发现严肃查处”执法思路，保持对违法占用基本农田的高压态势，切实做到发现一起，查处一起。每年5月，团场耕地保护领导小组对现有耕地的数量和质量、耕地保有量、基本农田保护标志牌的维护、国家投资农业综合开发区内的耕地和耕作等情况进行全面检查考评。全团8666.6公顷耕地达到师市下达的耕地保有量指标，基本农田保护率达84%。

在第二次全国土地调查中填写自检记录表19册，农村土地调查记录手簿37册，调查和汇总了各类土地面积、各类土地的权属信息数据和城镇土地利用分类面积数据。保质保量地完成1∶10000比例尺标准分幅外业测绘调查底图19幅，1∶10000比例尺标准分幅内业转绘底图19幅，基本农田保护区分布图1套，农八师一四一团土地权属界线图1幅，第二次土地调查工作图集，土地权属界线图件。完成一四一团第二次土地调查成果分析报告，第二次土地调查自检报告，第二次土地调查工作技术报告。专题报告有基本农田状况分析报告，城镇土地利用状况分析报告，权属界线和行政界线调查协议书，土地调查工作技术方案，土地调查检查验收报告等。

第二次土地调查数据库成果包括土地利用数据库、土地权属数据库、基本农田数据库、城镇地籍信息系统。国土资源分局配合一四一团场农业综合开发办具体实施。

第六节　安全生产管理

一、管理机构

1997年，团场成立安全生产管理委员会，由政委、团长担任主任，副团长、纪委书记担任副主任，委员由副团级领导干部组成。

2001—2008年,政委、团长担任安全委员会主任,副团职领导担任成员,综治办主管团场安全生产工作。

2013年,团场领导干部人事变动,团长古广峰任主任,副团长、人武部长刘彦工、副团长石健任副主任。团场为重点部位和单位安全消防设施配备灭火战斗服、消防水带、机动泵、消防桶、发电机、拉梯、灭火器等20余种400余件(具)必备消防器材和装备。

二、安全教育培训

1999—2015年,团场安全办以"三项行动""安全生产月""安全文化六进"为契机,开展"安全生产年""安全生产示范单位创建"活动,与各部门、各单位主要领导签订一四一团安全生产目标管理责任书,以及车辆安全运输管理目标管理责任书、消防安全目标管理责任书、重点部位警卫安全生产责任书。每年坚持向各基层单位和职工群众宣传安全生产的方针、政策。坚持每月召开1次安全生产工作例会,做好总结、表彰、检查、督促工作。每年利用岗前培训、岗位练兵、技术考核等形式,提高职工安全操作技能。各单位还利用冬闲对职工开展安全生产知识培训。

2000年起,每年6月为全团安全生产月,除开展好安全生产宣传外,还组织干部工人进行安全生产知识竞赛,开展好安全日、安全周、"百日、双百日"安全竞赛,加强落实安全生产责任制和规章制度建设。

2009年,师市对全团副连级以上干部进行安全生产知识、操作培训,时间为20天,团场将全团副连级以上干部分批送到师参加培训学习。

2009—2015年,安全生产监督管理工作归综治办,团场安全生产工作进入规范化管理,主要抓好新工人上岗和老工人离岗教育的考核,特殊工作岗位持证上岗,每年组织安全生产大检查,及时查出隐患,限期整改,对发生的事故,按"三不放过"原则处理。

三、安全制度与检查

1997年起,团场在各单位实行安全生产"一票否决"制和劳动安全保护考核机制,把劳动安全和保护纳入单位创文明单位、评先、评优的考核内容,进行一年一度的检查考核。团场制定出消防安全预防与扑救措施。每年年初,师市召开安全生产工作专题会议时,团长、政委与师长、政委签安全生产责任书,责任书明确确定,如果团场发生1~2起重大安全生产事故,追究团长、政委责任,轻者受到党纪、政纪和降级处理,重者移交司法机关处理。全年无安全生产事故发生,师对团场进行安全生产奖励,采取重奖重罚,重奖1万元,重罚1万元。师市每年对团场进行上、下半年2次安全生产工作检查考核,被安全生产一票否决的团场不能参与师市安全生产评先评优,并取消师市其他各行业先进评比资格,师对团综合考核时扣1分,在团主要领导年薪绩效考核时同比扣分。团场根据师市安全生产要求,制定和完善各规章制度,每年年初团场召开安全生产表彰大会时,对安全生产先进单位进行奖励,对未评上安全生产先进单位进行处罚,评为安全生产先进单位奖励2000元,未评上先进单位处罚2000元,罚款单位主要领导50%,其他人员50%,罚款交团财务科。为提高干部工人安全生产意识,减少事故的发生,安全办在加强安全隐患排查的同时,加强对干部工人的安全教育。

2000年,团在规划危旧房改造和小城镇建设中,考虑消防设施的配套建设,建立安全通道，配备灭火器，协调电力部门解决私拉乱接、电线老化等问题。

2001年6月，全国安全生产月，团组织相关人员走上街头开展安全生产知识宣传，对职工安全生产知识咨询，深入连队进行安全生产检查，以杜绝不安全事故的发生。每年7月，在全国安全生产宣传周中，出动宣传车深入各单位进行安全教育，举办安全生产黑板报比赛，对评比获得名次者单位给予200～500元奖励。在团场有线广播电视上开辟安全生产知识宣传专题栏目，举办安全生产知识竞赛。

2006年，团场先后对《安全生产目标管理制度》《安全生产事故责任追究制度》进行修订完善。对每一个工种、岗位和重点部位都布置有永久性的操作规程及岗位责任制。对加工厂、油库等重点部位加强管理，制定出安全生产规章制度、操作规程等，定期组织人员进行不安全事故排查。加工厂、油库属于一级消防单位，每年定期和不定期对工作人员和警卫进行安全生产知识培训，提高他们的安全生产意识，杜绝不安全事故发生。加工厂、油库等重点部位必须摆放灭火器，堆放灭火用的沙子，修建消防井，配备1台抽水泵。各农业单位在棉花上场后，棉花场必须摆放灭火器、沙子，每个棉花场有1个消防池，配置1台抽水泵，以及铁锨、水桶等灭火工具。为使消防器材发挥作用，安全办组织人员定期进行检查灭火器有效期限，并进行现场操作演练。安全办每年年初，下发全团年度安全生产工作安排，指导全团的安全生产工作，年内组织3～4次综合检查。查制度、查操作规程、查设备、查“三违”、查事故处理，并进行百分制的量化考核，实行安全生产“一票否决”制，没有达标安全生产单位，年终取消评先进单位和精神文明单位资格。

2011年，亚欧博览会召开，团场安全办认真贯彻落实上级文件精神，做好亚欧博览会期间辖区的安全生产。

2014年始，团场加强对农资经销商进行全面检查，对集中存放的农药进行集中登记和清理，严格领用发放管理制度。团食品安全领导小组会同下野地食品检验检疫站，对团镇区食品生产销售情况逐户调查和审核。农业科对农业单位机务库区安全生产隐患整改情况进行检查督导，对5处用电安全隐患提出整改意见。

2015年，团场从全面落实安全生产责任制着手，不断加强从业人员的安全知识教育，对企业安全生产领域深化专项整治和检查，深入开展安全生产隐患排查治理，加大监管力度，防范重特大事故的发生，保障人民群众生命财产安全。团场综治委每年初，责令各基层单位与本单位所有机车组组长和机动车辆车主签订责任书，严禁违章驾驶和带故障运行，强化责任意识，同时组织农机监理、派出所交管中队、安全办工作人员坚持上路巡逻，加大对“三无”车辆打击力度，杜绝“三无”车辆上路行驶和违法、违规驾驶现象。加大对全团农用机动车、接送学生专用车检查力度，对无牌照车予以停运，对非法载运超载学生的车辆、人员进行批评、教育和经济处罚。加强安全生产教育，特别对从事特种行业人员和加工厂轧花工人加强安全生产培训，严格遵守操作规程，落实各项安全措施，增强安全生产意识，提高安全生产技能，预防重大安全事故发生。

第二十章 科 技

团场党委把科学技术是第一生产力纳入党委议事日程，加大科技投入和技术创新力度，全面推行精准农业技术体系，推广新技术，提高科研成果转化率，开展科技进步示范团场创建工作。先后荣获兵团棉花攻关活动达标高产团场、国家级科技立业示范园、全国奶牛养殖示范场等称号。

第一节 机构队伍

一、管理机构

1997—2000年，团场设科技办，负责全团科学技术推广、应用、管理工作。

2006年，团场机构改革，生产科改为农业科，科技工作归农业科。

2014年，兵团将一四一团作为兵团农牧团场机构改革试点团场，团场机关工作人员纳编公务员改革，农业科并入经济发展局，科学技术工作归团场经济发展局。

二、科研机构

1997—2001年，团场科研机构主要是种子管理站，设有“五站一室”（种子繁育站、植保站、林业工作站、畜牧兽医站、试验推广站、土壤化验室）。

1997年，团场“五站一室”机构总人数10人，土壤化验2人，气象观察2人，种子检验、新品种、新农药、微肥对比试验4人，病虫害调查测报6人，其主要职能是：通过实验、对照、调查、预测预报，为团场农业生产提供第一手准确资料信息和适时决策服务。

2001年8月，团场种子管理站更名为农业技术推广站，推广站从事良种繁育及引进、种子加工、新技术推广。

2008—2015年，团场设立“五站一室一中心”（农技推广站、测报站、气象站、畜牧兽医站、卫生防疫站、土壤化验站和职工科技活动中心）。

2015年，团场农业科技服务机构总人数为96人，其中种植业36人，林果业20人，畜牧养殖业36人。

三、科技队伍

1997年，团场有专业技术员620人，其中高级职称18人，中级职称87人，初级职称349人，教育系列133人，卫生系列109人，经济系列26人，工程系列60人，农业系列104人，政工系列87人。

2003—2015年，团场从外省引进各类大中专院校毕业生63人，其中52人被任命为农业、畜牧、工程、财会技术员或科技副连长、连长、指导员等岗位。团场每年外送100余名技术干部参加培训学习。实行技术职称与工资挂钩，技术职称与行政级别同等享受待遇，团场科技队稳定、结构改善，素质提高。

2015年，团场有中级农艺师23人，初级20人；中级工程师6人，初级4人；中级会计师3人，初级15人；中级农机师6人，初级农机员4人；高级教师24人，中级教师43人，初级教师12人；卫生系列高级11人，中级19人，初级24人；畜牧系列高级2人，中级2人，初级4人；高级政工师12人，中级24人，初级37人。

第二节　种植业新技术

一、新技术推广

团场坚持科技兴农方针，推广先进实用技术，提高农业科技含量，重点抓新品种的更新，实现品种更新换代。棉花种植100%采用0.01厘米的厚膜种植、精量点播、一膜三管、机械采收技术。为减轻棉花枯黄萎病的危害，拌种时增加宁南霉素，以减少病害的发生。大面积推广棉花脱叶剂二次喷洒落叶技术。加工番茄推广机采面积35.3公顷，深松面积1000公顷。

（一）滴灌技术

2000年开始，团场逐步推广滴灌新技术，严格执行计划内供水指标，科学运筹，均衡供水，确保各项作物适时、适量灌溉，95%以上使用节水灌溉措施的条田地块，均能保证苗齐、苗匀、苗壮。为棉花高产、稳产、丰产奠定基础。

2015年，团通过改造治理改善灌溉面积466.67公顷，年节水量60万立方米，新增棉花10.50万千克，新增产值160万元；精准滴灌技术的实施，棉花比水浇地平均0.067公顷增产58千克以上，增幅在25.2%；青贮玉米产量翻一番，小麦增产超过100千克，项目区职工收入总额增加40万元。

（二）施肥技术

1997—2015年，团场每年坚持在大秋作物秋耕前全部进行秸秆还田和100%的全层施肥，每亩施肥量20千克，其中三料12千克，尿素8千克，棉花生育期按照苗肥不施、蕾肥稳施、花铃肥重施、后期补施的原则。棉花全生育期共滴施尿素42～46千克，磷酸钾铵15～18千克。蕾期施3～5千克尿素，磷酸钾铵1～2千克，花铃期施尿素34～36千克，磷酸钾铵13～15千克，后期补施尿素5千克，磷酸钾铵1～2千克。青贮玉米全生育期共滴施尿素40～42千克，磷酸钾铵12～15千克。小麦全生育期共滴施尿素30～32千克，磷酸钾铵12千克。加工番茄全生育期共滴施尿素30～32千克，磷酸钾铵20千克。

（三）病虫害防治

2015年，团场植保工作坚持“公共植保，绿色植保”理念，在病虫防治上，加强病虫预测预报的同时，做到早发现，早防治，严防大面积病虫害的扩散蔓延。在棉铃虫防治上，抓越冬代防治，不放松二、三代发现、隔离、防治。主要采用杨枝把诱虫、频振灯诱杀和性诱剂诱杀，共捕捉成虫44万余只。通过8月4日检查考核，全团无一块棉田有病虫害危害超过考核指标现象。

(四)收获技术

1997—2010年,团场在农作物收获方式上,沿用半机械化和人工收获模式。夏季,麦子收割基本从收割到运输实现机械化;秋季,棉花、玉米、甜菜等大秋作物全部采用人工收获,劳动力严重不足,每个单位均要到内地招收劳动工到团场参加秋收。

2006年后,团场棉花种植面积逐年扩大,每年从各省接来参加秋收劳动工达1.2万人。

2013年始,由于劳动工难接,费用高,团场和职工均想办法制作棉花采摘机械,筹集资金购买现代化收获机械以解决劳动力不足问题,但效果不明显,主要是棉花脱叶技术跟不上,造成采净率不高,浪费较大,职工不能接受,加工厂加工工艺不配套,加工棉花品质受影响,造成销售、皮棉价格等受到影响。

2015年,团场鼓励农机户集资数千万元,购买进口迪尔-7810、纽荷兰-TM-155GAJF等大中型采棉机投入棉花采收,此机械收获速度快,工效高,采净率高,采摘价格合理,很快被职工接受,各单位大面积推广机械采收。当年,职工购买小型拖拉机569台(其中,100马力以上的拖拉机80台,55~100马力的257台,55马力以下的232台);注册登记采棉机达36台,青储收割机3台;机械精量棉花播种机123台,番茄半精量播种机8台;秸秆粉碎还田机82台;小麦播种机8台;青储播种机5台;大中型喷雾机96台;园林用迷雾式喷雾机21台;联合整地机60台;液压翻转犁62台,农机总动力11144千瓦,每公顷1228瓦,保证秋收作业需求。全团收获籽棉总产3.9万吨,其中,机采总量30722吨,完成计划任务的86.7%。棉花平均亩单产343千克;小麦收获产量1300吨;番茄采收3.08万吨,平均亩单产6.86吨,完成计划任务的91.4%;青贮玉米(不含11连、12连、北野牛场及私人牛场)实际收获2.24万吨,平均亩单产5.22吨;酿酒葡萄实际采收2.09万吨,平均亩单产1.27吨,完成目标计划任务的102.5%;苜蓿收获99吨,全团复采面积2000公顷。

二、畜牧业新技术

1997—2015年,团场制定《一四一团畜牧业发展的实施办法》,落实畜牧业十大主体技术实施应用,采取"公司+基地+农户"经营模式,引导养殖户进行健康养殖,推行人畜分离、种畜分群饲养模式,发展肉羊标准化生产。实现规模化养殖和专业化分工,逐步解决养殖规模小而散局面,形成集中连片的专业化、规模化、标准化生产新格局。

(一)科学饲喂

2003年以来,团场推广长草短喂、短草槽喂、"三贮一化"、饲草料合理搭配、母子分群饲养等技术。每年制作青贮玉米2100立方米,秸秆氧化540立方米,微贮饲草500立方米,确保牲畜饲草的供应,科学配方,精细化饲养,提高了养殖业经济效益。

(二)母牛人工授精技术

2000年6月起,团场通过母牛人工授精技术,主要改良本地黄牛。奶牛品种以荷斯坦奶牛为主,肉牛品种以西门塔尔肉牛为主。

2015年,为改良优化饲养母牛品种,提高受孕率和双糕率,全团母牛繁育全部采用人工授精技术,成功率达100%。私人种公牛自然淘汰。

（三）冻精繁殖技术

2014年，畜牧兽医服务中心购买性控冻精400枚，另有2013年度库存100枚，合计500枚。每枚98元，直接惠及养殖户5万余元。年内完成配性控冻精奶牛298头（青年母牛269头、成年母牛29头），冻精用量377枚（青年母牛342枚、成年母牛35枚），平均每配一头牛使用细管1.26支；应定胎272头，受孕数178头，整体受孕率65.44%（青年母牛243头，受孕数159头，受孕率65.43%；成年母牛29头，受孕数19头，受孕率65.52%）。产犊384头，其中公犊35头、母犊349头，母犊率90.89%。

（四）兽医试验

畜牧兽医工作站实验室有冰箱、冰柜等实验仪器设备20余台，还有采样设备，实验室能开展简单的疫病化验、检疫工作，在设备不齐全的条件下，开展牛结核病、牲畜布鲁菌病、鸡白痢等疫病监测及动物疫病常规化验工作。

2015年，团场对牛、羊、猪、禽等进行16种疫（菌）苗免疫注射，总计408302头（只）次。其中，口蹄疫猪40103头次，牛12971头次，羊20690只次，禽流感免疫8万只次，新城疫免疫8万只次，猪蓝耳病免疫40103头次，其他疫病免疫94332头（只）次。开展各类检疫、监测6项，累计22929头（只），其中牛结核检疫9043头，牛布鲁菌病检疫9043头，羊布鲁菌病检疫4423只，阳性率均为0，猪布鲁菌病检疫30头，阳性猪为0。口蹄疫监测牛150头，羊50只，猪40头。禽流感、鸡新城疫监测150只。

（五）基础设施

2014年，团场新建圈舍基础项目工程14栋，面积达37570平方米，新建病死畜无害化处理池7个，面积250立方米；清理排粪沟2千米。续建圈舍8栋，面积5260平方米。

三、林果业新技术

2014年，团场林果种植业实现多元化、规模化，有特色，出效益。发展酿酒葡萄产业，加强阶段管理，强化标准园建设，产品品质和质量得到提升。葡萄总产达21691吨，加工番茄实现机械采收，降低劳动成本，提升综合效益。新增特色林果71.33公顷，其中，鲜食葡萄38公顷，苹果等特色林果33.33公顷。新增特色苗木6067公顷，常规造林100公顷。团场对林业进行“五统一”（统一规划、统一供苗、统一验收、统一病虫害防治、统一采伐更新）管理。对新建林床全部铺设地面滴灌管带，在保证苗木成活率的同时，增强防风固沙能力，完善农田林网化建设体系，避免农作物遭受风沙侵害。

2015年，团场投资1800万元，发展设施农业，面积达43.33公顷。设施农业采用黄沙种植、无土栽培、水肥一体化、立体栽培模式等新技术，设施农业逐步向高效、特色方向发展。团场根据师市鼓励职工发展林下经济精神要求，制定优惠政策，合理规划利用林下资源，科学发展林下产业，投资建设林下养殖圈舍26栋，面积17792.5平方米。养殖牛35头，羊2154只，鸡13500只，鹅10300只，兔3000余只。林下种养模式的发展增加了职工收入，促进多元增收，开创增收的新思路、新渠道，实现“近期得利，长期得林，以短养长，长短协调发展”良性循环模式。

四、加工业新技术

2003年，团场先后投入1000余万元，在工业园区新建一所机采棉加工车间，购买全套机采棉加工设备，实现棉花机械化采收，精细化加工，提高了采花速度，保证了棉花加工质量，把职工从拾花劳动中解放出来。

2015年，团场投资3300余万元，对棉花加工厂的设备、设施进行改造。将老旧的5571生产线，改造成技术先进128生产线，将98生产线和新改造的128生产线，整合在一个大车间，同时将原5571生产线的剥绒车间与98生产线的剥绒车间合并，完成2个轧花车间的技术改造。改造后，轧花工段和剥绒工段分离，在管理上更加便捷，避免工段间的相互牵制，加工进度有很大提升，棉花等级提高1.5级。加工厂开机时间为9月20日，停机时间为11月14日，实际加工期仅为55天，共加工皮棉16407吨，日均298吨。日均产量较2014年增加86吨，为团场增加效益3000万元。

第三节 科技成果

一、科技经费

1997—2015年，团场每年按照农业生产总值的1%，提取科技应用经费用于科技投入，随着团场经济效益的逐年提高，科技就是生产力、就是效益的理念被越来越多的职工认识并接受。团场对科技投入的力度不断加大。19年间，累计投入科技经费总额6080万元。

1997年，团场用于科技方面的经费只有20.1万元。

2015年，团场用于科技投入资金达360万元。科技经费使用途径：用于科研仪器、设备的引进与更新；用于新技术的引进试验、示范；用于订购科技书刊，开展各类技术培训；用于轧花设备、农机技术改造、设备更新。

二、科技成果奖

1997年，团场获兵团“棉花攻关活动达标高产团场”称号。

1998年，被评为自治区“三八”绿色工程先进单位、师市科技示范团场、农业标准化团场，荣获农田水利“绿洲杯”三等奖。

1999年，被评为兵团棉花丰产攻关活动达标团场、兵团农机新技术推广工作先进集体、兵团科普工作先进团场、兵团农业标准化团场、师市农业综合开发先进单位。

2001年，被评为兵团科技进步团场、师市地下水长观工作先进单位。

2002年，被评为国家级科技立业示范园、兵团科普工作先进集体。

2004年，被评为全国奶牛养殖示范场。

2006年，荣获中国新时期人文科学优秀成果二等奖。

2007年，被评为师市农业丰产攻关优胜单位。

2009年，被评为师市农业综合开发工作先进单位、获师市退耕还林工程建设先进团场。

2012年，荣获师市《应用性控冻精块繁高产奶牛技术集成研究与推广》科学进步奖一等奖。

2014年，被评为师市籽棉单产和高产棉田创建攻关先进单位、完成师市规模化养殖场建设任务先进单位（三等奖）、畜牧业倍增总量任务先进单位（二等奖）。

第四节 气象科技

一、管理机构

2002年，一四一团气象站成立。2003年，完成自动气象站和卫星单收站建设工作。2007年，团场对气象站和卫星气象单收站实施升级改造。

2008—2015年，团场设立“五站一室一中心”（农技推广站、测报站、气象站、畜牧兽医站、卫生防疫站、土壤化验室和职工科技活动中心）。

二、人工防雹

1997—2015年，团场农作物受各种灾情影响达13178.6公顷，年均549.1公顷，其中农作物死亡面积达7049.6公顷，年平均293.7公顷。受灾面积占播种面积的7.5%，死亡面积占播种面积的4%。在各种自然灾害中，霜冻与冰雹给农业生产造成损失较大。

团场历届党委把防雹队伍建设及购买防雹器械、炮弹纳入团场人工影响天气工作作为重点工作抓，制定人工影响防灾减灾措施，把自然灾害造成损失降至最低点。防雹队伍主要由民兵和预备役战士组成，定期对高炮防雹队伍进行业务训练。每个防雹点均配备现代化通信工具点对点遥控指挥操作。制定《炮点职责》《炮手职责》《防雹岗位责任》。防雹作业时间：一般每年4月中旬安排防雹高炮进点，9月初撤点。

1999年6月，一日夜间2时许，各防雹点连续作业40分钟，驱散雹云，避免冰雹灾害的发生。防雹人员暴雨坚守炮位7个余小时，直到防雹命令解除。

2011年，团场“人影办”为做好防雹工作，人武部完善人影管理体制，明确责任，做到责权对等。抓防雹人员的业务技能，提高人员队伍业务整体素质。是年，有极端天气过程10余次。

2015年，团场防雹工作全部采取流动作业方式，增强作业灵活性、机动性，提高作业质量，节约费用开支。是年，有极端天气过程8次，团场均准确、果断指挥作业，避免冰雹灾害侵袭。

第二十一章 教 育

1997—2015年，团中学和小学先后多次接受上级教育行政部门督查评估检查。1998年9月20日，兵团“两基”复检。2001年和2006年兵团教育教学管理工作检查，对团教育常规管理、规范教学行为、两支队伍建设、德育工作、教研工作、安全工作、教学条件保障以及财务后勤及其他项目进行检查。截至2015年，团场教育系统先后多次受到兵团、师市主管部门的表彰、奖励，并获兵团“绿色学校”“和谐学校”，师市“教育教学管理工作先进学校”“未成年人思想道德建设先进集体”“校园工程先进单位”“五好党支部”“文明单位”“示范家长学校”“巾帼文明岗”“三八红旗集体”“安全生产先进集体”等称号。

2015年，入园儿童129人，幼儿园学前2年入学率149.23%。

第一节 教育管理

一、教育机构

1997—2015年一四一团场教育部门负责人见表21-1。

表21-1 **1997—2015年一四一团场教育部门负责人**

单位	姓名	性别	族别	籍贯	职务	任职时间
教育中心	孙洪金	男	汉族	山东	书 记	1997.01—2001.12
	魏广义	男	汉族	四川	书记兼主任	1997.01—2006.12
	白世经	男	汉族	河南	书 记	2005.03—2006.12
	赵 军	男	汉族	河南	副书记	2007.08—2009.09
	宋惠琴	女	汉族	河南	书 记	2010.08—2015.12
	白世经	男	汉族	河南	主 任	2006.12—2007.08
	魏永田	男	汉族	河南	副主任	1999.01—2005.07
	王丽莉	女	汉族	河南	副主任	2007.08—2010.08
	王丽莉	女	汉族	河南	主 任	2010.08—2015.12
	宋惠琴	女	汉族	河南	主 任	2009.09—2010.08
	苏 新	女	汉族	山东	副主任兼农广站长	1998.02—2007.08
	杨桂兰	女	汉族	甘肃	副主任兼农广站长	2007.08—2010.08

（续）

单位	姓名	性别	族别	籍贯	职务	任职时间
北野学校	王丽莉	女	汉族	河南	总支副书记	2009.09—2010.08
	王丽莉	女	汉族	河南	校 长	2010.08—2015.12
	宋惠琴	女	汉族	河南	校 长	2009.09—2010.08
	宋惠琴	女	汉族	河南	总支书记	2010.08—2015.12
	赵 军	男	汉族	河南	副书记	2009.09—2010.06
	杨桂兰	女	汉族	甘肃	副书记兼中学书记	2010.08—2015.12
	朱志玉	男	汉族	甘肃	副校长兼小学书记	2009.09—2015.12
	程建设	男	汉族	甘肃	副校长	2009.09—2015.12
	刘 敏	男	汉族	山东	工会代主席	2009.09—2015.12
	雷向东	男	汉族	甘肃	团委书记	2010.09—2015.12
	刘雯箐	女	汉族	重庆	少先队辅导员	2009.09—2015.12
	葛 梅	女	汉族	河南	幼儿园园长	2013.05—2015.12

1997—2015年，由团场党委常委、副政委分管教育工作，团场宣教科负责全团宣传教育管理工作。1999年，团场设教育中心，由教育中心负责管理全团教育教学工作和成人培训教育工作。教育中心设书记、主任、副主任、干事各1人，其他工作人员为教研室、成教办、督导办、少工委、业务各1人。教育中心下辖中学1所、小学1所、幼儿园1所。

2009年，中学、小学合并，教育中心下辖北野学校、中心幼儿园。北野学校分中学部和小学部，设德育处、教务处、教研室、总务处。

2015年，北野学校教职工中，中学教职工45人，其中教师41人，后勤职工4人，女教工22人；小学教职工46人，其中教师38人，后勤职工8人，女教工29人；幼儿园教职工14人。

二、教育经费

（一）财政拨款

2001年前，团场的教育经费以师、团两级财政拨款为主，不足部分由团场补贴。历届党委坚持做到教育优先，尊师重教，全力扶持教育事业的发展。凡是用于教育方面的资金不打折扣，工资按时足额发放，让教师教学无后顾之忧，安心教学。2001年，团场为中小学基本建设校舍改造、改善教学场地环境、增添教学和教具投入资金达1000多万元，为团场教育发展提供了财力支持。

团场教育经费财务管理严格遵守收支两条线规定，收的一切费用交团财务预算中心，使用也从团财务支出。团场给教育中心委派专职会计管理财务，学校财务实行报告制。多年来学校推行校务公开制度。凡是与学校管理、教育改革密切相关和涉及教职工切身利益的重要事项，都予以公开。内容有收费及管理（收费及社会捐赠）、招生信息、学生管理制度、财务管理、教职工奖惩、干部人事工作（职称评聘和人事管理）、教职工切身利益的事项、学校重要事务等。做到账目清楚，手续使用合理，专款专用，无乱收费现象。

（二）勤工俭学

团场认真学习贯彻落实《中华人民共和国教育法》、《中国教育改革发展纲要》和教育部《关于贯彻落实全面推进素质教育，决定进一步加快中初等学校校办产业发展若干意见》等文件精神和中共十六大提出的“两服务、两结合”（教育要为社会主义现代化服务，教育要为人民服务；教育要与生产劳动相结合，教育要与社会实践相结合）精神，按照师市勤工俭学办“一手抓教育，一手抓创收”要求，教育中心主任挂帅，配备勤工俭学专干1人，各学校由1名校领导分管勤工俭学工作，完成师市勤工俭学办下达的各项指导性任务，各类勤工俭学报表、材料能够及时上报。

在教职工、学生中进行劳动教育和社会实践教育，严格控制劳动时间，把社会实践教育和安全劳动放在首位。杜绝以钱代劳、以罚代教和超时间劳动现象。1997—2015年，学校组织中小学生参加义务劳动，植树造林累计15000人次，为保护环境，到农业连队拾捡农用残膜200.4公顷。

1997—2006年，学校组织学生勤工俭学收入累计219.2万元，用于改善办学条件（购买图书、课桌、教学仪器、音体美器材）、按规定比例给予学生个人劳动收入和上缴勤工俭学办入账。2007年后，学校不再组织学生参加社会劳动勤工俭学，学校无勤工俭学收入。

（三）“两免一补”

2005年起，团场学校实行国家“两免一补”（免费提供教科书、免学杂费和对寄宿生补助生活费）政策。“两免一补”是国家针对农牧团场贫困学生的一项优惠政策。根据国家对贫困学生实行“两免一补”精神，学校对贫困学生减免学杂费、住宿费、书本费。中小学师生每年还为困难学生捐钱捐物，不让一个儿童因为贫困上不了学，团场适龄儿童入学率达100%。因家庭经济困难，享受师团义务阶段学生“两免一补”兑现款补贴资金340364.90元。用于为中小学义务教育阶段贫困家庭学生购买教科书补贴资金135084.9元。其中，小学免费教科书补贴资金67966.96元，中学免费教科书补贴资金67117.94元。团对中小学义务教育阶段贫困学生免收学生学杂费共165920元，其中小学免收学生学杂费90020元，中学免收学生学杂费75900元。贫困生家庭寄宿生补助生活费共39350元，其中小学补助生活费27000元，中学补助生活费12350元。团场中学、小学均被兵团授予“绿色学校”称号。

三、教学设施

（一）小学教学设施

1997—2015年一四一小学校舍建筑设施见表21-2。

表21-2　1997—2015年一四一小学校舍建筑设施　　单位：平方米

年份	校舍建筑	教学办公及教辅用房				行政办公及教师办公用房		生活用房
		教室	实验室	图书室	微机室	行政办公	教师办公	
1997	3902	1152	50	82	—	685	274	3922
1998	6741	1934	50	82	—	685	274	3142

（续）

年份	校舍建筑	教学办公及教辅用房				行政办公及教师办公用房		生活用房
		教室	实验室	图书室	微机室	行政办公	教师办公	
1999	6741	1934	50	82	—	685	274	3142
2000	9536	3846	50	166	—	1443	320	3922
2001	8249	2796	75	150	75	920	320	3424
2002	8249	2796	75	150	75	920	320	3424
2003	8249	3096	75	150	75	920	320	3424
2004	8249	2796	75	150	75	920	320	3424
2005	8249	2796	75	150	75	150	75	2755
2006	8330	2796	75	150	75	150	75	2658
2007	8330	2646	75	150	150	995	320	2658
2008	8330	2646	75	150	150	995	320	2658
2009	8314	2646	75	150	150	924	500	4369
2010	8314	2646	75	150	150	924	500	4369
2011	8316	2721	75	150	150	924	500	4371
2012	8316	2721	75	150	150	924	500	4984
2013	8929	2721	75	150	150	924	500	4984
2014	8929	2721	75	150	150	924	500	4984
2015	8929	2721	75	150	150	924	500	4984

1997—2015年，团场党委先后筹措资金2000万元，改善教学环境。投资128万元，在团小学北面兴建1栋2层1500平方米的砖混结构幼儿园，购置风琴、录音机、组合音响、电视机、VCD、DVD、电子琴、紫外线消毒器具及常用药品、应急药品，厨房配有消毒柜、电冰箱、电烤箱、压面机、绞肉机、磨浆机、电风扇等。为团小学修建能容纳30个班的教学楼和住700人的学生宿舍楼。投资180万元，为中学修建学生餐厅和住500人的学生公寓楼。修建透景围墙、学校大门，实验教学设备按一类标准配备。

（二）中学教学设施

1997—2015年一四一中学校舍建筑用房见表21-3。

表21-3　1997—2015年一四一中学校舍建筑用房　　单位：平方米

年份	校舍建筑	教学办公及教辅用房					行政办公及教师办公用房		生活用房
		教室	实验室	图书室	微机室	语音室	行政办公	教师办公	
1997	5020	3707	720	150	150	90	400	300	1650
1998	5020	3707	720	150	150	90	400	300	1650
1999	5020	3707	720	150	150	90	400	300	1650

（续）

年份	校舍建筑	教学办公及教辅用房					行政办公及教师办公用房		生活用房
		教室	实验室	图书室	微机室	语音室	行政办公	教师办公	
2000	5020	3707	720	150	150	90	450	350	1800
2001	5020	3707	720	150	150	90	450	350	1800
2002	5020	3707	720	150	150	90	450	350	1800
2003	6601	3707	720	150	150	90	450	350	1800
2004	6601	3707	720	150	150	90	450	350	1800
2005	6601	3707	720	150	150	90	450	350	1800
2006	6601	3707	720	150	150	90	450	350	1800
2007	8201	3707	720	170	300	180	500	350	2724
2008	8201	3707	720	170	300	180	500	350	2724
2009	9247	3887	720	190	300	180	500	350	3470
2010	9247	3887	720	190	300	180	500	350	3470
2011	9247	3887	720	190	300	180	500	350	3470
2012	9247	3887	720	190	300	180	500	350	4083
2013	9860	3887	720	190	300	180	500	350	4083
2014	9860	3887	720	190	300	180	500	350	4083
2015	9860	3887	720	190	300	180	500	350	4083

1997—2015年，团场中学物理实验室、化学实验室均换成多功能的实验室。中学音乐室、各班教室安装闭路电视双向系统。中小学计算机更新3次，中学有计算机80台，小学有计算机52台。中小学图书达3万册，报刊完全满足教师借阅和教学需要。有音乐教室1间，舞蹈室2间，音乐器材配备钢琴1架，手风琴5架，电子琴26架；美术室2间；多媒体教室1间，计算机70台。

四、教育与教学改革

（一）体制改革

1997—2001年，根据国家教委及自治区教育厅、兵、师教委有关规定，严格教师准入制度，教师岗位必须经过考核录用。2001年，师市对团场教师岗位核定后，缺额教师统一由石河子教委委派，或从大专以上师范院校招考的特岗教师中录用，学校实行教师岗位聘用制。

（二）教学改革

1997—2006年，团场学校按照国家义务教育课程设置的要求开齐相关课程，突出本地特色的地方课程、校本课程、综合实践活动等课程的开设。加强德育实践环节，建设和管理好青少年校外活动场所和社会实践基地；建立以促进学生发展为目标的学生评价体系，促进教师职业道德、专业水平提高的教师评价体系和提高学校教育质量的学校评价体系。

2007—2011年，按照师《基础教育质量管理手册》《关于对中小学领导的考核评价方案》《关于"高效课堂"的指导意见》《关于积极推进师生行为习惯养成教育的指导意见》《关于规范家长会的指导意见》《小学教师继续教育培训方案》，把提高教育质量作为教育改革和发展的核心任务，把教育资源配置和学校工作重点集中到强化教学环节、提高教育质量上来，建立以提高教育质量为导向的管理制度和工作机制。为适应新的教学要求，提高学生散发性思维，增强趣味性，尝试互动教学，由原来教师单一的讲授法转变为提问、演示、座谈、讨论等多种方法相结合的教学方法，还运用幻灯投影、多媒体等教学辅助设施开发学生的智力和想象力，提高学生的学习兴趣。由最早期的“填鸭式”学习方式转变为充分激发学生的主动意识和进取精神，倡导自主，合作探究的学习方式。对学生的评价也从单一的学习成绩评价变为综合评价。

2012—2015年，学校增设校本课程，有场地，有教材，有活动。各学校通过开设校本课程，让学生选择适合自己个性发展的教育，让学生在创新和实践能力上有所提高，让学校在彰显个性与赋予特色。在教学改革中，充分利用现代教育技术手段，通过网络开展“网络教研、校本教研”等活动，探索网络教学与教研活动的新途径。

（三）招生制度改革

小学的招生一直是采用凡年满6岁适龄儿童均可入学的政策。初中招生一直采用凡在小学阶段就读六年，没有特殊情况一律接纳到中学接受九年制义务教育。

1997—2015年，初中一年级新生入学率均在98%以上。高中招生采用自治区或兵团统一命题，师市统一确定录取分数线的招生政策，高中全部集中在石河子高中城就读（包括计划外高中）。

第二节　基础教育

一、学前教育

（一）学生

1997—2015年一四一团学前教育统计见表21-4。

表21-4　1997—2015年一四一团学前教育统计

年度	入园儿童（人）	学前班人数（人）	班数（个）	学前班（个）
1997	510	235	19	16
1998	435	381	18	16
1999	463	290	18	16
2000	434	186	18	16
2001	395	191	18	16
2002	408	204	18	16
2003	413	221	18	16
2004	333	178	18	16

（续）

年度	入园儿童（人）	学前班人数（人）	班数（个）	学前班（个）
2005	306	144	18	16
2006	292	131	8	4
2007	202	85	8	3
2008	184	96	4	2
2009	140	74	4	2
2010	143	84	4	2
2011	162	93	4	2
2012	173	93	4	1
2013	202	100	6	3
2014	158	87	6	3
2015	129	66	6	3

1997年，团场幼儿园有学前班16个，设班级19个，入园幼儿510人。

1998—2005年，团场幼儿园每年均有学前班16个，设班级18个。入园儿童来自全团各单位3岁以上学龄前儿童，包括户籍不在团场、在团场打工或经商的外来务工人员子女。

2006年，中心幼儿园有学前班4个，设班级8个，入园儿童292人。

2008年，中心幼儿园有学前班2个，设班级4个，入园儿童184人。其中，大班（5周岁以上）2个，每班48人；中班（4～5周岁）1个，48人；小班（3～4周岁）1个，40人。

2015年，中心幼儿园有学前班3个，设班级6个，入园儿童129人，幼儿园学前2年入学率149.23%。

（二）师资力量

1997—2015年一四一团中心幼儿园教师统计见表21-5。

表21-5 **1997—2015年一四一团中心幼儿园教师统计** 单位：人

年度	合计	园长	教师	学历					合格
				本科	专科	幼师中专	高中	初中	
1997	21	1	20	0	1	—	17	3	3
1998	24	1	23	0		—	20	3	4
1999	19	1	18	0		11	6	1	5
2000	21	1	20	0	1	11	8	1	5
2001	21	1	20	0	1	11	7	1	4
2002	23	1	20	0	5	6	8	1	0
2003	22	1	22	0	5	6	10	1	0

（续）

年度	合计	园长	教师	学历					合格
				本科	专科	幼师中专	高中	初中	
2004	23	1	21	0	7	5	9	1	0
2005	24	1	21	0	7	6	7	1	0
2006	22	1	21	1	8	3	8	1	0
2007	21	1	19	1	8	4	5	1	0
2008	18	1	12	1	5	3	2	1	0
2009	11	1	10	1	6	3	1	0	0
2010	11	1	10	1	6	2	2	0	0
2011	11	1	10	1	7	1	2	0	0
2012	9	1	8	1	5	3	0	0	0
2013	14	1	13	3	7	4	0	0	0
2014	12	1	11	2	7	3	0	0	0
2015	12	1	11	2	7	3	0	0	0

1997年，一四一团学前教育（幼儿）归工会主管，各单位开办1所幼儿园，入学幼儿5～20人。是年，团场幼儿园有教职工21人，其中教师20人。在教师中，专科学历1人，高中学历17人，初中学历3人。

1998年10月，团场学前教育归属教育中心管理。

2005年，团场党委决定，将全团幼儿集中到团部中心幼儿园进行学前教育。寄宿儿童每周五送回家，周日接回中心幼儿园。是年，幼儿园有教职工24人，其中教师21人。在教师中，专科学历7人，幼师中专学历6人，高中学历7人，初中学历1人。

2010年，中心幼儿园教职工11人，其中园长1人，教师10人。在教师中，本科学历1人，专科学历6人，幼师中专学历2人，高中学历2人。

2015年，中心幼儿园配备教职工12人，本科学历2人，专科学历7人，中专学历3人，幼儿教师持专业资格证书上岗。每班配备教师2人（兼保育员），配有兼职保健员和财会人员。是年，幼儿园被八师石河子市总工会授予“巾帼文明示范岗”、师市授予“二级幼儿园”称号。

（三）教学设施设备

1984年，团在镇区成立中心幼儿园。幼儿园在加工厂南建有平房一1栋，办学前班2个，招收学生79人，配备教师4人。

1992年，新生儿童增加，原有幼儿园陈旧、狭小，已不能适应幼儿教育发展需要。根据职工居住相对集中方便接送需求，团在镇区文化路东、团小学北，新建占地面积609平方米中心幼儿园1座。

2001年，团投资123万元，在原幼儿园基础上，新建1栋2层1500平方米砖混结构中心幼儿园,划分教学区、生活区、游戏活动区。园内有绿地、花坛、榆树墙,有符合安全卫生标准的沙池、操场、植物园等。教舍装饰色彩鲜艳明亮,图画符合儿童情趣,教具摆放使用与儿童视力、身高相适应。四周无废水、废气、噪声、废料污染,有良好的排水、排污设施。门前文化路设有交通限速标志,确保家长接送儿童安全。

2013年,团投资1000余万元,在迎宾路西侧,新建1所教育设施配套齐全多功能中心幼儿园,占地26304平方米,建筑面积2900平方米,绿化面积20138平方米。

2015年,团中心幼儿园有体育活动器械25件,还有桌、椅、床及床上用品、保温桶、洗衣机、衣架、碗、碟子、勺子、口杯、玩具。园内配有盥洗卫生间,水池、教室配有风琴、录音机、组合音响、电视机、放像机、VCD、DVD、电子琴;厨房配有消毒柜、电冰箱、电烤箱、压面机、绞肉机、磨浆机、电风扇等,厨房用具做到一天一消毒,保证中心幼儿园师生食品、用具安全卫生。

(四)教学活动

1997—2015年,团场按照学前教育《幼儿园工作规程》《幼儿园教育纲要》要求,对学前儿童按年龄分班实行保育和实施德、智、体、美全面发展的教育,培养幼儿良好行为、学习、礼貌、生活自理习惯等。根据教师和幼儿园的实际情况及幼儿的特点,购买挂图、磁带、光盘和配套的教学资料以改变教学条件。依据教学大纲,幼儿礼仪、古诗、成语、识字教育进课堂,制订出不同年龄段切合实际的教学计划,把知识渗透在游戏中寓教于乐。每年3月开学,幼儿园教师先教儿童背诵儿歌《礼貌歌》《洗手歌》《拍手歌》《不挑吃穿》,并进行爱国主义、献爱心等启蒙教育。每年进行一次消防演习,每学期举办一次疏散演习。与家长签订幼儿交通安全责任书,与教师签订教师安全责任书。每年5月,组织全园幼儿徒步参观团部周围单位、公共场地,介绍团场发展,从小接受热爱家乡教育。7月,幼儿园老师带领三个大班孩子熟悉镇区、小学校园环境。9月,重阳节,幼儿园教师带领孩子到团养老院为老人们跳舞、唱歌。每年两节期间,与北野学校一起联欢“庆元旦”和参加“迎新春文艺晚会”。

2014年,中心幼儿园120名儿童获新疆维吾尔自治区“创意开关贴”奖。

二、小学教育

(一)学生

1997年,一四一团贯彻落实国家九年义务教育机制,中心小学学生来自全团各单位职工的学龄前儿童,包括外来务工人员及一切需要上学的儿童。当年,有学生1134人。

2006年起,团场小学开始招收走读学生。是年,有走读生446人,寄宿学生5[illegible]0人,学校共有学生1107人。

2010年,团场中心小学有学生775人。每个班有走读生和住校生。住校生周一至周五吃住都在学校,学生公寓由专职生活老师负责管理。每周五下午团派专车把住校生分别送回各个单位,周日下午再接回学校。

2015年,1~6年级开设3个班,学生455人,其中女生241人,小学升初中入学率100%。

1997—2015年一四一团中心小学学生统计见表21-6。

表21-6 1997—2015年一四一团中心小学学生统计

年份	学校数(所)	招生数(人)	毕业数(人)	学生总人数(人)	走读学生(人)	寄宿学生(人)
1997	1	255	104	1134	—	—
1998	1	279	161	1424	—	—
1999	1	250	172	1443	—	—
2000	1	229	206	1475	—	—
2001	1	219	239	1478	—	—
2002	1	212	269	1425	—	—
2003	1	160	244	1295	—	—
2004	1	175	235	1195	—	—
2005	1	141	220	1124	—	—
2006	1	149	217	1107	446	510
2007	1	138	211	1004	558	446
2008	1	128	178	919	519	400
2009	1	106	178	851	498	352
2010	1	105	185	775	452	323
2011	1	71	146	644	389	255
2012	1	79	132	592	465	127
2013	1	62	136	524	398	126
2014	1	80	115	470	365	105
2015	1	75	89	455	351	98

1997—2015年中心小学班级人数统计见表21-7。

表21-7 1997—2015年中心小学班级人数统计

年份	年级											
	一年级		二年级		三年级		四年级		五年级		六年级	
	班级(个)	人数(人)	班级(个)	人数(人)	班级(个)	人数(人)	班级(个)	人数(人)	班级(个)	人数(人)	班级(个)	人数(人)
1997	5	255	5	233	4	213	4	167	4	162	2	104
1998	5	279	5	300	5	272	4	230	4	182	4	161
1999	5	250	5	263	5	277	5	264	4	217	4	172
2000	5	229	5	243	5	269	5	272	5	256	4	206
2001	4	219	5	229	5	248	5	267	5	276	5	239
2002	5	212	4	215	5	237	5	245	5	247	5	269
2003	4	160	5	203	4	219	5	228	5	241	5	244
2004	4	175	4	164	5	201	5	200	5	220	5	235

（续）

年份	年级											
	一年级		二年级		三年级		四年级		五年级		六年级	
	班级（个）	人数（人）	班级（个）	人数（人）	班级（个）	人数（人）	班级（个）	人数（人）	班级（个）	人数（人）	班级（个）	人数（人）
2005	4	141	4	188	4	172	5	206	5	197	5	220
2006	3	149	4	144	4	191	4	191	5	215	5	217
2007	3	138	3	138	3	144	4	192	4	181	5	211
2008	3	128	3	142	3	133	3	148	4	190	4	178
2009	3	106	3	132	3	146	3	129	3	153	4	185
2010	3	105	3	105	3	134	3	148	3	137	3	146
2011	2	71	3	98	3	92	3	109	3	142	3	132
2012	2	79	2	76	3	99	3	89	3	111	3	138
2013	2	62	2	81	2	75	—	99	3	92	3	115
2014	2	80	2	60	2	84	2	68	3	89	2	89
2015	2	75	2	82	2	56	2	86	2	66	3	90

（二）校舍、设备

1999年，原子女校更名为团中心小学，小学搬迁到镇区文化路东南地段，教室为砖木结构平房。

2011年，在原有的小学校舍基础上，新建7.86万平方米教学楼、实验室综合楼、办公楼、男女学生宿舍楼、多功能餐厅；校园有5678平方米田径场、300米跑道和标准化排球场、篮球场，配备篮球、实心球、大小跳绳、标杆等体育器材，教学环境得以改善。

2014年，团场中心小学部搬入中学部校区，与中学合并为北野学校，原小学校址腾出给团新成立的农业公司作办公场所。

截至2015年，团场中心小学建有教学楼、宿舍楼、学生餐厅、澡堂、微机教室（有计算机70台）。有教学工具书及参考资料40余种，图书室藏书22676册。音乐教室配有钢琴、电子琴、手风琴及各类打击乐器。设2间舞蹈教室，配有镜子、地毯、把杆、电视机、DVD及录音机音响设备，设美术活动室2间，内配投影灯、画板、画架各类供素描用的石膏头像和几何模型等。

中心小学校被兵团评为“兵团绿色学校”“兵团级和谐校园”“兵团级优秀少先大队”“师市级少先红旗大队”“教育教学管理先进单位”“未成年人思想道德建设先进集体”，获石河子市第三十届青少年航空模型暨第十八届青少年航天模型比赛“先进集体”、石河子第二十八届青少年车模暨第六届青少年船模比赛“先进集体”。

（三）教学活动

1997—2015年，中心小学坚持“依法办校、质量立校、管理治校、全面发展”的办学宗旨，不断建立健全科学管理体系，形成系统化的管理，制定科学、合理、严谨、务实的教学制度。小学教务处按照教学工作部署，以重实绩、抓实事、求实效为基本原则，以培养学生创新精神和实践能力为重点，以新课程改革为契机，全面推行规范化管理，深化课堂教学改革，落实教学改革措施，抓好教学监控，大面积提高教学质量。

2008年4月，数学教研组接受课题研究“信息技术与数学的整合”。学校组织各学科教师，开展听常规课、推门课、大赛课，将说课、听课与评课有机结合，发挥教师群体优势，为培养优秀、有特长的老师发展搭建平台。

2013年，团场抓住中央新疆工作会议支持新疆和兵团教育事业发展的历史机遇，师市教育系统改革，整合教育资源，北野学校加入以石河子市五中为总校的教育集团，由二十一中、二十二中、二十三中、十六小组成的石河子市第三教育学区，根据总校的统一安排部署，开展一系列圆梦校园的活动。

三、中学教育

1997—2015年一四一团场中学学生统计见表21-8。

表21-8　1997—2015年一四一团场中学学生统计　单位：人

年份	在校生数		招生数		毕业生数	
	初中	高中	初中	高中	初中	高中
1997	318	113	104	0	75	56
1998	295	64	102	0	109	64
1999	346	40	172	40	84	31
2000	458	408	206	68	102	0
2001	574	149	239	41	146	40
2002	672	158	269	85	200	49
2003	686	209	244	89	175	41
2004	669	242	235	99	163	79
2005	658	297	220	131	201	82
2006	706	319	217	124	211	76
2007	745	286	211	98	196	98
2008	685	224	178	—	202	114
2009	605	105	180	—	239	77
2010	576	—	183	—	205	105
2011	484	—	148	—	212	—
2012	450	—	132	—	159	—
2013	393	—	131	—	178	—

续表

年份	在校生数		招生数		毕业生数	
	初中	高中	初中	高中	初中	高中
2014	347	—	102	—	136	—
2015	309	—	85	—	117	—

（一）学生

1997年，团场中学学生主要是团场职工子女，也有少量驻团单位工作人员的子女和团外寄居在亲戚家的打工人员的子女。是年秋季，一四一团撤销高中，高中一年级新生集中到下野地高级中学（一三四团中学）就读。是年，团场中学有初中学生318人、高中学生113人。

1999年，团场中学恢复高中招生。是年，中学高中停止招生，高中在校人数40人。

2006年，团场中学有在校学生1025人，其中高中319人，初中706人。是年，招生341人，其中高中124人，初中217人。毕业287人，其中高中76人，初中211人。

2008年，团场中只招收初中一年级新生，高中三年级学生集中到石河子市就读。此后，团中学成为九年义务教育学校。

2009年，团场高中撤并至下野地高级中学。

2015年，团场有在校学生309人。是年，招生85人，毕业117人。

（二）中学设备设施

团场中学教学设备、仪器均按自治区一类标准配备。

2011年，团场中学建在北野镇区文化路东北角，学校有2490平方米教学楼2栋，800平方米实验楼1栋，1800平方米学生公寓1栋，还有400平方米音、体、美教室，1800平方米实验楼，400平方米学生食堂和厕所。

2015年，教学使用的化学实验室、生物实验室、物理实验室均已进行升级改造达到标准。图书室有各类图书11864册，有教学工具书60多种，有计算机80台，体育场地10990平方米，固定资产560万元。

（三）教学活动（学制与课程）

1997—2015年，中学的初、高中课程全部使用中华人民共和国教育部规定的全国统一教材。学制为初中3年，高中3年，其中初中3年为九年制义务教育阶段的学制。初中各年级课程设置为：初一，有思想品德、语文、英语、数学、生物、地理、历史、体育、健康、音乐、美术、劳技、写字、计算机、阅读15门课程，每周34节课。初二，去掉初一写字课，增加物理课，每周35节课。初三，有思想品德、语文、英语、数学、历史、物理、化学、体育、音乐、美术、劳技、计算机、阅读13门课程，每周35节课。

高中各年级课程设定为：高一，有政治、语文、英语、数学、生物、地理、历史、体育、健康、音乐、美术、计算机、阅读13门课，每周38节课，其中地理、历史为新疆高中会考科目。高二，文理分科，其中会考科目为数学、生物、物理、化学。高三会考科目为英语、政治、语文。

文科每周38节课，理科每周36节课。

四、"两基"教育

一四一团"两基"教育领导小组长，由团主要领导担任，机关有关职能部门负责人为成员，组织健全，分工明确，层层落实，确保团场少年儿童完成义务教育工作的落实。每年都有不少外来务工人员打工、落户，团场把他们的子女列入"普九"教育对象，享受义务教育政策。教育行政部门每年均对到团场务工的外来人员子女进行摸底登记，凡适龄儿童不管有无户口，都通知他们入学接受义务教育。劳务工子女入学后，与团职工子女同等对待，同样管理，享受同等待遇。对家庭有困难的儿童，帮助他们解决困难，减免费用。为杜绝少儿辍学，制定《一四一团制止和杜绝少儿辍学的暂行规定》，建立中小学生辍学报告制度，对失学辍学的学生查明原因，采取措施劝其立即复学。扫盲教育是"两基"教育的一项工作内容，团场职工文化水平、受教育程度提高，团场将文化扫盲变科技扫盲，扫盲工作组织落实，责任到人，坚持冬闲职工技能培训，提高团场职工综合素质。

第三节　成人教育

1997—2015年，一四一团党委在成人教育上，坚持以人为本、尊重知识、尊重人才、按需要、有针对性的培养方针。根据团场各部门需要，每年外送100余名技术干部到院校、企业参加培训学习。团与科研院校建立合作关系，聘请专家、学者到团场进行科技服务，带来新知识、新理念。团还先后制订《一四一团农工"绿色证书"培训和农业技术职称评定工作实施方案》《一四一团农工培训和农业技术职称评定工作实施方案》。坚持有计划地培训和引进各类专业技术人才，制定拴心留人的相关政策。

1997年，团场参加中央农业广播电视大学学习42人，教育专业为乡镇企业管理，学历为大专。

1999年，团场参加中央农业广播电视大学学习45人，教育专业为农业经济管理，学历为中专。

2003年，团场参加中央农业广播电视大学学习23人，教育专业为棉花检验与加工，学历为中专。

2007年，团场参加中央农业广播电视大学学习58人，教育专业为现代种植技术，学历为中专。

2008年，团场参加中央农业广播电视大学学习50人，教育专业为棉花检验与加工，学历为中专。

2009年，团场参加中央农业广播电视大学学习40人，教育专业为农业经济管理，学历为大专。

2010年后，中央农业广播电视大学不再招生。

第四节　教师队伍

一、小学教师

1997年，团场小学有专任教师52人，其中中级职称7人，助理级21人，员级14人。

2002年，团场小学有专任教师60人，其中中级职称27人，助理级17人，员级4人。

2006年，团场小学有专任教师61人，其中中级职称34人，助理级22人，员级3人。

2010年，团场小学有专任教师55人，其中中级职称34人，助理级19人。

2015年，团场小学有专任教师35人，其中中级职称22人，助理级13人。

1997—2015年小学教师专业技术职称统计见表21-9。

表21-9　1997—2015年小学教师专业技术职称统计　　单位：人

年份	专任教师人数	中 级	助理级	员级	未评职称
1997	52	7	21	14	10
1998	46	14	17	7	8
1999	51	16	16	5	14
2000	59	21	23	3	12
2001	60	19	22	4	15
2002	60	27	17	4	12
2003	64	28	20	5	11
2004	69	31	22	8	8
2005	63	34	17	7	5
2006	61	34	22	3	2
2007	55	30	22	—	2
2008	59	32	23	1	3
2009	55	32	21	1	1
2010	55	34	19	—	2
2011	52	31	19	—	2
2012	51	30	19	—	2
2013	49	28	20	—	1
2014	38	20	18	—	—
2015	35	22	13	—	—

二、中学教师

1997—2015年，一四一团场从湖南、内蒙古、重庆、甘肃及疆内招聘近40名优秀大学毕业生充实团中学教育，建立一套完整的教师绩效考核制度，考核既向教育教学第一线的教职员倾斜，又兼顾其他教职工的实际，有主有次，统筹兼顾。

1997年，团场中学有教师78人，其中专任教师41人，拥有本科学历12人，大专48人，中专以下18人；有高级职称7人，中级职称35人，助理级以下23人。

1997—2015年一四一团中学教师队伍统计见表21-10。

表21-10 1997—2015年一四一团中学教师队伍统计 单位：人

年份	教师总数	专任教师	行政人员	教辅人员	工勤人员	学历情况			职称情况		
						本科	大专	中专以下	高级	中级	助理级以下
1997	78	41	13	11	13	12	48	18	7	35	23
1998	76	39	12	12	13	14	45	17	8	35	21
1999	76	40	12	11	13	14	45	17	8	36	19
2000	80	48	12	9	11	19	44	17	10	33	26
2001	99	56	18	10	15	21	60	18	12	36	36
2002	92	56	12	9	15	21	53	18	12	39	26
2003	96	64	12	7	13	24	54	18	14	36	33
2004	89	58	10	8	13	26	50	13	14	36	26
2005	90	64	10	4	12	28	50	12	16	36	26
2006	89	64	9	4	12	30	47	12	16	38	23
2007	91	64	11	4	12	34	45	12	16	38	25
2008	80	64	5	3	8	36	36	8	14	37	21
2009	80	61	5	5	9	36	19	25	9	30	32
2010	73	54	4	4	11	38	24	11	14	32	16
2011	70	52	4	3	11	36	28	11	13	31	15
2012	62	48	3	3	8	35	16	11	12	27	15
2013	53	42	3	3	5	35	10	11	12	29	10
2014	53	42	3	3	5	34	10	8	11	27	10
2015	47	37	3	2	5	33	7	7	17	16	9

注：职称情况不包括工勤人员。

三、教师待遇

1997—2015年，团党委给予中小学教师政策上的优惠和财力的支持。规定具有国民教育大学本科学历的人员，在团场工作5年以上，购买楼房时优惠1.5万元，工作8年以上，报销50%的学费，服务10年以上，报销100%学费政策。团场重视教师综合素质培养，不仅给优惠政策，且压担子，很多教师自愿参加继续教育大专、本科学习，学习达标率100%。对思想上、政治上要求进步的教师重点培养及时发展为党员，每年在中小学教师中各发展至少两名党员。

2015年，团中教师党员占教师总数的38%。是年，团场小学高级教师33人，小学一级教师35人，二级教师71人；中学高级教师28人，中学一级教师46人，中学二级教师25人；有本科学历50人，大学专科学历110人。唐妍玲老师在新疆中学语文学科研究会组织的“中学语文教师录像课评比”活动中获得三等奖，冉飞老师在第十学区开展的“教师新秀”活动中获得一等奖，李新会老师带领的运动队参加石河子市中小学生运动会获二等奖，雷向东老师荣获师市优秀共青团干部，大队辅导员刘雯箐老师被师市评为优秀少先队大队辅导员。

第二十二章　文化　体育

1997年,团场、连队文化设施匮乏,文艺活动单一,团场、连队建有综合文化室(俱乐部)主要用于职工开会学习,自编自演文艺节目,放电影等。综合文化室既是职工群众文化的组织机构,又是职工群众文化活动的阵地。

1997—2015年,团场活动中心、文化广场共举办元旦、春节联欢晚会76场,共演出文艺节目1327个。

第一节　群众文化

一、文化场所

1997—2003年,团场文化基础设施有1453.8平方米的大礼堂(文化宫);团部3号小区有占地面积3000平方米、可容纳4000人的露天电影院。

2003年,露天电影院拆除后,改建为职工住宅区。文化宫广场设有灯光球场,可满足职工业余体育活动和比赛使用,中学、小学、医院、水管所、加工厂、园艺连、砖厂等团直单位,均建有篮球场、运动操场和文化室。

2004—2015年,团场修建职工群众娱乐、休闲、文化健身的"三元广场"和11918平方米的"音乐休闲广场"。农业连队建设综合文化室、阅览室(图书室)、篮球场等场所。团部和连队职工群众看电影,集体文化活动夏天在操场或篮球场进行,冬季移至会议室或文化活动室进行。

2008年起,团场党委把文化基础设施与团场小城镇建设同步规划,同步实施建设,制订创建国家公共文化服务体系示范团场规划,将严重存在安全隐患的大礼堂封存,投资570万元,在文化路中段新建2226平方米的职工文化活动中心。在活动中心广场安装跷跷板、背部按摩器、卧力器、云梯、秋千、臂力器、双杠、脚轮跑步机等40余种户外健身器材和灯光球场。职工文化活动中心成为团场开展文化活动、职工和青少年艺术培训、艺术创作展览的综合性场馆。

2012年,团场将教育资源整合后的中心小学,规划为各农业连队集中办公区,共3277平方米,设有教育培训楼、大学生公寓、文体活动中心、电子阅览室、图书阅览室、会议室,在办公区新建300米的环形跑道和1495平方米室内文化体育活动室。

2013年,团场投资174.4万元,在6小区西侧新建1006.85平方米的社区老年文化教育活动中心。

2014年,团场拆除原大礼堂,在原址上新建3万平方米的军垦文化广场,原大礼堂前厅改建“四合一”的团史教育基地(馆),馆北新建可容纳1000余人的露天电影院。分期分批为镇区11个居民小区安装户外健身器材。在北野镇区沿街和居民小区设置文化墙、公益广告等军垦文化特色橱窗。

二、文化活动

1997年,团场举办首届“职工运动会”后,团场群众文化活动陆续开展。分别举办“北野金秋广场文化月活动”“百日文体竞赛活动”,举办冬季长跑、拔河比赛,元旦、春节“两节”文艺晚会,元宵社火、秧歌,民间戏曲演出、庆“七一”“八一”“十一”专场演出、诗歌朗诵等广场文化。参与人数多,涉及范围广,形式多样。以社区夕阳红艺术团为载体,举办广场舞汇演比赛、太极拳表演等活动,唱响百日广场文化节。职工群众成为文化活动组织者、参与者、受益者。团场连续多年获“师市百日文化广场竞赛活动先进团场”荣誉。

(一)宣传橱窗

团场和基层单位均设有橱窗,宣传党和国家方针政策和涌现出的先进典型事迹。机关门前设立3个橱窗,橱窗常年展示团场大型生产检查图片、重要会议图片、文体活动图片、人口与计划生育及农业综合开发项目、实施情况等内容。基层单位的宣传橱窗设有政务公开、生产费用及各种台账明细表、连队好人好事等内容。

(二)自办小报

1997—2015年,团场办有《北野简报》《纪监检察简报》《综合治理简报》《北野机要简报》《病虫情简报》《幼苗》等多种小报。《北野简报》《纪监检察简报》分别由宣传科、纪委主办。《沙枣花》《幼苗》是中、小学分别主办的小报,文章体裁多样,有诗歌、散文、小说、儿歌、谜语及教师的评论。

(三)书店、书屋、网吧

2001年,新华书店改制成个体经营,有2户个体打印兼书店,经营各类图书、画册等书籍,还有3家镇区网吧。书店、网吧均由团文化办公室负责管理。

2013—2015年,团部新建农家书屋3个,新增图书2.4万册。农家书屋首批获八师石河子市“军垦书屋”示范点称号,十四连获“廉政文化示范连”,北社区获师市首批“军垦书屋”示范点称号。

2013年,师市总工会给团场“军垦书屋”赠送图书2000册,电脑2台。

(四)文艺、摄影展

1997—2015年,团场工会、妇联、共青团联合牵头举办书法、摄影展、家庭花卉、手工艺术绣展20余场次;举办庆祝建团40、50周年美术、书法、摄影展2次,共展出美术作品107件,书法作品63件,摄影作品50件。举办“喜迎奥运”妇女手工十字绣展、珠珠秀展、剪纸展、手工编织展、手工穿珠展、手工制作展12场次。

(五)北野广场文化

1998—2015年,团场利用农事空隙的7—8月举行广场文化活动,文化宫成为活动主阵地。有为期20天职工篮球、排球比赛,北野金秋广场文化月活动开幕式(含开幕式方队、丰收锣鼓、老年秧歌、小学腰鼓等表演),职工文艺演出比赛,职工大合唱等。

1998年,团场表演的“丰收锣鼓”节目,获石河子市举办的“金穗民俗文化节”第二名;老年“北京秧歌大赛”获优秀、组织奖。每年举办扑克比赛、象棋比赛、乒乓球比赛、康乐球比赛、台球比赛、卡拉OK演唱会、青年歌手大奖赛、歌咏比赛、演讲比赛、周末舞会等。每年农历正月十五元宵节，团场组织各单位举行元宵灯会、社火表演等。

（六）“百日广场”

1998年8月，团场举办庆祝建团40周年活动。

2002年起，团场按自治区“百日广场”文化活动要求，每年5—6月为少儿文化艺术节，举办大型文艺演出、少儿艺术作品展。7—8月举办北野广场文化月活动。

2007—2015年，先后在7月由师市纪委、文体局组织策划、团纪委主办廉政文化活动，有“反腐铸伟业，倡廉谱新篇”专题文艺节目。

2008年，广场文化以“唱响六好、喜迎奥运”为主题，相继举办“抗震救灾诗歌朗诵”“庆‘七一’”专场文艺晚会、“颂歌献给党”大合唱，“庆‘八一’迎奥运”等文艺活动。当年8月，举办庆祝建团50周年庆祝活动，主要活动有团体操表演、安塞腰鼓表演、群众庆祝游行社火表演、专题文艺演出《北野辉煌50年》、焰火晚会、电影晚会，石河子市文工团、豫剧团到团进行慰问演出。“七一”节，团场举行庆祝建党文化系列活动，活动内容有党的传统教育、新党员入党宣誓仪式、优秀党员演讲报告会、电影放映、青年歌手大奖赛、歌咏晚会，或邀请兵、师团歌舞团来团进行慰问演出。团被师市评为“百日文化广场竞赛活动先进”单位。

1997—2015年，团场共举办元旦、春节联欢晚会76场，有时一天演出3～4场，共演出文艺节目1327个。文艺演出的演员年龄最大的78岁，最小的仅3岁。

2006年一四一团场“百日广场文化活动”时间安排见表22-1。

表22-1　2006年一四一团场“百日广场文化活动”时间安排

时间	地点	活动项目	活动内容	举办单位
5月	文化宫前	文体活动	老年文体活动月	工会、社区
6月	文化宫前	运动会	青少年运动会	教育中心
7月1日	文化宫前	职工大合唱	庆“七一”	组织科
7月15日—30日	文化宫前	职工篮球赛	金秋广场文化月	团工会
8月1日—15日	文化宫前	文艺节目演出		团工会
	文化宫前	歌咏比赛	庆祝八一建军节	团工会、共青团
	文化宫前	交谊舞比赛		团工会、共青团
	文化宫前	健身操比赛	运动会开幕式	团工会
8月15日—28日	机关四楼会议室	宣传讲座	践行社会主义荣辱观、三兼顾、法律法规	政工办、纪委、工会
8月1日晚	文化宫前	电影放映	爱国主义教育片	团工会

第二节　文学艺术

一、小说、散文、诗歌等

1997—2015年，团场业余文学爱好者在《中国档案报》《新疆日报》《兵团日报》《老年康乐报》《石河子日报》《新疆党风》等报刊发表回忆录、民间故事等60篇；发表小说、散文、随笔、论文等106篇。陈楚新在《石河子报文艺副刊》发表《养什么最合算》《宝宝挣钱》《袒护》《吹鼓手出口成巧对》；在《新疆科技报》发表《报时就有赏心花》《清除花盆烟尘》《你想知道电视机“爆炸”的原因和预防》；在《新疆工人》发表《“老人十反”今昔谈》等作品。

2006年前，团场中学学生会学生主办《沙枣花》小报，团场小学少先大队部主办《幼苗》小报，刊载各年级学生优秀作文、校园通讯、儿歌、谜语、诗歌、散文、小说、生活小常识、学习心得、古今中外名人名言、天文、地理、历史知识及教师评论，培养学生独立创作精神。

2007年，团党委决定编纂一本以反映团场历史为题材的回忆录，作为2008年庆祝建团50周年的贺礼。机关干部陈楚新耗时1年，收录团场民间诗词7篇，垦荒故事30篇，奇闻逸事4篇，收录1958—2008年照片64幅，编纂成册。此本回忆录定名《风雨北野五十年》，共计19.8万字。

二、音乐、舞蹈

1997年，由团党委集体作词、中学教师黄辉等谱曲的《北野精神》歌曲，受到广大职工群众的喜爱和传唱。

1998年1月，团场邀请八师文工团乐队老师，对团场音乐爱好者进行15天专业知识培训。培训内容有电子琴、二胡、萨克斯、笛子等乐器的入门基础及表演要领。

2002年，团场举办下野地垦区通俗歌曲比赛，一连歌手李方红等获得三等奖。

2008年，由团场党委书记政委、团长、副政委共同作词，石河子大学音乐教师张寅谱曲的《再创北野辉煌》，在全团职工群众中传唱、演出。

1998年8月，团场举办建团40周年庆典活动、文艺活动，举办交谊舞比赛，邹建华、张新红夫妇获一等奖，机关退休干部宋再厚等人获得二、三等奖。

1999—2013年，团场举办10场歌唱祖国、歌唱中国共产党合唱及“颂歌献给亲爱的党”红歌大合唱比赛活动，团医院、学校、机关、十一连、六连、园艺连等单位获奖。

2014—2015年，团场组织青年、团员参加《好声音》石河子下野地赛区、唱响军垦名城《中国新歌声》活动，组织学生参加“实现中国梦，唱响青春梦想”石河子站赛区比赛活动，均取得好成绩。每年元旦、春节，团场组织各单位举办文艺演出活动。

三、美术、书法、摄影

（一）书法绘画

团场书法绘画方面人才较少，缺乏专业人才，多为个人爱好，自学成才。机关赵国梁、加工厂郭志军等，在师市部门举办的书法比赛中获得过名次。

2012年，郭志军获师市第四届“廉政书法”二等奖；赵国梁、宋家新分别获师市第四届

"廉政书法"优秀奖。

2013年，赵国梁、郭志军参加八师石河子市首届法治文化艺术展，分别获一等奖、三等奖。

（二）摄影

1997年以来，团场摄影工作由宣传部门负责，曾兴合、王兵、何继昌、谢培源担任宣传干事时拍摄的新闻图片、摄影作品，多次被地市级、省级报刊刊用。

1997—2006年，机要科陈楚新的摄影作品多次被地市级、省级报刊刊用。其中，2001年摄影作品《我与档案为伍》，获中国档案报庆祝中国共产党建党八十周年和"在党的阳光下成长"有奖征文三等奖。2003年，2次获《中国档案报》"帮达杯"档案人风采图片比赛二等奖。曾兴合、王兵、何继昌、谢培源、陈楚新等人拍摄的新闻图片，被《石河子日报》《兵团日报》《老年康乐报》《生活晚报》《中国档案报》《兵团工运》等报刊刊用。

第三节　文化管理

1997年，团场宣教科负责文化、宣传、思想政治工作及体育工作。

1999年，团场宣教科更名为宣传科，设科长1人，副科长1人，干事2人，负责团场新闻宣传、文化工作，精神文明创建、思想政治工作，以及理论研究、民族团结等工作。宣传科、政工办均设有兼职文化管理员，基层单位设有综合文化室（原俱乐部），文教、政工员具体负责对口宣传科工作。

2000年起，团场文化管理工作按照中央和国家新闻出版总署关于"守土有责""关口前移"的要求，加大对文化市场管理。

2003年，团场派人参加兵团举办的文化市场执法资格证培训工作，负责团内的棋牌室、文化用品店、音像制品店的管理工作。不定期对棋牌室、文化用品店、音像制品店进行执法检查，发现棋牌室有赌博行为的立即取缔，没收赌具、赌资，并进行经济及行政处罚。对文化用品店、音像制品店中销售的暴力、色情、非法刊物及黄色淫秽品立即没收、销毁并对责任人进行处罚，责令其停止营业，限期整改。协助上级主管部门开展"扫黄打非"工作，对收缴的非法出版物进行统一销毁。

2006—2015年，宣传科撤销，成立政工办。基层连队设有文化活动室16个，社区、学校、医院等有8个文化活动室（站），3个农家书屋。

2015年，全团有网吧1个，游戏厅2个，棋牌室1个，书店、音像店2个。由于加强文化市场管理，棋牌室未发生过赌博事件，文化用品、音像制品店未发生过销售黄色淫秽品和非法出版物事件。

第四节 广播电视 电影

一、机构

1997—2006年,团场广播电视一直由团宣传科兼管,科长兼广播电视站站长。

2007年,团场机构改革,成立政工办,主任兼广播电视站站长,设专职副站长1人,记者3人,播音兼编辑1人,外线维修2人。全团有通讯员46人(文教或政工员兼)。

2014年,兵团农牧团场机构改革,按兵团改革要求,广播站从机关分离,成立广播电视文化中心,设书记1人,专职副站长1名,播音、编辑、维修等7人,兼负团史教育基地讲解工作。

二、广播电视

(一)基础设施

1997—2008年,团场为广播电视事业投入200余万元,建成54米高发射铁塔1座,购买频率为100.3兆赫发射机1台,电视卫星地面接收天线3座,录放机2部,架设有线电视主干线3千米,支干线6千米,入网800户,有线电视传送13套节目。投资30多万元,筹建电视差转台。购置编辑机、摄像机及舞台音响设备。全团开通加密电视。

2004年,投资180万元,对全团15个农业单位有线电视网络统一规划建设,对团直有线电视网络更新改造,采编实现数字化播出41套电视节目,全团有线电视用户达2600多户,覆盖率85%以上。

2015年,镇区有线电视网络线全部埋入地下;发展有线电视3000户,有线电视入户率达100%,通组率达100%。

1997—2015年一四一团场广播电视设备统计见表22-2。

表22-2 1997—2015年一四一团场广播电视设备统计

名称	数量(台)	型号	编号	购机年份	备注
摄像机	8	SONY-DSR-200P	—	1999	—
		SONY-DSR-250P	—	2000	—
		SONY-DSR-390P	0050911	2004	—
		JVC GY-HD201EC	—	2008	—
		SONY-DSR-PD198P	325135	2014	—
		SONY-HVR-S270C	3311376	2014	—
		SONY-PXW-X280	0500353	2016	—
		SONY-PXW-X280	—	2016	—
编辑机	3	RT2000	—	1999	迈拓公司
		EDIOS PVSTORMXA	813540华硕公司	2006	康能普视
		EDIOS HD4K	—	2016	联创公司

（续）

名称	数量（台）	型号	编号	购机年份	备注
音频工作站	1	—	—	2008	—
硬盘播放器	2	—	—	2008	—
		Dell-t5610	—	2016	—
录像机	4	SONY 20P	18741	1999	—
		SONY 30P	3-602-10-581	1999	—
		SONY 45P	10869	2003	—
		SONY-HVR-M15AC	0315929	2012	—
DVD视盘机	3	DVP-810	—	2007	—
		DVP-810	—	2007	—
		—	—	—	—
三脚架	1	曼富图501	—	2004	—
打印机	2	LQ-1600KⅢ	NS00717335	2000	—
		HP1020	—	2005	—
显示器	2	SMC-142H	—	2003	—
		SMC-142H	—	2003	—
题词器	1	—	—	1999	—
光接机	1	—	—	2004	—
光发机	4	—	—	2004	—
分路器	2	—	—	2004	—
电脑	2	兼容机	—	—	—

（二）广播电视节目

1997年起，按照党的广播电视宣传方针、政策要求，弘扬主旋律，传播正能量。团场开辟广播节目《一四一团新闻》《政策与法规》《学习生活之友》《农事科技》等专题节目。调频广播每天2次，一年播出通讯稿件3000多篇。电视节目有《团场新闻》《走进农业一线》《三个代表在基层》《夕阳红》《卫生与健康》《党风廉政建设》等专栏。在春耕春播和“三秋”阶段，开办《金秋快讯》《一线访谈连领导》《中学生风采》《质量追踪》等栏目；增设《“三严三实”》《社会主义核心价值观》《四强教育》《曝光台》等各类专题节目、优秀电视剧展播、重要会议和春节联欢晚会录播等。自办电视节目每周三期，每次播放15分钟，全年播出电视新闻174期，播出稿件760多条。制作专题，常年开办《夕阳红》《卫生与健康》《党风廉政建设》等专栏。专题片《一四一团600名拾花工欢天喜地回家乡》《公仆情》分别荣获师市广电局广播电视节目展播二、三等奖。

2015年，团场广播电视文化站利用军垦广场LED大屏，每天晚上9时30分开播，11时30分结束，滚动播出团场实时政策、广场舞、电影、优秀歌曲等。

(三)自办电视节目

2007年,石河子电视台《农场风景线》栏目,播出团场广播电视站创作节目《我要学》《打工者的一天》《六连种山药》《喜迎十七大》《政通人和促发展》《花满枝头果满园》《一试五定密码检验使一四一团农工不再雾里看花》《“2131”国家电影放映工程暖民心》《一四一团2008春节特别节目》《进城演戏》《广阔无垠的北野是你施展的平台》《家在四川》《北野魂》《庆祝一四一团开发建设五十年开幕式》《一四一团开发建设五十年》等专题片。在石河子《非常关注》栏目播出的《希望工程捐资助学惠泽一四一团六名中学生》《一四一团老军垦战士成为暑期学生活动的座上客》《慈孝之星——曾莲秀家和万事兴》《慈孝之星——袁晓英用爱撑起一片天》《幸福伉俪——一段新生幸福伉俪美满生活》短片5部。其中《李少庆和他的一号“文件”》《张军一心为民苦亦乐》《苟小静依靠科技走上致富路》,在石河子广播电视专题展播中,荣获三等奖。

2008年7—8月,团场邀请石河子电视台,集中对一四一团开发建设50年以来变化进行宣传报道《沧桑巨变话北野》《北野之歌》、MTV《直击北野十大民心工程》(10集)、《新型团场北野行》(12集)、《新团场 新形象》《团、连领导访谈》《时代先锋》《绿色田野》等节目,为一四一团场建团50年创业史、发展史营造氛围。

2008年,在庆祝改革开放30年节目展播中,团场广播电视站选送的《一四一团改水工程暖民心》《小“出口”大民生》《安得广厦千万间、职工群众俱欢颜》及10集系列报道《直击北野十大民心工程》节目,分别在石河子电视台《改革开放30年》栏目和兵团电视台《三变——庆祝改革开放30年》栏目播出。其中《心灵的足迹》,在师市2008年庆“七一”迎奥运《新时代先锋》党员教育专题片展播中荣获三等奖;《陈俊开着机车奔小康》《大丰收 魅力人物》在专题展播中获三等奖。

1997—2015年,广播电视站长徐建江、王毅,副站长徐凤、杨崇林,摄像杨崇林、王兵、李江平等,先后被石河子广播电视局评为先进站长、优秀通讯员、供稿先进个人,荣获《改革开放30年》电视新闻大赛二等奖等。

1997—2015年一四一团场外用新闻稿件统计见表22-3。

表22-3 **1997—2015年一四一团场外用新闻稿件统计** 单位:份

年度	中央级	省级	地区级	合计
1997	3	26	125	154
1998	5	57	173	235
1999	2	31	160	193
2000	5	35	175	215
2001	4	24	210	238
2002	3	22	240	265
2003	4	32	356	392
2004	7	55	375	437

（续）

年度	中央级	省级	地区级	合计
2005	5	74	457	536
2006	4	51	428	483
2007	2	57	548	607
2008	2	45	470	517
2009	3	50	425	478
2010	3	46	502	551
2011	2	40	485	527
2012	5	52	498	555
2013	4	48	533	585
2014	2	42	475	519
2015	2	44	434	480
合计	67	831	7069	7967

三、电影

1997年，放电影是最受职工群众欢迎的一种文化形式，团场有专业电影队，月月安排下基层为职工群众放电影。团部放映场所有露天电影院和礼堂，一年四季电影均满场满座，有时候这个连队放映，其他单位影迷会骑着自行车，或开着拖拉机赶到放电影的连队看电影，最多一年放映电影达400场。

2001年12月，团场电影放映队与机关分离，电影队归物业中心管理。

2003年11月，电影队解散。为满足部分职工群众看电影需求，团场每年拿出数十万元，与石河子电影公司签订放映合同，以满足群众看电影需求。

2014年，机构改革，电影放映工作归团广播电视站，广播电视站安排专人每年按时送电影下连队，满足职工群众看电影的需求。

第五节　体　育

一、群众体育

1997年开始，团场每年均组织职工开展篮球、排球、拔河、象棋等体育比赛。制订年度工作计划下发全团各单位，要求各单位参与遵照执行，开展全民健身运动。团工会为各基层单位购买篮球、排球、乒乓球、羽毛球等体育器材，组织开展节庆体育比赛和职工业余体育活动。

1997年7月15日，团场首届职工运动会在文化宫门前举行。设有100米、1500米、4×100米接力，跳远、铅球、篮球、乒乓球、公路自行车、拔河、扑克、象棋比赛等项目。全团各单位职工踊跃报名参赛，有650名运动员参加比赛。

2005年，为纪念《全民健身计划纲要》颁布十周年和庆祝自治区成立50周年，团下发《关于开展2005年全民健身活动的通知》，工会组织群众参加从6月20日—8月20日为期2个月的体育系列活动。有环镇千人跑主题活动、职工羽毛球比赛、拔河比赛，以及社区中青年韵律操、健身操表演、庆“八一”篮球比赛，参赛人数3000人。

2010年，团场利用农闲时间，开展职工群众篮球、网球、排球、乒乓球、单杠、双杠等比赛活动。团场连队与连队之间进行篮球、乒乓球等比赛，并邀请一四四团、一四二团、武警支队官兵到团场进行篮球友谊比赛。团工会、团委牵头组织的“迎新年拔河比赛”活动，在职工培训中心广场进行，北野学校等非农单位和15个农业连队600名职工参加拔河争夺赛。团场妇联在文化宫广场举办跳绳、踢毽子、小游戏等活动，迎接“三八”妇女节。老年大学和团直退休职工进行健身操、舞剑、打太极拳等体育健身活动。

二、学校体育

（一）体育设施

1997年，团场教育中心成立学校体育工作领导小组，组长由校长担任，副组长由书记担任，组员由德育、教务主任及体育教师担任。学校全面贯彻落实《学校体育工作条例》《学生体质健康标准》，以“健康第一”为中心，开展丰富多彩的体育活动，由专职体育老师负责体育活动，学校每周设2～3节体育课，由专职教师传授体育知识。同时，不断深化课余训练管理，提高中小学生运动技术水平，利用体育课教学主渠道，认真落实体育课和健康教育教学常规化、优化教学过程，提高学生们学知、认知、用知能力和水平，丰富校园生活，增强师生的身体素质，健全学校体育教学制度。

1998—2014年，随着教育投入的加大，学校体育设施不断完善。学校有体育类场地跑道300米，排球场1个，篮球场1个，乒乓球台10个，体育器材室1个。

2015年，学校有足球场、水泥篮球场和6套健身器材。

（二）体育比赛

1997—2015年，团场学校每年5月1日—5月6日举办田径运动会，共举办6届中小学青少年运动会。比赛项目主要有篮球比赛及100米、200米、400米、800米、1000米跑比赛。参赛班级主要以初中生为主。学校对比赛成绩优秀的学生进行物质奖励和精神奖励。

1997—2015年，石河子教育局组织举办中学生运动比赛，团场学校派出代表队参赛，篮球、长跑等项目获得过二、三等奖。

第二十三章　医疗卫生

1997—2015年，一四一团不断改善医疗条件，加大基础建设投入和医疗设备更新。定期选派医护人员进修培训，提高医护人员的医疗技术水平，加强防疫病控和各种疾病的预防治疗，职工群众的健康水平日益提高。常年在春秋季开展场区周边环境卫生整治工作，降低疾病发生率，加大药品管控和监督，确保职工群众身心健康。

2004年，团场医院被国家卫生部授予“一级甲等医院”“爱婴医院”，被兵团劳动局指定为城镇职工医疗保险定点医疗机构。19年中，一四一团场医院卫生系统多次被兵团和师市授予“卫生系统纠风工作先进单位”“师市地方病防治工作先进单位”“师市先进基层党组织”“师市基层卫生工作先进单位”“师市医院管理年活动先进单位”“师市团场公共卫生工作先进单位”“师市医保工作先进单位”“师市医疗质量管理先进单位”“师市流行性腮腺炎疫苗应急接种工作先进单位”“八师团场连队职工健康建档工作先进基层单位”“下野地垦区初级卫生保健、预防保健工作第三名”等荣誉称号。

第一节　机构　队伍

一、医疗机构

（一）卫生中心

1997—2011年，团场卫生中心设主任、书记各1人。邵元庆任卫生中心协理员、主任兼医院书记，代新保任卫生中心协理员主任和医院院长，他们除管理药政、医政外，还负责卫生防疫、妇幼保健等工作。

2011年，团场撤销卫生中心机构，改称职工医院和防疫站，职工医院既是卫生管理部门，也是医疗单位。防疫站后改为疾病预防控制中心。

（二）医院

1997年，团场医院设内科、儿科、妇科、外科、门诊、检验科、放射科、五官科、口腔科、药剂科、总务科、院部、卫生防疫站、B超室、心电图室、供应室。院部工作人员有院长、副院长、政工员、会计、出纳及科室主任。

2015年，全团有卫生医疗技术人员75人，其中医生47名，护士21名，杂勤7人。医院设50张床位，设病房16间。医院总人口176人，其中男性64人，女性112人。

（三）疾病预防控制中心（防疫站）

1997年，一四一团场设防疫站1所，有工作人员6人。2004年，根据兵团编委《关于建立兵、师、团三级疾病预防控制和保健机构的通知》及农八师编委《关于建立师、团两级疾病预防控制和妇幼保健机构的通知》精神，经团党委决定在一四一团卫生防疫站的基础上，成立一四一团疾病预防控制中心，同时挂一四一团妇幼保健站牌子。

（四）妇幼保健站

妇幼保健站隶属医院管理，主要工作是对全团妇女“四期”（经期、孕期、产期、哺乳期）保护工作进行检查和督促，对育龄妇女进行妇科病普查，对0～7岁儿童进行建卡管理。医务人员经常深入基层，做妇幼健康保健建档、宣传、指导、服务工作，具体对孕妇进行产前、产中、产后健康监测及新生儿健康监测服务，以及进行妇科病普检、幼儿健康体检、优生、优育宣传教育工作。医院妇产医生、儿科医生兼职负责妇幼保健工作。

1997—2015年一四一团卫生系统历任领导人名录见表23-1。

表23-1 1997—2015年一四一团卫生系统历任领导人名录

单位	姓名	性别	职务	任职时间
卫生中心	邵元庆	男	协理员	1997.01—1998.12
	邵元庆	男	主任	1999.01—2011.05
	代新保	男	协理员	1999.01—2011.05
	代新保	男	主任	2011.05—2015.12
计生办	邵元庆	男	主任	1999.01—2001.12
	雷淑霞	女	主任	2001.12—2010.03
	唐茹	女	主任（兼）	2010.03—2015.12
医院	邵元庆	男	协理员	1997.01—1999.01
	邵元庆	男	书记	1999.01—2011.05
	代新保	男	副书记	1999.01—2015.12
	代新保	男	副院长	1999.01—2008.12
	代新保	男	院长	2008.12—2015.12
	崔玉新	男	书记	2011.05—2015.12
	李直栋	男	副院长	1999.08—2015.12
	陈新民	男	副院长	2008.08—2015.12
	耿长水	男	政工员	1991.12—2015.12
疾控中心（防疫站）	邵元庆	男	站长	1999.01—2001.12
	崔玉新	男	站长	1997.04—2015.12

（五）医疗单位

1997—2006年，团场医疗管理单位除医院、防疫站外，还有基层卫生室34个（其中连队卫生室16个，基层单位（含学校、工区）卫生室18个。

2007—2015年，团场卫生系统改革，基层卫生室合并和改名为卫生服务站，设基层单位卫生服务站18个（含学校）。

二、医疗队伍

1997—1998年，团场卫生医疗系统有技术人员102人，其中中级职称9人，初级职称83人，无职称22人。

2001—2004年，团场卫生医疗系统有技术人员97人，其中中级职称21～30人，初级职称60～69人，无职称19人。

2008年，全团卫生医疗系统有副高级技术职称人员3人，中级技术职称人员30人，初级技术职称人员56人。在职人员中，有本科学历17人，大专学历35人，中专学历36人。

2014—2015年，团场卫生医疗系统有技术人员98人，其中副高级职称3人，中级职称30人，初级职称56人，无职称9人。

第二节　医　　疗

一、医疗设施

1997—2015年一四一团场医疗卫生仪器统计见表23-2。

表23-2　1997—2015年一四一团场医疗卫生仪器统计

年份	医疗仪器名称
1997	冰柜
1998	B超机
2001	500毫安X光机
2003	B超机
2004	十二导心电图机，全自动生化仪，胎儿监护仪
2005	多参数床边监护仪，血细胞分析仪
2006	麻醉机，血液流动变态分析仪，自控洗胃机
2009	急救呼吸机，全自动洗胃机，多导心电图机，负压吸引机，血细胞分析仪，尿分析仪，生物显微镜，B超机，麻醉机
2010	半自动生化仪，综合手术台，多功能抢救床，普通产床，防辐射保温盒
2013	DRX光机等设备
2014	生化检验仪，电解质分解仪，血球分析仪
2015	更新全自动生化仪、彩超胎儿监护仪、电动洗胃机、流产吸引机、血红蛋白仪、火焰光度计等

1997年，一四一团场医院购置冰柜1台。1998年，医院防疫站购置B超机1台。

2001年，购置500毫安X光机1台。2003年，购置B超机1台，小型制氧机1台。2004年，购置十二导心电图机1台、全自动生化仪1台、胎儿监护仪1台。

2005年，医院防疫中心购置多参数床边监护仪1台、血细胞分析仪1台。2006年，购置麻醉机1台、血液流动变态分析仪1台、自控洗胃机1台。

2013年，配备DRX光机一台。2014年，添置生化检验仪一台、电解质分解仪一台、血球分析仪等医疗设备。

2015年，一四一团场职工医院更新全自动生化仪、彩超胎儿监护仪、电动洗胃机、流产吸引机、血红蛋白仪、火焰光度计等仪器。同时争取上级资金超过53万元，配备DRX光机、酶标仪等设备，购买50套病床，更新被褥等，进一步改善了医院医疗环境和职工群众就医条件。

二、医疗技术

（一）西医

1997—2015年，团场医院诊治病人主要采取西医诊治。西医分为内科、外科、儿科、妇产科、传染科。

1. 内科　医治风湿病、慢性支气管炎、阻塞性肺气肿、肺源性心脏病、支气管哮喘、支气管扩张、慢性呼吸衰竭、原发性支气管癌、胸腔积液、气胸、心力衰竭、心律失常、心脏骤停、心脏性猝死、原发性高血压、动脉粥样硬化和冠状动脉粥样硬化性心脏病、感染性心内膜炎、扩张性心肌病、血栓性静脉炎、胃食管反流病、食管癌、胃炎、溃疡性结肠炎、大肠癌、功能性胃肠病、慢性腹泻、急性胰腺炎、结核性腹膜炎、上消化道大出血、肾病综合征、尿路感染、慢性肾衰竭、缺铁性贫血、巨幼细胞贫血、再生障碍性贫血、白血病、脾功能亢进、遗传性出血性毛细管扩张症、单纯性紫癜、血小板减少性紫癜、血栓性疾病、输血和输血反应、尿崩症、单纯性甲状腺肿、甲状腺功能减退症、库欣综合征、嗜铬细胞瘤、糖尿病、低血糖症、血脂异常和脂蛋白异常血症、痛风、骨质疏松症、类风湿性关节炎、系统性红斑狼疮、血管炎、特发性炎症性肌病、干燥综合征、骨性关节炎。

2. 外科　外科手术主要有肝包虫内囊切除、甲状腺瘤切除、疝修补、咽部异物取出、鼻腔异物取出、新式剖宫产、大隐静脉高位结扎+剥脱、锁骨骨折克氏针内固定、四肢骨折切开复位内固定等。

3. 儿科　进行新生儿窒息的复苏及合并症抢救，新生儿缺血、缺氧性脑病、颅内出血、白血病诊断，新生儿黄疸治疗，肾病诊治，癫痫病、小儿中度脱水的抢救，对顽固性病症治疗有尝试，治疗水平有提高。

4. 妇产科　1980年，团场医院开展第1例异位妊娠手术成功，随着医疗设备的增加，技术人员医术水平的提高，医院可以开展剖宫产手术、急性盆腔炎处理、卵巢囊肿性畸脂瘤剥除、理化因素所致疾病、乳腺炎、子宫肌瘤、子宫脱垂、生殖道瘘等妇科疾病治疗。

5. 传染科　1997年，主要医治肺结核、流行性脑膜炎、流行性感冒、伤寒、慢性肝炎、肝硬化、原发性肝癌、肝性脑病、肺炎球菌肺炎、克雷伯杆菌肺炎、肺炎支原体肺炎、肺脓肿、肺结核、肺泡蛋白质沉积症、硅肺等传染疾病。

2005年后，采用新的医疗技术治疗各种传染病，使传染病患者治愈率达96%以上，团场无传染病蔓延。

（二）中医

1997年3月，团场按照一甲医院标准要求，建立中医门诊。因缺乏中医专业人才，团场医院与石河子中医院联系，医生、药剂师由石河子中医院选派，药材由石河子中医院提供，看病收入归石河子中医院，中医院负责为团医院带教医生。

1998年底，石河子中医院将派出医生撤回，中医院将中药作价给团医院，团医院医生、药剂师接手中医门诊。

2002年底，由于看中医病人少，团场中医门诊撤销。

三、医疗护理

（一）护理培训

1997年，随着团场经济发展，职工人数增加，公共卫生管理要求规范化，职工健康意识增强，团场重视医护人员专业技术知识和医疗水平的提高，每年根据医院需要，选派2～4名有事业心、有责任感、吃苦耐劳、肯钻研的年轻医护人员到地、省级三甲医院进修学习1年，学习结束后回团场医院。

1998年9月—2001年7月，石河子大学护士学校在石河子大学第一附属医院培训中心举办乡村医师专业培训班，医院23名医生参加培训学习。通过理论与实操考试，所有学员成绩优良，全部拿到毕业证书。

2001年9月—2003年7月，兵团广播电视大学在石河子大学第一附属医院培训中心开办护理大专班，8名护士参加学习并获得大专毕业证书。

2000年，开展医学继续教育，医护人员通过学习培训，考试获得25个学分。医院组织必须参加学习的医务人员，全部参加师市卫生局及上级医疗组织的专业人员授课培训，培训结束后，统一参加考试，合格者发放结业证书。全团有99人参加继续医学教育。

2008年，团场医院参加继续医学教育87人。

2009—2015年，团场医院参加各类继续再教育68人，培训75人。

（二）技术演练

1997—2015年，医院每年组织医务人员开展1～2次预防禽流感和预防其他疾病的技术演练，坚持每年开展临床护理技术练兵比赛活动，通过比、学、赶、帮、超技术演练比赛活动，提高医护人员的医护技能。

2003年，全国发生“非典”疫情。由于没有临床经验，团场医院组织医务人员开展防非典演练。同时，每年在4月开展护理技术操作比武、护理理论知识考试。开展护理人员学习医生病例书写观摩等活动，不断提高全体护理人员的素质、技术水平。

2000—2015年，团场医院每年举办庆祝“5·12”国际护士节活动。团场党委均派分管领导和机关科室到医院参加表彰大会，为先进科室和优秀个人颁奖。

第三节 卫生防疫

一、计划免疫

1997—2015年一四一团场儿童计划免疫接种率统计见表23-3。

表23-3　1997—2015年一四一团场儿童计划免疫接种率统计　单位:%

年 份	麻疹疫苗	脊髓灰质炎疫苗	百白破三联疫苗	卡介苗	乙肝疫苗
1997	100	99.11	98.31	100	100
1998	100	99.00	99.10	100	100
1999	100	98.71	98.93	100	98.98
2000	100	98.62	99.04	100	100
2001	99.69	99.06	99.50	100	100
2002	100	99.57	98.14	100	100
2003	99.65	99.44	99.48	100	100
2004	99.38	99.33	99.34	100	100
2005	100	98.43	100	100	100
2006	98.53	98.74	98.54	100	100
2007	99.17	99.14	99.17	100	100
2008	100	100	100	100	100
2009	100	95.65	100	100	100
2010	100	100	100	100	100
2011	100	100	100	100	100
2012	100	100	100	100	100
2013	100	100	100	100	100
2014	100	96.78	100	100	100
2015	100	100	97.37	100	100

1997年起，团场医院卫生防疫站将每月15日、25日定为计划免疫接种日，按照规定免疫程序为适龄儿童接种，不因天气、节假日等原因改变、耽误，做到不漏种，不重种，严格执行“一人一针一管”。当年，团场儿童基础免疫“五种疫苗”[麻疹疫苗、卡介苗、脊髓灰质炎疫苗（糖丸）、百白破三联疫苗、乙肝疫苗]接种中，麻疹疫苗接种率100%，脊髓灰质炎疫苗接种率99.11%，百白破三联疫苗接种率98.31%，卡介苗接种率100%，乙肝疫苗接种率100%。

2002年，团场儿童基础免疫“五种疫苗”接种中，麻疹疫苗、卡介苗、乙肝疫苗接种率均为100%，脊髓灰质炎疫苗接种率99.57%，百白破三联疫苗接种率98.14%。

2008—2013年，团场儿童基础免疫“五种疫苗”接种率均在95.65%以上。

2015年，团场儿童基础免疫“五种疫苗”接种中，除百白破三联疫苗接种率为97.37%外，其他4种疫苗接种率均为100%。

1997—2015年，团场没有发生因计划免疫而引起的麻疹、肺结核、百日咳、白喉、破伤风、脊髓灰质炎、乙型肝炎等传染病的发生。“五种疫苗”接种率均在95%以上。团场连续多年被师市卫生局评为“基层预防保健先进单位”。

二、地方病防治

1997年，根据团场实际情况，有针对性制订地方病防治计划，每年不定期通过广播电视，对群众进行健康教育宣传工作，对不同人群进行健康教育知识问卷调查，开展小学生健康教育的问卷调查和效果评价，普查8～10岁儿童健康状况，查出甲状腺肿大4人，肿大率1.23%。对7～14岁中小学生进行氟斑牙调查，共调查1080人，患氟斑牙人数50人，斑牙率4.63%。

2008年，团场进行水源水质监测2次，合格率100%；进行末梢水监测2次（7份），合格率100%。水管人员6人，体检率100%，办证率100%，“五病调离率”100%。开展540人氟骨症调查，100人尿氟调查，108人砷中毒调查。继续贯彻以畜间检免处消杀为主的综合性防治措施，检免牛羊共4886头。开展碘缺乏病宣传日活动。用滴定法对居民户碘盐监测288份，合格288份，合格率达100%，全团碘盐销售总量55吨，合格率100%，人均需求量达到100%。

2013年，团场疾控中心对7～14岁中小学生进行氟斑牙调查，共调查421人，氟斑牙人数21人，斑牙率4.99%。

2013年，团场对居民户碘盐监测288份，合格288份，合格率100%，检查8～10岁儿童193人，查出甲状腺肿大人数3人，肿大率1.55%。水源水质监测2次，合格率100%，末梢水监测2次（10份），合格率100%。

三、传染病防治

1997—2010年，团场疾控中心（防疫站）在防治传染病方面，坚持做好菌痢、肝炎、肺结核、伤寒、副伤寒、疟疾、儿童腮腺炎等传染病预防管理工作。加强疫情监测、登记、统计、网络直报工作。每年10月，进行医疗机构和居民法定传染病漏报率调查，通过调查发现医疗机构无漏报现象，居民漏报率为1.4%。年终做好法定传染病疫情资料分析上报。截至2010年12月，团场各医疗机构共报出法定报告传染病6种81例，年总发病率0.439%。团场疾控中心始终做好疫点的随时消毒和终末消毒工作，避免传染病的暴发流行。疾控中心人员每月定时到全团各单位为适龄儿童进行健康体检、预防接种，进行健康教育，以防止各类儿童传染病发生和传播。

2000—2015年，团场疾控中心每年完成餐饮业餐具消毒和公共场所用具监测690份，为服务行业人员体检200人次。建立电子居民健康档案9983人，管理高血压病人552人，管理糖尿病病人285人，完成65岁以上老年人免费体检1108人，管理重性精神病人59人，在校学生体检763人，没有突发公共卫生事件发生。

第四节 妇幼保健

一、妇女保健

1997年，团场卫生防疫站下设妇幼保健办公室，承担着全团妇幼保健工作，主要管理全团7岁以下儿童和孕产妇的产前保健，防疫站人员每月按时到基层单位，为7岁以下儿童进行健康体检，每周一、周五为孕妇做产前检查、孕期保健及宣教工作。

2000年，新一轮初级卫生保健达标工作开始，团场贯彻落实《兵团妇女发展规划（2001—2010）》，妇幼保健工作得到重视和加强，产妇住院分娩率提高，婴幼儿死亡率明显下降。

摸清育龄妇女底数，对所有育龄妇女进行信息建档管理，跟踪服务，孕产妇系统管理率90.6%，高危孕产妇管理率100%。早孕建卡率90.6%，总建卡率100%。产前≥5次检查率96.8%，产后访视率96.8%。住院分娩率100%，新法接生率100%。无孕产妇死亡、新生儿破伤风和出生缺陷发生。孕产妇艾滋病病毒、梅毒、乙肝抗体检测率100%，检测阳性率0。妇女保健知识考核合格率90%。

二、儿童保健

1997年，儿童系统管理率和孕产妇系统管理率均达90%以上。每年坚持为团中心幼儿园入园儿童做体检，同时对幼儿园的儿童做膳食调查和营养评价，及时给予营养指导和做好各项工作资料的收集、整理、汇总和建档工作。

2000年，新一轮初级卫生保健达标工作开始，团场贯彻落实《中共中央、国务院关于进一步加强农村卫生工作的决定》，实现《兵团儿童发展规划（2001—2010）》。

对全团0～7岁儿童建卡管理，定期体检，系统保健覆盖率达95%。3岁及以下儿童系统管理率90%。儿童出生建卡率95%，出生0～42天建卡率100%。

新生儿访视率95%。年内6个月母乳喂养率95%。佝偻病检出率5.6%，受检率100%。3岁以下血红蛋白（Hb）监测率100%。及时发现体弱儿，管理率100%。托幼园所工作人员体检率100%，入园体检率100%，在园儿童定期体检率96.6%。5岁以下儿童死亡率3.2‰。对全团0～6岁儿童333人进行生长发育营养评价。

2015年，实施国家基本公共卫生服务，对孕产妇及0～6岁儿童进行免费体检服务，为6岁以下儿童服糖丸，住院分娩的产妇享受团场规定的计划生育保险金、生育补助金。全团无孕产妇及儿童死亡现象。

1997—2015年一四一团场小儿贫血、佝偻病调查统计见表23-4。

表23-4 1997—2015年一四一团场小儿贫血、佝偻病调查统计

年份	小儿贫血			佝偻病		
	实查人数（人）	患病数（人）	患病率（%）	实查人数（人）	患病数（人）	患病率（%）
1997	451	41	9.09	289	17	5.88
1998	279	15	5.37	279	27	9.68
1999	215	34	15.81	215	25	11.63
2000	488	28	5.74	488	4	0.82
2001	289	21	7.27	289	8	2.77
2002	244	29	11.89	244	4	1.64
2003	222	19	8.56	222	34	15.32
2004	176	28	15.90	176	64	36.36

（续）

年份	小儿贫血			佝偻病		
	实查人数（人）	患病数（人）	患病率（%）	实查人数（人）	患病数（人）	患病率（%）
2005	167	14	8.38	167	74	44.31
2006	193	7	3.63	193	64	33.16
2007	165	14	8.48	165	31	18.79
2008	132	7	5.30	174	31	17.81
2009	172	3	1.74	162	10	6.17
2010	127	4	3.15	142	7	4.93
2011	315	1	0.32	100	12	12.00
2012	271	6	2.21	102	12	11.76
2013	177	5	2.82	78	10	12.82
2014	156	4	2.56	84	5	5.95
2015	150	8	5.33	92	8	8.70

三、爱国卫生运动

1997—2015年，团场成立一四一团爱国卫生委员会（简称爱卫会）。团党委有1名党委常委、副团职领导担任团爱卫会主任，下设办公室，原卫生科、防疫站负责人担任爱卫会常务副主任，机关组织、宣传、工会、共青团组织等相关部门负责人担任爱卫办成员，协助团场爱卫会开展各项活动。基层厂、连队设有爱卫会小组，主任由连队指导员或副连长兼任，基层连队（厂、站）卫生员任副组长，主要负责落实单位环境卫生工作。

1997年起，每年定期在各单位职工群众中，举办以“环境与健康”为主题讲座、培训。发挥各单位宣传栏、板报及团场广播电视等媒体阵地宣传作用，采取职工群众喜闻乐见、通俗易懂的形式，普及环境与健康知识。爱卫会常年开展全民爱国卫生运动，坚持每年进行3次卫生检查评比，将环境整治、保护工作纳入思想政治工作考核，实行重奖重罚。以开展创建文明城镇活动为契机，开展环境整治、清洁、美化工作。春季和冬季坚持开展清运垃圾、灭鼠工作，公共环境卫生和职工居住环境面貌有较大改善。镇区环境美化、保洁统一标准，垃圾集中清运工作由物业中心承担。根据师卫生局要求和团场城镇化步伐加快，团场启动创建“兵团卫生团场”工作。在镇区居住的各单位爱卫会，根据居住区范围划分卫生责任区，签订目标责任书，坚持实行“六包”，各单位坚持每个周一、周五开展卫生清洁日活动，4月、5月、11月，开展3次大型环境清理、整治活动。团爱卫办坚持每个周一、周五进行日常环境卫生检查和月检查，每个月的最后一个周五为全团的“义工日”，重点开展环境整治工作。采取城镇管网改造延伸、集中处理和分散处理等多种方式，加快团场生活污水治理和旱厕改水冲式厕所步伐。通过爱卫会联合卫生大检查，各单位卫生环境达标合格率为96%，卫生厕所使用普及率82.26%，居民卫生户厕普及率40.93%，镇区污水处理率达100%。团场党委把爱国卫生工作作为统筹治理团场环境卫生大事来抓，实现推动团场的爱国卫生工作有序进行,让一四一团百姓居住的生活环境变得更加整洁有序,健康宜居。

2013年,团场党委提出建设“绿色环保团场,文明生态北野”工作目标,爱卫会与基层签订环境保护责任书。把3月15日—4月15日定为“爱国卫生集中整治月”,投入劳动力6000人次,清理卫生死角90余处,清理出垃圾1000余吨,拆除违章建筑120平方米,绿化、美化镇区面积12320平方米,修整林床9千米,清除“牛皮癣”(小广告)1870余处。

2015年,团场党委为北野镇区环卫设施设备投入数百万元,新建污水处理厂1座,铺设排水管网17571米;购置环卫车3辆,果皮箱50个,垃圾桶50个;修建封闭式垃圾收集箱20个。初步实现“绿色环保团场,文明生态北野”工作目标。

第五节 医疗管理

一、药品采购与管理

(一)药品医疗器械采购

2011年1月始,团场医院药品全部由师市卫生局集中招标采购和零差率销售,让利于全团百姓群众。是年8月12日,兵团药品安全示范团启动现场会在一四一团场召开启动大会,团场被列为“药品安全示范团”。

2014年,团场争取上级资金超过53万元,公开招标购买配备50套病床和尾标仪等设施。投入35万元,为病房更新被褥,新建污水处理设施和医疗垃圾处理设施,改善团场职工群众的住院环境和医疗条件。

(二)药店

2015年,团场有药店5家,分别为一四一团新康药店、兵团医药公司第643分店、兵团医药公司第624分店、一四一团怡康大药房、绿珠大药房25店。其中,新康药店负责人1人,从业人员1人,民营性质;兵团医药公司第643分店负责人1人,从业人员1人;兵团医药公司第624分店负责人1人,从业人员1人;怡康大药房负责人1人,从业人员1人;绿珠大药房25店负责人1人,从业人员3人,民营性质。

二、医疗改革

(一)职工医疗改革

1997年前,团场对职工实行医疗制度改革,把职工工资总额9%作为医疗费,实行分级管理。其中2%由财务科管理,用于统一支付离退休干部的医疗费,3%留给单位,主要用于连队职工门诊就医和住院治疗开支,4%交给医院作为医疗经费开支。职工家属按每人24元标准实行医疗包干。同时,增加自理费用,职工按医疗费用总额10%自理,家属按医疗费用20%自理。转院治疗,职工按住院费用20%自理,家属按30%自理。独生子女只收挂号费,其他费用一律免收。

1999年1月,团场根据师、团关于《农八师企业职工医疗制度改革暂行办法》文件精神,组织学习并参照试行。在国家对兵团农牧团场所办医院无任何经费补贴情况下,医疗卫生费用由企业和职工共同承担,建立企业医疗保险基金,企业职工和退休、退职人员,由各单位财务人员给每个人建立一个医疗账户。个人医疗账户的资金一般在每年年初一次性记入，具体记入标准是：年满45周岁或45周岁且连续工龄不满15年者，按其缴费工资基数4%（含个人所缴的1%）记入；年满45周岁且连续工龄已满15年者，按其缴费工资基数5.5%（含个人所缴的1%）记入。职工家属和子女（均限直系亲属）由职工自愿参加保险。由基层单位财务人员为其每人建立1个医疗账户，按个人缴费金额的2%记入，限额（每人120元）报销，超支自理，结余归己。退休职工异地安置的，每人每月随工资发放15元包干医疗费超出部分自费，结余自己留用。团内退休职工个人缴纳医疗金，按其工资总额提4%作为个人账户，平时在团医院门诊就医自理20%，80%从个人账户支付，个人账户支付完后，所发生的医疗费按在职职工同等比例报销。职工就医一律用现金自付医疗费用，凭医疗部门的收费发票和相应的门诊处方或住院病历卡复印件，回本单位按规定报销。首先从本人医疗账户中全额报销。个人医疗账户不足支付时，按一定比例报销。具体标准是：超支3000元及以下，部门报销70%；超支3000～7000元，部门报销90%；超支7000元以上，部门报销95%。报销费用按分段计算、累加支付的办法报销。

2003年12月，团场干部、工人、离退休人员由公费医疗转为职工基本医疗保险改革。团场和职工个人按工资比例向医保中心交费，其标准是团场按职工工资的8%、职工按本人工资的2%提取，离退休人员免交，职工住院由社保中心按比例予以报销。职工家属和子女由包干医疗转为自费医疗。

2006年，农八师社保局在全师医疗机构进行职工医疗保险改革，从试点运行到正式开始历经3年。

2009年，职工医疗保险改革正式在全师各医疗机构展开，实行全师职工社保网络系统联网统一管理。规范和完善定点医疗机构的医疗服务行为，提高医疗保险服务水平和医疗保险基金使用效益。当年5月，农八师社保局在全师各团场职工家属和子女范围内全面实行"居民基本医疗保险"业务，团党委根据师社保文件精神，组织开展此项工作。此举进一步推动兵团医疗改革的步伐和全师医疗保险制度改革工作，促进医疗机构服务与质量的提高，稳定了职工队伍，解决了职工的后顾之忧，解决了患者看病难等问题。

（二）医院改革

2002年11月，根据兵团"1+3""1+8"文件精神，改革医院经营管理模式和经营体制，做到医院与企业经济脱钩，大幅降低团场办社会负担，团场成立医院改制领导小组，组长由政委郭振元担任，副组长由纪委书记、副政委担任。

2006年1月1日，医院不再搞经营承包，医院由团场统一管理。2008年，充实基层医疗服务力量，改扩建连队甲级卫生室23个，方便连队职工看病。

2014年，团场按兵团改革"四类"事业单位分类改革稳步推进，资源整合和人员调配到位，对医院进行岗位设置、聘用管理、以岗定薪、绩效考核，分类改革，实现资源和资产整合。医改以来，每年进行2次病人满意度调查，病人对医院环境、服务质量、技术水平、服务态度综合满意率96.89%，比卫生部规定的病人满意率达到92%，高出4.89%。

（三）人事改革

2002年9月，按上级有关医疗机构改革规定，卫生中心制定团卫生系统改革措施，将机关、修配厂、加工厂卫生室合并为北社区卫生服务站，设3名医务人员；将砖厂、水泥所、园艺连、工程连卫生室合并为南社区卫生服务站，设4名医务人员；中学、小学设1个医务室，设3名医务人员。

2003年2月，根据中共中央、国务院《关于进一步加强农村卫生工作的意见》文件精神，团场党委常委会讨论并通过对全团连队医务人员分配制度进行改革。具体办法为，全团各单位医务人员打破档案工资制，以所辖服务人数为标准，给予效益工资，即少于100人的单位，医务人员月工资500元；101～200人的单位，月工资700元；201～300人的单位，月工资900元；301～400人的单位，月工资1100元；400人以上单位，月工资1300元。团学校的校医，按月工资900元发放。连队医务人员工资为：团场支付50%，其余50%或30%通过计划生育工作补贴、患者就医服务费和适当承包土地取得弥补。此种工资发放模式出台实施后不久，由于各种原因又改为按档案工资发放，年底根据团场经济状况，按比例、按岗位、按工作业绩，给医护人员发奖金，即档案工资+奖金。

2004年，北社区卫生服务站抽调人到十六连卫生室工作，南社区卫生服务站抽调1人到十连卫生室工作。镇区2个社区卫生服务站担负着镇区3698户7980名居民的预防、保健、医疗、康复、健康教育和计划生育服务工作。

2007年1月，团场党委根据兵团文件及师编委文件《关于做好团场卫生事业单位机构编制核定工作》精神，结合团场实际，制订编制核定方案，并经师市编委办公室审核、师编委批准将团医院纳入事业单位。进一步规范团场卫生事业单位的机构编制管理，提高团场卫生工作服务质量和整体水平，建立布局合理、功能齐全、队伍精干、服务高效的团场卫生工作体系。

2008年初，根据师、团《卫生事业单位编制核定工作方案》，医疗卫生事业单位实行纳编定岗改革，团场卫生事业单位工作人员参加师编委组织的第一次纳编考试，全团卫生技术人员共88人，先后分2批次参加考试考核，实际纳编81人，内退7人。内退人员发档案工资80%，编外在岗人员10人。

第二十四章　精神文明建设

一四一团的精神文明建设工作由党委书记、副书记主抓，分管宣传工作的副政委、纪委书记协调抓，宣传政工部门具体抓。随着经济的不断发展，人民对物质、精神文化的追求不断提高，团场的精神文明建设工作被提到重要议事日程。团场在开展群众性精神文明建设活动中，广泛开展文明单位、文明生态小康连队、十星级文明户、和谐小康家庭等群众性精神文明创建活动和先进集体、模范个人争先创优活动。学习宣传《公民道德建设实施纲要》，开展"三德"教育月活动；开展"公民道德建设月"活动；开展社会主义荣辱观教育活动；开展以"爱国守法、明礼诚信、团结友善、勤俭自强、敬业奉献"为主题的道德实践活动；以弘扬"北野精神"为主旋律，开展社会主义核心价值观教育和以兵团精神为主要内容的屯垦戍边核心价值观教育。推进职工群众思想道德素质的提高，加强未成年人思想道德教育，宣传职工群众身边的先进人物和典型事迹。在全社会唱响共产党好、社会主义好、伟大祖国好、改革开放好、民族团结好、人民军队好的时代主旋律。

2005年，团场获得兵团授予的"精神文明建设先进单位"称号。2011年，团场被兵团文明办评为"兵团级文明单位"。

第一节　组织机构

1997年，团场成立精神文明建设指导领导小组，组长由团党委书记刘书运、副书记冯玉清担任，副组长由副政委高泽民、纪委书记杜书画担任，成员单位由组织科、宣传科（政工办）、纪委、工会、人武部等科室组成，办公室设在宣传科。基层单位（连队）相应成立精神文明领导工作小组，由党支部书记（指导员）、连长任组长，由工会主席、治安主任任副组长，文教（政工员）主要负责具体工作的落实。精神文明领导小组办公室每年召开2次专题会，负责全团精神文明建设规划、工作部署、检查指导、验收考核、命名挂牌等工作。

2001年，团党委书记郭振元、副书记吴敏担任组长，副政委朱真性，纪委书记杜书画任副组长，成员不变。

2006年，党委书记王惠林、副书记邢明亮任精神文明建设指导小组组长，副政委、纪委书记汪德刚任副组长，成员单位由纪委、党办、政工办、劳资、武装、综治、司法等科室组成，办公室设在政工办，白新安任办公室主任。

2009年，党委副书记赵军任精神文明建设指导领导小组组长，副政委、纪委书记汪德刚任副组长，成员单位由纪委、党办、政工办、劳资、武装、综治、司法等科室组成，办公室设在政工办，白新安任办公室主任。

2013年,党委副书记古广峰任精神文明建设指导领导小组组长,副政委、纪委书记白新安任副组长,成员单位由纪委监察局、党政办公室、政工办、政法办、经济发展局、社会事业发展局、财政财务局、人武部、工会、妇联、派出所、文化广播电视服务中心组成。基层单位(连队)精神文明领导小组机构,由党支部书记(指导员)、连长任组长,工会主席、治安主任任副组长,政工员主要负责具体指导开展各单位精神文明创建工作。

第二节 精神文明创建

一、创建活动

(一)创建内容

1997—2000年,团场以弘扬"北野精神"为主旋律,全面深入开展群众性的社会主义精神文明建设活动,制定《一四一团精神文明建设"九五"规划》《创建文明团场工作规划》《创建文明团场工作实施方案》。开展"五讲"(讲文明、讲礼貌、讲卫生、讲秩序、讲道德)、"四美"(心灵美、语言美、行为美、环境美)、"三热爱"活动。编印发放《公民文明知识、礼仪知识读本》《好人篇》等报刊、书籍,播放《北野精神文明建设巡礼》电视、广播节目。在全团范围内开展群众性精神文明"四创"(创建文明单位、安全文明窗口、安全文明连队、十星级文明户)活动;开展社会主义荣辱观教育活动,学唱"践行社会主义荣辱观"歌曲的活动,举办"践行社会主义荣辱观"歌曲大合唱比赛。分别到全团24个单位开展社会主义荣辱观宣讲,全团5000人次聆听。

2007—2009年,团场以宣传党的十八大精神为核心,精心组织党的十八大会议精神、党的群众路线教育实践活动,以及兵、师、团党委全委(扩大)会议等重点宣传报道。开办好干部学校、职工学校、居民学校。全面加强职工群众尤其是未成年人思想道德建设,坚持不懈地抓好精神文明创建工作。加强文化阵地建设,严格文化市场管理,鼓励社会力量参与公共文化服务,实施"农村电影2131放映工程",向职工群众开放农家书屋、电子书屋,活跃团场职工群众文化生活。团场坚持开展创建精神文明工作,使团场的政治文明、精神文明和各项社会事业得到长足、全面的发展。每年6月初连队农活相对较少,团场工会、宣传部门在全团干部、职工、群众中组织开展"弘扬兵团精神"为主题红歌学唱,6月27日—29日,开展"热爱伟大祖国,建设美好家园"职工大合唱比赛,27个单位2900名干部、职工、居民参加,凸显"热爱伟大祖国,建设美好家园"主题,团场荣获"热爱伟大祖国,建设美好家园"主题教育活动先进单位称号。团场在制订《一四一团社会主义精神文明建设"十五"规划》基础上,修订《一四一团年度精神文明工作要点》《一四一团创建文明团场实施方案》《关于树立"十大行业标兵"的实施办法》。

2010—2015年,团场投入资金在文化路东新建多功能职工文化宫,在原老礼堂旧址新建军垦文化广场,重建"四合一"团史展馆,逐年加大对广播电视硬件的投入,改造广播电视线路,使全团广播电视覆盖面达100%。为北野镇2个社区和13个居民住宅小区安装健身器材,新建农家书屋3个,加大基层单位、社区的"两室两队、一场一台"文化建设。使基层单位和社区成为精神文明建设的实践点和主阵地。投资100万元，建设一座敬老院，新建4个单位的卫生室和活动室；投资384万元，建设解危解困房120户；投资50万元，为农业连队修建下水管线；投资120万元，改造供暖设备；投资60万元，在学校建设两个水冲式厕所；投资100万元，建设3个养殖小区；投资75万元，修建702.8平方米的新客运站；投资近30万元，对公共场所、居民小区等重要部位安装电子监控系统。规范和完善突发性公共事件工作预案，“利为民所谋”，使职工群众真正享受到改革开放的成果和实惠。

（二）精神文明创建考核

1997—2000年，团场健全完善《一四一团精神文明建设百分考核办法》，对全团精神文明建设进行量化管理，百分考核。考核结果与连队干部年收入挂钩，占连队整体考核比重30%。

2002年，团场调整《一四一团2002年度思想道德工作考核办法》，将之前52个考核项目，压缩为26个项目。对《一四一团2001年精神文明考核内容》进行修改、完善，组织精神文明检查2次，有8个连队获得精神文明建设先进单位，获奖单位奖励1万元。

2005年，根据团场上、下半年2次精神文明建设百分考核情况，团文明委对全团32个基层单位进行综合评定，获奖单位16个，奖金2.6万元，其中九连、十一连、十二连、十三连、水管所、加工厂、六连获得奖金1000～3500元，受到处罚的3个单位均罚款1000元。

2007—2009年，团场党委以“北野精神”宣传教育月为契机，在干部职工中广泛开展学习宣传《公民道德建设实施纲要考核实施办法》，通过广播电视开辟专题栏目，悬挂横幅160幅，发放宣传单8000余份。专门制定出台职工“百分制”考核实施办法，并从“德、能、勤、技、绩”等方面对职工进行考核，采用一月一考核、一季度一总结的具体考核办法，并将考核的成绩作为年终评比各类先进的重要依据。

2011年8月，师市文明办对一四一团申报师市级文明团场和申报的兵团文明连队一连、十四连进行考核，并通过验收。

（三）精神文明表彰

1997—2000年，团场获得自治区“三八”绿色工程先进单位、兵团“1995—1997年度思想政治工作优秀企业”、十一连“双奔双带”先进基层党组织、“自治区档案管理工作二级达标先进单位”“兵团棉花丰产攻关活动达标团场”“兵团农机新技术推广工作先进集体”“兵团科普工作先进团场”“兵团农业标准化团场”“1998年工业先进企业”“师市计划生育工作达标单位”“师市职工培训先进单位”“师市社会保险先进单位”“师市修史编志先进单位”“师市纠风工作先进集体”“师市党风廉政主题教育先进单位”“师市纪检监察信访工作先进单位”“师市抗洪抢险先进单位”“师市农业综合开发先进单位”等荣誉称号。

2004年，团场获得“全国先进基层党组织”“1996—2000年全国法治宣传先进单位”“兵团先进基层党组织”“兵团科技进步团场”“兵团农业标准化示范团场”“兵团城镇居民最低生活保障工作先进单位”“兵团南疆少数民族干部挂职先进集体”“兵团绿色学校”等荣誉称号。

2005年，团场获得兵团授予的“精神文明建设先进单位”“文化建设先进团场”称号，幼儿园被评为“师市巾帼文明示范岗”，团广播电视站被评为“师市先进广播电视站”。

2007—2009年,团场工会组织各单位参加石河子举办的“大丰收——魅力人物”“工业之星”“科技示范户”评选和师市“文明家庭”“文明市民”等评比活动,全团各种行业中涌现出的先进集体和先进个人得到表彰奖励。3年中,团场获得“自治区模范职工之家”“兵团开发建设新疆奖状”“兵团文明建设先进单位”“兵团优质服务先进单位”“自治区模范职工之家”、自治区农牧区妇女“三学三比”活动先进集体、“自治区第二次全国农业普查自治区级先进集体”“兵团和谐校园”“兵团屯垦戍边劳动奖状”“宣传思想工作先进单位”等荣誉称号。

2011年,团场被兵团文明办命名为“兵团级文明单位”。

2014年,一四一团在兵团“争先进位”活动中名列第五名,榜上有名,属于进位较快团场,受到兵团党委表扬。

二、“十星级文明户”评比

1998年,全团开展“十星级文明户”评选活动,团制作“十星级文明户”门牌,将爱国守法、勤劳致富、科技兴农、绿化环境、诚实守信、计划生育、移风易俗、家庭和睦、邻里和谐、民族团结作为评选标准。“十星级文明户”评选采取职工大会评选、连队公示、支部审核后统一挂牌。“十星级文明户”评选实行动态管理,一年一评,对达到十星级标准的重新挂牌,对达不到十星级标准的给予摘牌,并限期整改。继续坚持“评星”与“子女高考、电视收视费、报刊征订费”三项福利挂钩制度。每年拿出50万元,对“十星级文明户”给予表彰奖励;每年树立70户“十星级标兵户”,以点带面。

1999年,全团评选出创建示范单位9个;“十星级文明户”2240户,“十星级文明户”占职工总户数的95%。“十星”挂牌户1792户,占总户数的81.5%。

2002年,团场有精神文明建设先进单位4个,“十星级文明户”1106户。

三、文明生态连队建设

2000年,团场开展小康连队建设,创建工作具体落实到连队、落实到职工,让连队经济、环境、面貌得到改善,让职工收入有所增加,生活水平明显提高,团场确定十一连、十二连、十三连为小康连队建设试点单位,采取争取上级资金一部分、团场投资一部分、连队拿出一部分扶持小康连队建设。评选出“十星级文明户”1098户,投资3万元,为20个单位配备了录放机。2002年,全团选出小康连队2个。

2006年,根据师市党办《关于印发农八师石河子市创建文明生态小康连队“十一五”规划》通知精神,团党委全面贯彻落实科学发展观,以经济建设为中心,围绕“经济发展、生活富裕、场风文明、环境良好、管理民主”新型团场工作目标和文明生态小康连队创建要求,团结带领职工群众,开展生态文明家园创建和建设屯垦戍边文明生态型连队活动。团场引导各单位在“五清”(清垃圾、清路障、清渠道、清庭院、清林带)、“五改”(改房、改院、改灶、改厕、改圈)、“五通”(通水、通电、通路、通广播、通电话)基础上,达到“五有”(有宣传栏、有垃圾池、有篮球场、有小广场、有小花园)高标准建设,使文明生态小康连队建设体现文明、富裕、和谐、生态的氛围,具有科学性、可行性、可操作性,真正把创建文明生态连队工程办成顺民心、合民意的“德绩工程”。

2007—2015年,团场进行评选“和谐小康家庭”精神文明创建活动,团场每年拿出120万元资金，用于文化活动和奖励“文明单位”“和谐小康家庭”“平安家庭”。

第三节　理想道德教育

一、公民道德教育

1997—2000年，团场开展“热爱祖国、热爱社会主义、热爱共产党”教育活动。以创建精神文明建设“六大工程”为龙头，以抓好四大体裁为主线，促进精神文明建设不断发展。在“三讲”教育活动中，开展将“三德”（社会公德、职业道德、家庭美德）教育融为一体的“进百家门、知百家情、排百家忧、解百家难”“听民声、察民情、知民意、找富路”活动，推进社会主义荣辱观教育进机关、进连队、进社区、进课堂，把贯彻落实《公民道德建设实施纲领》作为教育干部群众的行动指南。开展“争创一流科室”“好公仆”活动，解决机关工作存在的“四难”问题。

2001—2015年，团场思想政治教育工作坚持以马列主义、毛泽东思想、邓小平理论、“三个代表”重要思想和科学发展观、习近平社会主义新时代思想为指导，成立职工思想政治工作研究会。定期开展思想道德教育理论研讨，探索新形势下做好职工思想道德工作的新途径、新方法。基层单位建立健全以指导员、政工员、治安员、调解员为骨干的思想政治教育网络，将思想道德教育日常化、经常性开展。主要采用从公民道德教育、思想教育方面入手的做法，向职工群众宣传的道德意识的内容包括道德认识、道德情感、道德意志、道德信念等。道德行为包括道德言语、道德行动和道德习惯等。

二、思想道德教育

1997—2015年，团场党委根据新时期思想道德教育工作，制定出《一四一团思想政治工作实施细则》和“包指标、包效果”“双包”责任书，把思想道德工作分解为10项工作考核指标（60分）和5项成绩考核指标（40分），采取百分制进行考核。提出思想道德教育工作“四百家”“五必访”“六谈心”工作制度，即进百家门、知百家情、办百家事、暖百家心，职工有病必访、职工有困难必访、职工家庭出现事故必访、职工家庭红白喜事必访、职工受处分必访，职工调动、提拔、工作困难、家庭变故、群众反映情况、遭受挫折时走访、谈心，打消疑虑，化解矛盾，解决困难。在思想政治工作主体责任落实上，发挥领导干部、共产党员和先进模范人物的示范引领作用。在思想政治工作内容上，重点抓好“三观”“三爱”“三德”教育。在思想政治工作的阵地上，重点抓好舆论宣传阵地、文化娱乐阵地和职工家庭阵地。在思想政治工作的形式上，重点抓每月1次的职工思想分析会，每季度1次的思想政治工作例会，每年1次的思想政治工作研讨会。在思想道德教育的措施上，重点抓好大学习、大宣传、大讨论、大发动，典型引导、思想疏导、事实开导以及团场领导包单位、科室包部门、一般党员干部包职工的思想政治工作体系。设立“思想政治工作创新奖”，抓好思想政治工作的“硬件”建设落实，完善思想政治工作的“二册五本”“十星级文明户”登记册、先进典型花名册、思想动态登记本、宣传教育登记本、六登门登记本、六到户登记本、六参与登记本。2011年，开展“团场是我家，我们离不开她，团场是我家，我们热爱她。团场是我家，建设靠大家”宣传教育活动。加强对青少年进行爱祖国、爱新疆、爱兵团、爱集体的教育。开展“三观”“三德”和社会主义荣辱观教育、公民道德规范教育。深入推进未成年人思想道德建设，构建学校、家庭、社会三位一体的未成年人思想道德建设教育网络。

2011年，团场进一步提升文明单位创建水平，推进以道德讲堂、志愿服务活动、网络文明传播、文明餐桌、文明宣传牌为主要内容和形式的“五个一”道德实践活动，推进文明单位创建。全年组织开展道德讲堂14次，参与人数达1300余人次；组织志愿服务活动12次，参与人数达1100余人次。

第四节 北野精神

一、北野精神宣传

2000年，团场把北野精神融入到创建社会主义精神文明团场的重要内容中，确立“北野精神”为团场的企业精神。团场党委决定将每年3月定为“北野精神”宣传活动月，宣传老红军高有起等老一代军垦人艰苦奋斗的开荒精神，宣传北野人与盐碱自然灾害做斗争、不惧艰险的大无畏精神；宣传改革开放以来，团各条战线涌现出的先进集体、先进人物事迹，弘扬正气、鼓舞士气，带动精神文明活动纵深发展。

2005年，团场干部群众继续发扬北野精神，艰苦创业奔小康。提出“打精准牌、走特色路、建北野城”目标，制定“立足‘一主两翼’，加快农业产业结构调整步伐”，以种植业为主，以畜牧业，林果业及设施农业为两翼，实现畜牧业、林果业和设施农业三足鼎立局面。从主要追求产量增长向追求数量、质量、效益并重转变。经过适度农业综合开发，通过节水滴灌、农机产权转让、调整产业结构、大面积生态林建设，适应新常态“调结构、转方式，提产量、增效益，节本增效”的战略目标。

2007—2009年，团场党委以“北野精神”宣传教育月为契机，开展各项精神文明活动。

2010—2015年，团场开展北野精神宣传月活动，制定印发《一四一团关于开展团连“两级党建联创”活动意见》《一四一团精神文明工作要点》《关于树立“十大行业标兵”的实施意见》等文件，为创建活动制定详细的奋斗目标、主要措施和奖罚制度。

二、北野精神实施

北野精神，即“团结进取、真抓实干、治水改土、科技兴团、争创一流、实现小康”，是老一辈军垦人用鲜血、生命和汗水凝聚的精神。

1988年初春，积雪量大，冰雪消融，正是春耕开犁之际。十三连党支部向团场党委报告，连队部分职工住房出现积雪融化房屋倒塌险情，政委易坤武派工作组到十三连实地调查。调查时得知连队大多数是建场时期修建的土坯、土窑洞职工住房，积雪融化造成住房不同程度地出现下陷或裂缝，部分房屋甚至有随时倒塌的危险。团场党委听完汇报后，作出决定：为了职工群众生命财产安全，要求连队领导紧急动员住在危房里的职工群众，在最短的时间内迅速搬离危房。十三连党支部立即腾出办公室、材料库房、农机具库棚给房屋倒塌的职工临时居住。可越来越多的房屋出现险情，公房仍然不够住，连队在职工家庭门前临时搭起草棚、窝棚。

十三连如此大面积的危房灾情，引起团场党委重视，团场党委组成专业技术人员，由团领导带队深入全团各连队调查危房灾情。调查反馈：16个农业连队查出大批危房，而且已有危房倒塌，中小学校舍也都出现险情，被迫停课。全团农业连队职工房屋接连倒塌9000多间，达6万平方米。780多户居民成无房户，中小学1000多名学生无法上课。造成大面积危房倒塌的原因主要是：①全团地下水位上升至距地表0.5～1米，盐碱腐蚀墙基，危害墙体表面，加上土壤"冻涨"，挤兑危房造成倒塌。②从1958年开荒生产以来，全团农业年用水量在3500万立方米以上，而且一年比一年增加。③建团开垦30多年以来，水利工程和水土工程一直不配套，灌溉系统失修，没有排水系统，造成排灌不畅，致使地下水逐年上升，造成大面积土壤盐渍化侵蚀职工住房和良田。农业连队因盐碱撂荒弃耕面积达1300余公顷，形成碱进人退局面。由于负债经营，团场内外债达1557万元，年亏损额145万元左右。在突然出现的灾害面前，人心动摇不稳，不少人选择离开一四一团这个家园。当年，总人口1.5万人的一四一团场，减少到1.1万人。

一四一团场大面积危房灾情，引起兵团、师市党委重视。时任兵团副司令员文克孝到一四一团视察灾情。1989年春，团长钱荣根在全师承包大会上，向师市党委立下军令状：3年一定脱贫。党委总结团场从1958年建场以来的历史经验，借鉴江苏张家港改革成果、一二七团治水治碱的经验和职工群众日常"奔小康"愿望，结合团场实际，经过广泛征求意见，集体酝酿出"团结进取、真抓实干、治水改土、科技兴团、争创一流、实现小康"北野精神，提交职工代表大会讨论、通过，并请中学音乐教师黄辉把北野精神谱成曲子，让全团人民学唱，科技兴团、实现小康成为职工群众的共识，得到人们认可，成为当时职工战胜灾难、重建家园的唯一信念。

团场党委常委会议决定：为保证加快灾后重建，团场生产的红砖一块不外卖，筹集资金在短时间内解决职工住房，不让职工睡草棚。以农业综合开发为龙头排水治碱，降低地下水位，收复弃耕地。改造中低产田，兴修水利，平整土地，种草养畜，培肥地力等，增强发展后劲和自我发展能力。抓好内部配套改革，进一步完善各种承包经营责任制。加强领导班子建设，健全财务管理制度，摆脱困境，走出低谷，走向发展。

一是解决住房。缺少资金是团场当时最大的难题，党委决心把钱用到解决职工住房上。团场采取职工住房实行自建公助、自建自有等形式，解决职工住房问题。发动全团职工群众捐资修建校园，解决校园危房、学生无法上课的困难。是年，通过职工群众捐资，一栋3层的中学教学楼建起。二是挖渠排水。当年团场经济困难，没钱买挖渠排水的机械设备，团场就动员全团干部、职工用人力挖渠。西九支渠的南排碱渠就是在寒冬里人工开挖的。干部、职工通过艰苦努力，完成挖渠任务。同时在居住区打井抽水，迫使居住区地下水位下降。在十一连建成重点排水系统，八连、十三连排水工程在2年内完成。到2000年，团场共挖排碱渠190.63千米，改造中低产田11公顷。承包户自筹资金打井30眼；衬砌防渗渠道86.81千米，实施滴灌近1733.3公顷。完成水工建筑物219座。挖渠排水成功后，实施改良土壤。全团农业连队根据生产科种植计划，重点种植苜蓿、绿肥，施农家肥，合理倒茬，提高土壤有机质含量，改善土壤结构，增加土地肥力。三是更新农机具。连队原有的农机具破旧、落后，不能适应现代农业发展需要，为了尽快改变现状，团场争取上级专项资金，有计划地更新农机具，保证耕作质量，提高劳动生产率。

在一四一团最艰难困苦的时候，兵、师党委给予了关心、关怀、支持、帮助。师市领导多次带领相关部局和企业60余名负责人实地考察，现场办公，急事特办，开辟绿色通道。第一时间了解灾情，慰问职工群众，给予政策、资金、技术、人力支持。团场党委带领职工群众经过近10年努力，治水改土，摘掉“贫困团场”帽子，成为兵团团场“八五”基本脱贫先进单位。

1999年，3年脱贫如期兑现，团场实现社会总产值6828万元，其中农业产值2976万元，占社会总产值的43.6%；工业产值2495万元，占总产值的36.5%；建筑业产值872万元，占总产值的12.8%；运输业产值265万元，占总产值的3.9%；商业产值220万元，占总产值的3.2%，团场一举甩掉贫困、落后的帽子。

2015年，团场实现生产总值8.07万元，年均增长14.6%，人均增长19.4%；连队居民人均可支配收入1.61万元，年均增长14.8%。镇区现代化小城镇住宅楼林立，镇区完善供排水、供热、供暖、供气、供电和信息化网络等基础设施建设，污水处理率和生活垃圾无害化处理率达到小康指标。城镇绿地率达31.8%，全团99.7%以上的人口聚集在镇区。

第二十五章　劳动和社会保障

2000年以来，团场领导班子成员的工资是师市根据团场经营效益考核，下达的领导干部年薪制，主要领导年薪5万元，其余干部年薪按照职务级别执行团长、政委年薪的50%～85%。机关干部按本人档案工资执行，年底视团场经济效益给予2000～3000元的奖金。2014年兵团农牧团场机构改革，团领导、机关干部实行公务员纳编，全部执行公务员工资。

2009—2015年，团场重视职工社会保险统筹工作，把职工群众的基本养老、医疗、失业、工伤、生育保险工作，作为首要的民生工程来抓。团场建立健全“全覆盖、保基本、分层次、可持续”民生保障体制机制，不断提高居民最低生活保障水平和居民医疗救助标准。

2015年，全团有在册在岗职工2480人（含机关、学校），团均按要求足额为职工缴纳“五险”统筹费。个体参保1325人，居民养老参保595人，居民医疗参保4187人。生育保险覆盖率、医疗保险覆盖率分别达100%和95%以上。

第一节　劳动管理

一、管理机构

1997年，团场劳动人事、社会保障工作由团劳资科（劳动工资科）负责。

2002年3月，统筹办（社会劳动保险统筹办公室）与劳资科分离，更名为职工社会养老保险统筹办公室。

2004年4月，团场社保所（社会劳动保障所）被农八师石河子市社保局（社会劳动保障局）收编，更名为一四一团社保所。

2006年前，团场劳动人事管理分为干部人事管理、职工人事管理2种。团场的干部人事管理、组织关系由组织科、政工办负责，职工人事管理，劳动关系在团场劳动工资科。劳动人事和社会保障管理一直沿袭兵团劳动人事管理体制，负责团劳动安全及劳动保护，劳动力调配、职工工资、职工福利、劳动安全保护等行政管理工作。

2006年12月，师市团场改革，合并成立中心团场，根据改革要求，劳资科、民政科、老龄办、社建办、残联、人口计生办合并成立社政科。

2014年8月，根据兵团农牧团场机构改革职能划分，编制指数要求，兵团团场机关纳编公务员，撤销社政管理科，更名为社会事业发展局，设局长1人，副局长1人，科员2人，负责团场社会事务行政管理。

二、用工管理

团场的劳动人事管理、劳动工资和社会保障工作在劳资科。劳资科主要是办理职工劳动力调动、招录新职工、退伍军人安置、职工工资管理、征收职工养老保险统筹和按政策审批职工退休等业务。

1997年起，随着全民普法的不断推进，人们的法律意识越来越强，团场生产、经营的行为更加强调注重法律、法规、规范，团场根据《中华人民共和国劳动法》《中华人民共和国劳动合同法》《兵团章程》等法律、法规中相关规定，结合团场实际，制定《一四一团职工管理办法》，重点推行集体合同制度，全团职工上岗前、承包土地前都要与团场签订集体劳动合同和女职工专项集体合同。是年，全团劳动力有5251人（职工3532人），其中从事农林牧业劳动力3747人，从事工业、建筑业661人，从事商贸服务业843人。

1999年，团场各行业人员流动性大，部分职工举家迁往内地，团场一度出现劳动力短缺现象，外来务工人员增加，离退休人员逐年增加。

2001年，团场对在职职工实行实名制管理，对于不遵守团场规章制度、不按照劳动合同履行义务的职工，团场有权解除职工的劳动合同。是年，团场对各单位长期不履行团场义务、擅自离岗人员进行清理，送达《返团通知书》，限期归团返岗，超期仍不返团人员通过新闻媒体送达公告书，仍然不归人员，经过基层职工大会讨论表决上报申请予以除名，基层工会将职工表决除名人员名单交团工会和社政科，由团职代会表决通过后团场将长期离岗人员进行除名。年底，一些在外地工作的团场职工长期不归，成为在册不在岗的空名职工，团场实际在册人数2968人。为缓解劳动力紧张问题，团场每年按兵、师相关政策，陆续将部分身体健康、初中以上文化程度的男性（35岁以下）、女性（30岁以下）临时工、季节工转为合同制职工。各单位劳动力结构也不再是单一的团场职工，而是职工、新工人及临时工组成。

2002年12月，团场依法对163名长期擅自离岗人员进行除名。

2007年后，团场对在职职工实行实名制管理，对职工队伍进行清理普查，将长期在册不在岗的人员进行清理，通知这些人员限期返岗，到期不归者，劳动部门将这些人清理出职工队伍，按除名处理。团场委托劳动人事部门，在《石河子报》发表挂空名不在岗人员名单，限期不归者解除劳动合同的公告。对冒名顶替承包土地人员，团场令其收回土地，必须职工本人承包，本人不愿意承包者，团场有权将土地作为经营地进行处理。各单位经过认真清理，共清出在册不在岗人员675人。

2011年、2013年，按照《兵团章程》依规对6名违反场规团纪人员解除劳动关系。劳动力管理双向选择，有法可依，迈入法治化管理轨道。

2015年，团场职工总人数2470人，其中，男职工1200人，女职工1270人。农业职工1423人，林牧业职工201人，工副业职工173人，从事其他行业的职工673人。

三、劳动合同管理

1997年始，全团职工2938人续签《一四一团集体合同》，女职工全部签订权益保护专项集体合同，合同签订覆盖率100%。有职工身份的签订长期合同，直到法定退休年龄，新招收的扩面职工，每5年签订1次合同。为了加强劳动力管理，按照国家、兵、师相关政策，根据实际，制定出适合团场的劳动力管理政策，对长期脱岗人员进行清理，对停薪留职人员加强管理，要求他们按相关政策规定及时交纳管理费，对长期不交纳管理费的人员进行清退，对在册不在岗、冒名顶替承包的人员也及时清理辞退。当年，一四一团场深化团场内部经营体制改革，打破职工身份终身制，实行全员劳动合同制，对参加团场工作的职工一律依法签订劳动合同。团场签订劳动合同职工总数3532人。

2005年，团场签订劳动合同职工总数2878人，比1997年减少654人。

2009年，团场签订劳动合同职工总数3054人。此后，团场职工人数逐年减少。

2015年，团场签订劳动合同职工总数2470人。当年，团场职工比1997年减少1062人。

1997—2015年一四一团职工签订劳动合同见表25-1。

表25-1　1997—2015年一四一团职工签订劳动合同

年份	签订劳动合同（人）	年份	签订劳动合同（人）
1997	3532	2007	2803
1998	3438	2008	2973
1999	3126	2009	3054
2000	3092	2010	2952
2001	2968	2011	2826
2002	3075	2012	2723
2003	3112	2013	2610
2004	2900	2014	2524
2005	2878	2015	2470
2006	2803	—	—

四、离、退休管理

依据国家、自治区人民政府有关《关于工人退休、退职的暂行办法》《关于安置老弱病残干部的暂行办法》有关政策，团场制定《关于工人退休、退职的暂行办法》。规定离休是指新中国成立前参加中国共产党所领导的革命战争、脱产享受供给制待遇的和从事地下革命工作的老干部，达到离职休养年龄，实行离职休养的制度。兵团范围内主要指参加解放新疆的中国人民解放军指战员，新疆“九·二五”起义官兵及从事地下革命工作的干部。退休为国家的法定退休年龄为男满60周岁，女工人年满50周岁，女干部年满55周岁，个人养老金缴纳达到15年缴费年限的方可退休，缴费不足15年的，可以按规定补缴后达到标准给予办理退休。提前退休主要针对两种情况：特殊工种和病患原因，按现行政策，对从事高空、高温、特殊繁重体力劳动或者其他有害身体健康、连续在此岗位工龄满10年的职工，男满55周岁、女年满45周岁可以提前退休；病退是根据因病丧失劳动能力人员符合一定条件，经过上级劳动管理部门鉴定符合条件的可以申请办理提前退休。内退全称应称为“内部退休”，是团场因为一些特殊的原因针对特殊人员制定的内部政策，这些办理内退手续的人员一般不到退休年龄，也无法安排合适的工作，因此，不在单位工作，但每月从单位领取一定数额的内退费（生活费），个人社会保险并没有终止，而是由单位继续在社保中心缴纳，一直到达退休年龄条件后正式办理退休的一种管理办法。

所有办理离、退休人员须本人提出申请，连队上报，团社政科（劳资科）对申请退休到年龄的职工摸底统计，核实档案记载的工作时间、出生年月日，上报师市劳动保障部门审批。审批办理退休手续后，由师市社保局为离退休职工统筹发放退休工资。

1997—2000年，团场办理符合离退休职工、病残退人员1820余人，并按时做好退休金发放工作。

2001年起，离退休人员的养老金改为社保局统筹社会化发放，即由指定养老金发放金融机构为离退休人员办理社保卡，养老金由金融机构直接打卡发放到每一位离退休人员的银行卡上。职工社会养老保险统筹工作移交石河子社保局后，社政科负责申请退休人员的资格审批，由团社保所上报审批。

2001—2015年，团场社会事业发展局主要是每年为符合退休职工办理相关手续，为职工进行工伤认定，为伤残职工进行劳动能力鉴定，协助符合补费参保人员进行资格上报审批工作。

第二节　职工队伍

一、职工调动

（一）调出

1997年始，职工申请外调人员数量逐年下降，尤其是调往外省的人员数量每年逐渐减少。2000年，调往外省的人员数量几乎为零。疆内调动主要是石河子市或其他团场、企业之间的调动。团内调动主要是做好团场内部企业撤并、转型职工的安排，协调接收单位的土地承包等事宜。

（二）招收季节工

1997年起，团场因大面积种植棉花，拾花劳动力短缺，每年秋季都从四川、河南、甘肃等地区招收长期工和拾花工，参加团场的农业生产。为留住这些劳务工，解决团场劳动力紧张的问题，团制定和采取一系列劳务工优惠措施和政策。是年，团场先后拨出900多万元，在各农业连队修建劳务工临时住房2万余平方米，拨出专款为劳务工购置被褥、生活用品。制定招收劳务工管理办法。以职工、承包户自接为主，实行谁接人、谁使用、谁管理、谁受益的用人和“包安全、包稳定、包收入”三包措施。计件取酬，多劳多得，外来拾花工秋收拾花3500千克以上者奖励飞机票或火车票，拾花结束后，团劳资科（社政科）统一为外来劳务工购返乡专列火车票，劳资科和相关部门将劳务工有计划、有秩序地送到火车站，解除劳务工返乡一票难求的后顾之忧，保证外来季节拾花工安全回乡。很多劳务工在团场挣钱后，适应团场的生活，掌握农作物的管理方法，有一部分主动留下当职工，补充团场职工队伍。

1997—2007年，团场共招收内地拾花工94124人。

2006—2007年，团场从内地招收劳务工超过1.11万人。

2010年后，团场每年都计划播种机采棉面积，采用机械化收获棉花，把团场职工从繁重的拾花劳动中解放出来。随着机采棉面积的扩大，团场逐年减少招收拾花季节劳务工。

二、职工安置

团场安置包含支边青年安置、转业复员军人安置、下乡知青安置、职工子女就业安置，以及特殊岗位需要安置人员、劳改新生人员等符合政策规定的安置。

1997年后，团场诸多安置业务逐渐减少，主要以安置复员退伍军人、职工子女就业以及内地移民、民工落户等工作为主。

2000年3月，汽车连与商店合并后成立物业中心。职工愿意到农业单位承包土地的，团场协调分流到农业单位承包土地；职工不愿意承包土地的，保留其职工身份，个人自愿交社保至退休。

2003年12月，油灰厂与建安公司合并，职工按团规定办理手续调入建安公司。

2005年11月，暖风机厂实行民营改制私人经营，劳资科配合团安置富余人员分流到农业连队。

2006年3月，砖厂、建安公司（原工程连）、驻石河子工区改制，劳资科按团规定协调办理职工分流到农业单位承包土地的工作。

2007年3月，九连合并入五连，团社政科配合团做好连队合并、人员安置的工作。团驻石河子市西单商店改制，团社政科协调改制职工自主择业或调入农业单位承包土地。

2011年5月，加工厂、水管站、城管中心、农技站种大棚的职工划归团蔬菜公司管理，社政科协调做好安置工作。

2012年12月，团场在册职工2723人（含北野学校、医院），比2011年减少203人。

三、劳动就业

1997年以来，团场职工队伍出现老龄化、青黄不接现象，为稳定职工队伍、补充新鲜血液，团场招录新职工进入常态化，每年都有新职工审批上岗。是年，团场有在册职工5200余人（实际在岗职工3532人）。

团场制定优惠政策促进就业。1998年，为缓解团场劳动力缺乏问题，团党委制定优惠上岗政策，鼓励职工子女上岗就业。遵循本人自愿、团场优先录用的原则。团场简化上岗手续。在居住地表现好、高中以上文化程度的优秀青年优先考虑从事机务、植保等技术工种。招录的新职工优先推荐入党、入伍、升学及从事文教、卫生等行业政策，上岗青年劳动形式可自行选择。新上岗者全年保底收入不低于3000元（含计件工资部分）。承包土地的上岗青年前两年免交利费。支持有志青年回团搞水土开发和兴办家庭农场创业。但由于职工收入不高，受市场经济等多方面的影响，职工子女上岗就业的积极性不高，出现先上岗后又离岗的现象。为解决这一矛盾，团招录职工范围面向全社会，招录常年在团场表现较好、承包无亏损的外来务工人员为职工。

2001年1月，团场对招录新职工政策进行调整完善，规定年龄在18～35周岁待业青年、毕业没分配大中专生、退伍军人、重新办理上岗手续青年，自愿到农业连队承包土地者（面积控制在1.3公顷），上岗前2年可不执行先交钱后种地政策，每年4—8月，团场采用每亩不低于8元预借生活费等五项优惠政策。同时，团党委贯彻落实兵团党委对职工减负政策，使承包职工得到实惠，收入增加。在外谋生的职工子女看到团场承包职工收入逐年增长，返团要求上岗就业、承包土地。

2006年，因退休、团场清理在册不在岗人员及自谋职业人员增加等原因，职工人数减少，全团在册职工2832人。其中，一产从业人员2187，二产从业人员249，三产从业人员396。农业一线职工由1997年3532人，减少到2000人。

2015年，根据团场3年职工倍增计划，完成劳动力转移182人，完成计划率1[illegible]1.1%。完成新增就业人员537人，完成计划107.4%。根据农业承包面积和葡萄产业发展需求，经过考核为54名符合条件的社会青年办理录用新职工手续，解决了老职工子女就业问题，稳定了职工队伍。

1997—2015年，有712名在团外打工的老职工子女，返团办理上岗就业手续。

四、职工技能培训

1997年前，团场职工外流，劳动力短缺，招收职工条件较低，存在文化程度偏低、年龄偏大现象，全团职工高中以上文化程度的有779人，占职工总数的28%；初中以下文化程度的有2053人，占职工总数的72%；全团职工持有职业等级证书的仅有300余人，占职工总数的10.59%。

1997年，兵团党委提出“发展壮大兵团，致富职工群众，再创兵团辉煌”的奋斗目标。团场根据这一目标，制定出加快建设一支“数量足够、相对稳定、素质较高”职工队伍的培训办法。依托团场业余党校，成立职工技能培训中心，政委、团长亲自担任培训中心主任，分管农业的副团长和人武部长担任副主任，有政工、劳资、农业、工会等职能科室部门。科技办每年制订职工培训计划，利用冬闲举办“科技之冬”职工培训活动。培训主要采取“送出去、请进来”方式，由团、连集中组织职工进行各类专业技术培训，培训时间为7～15天。职工科学技术知识学习每年不少于16个课时，每年1～2月，抽出15天进行职工军训，旨在提高职工的组织纪律性、政治理论性，强化职工体能，使职工军事素质过硬。

2009—2015年，团场围绕发展“六大”产业基地总体目标，本着“发展什么，培训什么”“缺什么补什么，干什么学什么”“务实、创新、高效”原则，结合团场实际需求，以种植、养殖技术技能为培训重点。在培训内容上，理论与实际相结合，组织职工进行什么是社会主义市场经济理论学习和以实用技术为主的专业技术知识培训。是年1月，集中开设4个专业科技文化知识培训班，计划培训学员623人，其中棉花、小麦、番茄栽培技术培训160人次，葡萄、啤酒花栽培技术培训100人次，政法、安全生产培训100人次，养猪技术培训90人次，政工员培训28人次，节水滴灌培训45人次，农机安全培训100人次。培训除采用团场专业技术人员授课外，着重外聘石河子葡萄研究所、蔬菜研究所、农业局、畜牧局、石河子日报社、司法局等部局的专家教授授课。组织120人参加师市科委举办的棉花加工高级培训班、农用拖拉机高级驾驶员培训班。每年参加培训人员经师市劳动保障局职业技能鉴定中心考核，合格率达100%。各单位军训、参训职工2253人，参训职工人数占总职工人数的99%。开设公共课，主要由政法办、司法办、派出所、政工科、发改科、社政科等部门负责人下基层授课，培训职工3187人次。

2015年，团场争取上级部门专项培训经费约50万元，开展1335人的素质和技能培训。农艺工技师班1个，共64人参加；高级班10个，共525人参加；中级班26个，共152[illegible]人参加；初级班22个，共1305人参加。棉花加工高级班2个，共155人参加。拖拉机高级工班3个，共200人参加。果蔬高级工班4个，共160人参加；中级工班4个，共170人参加。养殖中级班1个，共75人参加。烹饪中级班1个，共35人参加；素质班16个，共1085人参加。

2015年一四一团失业就业培训见表25-2。

表25-2　**2015年一四一团失业就业培训**　单位：人

单位	2015年新增就业人数	失业人员就业人数	其中就业困难人员就业人数	新成长劳动力	团场富余劳动力转移就业人数	组织职工务工人数	职业技能培训人数				
							高级蔬菜工班	设施农业班	畜牧养殖班	家政服务班	营养配餐班
一连	15	10	2	8	6	25	35	3	5	—	—
二连	15	10	2	8	8	25	35	3	5	—	—
三连	15	10	2	8	6	25	35	3	5	—	—
四连	15	10	2	8	15	25	35	3	5	—	—
五连	30	10	2	10	10	30	35	3	5	—	—
六连	15	10	2	8	10	20	35	3	5	—	—
七连	15	5	2	8	15	20	35	3	5	—	—
八连	10	5	2	8	10	20	35	3	5	—	—
十连	15	10	2	8	10	20	35	3	5	—	—
十一连	30	10	2	10	10	35	35	3	5	—	—
十二连	30	10	2	10	10	35	35	3	5	—	—
十三连	30	10	2	10	10	35	35	3	5	—	—
十四连	20	10	2	10	15	20	35	3	5	—	—
十五连	15	10	2	8	30	20	—	35	5	—	—
十六连	20	10	2	8	15	35	35	3	5	—	—
加工厂	25	10	2	10	—	40	—			—	—
农技站	5	—	—	—	—	—	—			—	—
畜牧站	10	—	—	—	—	—	—			—	—
城管中心	10	20	2	10	—	—	—			—	—
南社区	30	20	10	25	—	—	—			60	60
北社区	30	20	6	25	—	—	—			60	60
合计	400	210	50	200	180	430	490	77	75	120	120

第三节 工资福利

一、工资

1995年,团企业工资改革后,团机关、学校、医院一直实行档案工资。2013年,学校、医疗卫生单位按照上级要求纳入事业单位编制,改为上级财政拨款按事业单位职级发放工资,上级财政拨款不够资金由团财政差额补贴。

1997年,团场根据国家有关企业调资政策规定,每年为职工调整企业工资,由技能工资套改一类,改类升级为五类调整工资。职工工资分档案工资和津贴、补贴2种。档案工资改革开放以前,团干部实行30级制档案工资,职工实行8级制档案工资。工资改革由原等级工资套入技能工资,以职工现行等级工资对应技能工资标准先套入一类等级,然后对应套入三类等级,再改为四类、五类工资执行。经过数次调整工资,调整后职工月工资平均达到345.67元,是调整前的1.6倍。农业承包实行两费自理,农业连队和工副业单位职工调整工资,不发放现金货币,只有档案工资,作为缴纳社保金和退休发放工资的标准和依据,机关、文教、卫生单位调整工资,实际档案工资每月以现金形式发放。

1998年,农业连队不再执行计时工资,大部分职工的工资以借生活费的方式支付,年终一次性兑现,实行盈利足额兑现,亏损挂账到个人,团给予适当补贴,以帮助亏损职工渡过难关。工副业单位实行计时、计件工资,多劳多得,不劳不得。连队干部和机关干部实行年薪制,年初预借一部分生活费,年终一次性兑现,团场效益好有盈利,可按一定比例给予干部发放2000~3000元奖金。离退休干部及退休、病退的职工工资实行全额按月支付。

1999年8月12日,根据师市转发兵团劳动局《关于企业职工工资调整指导意见的精神》,团第四届职工代表大会审议通过,从1999年7月1日起,对全团除医院、学校事业单位外,进行全员调资。具体调资办法为:凡符合升级条件的职工,原技能工资6~13级的人员晋升3级;原技能工资14~20级的人员晋升2级;原技能工资21级以上的人员晋升1级。给全团2980名签订全员劳动合同的在岗在册企业职工,增加10%工资。

2000年12月28日,按照《师市企业工资指导意见》,团场四届五次职代会联席会议讨论通过给所有在岗职工上调两级工资的决定。

2001—2002年,团根据师市有关文件,于2001年6月30日,报请团场四届六次职代会讨论通过给在册在岗职工上调五级工资决定,职均增资14%。

2003年和2007年 团党委为2001年12月底前参加工作的全团农业和工副业单位职工进行工资调整,调整幅度较大,每人月增资200余元,最高月增资达300余元。基层在岗职工和干部增加工资,只作为档案工资,每月不发放。离退休干部职工调整的工资,当年调整,当年发放。

2007年开始,按国家政策规定,给企业退休人员增加工资,每人平均月增资100元,最高达200元。

2009年,团场按照国家有关文件规定,给全团在职职工调整工资,调整幅度较大,月平均增资700～1000元，最高达1500元。行政事业单位干部职工调整工资，按照国家有关政策执行。按工龄和职称等级调整，工龄长，职称等级高，增加工资的比例就高。

2015年，依据团发文件精神的要求，对符合条件的2259名在岗职工进行工资普调，人均增资612.03元。

二、探亲

1997年，团场执行兵团、师市劳动工资政策福利待遇，夫妻双方异地的每年1次1个月探亲假，有配偶的职工，父母在外地的可以享受4年探望父母1次福利，无配偶的职工父母在外地的，可每年探望父母1次，时间为20天，探望父母期间的工资正常发放，报销来回路费。

2003年后，职工探亲改为有配偶的职工探望父母3年1次，无配偶的单身职工探亲仍为1年1次。探亲时间调整为45天，在疆工作25年的50岁以上男职工、45岁以上女职工可报销卧铺票，对未坐硬卧者加发硬座票价30%报销。农业第一线职工探亲只报销路费，不发放探亲期间工资。

1997—2015年，团场机关、文教、卫生事业单位职工，仍然按兵团、师市有关政策执行职工有关探亲待遇。

三、取暖

1997年，团场职工取暖费一直是每年57.2元。

2001年，团场职工取暖费调整到每年158元。享受取暖费福利人员为离退休人员，文教、卫生单位干部职工，农业生产连队职工，机关干部，其他人员不享受。是年11月6日，团场双职工住楼房户，可享受暖气费全免（含退休工人每户面积在90平方米以内），单职工暖气费免50%，超过90平方米的费用自理，不足90平方米的不再享受倒补暖气费福利。在新疆境内没居住楼房的团场职工、退休人员取暖费每年按每人165元一次性发放。

2007年9月30日，团场党委决定对于职工、离退休人员，将每人每年158元的冬炭费调整为350元。

四、职工抚恤

1997年，团场按照国家和兵团劳保条例相关规定，对死亡职工给予丧葬费、抚恤金发放或困难补助。非因工死亡，按企业平均工资2个月发放，并根据死者所供养直系亲属多少，发放本人生前6～12个月工资一次性抚恤费。因公死亡者，根据所供养的直系亲属多少，按月发死者生前工资的25%～50%发放抚恤费。

1998年，企业职工正常死亡，只发放2970元丧葬费和当月工资，不再发放其他费用。事业单位职工死亡的补发10个月工资。因公死亡的，有孩子且年幼的抚养到16周岁，如果孩子正在上学未参加工作，延续到18周岁，父母赡养到病逝为止。因公伤残的，根据伤情级别一次性付给伤残金，治疗期间的费用全部报销。

2008年，按国家相关规定，对因公死亡人员，一次性发给20万元抚恤金，对子女和父母不再进行抚养。

2010年，根据国家相关政策规定，丧葬费进行调整，从2970元提高到4290元，发放20个月工资。

五、生育

1997年前，团场规定女职工生育期休产假为56天，难产或双产增加14天；小产假20～30天。怀孕、分娩、接生等项检查享受公费，并发给生育补助。

1997年后，团场妇幼保健站每周一、周五，为孕妇做产前检查，宣传优生优育，指导孕期保健及时给予营养指导，孕产妇系统管理率达90%以上。根据国务院有关文件精神，生育期产假调整为90天，孕期、哺乳期工作适当照顾，工资照发，难产增加15天，一胎多生1个增加产假15天，引产假30天，流产假15天。对年龄超过26岁的大龄孕妇，生育时产假为180天，休产假时，工资、奖金照发，计划外生育不享受此项待遇。为预防妇科病发生，对已婚妇女，每2年进行1次妇科病普查，费用由团场承担，住院分娩的产妇，享受团场规定的补助金。

第四节 社会保障

一、养老保险

1997年，根据《国务院关于建立统一的企业职工基本养老保险制度的决定》，从1996年1月起，统一建立个人养老金账户，个人养老保险金按职工工资的11%缴费，进入个人账户，其余部分从企业缴费中划入。

2000年，按照国家社会保障政策规定，养老保险范围扩大，将私营个体、灵活就业人员以及与团解除劳动关系的人员，纳入养老保险参保范围，做到应保尽保。缴费以自治区上年度职工平均工资的60%～300%作为缴费基数，按17%比例缴纳养老保险费。

2003年4月15日，兵团劳动和社会保障局下发文件，将个体从业人员退休年龄调整为女年满55周岁，缴费满15年的方可办理退休。

2005年1月，将社保缴费比例调整为20%。缴费满15年并达到法定退休年龄（男年满60周岁、女年满50周岁），享受退休养老保险待遇。

2006年，根据《国务院关于完善企业职工基本养老保险制度的决定》规定，从2006年1月1日起，基本养老保险个人账户规模统一由本人缴纳工资11%，调整为8%，全部由个人缴费，单位缴费不再划入个人账户。个人账户每年按养老保险记账计入利息，并打印职工养老保险个人账户对账单，便于单位、个人查阅。

2009—2010年，按照《国务院关于建立统一的企业职工基本养老保险制度的决定》《国务院关于完善企业职工基本养老保险制度的决定》精神，团场把基本养老统筹保险的个人账户，统一由本人缴纳工资11%调整为8%，全部由个人缴费，单位缴费不再划入个人账户。

2015年，团场社保所完成师市下达190人扩面任务，社会保险覆盖率达到兵团、师市要求。是年，养老保险与医疗保险扩面工作有序开展，参保人数持续增加，网申业务开展顺利。年初参保职工2518人，职工增员83人。其中，新增55人，续保25人，统筹内转入3人。职工减员139人，其中退休106人，统筹内转出5人，中断22人，死亡6人。截至2015年12月，参保职工2465人，征收职工社会保险费3680.7万元。其中，养老保险费单位缴纳1585.2

万元，完成计划100%，个人缴纳634万元，完成计划100%。

2015年，团场支付养老金人数3148人，金额9483万元。其中，支付建国前养老金人数30人，272.5万元；支付企业退休养老金人数2188人，7301.6万元；支付个体退休养老金人数268人，748.6万元；支付“五七”工退休养老金人数616人，1154.4万元；支付居民退休养老金人数46人，5.8万元。

二、医疗保险

1997年，团场职工看病、吃药实行每月医疗费用包干办法。住院医疗费根据工龄、年龄按一定比例报销。工龄在30年以上的，个人承担医疗费5%；工龄在20～30年的，个人承担医疗费用10%；工龄在10～20年的，个人承担医疗费用20%；全年医疗费用不超过本人总收入额的20%。凡参加医疗费用包干每年交120元的职工，到团职工医院看病免费，职工子女到团职工医院看病需要交一定的费用。需要转院治疗的个人承担医药费用的50%，属于自费范围的医药费不予报销，凭医疗证明就医，无证一律现金交费。

2001年，团场将个人缴纳2%医疗保险金加企业统筹金，视不同年龄段按比例划入个人账户，包干使用，超支不补，节约留用，本人病故可让子女继承，按医保统一规定报销。易地安置的退休、退职（含内退人员），个人账户医疗金每季度首月随退休费一同发放。医疗金不发给职工个人，全部划入个人在医院的账户上，看病就医时，按所用费用直接从职工个人账户划出。1949年9月25日以前参加革命的离休人员，以及省级以上劳动模范，实行看病、住院费用实报实销。

2003年11月19日，根据《国务院关于建立城镇职工基本医疗保险制度的决定》和农八师石河子市《关于印发〈农八师石河子市职工基本医疗保险制度实施办法〉及其配套文件的通知》精神，团场启动职工医疗保险统筹工作。医疗保险由团及个人按一定比例缴纳，并建立医疗保险个人账户，每月按一定比例计入医疗保险卡。患者出院后直接在医院办理结算报销手续。

2005年7月，团场启动私营个体、灵活就业人员基本医疗保险，按上年度师市平均工资6.3%缴纳医疗保险费，享受住院医疗报销。

2008年12月，团场启动城镇居民医疗保险，低保户、工亡家属、遗孀、丧偶“五七”人员、勤俭持家退职人员，每年交医保费60元；低收入困难人员（以下称特殊困难群体），每年交120元。住院个人承担的医疗费，先进行基本医疗保险报销，再按就医医院级别由民政部门进行二次救助。石大医附院（三甲医院）报销45%，师市人民医院、绿洲医院（二甲医院）报销78%，团医院（一甲医院）报销92%，最高报销封顶线5000元。在师市统筹区外住院的，医疗救助报销比例降低10%。居民医保和医疗救助政策的实施，减轻了特殊困难群体看病难、看病贵负担。城镇居民医疗保险全覆盖，全团4500余人（包括所有职工的家属和子女）参保。

2015年，团场医疗保险费单位缴纳715万元，完成计划100%，个人缴纳158.7万元，完成计划100%。中华人民共和国成立前医疗保险费170万元，完成计划100%。大额医疗保险费87.5万元，完成计划100%。是年，团场医疗审核366人次，支付医疗费306.8万元。

三、工伤保险

1997年始，团场按师市《职工工伤保险暂行办法》，开展对职工工伤保险的缴纳。缴纳工伤保险费由团场统筹支付,个人不缴,职工发生工伤后,按国家、兵团和农八师石河子市的相关文件规定进行赔付。

2008年,团场将“老工伤”人员全部纳入工伤保险统筹管理中。

2009年,兵团制定出台《工伤职工辅助器具配置管理暂行办法》。团场组织人员对职工开展《工伤保险条例》宣传,提高职工参加工伤保险意识。

2015年,团场工伤保险费118.9万元,完成计划100%。是年,工伤审核108人次,支付工伤保险金103.2万元。

四、生育保险

2004年,农八师石河子市颁发《女职工生育保险暂行办法》,开展生育保险工作,所有育龄妇女均可参加生育保险,除自己缴纳部分资金外,在生育过程中出现难产或危及生命时,均可获得生育保险赔付,确保女职工的切身利益。

2015年,团场生育保险费39.6万元,完成计划100%。全团参加生育保险育龄妇女达100%。是年,生育审核26人次,支付生育保险金15万元,按月审核发放。

五、失业保险

2002年开始,团场按照国家有关政策规定,对在岗职工收取失业保险金,职工缴纳失业保险金比例,按照职工档案工资1%作为缴费基数。职工失业或下岗后,每月按比例领取失业保险金。

2015年,团场失业保险费单位缴纳125.5万元,完成计划100%,个人缴纳46.3万元,完成计划的100%。是年,审批失业保险“48、58”人员3人,发放失业金1.7万元。

六、“五七”工和家属工社会养老保险

2010年,团场按政策按规定,为630名“五七”人员、职工遗孀、勤俭持家退职人员办理补费参保。

2012年1月起,将2011年7月起执行新工资标准的职工,纳入“五险一金”社会统筹,全团共有2631人,人均每月增加统筹费434.26元。

2015年,职工补缴社会保险费52.4万元。按月足额缴纳各项社会保险费。个体灵活就业人员1339人,个体增员69人,其中新参保40人,续保28人,转入1人。个体减员77人,其中退休30人,转出15人,中断28人,死亡4人。

第二十六章　社会生活

1997年，团场实行家庭联产承包经营责任制，职工科学种田意识淡薄，农业机械化水平低，农产品销售不畅，职工收入普遍较低，生活不宽裕，困难职工在生活、疾病、就学等方面遇到问题。团场没有专门的民政机构，只能对困难职工采取临时救助，大多是在春节前后集中慰问救助。1999年后，国家扶持兵团发展的建设力度加大，兵团机制、体制更加完善，职工收入不断提高，各职能建立健全，民政工作作用凸显。

1997—2015年，团场在财务科设立专款专户，接收上级拨付救灾款205万元，受灾职工1.1万人得到救助。团场对上级拨付救灾款物始终做到专款专用，无截留、挪用现象。2014年，团场西社区被评为"全国减灾示范社区"。

第一节　民政工作

一、管理机构

1997—2000年，民政工作由团场工会管理。1997年，民政工作从工会分离，独立设置民政科，设科长1人，党委常委、副政委高泽民分管民政工作。

2000年3月，民政科并入机要科，由机要科长兼任民政工作，对外仍称民政科，党委常委、副政委、工会主席分管民政工作。

2006年12月，团场科室合并为八大科室，民政科并入社政管理科，1名副科长负责民政工作，党委常委、副团长、人武部长分管武装、民政工作。2006—2015年，民政工作归社会事务局管理。

2007年，团场启动医疗救助业务。

2014年8月，团场被兵团定为农牧团场机构改革试点团场，社政管理科更名为社会事业发展局，民政工作仍归社会事业发展局管理。

二、婚姻登记

1997年时，团场婚姻登记工作方式为手工操作办理。

2007年，石河子婚姻登记管理处为各团场婚姻登记处配备专用工作电脑、打印机，要求各处统一使用规范的婚姻登记软件，团场配套购买文件资料柜，婚姻登记管理工作按上级婚姻规范管理要求进行，全部实现网上登记。婚姻登记处的工作人员完成了1997年以来的原始婚姻档案的复查整理录入归档工作，并录入1971年以来全部婚姻档案。

2012年6月起，石河子婚姻登记处为团场婚姻登记处配发身份证读卡器，实现网上办理婚姻登记，并将婚姻信息录入网络系统。同年，团婚姻登记处办理结婚登记84对，办理离婚登记39对,为53对夫妻补发婚姻登记证。

1997—2015年,团场办理结婚登记1348对,办理离婚登记414对,为435对夫妻补办结婚证,婚姻登记合格率100%(表26-1)。

1997—2015年一四一团婚姻登记统计见表26-1。

表26-1 1997—2015年一四一团婚姻登记统计

年份	结婚数(对)	离婚数(对)	开出证明(份)
1997	89	13	2
1998	113	19	4
1999	98	11	6
2000	98	21	8
2001	88	12	1
2002	51	19	2
2003	48	6	2
2004	52	25	0
2005	46	26	4
2006	55	22	6
2007	61	26	0
2008	73	19	1
2009	65	24	2
2010	67	29	0
2011	53	34	3
2012	84	39	1
2013	75	26	0
2014	58	21	
2015	74	22	3
总计	1348	414	45

三、社区管理

(一)社建办

2003年6月8日,按照师市《关于加快石河子市社区建设的意见》文件,一四一团场成立社区管理领导小组,政委郭振元、团长吴敏任组长,副政委朱真性、纪委书记杜书画任副组长兼社建办主任,组织科副科长杨惠珍任社建办公室常务主任,单守成任副主任。同年7月4日,团场党委批准设北野镇社区管理委员会党委,把团场老龄委三个党支部126名党员划入社管委党委。社建办的主要工作是协调驻镇区的机关、团小学、中学、医院、加工厂、暖风机厂、物业管理服务中心、果蔬公司、水管站、供销公司、种子站、社区、中心农贸市场、老年俱乐部及驻团单位金融等单位的社会服务工作。

社建办的办公场所初设于原派出所旧址，团场为社建办配置电脑、打印机、桌椅等现代化办公用品，办公活动经费按各辖区人员每年每人5元核拨，实行预算管理全额拨款，正式启动团场镇区社区建设工作。社建办的主要工作是向居民宣传社区作用、职责，通过举办社区知识板报宣传和咨询活动，强化居民的社区意识，增强居民对社区的认同感。社区设有棋牌室、老年活动室、图书阅览室、电子书屋、老年大学、老年合唱队、老年文艺队、远程教育平台，组织的文体活动有太极拳、健身操、秧歌舞、合唱等。老年大学开设书画、舞蹈、政治等课程。社区阅览室有《老年康乐报》等报刊，娱乐室内有麻将、扑克、象棋等。社区各类活动场所免费为居民开放，团部镇区居民有了自己的组织和活动“家园”。

2006年12月，团场改革，社建办归机关社政科，设专职科员1人负责指导社区建设、管理工作。

2011年始，团场争取上级批准资金220万元，自身投入230万元，新建2000平方米封闭式运动场，改造社区办公用房，增添办公设施，新建993平方米的社区服务中心。

北野镇社区先后被师市评为“师市老少共建先进社区”“师市老少共建文明社区活动先进单位”“‘五个好’社区先进基层党组织”，参与了“老少共建文明社区活动”。

（二）北社区

2008年春，团场党委根据需要，将原社建办分为南、北两个社区。何新龙任北社区党支部书记、主任，张继荣任副主任。北社区面积2000平方米，辖6个小区，社区内有驻团单位及商业、运输、手工业等服务单位。团场投资6万余元，为北社区建1000平方米硬质场地、硬质路面以及1200平方米的绿地，争取师市计生委的项目资金6万元，改建40平方米“新居民之家”，完善“新居民之家”硬件设施，投资2万余元。为社区建起“一站式服务”大厅，并配备硬件设施。投资1万余元，装修社区居民道德讲堂，添置70套新桌椅及音响设备。

社区在团党委的支持下，开展中国特色社会主义和中国梦、社会主义核心价值观宣传教育，持续深化“唱响兵团精神”活动，加强理想信念教育，构建共有精神家园，增加社会的正能量。建立由团主导、社会多元参与的社会管理体制，统筹管理社会事务，并将城镇建设、市政服务、物业服务纳入城投公司统一管理，探索出一条适合团场城镇化发展和创新社会管理的新路径，同时构建以社区党支部为核心，居委会、社区工作站、片区长、志愿者为主体的社区管理体系，探索推进“连社合一”，实行“双向管理、交叉服务、绩效考核、协同共建”管理机制，推进社区公共服务职能向作业区全覆盖。社区鼓励老年人参加社会公益活动（如看家护院巡逻队、季节性义务劳动、秋收劳动、维护社会治安等），活动以小区为主进行组织。

2015年，北社区下辖1～6个小区，20个居民小组，常住户4300户，总人口4560人，社区配备专职工作人员6人。北社区有党员62人，其中在职干部党员5人，个体户党员1人，离退休党员56人，常年居住在辖区里的党员有36人，流动到外地的离退休党员有26人。

（三）南社区

2008年春，团场以镇区中心为界，将7、8、9、10、11小区划为南社区管辖。崔海军任南社区党支部书记、主任，左利成任副主任，南社区根据小区人数，各小区推选出2～3名居民代表（共32名代表），依法选举产生了社区居民委员会（9人组成），选举产生居民委员会主任1人、副主任2人、委员6人。社区建立社区联席会议制度，建立完善《一四一团社区居民自制章程》《一四一团社区分布图》《组织机构图》《社区党支部工作制度》《社区机构网络图》《社区党支部工作制度》。团场根据城镇基础设施规划，在各小区设置宣传牌，按楼房居住居民数量，在不同活动场所安装健身器材，方便居民锻炼身体。南社区通过举办社区管理、服务、职能知识宣传和咨询活动，强化居民的社区功能意识，增强居民对社区的认同感。

2015年，南社区有常住户3032户，总人口5352人，流动人口332人，离退休人员879名，个体工商户195户，辖区企事业单位11个。南社区在职干部7名，其中大专学历三人、中专学历1人，党总支现有党员105人，其中在职党员4人，离退休党员95人，个体工商户党员6人。社区居民委员会成员9人。

四、地名管理

2009年，师市进行区划地名管理，为团配备电脑、打印机等设备，于10月中旬完成团场辖区居民点、公路、水利、单位等信息录入数据管理更新。

2013年，民政部完成全国第二次地名普查的资料收集和登记录入工作，团场被师市授予“地名标志设置优秀组织奖”。

五、殡葬

1997年，团场贯彻《中华人民共和国殡葬管理条例》《石河子殡葬管理实施条例》，根据实际制定《一四一团关于进一步加强殡葬管理的若干规定》。

2000年，团场购买1辆殡葬车。

2004年，团场拆除原建在医院西侧的旧殡仪服务站，投资80万元，修建1200平方米的新殡仪馆，内设休息室、吊唁厅、停尸房、骨灰存放室。

2015年，团场原殡葬车辆已到使用期限，经师市民政局审批，居民吴先锋自筹资金13万元，购买殡仪服务车1辆，为团场居民提供服务。为提高殡仪服务水平，团申请建设殡仪服务站，选址位置在安下路以东、西岸大渠以南，投资100万元，建筑占地面积587平方米，兵团配套出资45万元。1997—2015年一四一团殡葬管理登记见表26-2。

表26-2　**1997—2015年一四一团殡葬管理登记**

年度	死亡			火化（人）	火化率（%）
	总计（人）	男（人）	女（人）		
1997	53	40	13	53	100%
1998	65	61	4	65	100%
1999	11	9	2	11	100%
2000	63	41	22	63	100%
2001	74	53	21	74	100%
2002	82	57	25	82	100%

（续）

年度	死亡			火化(人)	火化率(%)
	总计(人)	男(人)	女(人)		
2003	92	60	32	92	100%
2004	68	43	25	68	100%
2005	69	35	34	69	100%
2006	38	26	12	38	100%
2007	55	39	16	55	100%
2008	54	34	20	54	100%
2009	49	30	19	49	100%
2010	40	27	13	40	100%
2011	58	37	21	58	100%
2012	68	35	33	68	100%
2013	23	16	7	23	100%
2014	11	8	3	11	100%
2015	27	12	15	27	100%

六、优待工作

（一）生活补贴

1998年10月20日，根据《中华人民共和国兵役法》和兵、师有关法律法规规定，团场制定优抚政策：中华人民共和国成立前参加革命工作者的遗孀，按情况每月给予400、300、200元生活补贴。26日，团场制定在部队服役的义务兵荣立一、二、三等功者，分别给予1000、800、500元奖励，并免除现役军人家属、烈属、因公牺牲军人家属及病故军人家属、伤残军人所承担义务工的政策。

1999年1月1日起，团场正式执行在部队服役的义务兵荣立一、二、三等功者，分别给予1000、800、500元奖励，并免去现役军人家属、烈属、因公牺牲军人家属及病故军人家属、伤残军人所承担的义务工。

2010年1月20日，团场获“师市2006—2009年双拥模范团场”称号。

义务兵复员回团后，团按退伍军人手续，给予退伍复员义务兵一次性按同期参加工作职工工资等级发放的优待金。义务兵优待金由2006年以前每年3000元，提高到每年5000元，2010年提高到每年6000元。团场每年为服役的义务兵发放优待金1.8万元，比师市规定标准提高1000元，同时为7名残疾军人发放抚恤金6.8万元，为涉核退役人员一性发放生活补助4万元。

（二）义务兵安置

团场党委一直重视退役军人优抚、安置工作。根据退伍军人在部队的表现和本人特长，妥善安排在团保卫科和非农单位（如加工厂、物业中心等）适合的岗位上工作。同时，团场对在基层表现突出的复员军人优先考虑招干，有18人安置到非农单位。6名复员军人愿意参加土地承包，团场减免其3年承包利费。

2009年9月28日，经团、师民政局推荐，退伍残疾军人张永贵代表兵团残疾军人，到乌鲁木齐参加自治区组织历时4天的国庆观礼活动。

2010年，团场根据当年5名退役士兵的表现和个人特长，将其安置到加工厂、物业公司、内保大队工作。

截至2015年，团场民政部门共安置义务兵79人。

（三）军烈属待遇

2002年3月6日，团党委作出决定：8名居住在团内的抗战时期参加革命的退役军人，享受优惠居住一套楼房（房产权归团，住户每月缴纳每平方米0.5元房租，免收冬季暖气费，其配偶是家属的可居住到身故，其他费用自理），并承担居住在石河子市24小区的1名烈属5年暖气费1万多元，为1名烈属的住房免费维修屋顶和安装瓦片。将1名涉核人员从农业连队调整到农机技术推广站工作。为2名涉核人员补交中断数年养老保险统筹费1.5万元。根据涉核人员生活困难程度，将3人纳入低保。为3名涉核人员零就业家庭安排公益性岗位，每月补贴2100元。

2007年8月起，团场每月给参战和涉核人员生活补助每人465元。同年，团组织11名涉核人员免费到乌鲁木齐市人民医院参加兵团、师市首次统一组织的健康检查。

（四）慰问活动

1997—2012年，团场领导在春节期间，带领双拥部门人员，为残疾军人、军烈属家送去节日祝福。

2013年，团场主要领导带领团双拥人员慰问师人武部、驻沙湾炮团、师市预备役二团。同年，团场慰问军烈属、重点优抚对象55人，发放慰问金1.5万元；发义务兵优待金7.74万元，发优抚对象抚恤金、生活补助13.5万元。

（五）军民共建

1997—2015年，团场与师市人武部、预备役二团、驻沙湾炮团、驻团监狱的武警中队建立军民、警民协作共建关系。每年“八一”前夕，组织部分干部职工带上慰问品到部队召开联欢会、座谈会，并组织军事打靶训练。

2011年秋，团场拾花劳动力紧缺，驻沙湾炮团官兵得知后，立即组织人员分赴一四一团10个农业连队支援秋收15天，拾花30余吨。是年，团场出资5万元，支持预备役师步兵二团基础建设。每年农闲季节，团场组织与驻地官兵开展篮球友谊比赛、文艺联欢等活动。

2010年，团场获得师市2006—2009年“双拥模范单位”称号。

2013年，团场被师市评为新一届“双拥模范团场”。

第二节 社会救济救助

一、救灾工作

2001年7月，一四一团遭受建团以来最严重的冰雹、低温，造成大面积棉花落桃减产，受灾棉田1456.67公顷。师市为团场拨付救灾款16万元，购买大米、面粉各21吨，清油5吨，发给1100户受灾群众。

2007年，团场正式启用救灾软件，开展灾情初报、续报、核报工作。

2012年6月，团场受到冰雹袭击，1/3棉田受灾严重，造成700余名承包户棉花减产。师市民政部门拨付救灾款25万元，以现金和实物形式，分别发放到700户受灾家庭、1990名困难人员手中。

2013年，团场遭受干旱、冰雹灾害，全团629户遭受重灾，减产2/3。上级民政、工会拨付救灾资金30万元，发放到629户1979名灾民手中。同年，团场完成1002户2787名受灾人员冬春需救助情况统计表和台账，受灾人员全部得到相关救助。

2014年，师市拨付和发放冬令款、春荒款35万元，团场摸底造册全部发放到710户2084名灾民手中。

2015年，团场为490户1322名灾民发放冬令款和春荒款33万元，其中冬令款25万元，春荒款8万元。

二、最低生活保障

(一)低保管理

2000年12月，全团52户75人首批纳入低保，其中“三无”(无法参加劳动、无依无靠、因残疾无工作)人员45人，特殊家庭困难户27人，退离休困难人员3人。经团低保领导小组核实后，由各单位上墙公布公示7日，由低保办公室上报师市民政局审查核实。低保款由团财务科统一立账，实行专款、专户、专用管理。为确保低保工作做到公开、公平、公正，让真正困难的人员得到救助，团场安排基层单位每年派人核查低保对象的家庭状况、经济收入、家庭结构状况等，对低保对象实行动态管理。对不符合低保条件家庭(人员)做好及时变更清理手续。

2001年，兵团下发《为居住在兵团内原“五七”家属工发放生活补助的通知》。同年8月，团场对原“五七”家属人员组织开展摸底调查。原“五七”家属工范围是1967—1982年参加单位(连队)“五七”连、排集体劳动人员。团场以原“五七”家属工在单位参加劳动的年限和“五七”排解散后参加土地承包的年限为界线，分别给予原“五七”家属工发放60～120元的生活补助(原“五七”家属工户籍不在本团辖区者不享受此待遇，原“五七”家属工本人若纳入遗孀优抚政策或“低保”者，不再重复享受“五七”人员生活补助)。

2007年，团场共有“五七”人员627人。按上级安排，团场每年自筹经费，所有“五七”人员生活费每月按150元发放。同年8月起，“五七”人员生活费每人每月提高15元。按上级文件规定：双重身份人员（“五七”人员同时兼遗孀或精简持家或工亡家属）可同时享受“五七”人员和遗孀生活费。是年12月，团场所有“五七”人员和遗孀全部纳入居民医保。

2009年，团场将60岁以上丧偶的困难人员纳入低保，低保对象达630人。

2011年，团场低保对象共365户550人，低保率4.72%。其中，重点保障“三无”、重残、重病及60周岁以上对象248人。动态管理低保对象35户77人，新增29户64人。累计保障低保对象2677人次，师市拨付低保金198.3万元（含物价补贴、春节补助、三无残疾人生活补助）。

2014年3月，师市办下发《关于印发八师石河子市居民最低生活保障实施细则的通知》，明确对低保的申请程序、责任分工等，原《石河子市居民最低生活保障制度实施细则》及民政局制定下发的低保有关政策、办法同时废止。

2015年12月，团场有低保对象277户429人，月发低保金127603元。其中，各类残疾人130人，“三无”人员2人，60岁以上老年人21人，低收入困难人员276人。全年申报接收师市拨付低保金210.7071万元（含春节补助和取暖救助）。

（二）低保发放与补贴

2000年，团场享受低保人均月发放低保金143元。

2005年，增加粮食补助，人均月低保金提高到148元。

2006年，补助水平统一增加11元，人均月低保金提高到159元。2007年5月，提高到175元。同年8月，增发肉食补助15元，全额补助水平190元。10月，增发临时补助10元，全额200元。11月，增发12元液化气补助，全额补助水平212元。同年，为每户增发春节补助300元。

2008年1月1日起，每人每月增发15元。5月起，低保对象中的60岁以上老年人，每人每月增发50元生活补助，具有“五七”家属工和低保双重身份的，享受“五七”家属工150元补助的不发放50元补助。7月起，每人增发15元，标准242元。

2010年1月1日起，每人每月增发20元。6月起，每人每月提高补助水平30元。根据国家相关文件精神，低保对象每人每月发放80元一次性临时物价补贴。

2011年1月1日起，增加临时补助15元。同年元旦、春节，补助低保对象每人100元。4月起，低保标准升至255元。原发放的105元临时补助和12元液化气补助不再发放，冲抵低保标准提高部分80元，剩余37元作为临时补助继续发放。7月，发价格补助每人36元。8月，发价格补助每人48元。9月，发价格补助每人24元。

2012年1月起，60岁以上老年人及一、二级重度残疾人，每人每月增发15元。10月起，低保标准由255元提高到285元。

2013年7月起，低保标准由295元提高至330元。“三无”人员每人每月发放430元。10月起，增发30元。是年，师民政局拨付13万元，使团场320名低保人员享受免费健康检查。

2014年7月1日，低保标准由330元提高到380元，30元临时补助不再发放。“三无”人员每人每月发放额度提高至500元。

2015年，团场纳入低保对象共277户434人。其中，各类残疾人130人，“三无”人员7

人，60岁以上老年人21人，因病、因学、低收入困难家庭人员276人。团场接收师市拨付低保金210.7万元。1997—2015年一四一团最低生活保障情况统计见表26-3（含春节补助和取暖救助）。

表26-3 1997—2015年一四一团最低生活保障情况统计

年度	户数（户）	金额（万元）	年度	户数（户）	金额（万元）
1997	26	3120	2007	149	31746
1998	26	3120	2008	222	63468
1999	26	3120	2009	263	71840
2000	26	3120	2010	362	12245
2001	40	13599	2011	362	12245
2002	73	27219	2012	362	12245
2003	95	34455	2013	315	128698
2004	111	49704	2014	293	136203
2005	105	47139	2015	293	136203
2006	263	71840			

三、医疗救助

（一）发放与标准

2007年3月，农八师石河子市在各团场启动医疗救助业务，救助对象为“三无”人员、低保居民和低收入居民。低保居民门诊就医补助90%，全年补助金额不超过500元，住院救助起付线200元，救助比例90%，救助标准6000元。低保居民救助标准起付线300元，救助比例：一类为重度残疾及患大病完全丧失劳动能力且生活不能自理或半自理者，救助比例85%。二、三类为低保范围内的其他人员，救助比例75%，住院救助标准6000元。低收入困难居民起付线5000～10000元，救助比例50%，住院救助标准3000元；起付线10000元以上者救助50%，住院救助标准5000元。费用由上级部门拨付。

2008年，全团有55人次“三无”人员、低保户和低收入困难人员得到救助，发放救助资金17.5万元。给“三无”“五保”居民发放门诊费500元。

2009年1月1日，低保居民（包括领取“职工因公死亡”生活补助的家属、遗孀、丧偶“五七”人员、丧偶勤俭持家人员）和低收入居民的救助金4200元/年。低保居民医疗救助起付线一级医院100元，二级医院200元，三级医院400元，住院救助标准5000元。救助比例为三级医院45%，二级医院78%，一级医院92%，住院救助标准5000元。低收入困难居民起付线4000～8000元，按照35%救助，8000元以上按照40%救助，住院救助标准5000元。

2010年10月，师市民政颁发《关于印发八师石河子市低保居民和低收入困难居民医疗救助办法的通知》，明确医疗救助包括住院救助、门诊救助、资助参保和慈善救助等方式。低保居民住院救助报销比例：一级医院95%，二级医院85%，三级医院70%。低收入居民7200元/年。起付线一级医院200元，二级医院600元，三级医院900元。救助比例为三级医院70%，二级医院85%，一级医院95%，住院救助标准1万元。低收入困难居民住院救助标准为住院救助起付线4000元，个人负担住院费在4000元以上部分按照70%救助，1万元封顶，同年10月1日起施行。低收入困难居民，起付线4000元以上，按照70%救助，住院救助标准1万元。

2011年，团场给“三无”“五保”、低保居民中一类患大病人员、重度二级残疾人发放门诊费800元，60岁以上低保居民发放门诊费500元。

2015年，团场发放残疾人门诊救助1000元，老年人700元，其他低保对象每人500元，共发放医疗救助金657941元。其中，住院救助金发放34人次246346元，门诊救助及2015～2016年资助参保补助金发放349885元。定点医院住院就医，开出医疗救助审批证明34人，救助金额51710元。居民医保和医疗救助政策的实施，减轻特殊困难群体看病难、看病贵的负担。

(二)资助参保

2008年10月，团场启动居民基本医疗保险，师市每年给低保居民拨付费用用于资助个人参保居民医保。是年，低保居民每年缴纳60元，其他低收入困难人员每年缴纳120元。

2015年，团场低保居民缴纳80元，其他居民缴纳170元。

四、临时救助

2011年，一四一团设立临时救助项目。

2012年，团场有12名低保对象和困难人员享受到殡葬救助，救助金额2.4万元。

2014年，团场发放临时救助66.5万元，惠及因学、因病等原因造成低收入困难低保家庭3884人，其中1月为550人发放临时性生活救助金16.5万元。5月为3334人发放50万元。

2015年，团场发放临时救助24.34万元，惠及困难人员783人。

五、慈善事业

2007年9月15日，根据师市民政部门文件要求，团场成立以政委为会长、社政管理科长任秘书长的“一四一团慈善分会”。是年9月21日，一四一团为师市慈善发展基金捐款2万元。

2008—2013年，团场慈善分会先后为重病患者及向四川汶川、青海玉树地震灾区捐款，全团共捐款23.3万元。师市红十字会为一四一团特困群众捐赠面粉、米等2000千克。师市慈善总会向团场发放助医、助学救助款4万元。

2014—2015年，团场每年上缴师市慈善总会会费5000元，主要用于开展捐款和以为季节工捐衣物为主题的“送温暖、献爱心”社会捐助活动。

第三节　老龄工作

一、管理机构

1997—2002年，团场老干部、老龄工作归团老龄委员会负责，下设老龄办公室，负责全团老干部、老龄事务。

2003年3月，团场机构改革，老干部工作业务由组织科负责。

2006年，机关机构改革，老干部工作归政工办负责。团场老干部、老龄工作主要围绕

"老有所养、老有所医、老有所为、老有所学、老有所乐"开展活动。

二、老有所养

1997—2015年，团场党委组织专人对全团老年人现状进行普查：60岁以上1875人，其中60~69岁769人，70~79岁813人，80~89岁257人，90~99岁35人，100岁以上1人。

1997年起，历届党委坚持"四必到"（即老干部患病住院必到，老干部有喜事、丧事必到，老干部遇到突发事件必到，老干部有困难时必到）。老干部、老龄工作围绕"三德"教育、践行社会主义荣辱观来开展，在全团范围内广泛开展"尊老、爱老、敬老、养老"教育活动，坚持开展"十星级"文明户评选活动，在全社会形成争当"好媳妇"、争做孝顺子女新风尚，提倡形成全社会都尊重老人的良好氛围，切实为老人做好事，为老人排忧解难。

1998年以后，团场为离退休副处级以上干部，每月发放30元交通费补贴，为70岁以上生活不能自理老人发放150元/月护理费。

2002年，团场首批廉租楼房100套竣工，团场首先考虑的是让1938年参加革命的老人们住上楼房，享受幸福晚年生活。团场出资为7位老人购买8套楼房居住，并分别为126户入住老人每套楼房补贴1.5万~2.5万元。每年元旦、春节，团场都会拿出20余万元购买慰问品，走访慰问4名抗战老八路、6名正副处级干部、32名中华人民共和国成立前参加工作的离休老干部、55名老干部遗孀、283名退休老干部和特困老人142人，对80岁以上老人执行高龄补贴政策，每年发放高龄补助费7万元，为年满60周岁老年人办理《老年人优待证》，每年为2000名离退休人员和"五七"家属工办理资格认证。

2003年12月起，团场为老干部遗孀、"五七"家属工统一发放生活补助12万元，按时足额为全团退休老人发放工资。

2015年，团场共发放病故老人抚恤金841456元。

三、老有所医

1997年起，团场执行上级规定，对中华人民共和国成立前参加工作的离休、退休干部职工看病住院的费用实行实报实销。中华人民共和国成立后参加工作的退休干部、工人按工龄长短，看病住院费用报销60%~90%。

2004年6月，团场按照国家规定，将离退休人员全部纳入医疗保险，由社区统一收费、统一管理，全团2193名老人参加医疗保险，实现离退休人员医保全覆盖，参保率达100%。

四、老有所为

团场鼓励支持离退休老同志关心团场各项事业的发展，在各行业发挥余热，在其自身身体条件允许的情况下，参加一些力所能及的公益劳动和社会活动，让老同志参政议政。每年田管期间，团场组织老干部、老工人代表深入连队棉田，检查棉苗生长情况，听取老同志的意见和建议。每逢党代会、职代会等重要会议，团党委均邀请离退休老党员、老干部参加，听取他们的意见和建议，为团发展献计献策。每年春、秋季农忙时节，单位组织老年人参加力所能及的定苗、打顶、捉虫、摘啤酒花、拾棉花、挖林床、刷树干、清垃圾、看家护院、守棉场、义务给民工修自行车等活动。

2008年，团场离退休老人共为四川灾区捐款11785.6元。是年，团老领导陆振欧、易坤武、钱荣根、高泽民和第一代军垦人田永康、何继昌、许祖洪等离退休人员，协助团场撰写

19.8万字的《风雨北野50年》回忆录。

五、老有所乐

1997—2015年,团场老龄委与团工会经常组织老年人开展丰富多彩的文体娱乐活动,常年开展太极剑、健身操、秧歌舞、扑克、麻将、象棋等相关活动及书画培训、学习比赛。镇区成立舞蹈队、合唱队、健身操队、秧歌队。团场业余队在师市文艺汇演中,先后取得第一名和第三名的成绩。每年金秋文化广场活动中,老人们会参加秧歌队表演、合唱表演等。老人们在社区出板报36期,拍摄各种活动照片200余张。何继昌被《老年康乐报》评为优秀通讯员。

1997—2000年,团组织科和老龄办,每年组织20人左右的夕阳红老年旅游团,到石河子、乌鲁木齐等地观光旅游。

2003年,民政科用彩票销售返还的手续费3000余元,为老年文化活动室配备一组高质量音响,为老年文化室购买乒乓球、康乐球、扑克、麻将、象棋、彩电等文体娱乐用品,丰富老年人的精神文化生活。

2005年8月,一四一团社区举办首届老龄运动会,比赛项目有三项全能、钓鱼、跳绳、踢毽子、接乒乓球、拔河、定点投篮球、投沙包、竞走、拍篮球走等,400余人参赛,124人获奖。

2011年,团场在医院北侧,新建一所1200平方米老年福利院,有床位66个,配工作人员6人,活动室内有图书200册、健身器材3套、乐器12件。

六、老有所学

2003年8月10日,一四一团"老年大学"挂牌成立,副政委孙玉英兼任校长,退休干部吕炳辉任教导主任兼教师。老年大学开设太极拳、老年舞蹈、书法班,为老年同志老有所学提供教室、场地。团场每年拿出1.6万余元,为在团场生活居住的老年人订阅《老年康乐报》《生活晚报》各490份和《中国老年报》《老人天地》《金秋》等杂志。出资购买各类图书1000多册,供老年人学习阅读。

2004年,老龄办业务归社区管理,社区设有阅览室、舞蹈室,坚持每天开放,并开设舞蹈、政治理论学习等课程。社区建立老年夕阳红书屋,订购《金秋》《老年博览》《中华人民共和国老年人权益保障法》以及各类图书5000余册。

2005—2012年,团场社区每年组织老人跳健身舞、打太极拳、扭秧歌、打腰鼓,组织退休妇女学习十字绣、刺绣、剪纸、雕花、珠珠绣等手工艺品制作技法,并对制作的工艺品进行展示评比。社区党支部还组织离退休老党员学习政治理论、时事政策,开展"三讲"教育、"三个代表"重要思想学习教育活动、保持共产党员先进性学习教育活动、"四抓四看"学习教育活动,撰写读书笔记、心得体会。还参加"四五""五五""六五"普法学习活动,使老同志老有所学。

2013年,团场申请上级拨款200万元,自筹37万元,新建1000平方米文化教育活动中心,此活动中心为团场老年人提供了现代化文化活动场所。团司法部门常年开展老年人法律援助活动,从法律上帮助老年人解决难题,保障维护老年人的合法权益。团场未发生过侵犯老年人权益的案件，老年人来信来访处结率100%。团老龄工作多次获得师市表彰。2012年，团场获得“老少共建文明社区先进单位”称号。南社区、北社区、中学、小学，被师市评为“老少共建先进集体”。南社区被师市授予创先争优活动“先进离退休党支部”“关工委先进集体”称号。

第四节　居民生活

一四一团场是一个以汉族居民为主的团场，长期以来少数民族居民占团场总人口0.1%左右。汉族居民始终坚持尊重少数民族居民的生活习俗，多民族大家庭杂居聚集，互相尊重，互相帮助，和睦团结。团场辖区无宗教场所，宗教管理工作由政工办专人负责。

一、居民收入

1997年，全团职均收入2699元。

1998年后，团场不断深化改革，推行农业生产经营两费自理承包，调整产业结构，落实各项减负政策，农业连年丰产，职工收入持续增长。

2005—2010年，团场职均收入由1.72万元增加到6.8万元，年均增长32%，是“十五”末的3.95倍；人均收入由0.71万元增加到1.99万元，年均增长22%，是“十五”末的2.8倍。

2015年，团场职均收入5.2万元，比2014年增长20%。连队常住居民人均可支配收入达到16148元，比2014年增长8%。

二、居民消费

（一）餐饮

1997年始，随着团场职工收入增多，除两费自理、购买生产资料、雇用劳动力外，每年职工兑现都有余钱，职工生活品质普遍提高。1997年，全团居民消费总额220万元，其中零售190万元，餐饮消费5万元，其他消费25万元。

1998年、1999年，随着职工收入的增加，人们的消费观念发生变化，餐饮业消费成为团场消费主流。过去朋友聚餐往往在家里做饭待客，随着收入的增加，消费观念的改变，许多朋友、家庭聚会选择到餐馆聚餐，推动餐饮业发展。

2013年，团场个体工商户增加，集市贸易活跃，实现社会消费品零售总额1.3亿元，增长20%；第三产业增加值达到1亿元，增长26.6%。

2015年，团场通过招商引资，引进北野镇美食城、北野镇酒店、国民村镇银行，9小区、11小区建起综合服务楼、保利商业影城、延新生态园等项目，使城镇聚集和承载功能进一步提升，服务业范围更加全面，消费环境进一步改善，团部北野镇有酒店、饭馆16家。

（二）存款

1997年，团场居民存款4696万元。

1998年，团场居民存款6076万元。

1999年，团场居民存款6220万元。

2000年，团场居民存款7782万元。

2010年，团场居民储蓄余额增加到2.08亿元。

（三）居住

1997—2000年，团场职工居住条件差，大多数居住在“兵营式”土木结构的低矮、昏暗、破旧的平房里，户均不足50平方米。

2015年，团场经济发展，职工收入增加，生活水平提高，团场小城镇建设步伐加快，有5342户职工家庭入住镇区价格优惠的二室一厅、三室一厅，水、电、暖、有线电视等功能设施齐全的楼房，职工入住率达99.4%，实现全团97.3%人口城镇聚集的目标。

（四）出行

1997年，团场连队通往团部的道路多为自然土路和羊肠小道。

2015年，团场所有连队实现连队路路通，75千米的柏油路面通连公路纵横交错、四通八达，“安下”“沙钟”省道纵贯团场南北，人们出行极为方便。每日团场有发往乌鲁木齐的班车1个班次，有46辆私家车发往石河子市，全年客流2890人次。全团场有各种型号的车辆3620辆，其中摩托车2653辆、小车364辆、家用运输车390辆。

（五）电子用品

2015年，全团职工拥有程控电话3200余部，有移动电话5869部、电脑3678台，电视机入户率100%。网上购物、使用电子产品成为普遍现象，有的职工把团场的农产品放到网上销售。

（六）衣着

1997年时，团场职工服饰相对简单、朴素，勤俭节约、艰苦朴素仍然是军垦人的传统。随着人民收入增加，生活水平提高，当年那种“新三年、旧三年、缝缝补补又三年”的历史一去不复返。黄军装、粗布衣慢慢退出人们的衣橱。色彩缤纷、款式新颖的新式服装、西式牛仔服，男女高档名牌服饰，成为团场人穿着方面的追求。团场人民生活水平提高，城乡差别越来越小，日子越过越红火。

第二十七章　人　物

本章收录人物传6人，人物简介28人；师市级以上劳动模范4人，其中兵团级2人，师市级2人。

第一节　人物传

冯玉清　(1942年12月—2004年11月)男，汉族，1942年12月26日生于江苏张家港，大专文化程度，中共党员，曾任一四一团党委副书记、团长，高级农艺师职称。

1959年1月，17岁的冯玉清响应党和国家号召，随江苏支援新疆建设大军来到兵团，组织安排冯玉清到兵团会计和统计学校学习。9月，冯玉清转入石河子农学院学习农业。1962年10月，冯玉清毕业并被分配到农八师安七场(一四一团)三连任农业技术员。1964年至1980年9月，冯玉清先后任六连、一连农业技术员。1980年10月，冯玉清调机关任团生产科参谋。1984年5月，任生产科副科长，后升至科长。1988年3月，被师党委任命为一四一团副团长。1997年1月，接任团长至2001年7月退居二线。

1997年，冯玉清上任团长的第一年就组织开展棉花丰产攻关活动，首先瞄准棉花品种的更新换代、引进、繁育。在他的带领下，当年收获皮棉4860吨，创农业总产值10950万元，比上年增加2865万元，增长35.4%。团场被八师市授予“棉花丰产攻关活动达标团场”。1998年，他提出在九连试种滴灌地膜棉花，滴灌地膜棉花比陆地棉花省水，并且产量翻番。从此，在他的倡导下，全团逐年扩大种植滴灌地膜棉花面积。1999年以来，一四一团连续多年被兵团评为“科普工作先进单位”“自治区党风廉政建设先进集体”“兵团农业标准化示范团场”“师市抗洪抢险先进集体”。2001年团场被中央宣传部、司法部授予“1996—2000年全国法治宣传教育先进单位”“全国先进基层党组织”等荣誉。

冯玉清先后被兵团评为第二期农业开发先进个人、“兵团第三期农业综合开发先进先进工作者”，享受省部级劳动模范待遇。连续在1998年、1999年两年，被师市授予团处级干部“十佳搭档”等。2004年11月，冯玉清因病逝世，享年64岁。

吴国兴　(1940年3月—2003年7月)男，汉族，1940年3月4日生于江苏张家港，大专文化程度，中共党员。历任农工、排长、农业技术员、副连长、生产参谋、副科长、科长、副团长，高级农艺师职称。

1959年1月，吴国兴报名参加支援新疆建设，被分配到农八师安集海农场(现一四二团)工作。1960年5月，安集海农场党委任命他为十九连排长。1960年9月，场党组织保送吴国兴到兵团农学院学习。1963年9月，吴国兴毕业并被分配到安七场(今一四一团)农业一连任技术员。1966年12月，安七场党委任命吴国兴任九连副连长。1969年5月—1988年2月，吴国兴先后被团党委任命为团机关参谋、副科长、科长。1988年3月，被农八师党委任命为一四一团副团长至退休。

吴国兴担任生产科长时，带领工作人员开展专题攻关小麦单产活动，经过几年努力，小麦单产大幅度提高，产量比周边团场有所突破。1987年，吴国兴获农八师小麦攻关成果奖，小麦种植法被兵团推广。吴国兴担任副团长后，先后分管农业、畜牧、水利工作，经常带领畜牧工作人员到基层调研，与牧工同吃同劳动，多次深入连队畜牧点调研，研究团场牲畜发展不平衡问题，写出有价值调研报告。协助主要领导抓好农业、水利工作，团场连续受到农业农村部、兵团，师市相关部门奖励。他被师、团党委评为“先进工作者”“优秀党员”等。他退休后仍然关心团场的建设和关心下一代工作。2008年7月，吴国兴因病逝世，享年68岁。

李明锁 （1922年11月—2005年5月）男，汉族，1922年11月24日生于甘肃省甘谷县农村，初小文化程度。1947年10月加入中国共产党。1947年，甘肃省甘谷县地下党发展李明锁为交通员。1950年，参加中国人民解放军。1951年至1953年10月，党组织派李明锁到西北大学进行社会调查。西北大学社会调查结束后，李明锁被分配到酒泉县公安局任检察员。1955年秋，甘肃成立新华劳改农场，组织派李明锁到新华农场任中队长。19[illegible]0年春，李明锁随甘肃新华农场押送劳改人员到新疆兵团农八师安七场。1970—1985年，李明锁调至八连负责林业管理工作。李明锁有着西北汉子的钻劲，他把植树造林作为自己的事业来抓。为了解决单位造林没有苗木问题，他注重苗圃建设，自己动手砍来树枝插苗育苗，每年为团场提供树苗2.5万株以上，工具把6000根，上缴利润9000元。

离休后，李明锁对团场林业发展痴心不改，热情不减，仍然一心扑在造林育苗工作上。他到连队要了一块荒地，一锄一锹地把荒地开垦出来，插上适合新疆气候的杨树、柳树枝条培育苗圃。随后，李明锁又在苗圃地边开垦出一块荒地，种上菜。李明锁离休的几年中，为连队育各种树苗100余万株，没要一分钱报酬，连续7年把开荒种出的蔬菜60余万千克，无偿送给连队食堂、邻居、外来劳务工。其事迹先后被《石河子报》《兵团日报》刊登。李明锁离休前被师、团党委多次评为“先进工作者”“优秀党员”“先进离退休干部”“关心一代先进个人”等称号。2005年5月，李明锁因病逝世，享年83岁。

丁相臣 （1929年2月—2005年3月）男，汉族，1929年2月生于山东邹县，初小文化程度。1945年5月参加革命，任山东邹县第七区中队战士。1947年9月，调至鲁南一五团一营二连，战士。1948年8月，调至中国人民解放军第七纵队二师六〇团三营七连，战士。1948年11月，任第七纵队二师六〇团三营七连副班长。1949年8月，调二五军七四师二二二团通讯队副班长、侦察连副班长、二连班长、一营二连副排长。1958年3月，退役支援新疆建设，由组织分配到一四一团一连任排长职务至离休。

1980年4月办理离休手续后，丁相臣没因退休闲下来，经常帮助连队领导解决生产中的难题，帮助困难职工渡过承包生产难关，协助连队做好青少年工作。1998年，一四一团党委准备建立团史馆。丁相臣得知党委征集建场以来老军垦人开荒的物品、资料时，主动把军功章、荣誉证、军官服捐献赠给团史馆。丁相臣多次受到师、团党委的嘉奖。离休后，多次被团评为老龄工作先进个人和庭院经济致富能手。2005年3月，丁相臣因病医逝世，享年76岁。

姜红兵　(1946年1月—1984年5月)曾用名姜清贵，男，汉族，1946年1月12日生于山东商河，中专文化程度，共青团员。1963年7月，姜红兵随母亲到新疆生产建设兵团一四七团，中学毕业被分配在连队当职工。1964年5月，随父母调到南山养路队。1964年7月，被保送到兵团农八师卫校护理专业学习。1969年3月，卫校毕业并被分配到一四一团卫生队当护士。1970年5月，分配到一四一团十一连任卫生员、医生。

十一连原是劳改二队，后改为生产单位，距团部西南7000米，属于偏远连队。单位大，病人多，人员复杂。姜红兵不怕吃苦，对找他看病的每一个人均认真对待。把在护校书本上学到的医术运用到实践中。通过不懈努力，成为全科大夫，无论白天夜晚，随叫随到，一年365天一人坚守在连队。他从不歧视刑满劳改人员。姜红兵生前多次被团党委授予“五好战士”“先进工作者”等称号。1984年5月，38岁的姜红兵因脑出血医治无效逝世。

陈帮泉　(1947年7月—2004年6月)男，汉族，1947年7月生于重庆市巴县，初中文化程度。1966年2月参加工作，历任农工、副连长、连长、团工会副主席。

1989年1月，陈帮泉担任十三连连长，从上任的第一天起，他要求连队干部不白拿多占国家集体的财产，主持制定《不准以权谋私、行贿受贿、弄权渎职，不准用公款请客送礼、大吃大喝、铺张浪费，不准以权勒索、欺压职工，不准乱砍滥伐林木》四不准制度。他带领全连职工艰苦创业，经过11年奋斗，连队土地盐碱化程度高、土地产出低、亏损户多、人心浮动、社会治安混乱的状况得以改变，连队欠内外债累计108万元全部清还，建成整齐划一的砖木、砖砼结构的新房，职均收入6000元，作物产量稳步上升，连队有线电视普及收视率100%，电话普及率60%，十三连一跃成为先进连队。十三连先后被师市授予“先进基层党组织”“精神文明建设先进单位”“模范职工之家”“小康连队建设模范单位”“职工素质建设模范单位”“科技示范先进单位”等荣誉称号。

1992—1996年，陈帮泉3次被团党委评为“先进生产者”。1996—1998年，连续3年被树为团场“标兵”“黄金搭档”。1999年12月，被农八师、石河子市人民政府授予“劳动模范”称号。2004年6月病故，享年57岁。

第二节　人物简介

一、劳动模范

(一)兵团劳动模范

陈俊　男，汉族，1972年7月出生，四川资中县人。2002年1月参加工作，初中文化程度，中共党员。历任农工、机务工人。

陈俊是团场农业一线的一名职工，聪明、勤劳、善经营。当初靠着一辆铁牛55起家，经过几年努力，发展成拥有一辆170大马力机车、4辆1204机车及各种配套农具，固定资产12多万元，年纯收入30余万元的农机大户，成为连队勤劳致富的带头人，多年获“团先进生产者”称号。2006—2007年，连续两年获团场“机务标兵”称号。2007年，被选为伊犁人大代表。2008年，荣获石河子第二届“大丰收”魅力人物铜奖。2008年，被聘为下野地行风执法执政监督员。2009年1月，被评为兵团“劳动模范”。

肖兴虎 男，汉族，1966年2月出生于四川省营山县，中共党员，大专文化程度，现在一四一团一连工作，历任农工、职工，高级农艺工职称。

肖兴虎是一四一团一连的一名职工，也是连队的名人。1997—2013年，一连承包大户肖兴虎连续16年向团场交售籽棉630多吨，交售青贮160多吨，交售番茄400多吨，交售小麦65吨，交售甜菜130多吨，交售酿酒葡萄170多吨，连续15年年均纯收入达10万元以上。团场根据兵团、师要求调整产业结构，肖兴虎积极响应，带头进行调整棉花种植葡萄，率先与连队签订3公顷葡萄种植合同。他虚心好学，把书本知识运用到实践中，从一个种植葡萄的门外汉，成为连队种植葡萄的领军人物。次年葡萄挂果，连续两年保持单产1.3吨，葡萄交售的糖度都在24度以上。2011年，其葡萄亩效益达6000余元。他种植的葡萄糖分高，产量高，品质好，葡萄地成为团、连高产示范田，师、团多次组织相关人员到其葡萄地观摩学习。2012年6月，其葡萄地被国家评为“现代产业技术示范基地”。2009—2013年，他连续被一四一团评为“先进生产者”“和谐小康家庭”。2013年，被师市评为“科技致富带头人”“和谐小康家庭”。2014年9月，被评为师市“劳动模范”、兵团“劳动模范”。

（二）师市劳动模范

李承华 男，汉族，1957年4月出生于四川阆中县，大专文化程度，农业技术员职称。1978年10月参加工作。1989年10月加入中国共产党。历任农工、农机工、副连长、连长、加工厂厂长、党总支书记、工副业科科长、团长助理。2006年12月内退。

1991年1月，李承华任十二连连长。面对连队长期亏损，环境脏、乱、差，职工收入低，人心浮动的局面，他身先士卒，起早贪黑走遍连队所有条田地块，哪里最困难艰苦，他就出现在哪里。他注重党组织建设，在年轻人中大胆提拔德才兼备的青年干部。他关心群众生产生活，全心全意为群众服务，用好的管理制度、激励机制调动职工的生产积极性。抓科技兴农，改水治土，使生产稳步增长。1995年，十二连种植棉花343.33公顷，总产籽棉1300吨，平均单产3786.44千克，创团场历史最高纪录。全连无一人亏损，加上拾花费、庭院经济收入，全连90%承包户收入超过万元。1990—1994年，李承华连续5年被团场评为“优秀共产党员”。1996年，被师市评为“模范连长”“青年致富带头人”“标兵”“优秀党务工作者”。1996年1月，获师市“劳动模范”及全国供销总社、兵团、师市授予的“优秀企业家”称号。

张军 男，汉族，1959年12月5日出生于一四一团，甘肃张掖市人。1978年10月参加工作，中专文化程度，中共党员。历任农工、战士、班长、机车组长、副连长、连长、书记、副营职连长、正营职连长。

十二连职工少，土地面积大，张军的爱人提出要多承包一些土地，他爱人的哥哥也想谋一份好一点的工作，都被张军拒绝。在田管阶段，张军查看作物长势，发现问题及时反馈给承包户。2008年，十二连种植棉花666.7公顷，总产籽棉4688吨，单产468.8千克/亩，比2007年增产籽棉1000吨，全连总产量占全团总产量的1/10，职工兑现额1147万元，职均收入达到6.1万元，人均收入2.1万元，全连兑现10万元以上的承包职工47户，占全连承包职工总数的

64%。他连续多年被团场评为“优秀党员”“先进工作者”，被师市评为首届“大丰收”魅力人物、“基层优秀指挥员”。2009年5月，被评为农八师石河子市“劳动模范”。

二、副处级以上人物

钱荣根 男，汉族，1941年11月出生。江苏沙洲人，大学本科文化程度，高级农艺师职称。1963年9月，由江苏支边参加工作。1979年4月，加入中国共产党，历任农业技术员、参谋、副科长、科长、副团长。1988年3月，任团长、党委副书记、书记。1997年2月，调农八师石河子市综合治水改土办公室任主任。

刘书云 男、汉族，1954年2月出生，河南虞城人，大专文化程度，高级政工师职称。1971年5月参加工作。1975年7月，加入中国共产党，历任教师、校长、纪委干事、副书记、书记。1995年1月，任副政委、政委、党委书记。2001年2月，调兵团农二师任党委常委、纪委书记。

郭振元 男，汉族，河南永城人。1950年1月出生，中专文化程度。1969年2月参加工作。1976年6月，加入中国共产党。历任一二一团工人、教师、副指导员、指导员、党支部书记、总支书记、协理员、教育中心副主任、书记、工会代主席、党委常委、工会主席、一四八团党委常委、副政委。2001年6月，调任一四一团党委书记、政委。2003年10月，调石河子市学校任常务副校长。

王惠林 男，汉族，河南内乡人。1963年5月出生，大学文化程度。1983年7月参加工作。1986年12月，加入中国共产党。历任工人、文教、教导员、副政委。2003年12月，调任一四一团政委、党委书记。2009年2月，调任一三三团党委书记、政委。

吴　健 男，汉族，河南新蔡人。1958年8月出生，大学文化程度。1976年8月参加工作。1978年10月，加入中国共产党。历任一四三团5营21连副指导员、指导员，蔬菜试验站站长、书记，二分场副场长、场长，三分场政治教导员、书记，一四三团纪委书记、副政委、政委、党委副书记。2001年6月，调任一四一团团长、副书记。2004年6月，调任一四二团中心团长、党委副书记。

邢明亮 男，汉族，河南淮阳人。1956年8月出生，大学文化程度。1976年2月参加工作。1975年12月，加入中国共产党。历任工人、教师、营长、副团长。2004年6月，调任一四一团团长、党委副书记。2009年12月，调一三四团任团长。

孙祖英 女，汉族，1943年6月出生四川省梁平县，中专文化程度，高级政工师职称。1963年8月参加工作。1972年6月，加入中国共产党。历任教师、教导主任、中学党委书记。1984年9月，任团场党委常委、工会主席。1998年6月退休。

高泽民 男，汉族，1943年10月出生于甘肃省古浪县，大专文化程度，高级政工师职称。1961年3月参加工作。1982年9月，加入中国共产党。历任农工、机务副连长、连长、政治处主任。1995年10月，任团场党委常委、副政委。2003年4月退休。

朱真生 男，汉族，河南淮阳县人。1947年11月出生，大专文化程度，经济师职称。1964年4月参加工作。1967年7月，参加中国共产党。历任一三五团工人、教师、司务长、会计、书记、工业科副科长、科长、党委常委、副团长，1996年2月，任一四一团党委常委、副团长、副政委。2007年12月退休。

李树华 男,汉族,江苏省邳县人。1945年8月出生,初中文化程度,工程师职称。1963年12月参加工作。1981年11月,加入中国共产党。历任工人、副连长、连长、经理。1996年8月,任团场党委常委、副团长。2005年5月退休。

孙玉英 女,汉族,江苏省涟水县人。1954年8月出生,高中文化程度,政工师职称。1974年12月参加工作。1976年10月,加入中国共产党。历任工人、教师、统计、干事、组织科副科长、组织科科长、政治处副主任兼组织科长。1998年2月,任党委常委、团工会代主席、主席、副政委。2007年1月退休。

杨文博 男,汉族,河南省平玉县人。1963年12月出生,大专文化程度,农艺师职称。1982年8月参加工作。1992年5月,加入中国共产党。历任农业技术员、生产科参谋、植保站站长、生产科科长、副总农艺师。1998年2月,任团党委常委、副团长。2001年3月,调石河子农科所工作。

杜书画 男,汉族,四川省南充县人。1954年10月出生,大专文化程度,高级政工师职称。1971年4月参加工作。1979年12月,加入中国共产党。历任一四二团工人、教师、教务处主任、机关干事、组织科副科长、科长。1996年8月,调任一四一团党委常委、纪委书记兼机关党委书记。2002年12月,调石河子总场纪委书记。

成永涛 男,汉族,河南省济源县人。1956年5月出生,大学文化程度,学士学位,副教授职称。1975年9月参加工作。1986年11月,加入中国共产党。历任石河子农学院试验场工人、石河子柴油机厂技术科科员、石河子职工大学教师、石河子大学机电系副教授、任农五师八十五团科技副团长。1999年5月,调任一四一团任党委常委、副团长。2004年6月,调任一四二团中心团场副团长。

李洁书 男,汉族,甘肃省酒泉人。1963年2月出生,大专文化程度。1980年4月,在一五一团参加工作。1994年11月,加入中国共产党。历任工人、文教、宣传干事、副科长、科长。2002年12月,调任一四一团纪委书记。2003年11月,调一四四团任工会主席。

万世宽 男,汉族,1962年9月出生,大专文化程度。1979年9月工作,1985年6月加入中国共产党。历任战士、班长、武装部干事、团社保干事,2003年6月任人武部副部长,2006年5月调任一五〇团任武装部长。

汪德刚 男,汉族,四川南部人。1957年8月出生,大专文化程度。1974年10月,在一四四团参加工作。1988年1月,加入中国共产党。历任工人、教师、工会主席。2003年12月,调任一四一团党委常委、副政委、纪委书记。2010年3月,调石河子天筑建筑集团公司任纪委书记。

牛正义 男,汉族,河南淅川人。1973年10月出生,大学文化程度。1995年■月参加工作。1995年3月,加入中国共产党。历任一五〇团机要员、团委书记。2010年3月,任一四一团党委常委、纪委书记。2012年10月,调师市信访局。

刘彦江 男,汉族,甘肃省临洮人。1958年6月出生,大学文化程度。1976年9月参加工作。1989年10月,加入中国共产党。2006年3月,调一四一团任党委常委、副团长、人武部长。2012年11月,调一五〇团任党委常委、副团长、人武部长。

石　健 男,汉族,1970年11月出生,大学文化程度。1993年10月参加工作。1997年

11月，加入中国共产党。2006年5月，调一四一团任党委常委、副团长。2014年12月，调一三六团任党委常委、副团长。

马荣华 女，汉族，山东省乳山人。1966年3月出生，大学文化程度。1985年8月参加工作。1993年4月，加入中国共产党。历任一四一团农业技术员、会计、副科长、科长。2006年5月，任党委常委、副政委、工会主席。2011年6月，调一四四团任副书记、团长。

孟宪华 女，汉族，河南省南阳人。1960年1月出生，大学文化程度。1977年8月参加工作。1988年4月，加入中国共产党。2011年7月，调一四一团任党委常委、副政委、工会主席。2013年3月退休。

李云成 男，汉族，陕西省安康县人。1963年8月出生，大专文化程度，农艺师职称。1983年5月参加工作。1994年6月，加入中国共产党。历任教师、副连长、连长、生产科副科长、科长。2010年1月，任团党委常委、副团长。2015年8月，调一四四团任党委副书记、团长。

第三节 先进、优秀个人

国家部委级、自治区、兵团先进、优秀人物见表27-1。

表27-1 **国家部委级、自治区、兵团先进、优秀人物**

年份	姓名	性别	荣誉名称	授奖单位
1997	冯玉清	男	农业综合开发先进个人	农垦部
1997	侯镇远	男	基层单位普查先进个人	自治区
1997	史秀云	女	“自然常识”学科一等奖	兵团
1997	陈德新	男	“屯垦戍边”先进个人	兵团
1997	陈跃威	男	第三期农业开发先进个人	兵团
1997	苏新	女	优秀教育工作者	兵团
1998	张巍	女	劳务工快速普查先进个人	兵团
1998	汪传德	男	安全生产先进工作者	兵团
1998	韦天放	男	优秀党员电化教育工作者	兵团
1998	吴华碧	女	“三学三比”先进个人	自治区
1999	刘书运	男	思想政治工作先进工作者	自治区
2000	刘书运	男	支持妇女工作好领导	兵团
2000	孙继鸿	男	“九五”期间优秀团干部	兵团
2001	张巍	女	第五次全国人口普查先进个人	国家统计局
2001	陈楚新	男	兵团档案工作先进个人	兵团
2002	孙玉英	女	优秀女职工工作者	全国工会

（续）

年份	姓名	性别	荣誉名称	授奖单位
2002	张巍	女	全国1%人口抽样调查先进个人	自治区
2003	高泽民	男	计生协优秀志愿工作者	自治区
2003	张巍	女	首次车辆专业调查先进个人	兵团
2003	郜玉江	男	优秀选派生	兵团
2004	张巍	女	第六届优秀统计员	兵团
2004	何生林	男	优秀人民调解员	兵团
2007	陈楚新	男	机要密码干部三等功	兵团
2007	张巍	女	劳务工快速普查先进个人	兵团
2007	曾兴合	男	优秀通讯员	兵团
2007	王萍	女	“法治宣传”先进个人	兵团
2007	屈庭兰	女	“三学三比”活动先进个人	自治区
2008	邢明亮	男	自治区优秀工会之友	自治区
2008	张巍	女	第二次全国农业普查先进个人	自治区
2008	张巍	女	兵团第九届优秀统计员	兵团
2008	何生林	男	优秀人民调解员	兵团
2008	王萍	女	“双学双比”先进工作者	兵团
2009	陈俊	男	劳动模范	兵团
2009	刘彦江	男	优秀专武干部	兵团
2009	马荣华	女	先进妇女工作者	兵团
2009	周滨	男	建设系统住房保障先进个人	兵团
2009	窦春霞	女	巾帼科技致富带头人	兵团
2009	马荣华	女	工会财务工作先进个人	兵团
2010	刘彦江	男	优秀专武干部	兵团
2010	马荣华	女	“五·五”普法先进个人	兵团
2010	石健	男	安全生产先进个人	兵团
2010	陈俊	男	和谐小康家庭	兵团
2010	张璠	女	优秀少先队辅导员	兵团
2010	马荣华	女	兵团屯垦戍边劳动奖章	兵团
2011	王萍	女	兵团先进女职工工作者	兵团
2011	王萍	女	全国妇联系统先进工作者	全国妇联
2011	马东东	女	信息技术创新与实践活动优秀指导教师	自治区
2011	邵姗姗	女	信息技术创新与实践活动优秀指导教师	自治区
2011	何继昌	男	新疆老年康乐报优秀通讯员	自治区
2011	赵伟	男	纪检监察系统嘉奖	兵团

（续）

年份	姓名	性别	荣誉名称	授奖单位
2011	王毅	男	新闻奖电视一等奖	兵团
2011	徐凤	女	新闻奖电视一等奖	兵团
2011	严治中	男	无偿献血奉献奖金奖	兵团
2012	王源龙	男	电影放映技能二等奖	自治区
2012	刘雯箐	女	第五届少先队辅导员技能技巧大赛二等奖	自治区
2012	宋艳青	女	生物说课比赛三等奖	兵团
2013	刘文燕	女	孝亲敬老之星	兵团
2013	尹凤	女	孝亲敬老之星	兵团
2013	王丽华	女	城乡妇女岗位建功先进个人	自治区
2013	黄建新	男	军事部表彰的先进个人	兵团
2013	晋清贵	男	和谐小康家庭	兵团
2014	郭本军	男	兵团对口援疆工作先进个人	兵团
2014	崔海军	男	兵团老龄政策调研优秀成果奖(二等奖)	兵团
2014	辛福兰	女	兵团自主创业典型示范户	兵团
2014	鲍惠英	女	自治区城乡妇女岗位建功先进个人	自治区
2014	肖兴虎	男	劳动模范	兵团
2015	鲍惠英	女	自治区城乡妇女岗位建功先进个人	自治区

农八师石河子市各部委级先优人物见表27-2。

表27-2 **农八师石河子市各部委级先优人物**

年份	姓名	性别	荣誉名称	授奖单位
1997	宋天伟	男	优秀教师	师市教育局
1998	闫青松	男	优秀共产党员	师组织部
1999	陈楚新	男	优秀机要干部	师市党委
1999	孙继鸿	男	优秀团干部	师市团委
2000	郜玉江	男	“十佳”治虫能手	师市农业局
2000	郭本军	男	农业综合开发统计年报一等奖	师农业综合开发办
2000	李安凤	女	1999年度“三比三学”先进个人	师市教委
2000	郑桂芝	女	巾帼建功协调先进个人	师市妇联
2001	陈楚新	男	优秀机要干部	师市党委
2001	白新安	男	模范职工之友	师市总工会
2001	卢平	男	危旧房改造先进个人	师市城建局、总工会
2002	陈楚新	男	优秀机要干部	师市党委

（续）

年份	姓名	性别	荣誉名称	授奖单位
2002	卢 平	男	房产管理先进个人	师房产局
2003	刘爱萍	女	保密工作先进个人	师市党委
2003	郭振元	男	保密工作先进个人	师市党委
2003	唐茹	女	劳动保障先进个人	师劳动保障局
2004	刘爱萍	女	老龄工作先进个人	师市政府办
2004	陈楚新	男	老龄工作先进个人	师市政府办
2004	孙玉英	女	老龄工作先进个人	师市政府办
2004	陈楚新	男	优秀机要干部	师市党委
2004	郭本军	男	2003年地下水动态长观先进个人	师市水利局
2004	徐建江	男	优秀通讯员	师市宣传部
2005	陈楚新	男	优秀机要干部	师市党委
2005	郭本军	男	2004年地下水动态长观先进个人	师市水利局
2005	任国会	女	教育系统“名师”	师市教委
2005	徐建江	男	优秀通讯员	师市宣传部
2006	陈楚新	男	优秀机要干部	师市党委
2006	徐建江	男	优秀通讯员	师市宣传部
2006	孙玉英	女	老龄工作先进个人	师市政府办
2006	罗江	男	清正廉洁好干部	师市党委
2006	闫青松	男	模范职工之友	师市总工会
2007	刘爱萍	女	优秀机要干部	师市党办
2007	桑有龙	男	农业技术推广先进个人	师市科委
2007	唐茹	女	残疾人工作先进个人	师市残联
2007	杨崇林	男	2007年度广播电视新闻三等奖	师宣传部
2007	刘爱萍	女	优秀机要干部	师市党办
2007	桑有龙	男	农业技术推广先进个人	师畜牧局
2007	刘爱萍	女	2007年度师市保密先进工作者	师市党办
2007	唐茹	女	民政工作先进个人	师民政局
2007	陈国前	男	物业管理先进个人	师市办
2007	徐建江	男	“改革开放三十年”电视新闻二等奖	师广电局
2008	刘爱萍	女	档案工作先进个人	师档案局
2008	崔海军	男	优秀机要干部	师党办
2008	王兵	男	宣传思想工作先进个人	师组织部
2008	王浩	男	政研系统先进个人	师市办
2008	桑有龙	男	农业技术推广先进个人	师市科协
2008	荣友新	男	水利系统先进个人	师市办
2008	姜新生	男	优秀牛场场长	师农牧局
2008	闫军民	男	优秀育种员	师农牧局

（续）

年份	姓名	性别	荣誉名称	授奖单位
2008	张巍	女	国民经济核算、商业统计三等奖	师财政局
2008	张巍	女	农业两项调查统计二等奖	师市办
2008	常军	男	先进会计工作者	师财政局
2008	邵元庆	男	优秀基层医院院长	师卫生局
2008	邵元庆	男	食品安全先进个人	师卫生局
2008	崔玉新	男	第二轮初级卫生保健工作先进个人	师卫生局
2008	李玉花	女	巾帼科技致富带头人	师科协
2008	刘超美	女	“三学三比”女能手	师总工会
2008	耿惠萍	女	“巾帼建功”先进个人	师总工会
2008	窦春霞	女	“妇字号”龙头大户	师妇联
2008	于芹	女	优秀基层卫生工作者	师市办
2008	雷向东	男	优秀共青团干部	师团委
2008	王启帆	男	优秀共青团员	师团委
2008	陈俊	男	团结和睦家庭	师总工会
2008	晋清贵	男	平安家庭	师安全委
2009	张军	男	劳动模范	市政府办
2009	陈俊	男	劳动模范	市政府办
2009	刘彦江	男	军事训练先进个人	师人武部
2009	刘彦江	男	房产管理工作先进个人	师市办
2009	马荣华	女	2008—2009年度模范“职工之友”	师总工会
2009	马荣华	女	“平安家庭”创建活动先进个人	师妇联
2009	王安河	男	信访工作先进个人	师信访局
2009	杨惠珍	女	优秀工会积极分子	师总工会
2009	闫青松	男	优秀工会积极分子	师总工会
2009	李仕友	男	优秀工会积极分子	师总工会
2009	华志英	女	优秀工会积极分子	师总工会
2009	刘敏	女	优秀工会积极分子	师总工会
2009	王平	女	先进女职工工作者	师妇联
2009	王平	女	优秀妇女工作者	师妇联
2009	周滨	男	住房保障先进个人	师市办
2009	王河山	男	优秀专武干部	师人武部
2009	雷淑霞	女	人口计划生育工作先进工作者	师计生委
2010	李云成	男	科普带头人	师市科协
2010	李玉华	女	低碳生活创新明星	师市科委
2010	马荣华	女	人口和计划生育先进个人	师计生委
2010	刘彦江	男	房产管理工作先进个人	师市办
2010	李云成	男	科技进步三等奖	师科协

（续）

年份	姓名	性别	荣誉名称	授奖单位
2010	王安河	男	信访工作先进个人	师信访局
2010	王毅	男	宣传思想工作先进个人	师宣传部
2010	王毅	男	石河子新闻奖二等奖	师宣传部
2010	王毅	男	石河子广播电视新闻奖广播二等奖	师宣传部
2010	徐凤	女	石河子新闻奖二等奖	师宣传部
2010	朱海江	男	农机监理工作先进个人	师农机局
2010	朱海江	男	农机培训工作先进个人	师农机局
2010	朱海江	男	农机新技术推广先进个人	师农机局
2010	朱海江	男	创建“平安农机工作”先进个人	师党委会
2010	赵新林	男	防范处理邪教工作先进个人	师党委会
2010	王兵	男	统战、民族宗教工作先进个人	师统战部
2010	唐茹	女	民政工作先进个人	师民政局
2010	刘爱萍	女	先进保密工作者	师市办
2010	王萍	女	优秀妇女工作者	师妇联
2010	王河山	男	优秀预备役军官	师人武部
2010	王河山	男	民兵整组先进个人	师人武部
2010	刘红霞	女	优秀共青团干部	师团委
2010	杨崇林	男	石河子广播电视新闻奖电视二等奖	师广电局
2010	杨崇林	男	“六十佳通讯员”三等奖	师广电局
2010	张永	男	住房保障先进个人	师市办
2010	赵国梁	男	离退休干部统计先进个人	师组织部
2010	王振新	男	优秀共产党员	师市办
2010	何琦	女	人口和计划生育先进个人	师计生委
2010	师登科	男	地下水动态长观工作先进个人	师办
2010	张延江	男	水利系统先进生产者	师办
2010	李玮良	男	优秀护卫队员	师办
2010	刘辉	男	优秀护卫队员	师办
2010	陈新民	男	药品“两网”建设工作先进个人	师卫生局
2010	崔玉新	男	食品安全整顿先进个人	师卫生局
2010	苏金萍	女	优秀卫生工作者	师卫生局
2010	张巍	女	“巾帼建功”先进个人	师妇联
2010	韩香玉	女	“三学三比”女能手	师妇联
2010	陈文武	男	优秀共青团干部	师团委
2010	窦春霞	女	科技示范户	师团委
2010	刘朝美	女	科技示范户	师团委
2010	曹建萍	女	优秀共青团干部	师团委
2010	李慧	女	优秀团员	师团委

（续）

年份	姓名	性别	荣誉名称	授奖单位
2010	杨婧菲	女	优秀团员	师团委
2010	杨永杰	男	优秀团员	师团委
2010	党靖雯	女	优秀团员	师团委
2010	张建才	男	优秀团员	师团委
2010	王学琴	女	优秀少先队员	师团委
2010	杨蕾	女	优秀少先队员	师团委
2010	刘春柳	女	优秀少先队员	师团委
2010	袁小蓉	女	孝亲敬老之星	师团委
2010	冯庆华	男	平安家庭	师团委
2010	黄志华	女	节能减排家庭	师团委
2010	曹杨文君	女	合格小公民	师团委
2011	孟宪华	女	先进工会工作者	师工会
2011	刘彦江	男	住房和城乡建设先进个人	师市办
2011	牛正义	男	宣传思想文化工作先进个人	师宣传部
2011	王毅	男	宣传思想文化工作先进个人	师宣传部
2011	王毅	男	石河子日报优秀通讯员	师宣传部
2011	樊新华	男	纪检监察先进工作者	师纪委
2011	卢平	男	住房和城乡建设先进个人	师市办
2011	杨惠珍	女	先进工会工作者	师总工会
2011	杨惠珍	女	“巾帼建功”先进个人	师总工会
2011	刘爱萍	女	优秀密码干部	师市办
2011	刘爱萍	女	档案工作先进个人	师档案局
2011	孙继鸿	男	创平安农机先进个人	师市安办
2011	桑有龙	男	农技推广工作先进个人	师农牧局
2011	朱海江	男	创建“平安农机”工作先进个人	师农牧局
2011	朱海江	男	农机安全监理工作先进个人	师农牧局
2011	朱海江	男	农机培训工作先进个人	师农牧局
2011	崔玉新	男	食品安全工作先进个人	师卫生局
2011	陈楚新	男	石河子年鉴撰稿先进工作者	师史志办
2011	徐凤	女	党员电教片展评三等奖	师组织部
2011	王源龙	男	党员电教片展评三等奖	师组织部
2011	杨崇林	男	“六十佳通讯员”称号	师宣传部
2011	杨崇林	男	石河子电视台优秀通讯员称号	师宣传部
2011	杨崇林	男	石河子人民广播电台优秀通讯员称号	师宣传部
2011	马青山	男	石河子日报优秀通讯员	师宣传部
2011	刘敏	男	先进工会工作者	师总工会
2011	陈新民	男	先进工会工作者	师总工会

（续）

年份	姓名	性别	荣誉名称	授奖单位
2011	魏富强	男	先进工会工作者	师总工会
2011	周新华	女	先进工会工作者	师总工会
2011	王浩	男	优秀“工会积极分子”	师总工会
2011	王兵	男	优秀“工会积极分子”	师总工会
2011	刘红霞	女	优秀“工会积极分子”	师总工会
2011	黄志华	女	优秀“工会积极分子”	师总工会
2011	李仕友	男	优秀“工会积极分子”	师总工会
2011	李仕友	男	职工自营经济统计工作先进个人	师总工会
2011	吴生跃	男	优秀“工会积极分子”	师总工会
2011	袁文建	男	优秀“工会积极分子”	师总工会
2011	马丽	女	优秀“工会积极分子”	师总工会
2011	海莎	女	优秀“工会积极分子”	师总工会
2011	王娟	女	优秀“工会积极分子”	师总工会
2011	王萍	女	工会先进女职工工作、先进帮扶工作者	师总工会
2011	郭本军	男	校安工程先进个人	师教育局
2011	陈新民	男	药品“两网”建设工作先进个人	师卫生局
2011	闵士豫	男	人口和计划生育工作先进个人	师计生委
2011	何琦	女	人口和计划生育工作先进个人	师计生委
2011	辛福兰	女	女职工创业、就业再就业先进个人	师总工会
2011	陈俊	男	科技示范户	师科协
2011	王玉红	女	科技示范户	师科协
2011	何继昌	男	“老少共建”文明社区先进个人	师文明委
2011	王中来	男	“老少共建”文明社区先进个人	师文明委
2011	侯仕健	男	“老少共建”文明社区先进个人	师文明委
2011	何继昌	男	“兵团人军垦情”故事演讲大赛“优秀演讲选手”	师文明委
2011	刘红霞	女	优秀共青团干部	师团委
2011	陈文武	男	优秀共青团干部	师团委
2011	房丽	女	优秀共青团干部	师团委
2011	马季	女	优秀共青团员	师团委
2011	王娅璐	女	优秀共青团员	师团委
2011	刘礼燕	女	优秀共青团员	师团委
2011	杨婧菲	女	优秀共青团员	师团委
2011	曹芬	女	青年岗位能手	师团委
2011	刘文箐	女	优秀少先队辅导员	师团委
2011	王玉红	女	“三学三比”女能手	师妇联
2011	王萍	女	妇联系统优秀信息员	师妇联
2011	赵石秀	女	测土配方施肥工作先进个人	师办

（续）

年份	姓名	性别	荣誉名称	授奖单位
2011	程新荣	女	下野地垦区公安局优秀内保护卫队员	师公安局
2011	赵新林	男	和谐小康家庭	师文明委
2011	姜桂军	男	和谐小康家庭	师文明委
2011	邓永明	男	和谐小康家庭	师文明委
2011	陈新民	男	和谐小康家庭	师文明委
2011	邓永明	男	“五好文明”(特色)家庭	师文明委
2011	袁文建	男	家庭教育工作先进个人	师文明委
2011	宋惠琴	女	“为国教子、以德育人”好家长	师文明委
2011	张延红	女	“为国教子、以德育人”好家长	师文明委
2011	王黎	女	“为国教子、以德育人”好家长	师文明委
2011	刘春柳	女	优秀小公民	师文明委
2011	王雪琴	女	优秀小公民	师文明委
2011	杨蕾	女	优秀小公民	师文明委
2011	杨婧菲	女	优秀小公民	师文明委
2012	樊新华	男	优秀共产党员	师组织部
2012	孟宪华	女	第十一次“百日广场”文化竞赛活动先进个人	师文化局
2012	王安河	男	综合服务信息督查先进个人	师办
2012	刘爱萍	女	保密先进个人	师办
2012	刘爱萍	女	优秀密码工作先进个人	师办
2012	赵新林	男	信访工作先进个人	师市信访局
2012	白新安	男	优秀党务工作者	师市组织部
2012	张军	男	优秀共产党员	师纪委
2012	褚作辉	男	优秀共产党员	师组织部
2012	王振新	男	优秀共产党员	师组织部
2012	白新安	男	党建研究调研课题二等奖	师组织部
2012	白新安	男	热爱伟大祖国主题教育活动先进个人	师宣传部
2012	王毅	男	宣传思想文化工作先进个人	师宣传部
2012	戴新伟	男	“六十佳”通讯员三等奖	师宣传部
2012	白新安	男	党员电教片展播三等奖	师宣传部
2012	杨崇林	男	党员电教片《80后女连官马引兄》展播活动三等奖	师宣传部
2012	王源龙	男	党员电教片《80后女连官马引兄》展播活动三等奖	师宣传部
2012	戴新伟	男	广电局优秀通讯员	师宣传部
2012	王毅	男	党建研究调研课题三等奖	师宣传部
2012	赵国梁	男	党建研究调研课题三等奖	师宣传部
2012	赵国梁	男	兵团纪念离退休干部知识竞赛集体二奖	师宣传部
2012	胡爱泉	男	劳动保障系统先进个人	师劳动局
2012	孙继鸿	男	社会管理综合治理先进个人	师综治委

(续)

年份	姓名	性别	荣誉名称	授奖单位
2012	桑有龙	男	科协工作先进个人	师科协
2012	卢平	男	住房和城乡建设系统先进个人	师房产局
2012	郭志军	男	第四届“廉政书法”二等奖	师纪委
2012	赵国梁	男	第四届“廉政书法”二等奖	师纪委
2012	宋家新	男	第四届“廉政书法”二等奖	师纪委
2012	杨惠珍	女	工运理论政策研究论文一等奖	师总工会
2012	刘宗霞	女	工运理论政策研究论文二等奖	师总工会
2012	张军	男	工运理论政策研究论文三等奖	师总工会
2012	段震	男	工运理论政策研究论文三等奖	师总工会
2012	薛玉英	女	工运理论政策研究论文三等奖	师总工会
2012	胡海燕	女	工运理论政策研究论文三等奖	师总工会
2012	徐义林	男	人民调解工作先进个人	师司法局
2012	侯仕健、王中来、谭德坤、胡书堂、张文基、张荣昌、黄振才、唐学荣、尹凤、魏新富、曹巧娣、林朝英、林美丽、张新华、李桂花、李云香、王新玲、杨元江、徐小云、李振义、何继昌、赵志荣、徐义林、雷淑琴	—	老少共建文明社区活动先进	师文明委
2012	姚文华	女	“巾帼建功”先进个人	师妇联
2012	陈新民	男	石河子市药品“两网”建设工作先进个人	师卫生局
2012	乔小丽	女	人口和计划生育工作先进个人	师计生委
2012	周群先	女	妇联系统“低碳生活创新明星”家庭	师妇联
2012	刘雯箐	女	十佳少先队辅导员	师团委
2012	刘雯箐	女	优秀辅导员	师团委
2012	刘雯箐	女	未成年人保护优秀辅导员	师团委
2012	张志霞	女	魅力中队辅导员	师团委
2012	曹丽	女	魅力中队辅导员	师团委
2012	雷向东	男	优秀共青团干部	师团委
2012	耿惠萍	女	教育局组织的化学实验操作比赛三等奖	师教委
2012	张静	女	教育局组织的化学实验操作比赛三等奖	师教委

（续）

年份	姓名	性别	荣誉名称	授奖单位
2012	卓思怡、王晨泽、李亚娟、王梅花、尤新月、陈丽萍、白雨澄、朱鹏程、李鸽、赵圆、罗东、李明慧、展蜜娥、李晨旭、蒋雨欣、刘依晨、钟旺林、来瑞敏、李宏宇、苏俊菲、周浩宇、文孝祥	—	老少共建文明	师文明委
2012	王悦新	男	四好少年	师团委
2012	辛福兰	女	“三学三比”示范基地	师妇联
2012	王丽华	女	“三学三比”女能手	师妇联
2012	郝建国	男	人民调解工作先进个人	师妇联
2012	杨军	男	社区矫正工作先进个人	师司法局
2013	白新安	男	纪检监察课题调研论文优秀奖	师市
2013	杨秋燕	女	优秀工会工作者	师市
2013	樊新华	男	优秀共产党员	师市
2013	王毅	男	宣传思想工作先进个人	师市
2013	王毅	男	第三届十佳新闻工作者	师市
2013	杨惠珍	女	优秀工会工作者	师市
2013	杨惠珍	女	优秀妇女工作者	师市
2013	闫青松	男	团场（镇）工业统计工作三等奖	师市
2013	桑有龙	男	农业技术推广先进个人	师市
2013	苗建军	男	农业技术推广先进个人	师市
2013	朱海江	男	农机新技术推广、农机监理工作先进个人	师市
2013	周滨	男	农机监理工作先进个人	师市
2013	朱海江	男	农机培训工作先进个人	师市
2013	胡爱泉	男	优秀社会工作者	师市
2013	崔海军	男	优秀社会工作者	师市
2013	左利成	男	优秀社会工作者	师市
2013	程静	女	优秀社会工作者	师市
2013	胡爱泉	男	劳动保障系统先进个人	师市
2013	胡爱泉	男	残疾人工作先进个人	师市
2013	卢平	男	城镇建设与管理系统先进个人	师市
2013	刘爱萍	女	保密先进工作者	师市

(续)

年份	姓名	性别	荣誉名称	授予单位
2013	范北疆	女	优秀密码干部	师市
2013	刘爱萍	女	档案工作先进个人	师市
2013	赵国梁	男	离退休干部统计工作先进个人	师市
2013	赵国梁	男	“首届法治文化艺术展”书法类一等奖	师市
2013	郭志军	男	“首届法治文化艺术展”书法类三等奖	师市
2013	谭峰	男	勤政廉洁好干部	师市
2013	姜桂军	男	勤政廉洁好干部	师市
2013	谭峰	男	优秀指挥员	师市
2013	王振新	男	优秀指挥员	师市
2013	崔玉新	男	爱国卫生先进个人	师市
2013	崔玉新	男	流行性腮腺炎疫苗应急接种工作先进个人	师市
2013	杨红霞	女	流行性腮腺炎疫苗应急接种工作先进个人	师市
2013	马引弟	女	老龄信息宣传工作先进个人	师市老龄委
2013	唐茹	女	“巾帼建功”先进个人	师市妇联
2013	胡海燕	女	“巾帼建功”先进个人	师市妇联
2013	赵伟	男	2013年师市在乌鲁木齐维稳工作先进个人	师市人武部
2013	蒋士华、沈爱红、高建波、赵石秀、肖兴虎、蒋克珍、廖正勇、王丽华家庭	—	“和谐小康家庭”	师市工会
2013	袁文建	男	优秀工会积极分子	师市工会
2013	陈荆梅	女	优秀工会积极分子	师市工会
2013	房丽	女	优秀工会积极分子	师市工会
2013	吴生跃	男	优秀工会积极分子	师市工会
2013	马丽	女	优秀工会积极分子	师市工会
2013	骆向东	男	优秀工会积极分子	师市工会
2013	王萍	女	先进帮扶工作者	师市工会
2013	王丽华	女	先进女职工工作者	师市工会
2013	杨伟	男	工会财务先进工作者	师市工会
2013	胡海燕	女	工会工运理论政策研究论文一等奖	师市工会
2013	杨惠珍	女	工会工运理论政策研究论文一等奖	师市工会
2013	黄连凯	男	工会工运理论政策研究论文三等奖	师市工会
2013	王萍	女	工会工运理论政策研究论文三等奖	师市工会
2013	徐超英	女	“三学三比”女能手	师市工会
2013	梅春霞	女	“三学三比”女能手	师市工会
2013	张莲花	女	团结和睦家庭	师市工会
2013	何素君	女	平安家庭	师市工会

（续）

年份	姓名	性别	荣誉名称	授奖单位
2013	胡海燕	女	读书思廉 读书励志 读书致富演讲一等奖	师市工会
2013	房丽	女	读书思廉 读书励志 读书致富演讲一等奖	师市
2013	陈婧	女	读书思廉 读书励志 读书致富演讲二等奖	师市
2013	苗建军	男	读书思廉 读书励志 读书致富演讲二等奖	师市
2013	杨利军	男	读书思廉 读书励志 读书致富演讲三等奖	师市
2013	耿长水	男	读书思廉 读书励志 读书致富演讲三等奖	师市
2013	白洁	女	读书思廉 读书励志 读书致富演讲三等奖	师市
2013	陈文武	男	读书思廉 读书励志 读书致富演讲三等奖	师市
2013	侯士健、谭德坤、黄正才、胡书堂、唐学荣、魏新福、曹巧娟、林朝英、林美丽、张新华、李桂芝、陈秀花、王新玲、杨元江、张新萍、冯丽霞、许凤、黄红艳、顾洪剑、曾鲜荣、闵延珍、芦永华、陈秀珍、王敬爱、周凤珍、李连云、葛怀凤、廖月娟、邹凯华、赵志青、徐义林、骆胜春、王修高、陈忠宜、张成高、桑贤礼等36名；曹紫怡、何安达、路可欣、王晓秀、严拉木草、杨雅涵、邹思念、范梦圆、范麒傲、马云飞、夏文佳、张楠楠、张梦琪、马雨竹、王晨泽、罗丽君、汪青青、李贺俊、庞艳秋、肖川疆、王圆圆、曾语嫣、吕媛媛、刘春桐、贺泽强、陈远婷	—	师市老少共建文明社区活动先进个人	师市关工委
2013	肖川疆	男	优秀共青团员	师市团委
2013	王雪琴	女	优秀共青团员	师市团委
2013	郑傲杰	男	优秀共青团员	师市团委
2013	郭苗针	女	优秀共青团员	师市团委
2013	杨永怀	男	优秀共青团干部	师市团委

（续）

年份	姓名	性别	荣誉名称	授奖单位
2013	杨曙光	男	优秀共青团干部	师市团委
2013	雷向东	男	优秀共青团干部	师市团委
2013	陈丽萍	女	志愿服务先进个人	师市团委
2013	桑有龙	男	科协工作先进个人	师市科协
2014	王毅	男	宣传思想工作先进个人	师宣传部
2014	白新安	男	2013年度师市党建研究课题优秀成果奖	师宣传部
2014	赵国梁	男	2013年度师市党建研究课题优秀成果奖	师宣传部
2014	王毅	男	2013年度师市党建研究课题优秀成果奖	师宣传部
2014	赵国梁	男	2013年度师市党建研究课题优秀成果奖	师宣传部
2014	赵新林	男	信访工作先进个人	师信访局
2014	刘爱萍	女	保密工作先进个人	师办
2014	桑有龙	男	农业技术推广先进个人	师科协
2014	苗建军	男	农业技术推广先进个人	师科协
2014	姚文华	女	农业技术推广先进个人	师科协
2014	董涵柠	女	2013年度师市精神文明建设工作先进个人	师文明委
2014	范北疆	女	2013年师市优秀密码干部	师办
2014	张巍	女	2013年度师市“五·一巾帼标兵”	师总工会
2014	闵士豫	男	人口和计划生育工作先进个人	师计生委
2014	何琦	女	人口和计划生育工作先进个人	师计生委
2014	王振新	男	优秀连级指挥员	师办
2014	李仕友	男	职工自营经济统计工作三等奖	师办
2014	冯美华	女	团场连队建档先进个人	师办
2014	黄连凯	男	团场连队建档先进个人	师办
2014	杨晓璐	女	团场连队建档先进个人	师办
2014	黄志华	女	优秀社区工作者	师办
2014	张伟红	女	优秀社区工作者	师办
2014	穆仁凤	女	“三八”红旗手	师办
2014	许玉兰	女	“三八”红旗手	师办
2014	王萍	女	优秀妇女工作者	师办
2014	王安河	男	优秀共产党员	师办
2014	刘俊杰	男	优秀共产党员	师办
2014	谭峰	男	优秀共产党员	师办
2014	卢平	男	住房和城乡建设系统先进个人	师办
2014	张永	男	住房和城乡建设系统先进个人	师办
2014	师登科	男	地下水长观工作先进个人	师办
2014	闫青松	男	团场工业乡镇企业先进统计工作者	师工业局
2014	杨镇泽	男	团场工业乡镇企业先进统计工作者	师工业局

（续）

年份	姓名	性别	荣誉名称	授奖单位
2014	周滨	男	团场工业乡镇企业先进统计工作者	师工业局
2014	李志芳	男	维稳工作先进个人	师安委会
2014	陈新民	男	优秀药品安全协管员	师卫生局
2014	樊新华	男	2013—2014年度师市纪检监察系统优秀办案先进个人	师纪委
2014	许桂兰	女	文明职工	师总工会
2014	马季	女	文明职工	师总工会
2014	姜德安	男	文明职工	师总工会
2014	李素蓉	女	文明职工	师总工会
2014	桑乃兵	男	文明职工	师总工会
2014	李远鹏	男	文明职工	师总工会
2014	蒋仕蓉	女	文明职工	师总工会
2015	杨秋燕	女	优秀工会工作者	师总工会
2015	黄建新	男	团场城镇化建设先进个人	师办
2015	卢平	男	团场城镇化建设先进个人	师办
2015	刘爱萍	女	2014—2015年度档案工作先进个人	师办
2015	刘爱萍	女	2014年度优秀密码干部	师办
2015	刘爱萍	女	2014年度保密先进工作者	师办
2015	常军	男	信访工作先进个人	师信访局
2015	董涵柠	女	宣传思想工作先进个人	师宣传部
2015	闫青松	男	工业统计三等奖	师工业局
2015	闫青松	男	工业统计工作先进个人	师工业局
2015	卢平	男	城乡规划先进个人	师办
2015	胡爱泉	男	人力资源和社会保障工作先进个人	师劳动局
2015	李广川	男	人力资源和社会保障工作先进个人	师劳动局
2015	闵士豫	男	人口和计划生育工作先进个人	师计生委
2015	傅凤云	女	人口和计划生育工作先进个人	师计生委
2015	王萍	女	先进帮扶工作者	师总工会
2015	王霞	女	“三八”红旗手	师总工会
2015	贾桂	女	“三八”红旗手	师总工会
2015	陈红梅	女	先进女职工工作者	师总工会
2015	杨崇林	男	妇联系统优秀信息员	师妇联
2015	何彦林	男	新闻宣传“优秀通讯员”	师宣传部
2015	何继昌	男	离退休干部为党的事业增添正能量理论研究文章三等奖	师宣传部
2015	黄志华	女	优秀妇女工作者	师妇联
2015	黄志华	女	社会工作系统优秀社区工作者	师办

（续）

年份	姓名	性别	荣誉名称	授奖单位
2015	张伟红	女	社会工作系统优秀社区工作者	师办
2015	黄志华	女	社区建设优秀社会工作者	师办
2015	王君竹	女	社区建设优秀社会工作者	师办
2015	黄志华	女	为老服务之星	师办
2015	赵国梁	男	优秀工会积极分子	师工会
2015	马引兄	女	优秀工会积极分子	师工会
2015	李仕友	男	优秀工会积极分子	师工会
2015	王丽华	女	优秀工会积极分子	师工会
2015	魏晓霞	女	和谐小康家庭	师工会
2015	施广侠	女	尊老爱幼家庭	师工会
2015	王远征	女	好儿媳	师工会
2015	张玉梅	女	优秀家庭服务员	师工会
2015	薛玉英	女	“安康杯”演讲比赛三等奖	师工会
2015	王振新	男	2014年度农业战线“优秀连级指挥员”	师办
2015	王振新	男	2015年度农业战线“优秀连级指挥员”	师办
2015	杨卫军	男	青年创业致富带头人	师办
2015	袁文建	男	文化体育工作先进个人	师文体局
2015	刘宗霞	女	文化体育工作先进个人	师文体局
2015	郭志敬	男	青年岗位能手	师办
2015	李银堂	男	青年岗位能手	师办
2015	杨利军	男	青年岗位能手	师办
2015	袁文建	男	教育系统“安全管理先进个人”	师教育局
2015	袁文建	男	优秀工会积极分子	师工会
2015	刘敏	男	优秀工会积极分子	师工会
2015	雷向东	男	团委“优秀共青团干部”	师工会
2015	刘雯箐	女	团委“优秀大队辅导员”	师工会
2015	刘雯箐	女	团委“十佳志愿者个人”	师工会
2015	邹思念	女	优秀共青团员	师工会
2015	张家康	男	优秀共青团员	师工会
2015	赵德臣	男	优秀共青团员	师工会
2015	夏文佳	女	优秀少先队员	师工会
2015	张艺佳	女	团委“优秀少先队员”	师工会

第四节　先进集体

1997—2015年一四一团所获集体类奖项见表27-3。

表27-3　1997—2015年一四一团所获集体类奖项

年份	单位	荣誉称号名称	授奖单位
1997	一四一团	党风廉政建设先进集体	自治区
		纠风工作先进集体	农八师石河子市
		纪检监察信访工作先进单位	
		1996年农田水利“绿洲杯”二等奖	
		卫生系统纠风工作先进单位	
		派出所目标化管理达标单位	
1998	一四一团	纪检监察工作先进集体	兵团
		党风廉政建设先进集体	
		信访工作先进集体	农八师石河子市
		纠风工作先进集体	
		农田水利“绿洲杯”三等奖	
1999	一四一团	档案管理工作二级达标单位	自治区
		信访工作先进集体	兵团
		纠风工作先进集体	农八师石河子市
		党风廉政主题教育先进单位	
		纪检监察信访工作先进单位	
		农业综合开发先进单位	
2000	一四一团	巾帼建功协调先进集体	自治区
		机要系统先进单位	农八师石河子市
		以工代赈工作三等奖	
		农业综合开发先进单位	
2001	一四一团	全国先进基层党组织	中组部
		1996—2000年全国法治宣传先进单位	中宣部
	团司法办	文明法律服务所	自治区
	一四一团	科技进步团场	兵团
		城镇居民最低生活保障工作先进单位	
		档案工作先进集体	
		计划生育协会先进团场	农八师石河子市

（续）

<table>
<tr><th>年份</th><th>单位</th><th>荣誉称号名称</th><th>授奖单位</th></tr>
<tr><td rowspan="4">2001</td><td rowspan="3">一四一团</td><td>“三五”普法及保密法治教育先进集体</td><td rowspan="4">农八师石河子市</td></tr>
<tr><td>机要工作先进单位</td></tr>
<tr><td>地方病防治工作先进单位</td></tr>
<tr><td>团中学</td><td>“绿色学校”</td></tr>
<tr><td rowspan="3">2002</td><td rowspan="3">一四一团</td><td>农业综合开发优秀单位</td><td rowspan="3">师市</td></tr>
<tr><td>保密工作先进单位</td></tr>
<tr><td>机要工作先进单位</td></tr>
<tr><td rowspan="4">2003</td><td>一四一团</td><td>机要工作先进单位</td><td rowspan="4">农八师石河子市</td></tr>
<tr><td>团医院</td><td>先进基层党组织</td></tr>
<tr><td>团财务科</td><td>2003年度会计决算先进单位</td></tr>
<tr><td>团电视站</td><td>先进广播电视站</td></tr>
<tr><td rowspan="22">2004</td><td>团中学</td><td>“绿色学校”</td><td>兵团</td></tr>
<tr><td rowspan="21">一四一团</td><td>选派生先进单位</td><td rowspan="21">农八师石河子市</td></tr>
<tr><td>机要工作先进单位</td></tr>
<tr><td>先进基层党组织</td></tr>
<tr><td>先进妇女组织</td></tr>
<tr><td>棉花加工先进团场</td></tr>
<tr><td>全国奶牛养殖示范场</td></tr>
<tr><td>审计系统先进集体</td></tr>
<tr><td>新闻供稿先进单位</td></tr>
<tr><td>医院管理工作先进单位</td></tr>
<tr><td>卫生系统纠风工作先进单位</td></tr>
<tr><td>公路建设先进单位</td></tr>
<tr><td>人口与计划生育工作优秀达标单位</td></tr>
<tr><td>劳动保障系统先进单位</td></tr>
<tr><td>思想政治工作先进单位</td></tr>
<tr><td>文明团场</td></tr>
<tr><td>统计年报综合平衡专业一等奖</td></tr>
<tr><td>统计年报交通运输专业一等奖</td></tr>
<tr><td>统计工作二等奖</td></tr>
<tr><td>统计年报社会专业二等奖</td></tr>
<tr><td>密码工作先进团场</td></tr>
<tr><td>保密工作先进单位</td></tr>
</table>

（续）

<table>
<tr><th>年份</th><th>单位</th><th>荣誉称号名称</th><th>授奖
单位</th></tr>
<tr><td rowspan="11">2004</td><td rowspan="5">一四一团</td><td>老龄工作先进单位</td><td rowspan="10">农八师石河子市</td></tr>
<tr><td>第四届老年秧歌比赛第二名</td></tr>
<tr><td>第四届老年秧歌比赛组织奖</td></tr>
<tr><td>农机安全教育培训先进团场</td></tr>
<tr><td>主要安全村获“先进交通安全村”</td></tr>
<tr><td>团人武部</td><td>“四个一”先进单位</td></tr>
<tr><td>团广播站</td><td>先进广播电视站</td></tr>
<tr><td>团中学</td><td>青少年“祖国明天更美好”读书教育活动优秀组织奖</td></tr>
<tr><td>团小学</td><td>青少年“祖国明天更美好”读书教育活动优秀组织奖</td></tr>
<tr><td>团水管站</td><td>部门纠正行业不正之风先进单位</td></tr>
<tr><td>团防疫站</td><td>预防保健工作第二名</td><td>下野地垦区</td></tr>
<tr><td rowspan="4">2005</td><td rowspan="3">一四一团</td><td>精神文明建设先进单位</td><td rowspan="2">兵团</td></tr>
<tr><td>文化建设先进团场</td></tr>
<tr><td>干部人事档案管理先进单位</td><td rowspan="2">师市</td></tr>
<tr><td>团广播站</td><td>先进广播电视站</td></tr>
<tr><td rowspan="5">2006</td><td>团小学</td><td>绿色学校</td><td rowspan="2">兵团</td></tr>
<tr><td>团妇联</td><td>女工工作先进集体</td></tr>
<tr><td>团机要科</td><td>机要工作先进单位</td><td rowspan="3">师市</td></tr>
<tr><td>团派出所</td><td>公安系统先进集体</td></tr>
<tr><td>团中学</td><td>教育教学管理工作先进单位</td></tr>
<tr><td rowspan="13">2007</td><td rowspan="13">一四一团</td><td>模范职工之家</td><td>自治区</td></tr>
<tr><td>开发建设新疆奖</td><td rowspan="3">兵团</td></tr>
<tr><td>文明建设先进单位</td></tr>
<tr><td>优质服务先进单位</td></tr>
<tr><td>机要工作先进单位</td><td rowspan="9">农八师石河子市</td></tr>
<tr><td>保密工作先进单位</td></tr>
<tr><td>模范职工之家</td></tr>
<tr><td>先进女职工委员会</td></tr>
<tr><td>困难职工帮扶站先进集体</td></tr>
<tr><td>“三学三比 巾帼建功”先进协调组织</td></tr>
<tr><td>先进妇女组织</td></tr>
<tr><td>农业丰产攻关优胜单位</td></tr>
<tr><td>棉花加工设备检修工作优秀团场</td></tr>
</table>

（续）

<table>
<tr><th>年份</th><th>单位</th><th>荣誉称号名称</th><th>授奖单位</th></tr>
<tr><td rowspan="17">2007</td><td rowspan="12">一四一团</td><td>社会治安综合治理先进单位</td><td rowspan="17">农八师石河子市</td></tr>
<tr><td>基层预防保健工作先进单位</td></tr>
<tr><td>先进通讯站</td></tr>
<tr><td>先进通讯站</td></tr>
<tr><td>宣传思想政治工作先进单位</td></tr>
<tr><td>农机监理先进团场</td></tr>
<tr><td>劳动保障系统先进单位</td></tr>
<tr><td>残疾人工作先进单位</td></tr>
<tr><td>人口与计划生育达标综合发展奖</td></tr>
<tr><td>老少共建文明社区活动先进集体</td></tr>
<tr><td>查办案件先进单位</td></tr>
<tr><td>信访工作先进集体</td></tr>
<tr><td>团医院</td><td>质量管理先进单位</td></tr>
<tr><td>团小学</td><td>教育系统先进集体</td></tr>
<tr><td>加工厂</td><td>设备检修红旗加工厂</td></tr>
<tr><td>加工厂</td><td>先进职工之家</td></tr>
<tr><td>十三连</td><td>先进职工之家</td></tr>
<tr><td rowspan="16">2008</td><td rowspan="3">一四一团</td><td>自治区模范职工之家</td><td rowspan="3">自治区</td></tr>
<tr><td>自治区农牧区妇女“三学三比”活动先进集体</td></tr>
<tr><td>自治区第二次全国农业普查自治区级先进集体</td></tr>
<tr><td>团小学</td><td>和谐校园</td><td>兵团</td></tr>
<tr><td rowspan="12">一四一团</td><td>屯垦戍边劳动奖状</td><td rowspan="12">师市</td></tr>
<tr><td>“西部农资杯”春耕春播优胜单位奖</td></tr>
<tr><td>“全国亿万职工奥运知识竞赛”优秀组织奖</td></tr>
<tr><td>首届石河子军垦文化旅游节“西部牧业”奶牛之星选美大赛组织奖</td></tr>
<tr><td>第二次全国农业普查完成目标责任制二等奖</td></tr>
<tr><td>统计工作综合二等奖</td></tr>
<tr><td>国民经济核算工作二等奖</td></tr>
<tr><td>统计基础工作三等奖</td></tr>
<tr><td>劳动工资统计工作二等奖</td></tr>
<tr><td>农业统计工作三等奖</td></tr>
<tr><td>农广先进工作站</td></tr>
<tr><td>春节文艺节目调演优胜奖</td></tr>
</table>

（续）

年份	单位	荣誉称号名称	授奖单位
2008	团医院	先进党支部	师市
	团医院	公共卫生工作先进单位	
2009	十二连	全国“民主法治示范村”	司法部
	十二连	兵团民主法治示范连	兵团
	政工办	宣传思想工作先进单位	师市
	一四一团	老龄工作先进单位	
		老少共建文明社区活动先进单位	
		国有资产统计报表三等奖	
		反腐倡廉宣传教育工作先进单位	
		普通民兵（职工）军事训练先进单位	
		师市住房保障先进单位	
		师市财务决算二等奖	
		师市生产财务决算三等奖	
	团纪委	信访工作先进单位	
	团机要科	档案工作先进单位	
	团工商科	基层建设先进单位	
	团人武部	征兵工作先进单位	
	一四一团	农业综合开发工作先进单位	
	团加工厂	棉花加工设备检修工作先进团场	
	一四一团	退耕还林工程建设先进团场	
	团计生办	人口计划生育工作三等奖	
	团工会	“平安家庭”创建活动先进单位	
	团妇联	“三学三比”“巾帼建功”先进协调组织	
	团工会	师市模范“职工之家”	
	团工会	师市先进女职工委会	
	团医院	师市医院管理年活动先进单位	
	团医院	基本医疗保险考核优秀定点医疗机构	
	防疫站	团场公共卫生工作先进单位	
	八连	民主法治“三·五”先进单位	
	十二连	民主法治“三·五”先进单位	
	加工厂	先进“职工之家”	
	南社区	先进社区	
	南社区	老少共建文明社区活动先进集体	

(续)

年份	单位	荣誉称号名称	授奖单位
2009	中学	老少共建文明社区活动先进集体	师市
	初二(二)班	"五·四"红旗团支部	
	五(一)中队	少先队优秀中队	
	学校	少先队红旗大队	
2010	团民政	全国婚姻登记规范化单位	民政部
	北野学校	家庭教育工作先进集体	兵团
	四年级(1)班	"兵团精神伴我成长"少先队主题队会录像二等奖	
	一四一团	宣传思想工作先进单位	师市
		第九次"百日广场"文化活动竞赛先进单位	
		平安农机示范团	
		保密工作先进单位	
		残疾人工作先进单位	
		农业综合开发工作先进单位	
		棉花加工工作先进团场	
		农田林网化建设先进单位	
		"十一五"民政工作突出贡献单位	
		房产管理先进单位	
		人口和计生信息化应用进步奖	
		工业统计三等奖	
		药品"两网"建设工作先进单位	
		食品安全整顿先进单位	
		医疗质量万里行活动先进单位	
		反腐倡廉宣传教育工作先进集体	
		民兵整组先进单位	
		普通民兵(职工)军事训练先进单位	
	团人武部	先进基层武装部	
	团财务科	会计决算二等奖	
	团妇联	先进妇女组织	
	加工厂	先进基层党组织	
	加工厂	棉花加工设备检修工作第一名	
	加工厂	棉花加工工作先进单位	
	加工厂	"五·一"文明岗	
	团医院	基层公共卫生先进单位	

（续）

年份	单位	荣誉称号名称	授奖单位
2010	团医院	医保管理优秀定点医院	师市
	农技推广站	工人先锋号	
	十一连	“五个好”连队党支部	
	十一连	“平安农机”先进示范连	
	十二连	“五个好”连队党支部	
	南社区	创建“五个好”社区党组织先进集体	
	六连	安全生产示范连队	
	五连	“平安农机”先进示范连	
	团委	“五·四”红旗团委	
	团委	共青团宣传工作先进集体	
	五连	“五·四”红旗团支部	
	十四连	“五·四”红旗团支部	
	初三(2)班	“五·四”红旗团支部	
	初三(3)班	“五·四”红旗团支部	
	北野学校	少先队红旗大队	
	五(1)班	少先队优秀中队“雷锋中队”	
	六(3)班	少先队优秀中队“岳飞中队”	
2011	团场	全国职工职业安全卫生知识竞赛优秀组织单位	兵团
	十四连	“五·四”红旗团支部	
	小学部	和谐校园	
	六(3)班	优秀少先队中队	
	小学部	优秀红领巾小社团	
	一四一团	宣传思想文化工作先进单位	师市
		住房和城乡建设系统保障性安居工程先进单位	
		农业综合开发工作先进单位	
		企业决算工作二等奖	
		农业综合开发绩效综合考评三等奖	
		石河子年鉴先进撰稿单位	
		棉花加工设备检修工作先进团场	
		食品安全工作先进单位	
		药品“两网”建设工作先进单位	
		档案工作先进单位	
		校安工程先进单位	

(续)

年份	单位	荣誉称号名称	授奖单位
2011	一四一团	人口和计划生育工作三等奖	师市
	十二连	先锋、时代楷模先进基层党组织	
	武装部	基干民兵军事训练、职工普训先进单位	
	五连	“五·四”红旗团支部	
	十四连	“五·四”红旗团支部	
	十六连	“五·四”红旗团支部	
	初一(3)班	“五·四”红旗团支部	
	小学	家庭教育先进集体	
	团医院	定点医疗机构医疗保险管理先进单位	
	团医院	“无烟单位”称号	
	疾控中心	“无烟单位”称号	
	十四连	“平安农机”先进示范连	
	北野学校	校安工程先进单位	
	小学	教育教学管理先进单位	
	小学部	德育工作示范学校	
	小学部	师市红旗大队	
	小学部	六年级(3)班荣获优秀中队称号	
	小学部	五年级(1)班荣获优秀中队称号	
	小学部	六年级(1)班荣获优秀红领巾小社团	
	团党办	密码工作先进单位	
	团关工委	关工委先进集体	
	南社区	社区关工委先进集体	
	北野学校	支持老少共建文明社区活动先进单位	
	医院内科	青年文明号	
	农技推广站	青年安全生产示范岗	
	加工厂	青年安全生产示范岗	
	医院	“三八”红旗集体	
	团协	“三学三比”“巾帼建功”先进协调组织	
	团小学	巾帼文明示范岗	
	团五连	香玉养鸡场“三学三比”示范基地	
	团委	“五·四”红旗团委	
	团委	宣传工作先进集体	
	妇联	妇联系统先进信息站	
	农技推广站	先进基层党组织	

（续）

年份	单位	荣誉称号名称	授奖单位
2012	团十一连	“创先争优”先进基层党组织	兵团
	一四一团场	密码工作先进单位	师市
		保密工作先进单位	
		2011年党建研究调研课题优秀组织奖	
		“热爱伟大祖国，建设美好家园”主题教育活动先进单位	
		第十一次“百日广场”文化竞赛活动先进单位	
		党报党刊征订发行先进单位（一等奖）	
		信访工作先进集体	
		共青团目标管理考核优秀团委	
		社会管理综合治理先进单位	
		安全生产监管工作先进集体	
	团办	党委办公系统先进集体	
	团关工委	师市先进集体	
	团妇联	先进妇女组织	
	团场	2001—2010年实施妇女儿童发展规划先进集体	
	南社区	“社区建设”先进集体	
	南、北社区	关工委先进集体	
	南社区	人民调解工作先进集体	
	农技推广站	“第三个廉政文化建设月”宣传喷绘板报二等奖	
	北野学校	“老少共建”文明单位	
	北野学校	支持老少共建文明社区活动先进单位	
	中心幼儿园	“三八”红旗集体	
	小学部	未成年人保护先进集体	
	小学部	少先大队红领巾示范校	
	小学部	五（3）中队特色中队	
	小学部	六（1）中队特色中队	
	中学部	初三（1）班优秀学生社团	
	团医院	定点医疗机构医疗保险管理先进单位	
	团医院	“医疗质量万里行”活动先进单位	
	小学部	优秀学生社团	
2013	一四一团	首批“军垦书屋”示范点	
		“和谐小康家庭”创建活动优秀组织单位	
		农业综合开发工作先进单位（二等奖）	
		农机监理工作先进单位	

（续）

年份	单位	荣誉称号名称	授奖单位
2013	一四一团	工业统计工作先进团场（三等奖）	师市
	武装部	先进基层武装部	
	团工会	模范职工之家	
	加工厂	先进工会	
	十一连	先进工会	
	十四连	先进工会	
	团工会	先进女职工委员会	
	团工会	工会财务先进集体	
	工会	先进帮扶站	
	团委	先进基层团组织	
	团委	志愿服务先进集体	
	李勇项目部	建筑工程"明珠杯"优质工程项目部	
	王川项目部	文明工地项目部	
	北社区	首批"军垦书屋"示范点	
	农技术推广站	工人先锋号	
	医院内儿科	"五·一"文明岗	
	团医院	医疗质量管理先进单位	
	团医院	团场连队建档工作先进基层单位	
	团疾控中心	流行性腮腺炎疫苗应急接种工作先进单位	
	14连	廉政文化进连队示范连	
	南社区	先进社区	
	南社区	老少共建文明社区活动先进集体	
	北社区	老少共建文明社区活动先进集体	
	北野学校	老少共建文明社区活动先进集体	
	沪惠酱厂	团场工业统计工作先进企业（三等奖）	
	中学部	"五·四"红旗团支部	
	小学部	三叶草社团"优秀学生社团"	
2014	团工会	全国工会贯彻落实工资集体协商三年规划先进集体	全国总工会
	南社区	全国综合减灾示范社区	民政部
	北野学校	自治区中小学生"我的梦想"有奖征文、绘画活动组织奖	自治区妇联
	团工会	兵团模范职工之家	兵团
	女工委	兵团先进女职工委员会	
	七连	第三批兵团妇联组织建设示范连队	

（续）

年份	单位	荣誉称号名称	授奖单位
2014	一四一团	师市棉花总产攻关、奋斗先进单位	师市
	一四一团	师市籽棉单产和高产棉田创建攻关先进单位	
	一四一团	师市规模化养殖场建设任务先进单位（三等奖）	
	一四一团	师市畜牧业倍增总量任务先进单位（二等奖）	
	纪委监察局	2013—2014年度师市查办案件先进单位	
	纪委监察局	师市纪检监察系统优秀办案组两个二等奖、一个三等奖	
	一四一团	师市信访工作先进集体	
	一四一团	师市信访工作先进集体	
	一四一团	科协工作先进集体	
	一四一团	师市合作社工作管理先进团场	
	一四一团	师市人口和计划生育目标管理三等奖	
		师市工业统计工作三等奖	
		师市秋冬灌工作先进单位	
		师市密码工作先进单位	
	机关	师市“五·一”文明岗	师工会
	加工厂一分厂二车间	师市“工人先锋号”	
	农业技术推广站	师市农业技术推广工作先进单位	师市
	鑫农春果蔬种植专业合作社	师市级示范社	
	王树源养殖专业合作社	师市级示范社	
	关工委	师市先进集体	
	南、北社区关工委	师市团场社区关工委先进集体	
	南、北社区	师市“青年文明社区”	师团委
	南社区	师市先进社区、师市“科普示范社区”	师妇联
	妇联	师市先进妇女组织	
	十三连、十四连	师市先进党支部	师市
	二连、医院	师市团场连队建档先进基层单位	
	医院	师市医疗质量管理先进单位、师市药品安全先进单位	
	灌溉工作站	师市地下水长观工作先进单位	
	北野学校	师市教育系统先进单位	
	北野学校	师市教育系统安全生产先进单位	
	中学部史地组	师市“五·一”巾帼标兵岗	师工会

（续）

年份	单位	荣誉称号名称	授奖单位
2014	北野学校	师市后勤管理“三个创建”放心食堂、文明宿舍、绿色生态校园先进集体	师市
	北野学校	师市2013年安全文化示范校	
	北野学校	师市教育系统安全生产先进单位	
	武装部	师市维稳工作先进单位	
	武装部	师市职工普训先进单位	
	团委	师市共青团服务青年职工多元增收先进单位	师团委
	团委	师市共青团宣传工作先进集体	
	团委	师市“五·四”红旗团支部（总支）	
	中学团委	师市“五·四”红旗团支部	
2015	一四一团	兵团先进基层党组织	兵团
		兵团“帮扶工作先进集体”	兵工会
		兵团连队建档工作先进单位	兵团
	南社区	兵团第九批“兵团和谐示范社区”	
	七连	兵团第三批兵团妇联基层组织建设示范连队	
	中学	兵团“优秀家长学校”	
	一四一团	2014年师市社会治安综合治理工作暨“平安建设”先进单位	师市
		师市城镇化建设管理先进单位	
		师市信访工作先进集体	
		师市科普工作先进单位	
		师市宣传思想工作先进单位	
		师市党报党刊发行工作先进单位二等奖	
		师市农业综合开发工作先进单位	
		师市秋冬灌工作先进单位	
		师市人口和计划生育工作先进单位三等奖	
		师市统计工作先进单位	
		师市2014—2015年度档案工作先进单位	
		师市保密工作先进单位	
		师市文化体育工作先进单位	
		师市模范职工之家先进单位	
		师市先进帮扶站先进单位	
		师市农民工入会先进单位	
		师市和谐小康家庭创建活动“优秀组织单位”	

（续）

年份	单位	荣誉称号名称	授奖单位
2015	一四一团	师市先进女职工委员会先进单位	师市
		师市“创卫杯”职工篮球赛二等奖	
		石河子“创卫杯”中国象棋比赛团体第二名	
		2014年度师市级文明单位	
		师市密码工作先进单位	
		师市人力资源和社会保障工作先进单位	
	妇联	师市“巾帼创业创新奖”	
	团委	师市共青团目标管理考核“红旗团委”	
	团委	师市共青团青少年权益工作先进单位	
	团委	第二届师市青年志愿者优秀个人奖、组织奖、项目奖评选表彰活动“优秀项目奖”	
	农业公司	灌溉工作站被评为师市地下水长观工作先进单位	
	七连工会	模范职工小家先进单位	
	六果蔬站工会	模范职工小家先进单位	
	南社区	2014年度师市社区建设先进单位	
	南社区	师市社区建设先进单位	
	南社区	师市最美志愿服务社区	
	南社区	师市妇联首批示范“妇女之家”	
	北社区	八师石河子市第一届老年人体育运动会健身球比赛优胜奖	
	学校	师市教育系统“教育教学管理先进单位”	
	学校	师市教育系统“安全管理先进单位”	
	学校	师市教育系统“安全文化示范学校”	
	学校团委	师市团委“五·四”红旗团委	
	初三(1)班团支部	师市团委“五·四”红旗团支部	
	学校团委	师市精神文明建设指导委员会“最佳志愿服务项目”	
	少先队大队	师市团委“红旗大队”	
		师市“优秀少先队大队”	
	五(2)班中队	师市团委“优秀中队”	
	医院工会	师市模范职工小家先进单位	
	医院内科	师市“三八”红旗集体	
	医院	师市实施预防艾滋病、梅毒和乙肝母婴传播项目工作先进单位	

第五节　专业技术职称

1997—2015年政工系列专业技术职称见表27-4。

表27-4　1997—2015年政工系列专业技术职称

姓名	现任职务	性别	族别	出生年月	工作时间	学历	政工职务	任职资格时间	工作单位
白新安	纪委书记	男	汉	1965.06	1981.12	本科	高级政工师	2008.07	机关
黄建新	部长	男	汉	1965.07	1982.04	大专	政工师	2009.10	机关
孙浩	副团长	男	汉	1976.07	1995.07	本科	政工师	2009.10	机关
杨秋燕	副政委、工会主席	女	汉	1968.06	1989.03	研究生	政工师	2009.06	机关
王安河	主任秘书	男	汉	1963.01	1981.12	大专	高级政工师	2008.07	党政办
王毅	主任	男	汉	1965.11	1984.07	本科	高级政工师	2008.07	政工办
董涵柠	副主任	女	汉	1982.03	2010.06	本科	助理政工师	2011.05	政工办
赵新林	主任科员	男	汉	1964.05	1985.10	大专	政工师	2001.08	纪委信访
王萍	妇联主席	女	汉	1963.09	1979.09	大专	高级政工师	2008.07	妇联
刘红霞	副主席	女	汉	1979.08	1998.08	本科	政工师	2012.11	工会
闫青松	局长	男	汉	1970.08	1990.01	大专	助理政工师	2003.09	发展局
胡爱泉	局长	男	汉	1961.06	1979.09	大专	高级政工师	2008.07	事业管理局
刘爱萍	副主任	女	汉	1966.02	1983.04	大专	政工师	2007.09	党政办
唐茹	副局长	女	汉	1964.01	1983.04	大专	政工师	2009.10	事业管理局
崔海军	科员	男	汉	1977.03	1995.08	大专	政工师	2009.10	事业管理局
赵伟	副局长	男	汉	1973.04	1990.03	本科	政工师	2009.10	纪委监察
孙继鸿	主任	男	汉	1967.05	1990.01	本科	高级政工师	2007.06	政法办
王河山	主任科员	男	汉	1965.09	1983.10	大专	政工师	2010.10	人武部
周滨	科员	男	汉	1973.06	1991.11	大专	政工师	2014.09	发展局
徐建江	副主任	男	汉	1963.11	1983.05	大专	政工师	1999.06	政法办
赵国梁	监理、书记	男	汉	1977.07	1995.12	大专	助理政工师	2004.12	农业公司
马引兄	部长	女	汉	1982.09	2003.10	本科	政工师	2014.12	农业公司
房丽	工作人员	女	汉	1981.07	2008.01	本科	助理政工师	2011.05	农业公司
薛玉英	工作人员	女	汉	1973.10	2002.01	大专	助理政工师	2007.05	农业公司
刘宗霞	工作人员	女	汉	1982.04	2012.05	本科	助理政工师	2014.09	农业公司
陈国前	退休	男	汉	1955.03	1972.05	中专	助理政工师	1996.05	[illegible]社区

（续）

姓名	现任职务	性别	族别	出生年月	工作时间	学历	政工职务	任职资格时间	工作单位
李江平	书记	男	汉	1976.08	1994.12	大专	助理政工师	2012.04	原1连
陈红梅	政工员	女	汉	1974.08	2007.05	大专	助理政工师	2014.09	原7连
刘巍	副区长	男	汉	1971.08	1998.06	大专	助理政工师	2011.03	原3连
童树军	书记	男	汉	1973.08	1993.12	大专	政工师	2014.09	原5连
黄晓菊	政工员	女	汉	1980.08	2004.07	大专	助理政工师	2009.06	加工厂
褚作辉	书记	男	汉	1965.06	1980.12	大专	助理政工师	1995.06	原11连
蒋庆文	副区长	男	汉	1966.01	1984.06	中专	助理政工师	1998.06	原13连
侯卫民	四区长	男	汉	1970.07	1989.01	大专	助理政工师	2011.03	原1连
王红政	书记	女	汉	1968.11	1989.04	大专	助理政工师	2004.05	原13连
徐建海	书记	男	汉	1966.07	1984.06	本科	助理政工师	2008.09	城建公司
蒋仕华	董事长	男	汉	1967.12	1984.06	本科	助理政工师	2008.03	城建公司
杨利军	政工员	男	汉	1983.07	2011.07	本科	助理政工师	2014.03	城建公司
邢卫华	副主任	男	汉	1968.09	1992.06	大专	助力政工师	2008.09	灌溉工作站
李瑞霞	政工员	女	汉	1989.08	2012.03	大专	助理政工师	2015.12	林果蔬中心
黄志华	书记	女	汉	1962.04	1978.01	中专	政工师	2002.12	南社区
王金峰	主任	男	汉	1974.05	1992.12	大专	助理政工师	2004.12	原3连
王海如	政工员	女	汉	1977.08	2007.05	大专	助理政工师	2014.08	原1连
柳德让	政工员	男	汉	1956.10	1992.06	大专	助理政工师	2004.05	农技站
耿长水	政工员	男	汉	1957.02	1976.09	中专	政工师	2000.06	医院
程新荣	副指导员	男	汉	1976.01	1997.03	大专	政工师	2014.09	原2连
曹勇	副主任	男	汉	1971.01	1992.02	大专	助理政工师	2001.08	政法办
刘军	工作人员	男	汉	1970.05	1991.04	本科	助理政工师	1996.07	内保大队
程军	中队长	男	汉	1978.07	1995.12	大专	助理政工师	2009.08	内保大队
杨崇林	书记、主任	男	汉	1968.12	1994.10	大专	政工师	2009.10	广电站
何彦林	副主任	男	汉	1977.06	2003.03	大专	政工师	2009.01	广电站
李仕友	文化宫主任	男	汉	1962.11	1980.01	中专	政工师	2010.04	广电站
王源龙	编辑技术员	男	汉	1973.02	1996.01	大专	助理政工师	2014.12	广电站
李雪梅	记者	女	汉	1983.01	2011.05	本科	助理政工师	2014.12	广电站
王忠	书记、厂长	男	汉	1971.03	1988.03	大专	助理政工师	2008.03	加工厂
罗江	工会主席	男	汉	1960.01	1976.09	大专	助理政工师	2008.09	加工厂
陈文武	副书记	男	汉	1983.11	2000.12	本科	政工师	2014.09	原5连
王振新	书记、连长	男	汉	1966.06	1983.01	大专	助理政工师	2004.05	原12连
安继琴	政工员	女	汉	1988.01	2012.10	本科	助理政工师	2015.12	原6连

（续）

姓名	现任职务	性别	族别	出生年月	工作时间	学历	政工职务	任职资格时间	工作单位
徐凤	书记	女	汉	1970.07	1990.01	大专	政工师	2008.08	原广播站
左利成	主任	男	汉	1959.11	1977.09	大专	助理政工师	1997.06	原保卫科
张继荣	副主任	女	汉	1962.04	1978.09	大专	助理政工师	2008.08	社区
杨晓璐	工作人员	女	汉	1985.12	2012.06	大专	助理政工师	2014.09	社区
孙祖光	退休	女	汉	1943.09	1963.08	中专	高级政工师	1997.04	原机关
高泽民	退休	男	汉	1943.10	1961.03	大专	高级政工师	2001.05	原机关
孙玉英	退休	女	汉	1954.08	1974.12	高中	政工师	2001.05	原机关
王乐天	退休	男	汉	1928.10	1949.11	初中	高级政工师	2001.05	原组织科
宋再厚	退休	男	汉	1940.05	1958.08	初中	政工师	1999.05	原纪委
冯传金	退休	男	汉	1940.06	1959.12	初中	政工师	1999.05	机关协理
曹玉英	退休	男	汉	1940.04	1959.03	初中	政工师	2001.05	原民政科
孙春环	退休	女	汉	1948.05	1969.02	中专	政工师	2001.05	原老龄委
何继昌	退休	男	汉	1937.05	1957.01	中专	高级政工师	1992.12	原宣传科
谢培源	退休	男	汉	1952.12	1967.03	大专	高级政工师	1999.07	原党办
樊新华	退休	男	汉	1958.11	1977.09	大专	高级政工师	2004.05	原纪委办
杨惠珍	退休	女	汉	1962.10	1980.09	本科	高级政工师	2008.07	原工会办
徐义林	退休	男	汉	1940.08	1958.11	初中	政工师	1990.03	原综治办
陈楚新	退休	男	汉	1952.08	1968.11	中专	政工师	2001.10	原机要科
张新红	离岗	女	汉	1967.12	1985.07	中专	政工师	1999.05	原机要科
毕建成	退休	男	汉	1947.11	1965.09	中专	政工师	1999.05	原供销科
单守成	退休	男	汉	1953.08	1970.12	初中	政工师	1999.05	原社管办
范北疆	退休	女	汉	1959.09	1977.09	大专	政工师	2009.10	原办公室
王厚卓	退休	男	汉	1938.06	1962.05	高中	助理政工师	1989.01	原广电站
袁辉	退休	男	汉	1961.01	1978.09	本科	高级政工师	2002.06	原石工区
吕桂霞	退休	女	汉	1950.06	1966.07	初中	助理政工师	1999.05	原石商店
张庆基	退休	男	汉	1942.08	1961.06	小学	助理政工师	2001.05	原木管队

1997—2015年农牧系列专业技术职称见表27-5。

表27-5　1997—2015年农牧系列专业技术职称

工作单位	姓 名	性别	出生年月	工作时间	学 历	任职资格	批准时间
机 关	石 健	男	1970.11	1993.10	本科	农艺师	2001.06
机 关	李云成	男	1963.08	1983.04	本科	农艺师	2001.06

（续）

工作单位	姓 名	性别	出生年月	工作时间	学 历	任职资格	批准时间
机 关	张 军	男	1965.05	1983.03	研究生	农艺师	2009.08
机 关	朱海江	男	1961.01	1981.08	中专	农机工程师	1997.06
机 关	李云成	男	1963.08	1983.05	大专	农艺师	2001.08
机 关	徐东升	男	1968.01	1998.04	大专	农艺师	2001.08
发展局	周 滨	男	1962.05	1983.07	中专	农艺师	2001.08
发展局	桑有龙	男	1969.09	1990.01	大专	农艺师	2002.08
林业站	侯 勇	男	1969.12	1880.06	大专	农艺师	2009.12
七 连	李海峰	男	1967.11	1986.09	大专	农艺师	2001.08
种子公司	姚文华	女	1970.10	1991.07	大专	农艺师	2009.12
种子公司	马俊林	男	1958.12	1975.10	大专	农艺师	2000.08
种子公司	卢永年	男	1957.08	1975.10	大专	农艺师	2000.08
种子公司	郜玉江	男	1969.10	1998.07	本科	农艺师	2002.08
种子公司	蒋兆霞	女	1970.04	1990.11	大专	助农师	1999.03
一 连	徐创胜	男	1968.04	1989.04	大专	助农师	2002.04
一 连	李文强	男	1968.09	1990.04	大专	助农师	1999.03
二 连	谭 峰	男	1973.09	1992.06	大专	助农师	2000.03
三 连	刘新城	男	1968.04	1990.04	大专	农艺师	1998.09
四 连	李扣民	男	1954.05	1972.06	中专	助农师	2000.03
四 连	陶惠银	女	1968.04	1985.04	大专	助农师	2000.01
四 连	任新民	男	1960.07	1977.09	中专	技术员	2000.03
四 连	黄连凯	男	1969.01	1990.04	大专	助农师	2000.08
五 连	王海忠	男	1963.04	1981.09	大专	助农师	2000.08
七 连	胡建军	男	1967.09	1989.01	大专	助农师	2000.03
十 连	赵修江	男	1967.04	1989.01	中专	助农师	2000.09
十 连	王秀梅	女	1968.10	1985.10	大专	助农师	2002.04
十 连	冯美华	女	1984.10	2006.07	本科	助农师	2007.09
十一连	刘俊杰	男	1963.05	1979.10	中专	助农师	2007.09
十一连	黄 莉	女	1977.12	2004.07	本科	助农师	2007.09
十二连	张 军	男	1959.12	1978.10	中专	助农师	2007.09
十二连	李连军	男	1956.02	1974.06	中专	农机技术员	2000.03
十二连	骆泽辉	男	1980.02	2005.07	本科	助农师	2007.09
十三连	齐乃成	男	1957.03	1976.12	中专	助农师	2001.08
十三连	张朝平	男	1961.02	1977.09	初中	助农师	2000.10
十三连	曾兴华	男	1955.08	1974.06	中专	助农师	2000.01

（续）

工作单位	姓 名	性别	出生年月	工作时间	学 历	任职资格	批准时间
果蔬公司	张 静	女	1967.10	1990.03	大专	农艺师	2007.10
果蔬公司	赵洪刚	男	1968.11	1990.04	大专	助农师	2000.04
果蔬公司	李玉洁	女	1983.01	2007.08	大专	助农师	2008.10
十六连	马引兄	女	1982.09	2003.10	本科	助农师	2009.11
十六连	唐建民	男	1963.10	1980.08	大专	技术员	1998.03
十六连	王 斌	男	1969.04	1989.01	大专	助农师	1999.09
十 连	段建疆	男	1966.01	1990.04	大专	技术员	2007.09
农技推广站	后春红	女	1980.03	2005.05	本科	助农师	2007.09
二 连	安继军	男	1982.01	2006.08	本科	助农师	2008.10
十三连	李 伟	男	1983.10	2006.08	本科	助农师	2008.10
十二连	陈 曦	男	1982.03	2006.08	本科	助农师	2008.10
水管所	李丽明	女	1985.08	2006.08	大专	助农师	2009.11
十二连	张建财	男	1986.10	2006.08	本科	助农师	2009.11
机 关	徐 明	男	1960.05	1977.08	本科	高级畜牧师	2001.08
畜牧中心	侯卫东	男	1968.01	1978.02	大专	高级兽医师	2005.09
畜牧中心	马文忠	男	1968.06	1988.10	大专	助理畜牧师	2005.05
兽医站	张延景	男	1967.02	1987.02	中专	助兽师	1999.09
兽医站	江武鹏	男	1964.07	1980.09	中专	助兽师	1999.09
原科技办	徐利元	男	1940.06	1964.09	本科	高级农艺师	退休
原畜牧科	张乐礼	男	1939.06	1964.08	本科	高级畜牧师	退休
原生产科	张祥录	女	1939.12	1963.10	本科	高级农艺师	退休
原畜牧科	侯立金	男	1937.09	1959.01	大专	高级畜牧师	退休
原畜牧科	黄胜利	男	1948.09	1965.11	大专	兽医师	退休
原兽医站	陈必富	男	1939.09	1958.12	小学	兽 医	退休

注：当年在职农牧专业人员排在前。

1997—2015年经济系列专业技术职称见表27-6。

表27-6 1997—2015年经济系列专业技术职称

单位	姓 名	性别	出生年月	工作时间	学 历	任职资格	批准时间
财政局	杨 伟	男	1964.09	1983.04	本科	经济师	2004.11
社会事务局	唐 茹	女	1963.12	1983.06	大专	助理经济师	2001.03
供销科	张进喜	男	1955.11	1974.10	中专	助理经济师	2000.03
供销科	刘 宁	男	1968.03	1984.06	大专	助理经济师	2000.03

（续）

单位	姓 名	性别	出生年月	工作时间	学 历	任职资格	批准时间
供销科	刘 军	男	1969.03	1987.10	大专	助理经济师	2000.10
社保中心	钱 健	男	1970.03	1988.12	大专	助理经济师	2000.10
七 连	王志成	男	1968.11	1987.10	大专	助理经济师	2003.05
加工厂	罗 江	男	1960.01	1976.09	中专	经济员	2000.10
原机关	朱真性	男	1947.11	1964.04	大专	经济师	1999.09
原供销科	马长锁	男	1951.01	1969.02	中专	助理经济师	1998.07
原供销科	殷万荣	男	1948.12	1977.09	中专	助理经济师	1998.07

1997—2015年一四一团会统系列专业技术职称见表27-7。

表27-7 1997—2015年一四一团会统系列专业技术职称

单位	姓名	性别	出生年月	工作时间	学历	任职资格	备注
财政局	张勇	男	1969.04	1989.01	本科	会计师	在职
财政局	张巍	女	1965.05	1983.04	本科	会计师	在职
财政局	贾桂	女	1974.06	1997.02	本科	会计师	在职
财政局	张延红	女	1970.04	1996.03	本科	助理会计师	在职
财政局	张丽	女	1976.11	1998.03	大专	助理会计师	在职
财政局	常军	男	1972.02	1990.09	本科	助理会计师	在职
加工厂	赵霞	女	1975.02	1997.05	本科	助理会计师	在职
社会事务局	严治中	男	1965.09	1981.12	大专	助理统计师	在职
北野学校	韩迎梅	女	1984.04	2007.07	本科	会计员	在职
城建公司	孟燕	女	1969.03	1989.03	专科	会计员	在职
投资公司	张蜀江	男	1969.06	1990.09	本科	会计员	在职
投资公司	员丽萍	女	1973.10	1993.09	本科	会计员	在职
物资技术站	胡卫红	女	1971.11	1990.08	中专	助理会计师	在职
原水管站	王霞	女	1972.05	1965.05	本科	会计师	在职
原畜牧中心	李秀梅	女	1965.08	1993.03	专科	助理会计师	在职
医院	张福英	女	1962.08	1986.06	大专	会计员	在职
一连	周新华	女	1968.04	1989.04	大专	助理会计师	在职
二连	孙美秀	女	1969.07	1989.09	中专	助理会计师	在职
三连	罗瑞琴	女	1976.10	2004.07	本科	会计员	在职
四连	刘萍	女	1975.02	1998.04	本科	会计师	在职
五连	吕军	男	1963.04	1980.09	中专	助理会计师	在职
六连	唐凌	女	1970.08	1991.07	大专	助理会计师	在职
七连	周卫红	女	1969.08	1984.05	中专	助理会计师	在职
八连	闫海华	女	1966.12	1992.03	大专	助理会计师	在职

（续）

单位	姓名	性别	出生年月	工作时间	学历	任职资格	备注
十连	郭红	女	1975.02	1998.03	本科	助理会计师	在职
十一连	张昭	男	1965.05	1990.07	大专	会计师	在职
十二连	许秀菊	女	1970.10	2001.01	本科	会计	在职
十三连	王琳	女	1970.11	1998.09	本科	会计	在职
十四连	李静	女	1971.05	1990.01	本科	会计员	在职
十六连	赵霞	女	1970.07	1993.10	本科	助理会计师	在职
果蔬中心	徐结	男	1980.04	1999.09	本科	助理会计师	在职
原财务科	周世清	男	1943.09	1959.08	初中	副总会计师	退休
原财务科	何振华	男	1937.10	1955.03	初中	助理会计师	退休
原财务科	陆惠琴	女	1949.11	1966.07	初中	助理会计师	退休
原财务科	吴海莉	女	1954.08	2009.04	中专	助理会计师	退休
原财务科	梁留虎	男	1956.11	1975.10	大专	会计师	退休
原财务科	匡敏	女	1965.07	1983.05	大专	助理会计师	退休
原财务科	王浩	男	1958.01	1976.09	大专	会计师	退休
原财务科	张金莲	女	1952.07	1969.07	大专	会计师	退休
原财务科	周贤德	男	1953.12	1976.09	大专	会计师	调出
原审计科	何克银	男	1952.05	1997.09	大专	会计师	离职
原审计科	杨静	女	1959.03	1976.09	高中	助理会计师	退休
原审计科	禹志	男	1941.06	1962.07	初中	助理会计师	退休
原水管所	范惠娟	女	1948.05	1966.07	中专	助理会计师	退休
原水管站	赵霞	女	1970.10	1992.10	本科	助理会计师	调石河子
原加工厂	陈家琅	男	1948.10	1965.09	中专	助理会计师	退休
原中学	倪美燕	女	1948.12	1965.07	中专	助理会计师	退休
原小学	李明军	男	1950.06	1966.08	中专	助理会计师	退休
原十四连	赵学理	男	1947.02	1969.02	中专	助理会计师	退休
原三连	任国书	男	1949.06	1968.10	中专	助理会计师	退休
原九连	赵铁楼	男	1943.10	1965.12	中专	助理会计师	退休
原十连	杨显平	男	1946.09	1964.07	中专	助理会计师	退休
原十二连	王建新	男	1953.05	1969.02	中专	助理会计师	退休
原水管所	赵霞	女	1970.10	1992.10	大专	助理会计师	调石河子
原社区	杨敏	女	1963.01	1979.09	本科	助理会计师	调出
原南社区	华志英	女	1960.07	1977.09	中专	助理会计师	退休
原修配厂	闫长军	男	1955.07	1975.09	高中	助理会计师	退休
原财务科	王冰	男	1968.06	1988.09	大专	会计师	离职
原管理科	杨庭梅	女	1941.12	1959.11	高中	助理会计师	退休
原畜牧中心	田志文	男	1967.05	1983.09	大专	助理会计师	转岗
原石办事处	王德星	男	1965.09	1981.09	大专	助理会计师	转岗

（续）

单位	姓名	性别	出生年月	工作时间	学历	任职资格	备注
原石办事处	马荣芝	女	1967.08	1982.09	大专	助理会计师	离职
原石工区	何丽	女	1969.05	1998.01	大专	助理会计师	离职
原五连	苗建军	男	1967.03	1990.01	大专	助理会计师	转岗
原水管所	刘超英	女	1962.10	1977.07	大专	助理会计师	退休
原七连	邓长贵	男	1942.02	1960.08	小学	助理统计师	退休
原组织科	陈楚新	男	1952.08	1969.11	中专	助理统计师	转政工专业
原汽车连	刘伟华	女	1949.09	1969.09	中专	助理统计师	退休
原二连	王兴礼	男	1940.09	1959.07	初中	助理统计师	退休
原三连	陆三才	男	1964.01	1981.12	高中	统计员	退休
原八连	王西华	男	1940.09	1959.07	初中	助理统计师	退休
原十连	马长远	男	1952.11	1967.09	初中	助理统计师	退休
原十三连	马明成	男	1953.11	1967.09	中专	助理统计师	退休
原十四连	孙志强	男	1958.05	1977.09	中专	统计员	退休

1997—2015年一四一团教育系列专业职称见表27-8。

表27-8 1997—2015年一四一团教育系列专业职称

单位序号	姓名	性别	族别	出生时间	工作时间	任教时间	现任职务	文化程度	任职资格
北野学校									
1	宋惠琴	女	汉	1966.06	1988.11	1995.03	总支书记	本科	中教高级
2	王丽莉	女	汉	1966.02	1984.08	1984.08	校长	本科	小教高级
3	程建设	男	汉	1962.01	1978.09	1981.06	副校长	本科	中教高级
4	杨桂兰	女	汉	1962.12	1981.09	1981.09	副书记 中学书记	大专	中教高级
5	朱志玉	男	汉	1960.09	1977.09	1980.03	副校长 小学书记	大专	小教一级
团中心幼儿园									
1	葛梅	女	汉	1979.04	1999.08	1999.08	园长	大专	小教一级
2	黎中萍	女	汉	1971.02	1990.09	1990.09	幼儿教师	大专	小教一级
3	张萍	女	汉	1965.05	1984.05	1988.09	幼儿教师	大专	小教一级
4	于芳	女	汉	1971.03	1997.03	1997.03	幼儿教师	本科	小教一级
5	唐艳萍	女	汉	1961.11	1980.09	1981.03	幼儿教师	中专	小教一级
6	王新玲	女	汉	1965.10	1983.05	1990.01	幼儿教师	大专	小教一级
7	张新红	女	汉	1967.12	1985.07	1997.01	负责人	大专	小教一级

（续）

单位序号	姓名	性别	族别	出生时间	工作时间	任教时间	现任职务	文化程度	任职资格
8	王碧华	女	汉	1948.12	1967.10	1997.01	负责人	中专	幼教二级
9	徐焕	女	汉	1958.12	1977.09	1979.09	园长	大专	幼教高级
				小学部					
1	任国慧	女	汉	1964.06	1983.05	1983.11	教务副主任	本科	小教高级
2	曾志荣	女	汉	1964.06	1983.03	1984.06	小学教师	大专	小教高级
3	方燕	女	汉	1964.08	1983.05	1983.11	小学教师	大专	小教高级
4	刘霞	女	汉	1966.03	1990.06	1990.06	政教主任	本科	小教高级
5	刘敏	男	汉	1957.12	1977.09	1979.08	副校长	大专	小教高级
6	朱志玉	男	汉	1960.09	1977.09	1980.03	书记	大专	小教一级
7	曹芳	女	汉	1965.04	1987.07	1987.07	小学教师	大专	小教高级
8	胥婉菊	女	汉	1964.09	1983.05	1983.11	小学教师	大专	小教高级
9	曹丽	女	汉	1966.08	1990.01	1991.02	小学教师	本科	小教高级
10	骆建国	男	汉	1964.07	1986.03	1994.03	小学教师	大专	小教高级
11	李新会	女	汉	1970.11	1990.08	1990.08	小学教师	大专	小教高级
12	杨丽	女	汉	1964.11	1984.06	1985.09	小学教师	大专	中教一级
13	邵姗姗	女	汉	1972.01	1997.02	1997.02	小学教师	大专	小教高级
14	夏忠园	女	汉	1972.12	1997.02	1997.02	小学教师	大专	小教高级
15	朱秀玲	女	汉	1966.12	1986.07	1996.03	小学教师	大专	小教高级
16	宋家新	男	汉	1968.04	1988.11	1994.03	小学教师	大专	小教一级
17	杨文	男	汉	1971.01	1992.04	1997.04	小学教师	大专	小教一级
18	常冬梅	女	汉	1973.01	1997.02	1997.02	小学教师	大专	小教高级
19	袁义海	男	汉	1967.01	1990.03	1990.03	小学教师	大专	小教一级
20	黄丽	女	汉	1964.03	1983.06	1983.12	小学教师	大专	小教一级
21	陈丽	女	汉	1978.06	1996.08	1996.08	小学教师	中师	小教一级
22	刘雯箐	女	汉	1978.02	1996.10	2000.09	小学教师	大专	小教一级
23	孙建国	男	汉	1968.01	1996.04	1998.08	小学教师	大专	小教一级
24	孙志娟	女	汉	1980.05	2001.02	2001.02	小学教师	大专	小教一级
25	常虹	女	汉	1970.12	1997.04	1998.08	小学教师	本科	小教一级
26	张志霞	女	汉	1978.01	2000.08	2000.08	小学主师	大专	小教一级
27	张璠	女	汉	1977.07	2000.08	2000.08	小学教师	大专	小教一级
28	徐辉	女	汉	1978.03	2000.08	2000.08	小学教师	大专	小教一级
29	刘琴琴	女	汉	1979.01	2000.08	2000.08	小学教师	大专	小教一级
30	徐婧	女	汉	1967.05	1991.02	1998.05	小学教师	大专	小教一级

（续）

单位序号	姓名	性别	族别	出生时间	工作时间	任教时间	现任职务	文化程度	任职资格
31	黄凤	女	汉	1978.06	2000.08	2000.08	小学教师	大专	小教一级
32	白娟娟	女	汉	1982.03	2001.07	2001.07	小学教师	本科	小教一级
33	马文娟	女	汉	1982.02	2002.09	2002.09	小学教师	中师	小教二级
34	冉飞	女	汉	1982.08	2002.08	2002.08	小学教师	中专	小教一级
35	包菲菲	女	汉	1982.09	2001.11	2001.11	小学教师	中师	小教一级
36	马东东	男	汉	1986.08	2007.08	2007.08	小学教师	大专	小教二级
37	宋睿	女	汉	1986.08	2007.08	2007.08	小学教师	大专	小教二级
38	宋天伟	男	汉	1948.07	1966.11	1973.11	退休	大专	小教高级
39	王万学	男	汉	1962.10	1979.08	1983.08	小学教师	本科	小教高级
40	李安风	女	汉	1959.04	1975.01	1979.03	教务主任	大专	小教高级
41	黄群芳	女	汉	1962.03	1981.09	1983.10	档案员	本科	小教高级
42	邹丽萍	女	汉	1963.07	1983.09	1983.09	小学教师	大专	小教高级
43	程玉兰	女	汉	1964.01	1980.09	1982.02	小学教师	大专	小教高级
45	王春霞	女	汉	1959.12	1979.09	1980.09	小学教师	大专	小教高级
46	刘占毅	男	汉	1952.05	1974.04	1977.08	小学教师	大专	小教高级
47	赵秀敏	女	汉	1963.08	1983.05	1983.05	小学教师	大专	小教高级
48	张军华	女	汉	1955.12	1974.04	1974.08	小学教师	中师	小教高级
49	卫捍华	女	汉	1955.12	1975.01	1979.05	小学教师	中师	小教高级
50	王鹏	男	汉	1957.05	1976.09	1978.08	小学教师	大专	小教高级
51	邹志华	女	汉	1960.01	1978.09	1979.03	小学教师	大专	小教高级
52	苏金梅	女	汉	1960.10	1978.09	1979.09	小学教师	大专	小教高级
53	史秀云	女	汉	1955.06	1975.01	1979.08	小学教师	中师	小教高级
54	吕德奎	男	汉	1950.10	1969.02	1977.03	小学教师	中师	小教高级
55	白瑞	女	汉	1967.12	1989.05	1993.02	小学教师	本科	小教高级
56	毕文婷	女	汉	1969.05	1990.01	1991.04	小学教师	本科	小教高级
57	周淑萍	女	汉	1956.07	1976.08	1979.09	小学教师	大专	中教一级
58	尹金兰	女	汉	1955.04	1974.12	1979.08	打字员	大专	小教高级
59	陈涛	女	汉	1973.09	1997.04	1997.04	小学教师	本科	小教一级
60	张凡	女	汉	1977.07	2000.08	2000.08	小学教师	大专	小教一级
61	刘红霞	女	汉	1979.08	1998.09	1998.09	小学教师	大专	小教一级
62	赵海霞	女	汉	1982.05	2002.09	2002.09	小学教师	大专	小教一级
63	高惠娟	女	汉	1969.09	2003.06	2003.06	小学教师	大专	小教一级
64	文莹	女	汉	1982.01	2002.08	2002.08	小学教师	中专	小教一级

（续）

单位序号	姓名	性别	族别	出生时间	工作时间	任教时间	现任职务	文化程度	任职资格
65	郑建秀	女	汉	1979.07	2001.07	2001.07	小学教师	大专	小教二级
66	王小萍	女	汉	1986.12	2005.08	2005.08	小学教师	中专	小教二级
67	张燕娥	女	汉	1960.08	1977.09	1982.02	图书管理	大专	助理管员
68	陈雅坤	女	汉	1987.08	2009.09	2009.09	小学教师	本科	小教二级
69	黎中萍	女	汉	1971.02	1991.04	2005.08	小学教师	本科	小教二级
中学部									
1	程建设	男	汉	1962.01	1978.09	1981.06	教务副主任	本科	中教高级
2	鲍秀芹	女	汉	1963.10	1983.05	1985.07	中学教师	本科	中教高级
3	张长金	男	汉	1957.02	1976.09	1979.04	中学教师	大专	中教高级
4	王政章	男	汉	1962.10	1980.09	1981.09	中学教师	大专	中教高级
5	刘利	女	汉	1967.03	1989.08	1989.08	教导处主任	本科	中教高级
6	钟新安	男	汉	1960.12	1978.09	1981.10	中学教师	本科	中教高级
7	左丽	女	汉	1964.06	1985.07	1985.07	中学教师	本科	中教高级
8	李新林	男	汉	1960.03	1978.09	1979.08	中学教师	本科	中教高级
9	秦桂芳	女	汉	1968.01	1990.04	1992.02	中学教师	本科	中教高级
10	闫新华	女	汉	1960.07	1978.09	1979.08	中学教师	大专	中教高级
11	黄晖	男	汉	1959.01	1977.09	1982.09	中学教师	大专	中教高级
12	牛润录	女	汉	1963.11	1981.06	1984.08	中学教师	大专	中教高级
13	耿惠萍	女	汉	1972.07	1995.08	1995.08	中学教师	本科	中教高级
14	李鸣霞	女	汉	1972.02	1993.03	1993.03	中学教师	本科	中教高级
15	刘建荣	女	汉	1978.12	1993.09	1993.09	中学老师	本科	中教高级
16	谢培新	男	汉	1960.10	1976.09	1981.03	中学教师	大专	中教高级
17	陈琦	男	汉	1965.02	1983.03	1983.03	电教员	大专	中教一级
18	苗玉兰	女	汉	1966.02	1986.07	1986.09	中学教师	本科	中教一级
19	唐妍玲	女	汉	1977.11	1998.08	1998.08	中学教师	本科	中教一级
20	黄成刚	女	汉	1974.12	1996.08	1996.08	教副主任	本科	中教一级
21	袁文建	男	汉	1972.01	1992.03	1992.03	处副主任	大专	中教一级
22	陶继新	男	汉	1972.04	1991.09	1991.09	中学教师	大专	中教一级
23	张静	女	汉	1977.08	1999.08	1999.08	中学教师	大专	中教一级
24	舒畅	女	汉	1974.12	1998.08	1998.08	中学教师	本科	中教一级
25	邵世杰	男	汉	1974.02	2000.08	2000.08	中学教师	大专	中教一级
26	周爱心	女	汉	1969.10	2003.08	2003.08	中学教师	大专	中教一级
27	路海斌	男	汉	1978.02	2000.08	2000.08	中学教师	大专	中教一级

（续）

单位序号	姓名	性别	族别	出生时间	工作时间	任教时间	现任职务	文化程度	任职资格
28	鄢海英	女	汉	1978.07	2001.08	2001.08	中学教师	大专	中教一级
29	王蕾	女	汉	1971.09	1997.04	1997.04	中学教师	本科	中教一级
30	雷向东	男	汉	1980.10	2004.08	2004.08	中学教师	大专	中教一级
31	王春玲	女	汉	1979.40	2004.08	2004.08	小学教师	大专	中教一级
32	王燕花	女	汉	1989.07	2004.08	2004.08	小学教师	大专	中教一级
33	刘永兰	女	汉	1989.01	2004.08	2004.08	小学教师	大专	中教一级
34	曹建萍	女	汉	1982.02	2005.08	2005.08	中学教师	本科	中教二级
35	陈玉龙	女	汉	1979.07	2004.08	2004.08	中学教师	专科	中教二级
36	周孝银	女	汉	1979.10	2004.08	2004.08	中学教师	专科	中教二级
37	李慧	女	汉	1984.10	2012.09	2012.09	小学教师	大专	中教二级
38	张婷	女	汉	1990.10	2014.09	2014.09	初中音乐	本科	无
39	纪龙昌	男	汉	1952.12	1970.06	1981.08	内退	大专	中教高级
40	郑桂芝	女	汉	1957.10	1976.08	1997.01	调出	大学	中教高级
41	肖代秀	女	汉	1952.11	1969.07	1979.08	内退	本科	中教高级
42	范玉萍	女	汉	1966.12	1991.03	1991.03	政教主任	本科	中教高级
43	周广霞	女	汉	1964.03	1981.12	1981.12	教务员	大专	中教高级
44	柳玉茹	女	汉	1955.09	1974.06	1980.11	中学教师	大专	中教高级
45	赵军	男	汉	1963.05	1982.08	1982.08	副校长	大专	中教一级
46	吴强生	男	汉	1950.03	1966.08	1979.09	书管理员	大专	中教一级
47	王婉霞	女	汉	1963.02	1981.09	1981.09	中学教师	本科	中教一级
48	余志江	男	汉	1957.05	1976.09	1979.10	中学教师	大专	中教一级
49	张爱芝	女	汉	1957.12	1977.08	1978.03	中学教师	大专	中教一级
50	唐学玲	女	汉	1960.08	1978.09	1979.11	中学教师	大专	中教一级
51	杨桂莲	女	汉	1961.02	1978.09	1979.08	中学教师	大专	中教一级
52	周爱心	女	汉	1969.10	2003.08	2003.08	中学教师	大专	中教一级
53	路海斌	男	汉	1978.02	2000.08	2000.08	中学教师	大专	中教一级
54	鄢海英	女	汉	1978.07	2001.08	2001.08	中学教师	大专	中教一级
55	王蕾	女	汉	1971.09	1997.04	1997.04	中学教师	本科	中教一级
56	雷向东	男	汉	1980.10	2004.08	2004.08	中学教师	大专	中教一级
57	王春玲	女	汉	1979.40	2004.08	2004.08	小学教师	大专	中教一级
58	王燕花	女	汉	1989.07	2004.08	2004.08	小学教师	大专	中教一级
59	刘永兰	女	汉	1989.01	2004.08	2004.08	小学教师	大专	中教一级
60	曹建萍	女	汉	1982.02	2005.08	2005.08	中学教师	本科	中教二级

（续）

单位序号	姓名	性别	族别	出生时间	工作时间	任教时间	现任职务	文化程度	任职资格
61	陈玉龙	女	汉	1979.07	2004.08	2004.08	中学教师	专科	中教二级
62	周孝银	女	汉	1979.10	2004.08	2004.08	中学教师	专科	中教二级
63	李慧	女	汉	1984.10	2012.09	2012.09	小学教师	大专	中教二级
64	张婷	女	汉	1990.10	2014.09	2014.09	初中音乐	本科	无
65	纪龙昌	男	汉	1952.12	1970.06	1981.08	内退	大专	中教高级
66	郑桂芝	女	汉	1957.10	1976.08	1997.01	调出	大学	中教高级
67	肖代秀	女	汉	1952.11	1969.07	1979.08	内退	本科	中教高级
68	范玉萍	女	汉	1966.12	1991.03	1991.03	主任	本科	中教高级
69	周广霞	女	汉	1964.03	1981.12	1981.12	教务员	大专	中教高级
70	柳玉茹	女	汉	1955.09	1974.06	1980.11	中学教师	大专	中教高级
71	赵军	男	汉	1963.05	1982.08	1982.08	副校长	大专	中教一级
72	吴强生	男	汉	1950.03	1966.08	1979.09	书管理员	大专	中教一级
73	王婉霞	女	汉	1963.02	1981.09	1981.09	中学教师	本科	中教一级
74	余志江	男	汉	1957.05	1976.09	1979.10	中学教师	大专	中教一级
75	张爱芝	女	汉	1957.12	1977.08	1978.03	中学教师	大专	中教一级
76	唐学玲	女	汉	1960.08	1978.09	1979.11	中学教师	大专	中教一级
77	杨桂莲	女	汉	1961.02	1978.09	1979.08	中学教师	大专	中教一级
78	高艳华	女	汉	1967.03	1991.08	1991.08	中学教师	大专	中教一级
79	刘鹏	男	汉	1959.10	1977.09	1979.09	中学教师	大专	中教一级
80	贺定立	男	汉	1950.01	1967.10	1978.09	中学教师	大专	中教一级
81	刘兰梅	女	汉	1956.10	1981.03	1993.01	中学教师	大专	中教一级
82	姜红星	女	汉	1977.09	2001.08	2001.08	中学教师	本科	中教二级
83	张东方	男	汉	1977.01	2000.08	2000.08	中学教师	大专	中教一级
84	杨成	男	汉	1969.01	1987.07	1998.07	中学教师	本科	中教一级
85	尹桃珠	女	汉	1975.11	1999.07	1999.07	中学教师	本科	中教一级
86	周敏	女	汉	1979.05	2001.08	2001.08	中学教师	大专	中教二级
87	赵安乐	男	汉	1979.02	2001.08	2001.08	中学教师	大专	中教二级
88	章雪花	女	汉	1978.12	2001.08	2001.08	中学教师	大专	中教二级
89	郝亚萍	女	汉	1978.09	2001.08	2001.08	中学教师	大专	无
90	何敏	女	汉	1980.11	2002.12	2002.12	中学教师	本科	无
91	高彩娟	女	汉	1978.03	2003.08	2003.08	中学教师	本科	中教二级
92	贺德明	男	汉	1977.11	2000.08	2000.08	中学教师	大专	中教二级
93	彭毅	男	汉	1980.01	2004.08	2004.08	中学教师	本科	中教二级

（续）

单位序号	姓名	性别	族别	出生时间	工作时间	任教时间	现任职务	文化程度	任职资格
94	董秀娟	女	汉	1982.09	2004.08	2004.08	中学教师	大专	中教二级
95	刘成	女	汉	1980.04	2004.08	2004.08	中学教师	本科	中教二级
96	贺媛媛	女	汉	1982.02	2004.08	2004.08	中学教师	专科	中教二级
97	宋艳青	女	汉	1981.11	2006.07	2006.07	中学教师	本科	中教二级
98	刘永兰	女	汉	1982.70	2006.07	2006.07	小学教师	大专	中教二级
99	白洁	女	汉	1980.10	2006.07	2006.07	小学教师	大专	中教二级

第六节　2015年前机关退休干部名表

2015年前机关退休干部见表27-9。

表27-9　**2015年前机关退休干部**

姓名	性别	族别	出生时间	工作时间	政治面貌	退休前职务	文化程度	退休时间
孙祖光	女	汉族	1943.09.01	1963.08.01	中共党员	调研员（副处级）	中专	1998.11.01
高泽民	男	汉族	1943.04.01	1961.03.01	中共党员	调研员（副处级）	本科	2003.04.01
朱真性	男	汉族	1947.11.25	1964.04.01	中共党员	调研员（副处级）	初中	2007.12.01
孙玉英	女	汉族	1954.08.01	1974.12.01	中共党员	调研员（副处级）	高中	2009.09.01
郭仲昌	男	汉族	1931.12.01	1950.12.01	中共党员	政治处主任	大专	1992.03.01
王乐天	男	汉族	1928.10.01	1949.11.01	中共党员	组织科科长	初中	1992.06.01
祁梓德	男	汉族	1942.04.01	1961.06.01	群众	一般干部	中专	1993.10.01
谭宝光	男	汉族	1931.10.01	1959.10.01	群众	一般干部	初中	1994.01.01
张祥禄	女	汉族	1939.12.01	1963.10.01	中共党员	农业科科员	中专	1995.02.01
李枝茵	男	汉族	1935.12.01	1955.07.01	中共党员	劳资科科长	中专	1996.05.01
王碧华	女	汉族	1945.04.01	1961.09.01	群众	幼儿教师	初中	1996.06.01
刁吉学	男	汉族	1937.01.01	1959.07.01	中共党员	会计	初中	1997.01.01
杨廷梅	女	汉族	1941.12.01	1959.11.01	中共党员	财会	高中	1997.02.01
何继昌	男	汉族	1937.04.01	1957.09.01	中共党员	宣传科科长	初中	1997.06.01
侯立全	男	汉族	1937.09.01	1959.01.01	中共党员	畜牧科科长	大专	1997.09.01
何振华	男	汉族	1937.10.01	1955.03.01	群众	计财科科长	初中	1997.09.01
陆惠英	女	汉族	1949.11.01	1966.07.01	群众	会计	初中	1997.12.01
路金兰	男	汉族	1938.04.01	1956.05.01	中共党员	一般干部	小学	1998.05.01

（续）

姓名	性别	族别	出生时间	工作时间	政治面貌	退休前职务	文化程度	退休时间
王厚卓	男	汉族	1938.06.01	1961.09.01	中共党员	宣传科科长	高中	1998.07.01
徐从友	男	汉族	1938.12.01	1959.03.01	中共党员	财会	初中	1999.05.01
张乐礼	男	汉族	1939.06.01	1964.08.01	中共党员	畜牧科科长	本科	1999.07.01
陈必富	男	汉族	1939.09.01	1958.12.01	中共党员	兽医站科员	小学	1999.12.01
刘昌远	男	汉族	1939.08.01	1957.08.01	中共党员	工业科科员	中专	1999.12.01
徐义林	男	汉族	1940.04.01	1958.12.01	中共党员	综治办主任	初中	2000.05.01
曹玉瑛	男	汉族	1940.04.01	1959.02.01	中共党员	民政科科长	初中	2000.05.01
宋在厚	男	汉族	1940.05.01	1958.08.01	中共党员	监察科科长	初中	2000.06.01
田昌福	男	汉族	1940.05.01	1959.03.01	中共党员	机务科科长	中专	2000.06.01
冯传金	男	汉族	1940.06.01	1959.12.01	中共党员	机关协理员	初中	2000.07.01
徐利元	男	汉族	1940.06.01	1964.09.01	中共党员	农业科科长	本科	2000.07.01
李振义	男	汉族	1940.09.01	1959.03.01	中共党员	生产科督导员	小学	2000.10.01
禹志	男	汉族	1941.06.01	1962.07.01	中共党员	审计科科员	初中	2001.06.01
马长榕	男	汉族	1949.11.01	1965.09.01	中共党员	财会	中专	2002.01.01
李国梁	男	汉族	1942.02.01	1964.01.01	中共党员	基建科科长	初中	2002.02.01
张庆基	男	汉族	1942.08.01	1961.06.01	中共党员	林业站科长	小学	2002.08.01
彭建兰	女	汉族	1952.09.01	1971.05.01	中共党员	招待所所长	小学	2002.09.01
孙春环	女	汉族	1948.05.01	1969.02.01	中共党员	老龄办主任	中专	2003.05.01
赵君平	男	汉族	1943.07.01	1966.07.01	中共党员	机务科科员	本科	2003.07.01
周世清	男	汉族	1943.09.01	1959.08.01	中共党员	计财科科长	初中	2003.09.01
赵津生	男	汉族	1943.11.01	1959.11.01	中共党员	史志办主任	初中	2003.11.01
李树华	男	汉族	1945.06.01	1964.03.01	中共党员	调研员	初中	2005.06.01
谢培源	男	汉族	1952.01.30	1967.03.01	中共党员	党办主任	大专	2006.12.31
陈楚新	男	汉族	1952.08.07	1968.12.20	中共党员	机要科科长	中专	2006.12.31
李承华	男	汉族	1957.04.06	1978.10.01	中共党员	团长助理	本科	2006.12.31
梁留虎	男	汉族	1956.11.15	1975.10.08	中共党员	审计科科长	大专	2006.12.31
单守成	男	汉族	1953.09.15	1970.12.31	中共党员	社管办副主任	初中	2006.12.31
代金良	男	汉族	1953.10.10	1970.01.01	中共党员	机关小车队书记	中专	2006.12.31
王克银	男	汉族	1957.01.07	1975.10.01	中共党员	工业科科长	大专	2006.12.31
黄胜利	男	汉族	1947.03.01	1964.10.01	中共党员	畜牧科副科长	中专	2007.04.01
张金莲	女	汉族	1952.07.06	1969.07.01	中共党员	政研室副主任	中专	2007.08.01
李正	男	汉族	1947.09.01	1965.08.01	中共党员	三好办主任	初中	2007.10.01
吴海莉	女	汉族	1954.03.01	1974.05.01	中共党员	计财科科员	中专	2009.04.01

附 录

附录一 重要文献

建设屯垦戍边新型北野"十一五"末率先在师市实现小康

一、指导思想

坚持以邓小平理论和"三个代表"重要思想为指导，以科学发展观为统领，全面落实"多予少取放活"的方针，按照"经济发展、生活富裕、场风文明、环境良好、管理民主"的总体要求，以深化改革、结构调整为根本动力，以经济发展、职工增收为首要任务，以环境建设为突破口，以绿促发展，以绿促和谐。协调推进团场的经济建设、政治建设、文化建设、社会建设和党的建设。加快推进农业产业化、新型工业化和居住花园化的建设进程，推动团场走上繁荣、富裕、民主、文明、和谐的发展道路。"十一五"末率先在师市实现小康。

二、发展思路

坚持因地制宜，以市场为依托，以职工增收为目标，立足基础和资源优势，以一产为基础，二产为重点，三产为先导，紧密围绕"一个中心"；建立"两大繁育体系"；建设"三个龙头基地"；完善"四项工程"；抓好"五大战略"；推行"农业六大精准技术"，实施"十大工程"。

——"一个中心"：以经济建设、职工增收，建设屯垦戍边新型团场为中心。

——"两大繁育体系"：一是优质棉种繁育体系；二是优质畜禽繁育体系。

——"三个龙头基地"：高产棉基地；奶牛、优质肉牛饲养加工基地；果蔬园艺生产基地。

——"四项工程"：水利设施工程；病虫害防治工程；治碱改水工程；中低产田改造工程。

——"五大战略"：发展棉花战略；科技兴团和人才强团战略；项目带动战略；结构调整战略；可持续发展战略。

——"农业六大精准技术"：精准种子技术；精准播种技术；精准施肥技术；精准灌溉技术；精准田间动态调控和监测技术；精准收获技术。

——"十大工程"：以经济发展为主题的"提速工程"；以增收减负为核心的"富民工程"；以环境建设为重点的"绿色工程"；以道路建设为基础的"通达工程"；以治水改土为重心的"生态工程"；以多层次社会保险为主线的"保障工程"；以民主管理为主要内容的"阳光工程"；以培育新型职工队伍为目的的"素质工程"；争创平安团场的"平安工程"；加强基层党

建的“固本工程”。

三、目标任务

1. 形成经济发展新格局

（1）经济实力明显增强。国内生产总值到“十一五”末累计实现10亿元，年均递增12.1%；其中：一产4.3亿元；二产3.6亿元；三产2.1亿元。人均国内生产总值突破2.5万元。累计实现利润7000万元，年递增10%。预计全社会固定资产总投入2亿元。

（2）经济结构更加合理。2006—2010年团场新增耕地2万亩，总播种面积14万亩，其中：棉花面积10万亩，皮棉单产年平均达200千克左右，籽棉总产到2010年达到4.8万～5万吨。“十一五”末农业机械拥有量3万千瓦。畜牧业年末存栏头数5万头（只），产肉量1230吨，年均产奶量1万吨。“十一五”期间年新增林带700亩；种植葡萄达到1万亩；种植饲草2.5万亩。团场工业要有较快的发展，借助自治区给兵团的税收优惠政策，通过招商引资，引进一个或几个GDP总值超亿元的企业落户一四一团，实现税收返还1千万元。小城镇建设投入4000万元。其中：城镇住宅建设5万平方米；绿地建设1万平方米；修建通连公路100千米，基本实现屯垦戍边新型团场初具规模的目标。到“十一五”末产业结构由原来的70∶11∶19调整为43∶36∶21。所有制结构优化，非公有制经济占全社会生产总值比重24%以上。

2. 开辟职工增收新渠道　职工负担逐年减轻。2010年，定额承包面积内的土地费和自身受益。劳动生产力明显提高，劳动力资源得到充分发挥。部分富余劳动力转移到二、三产业。大力发展自营经济和私营经济。重点要抓好“两用地”和庭院种植业、庭院养殖业。“两用地”上要大力发展葡萄种植，统一种植模式，统一技术措施，实现订单收购，形成规模，形成特色。到“十一五”末，要再建十个规模在100头以上的经营权、产权属于职工的养牛小区。充分利用本地资源，加大招商引资的力度，实现多元化投资形式，鼓励和支持兴办民营企业，鼓励职工投资创业。到2010年，实现年职均收入3.5万元，年均增长11%，职工家庭人均收入达到12000元。

3. 培育团场建设新职工　建立职工素质和业绩评价新模型，在综合考评中，激发比学赶帮超、争当屯垦戍边新职工的积极性。职工集中培训每年不少于30天，军事训练每年不少于20天。到2010年，一线从业人员初级农艺工、中级农艺工持证上岗率达到92%以上；非农单位职工职业资格证书持证率达95%以上；每个基层单位至少有两名国民教育本科毕业的大学生，在职干部均取得大专以上学历，真正把团场职工队伍培养成一支政治素质高、技能素质精、军事素质硬、身体素质好的新型职工队伍，为建设屯垦戍边新型团场提供人力保证。

四、促进社会事业新发展

“十一五”期间，团、连综合文化活动场所普及率100%，每年举办各类文化体育活动不少于10次；巩固和提高“两基”教育成果，认真落实“两免一补”政策，建立健全义务教育工作经费保障机制，规范教育收费。5年内为中学新建1800平方米的综合楼、为中小学建造多功能运动场。中、小学入学率100%，实现中考6科合格率达75%，高中录取率达100%，大学录取率高于垦区平均水平。到2010年实现初级卫生保健目标，连队甲级卫生室普及率达100%；人口自然增长率控制在2‰以内。计划生育率达100%。

五、创造职工生活新环境

到2010年，城镇人均住房建筑面积达28平方米，农业连队户均住房面积80平方米以上。城镇居民楼房入住率达50%。燃气普及率达80%，电话普及率达95%，广播电视综合覆盖率达100%。集中排污率达98%；万元GDP能耗年降5%，主要污染物年减排2%。镇区绿化率达40%以上。供暖、供水、改厕等社会整体功能配套完善。农业连队基础设施要按照“住房特色化，道路硬质化，居住园林化，生活小康化”的要求，加大“三好连队”建设力度，力争在“十一五”末每个连队都有自己的特色和亮点。到2010年，通连公路和连队内部道路实现100%的柏油路面。所有连队通客车。每年争创3～5个师市级“三好连队”。实现条田林网化、连队绿色化、居住花园化，形成连队在树中、团场在林中、人在花草中的优良生态环境。

六、营造维稳屯垦戍边新局面

社会保障应保尽保，职工民主权利全面落实。团务、连务公开100%，民主议事会制度100%。连队领导干部民主选举率达到100%。“三重一大”制度全面落实。平安连队建设达到100%。职工群众对社会治安的满意率达到98%以上。

建设屯垦戍边新型团场的具体措施为：

（一）形成经济发展新格局，促进团场经济又好又快发展

（1）认真执行“土地承包经营、产权明晰到户、农资集中采供、产品订单收购”统分结合的双层经营制度，进一步完善七项配套制度，实行土地长期固定、生产自主经营、成本费用自理、负担只减不增、收益风险均占、享受社会保障的政策，进一步确立承包职工家庭在农产品生产经营环节订单销售的地位、团场在经营管理环节的主体地位。积极推行农业生产资料集中采供和销售“一票到户”制度，进一步完善团场大宗农产品的订单收购和农产品的阳光销售机制。

（2）提高农业科技创新和应用水平。以农业精准技术等高新技术推广应用为支撑，提升农业综合生产能力和整体竞争力。要建立智能化管理滴灌示范基地，节水灌溉面积100%。深入实施农业科技入户工程，完善“科技指导直接到户、良种良法直接到田、技术要领直接到人”的农技推广机制。加快与科研院所联合开发棉花新品种的进程。稳定推广以高衣分率、高附加值的棉花品种为主栽品种，树立品牌。到2010年，争取100%原种一代进大田。农业科技进步贡献率和农业科技成果转化率均达到60%左右。全面提升农业机械化装备水平。在“十一五”期间团场农业机械总动力突破每万公顷900千瓦的拥有量。紧紧围绕超宽膜栽培模式的推广应用，到2010年确保棉花全程机械化水平达到85%，精量点播100%，农业机械化水平达到95%以上。全面推广机采棉生产加工技术。加大机务人员的素质培训力度，到2007年末，完全实现一车两人持照上岗作业的管理目标。3年内全面实现市场作业准入制。

（3）积极发展特色种植业。特色种植以温室大棚无公害蔬菜和鲜食葡萄种植为龙头，定品种、上规模、联市场、创品牌。5年内，通过招商引资，逐步建成冷藏保鲜库1座，发展脱水菜和酱菜，进行净菜加工、鲜食葡萄冷藏等。

（4）大力发展畜牧业。畜牧业以北野牛场为龙头，以七连、十一连、十二连牛场和在建

10个经营权、产权属于职工的养牛小区为重点发展区，大力发展特色养牛、特色养猪和特色家禽饲养，全面普及畜牧业十大主体技术，做到“人人动手、户户从业、家家增收”。努力提高产奶量和肉产量。通过招商引资逐步建立肉产品加工厂和饲草颗粒厂，延长产业链，通过深加工，带动包装、运输和生物工程相关产业的发展。

（5）大力推进农业产业化进程。紧紧围绕团场经济建设这个中心，做大做强棉花、畜牧、果蔬、种子四大主导产业，重点建设棉花、奶类、肉类、葡萄、蔬菜、种子六大优势农产品基地。加快推进贸工农一体化、产加销一条龙的农业产业化。一是按照区域化布局、专业化生产、规模化经营的要求，建成一批符合国家和行业标准的优质、绿色、有机、安全农产品生产基地。二是不断完善农业产业化经营机制。大力发展“订单农业”，推行并规范产销合同制，逐步加大畜牧业、林果业和庭院经济的订单种植面积，努力探索建立以股份制、股份合作制为主要内容的多元利益联结机制，通过农业产业化经营使团场得到发展、职工得到实惠。三是要围绕职工家庭承包经营做好产前、产中、产后服务，健全和完善社会力量广泛参与的农业社会化服务体系。重点建立健全承包职工家庭信贷、生产资料一体化供应服务、农业生产销售及农产品质量检验监测、畜牧防疫检疫等服务体系。四是加强农产品市场建设。五是支持农业产业化发展的有关政策，建立激励和约束机制。通过努力，“十一五”末力争团场农产品加工值与农业产值之比达到0.8∶1，大宗农副产品产业化经营达到70%。80%的农户进入农业产业化领域，农户来自产业化经营的收入达到3000元以上。

（6）以招商引资为依托，立足大农业，实现工业的新发展。发展团场工业，引进龙头企业，以龙头带基地，逐步完成经济增长方式的转变。团场每年投入800万元作为农业产业化专项扶持资金，主要用于项目建设、科技攻关以及专业合作经济组织发展。团场经济的发展，潜力在工业，出路在工业，希望也在工业，要进一步树立“全党抓经济，重点抓工业，着力抓项目，突出抓招商”的思想，加快工业化发展。

——围绕深化改革、体制创新，不断扩大规模，加快团场工业可持续发展。团场将通过招商引资，引进“龙头”企业，以“龙头”企业的带动性，依托市场带动农业产业化的发展。充分发掘本地资源的潜力，积极引进棉纺、畜产品加工、种子、果蔬加工等一批龙头企业。加工厂要增强企业的创新能力，狠抓质量管理和经营管理，以农产品深加工为重点，开发培育名、优、特产品，不断提高经济效益和产品附加值。实现初级农产品资源向商品经济的转换，把农产品的资源优势转化为经济优势，通过棉花深加工，延长棉花产业链。

——坚持以招商引资为主要手段，大力发展非公有制经济和混合所有制经济。鼓励职工自主创业，制定一系列优惠政策，为民营企业的发展创造更为宽松、规范和有安全感、信任感的社会环境。坚持以资源招商、以园区招商、以政策招商。借助外力加快团场的工业发展。团场对招商引资在500万元以上的个人要给予奖励；对招商引资在1千万元以上的要给予立功受奖。团场和机关科室要提高为民营企业服务的效率。团场对民营企业的行政管理以引导为主，体现人性化。在人才引进方面对民营企业实行平等待遇，加大对民营企业各种人才引进的扶持力度。协助民营企业组织产业协会，鼓励积极参与农业产业化经营或创建“龙头”农产品加工的民营企业，借助农业产业化经济发展的良好形势，实现经营上的突破。

——着力打造镇区中心商贸区，鼓励物资流通部门向大中型连队延伸，发展连锁经营。

——积极发展房地产业。建立和完善以经济适用房为主的镇区住宅体系。

——建立社区服务中心，积极推进会计、法律、咨询、商务等中介服务组织建设。

——积极发展文化产业和教育产业。

——努力发展金融保险、医疗卫生服务业和信息产业。以三产的繁荣和兴旺，促进经济城镇化、人口城镇化、生活环境城镇化和人民生活水平城镇化的发展。

——抓住中央、自治区对兵团税收优惠返还政策实施的机遇，积极参与和争取国家、兵团的投资项目，建立龙头企业和实施项目开发。

——落实招商引资各项优惠政策，做好配套服务，搭建招商引资平台，以最具优势的棉花、畜牧业发展和特色果蔬等农产品资源吸引国内外科技含量高、竞争力强的投资者来团开发建设，创办企业。

——坚持主要领导抓招商，优化招商环境，建立招商机制，培训一支业务强、经验足的招商引资队伍，主动出击，不坐、等、靠、要，以全新的理念，把招商引资作为团场二、三产业经济振兴的重要环节，力争"十一五"期间招商引资取得重大突破。

(二)减轻职工负担，开辟职工增收新渠道

(1)认真贯彻落实兵团减负工作会议精神，全面实现承包职工总体负担减少10%的目标，做到定额管理面积内的土地承包费只减不增。进一步合理设置机构，精减非生产人员，压缩管理费用，5年内团场编制只减不增。

(2)进一步推进团场财务预算制度改革，实行生产经营性与非经营性支出分账核算，严格控制团场各项非生产性开支。建立"预算严格、以收定支、操作规范、超支自理"的财务管理体系，严格控制团场各项非生产性开支，严格车辆管理和业务招待费开支，实行向职工代表大会定期报告制度。对采购大宗物资、设备和基本建设项目严格采用招投标方式进行。销售产品的资金回收率达100%。坚持财务"双签字"制度，充分发挥财务审计的监督职能，达到财务公开、公正、透明。同时，建立节约型团场活动，厉行节约，反对铺张浪费，形成人人讲降本增效的良好风尚。

(3)建立职工持续稳步增收的长效机制，形成"地里一块、园里一块、院里一块、圈里一块、又可分红"的多渠道职工增收模式。把推进农业结构调整和产业化作为增加职工收入的重中之重；通过做强棉花产业，实现职工增收"地里有一块"；通过做强葡萄产业和蔬菜产业，实现职工增收"园里有一块"；按照"有特色、有优势、上规模、有效益"的要求，发展特色种植、养殖，实现职工增收"院里和圈里有一块"。把加快二、三产业发展和小城镇建设作为增加职工收入的关键环节，通过二、三产业发展，鼓励职工为二、三产企业进行周期性劳务输出，形成一部分"打工收入"。大力发展非公有制经济，全面推行股份制和股份合作制，实现职工增收"红利有一块"。

(三)加快城镇和连队基础设施建设，创造职工生活新环境

(1)大力推进农田水利工程建设，完善排灌体系。节水灌溉有效利用系数提高到90%以上。新修改造防渗渠道30千米以上。

——增强资源保障能力，保护水资源，加大节水技术推广应用步伐，提高水资源利用率。

——合理开发和利用土地资源,切实保护耕地;加大土地整理力度,改造中低产田;治理土壤次生盐渍化,治理“白色”污染。到2010年基本农田保护达100%。

——重点抓好以农田林网、节水灌溉为主的生态环境综合治理。到2010年,道路林、防护林、庄园林全部建完。

(2)镇区建设要按照“科学规划、合理布局、因地制宜、量力而行、综合开发”的原则,加快建设速度,着力在基础配套措施等方面,加大投资建设力度。到2010年,镇区绿化率达到40%,楼房入住率达到50%,道路硬质化率达到100%。按照“三好”连队的标准,根据区域特点,规划整合连队,到2010年完成解危解困房和危旧房改造任务。按照团、连1:1的配套资金比例,加大对农业连队建设的支持力度,加快基础设施建设,把连队建成环境优美、福利设施配套、道路畅通、生活便捷的新型社区。到“十一五”末,80%的连队要建成“三好”连队。安全饮用水普及率达到100%,连队甲级卫生室覆盖率达到100%,卫生厕所普及率达到85%。

(四)提高职工队伍素质,培育新型职工队伍

(1)提高职工的政治素质。教育职工牢固树立稳疆兴疆、屯垦戍边意识,大力开展“艰苦奋斗、自强不息”的民族精神教育;“与时俱进、改革创新”的时代精神教育;以践行社会主义荣辱观为内容的社会主义荣辱观教育,进一步强化以“热爱祖国、无私奉献、艰苦创业、开拓进取”为主要内容的兵团精神和北野精神教育,进一步加强社会公德、职业道德、家庭美德教育。

(2)提高职工的文化素质。对农业连队职工,推行农艺工证书制度;对非农单位的职工,执行持证上岗制度;对领导干部和业务干部,实行学历达标制度。到“十一五”末,职工、干部通过各类培训,取得相应证书的人数要达到职工总数的92%以上。大力开展“争创学习型组织,争当知识型职工”活动,不断加快职工队伍知识化进程。

(3)提高职工的经营素质。按照“干什么、会什么、精什么”和“有文化、懂经营、会管理”的要求,逐步实行就业准入制度。实行“先培训后上岗、先培训后就业”的原则,确保在岗职工的素质不断提高。加快培养团场职工经营致富带头人,建立经营致富示范基地,使其发挥典型示范和模范带头作用。认真做好各类应用型技术人才的储备,以更好地适应团场经济社会的发展要求。

(4)提高职工的军事素质。加强国防教育,增强屯垦戍边意识。每年对职工进行不少于20天的军训。坚持开展每年一次的“国防日”活动;坚持全民国防教育活动,抓好民兵预备役维稳、处突专业力量建设,严密防范和有效打击“三股势力”的渗透破坏活动。维护社会治安稳定,强化组织纪律性和团队精神。

(5)提高职工的身体素质,降低职工的体能劳动强度。大力开展清洁卫生进家庭活动,防止各种疾病隐患,法定报告传染病发病率控制在2‰以内。积极开展丰富多彩的职工文体活动,大力开展全民健身活动,两年举办一次职工运动会,每年举办各项文体活动三次以上。努力改善职工文体活动设施条件,到2010年各单位都要配备供各种人群锻炼的健身器材。

(6)加强团场人才队伍建设。落实“一连两生”政策,对引进的大中专毕业生到连队就

业，提供“留得住、安得下”的优惠条件。力争到2010年每个连队拥有2～3名国民教育本科大学生。进一步贯彻落实师市人才“十一五”规划，加快培养一批优秀的党政人才、企业经营管理人才、专业技术人才、高技能人才和新型职工，为建设屯垦戍边新型团场提供人才支持。

（五）加强精神文明建设，促进社会事业新发展

（1）加强团场精神文明建设。继续抓好“一项重点教育、四项主体活动”。一项重点教育：坚持常年在全体职工群众中开展以践行社会主义荣辱观为主要内容的社会主义荣辱观教育。四项主要活动：一是继续开展“一助一”扶贫帮困活动，建立“一助一”扶贫帮困的长效机制，到“十一五”末，消灭贫困户。二是深入开展“十星级文明户”创建评选活动，继续坚持“评星”与“子女考学、电视收视费、报刊征订费”三项福利挂钩制度。每年拿出50万元对“十星级文明户”家庭给予表彰和奖励；每年树立70户“十星级标兵户”以点带面。“十一五”末“十星级文明户”评选参与率达100%，户数达到50%以上。三是扎实开展争创师市“三好连队”创建活动，每年争取有3～5个连队达到师市级“三好”连队标准。到2010年末，50%以上的连队达到生态小康连队标准，力争15%的连队创兵团级文明生态小康连队。四是积极开展“北野精神”宣传月活动，营造良好的社会氛围。

（2）创新思想政治工作基本方法。继续坚持“教育为本、依法行政、政策引导、干部垂范、以情感人、抓好典型”的方法，不断探索新时期思想政治工作的新路子，积极营造和谐社会环境，推动和保障经济建设工作的顺利进行。

（3）加强舆论宣传工作。紧紧围绕团场党委的中心工作，精心策划好重大主题宣传和重点活动报道。坚持团结稳定鼓劲，以正面宣传为主，弘扬主旋律，为团场经济发展营造良好的舆论环境。

（4）坚持以团场为主导，以连队为依托，加强团连文化设施建设。到2010年实现团场有综合文化中心、连队有综合文化室的目标，加强团场文化市场管理，深入开展“送文化、下基层”“先进文化进万家”，广泛开展广场文化、社区文化、企业文化、校园文化、连队文化等群众性文化活动。加快传输网工程建设，逐步提高数字化信息服务功能；实现100%的连队“学习有阵地，娱乐有场所”的目标；广播电视人口覆盖率达到100%，有线电视入户率达到98%以上，信息化网络发展和互联网运用取得一定的实效，团场宽带入网率达到总户数的30%以上。

（5）加大文化资源向连队的倾斜，对重要的文化资源进行合理调整，增加为连队服务的资源总量，逐步改变团、连文化资源严重失衡的状况。

（6）巩固提高“两基”教育成果，认真落实“两免一补”政策，建立健全义务教育经费保障机制。深入推进学校基础设施建设，力争“十一五”末两所学校完成“中小学现代化教育工程”。进一步加大社会力量办学力度，鼓励和扶持民办幼儿园和小学建设。“十一五”末达到团场公办学校与民办学校齐头并进，竞相发展。

（7）加强团场公共卫生和人口计划生育服务体系建设，提高团场基础卫生服务水平。深化医疗体制改革，合理规划，有效整合团场医疗资源，继续巩固“一甲”医院水平。加强连队卫生室和社区门诊的管理和服务职能，达到职工群众“小病基本不出连，一般疾病不出团”

的目标。法定报告传染病发病率在0.2%左右。进一步完善团场“疾病中心”的建设，建立健全突发公共卫生事件应急机制和公共卫生信息体制，提高快速反应能力和处理能力，全面提高团场的疫情防控水平。

（8）建立健全社会保障制度和社会救助体系，不断提高职工群众的安全感。积极做好离退休人员社会化管理工作，实现“老有所养、老有所医、老有所为、老有所学、老有所乐、老有所教”的目标。按照“一场一院”的目标，以公建民营、民办公助等形式建设养老福利机构，努力使军垦老一辈的晚年生活得到更多的服务与照顾。

（9）大力开展平安家庭、平安连队、平安社区、平安单位、平安团场建设，力争在5年内，使100%的单位、“社区”达到“平安建设”标准。

（10）积极推进依法行政，抓好“五五”普法依法治理工作。认真贯彻“信访条例”，建立健全信访工作机制和矛盾纠纷排查调处机制。加强社会治安防范工作，预防和减少犯罪。各类治安、刑事案件呈下降趋势，努力构建和谐北野。

（六）加强民主政治建设，营造维稳戍边新局面

（1）进一步完善以职工代表大会为基本形式的民主管理制度。凡涉及团场重大决策和职工切身利益的问题必须通过职工代表大会讨论决定，并做到“三不”：团场生产管理目标不经职工代表大会讨论通过不出台；重大决策、重大方案不经职工代表大会审议通过不实施；规章制度、奖惩办法不经职工代表大会通过不生效。进一步落实职工群众的知情权、参与权、选择权和监督权。

（2）进一步健全政务公开、民主监督制度，深化和拓展政务公开内容，提高公开质量，公开率达100%。农业连队土地承包实行“六公开、三上墙”制度，按主要生产环节3次进行全方位公开，干部亲属承包土地情况单独上墙公布。非农单位按每季度公布一次，形式和内容上要根据单位的特点，不断地完善和提高公开的质量。政务公开要做到“三到位”“四过硬”“五结合”。“三到位”：领导到位、内容到位、解决到位。“四过硬”：公开内容过硬、公开时间过硬、公开地点过硬、督查考核过硬。“五结合”：政务公开与研究讨论单位重大事项相结合、与职工群众排忧解难相结合、与提高业务人员素质塑造形象相结合、与关心群众疾苦相结合、与密切党群关系相结合、与促进各项工作相结合。全面推行“点答式”公开和利用网络实施政务公开。

（3）全面建立和完善民主议事会制度，建制率达100%。进一步完善连队“一事一议”的民主决策机制和“二、三、四、五、三”决策制度。

（4）继续推进民主选举连队（社区）民主评议领导干部制度。100%的农业连队实行民主选举，坚持公平、公开、公正的原则，按程序由广大职工群众选举，使肯干事、能干事、干成事、不出事的人才脱颖而出，走上基层领导干部岗位。

（5）积极探索与团场经济社会发展相适应的社区管理机制，健全社区党组织。成立社区居民代表大会和社区居民委员会，以创建文明社区为重点，在居民中大力开展“共建社区，争做文明居民”活动。“十一五”期间，力争把团场新型社区建设成为居民自治、管理有序、服务完善、治安良好、环境优美、文明祥和的和谐社区。

（七）加强党的领导，为全面完成屯垦戍边新型团场的目标提供坚强的政治保证

（1）加强对屯垦戍边新型团场建设工作的组织领导。团场成立由团长、政委任组长，所有副职任副组长的建设屯垦戍边新型团场领导小组。机关各职能科室组成建设屯垦戍边新型团场工作办公室，明确任务、协调分工、分级负责、主要领导亲自抓、总负责，分管领导具体抓，部门科室密切配合。各基层单位党组织也要成立相应的领导小组，抓好落实工作。

（2）加强基层党组织建设。按照“围绕中心、服务大局、拓宽领域、强化功能”的要求，调整组织设置，改进工作方式，创新活动内容，不断提高基层党组织的凝聚力和创造力。全面实施“固本工程”，把连队党支部建设成为建设新型团场的领导核心坚强堡垒。加快实施“双培双带”工程，切实把基层党员培养成致富能手，把致富能手培养成党员，让党员带头致富，带领职工群众共同致富。按照“政治坚定、求真务实、开拓创新、清正廉洁、团结协调”的总体要求，进一步加强基层领导班子建设，力争使每个连队都有一个好的连队班子、一支好队伍、一个好的带头人、一个好的发展思路、一套好的民主管理制度。

（3）认真坚持民主集中制原则。按照“集体领导、民主集中、个别酝酿、会议决定”的原则，认真落实“三重一大”制度，进一步规范议事规则和决策程序，提高民主决策、科学决策的水平，增强班子的凝聚力和战斗力。

（4）加快干部人事制度改革。坚持党管干部的原则，认真贯彻落实党政领导干部选拔任用条例，进一步健全和改进干部考察、评价、监督和激励机制，加大公开选拔、竞争上岗、交流轮岗力度，推进干部能进能出，能上能下机制的形成，为优秀干部脱颖而出创造条件。

（5）进一步转变工作作风，推进各项工作的发展。各级领导、各职能部门和各基层单位认真按照团党委制定的建设屯垦戍边新型团场的总体规划和各阶段的工作安排，把握和研究建设新型团场工作的新特点、新要求，坚持为民、务实、清廉的作风，努力做到肯干事、能干事、干成事、不出事，一心一意地带领广大职工群众为实现全面建成小康社会和建设屯垦戍边新型团场而努力奋斗。

一四一团国民经济和社会发展第十二个五年规划纲要

序　言

“十二五”期间是一四一团实现跨越式发展和长治久安的重大战略机遇期；是深入贯彻落实科学发展观，积极推进经济结构战略性调整和发展方式战略性转变，体制机制性战略性突破的攻坚时期；是全面落实中央新疆工作座谈会精神，实现城镇化、新型工业化、农业现代化战略目标，全面建成小康社会的关键时期。《一四一团国民经济和社会发展第二个五年规划纲要》是“十二五”期间一四一团经济和社会发展的宏伟蓝图，是组织和动员广大干部职工群众实现团场经济社会跨越式发展和长治久安的行动纲领。

第一章 发展基础与环境

一、发展基础

“十一五”以来，全团上下坚持以邓小平理论和“三个代表”重要思想为指导，深入贯彻落实科学发展观，解放思想，开拓创新，抢抓机遇，加快发展，战胜了各种困难，全力推进经济和社会建设，全面超额完成了“十一五”规划确定的主要目标。这五年，是一四一团建团以来经济社会发展最快、社会民生改善最大、人民群众受益最多、社会环境最好的时期。发展理念不断创新，发展思路不断完善，发展基础不断巩固，展后劲不断增强。全团经济社会步入全面、协调、可持续发展的快车道，为“十二五”发展奠定了坚实的基础。

（一）综合经济实力显著增强

生产总值由“十五”末的1.33亿元，增加到“十一五”末的3.75亿元，年均增长23%。其中一产由9860万元增加到2.62亿元，增长了166%；二产由1223万元增加到5295万元，增长了332%；三产由2178万元增加到6000万元，增长了175%。人均生产总值3.41万元，比“十五”末人均生产总值1.28万元增加了2.13万元，增长了167%，年均增长21.5%。经济运行质量和效益显著提升，综合经济实力明显增强。

（二）结构调整取得实质性进展

三次产业结构由“十五”末的74∶9∶17调整到“十一五”末的70∶14∶16。种植业、畜牧业、果蔬园艺业产值之比由“十五”末的83∶13∶4调整到76∶10∶14。农业基础地位不断巩固，主要农产品产量大幅增长，农业综合生产能力显著提高，农业产业化经营水平进一步提升。到“十一五”末完成农业总产值5.07亿元，是“十五”末2.04亿元的2.49倍，农产品加工产值与农业总产值之比达到0.3∶1。工业的发展潜能不断显现，招商引资工作取得突破，到“十一五”末工业总产值和增加值分别完成1.1795亿元和3231万元，分别是“十五”末1158万元和662万元的10.19倍和4.88倍。以商业、服务业为主的第三产业快速发展，居民的消费层次不断提高，到“十一五”末第三产业的总产出9171万元，全社会消费品零售总额6500万元，分别是“十五”末的1.67倍和8.6倍。所有制结构进一步完善。

（三）可持续性发展后劲增强

“十一五”期间，5年累计全社会固定资产投资4.01亿元，是“十五”时期5年累计投资的2倍，年均增长35%。在全社会各类固定资产投入中，农业生产基础性投入7662万元，农业生产设施性投入3666万元，工业生产性投入7190万元，城镇及连队建设性投入1.38亿元，公共及社会事业性投入3479万元，投入强度和范围均明显高于“十五”时期，为全团经济社会的快速发展奠定了良好的基础。“十一五”期间，农业新增耕地2万亩，新增节水滴灌面积2.65万亩，中低产田改造2.65万亩，挖排渠20千米，修水泥渠道24千米，退耕还林工程改造1.5万亩，植树造林4485亩，生态环境建设不断加强，农业生产步入良性发展的轨道。全团工业经济发展体现了量质并举、快速提升的特点，转变了经济增长方式，培育了规模民营企业，推动了工业发展。“十一五”末，全团工业企业已达13家，其中招商引资企业10个，引进资金7168万元，龙头企业与基地、农户的利益联结机制不断完善，工业对经济增长的贡献率不断提高。

（四）小城镇建设步伐加快

五年来，全团城镇物业管理支出2311万元，城镇基本建设投入2.15亿元，其中道路、供排水、供暖、人饮工程等投入3317万元，教育、卫生、文化、社会事业等公共设施投入2034万元，城镇住宅楼投入1.09亿元，城镇面貌不断改变。对六、七、八、九小区集中建设，通连、通营和镇区道路网络建设相继竣工，交通条件得到了极大的改善，不断加大城镇绿化、美化、亮化的力度。加强环境综合整治，改观镇容镇貌，提升了城镇档次。进一步完善城镇体系建设，努力提高城镇化水平，使城镇服务功能和吸纳能力大大增强。

（五）人民群众生活质量不断提高

"十一五"末职均收入6.8万元，年均增长32%，比"十五"末职均收入1.72万元增加5.08万元，增长了295%；人均收入1.99万元，年均增长22%，比"十五"末人均收入0.71万元增加1.28万元，增长了180%。居民人均住房使用面积由"十五"末的20平方米提高到25平方米，社会保障体制不断完善，居民最低生活保障率达100%，职工医疗、养老保险参保率达到100%，残疾人社会保障和服务体系进一步健全，职工群众生活显著改善。

（六）各项社会事业全面协调发展

科学技术广泛应用，节水农业快速发展。"十一五"期间，加大了教育投入的力度，不断改善了校园的设施条件，中小学"两基"工作顺利通过师市验收，适龄儿童入学率、"普九"教育等基础教育质量继续保持较高水平。公共卫生体系建设进一步加强，全团初级卫生保健合格率为100%。人口和计划生育工作取得新成绩。广播电视事业快速发展，实现了镇区电视网络全覆盖。文化体育建设力度加大，建成了团场、连队及社区文化活动室，群众文化体育活动蓬勃开展。

（七）经济发展活力明显增强

继续深化改革，完善综合配套措施。"十一五"期间对机关实行了纳编分流；对九连和五连实行了撤并；对建安公司、石河子工区、西单贸易公司、供应科进行了改制；合并了中、小学；对学校和医院进行了绩效考核；对农业种植实行全费自理，对林权制度进行了改革，对四个牛场和一个羊场进行了转让。团场成立了党委财经领导小组，进一步加强了党委对财务工作、经济工作的领导；组建了国有资产经营公司，国有企业改制工作基本结束；农资营销体制改革有序推进，团场退出农资领域，初步形成以西部农资公司为主渠道，师团监管调控，职工自主选择农资的营销管理机制；棉花购销管理体制进一步深化，规范了团场、职工之间的购销行为，维护了团场和职工的利益。在"身份地"和"经营地"两地划分的基础上，按照"生产经营自主，职工两费自缴，连队经费自理，干部薪酬自挣，社会事务自管"三年到位的目标，对农业单位全面推行了连队经营管理体制的改革，较好地建立起了连队领导班子"有心干事、有钱办事、有权管事"的经营管理体制和职工参与市场经营的长效机制。团场内部财务管理实行"一总两分"的管理体制，严格执行各种预算，加强项目资金管理，做到专款专用，专账核算，专人管理，规范了财务管理各项工作。

（八）民主法制、精神文明和党的建设扎实推进

法制"六进"工作扎实有效，依法行政水平不断提高，维稳、安全意识明显增强，人民安全指数不断提高，民主政治建设深入推进。以评选"和谐小康家庭"为龙头的群众性精神文

明创建工作全方位展开，职工群众寓教于乐的文体活动丰富多彩，精神面貌焕然一新，综合素质不断提高，精神文明建设长足发展。以执政能力建设为重点，强化领导班子和干部队伍建设；以制度建设为支点，强化党建工作各项措施的落实；以落实党风廉政建设责任制为主线，强化了惩防体系建设。党的建设全面加强。

二、发展环境

（一）面临的发展机遇

“十二五”时期，团场经济社会将进入前所未有的重要战略机遇期。

一是中央新疆工作座谈会的召开，明确了新疆大开发的重点，作出了新疆的跨越式发展和长治久安的重大战略决策，兵师城镇化、新型工业化、农业现代化的战略部署，为团场经济发展提供了良好的发展环境。

二是全国新一轮对口支援新疆工作，制定和出台了支持新疆经济社会发展的一系列重大政策措施和资金支持，为团场经济社会的发展提供了有力的政策和资金保障。

三是团场农产品原料基地逐步形成，棉纺、番茄、酒花和葡萄等部分农产品加工业，由沿海地区向新疆及石河子地区转移，为团场优化经济结构、加快新型工业化进程带来了新的机遇。

四是随着城镇化建设步伐的加快，建筑业将迎来再一次的高速发展期，同时与城镇化相配套的交通运输、商贸物流、邮电通信、信息产业等服务产业也将会发生前所未有的变化。

五是团场经过“十一五”时期的快速发展，经济实力明显增强，基础设施建设不断巩固，自我发展的能力显著提高，为加快发展奠定了基础条件。

六是全团上下思想更加解放，认识更加统一，广大干部群众思稳定、盼富裕、谋跨越、奔小康的愿望越来越迫切，聚精会神搞建设、一心一意谋发展的氛围日益浓厚，为实现跨越式发展奠定了坚实的基础。

（二）存在的困难与挑战

团场在实施新一轮发展中还面临着许多困难和挑战，突出地表现在以下六个方面：

一是团场经济总量不大。农业基础地位还需继续巩固，工业化尚处在初级阶段，生态环境较脆弱，制约团场发展的因素依然存在，因此改善基础条件的任务还很艰巨。

二是经济结构调整的任务艰巨。团场一产所占比重较大，大农业中种植业、畜牧业和果蔬园艺业“三足鼎立”的格局尚未形成，二产中工业还处在初级阶段，工业管理和技术人才缺乏、工业产品销售市场不充分，融资渠道较少，有待提高和加强。三产中传统产业经济比重较大，新兴服务业还处于起步阶段。未来五年调整结构实现转型发展的要求日趋紧迫。

三是提升区域经济竞争力任务艰巨。目前，区域、师团之间的竞争日趋激烈，周边团场强劲的发展势头，给我们带来了前所未有的竞争压力，建设区域性经济，提高自我发展和参与市场竞争的能力，形成新型支柱产业任重道远。

四是团场小城镇基础设施和公共服务设施不配套，集聚人口和综合承载能力相对较弱。同时城镇物业管理与服务的成本和压力加大，制约因素相对增多。

五是各类人才和劳动力资源严重不足，制约着团场经济的发展。经济建设专业适用型技术人才和现代企业管理型人才短缺，懂经济、会管理、善经营的干部较少。劳动力资源的不足和干部、职工队伍年龄结构、知识结构、能力素质与团场经济快速发展的形势不相适应，部分职工综合素质不高，诚实守信观念淡薄，整体素质有待于进一步提高。

六是改革开放任务艰巨。一方面，加快发展的体制性、机制性矛盾较多，内生性发展动力不足。另一方面，各单位之间经济社会发展不平衡，经济效益、产业结构、职工收入和工作力度等方面存在差异。特殊体制与市场机制实现有效接轨还需要进一步探索，因此改革已进入全面攻坚阶段。

综上分析，团场有跨越式发展的内在动力和外部条件，同时也存在着很多制约因素和亟待破解的难题，必须切实立足兵团、师市、团场的实际，全面贯彻落实中央新疆工作座谈会精神，按照中央关于推进新疆跨越式发展和长治久安的新要求，解放思想，抢抓机遇，改革创新，迎难而上，一四一团跨越发展和长治久安的目标一定能够实现。

第二章　指导思想、基本原则、总体要求和发展目标

一、指导思想

高举中国特色社会主义伟大旗帜，以邓小平理论、“三个代表”重要思想为指导，深入贯彻落实中央新疆工作座谈会精神和兵团党委六届六次全委（扩大）会议和师市六届十次全委（扩大）会议精神，以科学发展为主题，以军垦文化为引领，以改革开放和科技进步为动力，以改善民生为出发点和落脚点，坚持走“三化”道路，处理好“三大关系”，发挥好“三大作用”，全力推进跨越式发展和长治久安，率先在八师全面建成小康社会。

二、基本原则

（1）坚持抢抓机遇，加快发展。抓住一系列重大历史机遇，坚定不移地把加快发展作为团场发展的第一要务，围绕棉花、葡萄和番茄等农产品，加快培育团场的支柱产业，着力提升区域性中心优势的凝聚力、辐射力和向心力，不断增强团场经济社会发展的综合实力和竞争力。

（2）坚持转变方式，可持续发展。把结构调整作为转变经济增长方式的首要任务，加快以构建现代农业为基础，以新兴产业为先导，以先进的农产品加工业和现代服务业为支撑的现代产业体系，积极发展循环经济、绿色经济和低碳经济，进一步提高自主创新能力，不断增强团场的可持续发展能力。

（3）坚持一、二、三产协调发展。加强农业的基础地位，使农业由传统农业向精深农业发展，由低效益、高成本农业向高效益、低成本农业发展，从而提高一产发展的质量和水平。通过招商引资，大力发展团场工业；通过抓好园区建设，搭建产业发展平台；通过加强城镇规划、建设和管理力度，提高团场的集聚效能和承载力，使二产发展提档升位。大力拓宽服务领域，通过改造传统服务业，加快发展现代服务业，开发建设旅游业（考虑葡萄长廊，发展生态旅游）和房地产业，积极培育和建立要素市场，使三产发展快速高效。

（4）坚持深化改革，开放发展。把深化改革和扩大开放作为“十二五”发展的重要动力，通过做强、做精、做大和全力推介一四一团，提高在外的知名度和影响力，加快形成统一、开放、竞争、有序的现代化市场体系，优化团场经济发展环境，提升开放型经济水平，增加团场的竞争力和抗风险能力。

（5）坚持改善民生，共享发展。把全团人民群众的根本利益作为出发点和归宿，把增进人民福利，改善居民住房条件，提高人民整体收入和生活水平，促进社会和谐稳定放在重要位置，更加注重社会建设，健全社会保障体系，完善社会化管理体系，推动跨越发展和长治久安。

三、总体要求

今后五年，团场经济和社会的总体要求是：紧紧抓住“一个机遇”，牢牢咬住“两个目标”，全力推进“三化进程”，大力实施“四大战略”，做大做强“五大产业基地”，全面做到“六个提高”。

——紧紧抓住“一个机遇”，就是抢抓中央加快新疆发展的首要重大历史机遇。

——牢牢咬住“两个目标”，就是咬住2012年在师市率先全面建成小康社会目标和率先在八师实现城镇化两个关键目标。

——全力推进“三化”进程，就是全力推进城镇化、新型工业化和农业现代化进程。

——大力实施“四大战略”，就是实施优势资源转换战略、经济结构调整战略、科教人才兴团战略和可持续发展战略。

——做强做大“五大产业基地”，就是做强做大棉花基地、园艺基地、林木基地、畜牧业养殖基地和特色种植基地。

——全面做到“六个提高”，就是经济实力明显提高，城镇化、新型工业化和农业现代化水平明显提高，招商引资和对外开放水平明显提高，科技应用和教育水平明显提高，人民群众物质文化水平明显提高，可持续发展能力明显提高。

四、发展目标

——综合实力显著增强，经济发展方式实现重大转变。到2015年，生产总值确保达到8亿元，占全师经济总量的1.6%，年均增长16.3%，其中：第一产业4.4亿元，年均增长10.9%；第二产业2亿元，年均增长30.4%（其中：工业1.8亿元，年均增速40.9%，建筑业增加值0.2亿元）；第三产业1.6亿元，年均增长21.7%。人均生产总值7.27万元，全社会固定资产投资五年累计达到10亿元，年均增长17.8%。

力争实现10亿元，占全师经济总量的2%，年均增长21.7%，其中：第一产业5.5亿元，年均增长16%；第二产业2.5亿元，年均增长36.4%（其中：工业2.2亿元，年均增速46.7%，建筑业增加值0.3亿元，年均增速7.7%）；第三产业2亿元，年均增长27.2%。人均生产总值8.69万元，全社会固定资产投资五年累计达到11亿元，年均增长20.5%。

在确保8亿元，力争10亿元目标实现的基础上，努力向12亿元目标奋斗。

——经济结构进一步优化，三次产业结构更趋合理。到2015年，产值、效益和生产总值三项指标在2010年的基础上均再增长1倍以上。三次产业结构比例调整为55∶25∶20。工业增加值比“十一五”末翻二番以上，工业对经济增长的贡献率显著提高。种植业、养殖业、果蔬园艺业结构比例为41∶23∶36。实现人均林地2亩，户均奶牛2头，人均出栏生猪15头，人均酿酒葡萄3亩的目标。全团农产品加工产值与农业总产值之比为1.2∶1。非公有制经济比重达到50%以上。

——社会事业全面发展，民生保障日趋完善。到2015年，科技创新体系进一步完善，科技支撑能力明显增强。全团人口综合素质整体提高，国民受教育年限达到12年，普及高中阶段教育，入学率达到98%以上。文化事业进一步繁荣，全民健身活动进一步普及，公共卫生和医疗服务体系日趋完善，社区综合配套服务机构全面覆盖，职工群众自主创业能力不断增强，基本养老、医疗、失业、工伤、生育保险为主要内容的社会保障体系进一步完善，人口素质和人口增长均衡发展，有劳动能力的残疾人就业率保持在90%以上。全团人民普遍享有与全国同等的社会保障、教育、卫生、文化等公共服务。

——城镇化建设效果明显，职工群众生活水平再上新台阶。到2015年，通过引进技术人才、熟练技工、高管人才等方式使全团人口达到1.2万人以上，建成城镇核心区面积达到3平方千米，城镇绿地率30%以上，绿化覆盖率达到40%以上；镇区污水集中处理和生活垃圾无害化处理率水平不断提高，城镇集中供热率达到95%，安全饮用水普及率达100%；城镇化率达到80%以上。农牧工家庭人均纯收入3.2万元，年均增长10%。居民人均住房使用面积达到27平方米；广播电视综合覆盖率达到98%；电话普及率达120%；家庭拥有小车的数量逐年增加。安全生产各类事故起数和死亡人数比“十一五”明显下降，道路交通和建筑等高危领域事故多发状况得到有效控制。职工群众生活质量和水平得到明显改善。

第三章　以城镇化建设为载体，强力推进城镇化进程

以城镇化建设为载体，高起点、高质量、高水平地做好城镇建设规划。按照东进（粉厂、加油站以东规划工业园区）、南建（预制厂、园艺连地域规划城区楼房建设用地）、西扩（十连以东作为城区建设预留用地）、北纳（十六连以南城区建设预留用地）的设想，结合土地利用总体规划修编之际，留足留够城镇规划用地面积，拓展城镇发展空间。以规划为龙头，量力而行，合理布局，综合开发，使交通、道路、用电、用水、用气、通信、绿化、文化、教育、医疗、卫生、科普和社会福利等综合服务设施满足职工群众的基本需要。以提高城镇化率为核心，稳步推进数字化城镇管理信息系统建设，做到数字化城管、信息化房产、信息化社区、警务信息综合应用。

（1）引导人口向镇区聚集。将屯垦戍边新型团场建设与城镇化发展结合起来，对镇区统一规划，统一建设，统一管理。引导连队职工和二、三产业向小城镇聚集，向城镇化生活大幅迈进。连队职工原则上搬至团部居住，外来务工人员向作业点汇聚。团场将解决民生保障性住房作为城镇化建设突破口，对购买保障性住房的，每户享受2.5万元的政策补贴，并给予职工暖气费补贴。目前，镇区楼房已达1860套（含商铺），全团职工楼房入住率已接近60%，到2012年，再新增楼房和别墅1000套，实现全团80%以上的人口城镇聚集，全部入住楼房或别墅，彻底告别平房生活，在八师农牧团场率先实现城镇化。

（2）打造团场半小时工作圈。一四一团最远的连队距镇区只有13千米，全团已实现柏油路连连通，打造半小时工作圈，具有交通优势和便利条件。今后连队只作为作业点，团场对作业点进行统一规划建设，除必需的生产生活设施外，一般不再进行建设性投入。生产期职工工作在作业点，生活在镇区。非生产期职工生活、工作均在镇区。加强社区建设，完善社区管理、服务功能。团场将在镇区统一规划建设连队办公区，为连队工作及职工开会、学习、培训和集体活动提供必要的场所。

（3）加快城镇基础设施建设。抓住兵团城镇化建设和对口援疆工作的重大机遇，以及师

市城镇化建设试点团场的有利条件,积极争取建设项目,多方筹措资金,加大镇区基础设施投入。统一规划建设居民小区,全面实现小区道路的硬化。做好供排水、供热、供暖、供气、信息化网络等基础设施建设。以市场化运作方式,在"十二五"期间,积极争取师市团场热电联产项目建设和引入天然气管网工程项目建设,加快团内公共交通项目建设步伐,尽快改善团场生产、生活条件。对镇区内的生活垃圾实行定点设置垃圾箱,定期拉运处理,污水排放由明排改为暗排,建污水处理站一座,污水处理率和生活垃圾无害化处理率达到小康指标。

(4)抓好镇区绿化、亮化工程建设。加快镇区公共绿地和小区绿化建设,使城镇绿化覆盖率达到40%以上,达到地面有草坪,花坛有鲜花,空间有绿树的立体绿化效果,营造春有花,夏有荫,秋有果,冬有青的良好环境。引进太阳能、风能路灯改造项目,加装、更换镇区道路和居民小区路灯,统一规划设置沿街商业铺面灯箱,达到既方便群众生活、美化环境,又节约能源、低碳的效果。

(5)营造现代文化氛围。改变单调的军营式居民小区和框架式楼房结构,按照功能配套、设施齐全、造型别致、错落有致的要求,规划建设居民小区,所有楼房都穿衣戴帽,所有沿街道路、小区都设置文化墙,在公共场所设置公益广告,凸显军垦文化特色,营造现代文化氛围。

(6)增强城镇服务功能。加强城镇管理与服务,逐步建立物业社会化服务、居民社区化管理、经营性公共服务项目市场化运作的建设管理服务新机制,解决好城镇公共设施维护和运行管理问题。建设蔬菜、瓜果、活畜、物资交易市场,配套建设文化活动场所、公园绿地、社区门诊和商业网点,使城镇成为屯垦戍边的新堡垒。

第四章　以新型工业化为支撑,加快新型工业化建设步伐

积极稳步发展团场工业,实施科技强工、优势资源转换、外向带动和结构优化升级四大战略。依托团场农产品基地优势,大力发展酿酒葡萄、棉花、番茄三大农产品加工制造业;抓住师市鼓励团场招商引资企业入驻石河子开发区、团场工业园给予优惠政策的大好机遇,加大招商引资力度,积极涉足新型建材、生物制药、生物饲料、有机肥料、食品加工、畜产品加工等行业;积极促成热电联产项目的投产,解决团场用电及供暖需求;积极鼓励和引导职工自主创业,发展中小型工业项目。

1.发展目标

(1)总体发展目标。到2015年末完成工业总产值6.6亿元,年均增速41%,工业增加值1.8亿元,占生产总值的22.5%,年均增速40.9%,招商引资资金预计2亿元。使团场工业经济总量明显扩大,科技含量和经济效益明显提高,团场工业在团场经济发展中的地位逐渐增强。

(2)结构调整目标。非公有制经济占全团工业增加值50%以上;葡萄、棉花、番茄三大加工支柱产业占工业总量的70%以上,农产品加工值与农产品总值之比为1.2∶1。

(3)就业和收入增长目标。按照工业投资增长幅度和工业建设项目,预计在"十二五"末,新增就业岗位500人,上缴税收2000万元,在岗职工工资年均30000元。

（4）资源消耗和环境保护目标。“十二五”末，万元工业产值综合能耗降到2吨标准煤，万元工业产值水耗降到60立方米，工业用水重复利用率达到80%，“三废”全部达标排放。

2.以园区建设为载体，构筑团场工业发展平台　首先要做好园区发展规划，要把工业园区的发展规划纳入团场城镇化建设整体规划，合理布局，降低公共设施投资，要适应中长期发展要求。其次要用规划指导园区建设，布局重点项目，统筹加工企业与原料基地配套发展，引导投资产生集聚效益。最后要完善工业园区服务功能和体系。

3.加大招商引资力度，加快团场工业发展　在发展团场工业上遵循“不怕干不好，招商引资就行；不怕不会干，不控股就行；不怕股份少，能分红就行；不怕规模小，多办几家就行”的发展理念。在招商引资上坚持“亲商、安商、惠商、富商”的招商理念，下大力气抓好招商引资工作。一是依托团场的优势资源有针对性地招商，重点抓好棉花、酿酒葡萄、番茄等主要农产品加工企业的引进，最大限度地做好农产品的加工增值；二是抓住师市鼓励团场招商引资企业落户石河子开发区、团场工业园的优惠政策，引进师市鼓励发展适合在石河子发展的好项目落户石河子，团场通过参股获得分红，争取税收返还获取效益。

4.做优棉花资源，发展纺织产业　加强棉花质量管理，把棉田作为第一车间，从采摘入手，实行棉花生产、加工全过程控制，加强与用棉企业合作，通过市场联结机制，与银力集团联手，打造银力牌“中华第一棉”。通过招商引资引进有一定规模的棉纺企业。在此基础上发展家用纺织品、化纤混纺面料、有机棉、服装等下游产品，到“十二五”末，使全团棉花资源转换率由2010年的24%提高到100%。

5.与名优企业联手，发展葡萄酒产业　按照葡萄产业布局，到2015年葡萄种植面积要达到50000亩，质量要求必须使含糖度达到22度以上和亩产要达1200千克以上。2011年争取与昌黎茅台葡萄酒业有限公司合作建设酿酒葡萄发酵站项目，力争到2015年达到3万吨的规模。在此期间，根据发展情况引进干红葡萄酒灌装线，延长产业链，实现葡萄资源转换，再度增值。

6.做精做大番茄加工产业　一是根据市场情况适度扩大新疆沪惠农业科技有限公司番茄酱项目的生产能力，提高番茄酱的出口能力。根据国内市场需求适时上一条小包装番茄酱生产线，拓展国内市场。二是做精石河子博华北野生物科技有限公司的番茄粉和番茄红素产业，创出品牌，做出特色。积极促进两个企业尽快达产、达效。

7.积极鼓励职工自主创业，发展中小型工业项目　一是加强宣传，营造氛围推动创业。充分利用广播、电视等宣传工具，大力宣传各级关于鼓励发展民营经济、促进职工增收的方针政策和优惠措施，营造浓厚的舆论环境，倡导创业致富光荣的氛围，激发起团场职工的创业热情；二是充分发挥创业先进典型辐射带动等多重效应，把有创业欲望和能力的职工动员起来，加强职工创业能力培训，培养和造就一批有文化、懂技术、善经营的现代团场企业管理人才和技术人员队伍，激发广大团场职工的创业激情；三是在团场职工中逐步树立起依靠市场、开发市场的创业观，增强团场职工的市场意识、竞争意识、财务意识和经营意识，树立起适应市场经济的创业意识；四是对积极自主创业的职工给予政策支持。

8.充分利用园区优势，采取各种有效措施，加快新型工业化建设步伐　一是按照“交通便利、配套完善、产业聚集、环境友好”的原则，以工业园区为载体，科学、合理地调整生产力布局，扩大工业项目承载能力。二是打破地域界限、城乡界限、师团界限，使周边区域的资源归己所用，推动区域经济融合发展；三是着力培育产业集群，从纵向上促进产业链延伸，向上下游拓展，重点依托丰富的棉花、棉纱，发展织布、印染、服装，成衣制品等深加工产业；从横向上促进同类企业聚集，协调发展产品检测、研发、金融、担保、培训等中介服务机构。四是充分利用东部地区及国外产业转移和对口援建的契机，聚集项目，聚集资金，同时充分利用好《中小企业融资办法》《发展非公有制经济》的相关政策，拓宽融资渠道，从而营造良好的投资环境。

第五章 夯实农业发展基础，提升农业现代化水平

坚持以水土资源承载能力为前提，构建资源高效利用与生态环境高度一致的可持续发展的农业产业体系。按照“稳棉、稳粮、增畜、增果”的思路，坚持以农业产业化发展为动力，围绕龙头企业和市场需求，优化调整农业内部结构，以“三大基地”建设为契机，做优做强国家优质棉基地、特色果蔬基地、优质畜产品基地。加大农业高产优质高效技术和装备的推广应用力度，着力发展现代高效农业，大幅度提高农业劳动生产率、土地产出率和农产品加工转换率，增强农业竞争力和可持续发展能力。到2015年，实现农业总产值8.5亿元，年均增长11%，增加值4.4亿元，年均增长10.9%，种植业、畜牧业、林果业的比重调整到41∶23∶36。农产品加工产值与农业总产值之比达到1.2∶1。

（1）围绕棉花稳定种植业，咬定建设棉纺工业企业的目标，按照“稳棉”的要求，坚持做优做强棉花基地不动摇。通过建设高产稳产基本农田，扎实推进优质棉基地建设，以推广棉花机械采收为突破口，坚持稳定面积、主攻单产、提升品质、节本增效原则，坚持“一主一副”要求解决棉花品种多、乱、杂问题，采取有力措施降低异性纤维，加强生产加工全程质量和成本控制，提升“中华第一棉”的品牌效益和市场竞争力。“十二五”期间，团场棉花播种面积稳定在8.5万亩左右，年产籽棉4万吨以上，国家公检合格率保持在100%。同时扩大棉花全程机械化采收面积，到2015年，100%实现机械化采棉，并且加工后皮棉平均等级不低于3级，率先在八师建成棉花全程机械化采收示范区。在此基础上种植甘草5000亩、枸杞5000亩，为引进深加工企业打造农产品原料基地。

（2）强力推进畜牧业的发展。紧紧抓住对口援建发展畜牧业的契机，围绕生猪养殖基地建设和奶牛项目，制定出台畜牧业生产管理办法，支持鼓励龙头企业、团场、职工以股份合作形式，按照“统一品种改良、统一饲养标准、统一疫病防治、统一产品收购”模式，以建立规模养殖基地、养殖示范小区、养殖示范户为突破口，以股份制规模养殖为主体，采取“能人牵头、单位参股不控股、职工自愿入股、自主经营、自我发展”，家庭专业养殖为补充，走招商引资和集资入股、投一贷一等方式进行建圈养畜，多种经济形式并存，共同发展，确保团场、集体、个人三者的利益，加快畜牧业的发展，使畜牧业发展到一个新的水平。到2015年，畜牧业产值占农业总产值的23%，其中，生猪年出栏20万头，奶牛1万头；产奶量2.5万吨；肉产量1.8万吨。在推进现代畜牧业发展的进程中，还要继续提高基地建设的规模和集约化、标准化、现代化管理水平；继续加大良种繁育、科学饲养、饲草高产、性控冻精等技术推广应用工作；继续加大动植物疫病防控和农产品质量安全认证、监管和检验检测工作的力度。

(3)以葡萄、番茄和林木为重点,发展林果园艺业。一是酿酒葡萄从2011年起每年增加8000亩以上,到2012年达到3万亩,2015年达到5万亩的规模,葡萄种植面积达到全团种植面积的1/3,成为八师最大的酿酒葡萄基地。二是围绕番茄酱和番茄红素加工项目建设,每年种植加工番茄10000亩(含套种)。三是深化林权改革,加强防风固沙林、农田防护林体系和商品用材林建设,做好退耕还林后续产业建设项目,积极发展立体式林业经济,凸显林业的生态效益和经济效益,为招进林木加工企业,奠定坚实的基础。四是围绕城镇居民生活需求,建设高产、高效、优质设施农业2000亩。其中,蔬菜大棚1000亩,特色果蔬1000亩。

(4)加大农业机械化推广力度。通过实施现代化节水灌溉工程,推广普及节水灌溉技术。到2015年,全团农业生产全部实现节水灌溉,其中30%实行自动化管理,农业灌溉水利用系数提高到0.80以上。通过提高农业综合机械化水平和农机装备质量,逐步实现农业机械化,到2015年,棉花以全程机械化为目标,逐步实现从备耕、种植、田间管理、采收和加工全部机械化。加工番茄以大棚育苗、移栽、机械化采收为重点,尽快实现番茄机械化采收;葡萄在标准化建园的基础上,引进国外种植、植保、修剪、采摘等园艺机械装备,进行示范推广。奶牛养殖全面采用取料、混合日粮饲养、清粪、自动化挤奶等机械设备;生猪养殖全面推广自动喂料、粪便无害化处理技术,提高畜牧业机械化水平;林业加快推广机械化植树、采伐、配套购置相关机械。通过优化农机装备结构,提升机械化水平,农机综合机械化水平达到93%。

(5)完善农业服务体系,加快农业产业化步伐。按照"专业化分工、社会化服务"的要求,着力建设高效、便捷的农业服务化体系。加强棉花、番茄、生猪、奶牛、苗木良种繁育体系建设和完善农业、农机、畜牧兽医、林业技术推广服务体系建设,提高专业技术人员综合素质,在农业生产中推行有偿服务和优质服务结合,大幅度提高农产品产量和质量。按照产业化发展的要求,集中力量加强龙头企业建设,促使其上规模、上档次、上水平,在经营形式上采取订单合同、龙头企业+团场中介服务+基地承包户、股份合作、资产参与等多种模式,使龙头企业与团场、职工真正形成"风险共担、利益均沾"的利益共同体。

第六章　拓宽服务领域,全力推进三产发展

坚持市场化、产业化、社会化方向,通过政府引导、市场运作、政策扶持、项目支撑、开放带动,大力发展现代服务业,全面提升传统服务业,不断推进第三产业规模扩张、结构优化和竞争力提升,努力增强团场综合承载功能。

1.三产发展的主要目标

——三产总量迅速做大。到2015年,第三产业增加值达到1.6亿元,占生产总值20%以上,实现"服务经济"与"工业经济"双轮驱动,相互促进、相互提高。

——产业结构不断优化。现代物流、信息、文化创意、服务外包、连锁经营等现代服务业快速发展,在第三产业中所占比重逐年提高。传统服务业得到改造提升,行业面貌大为改观。

——产业布局更加合理。打造城镇中心商务区,加快发展城镇商务区、专业市场,形成空间分布合理、产业层次清晰、特色优势突出、服务便捷高效的第三产业发展新格局。

——就业容量显著增加。第三产业吸纳就业能力不断上升,到2015年,实现从业人员占全社会从业人员比重超过50%,成为扩大就业和再就业的主渠道。

2.改造提升传统服务业

——交通运输业:按照“建设一体化、运输一体化、城乡交通一体化、区域交通一体化”要求,加快发展运输、仓储、装卸、配送一条龙服务,加大货运业发展力度。以客运网络化建设项目为支撑,大力发展团场客运业,并建立规范的出租车运输市场。

——餐饮业:以市场为导向,鼓励新建酒店并提升现有餐饮业服务档次和水平,形成高、中、低档兼有的行业格局,促进餐饮业和文体娱乐业的有机结合,形成吃、住、健身、文化娱乐于一体的消费环境。建设具有特色的餐饮娱乐街,餐饮、娱乐互为促进,提高餐饮娱乐业的服务水平。

——零售业:加快构建以镇区商业中心为带动、各单位商业中心为补充、社区便民便利商业网点为基础的布局合理、功能齐全、服务优质、消费便利的商贸流通体系。积极推行物流配送,构建以连锁经营店、专卖店、品牌直销店、专业批发市场、仓储式市场为主体的共同发展现代流通新格局,规划建设新特色街区,发挥特色街区商贸、休闲和旅游等综合品牌效应。支持城镇中心农贸市场改造,形成上规模、上档次、聚集力强、辐射面广的区域性专业市场。重点培育果蔬园艺、种业、农资物流、牧业产品等行业零售,提升产业带动水平。

——住宿业:支持引导现有住宿业规范管理,更新设施,提高服务档次和水平;新建满足市场和商务需要的酒店,提升住宿档次,增加知名度;加大镇区和连队农家乐宾馆建设力度。

——居民服务业:改造提升传统服务业,加快发展现代服务业,想方设法增加物业管理服务项目,提升物业管理服务档次和服务水平,力争使城镇管理中心增加值在“十二五”期间年均增速达到30%。积极支持社区开展“消费进社区、服务进家庭”工程建设,不断提高居民服务水平。

——公共服务业:优先发展教育事业,注重发展学前教育,进一步推动城乡义务教育均衡化发展,以丰富人民群众日益增长的文化生活需要;不断完善社区服务设施,增强社区服务功能,积极开展社区商业便民、医疗卫生、家政服务、文化娱乐、教育、科普、体育健身、法律援助、就业信息咨询、职业指导、就业培训和推荐、组织就业服务;不断鼓励和引进民营资本举办康复、中医、护理、老年病、口腔等各类医疗机构,以满足社会日益增长的多层次、多样性的医疗卫生需求;不断开展全民健身活动,定期举办群众性体育比赛和健康娱乐活动,并把公益性体育设施纳入小区建设规划,推动公共健身场所、场馆建设,使人均享有的公共体育设施达到全师先进水平,基本建成集体育、健身、娱乐、休闲为一体的全民健身服务体系。

3.加快发展现代服务业　推进信息技术在经济和社会各个领域的应用,加强信息资源开发利用,互联网普及率达到30%。围绕精准农业的发展,建立现代化农业信息服务体系,加强企业生产与管理信息化建设,提高生产过程自动化和经营管理网络水平;积极发展电子商务,逐步实现商务运营电子化,推进政务信息化建设增加服务功能,推进科技、教育、医疗卫生、广播电视、社会保障和公共事业等事业信息化进程,促进社会全面进步。

4.积极开拓旅游业和发展房地产业　充分利用葡萄种植产业的规模、布局和葡萄酒厂建设的优势，发展生态旅游业。充分利用发展城镇化建设的机遇，以市场需求为导向，合理调整住房结构，开发节能节地环保型住宅和标准性建筑项目，大力发展房地产业。

5.具体促进措施　一是政策扶持。在明确行业要求和经营资质的前提下，放宽进入管制，扩大非公有制经济比重，促进服务企业数量和规模的增大，形成多元经济主体参与的充分竞争格局。在确定服务标准和加强行业监管的前提下放宽经营管制，扩大服务企业经营范围，实行按质论价、差别化价格等市场定价方式。二是资金支持。按照"统筹使用、重点支持"的原则，团设立支持三产发展基金，连续支持五年。对依靠自身信用能获得银行贷款的企业，每年给予贴息支持，对有发展前景但贷款有困难的单位和个人，协调提供贷款担保。对于有发展前景和具备特色的特殊项目给予资金直补。三是税收支持。对在石河子市范围内新办的三产企业（除国家明令禁止和淘汰的企业外），报经税务部门批准，三年内免征企业所得税；对安置残疾人的企业，按实际安置的每位残疾人每年可减征营业税、企业所得税等。

第七章　加快基础设施建设步伐，夯实跨越式发展基础

按照适度超前，突出重点、统筹发展的要求，继续加大基础设施建设力度，夯实经济社会快速发展的基础。重点加快中低产田和加工厂的改造，建设交通、水利、城镇配套、信息等基础设施，尽快提升土地品质，尽快形成通达的交通体系，完备的水利体系，先进高效的城镇基础设施和方便可靠的信息网络。

1.全力实施中低产田改造工程　"十二五"期间总投资4000万元，全力实施中低产田改造4.4万亩。通过实施衬砌渠道、开挖疏浚排水渠、开展高效节水滴灌工程、开展机耕路硬质化及防护林网等措施，争取使团场4.4万亩中低产田彻底得到改造，改善农田灌溉面积4.4万亩，把项目区建成田成方、渠相通、林成网、路硬化的新型农业格局。

2.加大对棉花加工厂的资金投入　对加工厂现有厂房和机器设备进行修缮和技术改造，较好地改变厂容厂貌、厂区环境，进一步提高机器设备的自动化程度和科技含量，进一步减轻职工的劳动强度和提高劳动生产率。

3.加强水利工程建设　充分利用师市对水利工程投入的各项政策，加大对水利工程的投入力度，并采取渠道防渗、清挖排水渠道、架设输电线路、新建和改造滴灌农田等举措，使水利基础设施得到充分改善。通过新建、改建水利设施和自动化滴灌技术的应用，进一步提高水的利用率。继续实施人饮水工程，使饮水安全达标率为100%。

4.健全交通运输网络　以构建便捷、高效、安全、舒适的交通运输网络为目标，为社会提供高效的交通服务。"十二五"期间，新建和对部分道路路面进行改造；对镇区内道路全部实现硬质化，同时连通工业园区内各条道路。逐步扩大团内客运公交化建设覆盖面，形成以团部为中心，辐射连队的客运站点网络。

5.配套完善镇区基础设施建设　满足城镇空间扩展和城镇化建设的需要，完善城镇基础设施建设，提高城镇综合服务功能和承载力。加快城区集中供暖、管道天然气、公共停车场、自来水水源地、垃圾处理站、污水处理站，文化教育、卫生体育基础设施，以及居民公共

活动场所等的建设和改造。提升文化、教育、医疗卫生和体育事业的服务功能和水平,并对学校综合实验楼、幼儿园等进行改造和新建,对医院门诊楼及辅助用房进行改造,增加社区服务中心一所。加快镇区景观建设,改善人居环境。通过以上投入,为城镇化建设奠定基础。

6.加强电网、信息基础设施建设 通过热电联产项目的实施,形成稳定可靠的电力生产供应、输送网络,以满足城镇电力能源发展的需要。完善信息基础设施建设,加大以先进技术为基础的骨干网、城域网、接入网的建设,推进信息化与工业化进一步融合,使团场成为具有信息化活力的团场。

第八章 强化生态功能和环境保护,实现可持续发展

紧紧围绕生态建设和环境保护目标,全面推进污水处理和水土保持规划、经济社会发展规划,积极发展低碳经济、循环经济和绿色经济,加强生态保护和环境治理,力争把团场建成生态经济示范区、生态功能保护区、生态文明示范区。

1.大力发展无公害的绿色农业 农业生产以无公害和绿色为目标,科学合理使用化肥、农药和地膜,有效治理白色污染。加强次生盐渍化的治理,培肥地力,实施土地整理工程,提高耕地质量。工业要采取先进适用技术,全面推行清洁生产,逐步实现由末端治理向污染预防的转变,节能、减污、降耗,提高综合效益。

2.加强生态环境建设 大力推进商品林7000亩、道路林1500亩工程建设,完善防护林及农田林网化体系。构建良好的绿色生态网络,稳步推进生态家园、生态连队、生态社区、生态城镇建设,大力提高人居环境质量。到2015年,城镇绿地率达到30%以上,绿化覆盖率达到40%以上。

3.增强资源保障能力 合理开发、利用水土资源,保持地、水、土平衡。进一步加强土地利用计划的管理,切实保护耕地。做好开发建设用地供地工作,强化土地管理,对团领导、连领导实行任期内耕地保护责任目标考核,确保辖区内的耕地保有量。水资源开发要坚持“在保护中开发,在开发中保护”的方针,按照“有序有偿、供需平衡、结构优化、集给高效”的要求,推进水资源管理和利用方式的根本转变,提高可持续发展的保障能力,促进水资源开发利用与生态建设和环境保护协调发展。

4.积极发展循环经济 积极倡导有利于节约资源、保护环境的生产方式和消费方式,加强资源综合利用,完善再生资源回收利用体系。节约使用水源,农业全面普及节水灌溉,大幅度降低灌溉定额,坚持合理利用土地;严格控制耕地非农占用,加大土地整理、复垦力度,鼓励使用好戈壁、荒滩等非耕地,开展各类工程建设。大力推进水循环再利用,减少污水排放。加强节能减排和“三废”的综合开发利用力度,逐步实现工业、农业“三废”的城镇生活垃圾资源化。

第九章 深化团场改革 增强发展活力

“十二五”期间,紧紧围绕不利于跨越发展和长治久安的体制机制,深入推行行政管理体制、连队经营机制,重点领域和关键环节的改革,创新体制机制,以增强团场发展的活力。

1. 进一步加强和完善对参股企业的管理体制　凡属团场招商引资来的企业，一是按照入股、参股、不控股的办法运作。二是改革完善国有资产管理体制，建立完善现代企业制度，实现国有资产的保值增值。三是完善公司法人治理结构和国有资本经营预算制度，逐步建立外部董事和独立董事制度。四是建立有效的企业国有资产监督约束机制，通过监事会，委派财务总监，建立产权代表重大事项报告制和企业重大决策责任追究制。五是完善国有参股企业的激励、约束机制，推行年度经营业绩和任期考核责任制，使经营者的利益与企业效益、长远发展相结合。通过完善制度、管理办法和激励机制，实现参股分红，团场利益最大化。

2. 进一步推进连队经营管理体制改革　“十二五”期间，全面推行“职工两费（自身受益的“五保三费”和土地使用费）自缴，连队经费自理，干部工资自挣，社会事务自管”的目标，实行“连队+公司”“连队公司一体化”经营运作模式，积极探索了团连两级管理的实现形式。一是职工自身受益的“五保三费”，必须收缴到位，职工自身受益外的负担必须全部取消。二是实行团场对连队按责任制，按年初的责任目标管理、考核、奖惩；连队对职工按计划种植，按目标管理，按订单收购。

3. 进一步创新发展格局　一是各连队可组建农业经营公司。在均衡土地资源的基础上，拿出一部分土地由连队经营，公司经营利润按股分红。农业经营公司还可以经营农业机械、畜牧产业、农用物资等，依靠自身力量，不断滚动发展。二是各连队可组建畜牧经营公司。连队采取股份制的形式，建立畜牧养殖场，并可用单位留成在各养殖场中投资入股，获取利益分成。三是各连队可组建果蔬经营公司，连队可在葡萄产业中参与一定的股份，在获得收益的同时，提供产前、产中、产后的技术、信息服务。四是团场组建经营集团（具体办法另定）。

4. 有序推进重点领域和关键环节的改革　严格落实团场公共预算和生产经营预算，机关、学校、医院严格实行定编定员定岗，减少财务供养人员。财务管理上，盘活存量资产，减少或杜绝新增不良资产，减少或压缩贷款规模，努力提高资金的使用效益。稳步推进镇区用水、用气、污水和垃圾处理的收费等改革。切实放宽市场准入，积极引进竞争机制，着力营造多种所有制经济公平竞争的市场环境，更好地促进非公有制经济的发展。

5. 加大招商引资的力度　创新机制，优化环境，不断提高招商引资质量和规模，提高开放型经济水平。积极探索公共设施的建设，采取BOT（建设—经营—转让）、BT（建设—转让）等新型融资方式。积极承接境内外和沿海地区产业转移，重点引进“四高（高科技、高水平、高质量、高效益）”的项目。积极引进和涉足商业、物流、房地产、电子商务等行业。

6. 加强区域经济协作　围绕“规划共绘、交通共联、市场共构、产业共兴、环境共建、社会共享”的总体思路，消除行政壁垒对区域经济发展的限制，加强与周边团场、周边区域的经济联系、联营，借助外力发展一四一团。按照“发挥比较优势，整合区内资源，坚持错位发展，培育创新优势”的原则，（葡萄酒、甘草等方面）积极开展与周边团场全面联合与协作；（商业、物流、房地产方面）与原产地、经销（开发）商全面联合与协作，积极开展与对口援建省、市、县的全面联合与协作。

第十章 构建平安和谐团场 确保社会长治久安

坚持以人为本的科学发展观,注重协调发展,促进共同富裕。坚持民生优先,共建共享,健全公共服务体系,创建社会管理模式。坚持着力解决影响社会和谐稳定的源头性、基础性、根本性的问题,努力建设平安和谐团场,确保长治久安。

1.努力推进公共服务均等化 加强团场教育、卫生、文化、广播、电视等公共事业发展。全面启动中小学标准化建设,普及高中阶段和学龄前教育,提高中小学教育质量,推进教育均等化;加强社区及连队基础医疗设施建设,提高医务人员的医术水平和医德医风,彻底解决群众看病难、看病贵的问题;加强药品安全监督监控工作,努力创建兵团药品安全示范团场;积极推进社会福利社会化,加强敬老院的管理,提高服务水平;继续实施《全民健身计划实施纲要》,到2015年全团体育人口达45%以上;继续增加对广播、电视事业的投入,实现数字化电视整转,使广大民众可看到体现社会主流的文艺作品,可参与到文艺作品的创作中;努力形成人人享有医疗、人人享有住房、人人享有教育的社会公共服务体系。

2.加快推进城镇社区建设 创新社区管理与服务,加大对社区建设的资金投入,建立完善配套的社区公共服务设施和公共服务体系;着力完善居民自治,履行社区职责,发挥社区自治功能,努力建设居民自治、管理有序、服务完善、治安良好、环境优美、文明祥和的新型城镇社区。

3.加强社会保障工作 进一步提高全团基本养老保险参保率。全面建立医疗救助制度,扩大非职工养老保险、医疗保险覆盖面,从而减少团场投入。进一步完善低收入困难家庭的社会救助体系,不断提高低保保障能力和水平,确保低保应保尽保。建立优抚对象补助水平自然增长机制,继续提高重点优抚对象抚恤补助标准;加快养老事业发展,全力维护老年人合法权益。

4.加强危机管理和救灾能力建设 完善各种应急预案,有效应对自然灾害、事故灾害、公共卫生、社会安全突发公共事件,努力维护社会安全稳定。着重加强自然灾害应急预案体系建设和救助物资储备设施建设,大力提高综合预防减灾能力,扎实有效实施各种自然灾害应急救助,建设平安团场。

5.加强公共安全管理和防控体系建设 在预算中加大安全生产管理及防控体系建设专项资金投入力度,从人力、物力上切实有效地建立健全安全生产监管体系、应急救援体系。进一步实施重大危险源的监控、重大事故隐患的排查治理和职业危害的监督检查。不断提高企业主体责任和安全管理人员的综合素质和能力,不断加强安全宣传教育和安全文化建设力度,使团场形成法制完备、秩序井然的安全生产新格局。

6.不断提高矛盾调处能力 深入推进社会矛盾化解、社会管理创新、公正廉洁执法三项重点工作。建立健全"大调解"信访格局和长交机制,有效化解社会矛盾,实现"小事不出连,大事不出团,矛盾不上交"的工作目标。以开展平安创建活动为抓手,不断健全社会治安防控体系,增强职工群众安全感。

7.牢记使命和责任,确保长治久安 时刻牢记肩负维稳戍边的政治责任,大力实施职工素质工程，加强职工教育培训，全面提升团场职工的思想政治素质、经营管理素质、职业技能素质、军事素质和身体素质。加强民兵预备役力量建设及维稳戍边基础设施建设，全面提升团场民兵的动员能力和维护社会稳定能力。

第十一章 加强社会主义民主政治建设

坚持政治文明和物质文明全面发展，扩大社会民主，健全社会主义法治，为经济建设提供坚强的政治保证。

1. *加强社会主义思想道德建设* 深入开展文明单位创建活动，努力形成区域资源共享，文明共创的局面。广泛开展群众性精神文明创建活动，积极开展多种形式的科普教育，反对封建迷信，倡导科学、文明、健康的生活方式，进一步提高全团人民的文明素质和整个镇区的文明程度。

2. *加强社会主义民主政治建设* 进一步确立和发挥团场党委和连队党支部的领导核心地位和作用，完善议事和管理制度，完善重大决策的规则和程序，建立公众参与、专家论证和党委决策相结合的决策机制，推进决策的科学化、民主化、制度化。加强基层民主建设，全面推行团务公开、连务公开、保障基层民主选举、民主决策、民主管理和民主监督机制有效运行。坚持和完善以职工代表大会和其他形式的民主管理制度，保障职工的合法权益。

3. *全面推进法治建设* 认真贯彻实施《全面推进依法行政实施纲要》，推进干部工作法治化。制订实施第六个《五年普法规划》，深入开展法治宣传教育，进一步增强全民法律意识和法治观念，提高全社会法制管理水平。加强社会治安综合治理工作，依法打击各种违法犯罪活动，为全面建设小康团场提供良好的法治环境。

4. *加强党风廉政建设* 坚持标本兼治，综合治理、惩防并举、注重预防的方针，建立健全教育、制度、监督并重的惩治和预防体系。加大从源头预防和治理腐败的力度。推进反腐倡廉体制、机制和制度创新，加强对权力运行的制约和监督，强化行政监督、社会监督、专门机构监督，保障公民的检举权、控告权、申诉权。严肃查处违法违纪案件，坚决纠正损害群众利益的不正之风，为全面建设小康团场营造风清气正的社会环境。

第十二章 加强职工队伍和执政党的建设

实现团场超常规跨越式发展，关键在党，关键在人，关键在各级领导班子，关键在各级党员领导干部，各级党组织要切实发挥领导核心、战斗堡垒和主心骨作用，为团场“十二五”发展目标的顺利实现提供有力的思想、政治、组织保证。

1. 实施人才强团战略 以政策为先导，事业为平台、服务为重点，营造有利于人才聚集、健康成长并充分发挥作用的政策环境、工作环境、生活环境和社会环境，加强以党政人才、经营管理人才和专业技术人才为主体的人才队伍建设，为团场经济和社会发展提供坚强不屈的人才保证。

2. 加强团场职工队伍建设 大力实施职工素质工程，加强职工教育培训，全面提升团场职工队伍的思想政治素质、经营管理素质、职业技能素质、军事素质和身体素质。出台相配套的政策，妥善安置优秀复转军人和积极吸纳大中专毕业生，确保引得进、蓄得住，逐步优化团场职工队伍年龄结构、知识结构、队伍结构，夯实履行使命的基础，创造发挥“蓄水池”“中转站”功能的条件。

3.加强领导班子和干部队伍建设　加强领导班子思想政治建设，教育引导领导干部深入学习中国特色社会主义理论体系，坚定理想信念，坚持正确的政治立场和方向，增强政治敏锐性和政治鉴别力。优化领导班子配备结构，把政治上靠得住、工作上有本事、作风上过得硬、职工群众信得过的优秀干部充实进各级领导班子中来。坚持德才兼备、以德为先的用人标准，健全干部考核评价机制，改进考核办法，注重考核结果运用。坚持从基层和生产一线选拔干部，注重选拔熟悉宏观经济管理、现代工业企业管理、城镇公共服务管理等方面的干部，加大优秀年轻干部的培养锻炼和选拔使用力度，建立健全主体清晰、程序科学、责任明确的干部选拔任用机制。建立健全人才工作机制，完善落实相关政策措施，坚持用事业留住人才、用待遇吸引人才、用感情凝聚人才，吸引一批高层次、高技能人才在团场干事创业。

4.加强基层组织建设　健全和落实党建工作责任制，创新工作举措，强化组织功能，积极参与探索适应“三化”建设要求的基层组织设置形式，做到哪里有企业，哪里就有党的组织，不断扩大党组织的覆盖面和影响力。深入开展“创先争优”活动，努力使基层党组织建立起好的领导班子、好的党员队伍、好的工作机制，好的工作业绩和好的群众反映，真正成为推动科学发展、促进社会和谐、增进民族团结、维护社会稳定的坚强堡垒。

5.切实加强作风建设　强化“机关就是服务，干部就是公仆”的意识，以“六型”机关建设为目标，以转变机关作风建设为重点，营造廉洁从政、运转高效、协调有序、服务热情、依法履职的政务环境。健全工作机制、责任机制、考核机制，确保事事有人抓、件件有着落。各级党员领导干部都要牢固树立“等不起”的紧迫感、“慢不得”的危机感、“坐不住”的责任感，把工作着力点放到研究解决改革发展稳定的重大问题上，把全部心思和精力投入到推动团场超常规跨越式发展上。要以不达目的誓不罢休的坚韧精神，时不我待、舍我其谁的坚定信念，敢想敢干、敢作敢为的勇气魄力，雷厉风行、掷地有声地抓好各项工作的落实。各级领导干部要时刻保持一种摩拳擦掌、跃跃欲试的激情，保持一种箭在弦上、不得不发的势头，保持一种不解决问题就“寝不安席、食不甘味”的状态推进工作，确保取得实实在在的成效。

6.全面加强党的建设，为顺利完成各项目标任务提供可靠的政治和组织保障　完成跨越发展的各项繁重任务，达到社会长治久安的目的，关键是要以改革创新的精神，全面推进新时代党的建设新的伟大工程。因此，全团各级党组织和全体党员领导干部要在团党委的正确领导下，在发展中不断解放思想，在解放思想中不断更新观念，不断创新发展模式，把解放思想、更新观念作为调节社会矛盾的锐利武器，作为职工增收、团场增效的保证，作为社会稳定、团场和谐的根本途径，作为深化团场改革的主动力，贯穿超常规跨越式发展的全过程。

“十二五”规划是中央新疆工作座谈会提出“促进新疆跨越式发展 实现长治久安”战略后的第一个五年规划。全团人民要在团党委的正确领导下，高举邓小平理论和“三个代表”重要思想伟大旗帜，深入贯彻落实党的十七届五中全会精神和师市“十二五”规划蓝图，为全面实现“十二五”规划目标和在师市农牧团场率先全面建成小康社会而努力奋斗。

一四一团国民经济和社会发展第十三个五年规划纲要

序　言

“十三五”时期是一四一团全面建成小康社会决胜阶段。按照党的十八届五中全会精神，结合师市“十三”五规划纲要和团场实际，编制了《一四一团国民经济和社会发展第十三个五年规划纲要》。本规划主要阐明团场重大战略意图，明确工作重点，是未来五年团场经济社会发展的宏伟蓝图。科学编制和实施团场“十三五”规划，对于团场在新时期更好地保持经济和社会持续健康发展，切实发挥安边固疆稳定器、凝聚各族群众大熔炉、先进生产力和先进文化示范区特殊作用，具有十分重要的意义。

第一篇　发展基础和发展环境

第一章　发展基础

“十二五”时期，是团场经济社会发展最快最好的五年。在兵、师党委的正确领导下，一四一团紧抓机遇咬定目标，开拓创新、锐意进取、凝心聚力、排难而进，转方式、破难题，全力推进科学跨越发展，推动团场综合实力提升，社会更加稳定，人民安居乐业，各项事业蓬勃发展，为全面建成小康社会打下坚实基础。

综合实力大幅增强。“十二五”期间，团场实现生产总值年均增长14.6%，2015年达到7.41亿元，较2010年翻了1番。人均生产总值年均增长19.4%，2015年达到8.07万元。五年累计完成固定资产投资10.48亿元，年均增长22.1%，是“十一五”时期的2.42倍，基础设施薄弱的瓶颈制约得到有效缓解。社会消费品零售总额年均增长29.2%，2015年达到2.34亿元。

产业结构不断优化。三次产业结构由“十一五”末的69.9∶14.1∶16调整到54.3∶14.2∶31.5。农业基础地位进一步夯实，畜牧业、果蔬园艺业比重达到48%，农业结构进一步优化，播种收全程机械化率达到90%以上。服务业发展水平全面提升，产业比重较2010年提高15.6个百分点，服务业引领地位进一步强化。

城镇建设发展加快。城镇基础设施得到加强，城镇总体功能大幅提升，可持续发展能力显著增强。全面提升团场城镇在经济发展、职工生活、生态环境、社会发展及城镇管理等方面的水平。累计完成投资4.74亿元。建设保障性住房1402套，全团97%的人口在城镇聚集，99.4%的职工入住镇区楼房。城镇自来水普及率100%，集中供热率99.1%，生活污水集中处理率100%，生活垃圾集中处理率100%，医疗垃圾处理率100%。燃气普及率100%，管道燃气普及率85%以上。

生态文明建设成绩显著。严守耕地保护红线，节约集约利用土地。城镇绿化覆盖率达到40%，人均公共绿地11平方米。大力发展循环经济，节能减排力度增强。全面完成番茄酱厂污水处理、供热站、加工厂锅炉环保改造工程建设工作。城镇污水处理体系基本完善。环保能力进一步提升,总量减排和污染防治成效显著。

改革开放不断深化,完成了团场改革试点。团场经营管理体制初步实现政企分开,由生产型向经营型转变。土地承包经营制度改革不断深化。生产资料、农副产品购销体系管理制度改革进一步深化。国有企业改制工作顺利推进。

人民生活水平显著提高。促进多元增收成效显著,连队居民人均可支配收入年均增长14.8%,2015年达到1.61万元。

专栏1:一四一团“十二五”规划主要指标预计实现情况见附表-1。

附表-1　专栏1:一四一团“十二五”规划主要指标预计实现情况

指标名称	2010年	2015年规划目标	2015年实现情况	年均增长(%)	预期年均增长(%)
团场生产总值(亿元)	3.75	7	7.41	14.6	13.3
第一产业(亿元)	2.62	3.85	4.02	8.9	8
第二产业(亿元)	0.53	1.75	1.05	14.7	27
工业(亿元)	0.32	1.4	0.49	8.9	34
建筑业(亿元)	0.21	0.35	0.56	21.7	11.1
第三产业(亿元)	0.6	1.4	2.34	31.3	18.5
三次产业结构	69.9:14.1:16	55:25:20	54.3:14.2:31.5		
人均生产总值(万元)	3.33	5.93	8.07	19.4	12.1
全社会固定资产投资额(亿元)	1.09	5.5	[10.48]	22.1	6.4
社会消费品零售总额(亿元)	6500		23395	29.2	
城镇化率(%)	44.2	80	99.7	17.7	
非农产业从业人员比重(%)	44.1		87.7	14.7	
九年义务教育巩固率(%)	98		99	0.2	
城镇新增就业人数(人)			505		
城镇保障性安居工程建设(套)	1628		3030	13.2	
城镇参加基本养老保险人数(人)	2925		2460	−3.4	
基本医疗保险覆盖率(%)	100		100		
城镇常住居民人均可支配收入(元)			26510		
连队常住居民人均可支配收入(元)	9041	32000	16148	14.8	
耕地保有量(万亩)	16.64		15.43	−1.5	
农业灌溉用水有效利用系数	0.65		0.71	1.8	

注:带“[]”为五年累计数。

维稳戍边能力大幅提升。进一步强化和完善党政军警兵民“六位一体”的反恐维稳机制,不断提高整体动员和处突应急以及战备能力。“网格化”巡防控体系建立。“平安北野、法治北野”建设深入开展,“法治六进”“六五”普法依法治理成效显著。

第二章　发展环境

未来五年,团场发展拥有诸多机遇和有利因素。

一是转型升级新机遇。我国经济社会发展长期向好趋势不会发生根本改变,经济发展表现出速度变化、结构优化、动力转换三大特点,中央统筹“五化同步”路径设计和“五位一体”总体布局,引领经济新常态,倡导创新、协调、绿色、开放、共享的新发展理念,为团场转变经济发展方式和加快经济结构调整步伐带来了难得的机遇。

二是发展战略新机遇。国家提出“一带一路”倡议,将着力打造新疆丝绸之路经济带核心区。师市是丝绸之路经济带的节点城市,将进一步提高知名度和开放度,并对师市全面参与区域产业分工、争取更多的政策资源带来重大契机。这为团场经济快速发展提供了有利条件。

三是政策保障新机遇。中央将新疆工作提升到了前所未有的国家战略新高度,第二次中央新疆工作座谈会明确了新疆工作的总体要求,提出了兵团要发挥“稳定器、大熔炉、示范区”特殊作用,在延续五化发展、对口援疆、财力补助、产业资源转移等政策的基础上,进一步加大了对新疆和兵团的支持力度,为团场经济快速发展、社会安定繁荣提供了有力保障。

四是自身发展新机遇。“十二五”以来,团场经济社会发展取得了明显成就,综合实力显著提高,基础设施和基础产业支撑能力不断增强,特色优势产业初具规模,体制机制不断创新,为团场快速发展奠定了坚实基础。一是团场优质棉、特色果蔬、畜牧业三大优质农产品基地初步建成,为团场未来五年的发展奠定了良好的基础;二是优质的农产品基地为发展工业提供了良好的条件;三是随着团场城镇化进程加快,城镇人口增加、居民消费结构升级、投资稳步增长,将为团场发展创造良好的内部环境。

在面临新机遇的同时,团场也面临着新问题、新挑战。尽管“十二五”规划实施以来团场经济社会取得了比较明显的进步,但与国家、自治区、兵团平均水平及兄弟团场相比,还有很大差距。

主要体现在以下几个方面:

经济结构优化调整仍不够理想和科学。三次产业调整中,二、三产业比重虽有提高,但进步不明显,二、三产业发展还有待进一步提升。

重大产业项目缺少,发展后劲不足。工业企业现代化、科技化水平低,农畜产品附加值不高,抗御市场风险的能力不强。

团场城镇辐射带动能力有限。团场城镇发展只是人口聚集意义上的城镇化,还没有达到产业聚集的城镇化。城镇经济拉动力后劲不足,团场统筹发展任务繁重。

团场自身的造血功能还较弱,经济发展仍然离不开国家、兵、师的支持,满足不了各项建设和社会事业发展的需要。社会建设与经济发展不够协调,就业渠道不畅和职工素质低的问题依然突出,改善民生的任务十分艰巨。

综合判断,新常态、大调整、大转型是团场"十三五"时期基本特征。我们要准确把握战略机遇期的深刻变化,更加突出发展倒逼改革的作用,更加突出全面建成小康社会的紧迫性,为推进团场各项事业全面发展,维护社会稳定和长治久安做出新的更大贡献。

第二篇 指导思想、基本原则和发展目标

第一章 指导思想

高举中国特色社会主义伟大旗帜,全面贯彻党的十八大和十八届三中、四中、五中全会精神,以马克思列宁主义、毛泽东思想、邓小平理论、"三个代表"重要思想、科学发展观为指导,深入贯彻习近平总书记系列重要讲话精神,以"四个全面"战略布局为统领,以维护社会稳定和长治久安为总目标,以创新、协调、绿色、开放、共享的新发展理念为主线,以经济发展和民生改善为基础,以稳增长、促改革、调结构、惠民生为重点,以丝绸之路经济带核心区建设为契机,全面推进"五位一体"和党的建设,壮大团场综合实力、推进深化改革创新,努力建设经济繁荣发展、社会长治久安、百姓安居乐业的和谐北野,确保如期全面建成小康社会。

第二章 基本原则

——坚持科学发展。以切实提质增效为中心,把调整优化结构、促进转型升级作为加快转变经济发展方式的主攻方向,切实提高发展质量和效益。

——坚持改革创新。把改革创新贯穿于团场经济社会发展全过程。充分发挥市场在配置资源中的决定性作用,增强改革的针对性和实效性,完善激励约束和利益协调机制。大力实施创新驱动发展战略,鼓励大众创业、万众创新,加快创新型团场建设。

——坚持绿色发展。正确处理发展与生态环境保护的关系。把节约资源和保护环境作为转型发展的着力点,更加注重源头治理和长效机制建设,着力推进资源节约、环境保护和生态建设,促进经济社会发展与人口资源环境相协调。

——坚持民生优先。始终把保障和改善民生作为经济发展的首要目标,加快推进基本公共服务均等化。加大向基层和困难职工倾斜力度,集中力量解决好人民群众最关心、最直接、最现实的利益问题,不断提高人民群众生活质量和满意度,使发展成果更加广泛、更加均衡地惠及人民群众,促进社会和谐发展。

——坚持开放发展。抓住"一带一路"倡议机遇,发挥团场区位、基础优势,加大招商引

资力度，引进好项目、大项目，更好地促进团场经济社会全面发展。

——坚持党的领导。党的领导是中国特色社会主义制度的最大优势，是实现经济社会持续健康发展的根本政治保证。必须贯彻全面从严治党要求，不断增强党的创造力、凝聚力、战斗力，不断提高党的执政能力和执政水平。

第三章 发展目标

“一三五”期间团场经济社会发展总目标是：围绕党的十八届五中全会“全面建成小康社会新目标”，努力实现社会稳定和长治久安。经济发展保持在师市团场领先水平，“平安、绿色、活力、文化、开放”北野全面实现。到2017年，与师市同步全面建成小康社会。

——经济保持较快增长。到2020年，实现生产总值13.5亿元，年均增长12%左右，较2010年翻1.85番；人均生产总值11.25万元以上。全社会固定资产投资累计达到18亿元，年均增长11.4%。社会消费品零售总额年均增长12%以上，2020年达到4.12亿元。

——新型城镇化全面推进。加强城镇基础配套设施、公共服务设施等项目建设，进一步打造宜居、宜业的小城镇，城镇化布局和形态更加优化，城镇人居环境更加完善，力争人口城镇化率达到100%。

——经济结构进一步优化。三次产业结构更趋合理，农业现代化水平明显提高，农业基础作用进一步增强；服务业加快发展，三次产业结构调整到41.5∶18.5∶40，基本形成三次产业结构协调发展的新格局。

——改革开放不断深化。深化团场改革取得阶段性成果，政府职能进一步转变；团场公共服务和社会管理职能不断增强，农业基本经营制度进一步完善，国有资产运营监督管理体制基本确立；对内对外开放不断拓展，经济外向度水平明显提升。

——居民生活水平和质量明显提高。居民收入持续稳定增长，到2020年连队常住居民人均可支配收入达到3万元，年均增长13.3%。

——生态环境不断优化。能源资源利用效率不断提高，单位生产总值能源消耗、二氧化碳排放量和主要污染物排放逐年降低；城镇污水处理率达到100%；危险废物、医疗废物处理率达到100%；森林覆盖率达42%以上；农业灌溉用水有效利用系数达到0.75。

专栏2：一四一团“十二五”规划主要指标预计实现情况见附表-2。

附表-2 专栏2：一四一团“十二五”规划主要指标预计实现情况

类别	指标名称	2015年	2020年规划目标	年均增长(%)	指标属性
经济发展	团场生产总值(亿元)	7.41	13.5	12	预期性
	第一产业(亿元)	4.02	5.6	7	预期性
	第二产业(亿元)	1.05	2.5	18.9	预期性
	工业(亿元)	0.49	1.5	25	预期性

（续）

类别	指标名称	2015年	2020年规划目标	年均增长(%)	指标属性
经济发展	建筑业(亿元)	0.56	1	12.2	预期性
	第三产业(亿元)	2.34	5.4	18	预期性
	三次产业结构	54.2∶14.2∶31.6	41.5∶18.5∶40		预期性
	人均生产总值(万元)	8.07	11.25	6.9	
	全社会固定资产投资额(亿元)	3.03	[18]	11.4	预期性
	社会消费品零售总额(亿元)	2.34	4.12	12	预期性
结构优化	服务业占师市生产总值比重(%)	31.6	40	4.8	预期性
	文化产业增加值占生产总值比重(%)	0.13	1	50.4	预期性
	农产品加工产值与农业总产值比	0.51∶1	0.8∶1		预期性
民生保障	总人口(万人)	0.92	1.2	5.5	预期性
	城镇化率(%)	99.7	100	0.06	预期性
	九年义务教育巩固率(%)	99	100	0.2	约束性
	城镇新增就业人数(万人)	505			预期性
	基本养老保险参保人数(万人)	2460			约束性
	基本医疗保险覆盖率(%)	100	100		约束性
	城镇常住居民人均可支配收入(元)	26510	46720	12	预期性
	连队常住居民人均可支配收入(元)	16148	30000	13.3	预期性
资源环境	耕地保有量(万亩)	15.43	15.2	-0.3	约束性
	农业灌溉用水有效利用系数	0.71	0.75	1.1	约束性
	单位工业增加值用水量				约束性
	森林覆盖率(%)			42	约束性
	森林蓄积量(万立方米)				约束性
	万元生产总值能耗降低	大于兵团下达指标内	控制在兵团下达指标内		约束性
	单位生产总值二氧化碳排放降低				约束性
	主要污染物排放降低				约束性

注：预期性指标是团场期望的发展目标，主要依靠市场自主行为的实现，要创造良好的宏观环境、制度环境、市场环境，并适时调整综合调控方向和力度，引导社会资源配置，努力争取实现。约束性指标是在预期性基础上进一步明确并强化师市责任的指标，是师市在公共服务和涉及公共利益领域提出的工作要求，要通过合理配置公共资源和有效利用行政力量，确保实现。带“[]”为五年累计数。

第三篇　拓展发展空间，三次产业协调发展

用发展新空间培育发展新动力，用发展新动力开拓发展新空间。

第一章　优化城镇发展空间

坚持以人为本，推进以人为核心的城镇化，提高城镇居民生活质量，优化城镇化空间布局形态，完善城镇公共服务和基础条件。实施城镇“提能升级”工程，建立优势产业，壮大综合承载能力，带动城镇经济圈整体发展。城镇规划结构为“一心”“四轴”“四区”的布局模式。

“一心”：以现有团部办公楼为中心的行政办公区作为城镇中心。

“四轴”：沿文化路、交通路分别展开城镇行政管理、文教、商业、公共服务空间多功能轴；沿友谊路两侧形成商业发展轴；沿迎宾路两侧形成生态防护绿轴。

“四区”：沿行政中心辐射团部形成四区——居住区、文教区、商贸公建区和工业区。

第二章　拓宽产业发展空间

第一节　总体产业布局

“十三五”期间，团场经济总体布局规划如下。

一产：坚持以水土资源承载能力为前提，构建资源高效利用与生态环境高度一致的可持续发展的农业产业体系。按照“优棉、稳粮、强畜、增果”的思路，坚持以农业现代化发展为动力，围绕龙头企业和市场需求，优化调整农业内部结构，以“一主两翼”为抓手，以“三大基地”建设为重点，继续做优做强国家优质棉基地、特色果蔬基地、优质畜产品基地。加大农业高产优质高效技术和装备的推广应用力度，着力发展现代高效农业，大幅度提高农业劳动生产率、土地产出率和农产品加工转换率，增强农业竞争力和可持续发展能力。

二产：积极稳步发展团场工业，实施科技强工、优势资源转换、外向带动和结构优化升级四大战略。依托团场农产品基地优势，大力发展酿酒葡萄、棉花、番茄三大农产品加工制造业；抓住师市鼓励团场招商引资企业入驻石河子开发区、团场工业园给予优惠政策的大好机遇，加大招商引资力度，积极涉足新型建材、生物饲料、有机肥料、食品加工、畜产品加工等行业；积极促成光伏发电项目的落地，发展清洁能源；积极鼓励和引导职工自主创业，发展中小型工业项目。

三产：坚持市场化、产业化、社会化方向，通过团场引导、市场运作、政策扶持、项目支撑、开放带动，大力发展现代服务业，全面提升传统服务业，不断推进第三产业规模扩张、结构优化和竞争力提升，努力增强团场综合承载功能。

第二节 农业产业布局

农业布局:以镇区为中心向外辐射,以一连、十连、十三连、十六连为主的第一圈(林果产业),以1.3万亩酿酒葡萄为平台,引进或自建酿酒葡萄酒庄,力争到2020年达到20个以上;以二连、三连、六连、七连、八连、十四连等单位为主的第二圈(畜牧产业),以养殖合作社为平台,建设规模化养殖场,到2020年达到每个单位都有一个以上有规模、有特色的养殖项目,并通过延伸产业链,建立与肉类加工企业长期合作利益联结机制,真正实现利益共享、风险共担的经营模式;以四连、五连、十一连、十二连等单位为主的第三圈(棉花产业),以高标准农田及标准园建设为平台,通过努力提高机械化装备水平,使棉花、饲草为主的种植作物产量、质量和效益都有进一步提高,到2020年,逐步使种植业专业化承包职工承包定额地面积达到200亩以上,林果业承包职工承包定额地面积达到50亩以上,设施大棚10个以上,通过承包定额的增加,使富余劳动力逐渐向二、三产业转移,促进经济、社会、生态各项事业全面发展。

第三节 重点工业产业布局

棉花加工业、葡萄酒产业、番茄加工业等产业仍然是团场工业发展的重点。同时要在畜产品加工、光伏发电产业方面取得突破。棉花加工要以质量为中心,生产可纺性强、符合纺织企业需求的产品;引进20个小酒庄,发展葡萄酒产业,要紧紧围绕团场酿酒葡萄基地,做好深加工,解决好酿酒葡萄的销售瓶颈,保证种植职工收入逐年增长;番茄加工业要盯住市场,抓住时机恢复生产;围绕团场畜产品资源,引进肉制品、奶制品等企业,促进初级产品转化;利用荒地资源和光热资源,引进光伏发电企业。

第四节 现代服务业发展布局

产业结构不断优化。现代物流、信息、文化创意、服务外包、连锁经营等现代服务业快速发展,在第三产业中所占比重逐年提高。传统服务业得到改造提升,行业面貌大为改观。

产业布局更加合理。打造城镇中心商务区,加快发展城镇商务区、专业市场,形成空间分布合理、产业层次清晰、特色优势突出、服务便捷高效的第三产业发展新格局。

就业容量显著增加。第三产业吸纳就业能力不断上升,成为扩大就业和再就业的主渠道。

第三章 美化自然生态空间

严格遵循团域空间管制和相关法律法规要求,保护好基本农田、污水处理、固体废物处理等生态环境要素,建设自然环境优美、生产环境清洁、生态环境良好、人居环境优良的城镇。重点完善建设四大类生态功能区:

——城镇建设功能区。镇区是团场的政治、经济、文化、交通和科技信息中心,主要生态功能为城镇发展,控制和治理污染。

——生活饮用水保护区。在水厂外围规划建设≥15米宽的生态防护隔离带,同时以水厂为中心,半径为100米范围划为水源保护区,在水源保护区内不得使用生活污水进行灌溉和使用持久性或剧毒农药，保护区范围内不得设置渗水厕所、渗水坑、粪坑和废渣堆等污染源，并建立卫生检查制度。

——污水处理区。城镇排水采取不完全分流制，安排一套污水排放管网，通过管网将污水排入污水厂。污水经处理达到国家"污水排放标准及农田灌溉水质标准"后用于农田、防护林灌溉。

——固体废物处理区。利用镇区东侧搅拌站附近现状大坑进行填埋。生活垃圾集中收集，经机械清运到垃圾填埋场。对有毒工业垃圾、危险品以及其他较严重污染环境的物质进行分类收集，单独处理后清运到垃圾填埋场。医疗垃圾运送至石河子市医疗垃圾处理厂焚烧处理。

第四篇　坚持创新发展，着力提升发展质量和效益

实现新常态下的新发展，必须把创新摆在全局的核心位置，让创新贯穿经济社会发展的全过程。促进经济增长和就业创业，实现经济可持续发展，着力推进团场经济发展质量和效益，促进经济社会又好又快发展。

第一章　培育发展新动力

加强劳动力、资本、土地、技术、管理等要素配置，释放新需求，创造新供给，加快实现发展动力转换。

不断创新消费方式。着力扩大居民消费，引导消费朝着智能、绿色、健康、安全的方向转变，不断满足居民消费升级需求，发挥消费对经济增长的基础作用。结合农业结构调整，大力倡导绿色、有机消费，促进团场绿色产业和产品发展。大力开发和培育信息消费等新的消费热点，扩大和提升团场消费规模水平。结合团场人口老龄化程度高等实际，鼓励社会资本投资养老健康、临终关怀等服务业。大力提升城镇基础设施水平，培育以新型城镇化为依托的消费增长动力。

不断创新投资方式。创新投融资体制机制，充分发挥财政资金撬动社会资本的杠杆作用，进一步释放民间投资潜力，着力提高投资质量和效益，发挥投资对增长的关键作用。大力推广政府和社会资本合作(PPP)模式，对基础设施和公用事业实行特许经营，团场给予政策支持，提升投资回报预期，充分激发社会投资活力，推进城镇设施、生产生活服务设施和重大基础设施PPP项目建设。发挥团场特殊体制机制优势，完善财政投入和管理方式，打破行业准入限制，建立公平、开放、透明的市场规则和投资环境，进一步鼓励引导社会和民间资本投资参与团场重点领域建设。

第二章 推进大众创业万众创新

充分激发各类市场主体创业创新活力，促进各类要素资源集聚、开放、共享，提高资源配置效率，开创大众创业、万众创新生动局面。

第一节 激发创业创新主体活力

根据职工需要、资源条件、连队优势等，发挥职工主体作用，通过团连合办、连队和职工合办、连队和地方企业合办、连队牵头职工参股、能人牵头领办等多种形式，加快各类合作社发展，力争使每个连队和社区都有多种形式的职工合作社。积极促进合作社与超市、连锁企业、农资企业、物流企业、农业产业化龙头企业等实现产销衔接，推进团场连队经济发展，支持职工群众自主创业，建立技术、资金、政策、服务对接机制，营造浓厚的舆论环境，倡导创业致富光荣的氛围，激发起团场职工的创业热情，同时培养新型职业职工，支持电子商务向基层延伸。

第二节 构建创业创新平台

加快构建众创空间，为创业创新者提供良好的工作空间、网络空间、社交空间和资源共享空间。鼓励大学生创业创新，为大学生创业提供免费培训以及致富贴息贷款。建立电商服务体系，搭建以团场为主导的电商公共服务平台，充分利用已有商业用房、厂房、仓库、闲置房屋等资源改造成低成本的创业创新场所，促进产镇融合发展，加快构建团场职工创业园建设，打造团场二三产业发展、大学生创业、在外人员返乡创业和职工增收平台，支持原连队居住区转型发展，打造畜牧养殖、设施农业、观光旅游、农业产业化基地和职工创业增收平台。

第三节 优化创业创新环境

落实国家、自治区和兵师扶持创业创新发展的各种优惠政策，为创业创新提供指导培训、政策咨询、小额贷款、跟踪服务等“多位一体”服务。加大政策性资金支持力度，对符合条件的创业创新项目给予贴息、免息贷款、奖补、小额融资等政策支持。

第三章 实施科技创新战略

逐步构建科技支撑体系，加大科技投入，加快科技服务创新，推广科技服务，以科技进步推动团场经济又好又快发展。

第一节 建立健全创新机制

正确处理政府与市场在实施创新驱动发展战略中的关系，发挥市场对技术研发方向、路线选择、要素价格、各类创新要素配置的导向作用，构建以企业为主体、市场为导向、产学研相结合的技术创新体系。到“十三五”末，全社会科学研究与试验发展经费支出占生产总值比重力争达到2.5%以上。

第二节　加快创新驱动平台建设

一是搭建服务于团场经济的产业公共服务平台，为产业发展提供全方位服务，满足团场产业发展的共性需求，高效链接内外部资源，为企业的生产、研究、市场等各种服务提供信息和服务支撑。二是加强科技（普）资源公共服务共享平台建设。加强科技馆科普公共服务，进一步加强社区、科普活动站（室）建设。三是推进企业研发及合作平台建设。在政策环境上加强引导，在资源配置上加大利用，积极与高校、科研单位及企业共建研发平台，开展行业公共技术、高新技术研究和产品开发。

第四章　创新发展服务业

加快推进现代服务业发展体制机制，大力拓展服务业新业态。优先发展生产性服务业，提升城镇生活性服务业，促进团场服务业快速高效发展。

交通运输业：加快发展运输、仓储、装卸、配送一条龙服务，加大货运业发展力度。以客运网络化建设项目为支撑，大力发展团场客运业，并建立规范的出租车运输市场。

餐饮业：以市场为导向，鼓励新建酒店并提升现有餐饮业服务档次和水平，形成高、中、低档兼有的行业格局，促进餐饮业和文体娱乐业的有机结合，形成吃、住、健身、文化娱乐于一体的消费环境。

零售业：加快构建以镇区商业中心为带动，社区便民商业网点为基础的布局合理、功能齐全、服务优质、消费便利的商贸流通体系。支持城镇中心农贸市场改造，形成上规模、上档次、聚集力强、辐射面广的区域性专业市场。重点培育果蔬园艺、种业、农资物流、牧业产品等行业零售，提升产业带动水平。

住宿业：支持引导现有住宿业规范管理，更新设施，提高服务档次和水平；新建满足市场和商务需要的酒店，提升住宿档次，增加知名度；加大镇区和连队农家乐宾馆建设力度。

居民服务业：改造提升传统服务业，想方设法增加物业管理服务项目，提升物业管理服务档次和服务水平。积极支持社区开展“消费进社区、服务进家庭”工程建设，不断提高居民服务水平。

公共服务业：优先发展教育事业，注重发展学前教育，进一步推动城乡义务教育均衡化发展，以满足人民群众日益增长的文化需求；不断完善社区服务设施，增强社区服务功能，积极开展社区医疗卫生、文化娱乐、教育、科普、体育健身、法律援助、就业信息咨询、职业指导、就业培训和推荐、组织就业等服务；鼓励民营资本开办康复、中医、护理、老年病、口腔等各类医疗机构，以满足社会日益增长的多层次、多样性的医疗卫生需求；开展全民健身活动，举办群众性体育比赛和健康娱乐活动，并把公益性体育设施纳入小区建设规划，推动公共健身场所、场馆建设，使人均享有的公共体育设施达到全师先进水平，基本建成集体育、健身、娱乐、休闲为一体的全民健身服务体系。

加快发展现代服务业,推进信息技术在经济和社会各个领域的应用,加强信息资源开发利用。围绕精准农业的发展,建立现代化农业信息服务体系,加强企业生产与管理信息化建设,提高生产过程自动化和经营管理信息化水平;积极发展电子商务;推进政务信息化建设增加服务功能;推进科技、教育、医疗卫生、广播电视、社会保障和公共事业等事业信息化进程。

积极开拓旅游业和发展房地产业。充分利用葡萄种植产业的规模、布局和葡萄酒厂建设的优势,发展生态旅游业。充分利用发展城镇化建设的机遇,以市场需求为导向 合理调整住房结构,开发节能节地环保型住宅和标准性建筑项目,大力发展房地产业。

第五章 实施人才强团战略

以大学生基地为依托,大力实施"人才兴团、人才强团"战略,继续实行"一连多生"计划,坚持党管人才原则,加强紧缺型和综合型人才的引进力度;以政策为先导、事业为平台、服务为重点,培养人才,吸引人才,用好人才,针对团场干部年龄结构偏大的现状,加快青年干部党政人才、经营管理人才和专业技术人才的培养、选拔,为建设创新性团场储备人才和提供人才智力保障。

第五篇 协调发展,推进转型升级

通过服务业与农业、工业等在产业联动中有机融合发展,催生新兴服务业态,推动产业转型,促进经济提质增效升级。通过逐步推进,实现信息化带动城镇化、农业现代化、新型工业化深度融合发展,实现三次产业融合、渗透、联动发展。

第一章 推动工业增长方式转变

围绕工业主导地位,以强本固基为重点,以转型升级为核心,实施由数量规模型增长向质量效能型增长转变。

做强棉花加工业。"十三五"期间,棉花加工业仍然是团场经济发展的重点。结合国家供给侧结构性改革,提高棉花品质,提升产品市场竞争力是棉花加工业发展的主导方向。一是加大新技术的应用,建立完善的机采棉质量监控体系,逐步引进加工设备自动化控制系统,进一步提高产品品质和生产效率;二是加强管理,在节本增效上下功夫;三是高度重视安全生产,确保棉花加工企业的安全运行。

稳定发展酿酒葡萄产业。继续加强与张裕、沙地等规模酿酒企业的合作,同时通过招商引资,建设20个特色小酒庄,发展独具特色的酿酒葡萄产业,达到职工增收、企业增效的目标。

做精番茄加工产业。一是根据市场情况力促新疆沪惠农业科技有限公司番茄酱厂恢复生产，提高番茄酱的出口能力。根据国内市场需求适时上一条小包装番茄酱生产线，拓展国内市场。二是继续做精石河子红业北野生物科技有限公司的番茄粉和番茄红素产业，创出品牌，做出特色。积极促进两个企业尽快达产、达效。

探索发展光伏发电产业。依托团场东区荒地资源，积极争取光伏发电项目，争取在“十三五”期间，建设30兆瓦光伏发电站，开发清洁能源。

第二章　做大做强建筑业

优化行业结构，整合市场资源。遵循市场经济规律，推动建筑企业努力提升企业资质等级；鼓励建筑企业从单一业务领域向多业务领域发展，增强综合竞争实力。加强与外地企业合作交流，借鉴内地先进施工技术和管理经验，提升企业可持续发展能力。

第三章　加快实现农业现代化

全面推进并基本实现农业现代化，坚持农业可持续发展，积极构建农业与环境协调发展的现代农业产业体系。

第一节　完善现代农业产业体系

保持种植业稳定发展。高度重视粮食安全，全面提高粮食综合生产能力，到“十三五”末，小麦种植面积稳定在6000亩，总产3000吨。发展优质商品棉生产，抓好国家优质棉基地建设，按照《良好棉花》生产标准要求，进一步提高品质和单产，增加综合效益，到“十三五”末，优质棉花基地面积10万亩，籽棉总产5万吨。大力发展机采棉，实现棉花生产全程机械化。保证畜牧业饲草安全供给，到“十三五”末，饲草种植面积稳定在2万亩，通过提高单产来满足畜牧业生产。

发展壮大“一主两翼”新格局。按照“市场导向、龙头带动、特色引领、注重效益”的原则，进一步提升畜牧业和果蔬园艺业比重。做大做强畜牧业，积极推进规模化、集约化、标准化养殖基地建设。重点抓好奶牛、肉牛、肉羊和生猪养殖业发展，建成奶牛存栏1.2万头的优质奶源基地，产奶量4.8万吨；肉牛出栏5000头，肉羊出栏3万只，生猪年出栏20万头，畜禽出栏70万只；肉类产量1.6万吨，禽蛋400吨；加强良种繁育、疫病防控和病死畜无害化处理，提高畜产品安全质量，同时提高饲草供给保障能力。

做精做优林果园艺业，大力发展特色果品、蔬菜。加强名优特蔬菜、水果等产品优势产区建设，扩大特色园艺业生产基地规模，到“十三五”末，实现酿酒葡萄1.3万亩，总量稳定在1.5万吨，糖度达22度以上；果园面积4000亩，年产优质果品1万吨；建成设施农业大棚面积

2000亩。

第二节 提高农业产业化水平

进一步完善团场农业产业化龙头企业加快发展的政策环境，按照扶优、扶强、扶大原则，重点支持乳制品、肉制品、葡萄酒、番茄酱等一批大型农产品深加工龙头企业，延伸产业链条，提高产品附加值，支持企业加快新产品开发，拓展农产品经营范围，努力打造农（畜）产品加工基地。加强团场对企业和农户履约的监督管理，鼓励龙头企业参与农产品基地建设，使龙头企业与团场、职工真正形成“风险共担、利益均衡”的利益共同体。到“十三五”末，力争年销售收入1亿元以上的龙头企业有2家，打造师市级以上农业产业化重点龙头企业2家。加大对合作经济组织的支持，提升合作经济组织的质量和管理水平，建设以团场为主导的畜牧业生产基地，引导和鼓励连队和能人牵头成立合作社，吸纳连队职工积极入股。到“十三五”末，建成兵团级合作示范社4家，全团合作社组织带动农户占全团农户总数的90%以上，实现95%的农户参与产业化经营。

第三节 加强农业基础设施建设和装备体系建设

通过农业“三大基地”建设，加快关键技术的引进、消化、示范和推广，不断提高团场土地产出率、资源利用率、加工增值率和劳动生产率，确保职工收入持续增长、团场效益显著提升。

加强农业基础设施和生态建设，做好高产创建工作，推进测土配方施肥，加快中低产田改造和盐碱地治理，加强水利基础设施建设，加大滴灌系统更新改造力度，切实提高水资源利用率。进一步巩固退耕还林成果，完善以农田防护林、道路林及退耕还林体系建设，健全防护林体系，实现高标准林网化，切实增强农业可持续发展能力。

推进高标准农田建设。按照统筹规划、集中投入、连片推进的思路，重点加大中低产田改造及高标准棉田建设投入力度，全面解决地表残膜污染。加快推进农田水利基础设施建设步伐，积极引进自动化节水灌溉面积0.5万亩，改造高效节水灌溉面积2万亩，到“十三五”末，盐碱治理取得新成效，团场高效节水灌溉面积占耕地面积比例达到95%以上。

优化农机装备结构，提高农业机械化水平。加快推进棉花、葡萄、苹果及特色种植收获机械化，重点完善配套棉花全程机械化系统，大力发展高效植保机械；积极推进养殖业、园艺业、农产品初加工机械化。实现耕、种、收综合机械化水平达到96%以上。

第四节 加快现代农业示范区建设

重点打造以1连、13连的酿酒葡萄，2连、6连的畜牧养殖，15连的设施农业等为代表的现代农业示范连队，进一步突出优势，体现特色，重点突破。一是进一步加大项目和资金整合支持力度，打牢农田基础设施建设和物质装备基础，到2020年使90%以上的耕地达到高标准农田建设标准。二是加大结构调整力度，积极发展畜牧养殖、特色林果和设施农业，畜牧、果蔬园艺的产值占农业总产值的比重达到60%。三是加大体制机制创新，着力在培育农业新型经营主体和园区建设上有新的突破。

专栏3：农业重点项目

种植业：优质棉示范基地建设项目；优质牧草基地建设项目等。

畜牧业：优质奶源基地建设项目；优质肉牛、肉羊基地建设项目；优质禽蛋基地建设项目；重大动物疫病防疫监测体系建设项目等。

林果园艺业：优质酿酒葡萄基地建设项目；绿色有机林果基地建设项目；菜篮子工程设施农业示范项目；防护用材林建设项目等。

第四章　加快推进新型城镇化进程

以城镇"提能升级"为目标，增强城镇辐射带动能力，完善城镇功能，建立优势产业，提升公共服务职能，壮大综合承载能力，着力提升以镇区为核心，连队作业点（功能转型）为基础的新型城镇化体系建设水平。

第一节　形成新型小城镇发展格局

合理布置各项建设用地，为居住创造便捷、舒适、优美的生活与工作环境，远期向东发展，使城镇形态趋于更加紧凑完整。牢固树立精品意识，坚持新区建设和老旧小区改造相结合，重点加强城镇基础设施建设及绿化、美化、亮化建设，营造宜业、宜居、宜游的现代文化氛围。

依据城镇总体规划、控制详细规划，着力打造新地段、新景观、新区域，以发展三产、公共服务业为主。提高公共服务设施和基础设施建设标准，提升城镇品质。

完善老旧小区功能基础设施，加快老旧小区改造步伐。将旧小区改造与塑造城镇新形象、提升城镇品位相结合，将重点项目改造与成片改造相结合，将旧楼房改造与完善小区综合服务配套设施建设相结合，依照城镇控制性详细规划，对重点改造区域进行统一规划、配套建设，有计划地分步实施。

第二节　推进团场城镇化提质增速

突出规划引领作用，建立覆盖团、连的规划体系，有效推动城镇布局调整，统筹安排区域基础设施和公共服务设施。完善团场的城镇功能，积极推进团场城镇棚户区改造，基础设施、公用设施建设，发展相关产业。通过新建、扩建、改建、改造等方式，完善基础设施。强化城镇污染综合治理，加快环卫、垃圾处理等基础设施建设。加强城镇绿地建设，提高城镇人均绿地水平和城镇绿化覆盖率。

第三节　提高城镇基础设施建设水平

加强城镇基础设施建设和管理，加大道路、管网管廊、公共服务设施、供水、排水、供气、供热、垃圾处理、公园绿地改造力度，提升城镇总体功能，增强可持续发展能力。到"十三五"末，城镇绿地率达到40%以上，人均公共绿地12平方米，集中供热率、生活污水集中处理率、生活垃圾集中处理率、医疗垃圾处理率、燃气普及率、管道燃气普及率均达到100%。

第四节 创新城镇管理体制机制

提升城镇管理服务均等化、市场化，创新城镇管理方式。建立健全城镇公共服务管理体制，积极改革创新，大力推进"标准化、规范化、数字化"城镇管理引进市场服务方式，转变公共服务管理，逐步推进团场城镇道路、环卫、绿化、物业管理市场化的城镇管理模式。坚持建管并重，在"美化、亮化、绿化、净化、畅通"上下功夫，建立健全城镇管理长效机制，推进城市管理法治化、精细化、人性化。

第五节 推进实施人口战略

以加大城镇基础设施投入、打造承载人口转移载体为基础，加大城镇投入力度，优化工业、三产服务业结构调整；配套加大产业人口培训、就业、社会安置等基础设施建设力度，促进团场人口资源环境配套、经济社会稳定、人口产业布局协调与维稳戍边职能相适应的可持续发展小城镇。

专栏4：城镇化建设项目

垃圾处理工程：新建一座生活垃圾处理厂，生活垃圾无害化处理率达到100%。

燃气工程：完善民用天然气入户安装工程。

供水工程：加快供水管网建设和改造，提高供水能力和保证率，降低管网漏损率。加强公共供水管网消防设施建设，提高消防用水保障率。

排水工程：加快城镇排水管网建设和改造，提高排水能力。升级改造污水处理厂污泥处理设施，减少污染物排放。

第五章 加快推进信息化建设

深入实施"互联网+"战略，利用互联网平台和信息通信技术，把互联网和包括传统行业在内的各行各业结合起来，在新的领域创造一种新的生态，鼓励产业创新，促进跨界融合，惠及社会民生，推动团场经济和社会创新发展。

第一节 加大信息基础设施建设力度

紧紧围绕师市建成宽带中国示范城市总目标，团场建设覆盖团部、连队的光纤宽带网络，实现城镇居民光纤入户，团（连）家庭宽带能力达12兆，无线局域网（WLAN）实现公共区域全覆盖，固定宽带家庭普及率达到80%，3G/LTE普及率超过90%，建成覆盖全团的高清交互式数字电视网络，高清业务用户比率达到80%以上。

第二节 加快智慧城镇建设

以师市创建国家智慧城市试点为契机，健全社会管理综合信息系统，完善基础信息共享机制,实现城镇信息动态监测和分析预测。支持公用设备设施的智能化改造升级。发展智慧城镇服务产业,建设公共信息服务移动门户,满足职工群众在医疗、卫生、教育、养老、缴费等基本生活方面的信息化需求,实现均等化发展。鼓励各类市场主体共同参与智慧城镇建设。

第三节　加强信息化与产业的深度融合

推动"互联网+农业"发展。依托团场大农业优势,结合"互联网+"机遇,推动团场智慧农业发展。建立农业资源基础信息数据库、农资农产品信息服务与交易平台,为涉农人员提供农产品、农资等市场供求和价格信息、人力资源、农业科技、品牌推广、视频教育、专家咨询、权益保护等服务。有效推进信息技术在农业"产前—生产—物流—销售—消费"过程中的应用,推广农田信息化技术,大力发展精准农业技术应用,推动信息技术用于作物监测、产量评估、资源调查、灾害监测及损失评估。推进北斗导航在农业生产中的规模化应用。

推动"互联网+工业"发展。促进信息化和工业化深度融合,利用互联网技术,推动传统工业向网络化、数字化、智能化转型。

推动"互联网+商贸业"发展。鼓励龙头企业发展电子商务,推动中小企业普及应用电子商务 积极培育团场社区电子商务,鼓励扶持本地企业搭建垂直型电子商务交易平台,在网上销售产品,减少流通环节,降低销售成本。实施电子商务进连队工程,支持作业点、社区物流快递配送点建设。

第六章　加快实现基础设施现代化

在重大基础设施和管根本、管长远发展战略上发力,加大和加快城镇重大基础设施建设。

第一节　建设综合交通体系

以便捷、高效、安全、舒适为目标,提高团场公路路网通达深度和公路等级,推进放射型公路网建设,形成"城镇作业点一体、快速通达"的路网体系。

以师市"十三五"公路建设规划修编文件精神为指导,加强通营、连公路建设,为团场社会经济发展保驾护航。"十三五"期间修建通营公路45.4千米,通连公路23.8千米。

专栏5：交通基础设施

1. 2016年计划修建道路总长度18.2千米。

通营公路：从S224线安下路口到沙钟线9连路口总长度10.8千米，7连平交路口到6连总长度1.9千米。

通连公路：2连连部到3连连部东道路总长度5.5千米。

2. 2017年计划修建道路总长度22.5千米。

通营公路：S224线8连路口到11连，路段总长度4.4千米；S224线安下路口到5连，路段总长度10.8千米。通连公路：13连到12连路段总长度5.3千米；S224线路口到14连东路段总长度2千米。

3. 2018年计划修建道路总长度17千米

通营公路：6连东岔口经13连到11连连部路段总长度7千米；S224线1连岔口到2连东路段总长度6千米。通连公路：1连到4连路段总长度4千米。

4. 2019年计划修建道路总长度11.5千米。

通营公路：S224线4连路口到3连东4.5千米。通连公路：Y127线到8连西路段总长度7千米。

第二节　进一步完善水利基础设施

坚持以人为本，保障和改善民生。把保障和改善民生作为水利工作的根本出发点和落脚点，着力解决群众最关心、最迫切、最现实的涉水问题。加快水利基本公共服务能力建设，保障团场居民饮水安全和防洪安全，推动水利基本公共服务均等化，使水利发展成果更好地惠及团场人民。

进一步加快水利基础设施建设的步伐，加大民生水利建设投入，加快农业综合开发。计划每年投资1000万元，实施高标准农田建设项目，每年改造1万亩农田，使连队斗渠水利用率达到92%；实施农渠防渗工程，对连队所有农渠进行防渗改造，使团场农业用水利用率达到75%以上；继续实施灌区续建配套及节水改造工程，计划投资1812万元，进一步对干支渠进行改造，其中老干渠2.75千米、西七支9.75千米、西十支6.1千米、东七、东八支3.5千米；继续加大对现有水利基础设施维护维修的投资力度，计划投资1300万元对排碱渠、沉沙池及渠道水工建筑物进行维护维修，通过疏通排碱渠、建设暗排，使地下水位进一步减低。严格执行国家用水“三条红线”制度，到2020年，团场农业用水总量控制在6198万立方米以内，较2015年降低8.6%。

第六篇　坚持绿色发展，加强生态文明建设

按照中央“五位一体”的战略规划，在“十三五”期间进一步加强生态建设与环境保护，把生态文明建设放在更加突出的位置，在资源节约型、环境友好型社会建设上取得新进展。

充分利用团场自然条件，合理布局，以公共绿地为主体，生产防护绿地为补充，街道绿化为纽带，社区花园为点缀，形成疏密相间、收放有序的绿地空间系统。从改善城镇的生态环境，提高居民生活质量和实现可持续发展的高度，进行绿地系统规划和建设，实现人与自然和谐发展。

充分挖掘城镇的人文景观和自然资源，以绿地系统规划为蓝图，突出团场特色，筑就“葡

萄之乡、园林小镇”。为城镇居民提供良好的宜居环境。

第一章　加强生态建设和保护工作

加大生态文明建设力度，把生态保护与经济发展结合起来，把发展人工生态和保护自然结合起来，统筹人与自然和谐发展，实现团场经济社会可持续发展。一是保护耕地、园地和林地等自然生态用地。结合团域特点和生态环境安全的需求，因地制宜对林地进行空间布局，重点以条田林、道路林、商品用材林为主，继续实施道路林、庄园林保护，巩固退耕还林成果，加强防风固沙、农田防护、道路庄园林建设与管护；努力做到以点连线，以线连片，改善生态环境，增强生物廊道建设，为提高生物多样性创造有利的生态空间。二是加强水源地的土地用途管制，限制蓄滞洪区等自然灾害危险区内的土地利用，严禁进行与生态保护无关的开发建设活动，增强抵御自然灾害的能力。到“十三五”末，将团场建成区域发展布局合理、产业清洁高效、生态功能持续改善、基础设施完备、管理体制健全的环境保护模范城镇。

第二章　全面节约和高效利用资源

严格执行建筑节能标准，加快推进既有建筑节能和供热计量改造，从标准、设计、建设等方面大力推广可再生能源在建筑上的应用，鼓励建筑工业化等建设模式。优先发展公共交通，优化运输方式，推广节能与新能源交通运输装备，发展甩挂运输。鼓励使用高效节能农业生产设备。

以团部办公楼为中心，以友谊路、文化路为发展轴，全面系统综合地调整和布置居住区，公建区、工业区三大功能分区，体现相对集中而又相互独立、有利于生产、方便生活、美化环境的规划原则。集中设置较完善的生活服务设施和公用工程设施，方便居民生活，节约投资。

开展节约型公共机构示范创建活动。加强用水需求管理，以水定需、量水而行，抑制不合理用水需求，促进人口、经济等与水资源相均衡，建设节水型社会。

第三章　加大污染防治力度

严格实施城镇总体规划和环境规划，全面控制环境污染和生态破坏，保证各类污染物达标排放，做到“一控二点三基本”。完善主要污染物减排、工业企业烟气脱硫脱硝、固体废弃物处置、城镇污水处理、规模化畜禽养殖场及养殖小区废弃物处理设施。坚持秸秆还田制度，完善农业源农药、化肥、残膜回收管理制度。

第四章　推动低碳循环发展

开展重点用能单位节能低碳行动，实施重点产业能效提升计划。按照减量化、再利用、资源化的原则，加快建立循环型工业、农业、服务业体系，提高全社会资源产出率。大力推进科技农业、精品农业，扩大膜下滴灌范围，加大残膜回收力度；推进秸秆饲料化、肥料化和能源化利用，实现农业废弃物资源化利用，发展生态型农业。以医疗废水处理、锅炉提升改造及沪惠农业科技、石河子红业北野生物科技等行业废弃物综合利用为重点，提高资源综合利用水平，强化企业清洁生产能力建设。推进产业循环式组合，促进生产和生活系统的循环链接，构建覆盖全社会的资源循环利用体系。

第七篇　坚持开放发展，大力招商引资

紧紧围绕丝绸之路经济带核心区和向西开放桥头堡建设的大好机遇，围绕团场优势资源，大力招商引资。

第一章　工作重点

一产：着力引进规模化的养殖企业，进一步做大做强优质畜产品基地。

二产：着力引进特色葡萄酒庄20个，解决酿酒葡萄销售难题，提高酿酒葡萄的附加值；着力引进畜产品加工企业，改变团场只销售初级畜产品的现状，促进畜产品的转化增值；着力引进光伏发电项目，发展清洁能源。

三产：着力引进现代仓储物流企业、电子商务企业解决团场农产品销售问题；着力引进综合商场、酒店宾馆、影院等项目，满足居民的消费需求，提升服务业的档次和水平。

第二章　创新招商方式

领导带头招商。实行团领导“一岗双责”制，把招商引资工作列为分管联系部门的重要工作任务，认真研究、安排、布置、督促、检查，做到既对分管联系部门的工作负责，又对分管联系部门的招商引资工作负责。

强化以商招商。以本团企业为重点，切实为企业提供全方位、高品质的服务，创优投资服务环境，使企业主动，以情招商，介绍更多的商界友人到团场考察投资，引进关联项目和产业。

组团外出招商。团招商引资领导小组办公室要加强日常信息的搜集、整理、研判、对接，认真做好组团外出招商筹备工作，确保外出招商有重点、有目标、有任务。

条块联动招商。团场各单位、部门是招商引资工作的主力军。团场根据部门实际，分别下达招商引资任务，并对目标任务完成情况进行严格考核，严格落实。

第三章　优化投资环境

出台优惠政策。充分立足团场的资源、交通、区位实际，参照师市招商引资优惠政策，在“三通”配套工程建设、名牌产品奖励、星级创评扶持、引进人才帮助等方面，制定团场招商引资优惠政策。切实增强招商引资的吸引力。对于对团场经济建设和社会发展具有长远影响的高新技术、工业生产、农业产业化重大项目，要按照“特事特办”“一事一议”“一企一策”的原则确定优惠扶持标准。

积极帮助办理审批手续。团场安排专人对落地项目实行保姆式的服务，在项目审批环节，帮助协调各方面关系，使项目审批顺利进行。

第八篇　坚持共享发展，打造社会发展示范区

按照“社会稳定和长治久安”的要求，把保障和改善民生作为拴心留人、壮大队伍的有效手段，把更多的公共资源投向民生领域，把更多的公共服务向职工群众覆盖，努力改善职工群众的生产生活条件，确保广大职工群众学有所教、劳有所得、病有所医、老有所养、住有所居，促进基本公共服务均等化。

第一章　保持就业稳定增长

坚持就业是民生之本，是社会稳定的基础的原则。加快团场公共就业服务体系建设。贯彻劳动者自主就业、市场调节就业、政府促进就业和鼓励创业的方针，重点推进产业就业、政策就业、创业就业、培训就业、转移就业、人才就业、帮扶就业和信息就业“八大就业工程”，鼓励多渠道、多形式就业，实现就业机会公平和就业条件平等。大力开展职业技能培训，着力推动面向市场需求的“大众创业、万众创新”的新动力，本着市场需要什么就培训什么，职工群众需要什么就培训什么的原则，不断增强职工群众就业创业的能力。鼓励团场职工以多种形式参与养殖和设施农业合作社，提高冬闲时期的劳务利用，加大团场对外劳务输出能力，增加职工收入。依法规范劳动关系的建立与运行，积极开展和谐团场的创建活动。“十三五”期间，实现新增就业500人，帮扶500名就业困难人员实现就业；团场种植业劳动力转移就业750人次，组织职工务工1万人次；培训各类人员2000人次，高级技工水平以上人才占技能人才总量的26%以上，形成初、中、高级技能人才梯次发展的合理布局。失业率控制在3 %以内，零就业家庭实行动态归零。团场争创“AA”以上和谐团场称号。

第二章 推进社会保障体系建设

进一步完善社会保障体系,扩大社会保险覆盖范围,建立更加公开、公平可持续的社会保险体系,保障水平明显提高。"十三五"末,实现各类社会保险按时足额发放,发放率100%;基本养老保险、医疗保险覆盖面达到98%以上。积极稳妥地发展社会福利事业,加大关心弱势群体力度,广泛招引社会资本参加团场养老事业的发展,加大以养老为重点的社会福利设施投入。到2020年低保居民住院救助报销比例达到85%,低收入困难居民达到75%。最大限度地帮助贫困居民解决看病就医问题。健全完善救灾应急体系,提高应急处置能力和减灾救灾水平。切实做好残疾人工作,加强残疾人社会保障和服务体系建设,有劳动能力的残疾人就业率保持在95%以上。

第三章 优先发展教育

坚持优先发展教育,巩固和提高"两基"成果,不断提高教育质量,维护教育公平。加大教育投入力度,实现学校义务教育标准化建设达标,信息化建设达标。积极参加学区集团化管理,建立教师、干部合理流动机制,不断提升学校的办学水平。把学前教育纳入团场公共服务体系和团场经济社会发展总体规划,不断加强幼儿园办园水平。到2020年,学前二年毛入园率达到100%。进一步规范实施义务教育"两免一补"政策,做好外来务工人员子女接受义务教育和学前教育工作。切实保障弱势群体接受教育的权利,巩固提高残疾儿童义务教育普及水平,保障残疾儿童受教育权益,残疾儿童入学率达到95%。

第四章 巩固发展医疗卫生事业

积极创建"兵团卫生团场",全面深化医药卫生体制改革,建立覆盖城乡居民的基本医疗卫生制度,逐步实现人人享有基本医疗卫生服务的目标。通过加大基础设施和医疗卫生信息化建设步伐,进一步优化卫生资源配置,使医疗卫生服务水平、服务能力及医疗卫生保障水平进一步提高,城乡卫生服务的可及性、公平性明显提升,居民健康生活质量明显改善,人群主要健康指标达到自治区、兵团的先进水平,居民人均期望寿命达到78岁以上;加强食品药品安全监督监控工作,食品安全检测覆盖率达到95%,饮用安全自来水比例达到99%以上;每千人执业医师数不低于3.5人,每千人注册护士数不低于2.5人,每千人床位数达到4.5张,卫生资源的均衡化水平明显提高。继续引进和培养专业技术人才,满足医院服务功能需求;进一步完善和更新诊疗设备,保持医院一甲等级;居民社区卫生服务覆盖率90%以上;居民15分钟到达医疗卫生机构的比例达到95%;居民健康知识知晓率达到90%;进一步强化疾控中心基础设施建设,全面提高传染病防控和突发公共卫生事件的处置能力,法定传染病发病率逐年有所下降。

第五章　加强文化体育事业建设

以满足人民群众日益增长的精神文化生活需求为出发点，培育和弘扬社会主义核心价值观，以创建全国文明城镇、公共文化示范区为载体，积极发展团场文化体育事业，加快镇区、小区公共文化设施建设，丰富团场职工群众的文化体育生活，提高职工群众的文化素养和身体素质等，促进文化体育事业全面发展。

一是以完善公共文化设施、创建公共文化示范区为依托，加快团场文化体育阵地、队伍建设。实现团场文化体育建设“十个一”，即一个文化中心、一个影剧院、一个图书馆、一个文化体育活动广场、一个电子阅览室、一个品牌文化活动、一支业余演出队伍、一套文化工作考评机制、每个连队（社区）一万元文体活动经费、每个连队（社区）有一名文化专干。

二是培育文艺骨干，举办文化活动，活跃群众文化生活。以团场“百日广场文化活动”“迎新春文艺演出”等节庆日活动，广泛吸纳文体工作者、业余文艺骨干以及热心公益文体事业的人士参与文化志愿服务，壮大志愿者队伍。积极开展职工群众喜闻乐见的文体活动，丰富职工群众的文化体育生活。团场每年组织群众性文化活动场次3次以上。

三是强化文化市场监督。进一步健全文化市场动态监督、管理制度，坚持开展“扫黄打非”等整治行动，加强科技监管，有效打击文化市场违法犯罪行为，净化社会文化环境。

第六章　促进人口均衡发展

以促进人口的长期均衡发展为重点，注重民生的改善。坚持计划生育基本国策，全面实施一个家庭普遍生育两个孩子的政策；努力实现团场人口总量稳步增长，人口自然增长率争取实现1‰，计划生育率达到100%。加大对计划生育家庭尤其是特扶家庭的关怀关爱力度，实施优生促进工程，努力实现人口素质的全面提升、结构的动态优化、人口与经济、社会和生态环境协调发展的新格局，构建人口均衡型社会，孕前优生健康检查率99%，人口男女性别比保持在103～107（以女性为100），实现人口地理信息系统入库率达到98%，提高信息化管理水平。

第七章　加大精准扶贫力度

大力实施“精准扶贫和精准脱贫攻坚”工程，坚决打赢脱贫攻坚战。2015年末，团场按兵、师标准精准识别建档立卡贫困人口为335户957人，其中有劳动能力的贫困家庭280户855人；无劳动能力的贫困家庭55户102人。根据师市党委的要求和部署，从2016年起实施精准扶贫，用两年时间，对上述建档立卡贫困户实施“规划到户、措施到户、责任到人”精准帮扶。按照“一户一策、一人一法”的方式，采取产业扶贫、教育扶贫、就业扶贫、保障扶贫、结对帮扶扶贫、动员社会力量参与扶贫等精准扶贫措施，全面推进团场扶贫帮困工作。到

2017年稳定实现贫困对象“两不愁三保障”,基本消除绝对贫困现象。

第八章　加强社区民主建设

按照“政府依法行政、社区依法自治”的原则,强化准入制度,理顺政社关系,明确工作职能,确保公共服务延伸到位。加强社区党组织、居民委员会、工作站建设,进一步规范工作职责。深入开展以居民会议、议事协商、民主听证为主要形式的民主决策,以自我管理、自我教育、自我服务为主要目的的民主管理,以党务公开、居务公开、民主评议为主要内容的民主监督,依法加强社区的民主选举、民主决策、民主管理、民主监督等常态民主建设。保障社区自治组织工作健康发展。加大对社区工作人员的教育培训力度,积极发挥社区社会组织和群众组织的作用,增加社会协同、公众参与的途径和平台,努力创建社区基层服务型党组织、和谐示范社区。

第九章　重视妇女儿童工作

全面贯彻男女平等基本国策,保障妇女合法权益,优化妇女发展环境,提高妇女社会地位,推动妇女平等依法行使民主权利、平等参与经济社会发展、平等享有改革发展成果。坚持“儿童优先”原则,以优先保护、平等发展、普惠福利为主线,全面提高儿童整体素质,促进儿童实现生存、发展受保护和参与权利,推动妇女儿童事业科学健康发展。

到“十三五”末,孕产妇死亡率控制在41/100000以下;婚前医学检查率达到60%以上;妇女常见病的筛查率达到80%以上,提高宫颈癌、乳腺癌早诊早治率,降低死亡率;妇女心理健康知识和精神疾病预防知识知晓率达到95%以上;婴儿和5岁以下儿童死亡率分别控制在5‰和7‰以下;降低流动人口中婴儿和5岁以下儿童死亡率;适龄女童义务教育巩固率达到99%,消除女童辍学现象。

第九篇　深化体制改革,增强经济发展活力

继续加大改革力度,破除一切不符合科学发展的体制机制障碍,为推进团场调整经济结构和转变发展方式提供强大动力和体制保障。

第一章　继续加强国有资产体制改革

推动国有企业完善现代企业制度,围绕国有资本保值增值和国有企业做优做强两大目标,从管人管事管资产转向以管资本为主,加强国有资产监管,改革国有资本授权经营体制,以规范经营决策、资产保值增值、公平参与竞争、提高企业效率、增强企业活力、承担社会责任为重点,深化国资改革带动国企改革,积极发展国有资本、集体资本、非公有资本相互融合的混合所有制经济,提高企业活力和国有经济整体竞争力。

对于团场的国有企业，坚持权责明晰，实现政企分开、政资分开、所有权与经营权分离，依法理顺团场与企业的出资关系，确保国有企业依法自主经营，激发企业活力、创新力和内生动力。以管资本为主，以资本为纽带，以产权为基础，重点规范资本运作、提高资本回报、维护资本安全。确保国有企业依法自主经营，激发企业活力、创新力和生产力。注重通过公司法人治理结构依法行使股东权利。坚持放管结合。按照权责明确、监管高效、规范透明的要求，推进国有资产监管机构职能和监管方式转变，切实增强企业活力，提高国有资本运营效率；该管的科学管好，严格防止国有资产流失，确保国有资产保值增值。

加强和完善对参股企业的管理体制。凡属团场招商引资来的企业，一是按照入股、参股、不控股的办法运作；二是改革完善国有资产管理体制，建立完善现代企业制度，实现国有资产的保值增值；三是完善公司法人治理结构和国有资本经营预算制度；四是建立有效的企业国有资产监督约束机制，通过监事会，委派财务总监，建立产权代表重大事项报告制和企业重大决策责任追究制；五是完善国有参股企业的激励、约束机制，推行年度经营业绩和任期考核责任制，使经营者的利益与企业效益和长远发展相结合。通过完善制度、管理办法和激励机制，实现参股分红，团场利益最大化。

第二章　全面推进团场改革的力度

实行内部政企分开，增强公共服务和社会管理职能，完善农业基本经营制度、国有资产运营监督管理体制。完善和推进团场综合配套改革，“十三五”时期全面推进团场运行机制改革，逐步形成“核心作用强化、行政职能完善、监管机制健全”的团场运行机制；创新团场社会治理，健全以团场-社区为框架的社会治理体系，逐步形成“党委领导、行政负责、社会协同、公众参与、法治保障”的新型团场社会治理机制；完善农业经营体制改革，建立经营公司+作业区+农户的市场化、社会化经营体系；基本建立种、养、加、产、供、销一体化经营机制，加快培育经营性公司并进入规模化运行。

第三章　促进非公有制经济健康发展

鼓励民间资本参与城镇化建设，进入基础设施、公用事业、社会事业、文化产业、金融服务等领域，让民间资本在更多领域发挥更大作用。加强对团场民营经济发展的战略引导，尤其在现代服务业领域充分发挥民营经济拉动增长作用。切实维护非公有制企业合法权益。推进中小微企业服务体系建设，促进中小微企业健康发展。

第四章　加强法治团场建设

深入推进依法行政，加快建设法治团场。紧紧围绕提高科学执政、民主执政、依法执政水平，加强民主集中制建设，着力提高领导干部运用法治思维和法治方式深化改革、推动发展、化解矛盾、维护稳定能力。到“十三五”末，全社会法治意识显著增强，各部门和社会各行业各领域法治建设和依法治理水平显著提升,法治团场建设取得阶段性成果。

第一节 加强依法行政

完善重大行政决策机制,规范行政决策程序,推进行政决策科学化、民主化、规范化。落实重大决策事项的社会稳定风险评估和合法性审查相关制度,落实重大决策终身负责制和责任倒查制度。进一步健全规范性文件制定程序,强化规范性文件备案审查,加强规范性文件的定期清理,增强制度的科学性、合理性和可操作性,坚持用制度管权管事管人,坚决维护法治统一,确保政令畅通。全面推进政务公开、决策公开、执行公开、管理公开、服务公开、结果公开。各职能部门依据权力清单,向社会全面公开政府职能、法律依据、实施主体、职责权限、管理流程、监督方式等事项。重点推进财政预算、公共资源配置、重大建设项目批准和实施、社会公益事业建设等领域的政府信息公开。

第二节 不断提高依法执政能力

完善行政执法管理,加强统一领导和协调。理顺行政强制执行体制和团场管理执法体制,加强团场管理综合执法机构建设,提高执法和服务水平。各级领导干部在坚持团党委和依法治团有机统一的指引下,增强法治观念、弘扬法治精神,提高依法执政能力。依法用权、秉公用权、廉洁用权。

第三节 加强法治宣传

充分发挥各级普法依法治理机构的作用,建立法律知识集中学习、分批培训和日常普法长效机制,提高普法活动参与度。运用电视、广播、板报、普法固定宣传栏等形式,重点推进"七五普法""法治六进""法治宣传教育九个一工程"。到"十三五"末,法治宣传教育不断深化,全民法治观念不断增强,法律素质不断提高,职工群众的合法权益得到有效维护,各级领导干部和公职人员依法履职、依法办事的自觉性和能力普遍增强。

第四节 依法保障民生权益

依法保护职工群众的合法权益,加大对经济困难群众、特殊群体的司法救助和法律援助力度。建立畅通有序的诉求表达、心理干预、矛盾调处、权益保障机制,依法按政策及时妥善处理职工群众的合理诉求。加强和改进新形势下的信访工作,完善信访工作制度,落实领导干部接访、下访、回访、联系群众制度,深入开展联合接访。着力解决土地征用、房屋拆迁、涉农利益、教育医疗、社会保障、环境保护、安全生产、食品药品安全、城镇管理、涉法涉诉等方面职工群众反映强烈的问题,使职工群众问题能反映、矛盾能化解、权益有保障,把涉法涉诉信访纳入法治轨道解决。

第十篇 维护社会稳定,构建和谐北野

紧紧围绕维护新疆社会稳定和长治久安这一根本目标任务,进一步强化维稳戍边功能,更好地发挥兵团特殊重要作用,大力提升维护社会稳定、促进公平正义、保障安居乐业的能

力，打造安边固疆的“稳定器”。

第一章　打造平安北野

紧紧围绕社会稳定和长治久安总目标，切实落实维稳戍边主体责任，时刻做好长期作战的思想准备和工作准备，全面加强各类维稳力量建设。依法加强宗教事务管理，深入持久打击“三非”“三股势力”和各类违法犯罪活动，不断完善社会治安综合治理体系，维护广大群众生命财产安全。

深入推进平安北野、法治团场建设。构建立体化社会防控体系，加强民兵值班连和综合管理大队巡控力量建设，加强人防建设，配齐配强防范力量，强化物防建设，防范措施到位，突出技防建设，全力推动公共安全视频监控建设和联网应用工作。

严格落实群防群治责任，强化内部安全防范和联防自保体系建设。建立健全反恐、维稳联合工作机制，坚决防止发生重大恶性暴恐案件和重大群体性事件。坚持“源头治理、系统治理、综合治理、依法治理”相结合，明确平安建设的路径、方法。

健全流动人口、特殊人群服务和管理体制，推动流动人口管理信息资源共享，把流动人口纳入社会一体化管理范围和公共服务体系；做好预防青少年违法犯罪工作，落实对社区矫正人员、刑释解教人员、吸毒人员、重性精神病、易肇事肇祸精神病、少年教养人员、非法宗教、邪教人员等特殊人群的登记、帮教、监管制度，对有重新违法犯罪倾向的特殊人群加强管控。全面加强对危爆物品、管制器具动态管控，强化责任倒查，严防漏管失控造成现实危害。

加强重大工程项目和重大政策制定的社会稳定风险评估制度建设，努力解决好关系群众切身利益的突出问题，及时发现社会面不稳定的苗头性、倾向性问题，坚持把维护人民群众合法权益作为社会稳定工作的出发点和落脚点，健全新形势下群众利益协调、诉求表达、矛盾调处、权益保障的有效机制，着力解决影响社会稳定的基础性、源头性、根本性问题，夯实长治久安的社会根基。从源头上预防和减少群体性上访事件的发生。

健全突发事件监测和应急机制，完善应急反恐指挥体系，强化各类应急救援和突发事件处置演练，全面加强各职能部门、公安派出所、司法所、民兵值班连、综合管理大队、应急救援处突、社会管理指导员、社管员、看家护院队等群防群治力量的作用，做到点、线、面结合，提高网格化管理水平和预防预警、应急处置能力。

完善政法系统基础设施建设，提高应急处突装备水平，提升执勤处突维稳反恐能力，确保民兵训练有基地、民兵集结有营地，提高经费保障水平，有效提高应急处突能力，切实发挥维稳戍边的作用。

强化反恐维稳工作的紧迫感和责任感，坚决克服“稳定与己无关”的错误思想，继续开展严厉打击暴力恐怖活动专项行动，坚决消除麻痹大意和松懈思想，坚持零容忍、零懈怠，确保辖区不发生暴恐案件，确保辖区人员不参与暴恐案件，确保“三非”活动不在辖区渗透蔓延。努力打造全疆最安全稳定的地区。

第二章 加强民族团结

以社会稳定和长治久安为总目标,始终不渝地坚持党的民族政策,坚持民族平等、民族团结、民族和谐,坚持各民族共同团结奋斗、共同繁荣发展,筑牢增进民族团结的坚固阵地。一是扎实做好新形势下民族团结工作。着力在密切民族关系、党群干群关系和最大限度争取民心、凝聚人心上取得新进展;着力在以现代文化为引领、促进宗教和谐、全力以赴"去极端化"上取得新突破。二是进一步加强民族团结宣传教育。结合团场实际,把民族团结宣传教育工作摆在重要位置,扎实进行"四个认同"教育,深入开展维护国家统一和热爱祖国、热爱新疆、热爱兵团的宣传教育;深入开展现代文化为引领教育,开展民族团结进步事业成就和前景教育,大力宣传民族团结先进典型事迹,不断增强各族人民的国家意识、法律意识、公民意识和现代意识,引导广大职工群众确立正信、抵制极端,把力量凝聚到发展经济和改善民生上来;加强对青少年的教育,帮助青少年自觉把个人理想和追求同国家前途、中华民族命运紧紧联系在一起,使爱国主义和民族团结思想扎根于青少年的心灵深处。三是切实加强和改善党的领导。领导干部要从思想上高度重视做好民族团结进步工作,要切实增强政治意识、大局意识和责任意识,不断提高新形势下开展民族工作的能力和水平。

第三章 加强社会主义精神文明建设

以践行社会主义核心价值观为载体,深化以"讲文明、树新风"为主题的教育实践活动,营造"知荣辱、树新风、促和谐"的社会环境和"人人为我、我为人人"的社会风尚。以创建全国文明城镇为载体,推动诚信体系建设、文明素养培育、开展大众化文化娱乐活动、净化社会环境、交通秩序优化、团容团貌改善、提升志愿服务活动七大工程,积极参与各类群众性精神文明创建活动,不断提高公民的思想道德素质,努力构筑平等友爱的和谐人际关系,形成良好的社会道德风尚。以学习宣传道德模范为载体,倡导公民自觉履行责任和义务,强化公德意识、参与意识、法律意识和公共精神。下大力抓好青少年的思想品德和心理素质教育,完善学校、家庭、社会三结合的工作网络。建立健全志愿服务保障体系,推进志愿者服务工作机制化、常态化,积极引导广大干部、职工群众参与志愿服务活动。充分发挥工会、共青团、妇联等群团组织的作用,广泛开展精神文明创建活动,进一步推动团场精神文明建设健康发展。

第四章 加快社会信用体系建设

以建立和完善符合社会主义市场经济体制要求的社会信用体系为目的,以信用制度建设为核心,以信用建设为重点,综合运用各种资源和手段,有重点、有步骤地推进符合团场实际的社会信用体系建设,营造"守信光荣,失信可耻,褒扬诚信,惩戒失信"的社会信用环境,树立"信用北野"的良好形象,为团场经济社会发展提供强力支持。

采取团场推动、全社会参与的方式,充分发挥团场引导、示范带动、宣传教育等方面的推动作用,加快建设公共征信系统。团场机关及各单位工作人员要在诚实守信方面发挥示范作用,带头承诺和履信。充分发挥新闻媒体和社会公众的宣传、参与和监督作用,形成全社会广泛参与、共同推进的良好格局。利用现代信息技术,解决信息采集、共享等问题,团场和金融部门加强对信用信息的记录、整合和应用。通过共建共享方式,建设公共联合征信系统,实现信息互通共享,提高信用信息的公开和应用水平。

到2020年,基本建成管理有序、制度健全、信息完备、监管有力、竞争有序、体系完善、服务高效的社会信用体系。守信激励和失信惩戒机制有效建立,信用信息体系健全完善,为社会治理和经济活动提供重要参考。社会失信行为得到有效遏制,诚信自律水平明显提高,市场经济秩序进一步好转,形成全社会讲诚信、守信用的良好社会氛围。形成独具特色的北野诚信文化。

第五章　加强安全生产

坚持"以人为本、生命至上,安全第一、预防为主,综合治理、安全发展"的方针,以保障人民群众生命财产安全为根本出发点,以有效遏制生产安全事故和减少职业危害为着力点,进一步规范安全生产法治秩序,不断强化企业安全生产主体责任的落实。

全面建立健全责任清单和权力清单,实行党政领导干部"党政同责、一岗双责、失职追责"制度,完善"四级五覆盖""五落实五到位"安全生产责任体系,切实落实"三个责任",坚决执行"三个必须",强化企业主要负责人、安全管理人员和特种作业人员的教育培训、安全技能培训。

贯彻落实师市关于安全生产宣传教育活动及安全生产工作部署。做好消防工作,加强消防队伍、装备保障能力建设,做好消防培训、消防设备检查、消防演练工作,深入开展建筑消防设施"三化"建设,落实重大火灾隐患挂牌督办制度。

强化职业健康教育和职业病健康体检,保障职业人员安全健康,加强职业病防治技术支撑体系建设,到2020年,医疗机构从事接触职业病危害作业劳动者的职业健康体检率达到90%以上。

推进安全保障能力建设,建立生产经营单位负责、职工参与、政府监管、行业自律和社会监督的机制,强化基层基础工作,突出事故隐患排查治理和事前预防体系建设,推进安全生产监管长效机制的建立和发展。

认真进行安全生产事故查处工作,严格按照"四不放过"原则和行政责任追究制度,依法严肃追究有关事故责任人的责任,落实事故处理决定,事故结案率达100%。到"十三五"末,事故总量进一步下降,做到减少一般事故,有效遏制较大事故,坚决杜绝重特大事故,事故起数和死亡人数控制在师市下达的控制指标之内。突出重点,强化重点行业领域治理,使危险化学品、烟花爆竹、特种设备、工贸、道路交通、农机、消防、建设施工等重点行业领域安全生产状况实现根本性好转。

第十一篇 强化实施,做好规划实施保障工作

推动规划顺利实施,必须举全团之力,进一步改革创新,完善规划实施机制,正确履行团场的政府职能,合理配置公共资源,发挥市场配置资源的基础性作用,充分调动最广大人民群众的积极性、主动性和创造性,确保实现未来五年发展的宏伟蓝图。

第一章 加强党的领导

加强党的领导是实现“十三五”规划目标的根本保证。要坚持党的领导、人民当家作主和依法治国有机统一,要坚持以执政能力建设和先进性建设为主线,全面推进党的建设,进一步提高领导经济社会发展的能力和水平。加强领导班子和干部队伍建设,大力推动学习型党组织建设,创造性地研究发展中的新情况,创造性地解决发展中的新问题。加强服务型基层党组织建设,增强基层党组织的创造力、凝聚力和战斗力。坚持正确的用人导向,真正把受群众拥护的优秀干部选拔到领导岗位上来。完善惩治和预防腐败体系,严明政治纪律,严守政治规矩,确保政令畅通,为加快科学发展提供坚强的组织保证。

第二章 加强政策项目配套

根据规划提出的目标和任务,加强经济社会发展政策的统筹协调,保障规划顺利实施。加强产业政策引导,积极落实国家产业政策,制定符合团场实际的产业导向,促进产业结构优化升级。建立与规划任务相匹配的投资规模形成机制,确保团场投资优先投向于民生和社会事业、重大基础设施、生态环保等经济社会薄弱环节。

坚持以规划确定项目、以项目落实规划,发挥重大项目对转变经济发展方式的带动作用。对规划所列的重点项目,特别是事关经济社会发展全局的重要基础设施、民生社会项目,团场要组织推动实施,在制定年度计划和财务预算时,落实建设资金,纳入财务预算。对有收益的公益性项目,要制定优惠政策,开展招商引资,采用多种融资方式吸纳社会资金参与建设。竞争性的产业项目,坚持以企业为主体,以市场为导向,团场提供服务。

第三章 加强统筹协调

强化本规划作为团场总体规划的统领地位,各级各类规划的编制和实施要以本规划为

依据。遵循下级规划服从上级规划、专项规划和区域规划服从总体规划、同级规划相互协调的原则，使经济社会发展各个领域的规划、城市规划、土地利用规划等互相支撑、互不冲突。各级各类规划应加强与团场规划的衔接，确保在功能定位、生产力布局、基础设施布局、资源开发、区域发展等方向上保持一致。国民经济和社会发展年度计划要依据本规划，合理确定年度发展目标，分年度落实本规划的目标和任务。

第四章　加强规划监督

建立健全重大事项报告制度，定期将规划目标和主要任务的进展情况向团场党委报告。进一步扩大政务公开，强化信息引导，形成全社会关心规划、参与实施和共同监督的良好氛围。发挥新闻媒体和群众社团的桥梁和监督作用，健全团场与企业、职工群众的信息沟通和反馈机制，促进实施规划。

第五章　健全考核机制

加快制定并完善有利于团场长治久安、快速发展的绩效评价考核体系和具体考核办法，本规划提出的约束性指标和公共服务领域的任务，要纳入各级各部门经济社会发展综合评价和绩效考核，考核结果作为各级领导班子调整和领导干部选拔任用、奖励惩戒的重要依据。开展规划实施情况中期评估和年度评估，全面分析检查规划实施效果及各项政策措施落实情况，加强对风险和不确定性的研究，推动规划有效实施，并为动态调整和修订规划提供依据。

附录二 文　苑

树上有红旗的地方

口述:谢殿福　记录整理:陈楚新

1958年夏,我在兵团干训班培训结业,回到22团(现一四二团)组织科报到,科长对我说:“你被组织分到新组建的七场工作,现在就去报到。”我问科长:“七场在什么地方?”科长告诉我:“沿着总干渠朝北走,走到渠的尽头,再往北走数千米,树上有杆红旗的地方就是。”

我连家都没回,心急火燎地背上背包就出发了。刚开始朝着七场的方向还可以在高低不平的渠埂上走,大概走了一个多小时,到了总干渠尽头时,再往前便没有路了。我擦擦头上的汗,坐下来喝了一口水,心想究竟还有多远?我举目朝北望去,那是一望无际、长满红柳、梭梭的茫茫戈壁。再仔细朝北方向看,好像有一条马车压出来的羊肠小道。稍休息一会儿,我继续往北走,突然一只狐狸从梭梭林窜了出来。我心里一惊,心想:如果到天黑还走不到营地,碰到狼就麻烦了。容不得多想,我加快了脚步。又走了很久,还是看不见红旗。我心里有点急了,放下背包,爬到一棵高树上,仍看不见红旗。

那时,我认准一个方向作目标,再难也要朝前走,实在累了,就坐下来喝口水稍作休息再起来往前走,我也不知道走了多长时间。

走着走着,我猛地抬头看见前方确实有棵树上插着红旗(原团林管队啤酒花地) 当时我心里别提多高兴了,加快步伐一口气走到树底下,左看右看就是不见像当时22团一样的房子,再细一看,前方有几排用梭梭、苇子扎的木房,这木房有的顶上盖着帐篷,有的铺着苇子。我心里想,这应该就是新单位安七场(一四一团)了。

这时,有几个中年人从木房走出来,其中一个壮汉粗声粗气地说:“来的是小谢吧?组织部打过电话了,说你今天到,没想到走得这么快,欢迎你参加七场的开发建设。”我一看,说话的人就是高场长,我向场长敬了个礼。高场长带我进入用苇把子围起来的房子。房子里光线昏暗,到处是土和沙子,中间摆了一张条桌,桌上堆着文件和报纸之类的东西。墙上挂着陈旧的大衣。等我坐下来,高场长说:“小谢同志,真不好意思,到这里连口水都没得喝,就要给你安排工作了。你到一连当指导员吧,你的搭档是从五师过来的赵喜顺连长,他现在应该正走在总干渠上。”顿了一下,高场长接着说:“到目前为止,这里只有3个连队,还不到900人,比我们开发22团时艰苦得多,喝水都要到十几千米外的地方拉,你思想上要有足够的吃苦准备。”

我立刻站起来说：“请场长放心，到这里来就是吃苦干工作的，相信我，再苦我也不怕。”

我按场长指的地方，返回总干渠，找到了新搭档开始了新的战斗。

这一年，安七场修建总干渠8200米，开荒造田5666.67公顷，夏播547.33公顷（谷子、青贮玉米、荞麦），秋播冬麦1766.67公顷，修建房屋1270平方米，总投资4.79678万元，修建水利工程11项。当年投产，当年建设，当年生活自给自足。

我的第一任连长

作者:高泽民

人,总有一天失去韶华,青春不再来,但回首走过的路,这里的一切使我魂牵梦萦,难以忘怀。一张张熟悉的脸,一桩桩经历的事,又浮现在梦幻记忆中,有道是:老兵解甲忘故土,心系北野情悠悠。

1961年2月,我一个热血青年放弃了学业,坐上西行的列车,几经周折来到安七场,在招待所住下来。两天后劳资科一个姓王的助理员给了我一张个人《简历表》让我填写。表填好后他看了一眼说:“你到机二连开拖拉机去吧,其他的活你干不了。你在招待所等着,我通知连长来接你。”他走后半个时辰,来了个穿黄军装的人,看上去三十出头,中等个头,白里透红的国字脸,浓眉下一双大眼格外有神,嘴角微微翘起,给人以坚毅刚强的感觉。他一进门就笑着问:“你就是高泽民吧?”我点点头说:“是”,“跟我走。”说着帮我把行李提到门外的拖车上,我猜想这就是王助理员说的连长了。虽说这是初次见面,却像遇到了兄长,有一种和善亲切的感觉。车厢里已经坐着几个人,没等我们坐稳,就有人说:“连长,这小鬼分到我们车上吧?”那时候老同志亲切地把小青年称为“小鬼”,连长只笑不答。只有半个小时路程,就到了机二连,这里就是我参加工作的第一站,这个连长也就是我的第一任连长李永代。李连长是1949年入伍的学生兵,跟随王震将军进军新疆,在部队当过文书,1954年集体转业到兵团水工大队,1958年从南疆转至安七场,当了机耕二连连长。

建连初期,机耕连只有大中型拖拉机6台,康拜因5台。二十多个农机人员,却担负全场1/2的耕种任务。好在我来时新进了3台轮式机车,力量壮大了许多。春季拖拉机进地机耕连长就成了大忙人,要查看墒情,看拖拉机耕作质量,抓工作进度。从早到晚,靠着两条腿跑遍了耕作区的所有条田。在春耕最紧张的时候,连长更是没日没夜地工作,记得有一次,他查看了耕作区几个连队春耕机车的工作情况后刚刚回到家,就听说100号拖拉机在16号地条田耕作时因故障“趴窝”,机车“趴窝”会给春耕生产带来很大影响。他没来得及喝一口水,晚饭也顾不上吃就直奔16号地,了解情况,组织抢修。他一边组织机组人员挑灯夜战,一边安排给加班的同志送夜饭。初春的夜晚寒气袭人,他又拣来柴草,点燃篝火给大家取暖。同志们劝连长回去休息一下,他却一直坚持陪着大伙一同修车,虽然他没有发表鼓动性的谈话,但小伙子们都明白连长比谁都着急,不用说大伙儿劲头更足,直到第二天中午100号机车的故障排除,轰鸣着又奔驰在田野里,他才拖着疲倦的身体离开16号地。像这样的事对他来说是常事,你看他经常身上披着一件褪了色的黄棉衣,奔波在耕作区的条田里,实在困倦了就坐下打个盹。若遇上哪个机车有故障,他就陪驾驶员排除故障,农机人员看他太辛苦,劝他回去休息,他执意不肯离开,直到机车恢复工作。后来上面分一张自行车票给连长,车子买来后就成了全连的“宝物”,年轻人跃跃欲试,都想学骑车。连长很随和又好说话。新自行车他本人没骑几天,就变成了“公车”,不是这个人借去上场部,就是那个人骑去领材料,本来自行车是要给连长助把脚力的,却整天见不到车,这种时候他只是笑一笑,不指望自行车代步了,仍旧靠着两条腿来干他的事业。

连长为人朴实,从不高谈阔论,而是用他一心为公的行动影响着职工群众。那时连里没有像样的办公室,没有职工宿舍,没有集体食堂。办公室设在材料库房中,单身职工挤在十分简陋的农机具检修棚里睡觉,吃饭暂时在相邻的生产四队搭伙。作为连长既要考虑耕作任务的完成,又要考虑连队建设。春耕生产一结束,他动员全连职工、家属自己动手打土坯盖房子、建家园。工程一拉开,连长就成了最忙的一个,搞设计,筹备材料,安排劳动力等。虽然条件很差,困难不少,但他胸有成竹,忙而不乱。当然苦活累活他带头干,做出榜样,职工群众情绪高涨,个个争先,不甘落后,只用了三个多月时间,就建好了办公室、伙房、餐厅和职工宿舍,基本设施一应俱全,尽管是土木结构,在那个年代的连队住房算得上是最好的。

盖好新房解决了单身职工的住房问题,又为几对要结婚的姑娘小伙子们准备了新房,连里还为他们举办了集体婚礼,那天连长还当他们的证婚人,发表了热情洋溢的讲话,大家都夸连长想得周到,话也讲得非常感人。连长和大家一样乐不可支,看得出他更高兴,因为职工群众安居乐业了,干工作的积极性就高,事业就会兴旺。农机人员在他的带领下,不但顺利完成了耕作区几个连队的各项生产任务,机耕连的各项建设也都走在全场前列。那年农场小麦、玉米、油菜、甜菜等作物喜获丰收。连队被评为上缴粮食先进单位,农八师还奖给团场一辆“嘎斯”汽车,年终总评时大家都选连长为“先进工作者”。

连长善于用人,他手下有一帮得力的骨干,像朱家训、毕彦春、荣丙洲、张元治、马忠武、刘成章、陈纪明、傅中央、毛德宏、李明、傅洪亮、何成友等,他们个个技术熟练,精明能干,能够吃大苦耐大劳,都是农机队伍里的带头人。有了这样一支骨干组成的队伍,没有完不成的任务。所以只要连队有任务,大家争着上,你追我赶,生怕落伍掉队。连长很少对下级发火,听得多的是表扬和鼓励。这使我想起美国教育家卡耐基的话:“一个好的管理者,要想使自己的意图得到有效的贯彻实施,不能靠发号施令,相反,对员工则需要多给予诚实而真挚的赞赏。”尽管李连长并不知道卡耐基的学说,但他在自己的工作实践中就一直是这样做的,效果也的确是明显的。

机耕连的年轻人,大多数都有一定的文化,而且都爱好文化娱乐和体育活动,连长就千方百计地给大家创造开展文化体育活动的条件,自制篮球架、乒乓球台、羽毛球网等。冬季还自编自演文艺小节目,春节晚会开得有声有色,非常热闹。这既活跃了连队文化生活,又增加了连队的凝聚力,可以说一举多得。

到1964年,机耕二连已拥有大中型拖拉机11台,康拜因5台,各种农机具配套齐全。农机人员65人,担负了6个农业连队近5万亩地的耕作任务。1965年初,随着“农业机械化”程度的提高,为使机耕工作更适合农场的实际,便于调动,不误农时,有利于发展生产,农场推行“机农合一”的体制,机耕连撤销,农机具分到农业连队,农机人员随机车分流到农业连队。一说分开,大家都恋恋不舍,是因为舍不得这个团结友爱的集体,更舍不得离开和大家朝夕相处、爱兵如子的好连长。自然,连长也舍不得这些吃苦耐劳、踏实肯干、生龙活虎的好部下。

机耕连解散后,李连长到二队当了队长,我也分到二队开拖拉机,我感到很幸运和老连长继续在一起工作,因为他对我们比较了解,安排工作能因人而异,知人善任。有一年春播结束后,10号条田迟迟不出苗,经检查发现棉花霉烂,连长当机立断做出重播的决定。当时我们机车组正好补休息,其他几个同志都不在连队,连长找到我,我毫不犹豫地立即发动机车去补种,我心里非常清楚“有苗三分喜,无苗一年愁”的道理。那天已是五月十二日,农时不等人,连长心里最着急。10号条田有500亩地,要求加班播完。棉花播种要求严,其中很重要的一条播行要端直,因为出苗后还要中耕。在此之前连队还没有在夜间播种棉花的先例。为了抢时间连长提出夜间播种,我大胆接受了任务。那天夜里连长陪我干到天亮,经过15个小时的努力,完成了重播任务,一个星期后补种的棉花出了苗,连长喜上眉梢,在大会上表扬了我,说我加班加点不怕苦,还夸我播种技术精,质量好。其实我最清楚连长比我们还辛苦,没有他的信任和鼓励,也许质量不会有多好。在我的记忆里,李连长在二队当队长那几年,生产一直走在全团的最前面,虽然受到“文化大革命”的冲击,但李连长最关心的还是他的粮食、棉花、甜菜和猪、马、牛、羊的发展。“革命派”攻击他只抓生产,不“抓革命”。他说毛主席不是说要“抓革命,促生产”,我天天都在学“毛著”背语录,这难道不是“抓革命”吗?说得想整他的人没话可说了,“革命派”始终没有把他整倒。这是因为他的群众威信高,深受群众的拥护爱戴。

记得1969年春天,我们机车正在播种甜菜。那天我感到咽喉不舒畅,就回到连部找卫生员看病,卫生员看过后说:“有可能是食管癌,你最好到石河子大医院诊断一下。”他说得还特别认真,这把我吓得不轻,从中午到晚上,不但没有吃一口饭,就连水也没有喝一口。傍晚我找连长请假去看病,连长不信我这么年轻会得癌症,他一边安慰我一边说:“正好甜菜也播完了,你们机车去石河子拉趟油渣,你顺便去检查一下也好。”说实话那时候团部到石河子两天一趟班车,很不方便,这些连长都替我想到了。当天晚上我坐上拉油渣的拖拉机到石河子,天亮时赶到八师医院,经过几个科室的诊断,确诊是慢性咽炎。我的精神压力一扫而光,马上轻松了许多,从医院出来肚子也觉得饿得慌,连忙到饭馆狼吞虎咽消灭了两碗拉面。从石河子回来,第一个到车前问我检查结果的是老连长,他看我情绪很好,就说:“没什么问题吧?”等我把诊断报告单给他看过后,他笑着对我说:“我说不会有问题嘛,这下你该放心了吧!”这虽说是发生在我身上的一件小事,但体现出老连长对普通职工的关切之情,使我终生难忘。

20世纪70年代，老连长当了团后勤处长，后来又担任了副政委、副团长、劳改支队副支队长，直到光荣退休。几十年里，他工作生活的地方也有许多处，他的职务变动过不少次，唯一不变的是他那黄军装和艰苦朴素的好传统、好作风。

我在老连长直接领导下工作了十年。在和他相处的十年里，他一丝不苟、任劳任怨、认真负责的工作态度，不计名利、严于律己、宽以待人的思想品德，给我留下了很深的印象，我从他身上学到了许多宝贵的东西。2000年我因心脏病住院治疗，七十多岁的老连长不知从哪里听到消息，立刻跑去看我，安慰我，的确叫我感动不已，感激不尽。没有想到这么多年过去了，他还关心着曾经是他手下的一个老兵，其情真意切胜似亲人。我脑子里马上浮现出和老连长一块工作、生活过的那些难忘的岁月，就像过电影一样，一幕幕呈现在脑海里。我在想，假若时光能倒流，我还愿跟着老连长干，值得。衷心祝福老连长晚年幸福长寿。

“谎言”变真实

作者：陈楚新

50年前，一四一团十六连的一处地窝子里，传出断断续续的哭泣声：“说你们这里住的是楼上楼下，电灯电话，出门坐车……”一个嘶哑的声音说“我真的没骗你，我们来时就不是坐车，楼上楼下嘛，将来一定会有……”

这是一个真实的“谎言”故事，故事的主人公就是我当年的刘师傅，大车班长。

那是1960年，20岁出头的刘师傅从内地来到一四一团参加工作，由于他踏实肯干，工作努力，在后勤当了个马车班长。有一年夏天拉麦子，师傅的排长说：“小鬼，你也该到了该找媳妇的年龄，不想回家找个对象带来？”班长说：“想呀，在咱老家男的18岁就结婚。回家找，哪个姑娘愿意来这‘鬼地方’？”

排长开玩笑说：“小鬼，你真呆，你就不能把这里说好些？”排长的话使班长真的动了相亲的念头。这一年，师傅好不容易等到秋收结束，他迫不及待地向连长打了个回家找对象的报告。

建场初期，领导对自己手下兵的大事小事都非常关心，尤其是找对象，只要本人打报告，连队领导立即批准，临走时还会给点钱说：“如果你村里的姑娘多，别忘了多带几个来，路费连里给你出。”

师傅说，那时候这里单身汉可多了，连队女职工少，有的男的快40岁出头还找不上对象。像他这种年纪，就是有姑娘也轮不到他头上，只有回内地找。

每次提起这事，师傅说：“我试着打了个报告递上去，领导真的批准我回家找对象了。当时，报告批准后真还有点难住我了，回老家能不能找上对象，找到对象不愿意来怎么办？真的跟我来新疆，我又怎么对她说新疆的真实情况？”在路上，师傅真的准备了几天几夜“台词”。

回到村里，亲友们对他专程回来找对象，倒也十分热情地帮着介绍。村里有几个合适的姑娘，但对新疆不了解，不愿跟他来新疆，只好告吹。眼看探亲假期快到了，师傅还没找上愿意跟他来新疆的对象。

有一天，师傅来到县城，一个远房亲戚说：“县城姑娘不少，不知道她们愿意不愿意去新疆，不行我再帮你说说。”也是缘分，这个亲戚一说，有个家在城里的姑娘同意见见面，相互了解了解再说。

师傅与这姑娘见面，真是打心眼里喜欢，姑娘长得水灵灵的，一表人才，还读过几年书。当然，有点文化的姑娘那时候都怀着远大的理想。师傅与这姑娘一见钟情，她答应了这件婚事。当然她压根不知道当时兵团的艰苦程度，更想象不到住地窝、吃粗粮、睡地铺是什么样的。家长见师傅和姑娘双方都愿意，当时连彩礼也没提就应允下来，并约定了双双到新疆的时间。

婚事成后，别看师傅表面上整天笑得合不拢嘴，心里可犯愁，他那时候真犯难，如果照实说出新疆的情况，姑娘不跟他来怎么办？说假话，真的回到新疆，她不愿意又怎么办！没有说过假话的师傅真的愁得睡不着觉，假期没满，师傅就领着新娘急急忙忙来新疆。

姑娘随着师傅坐上去新疆的火车，下了火车又坐汽车，几天几夜后，姑娘好不容易跟师傅来到安七场。

那是初春，寒风刺骨。下车后，姑娘见还没到家，她再次问师傅还要走多远？住什么样的房子？师傅只好编了个谎言说："快到了，住的楼上楼下，家里安有电灯、电话，出门便坐车。"

没过多长时间，马车班的同事赶来辆马车接师傅。师傅兴冲冲地对新娘说："我说得不假吧，出门便坐车。"

新娘瞪大眼看着师傅，没说什么的。回到良种连，没看见有一栋楼房，问师傅怎么还看不见楼？师傅指着地窝子说："到了。"新娘一看，前面一包土堆，土堆前有往下走的道，新娘这才知道师傅说的楼上楼下、电灯电话全是骗她的话，进了地窝子，什么也没有，只见一边支着木板床，床还是麦草铺的。

这不，哭声正是从师傅的地窝子里传出来的。

50年后，"谎言"变成真实。经过几代军垦人的勤劳拼搏，在党的富民政策指导下，曾是梭梭、杂草丛生、野兽出没的一四一团荒原戈壁，如今高楼平地拔起，连队是四合院的小康房，电灯电话早已普及，城里人有的电脑、超薄彩电、夏利、桑塔纳车等高档品在农家也不在话下，柏油路修到职工家门，出门便坐车。

北野地述怀

贺一四一团场五十周年庆典

作者:高泽民

五十华诞喜空前,欢歌笑语舞翩跹。
峥嵘岁月今回首,屯垦戍边史不朽。
几代军垦好儿女,扎根戈壁写春秋。
风餐露宿不惧苦,奉献青春未知愁。
天山雪水听调令,大漠荒原变绿洲。
继往开来今胜昔,搬出窝棚进高楼。
高产借助科技力,粮棉年年大丰收。
团场发展日日新,改革开放龙抬头。
政策惠民百姓富,艰苦奋斗永不丢。
老兵解甲恋故土,心系北野情悠悠。

一四一的海阔天空

——献给我永恒的兵团第一代父母和我难忘、可敬可爱的上山下乡知识青年老师们

作者：黄虎

一四一团
13亿中国人
一颗一四一团50年曼舞飘摇的雨滴
汇集着13亿中国的五湖四海
战栗地坠落了
穿云破雾入地
一跃狂怒起整个准噶尔盆地奔涌着惊世的风暴——风暴雷霆海啸
翻腾50年的浑沙泥土浊浪让千古一色浩瀚粗犷的大戈壁滩蓝生生、水灵灵、气微微
地平展展浮出海面风沙海蜃楼
让兵团第一代父母们伴随着新生共和国的隆隆炮声
涛韵远程奔袭踏浪而来
海上出太阳
让北风呼号大雪漫卷的冰天冻地窗花寒夜锤打成最妖
娆时尚风光的一轮弯弯
海上生明月
让一位最是同学少年风华正茂的石河子知青老师
乘风破浪直挂云帆到北极抚弄着海底八万里的仙仙琼
阁海怪鱼草
让我呢
生于此长于此一粒黄沙石子飞扬
倒映一渠一河一海的悠长辽阔苍茫
再过10年
一朵海天相连的石河子一四一团大陆琼花
爬上超越13亿的青青中国的第一春枝头
全球同此摇荡

北野地赞歌

作者：陈楚新

北野亘古未变的一片荒原
沉寂仰卧在准噶尔的南缘
只听过牧羊人粗犷的呼喊
没有见过商旅驼铃的路漫漫……
光流逆到50年前的那一天
八百多名健儿来到你身边
挥舞镰刀铁锨坎土曼
决心要让那戈壁变成良田……
从此你身边不再沉寂，荒原里
迎来了血气方刚的拓荒军垦人
天天，拓荒人的脚步催你苏醒
夜夜，拖拉机的轰鸣伴你入睡……
随着“广阔天地”练红心旋律
有志青年踏上先辈开拓的沃土
再次创业的号角直冲九霄云
震天的丰收锣鼓响彻九重天……
目睹着日新月异的巨变啊
兴奋的你也披上了绿肩
北野人踩着与时俱进的鼓点
为戈壁明珠北野的明天做奉献。

北野精神赞歌

作者:何继昌

天山脚下,巴音河边,
万古荒原上建家园。
“团结进取”,鼓起前进的翅膀,
“真抓实干”,背负祖国的期望,
艰苦创业的北野人,迎着胜利的曙光。
田、林、道、渠织成网,
我们播撒人民的理想,
“治水改土”,根治盐碱,粮棉满仓。
“科技兴团”,攀登高峰,百业兴旺。
勤劳勇敢的北野人,屯垦戍边扎根边疆。
红旗飘飘,歌声嘹亮,
今朝北野镇走向繁荣富强,
“争创一流”树起模范的榜样,
“实现小康”谱写人生乐章,
战天斗地的北野人,与时俱进创辉煌。

新闻报道

把百姓冷暖挂心上

2003年，一四一团实现国内生产总值1.2亿元，比2002年增长了41%，实现利润1800万元，职均收入15000元。人们没有忘记，这是团党委以民为本、夯实富民强团的基础结出的硕果。

为创业老前辈提供良好的生活条件。

2001年，一四一团遭受了一场历史上罕见的自然灾害，团党委依然拿出50余万元为8名1938年参加革命的老人购买了楼房，并免收暖气费；制定了为二等乙级以上伤残军人和老革命报销医疗费的规定，单这一政策，团场每年需要拿出近90万元的资金；每年筹集95万元，为94名中华人民共和国成立前参军的老革命遗孀发放生活补贴；每年按时为全团离退休老人发放取暖费。

为弱势群体提供最低生活保障

一四一团为无劳动能力、无生活来源的孤、寡、残、特困者申请争取了最低生活保障金。

团场党委根据上级有关精神，对全团老人进行一次摸底调查，排查出658名老人存在一定的生活困难。从2001年起，一四一团每年拿出60余万元为他们进行生活补助，这些老人月均可得到76元的生活困难补助金。

为职工群众解忧排难

2003年秋的一天，4连新职工党志兵头部受伤住院，团长吴敏得知党志兵家庭困难的消息后，立即让党办主任给党志兵送去了5000元救济款和清油、面粉等物品，又叮嘱学校免去他两个上学孩子所需要交的一切费用。几年来，团场党委一班人到军烈属、老干部家中慰问，与贫困职工攀“穷亲”，与职工群众打成一片，使他们在最困难的时候体会到党的关怀和温暖。

一四一团党委一班人以民为本，夯实了富民强团的基础，赢得了百姓心，一系列的改革得到了人们的认可和支持。

2004年3月11日石河子日报第二版《综合》新闻刊，6月16日《人民日报》转载

后　记

一四一团场第二轮修志工作启动于2009年，团场成立二轮修志工作领导小组，制定《一四一团志（1997—2015）》编修方案，拟定志书篇目大纲。2009年5月20日，召开第二轮修志工作动员大会，对修志工作进行安排部署。为确保《一四一团志（1997—2015）》编纂工作顺利完成，聘请退休干部陈楚新担任主编。

团场修志工作按《八师石河子市地方志事业发展规划（2011—2020）》和师市党委《关于印发八师石河子市第二轮团镇级志书编纂实施方案的通知》精神进行一系列的资料收集。史志工作人员制定了一个明确的修志"时间表、路线图"进行资料汇编。2010年，在蔡晓老师的帮助下，完成1997—2008年60余万字的资料和图片汇编。

2016年5月12日，团场再次召开编纂领导小组会议，纪委书记徐友成主持并传达师史志工作会议精神和修志工作要求，对第二轮修志工作再动员、再部署、再安排，经过机关各部门及团属各单位的共同努力，终于在2017年6月完成初稿，交付团机关各科室和团有关部门征求意见并进行初审。

2018年6月28日，《一四一团志（1997—2015）》报兵团史志办王兴鹏、师市史志办冀建民及专家对团志彩页、插图、概述、条目记述、章节设置等都提出合理化修改意见，使团场志章节设置更加科学、内容更加完善。

在修志期间，各项工作得到团场党委的关心支持，团长邢明亮、古广峰，副政委白新安，纪委书记徐友成多次询问志书的进展情况，在人力、物力、财力等方面进行支持，解决修志人员的实际困难。师市史志办主任李维建、冀建民等领导进行经常性的重要指导，亲自修改初稿。在此，谨向关心和支持《一四一团志（1997—2015）》编纂工作的领导和社会各界人士表示的感谢。

由于编者水平有限，加上部分资料遗失、残缺不全，在资料收集和章节设置等方面存在很多缺点和不足，希望史界专家和社会各界人士批评指正。

编　者

二〇一七年十月二十日